KB164750

간디의
진 리

GANDHI'S TRUTH

간디의 진리

비폭력 투쟁의 기원

에릭 H. 에릭슨 지음 | 송제훈 옮김

연암서가

옮긴이 **송제훈**

서울에서 태어나 한양대학교 영어교육학과를 졸업하고, 현재 서울 원묵고등학교에서 학생들을 가르치고 있다. 청소년과 젊은이들에게 영감을 줄 수 있는 책을 옮기는 데 관심을 기울이고 있다. 『유년기와 사회』, 『옥토버 스카이』, 『아버지의 손』(문화체육관광부 우수교양도서), 『내 이름은 이레네』, 『러셀 베이커 자서전: 성장』(한국간행물윤리위원회 추천도서) 등을 번역했다.

간디의 진리

2015년 11월 25일 초판 1쇄 인쇄
2015년 11월 30일 초판 1쇄 발행

지은이 | 에릭 H. 에릭슨
옮긴이 | 송제훈
펴낸이 | 권오상
펴낸곳 | 연암서가

등 록 | 2007년 10월 8일(제396-2007-00107호)
주 소 | 경기도 고양시 일산서구 호수로 896, 402-1101
전 화 | 031-907-3010
팩 스 | 031-912-3012
이메일 | yeonamseoga@naver.com
ISBN 978-89-94054-77-3 03990

값 25,000원

이 책은 아내 조앤이 쓴 것이나 다름없다.

마틴 루터 킹을 추모하며 이 책을 그의 영전에 바친다.

에릭슨은 1950년에 출간한 『유년기와 사회(*Childhood and Society*)』에서 히틀러와 독일인들에 대한 역사심리학적 분석을 시도한 바 있다. 1958년에 출간한 『청년 루터(*Young man Luther*)』에서도 그러한 시도는 계속되었다. 그리고 다시 10년이 지난 후 그는 『간디의 진리(*Gandhi's Truth*)』를 내놓았다. 저자는 이 책에서 간디의 생애를 역사심리학적으로 분석하고 있는데, 이로써 그의 연구는 "유년기"와 "청년"에 이어 (간디의) "중년"을 다루는 연작의 성격을 띠게 된다. 물론 저자는 간디의 출생부터 유년기와 청년기에 이르는 과정도 충실히 다루고 있다.

"모든 인간은 유년기로부터 왔다"라는 발달심리학의 기본 전제에 역사학과 정신분석을 접목시키고자 일관되게 노력한 저자는 간디의 자서전을 비롯해 방대한 양의 참고자료와 증언을 토대로 간디의 생애를 재구성했다. 따라서 이 책은 간디와 인도인들에 대한 역사심리학적, 사회심리학적 연구서인 동시에 그의 자서전에 대한 해설서로도 읽힐 수 있다. 이미 간디의 자서전을 읽어본 독자라면 이 책을 통해 자서전의 내용을 더욱 깊이 이해하게 될 것이다. 아울러 생애사와 심리 분석을 씨실과 날실 삼아 간디라는 인물에 대한 총체적인 접근을 시도한 저자의 방식은 간디의 대명사가 된 아힘사(비폭력), 사티아그라하(진리 추구) 그리고 브라마차리아(금욕)를 이해하는 데에도 똑같이 유효할 것이다.

영국에서 유학생활을 하고 남아프리카에서 21년을 보낸 간디는 40대 중반이 되어서야 인도에 돌아왔다. 우리가 일반적으로 알고 있는 간디의 공적 생애는 이때부터 시작되었다고 할 수 있다. 저자는 1918년의 아메다바드 파업을 중심으로 이 책을 기술했는데, 당시 49세였던 간디는 인도 민중을 대표하는 지도자라고 하기에는 그 영향력이 아직 미미한 상태였다. 그럼에도 저자가 이 시기와 이 사건을 주목한 것은 간디의 심리적 배경과 특성이 그때 그곳에서 가장 잘 나타났다고 보았기 때문이다.

시간이 지나면 화석화된 위인들에 대한 평가도 다양해지기 마련이다. 오늘날 우리는 간디를 가리켜 일제 강점기의 친일파 지식인과 다를 바가 없다고 말하는 이들을 만날 수 있으며, 그의 '추악한 진실'을 고발하는 글도 어렵잖게 찾아볼 수 있다. 이 책에서도 "자식이 부모를" 섬기는 태도로 대영제국에 자발적으로 협력을 하거나 추종자들을 경악하게 만드는 간디의 연약한 면모들이 그려진다. 그러나 저자는 간디에게서 영웅적인 독립운동가나 흠 없는 성자의 모습을 보려 한 것이 아니다. 저자는 사료와 증언을 토대로 "일관성이 결여된" 간디의 내면적 갈등과 양가감정을 포착하고 그것을 독자들에게 있는 그대로 보여준다. 간디가 자신의 자서전에 붙인 "나의 진리 실험 이야기"라는 부제는 그런 점에서 의미하는 바가 크다고 하겠다. 그는 어떤 교조적 원리를 맹목적으로 따르기보다 다양한 도전에 끝없이 응전하며 진리를 찾는 "실험"을 평생 이어갔다. 모든 실험의 속성이 그러하듯 그는 많은 실패를 겪었고 오류를 저질렀다. 그러나 이 모든 시행착오 속에서도 그는 한 가지 목표를 놓지 않았다. 그것은 "진리"였다.

『유년기와 사회』에서 제2차 세계대전과 핵의 시대가 인류에게 남긴 숙제를 깊이 성찰한 저자는 이 책에서도 평화와 이 시대의 야만적 "위대함"에 대한 고찰을 멈추지 않는다. 저자가 간디의 비폭력에 주목한 까닭도 우리로 하여금 폭력의 근원을 살피고 그에 대항하는 방식을 간디에게서 찾아보라고 제안하기 위함이었을 것이다. 저자가 간디의 비폭력과 금욕으로부터 폭력의 기원과 인간의 본원적 욕구를 살피고자 했으며 이 책의 방대한 내용이 모두 그 두 가지의 문제로 귀결된다는 점을 상기하는 것은 에릭슨의 사변적인 문장들 속에서 길을 잃지 않는 데에도 도움이 될 것이다.

동서양의 역사와 종교, 철학, 정치를 넘나드는 에릭슨의 글을 옮기는 데에는 적지 않은 자료 조사가 요구되었다. 그의 문체는 아마존 닷컴에서 영어권 독자들이 볼멘소리를 하는 것처럼 일관되게 난해했다. 어려운 글을 쉽게 옮길 방법은 없었지만 역자는 원문의 의미를 훼손하지 않는 범위 내에서 독자에게 좀 더 친절한 글을 빚기 위해 노력했다. 제프리 애쉬는 『간디 평전』의 서문에서 인도인의 이름을 표기하는 데 고충이 있었다고 이야기했는데, 우리말로 옮기며 비슷한 문제를 겪었을 때 인도에 있는 벗 김요한은 지명과 인명의 표기와 몇 가지 자료 검색에 도움을 주었다. 연암서가 권오상 대표는 예정된 마감을 8개월이나 넘긴 역자에게 변함없는 인내와 신뢰를 보여주었다. 도움을 준 모든 분들에게 깊은 감사를 전한다.

간디는 무력으로 상대를 제압하는 대신에 진리와 비폭력의 힘으로 상대방을 무장 해제시킬 수 있다고 믿었다. 그리고 격렬하게 대립하는 두 이해 당사자의 선의와 존엄성을 믿을 때 어떤 갈등도 중재할 수 있다고 믿었다. 우리 아이들이 살아갈 세상에는 가장 조직화된 폭력이라 할 수 있는 전쟁의 공포가 사라지기를, 그리고 비폭력과 평화에 대한 간디의 신념과 통찰을 공유하는 이들이 더 많아지기를 소망하며 이 책이 그런 세상을 위한 작은 디딤돌이 되었으면 하는 바람이다.

2015년 가을
송제훈

이 책은 마하트마 간디라는 역사적 존재와 그가 진리라고 부른 것의 의미를 찾으려는 한 서양인의, 그리고 한 심리학자의 탐색을 그리고 있다.

1962년 나는 인간의 생애 단계에 관한 세미나에 초대를 받아 아메다바드(Ahmedabad)를 방문했다. 그것은 나의 첫 인도 여행이었다. 여행자들이 그리 많이 찾지 않는 아메다바드는 인도의 여러 도시들 중에서도 그 역사가 독특하다. 이 도시는 고대로부터 오늘날에 이르기까지 직물의 생산과 수출이 활발히 이루어져 온 곳이다. 오늘날 고도로 산업화되고 노동자들이 잘 조직화된 이 도시는 미국의 피츠버그처럼 종종 부당한 평판을 받는 경우가 있다. 하지만 이 도시는 중세의 길드 조직에 토대를 둔 지역 공동체가 현지의 투자자들과 지역의 유력 가문에 의해 현대적인 산업 도시로 탈바꿈해 왔다는 점에서 각별한 관심을 불러일으킨다.

현지의 한 유력 가문의 저택에서 지내며 나는 과거 이 도시에서 벌어진 노동쟁의에서 간디가 수행한 역할과, 그가 국민적인 지도자로 부상하는

데 그것이 지닌 중요성을 새롭게 인식했다. 내가 "새롭게 인식했다"고 하는 것은, 그때까지 알지도 못했고 그 이름을 발음조차 하지 못했던 낯선 도시에 도착한 방문객들이 이따금 경험하는 기시감(déjà vu)을 느꼈기 때문이다. 나는 간디가 아메다바드 혹은 사바르마티(Sabarmati) 강 인근에 살았다는 사실 정도는 알고 있었다. 사실 나를 포함한 유럽의 소외된 청년 세대는 간디가 받은 첫 재판을 책으로 접하며 그것을 소크라테스의 재판과 비교하곤 했는데, 간디의 재판이 열린 바로 그 "순회 법원" 앞을 우리는 매일 아침 산책을 하며 지나갔다. 나는 간디의 자서전을 통해 1918년 아메다바드의 노동쟁의에서 그가 한 역할을 알고 있었다. 나중에야 안 사실이지만 우리에게 거처를 제공해준 이는 과거 간디가 상대한 바로 그 공장주였다. 또한 간디의 든든한 후원자이자 조력자였던 이는 그 공장주의 누나였다. 그 시절 열렬한 추종자로서 혹은 곤혹스러운 적수로서 간디를 알고 지냈던 사람들을 만나보면서 나는 새로운 사실을 깨달았다. 그것은 간디 자신이나 여러 전기 작가들이 그의 삶에서—인도의 역사에서—작은 에피소드 정도로 묘사한 사건이 사실은 그가 국민적 지도자이자 비폭력 투쟁의 창시자로 부상하는 데 매우 중요한 역할을 했다는 점이었다.

그 사건이 일어난 1918년은 멀리 프랑스 전선에서 기갑부대에 의한 대규모 살상이 벌어진 해이고, 동맹국이 무너지고 새로운 연합국이 형성된 해이며, 윌슨(Woodrow Wilson)의 해이자 무엇보다도 레닌의 해였다. 바로 그해 이곳 아메다바드에서는 전후(戰後) 가장 카리스마 있는 지도자들 가운데 한 사람으로 여겨지게 될 이가 지역의 노동쟁의 해결을 위해 목숨을 건 단식을 하고 있었다. 그러나 당시 그의 단식은 인도에서조차 주목받지 못하는 사건이었다. 모한다스 카람찬드 간디(Mohandas Karamchand Gandhi)는 시민들에게 정치적 지도력을 행사하는 방법으로 단식을 택했지만 그것은 주위의 몇몇 친구들을 제외하고는 누구에게도 영향을 끼치지 못했고 국내외의 즉각적인 관심을 받지도 못했다. 사실 마하트마(Mahatma, '위대한 영혼'이라는 뜻으로 인도의 시인 타고르가 간디를 이 호칭으로 부른 뒤 널리 쓰이게 되었다 – 옮긴이)의 이력에 마치 그 **사건**이 별 의미가 없다는 듯 그의 삶에 대한 이후의 서술에서는 그 일을 다소 민망하게 여기는 경향도 엿보인다. 하지만 그렇게 부정한다고 해서 정신분석학자의 호기심이 딴 곳으로 돌려지는 것은 아니다. 그 일이 나에게 인도의 첫 "느낌"을 준 바로 그 도시에서 일어났기 때문일 수도 있고, 어쩌면 그의 자서전이나 평전에서 다루어진 것 이상의 이야기가 있으리라는 것을 내가 감지했기 때문일 수도 있겠지만 나는 중년의 간디가 보낸 그 몇 달간의 시간에 매료되었다. 나는 그 시기에 벌어진 일련의 일들을 **사건**(the Event)이라 부르며 이 책에서 그것을 재구성해보기로 했다. 나는 간디가 "진리의 힘"("truth force"로 번역된 "Satyagraha"는 산스크리트어로 "진리 추구"라는 뜻이며 이는 그가 이끈 비폭력 저항운동의 철학적 토대가 되었다 – 옮긴이)이라고 부른 투쟁 방식의 기원을 그의 생애 초기에서 광범위하게 탐색해볼 것이다.

나는 역사학자도 아니고 인도(India) 전문가도 아니다. 내가 다루는 "분야"가 무엇인지는 이야기가 전개됨에 따라 점차 드러날 것이다. 각 부의 순서는 다루어지는 문제의 성격을 반영하고 있다.

프롤로그에서 나는 그 **사건**에 관심을 갖게 된 배경을 주관적이되 타당성을 잃지 않는 방식으로 기술할 것이다. 역사의 한 대목을 다루는 **연구자**는 특정한 관심을 토대로 연구를 수행하기 마련인데, 임상적 관찰 훈련을 받은 연구자라면 일반적인 역사 기술 방식보다 훨씬 체계적인 방법으로 연구의 동기를 설명—적어도 자기 자신에게라도—할 수 있어야 한다. 그런데 이 연구의 출발점에는 연구자의 친구들이 관련되어 있다. 그 친구들 중에는 아주 잘 알려진 인물들도 있고 그 **사건**에서 간디와 "대립"했던 이들의 가족도 있으며 간디가 자신의 자서전에서 존경을 담아 언급한 이들도 있다. 그들이 나를 인도에 초대했을 때는 상상도 하지 못했겠지만, 나조차 당시에는 집필 계획이 없었던 이 책에서 그들은 자신의 이름을 발견하게 될 것이다.

어떤 사건의 목격자와 기록자는 기록을 통해 그것을 역사에 남기거나, 아니면 연구자의 질문에 대답하면서 기억에 떠오르는 그 사건을 "자신만의 것"으로 만든다. 이에 따라 제1부는 간디 자신이 목격자로서 기술한 그의 자서전과, 그 역사에 참여한 이들 가운데 생존해 있는 증인들로부터 내가 들은 이야기를 다룰 것이다.

간디의 존재론적 실험들은 그 자신이 분명히 밝힌 바와 같이 청소년기부터 시작되었다. 제2부는 간디의 생애 초기를 살펴봄으로써 **사건**이 그렇게 전개될 수밖에 없었던 이유를 임상적, 역사적 관점에서 재조명해볼 것이다. 이러한 재조명은 간디가 그의 조력자들이자 증인인 이들을 어떻게 만나고 선택했는지, 그리고 그들이 간디의 삶을 따르게 된 요인이 무엇인지를 설명하는 데에도 도움이 될 것이다.

나는 제3부를 통해 **사건**의 직접적 인과관계는 물론 세부적인 내용을 살펴본 뒤에야 당시에 벌어진 일들의 중요성이 이해될 것이라 믿는다. 우리가 간디의 생애와 인도의 역사에서 그 **사건**이 차지하는 위치를 깨닫지 못한다면 그 일은 한낱 사소한 해프닝으로 간주될 것이고, 그렇다면 그로부터 1년 뒤 간디가 최초의 전국적 시민 불복종 운동의 지도자로 떠오른 배경에 대해 우리는 아무런 단서도 얻지 못할 것이다.

마지막으로 제4부에서 우리는 간디가 마하트마로 떠받들어진 이후에 벌어진 일들이 필연적인 것이었음을 이해하게 될 것이다. 그때에야 비로소 우리는 간디와 그의 투쟁 방식 그리고 최초의 추종자들이 1918년 아메다바드에서 어떻게 결합할 수 있었는지, 그리고 그의 철저한 비폭력 정신이 한 도시의 노동쟁의를 평화적으로 해결하는 데 그치지 않고 어떻게 대규모의 저항 운동을 이끄는 **정치적 도구**가 될 수 있었는지 질문해볼 수 있을 것이다. 또한 그때에야 비로소 우리는 인간의 심리사회적 혁명에서 그러한 사건들이 차지하고 있는 위치와, 거대한 제도의 냉혹한 힘에 맞서는 인간의 정신에 간디의 진리가 어떤 흔적을 남겼는지 이해할 수 있을 것이다. 동시에 우리는 간디가 이끈 행동주의에서 중요한 축을 이루고 있는 엄격한 **규율**에 대해 세심한 주의를 기울일 필요도 있을 것이다.

나는 보다 체계적인 독서를 원하는 독자들이 위에 정리된 내용을 통해 나의 연구방법에 대한 개략적인 이해를 얻을 수 있기를 바란다. 그런데 이 연구방법은 나의 주관성과 개인적인 부분들을 먼저 드러낼 것을 요구한다. 따라서 나는 이 책을 간략한 여행기로부터 시작하고자 한다. 나는 그곳에 함께 있었으면 하는 이들에게 여행 중의 느낌과 인상들을 적어 보내곤 하는데, 여기에서 인용되는 자료들은 내가 가족이나 친구들에게 보낸 편지에서 발췌한 것들이다. 이렇게 시작하는 것은 주관적이라 할 수도 있겠지만 나는 기록할 만한 가치가 있는 중요한 자료들을 개인적인 관찰로부터 찾아내는 연구 방식을 가지고 있다. 이는 내가 강렬한 감각적(esthetic) 인상으로부터 윤리적(ethical) 의미에 도달하는 과정을 탐색한다는 것을 의미하기도 한다. 서두에 언급되는 인상들은 책의 후반부에 이르러 중요한 주제로 다시 다뤄지게 될 것이다.

오랜 친구들 그리고 이 연구를 수행하는 과정에서 친구가 된 많은 이들로부터 내가 받은 도움에 대해 어떻게 감사를 표해야 할지 모르겠다. 그들이 여전히 내 친구로 남아 있다는 사실은 그들의 너그러움을 잘 보여준다. 나는 문화적 차이에서 비롯된 그들의 완고함을 극복하기 위해 노력했고 그 과정에서 소통을 위협할 수 있는 정신분석적 기법을 사용하기도 했다. 혹시라도 내가 그들의 신뢰를 저버리는 대목이 있다면 나에 대해, 그리고 나의 연구 분야와 서양적 태도에 대해 그들의 이해와 용서를 바랄 뿐이다. 또한 자신의 모습을 있는 그대로 우리와 공유해준 것에 대해 내가 전하는 감사를 그들이 받아주었으면 하는 바람이다.

내가 아내와 함께 아메다바드를 방문해야겠다는 생각을 처음 한 것이 언제였는지는 기억나지 않는다. 다만 앞서 그곳을 방문한 가드너와 루이스 머피는 현지에서 과학과 임상 연구에 도움을 주고 있는 사라바이(Sarabhai) 가문에 대해 이야기해주었고 우리를 그들에게 소개해주었다. 우리가 인도에서 가우탐과 비크람 사라바이(Gautam and Vikram Sarabhai)를 만났을 때 그들은 우리를 기다리고 있었다는 반응을 보였다. 우리에게 친절을 베풀며 아메다바드에서 열린 세미나를 물심양면으로 도와준 이는 인도 경영대학교(Indian Institute of Management)와 하버드 대학교에서 객원교수로 있던 캄라 초드리(Kamla Chowdhry)였다.

사소한 일상적인 일부터 굵직굵직한 일들에 이르기까지 사라바이 가문으로부터 우리가 받은 도움을 일일이 열거하기에는 이 지면이 부족할 것이다. 다른 연구자들과 마찬가지로 나 역시 이 책으로 결실을 맺은 그들의 공헌을 텍스트를 통해 보여주어야 마땅할 것이다. 나는 가문과 도시의 원로였던 암발랄 사라바이(Ambalal Sarabhai)를 인터뷰할 수 있었으나 안타깝게도 얼마 후 그는 숨을 거두었다. 그의 누나 아나수야 사라바이(Anasuya Sarabhai)와의 오랜 대화는 우리에게 큰 즐거움이었다. 사라바이 남매와, 특히 샨케를랄 반케르(Shankerlal Banker) 덕분에 나는 이미 문헌을 통해 알려저 있는 **사건**을 새롭게 이야기할 수 있었다. K. 스와미나단(Swaminathan) 교수는 **사건**과 관련된 자료를 다수 포함하고 있는『간디 전집(*Collected Works of Mahatma Gandhi*)』의 갤리 교정쇄 열람을 허락해줌으로써 우리의 연구를 크게 도왔다. 텍스트를 비정통적 방법으로 활용하는 나의 연구에서조차 이 기념비적인 전집은 다양하게 인용될 것이다.

많은 인도인들이 우리를 환영해주었고 우리에게 도움을 주고자 노력했다. 그들 가운데에는 각료들과 의회 지도자들은 물론 전, 현직 대통령도 있으며 공장주와 노동자들, 노동조합 간부들, 간디의 공식 전기 작가와 몇몇 공립 도서관장들도 포함되어 있다. 개인적인 경험부터 간디의 비폭력주의에 대한 상세한 설명에 이르기까지 우리에게 이야기를 들려준 이들은 텍스트에 자연스럽게 등장할 것이며 당연히 색인에도 등재될 것이다. 여기에 그들의 이름을 단순히 나열하는 것으로는 대화의 맥락에서 제시된 그들의 명확한 견해 또는 의도적인 불명료함을 온전히 전달하지 못할 것이다. 인터뷰를 하는 동안 나는 중요 단어들만 메모했다. 그러므로 인용문들은 내게 정보를 제공해준 이들이 사용한 어휘와 어조를 내가 최대한 실제와 가깝게 기억해낸 것이다. 아난드 파란즈페(Anand Paranjpe) 박사는 1918년의 〈푸나 저널(*Poona Journal*)〉지에서 기사를 발췌하는 데 도움을 주었고, 난디니 조시(Nandini Joshi)는 구자라트어(Gujarati)로 기록된 간디의 글을 내게 구두로 번역해주는 수고를 아끼지 않았다. 인용문의 의미를 보다 명확하게 하는 데 도움이 되겠다고 판단된 부분에서는 괄호로 묶은 문구를 삽입했다.

연구 목적의 여행에는 항공료와 현지 체류 비용이 들기 마련이다. 내가 오스틴 릭스 센터(Austen Riggs Center)에서 수행한 연구를 꾸준히 후원해준 Shelter Rock 재단은 나의 첫 인도 방문에 필요한 경비를 지원했다. 아메다바드의 Karmakshetra 교육 재단은 우리가 그 도시에 머무는 동안 필요한 것들을 살펴 주었다. 스탠포드 대학교 행동과학고등연구센터의 도움으로 나는 특별연구원 자격을 얻어 인도를 다시 방문할 수 있었으며, 전미 인도 연구소(American Institute of Indian Studies)는 인도 내에서의 여행 경비를 제공해주었다. 나는 퍼스트 필드 재단(First Field Foundation)의 연구원 자격으로 이 원고를 완성했다. 여러 재단의 체계적인 지원에 깊은 감사를 표한다.

늘 그랬듯이 조앤 에릭슨(Joan Erikson)은 이번에도 나와 함께했으며 처음부터 끝까지 연구의 모든 것을 챙겼다. 그녀의 특정한 공헌은 텍스트에 따로 표시될 것이다. 같은 시기에 그녀가 수행한 성 프란체스코에 대한 연구는 간디가 지닌 성인(聖人)의 면모를 이해하는 데 큰 도움이 되었다. 그녀는 완성된 원고의 편집을 맡아주기도 했다. 카이 T. 에릭슨(Kai T. Erikson)의 엄격한 검토가 없었다면 몇몇 장(章)은 지나치게 긴 상태로 남아 있었을 것이다. 친구이자 하버드 대학교의 연구조교인 수드히르 카카르(Sudhir Kakar) 역시 원고를 검토해주었다. 하버드 대학교의 열정적인 동료인 파멜라 다니엘스(Pamela Daniels)는 텍스트와 서지학적 측면 모두에서 원고를 최종 검토해주었다.

이 책의 각 장은 하버드 대학교와 오스틴 릭스 센터의 세미나에서 토론 주제가 되었고, 무엇보다도 미국 예술과학아카데미(American Academy of Arts and Sciences)의 후원으로 로버트 립턴(Robert Lifton)이 여러 해에 걸쳐 웰플릿(Wellfleet)에서 개최한 심리역사학 연구 모임에서 토의된 바 있다. 내가 이러한 토론에서 얻은 결과물은 "On the Nature of Psycho-Historical Evidence: In Search of Gandhi"(*Daedalus*, 1968년 여름)에 요약되어 있다.

마지막으로 그 이름만으로도 내겐 소중하기 짝이 없는 Vikram과 Mrinalini, Gautam과 Kamalini 그리고 Gira와 Mani에게 감사를 전한다.

사바르마티 강변에서 고요한 저녁을 함께 보낸 Kamla, 간디 사원 방문에 동행해준 Romila Thapar 그리고 활기 넘치는 델리(Delhi) 거리를 함께 걸은 Prem Kirpal에게도 이 지면을 빌려 감사를 전한다.

나마스테(NAMASTE).

E.H.E.
매사추세츠, 스탁브리지

프롤로그

사건의 반향

GANDHI'S TRUTH

제1장

—

인도: 첫 만남

비행기가 아직 동이 트지 않은 델리 공항에 착륙했을 때 나는 새로운 세계의 풍경과 소리와 냄새에 나의 모든 감각이 완전히 새롭게 설정되어야 한다는 사실을 어렴풋이 감지했다. 언제든 원하는 시각에 잠들고 깰 수 있는 능력을 지닌 인도인 친구들의 얼굴은 어스름한 새벽에도 빛나고 있었다. 두 명의 강인하면서도 친절한 펀자브인(Punjabi) 캄라와 프렘은 조앤과 나의 손을 이끌고 공항을 빠져나갔다. 이후 두 사람과 그들의 친구들은 우리를 보살피며 미지의 경험을 향해 우리를 천천히 안내해주었다.

무굴 제국의 수도였던 도시의 거리는 아직 어둠과 정적에 싸여 있었다. 우리를 태운 자동차는 학자들의 숙소인 인터내셔널 센터에 도착했다. 현대적 무굴 양식으로 지어진 이 건물은 고색창연한 로디 가든(Lodi Gardens)과 거대한 반구형 지붕들을 내려다보고 있었다. 잠시 잠을 청하기―그리고 인도에서 눈을 뜨기―에 앞서 나는 그때까지 막연하게 생각하고 있던 인도를 발코니에서 내다보며 거의 죄책감에 가까운 감정을 느꼈다. 인도에 오기 전 우리는 여러 달 동안 고대의 이미지나 현대의 가면에 속지 않기 위해 인도의 "현실"에 대한 책을 탐독했다. 하지만 실제로 도착한 이후 이곳에서는 오로지 감각만이 끊임없이 각성되고 있었다. 멀리서 자칼의 짖는 소리가 그들의 존재를 알리고 있었다. 이른 아침 모습을 드러내기 시작한 행인들은 하얀 그림자처럼 나무들 사이를 미끄러지듯 걷고 있었다. 살다 보면 결코 잊을 수 없는 순간이 있다. 마치 이 세상 다른 곳에는 한 번도 있어본 적이 없었던 것처럼 우리의 감각과 감정이 몽롱한 편안함을 느끼는, 동시에 이해할 수 없는 두려움이 느껴지는 그런 순간 말이다.

우리는 델리에 이틀 동안 머물면서 이른 아침 로디 가든을 산책했다.

인도의 진면목을 보고 싶은 이는 임페리얼 뉴델리 같은 최고급 호텔을 빠져나와야 한다. 올드 델리(Old Delhi)에서 마주치는 인파는 아시아만의 독특한 특징을 가지고 있다. 그들은 범람하듯 쏟아져 나와 빠른 물살처럼 지나간다. 한 시간만 걸어보면 체형이 우아하거나 구부정한, 활력이 넘치거나 병이 든 모든 부류의 남녀노소를 마주치게 된다. 누구든 익명의 군중을 잠시 관찰하는 것만으로도 막연한 건강상의 위험을 감지할 수 있으며, 관광객들이 다니는 길에서 조금만 벗어나면 거의 적대적이라 할 만한 생물학적 환경과 관습을 목격할 수 있다. 어떤 이는 이러한 상황을 이해하기 위해 인도인들의 개인적, 국가적 운명을 다시 들여다볼 것이고, 어떤 이는 간디의 영향력이 사라지고 영국인들이 떠난 이후 생겨난 진공 상태에서의 혼란(또는 누군가의 표현대로라면 "격동")을 주목할 것이다. 하지만 많은 인도인들의 따뜻하고 쾌활한 표정과 친절한 몸짓만으로도 이방인은 다시 숨을 고르게 되며, (이방인이라면 결코 간과할 수 없는) 노상 방뇨와 배변조차 인도인들의 순박함을 보여주는 증거로 보이게 된다. 우리는 인도에 도착하기 며칠 전 갈릴리 호수에서 수영을 했고 밤에는 호숫가를 산책했다. 그곳은 몇 마디 말로 어부들의 마음을 움직인 한 남자의 흔적이 완고한 유대인들 사이에서도 세대를 내려오며 기억되는 곳이다. 나는 그 갈릴리 사람과 델리에 묻힌 깡마른 인도의 지도자가 가지고 있는 유사성을 다시 한 번 떠올렸다. 두 사람의 공통점을 나타낼 수 있는 단어가 있다면 그것은 현존성일 것이다. 그것은 오로지 조용히 귀 기울이는 이에게만 들리는 강력한 침묵의 현존이다.

델리에서의 첫날, 우리는 이후 자주 겪게 될 일을 경험했다. 다른 사람을 잘 믿는 인도인이라면 내가 그 현존에 대해 무엇인가 알고 있음을 눈치 채는 순간 표정이 부드럽게 바뀐다. 반면에 나를 의심스러운 눈으로 바라보는 이들은 (어쨌든 나는 정신분석학자가 아니던가?) 일부러 내 앞에서 마하트마를 비방함으로써 자신들이 호락호락하지 않다는 것을 보여주려 한다. ("그가 자신의 조카딸과 동침하곤 했다"는 사실을 내가 어찌 알았겠는가?)

워싱턴을 방문하는 사람이라면 링컨 기념관을 들르지 않고 첫날을 보내는 법이 거의 없다. 델리에서는 간디 기념관(Birla House)이 그러한 곳이다. 우리는 간디가 암살당한 장소이기도 한 그곳을 찾아갔다. 모든 역사적인 장소가 그러하겠지만 간디 기념관은 특히나 인상적이었다. 그것은 기념관 특유의 딱딱함 때문이 아니라 오히려 기념관 뒤편 어느 낮은 건물의 벽면 세 개를 메우고 있는 벽화 때문이었다. 우리는 함께 간 인도인 친구들이 그 벽화를 본 적이 없다는 사실을 나중에야 알았다. 그 벽화는 평범한 사람들에게 좀 더 인기가 있었다. 이를테면 그 벽화는 그리 "고상하지" 못했던 것이다. 마치 아이티의 민속 미술처럼, 세련되지 못했지만 전혀 꾸밈이 없는 그 벽화는 간디가 그의 자서전에서 밝힌 내용을 토대로 그의 생애의 많은 장면들을 묘사하고 있다. 왼쪽 벽면에는 간디의 정신적, 역사적 조상들을 보여주는 그림이 있다. 먼저 서사시의 저자인 어느 늙은 예언자와 바가바드기타(Bhagavad Gita, 왕권을 되찾기 위해 사촌들과 전쟁을 벌여야 하는 운명 앞에서 고뇌하는 왕자 아르주나와 인격신인 크리슈나가 나누는 대화를 기록한 힌두교 경전−옮긴이)의 왕자가 보인다. 그의 시선은 갑옷을 입은 채 전투 대형으로 대치하고 있는 그의 형제와 사촌들을 외면하고 있다. 벽화는 은둔자들과 시인, 수도승들을 보여주며, 붓다(Buddha)와 아소카(Ashoka)의 왕도 벽화에 등장한다. 여기까지는 매우 전통적이다. 하지만 오른쪽의 벽화는 어느 위대한 지도자의 출현에 대해 매우 독특한 관념을 드러낸다. 그것은 허리에 두른 옷(loincloth)과 인도인의 목소리로 알려지기 전에 그가 경험했다고 고백한 유혹과 실수 그리고 태만함을 묘사한다. 청소년기에 몰래 육식을 하는 모습, 고함을 질러대는 매춘부의 집에서 허둥지둥 빠져나오는 모습, 서양식 의복을 입고 왈츠를 추는 모습, 그리고 조소를 머금은 판사 앞에서 우물쭈물하는 변호사로서의 모습이 모두 그려져 있다. 그중 한 장면이 내 발걸음을 멈추게 했다. 그것은 아슈람(ashram, '종교적인 정신으로 살아가는 공동체'로 간디가 사바르마티 강 인근에 세웠다 – 옮긴이) 앞에서 간디가 포드사의 모델 T 승용차에서 내린 어느 부자로부터 돈다발을 건네받는 장면이었다. 아슈람은 아메다바드에 있는 간디의 거처가 아니던가? 그리고 그 부자는 우리를 후원해준 바로 그 공장주가 아니던가? 간디는 자서전에서 그 부자가 익명으로 남기를 원한다고 적었지만 그가 누구인지는 결국 알려지게 되었다. 간디의 공동체가 어느 불가촉천민 가족을 받아들인 것에 분개한 후원자들이 모두 지원을 끊었을 때에도 그 부자는 끝까지 공동체를 도왔다.

이 벽화가 주는 친숙한 분위기와는 대조적으로, 간디의 화장(火葬)이 거행된 장소에는 무굴 양식의 웅장함 속에 모든 위대함의 양면성이 드러난다. 누구보다 평화를 옹호했으며 공직을 맡은 적이 한 번도 없었음에도 그의 유해는 육군과 해군 병사들에 의해 이곳으로 옮겨졌다. 또한 (국가적 차원에서) 역설적이게도 인근에 있는 간디 박물관은 그의 삶을 대형 사진을 통해 엄숙하게 조명한다. 각각의 사진에는 그가 남긴 말이 붙어 있다. 입구에 걸린 사진에는 이런 인용구가 있다. "종교와 정치는 완전히 다른 영역이라고 말하는 사람들이 있습니다. 하지만 나는 그런 주장을 하는 사람들은 종교가 무엇인지 전혀 모르고 있다고 확실히 말할 수 있습니다." 우리는 그곳에서 오로지 인도사람들만 (그리고 겉모습으로 판단컨대 대체로 낮은 계층의 사람들만) 볼 수 있었을 뿐 관광객은 보지 못했다.

사라바이 가문은 마치 아름드리나무들이 군락을 이룬 작은 숲과 같다. 그 나무들은 서로 닮아 있으면서도 하나하나가 강인한 개체들이며, 그들 사이에 내재하는 갈등은 아버지로부터 받은 개별적 양육 방식의 결과물이다. 아나수야 사라바이는 거의 침통해 보일 정도로 차분했는데, 그녀는 간디의 친구이자 열렬한 추종자이기도 했다. 우리는 어느 호텔 식당에서 그녀를 만나 점심식사를 같이 하기로 했다. 격식을 따지지 않는 상류층 인도인들과 미국인 관광객들로 소란스러운 식당에 그녀는 카디(khadi, 물레를 돌려 직접 짠 옷으로 간디는 영국에서 수입한 의류에 불매운동을 펼치며 인도인들에게 직접 카디를 짜서 입을 것을 호소했다 – 옮긴이) 차림으로 나타났다. 그녀의 표정에는 오랜 세월의 그늘이 짙게 드리워져 있었다. 다른 형제자매들과 마찬가지로 그녀 역시 꼿꼿한 태도와 고결한 대의명분을 가지고 있었다. 그녀는 카슈미르 분쟁(인도 북부 산악지대인 카슈미르 지역의 영유권을 놓고 인도, 파키스탄, 중국이 벌이고 있는 영토분쟁 – 옮긴이)에 대해 파키스탄과 카슈미르 지역 주민 모두가 수용할 수 있는 해결책을 요구하고 있었다. 이는 그녀의 친구인 셰이크 압둘라(Sheikh Abdullah)가 줄기차게 요구한 것이기도 하거니와, 또 다른 친구인 자와할랄 네루(Jawaharlal Nehru)에 의해 완강하게 거부된 것이기도 하다. 사실 네루는 그녀가 이 문제로 인해 2년 간 투옥되도록 내버려 두었기 때문에 그녀는 네루에 대해 몹시 분한 감정을 가지고 있었다.

우리의 친구인 물리학자 비크람은 공장주 암발랄 사라바이의 막내아들로서 히말라야에 있는 그의 연구소로 가는 길이 눈에 덮이기 전에 우리를 카슈미르로 안내하고자 델리를 찾아왔다. 험준한 산악지대를 지나 목가적인 카슈미르의 계곡 위를 비행하는 동안 비크람과 나는 그 즈음 각자가 다녀온 퍼그워시 회의(Pugwash Conference, 1954년 미국의 수소폭탄 실험에 인류 절멸의 위기를 느낀 알베르트 아인슈타인과 버트런드 러셀이 '핵무기 없는 세계와 분쟁의 평화적 해결을 호소하는 선언'을 발표하자 이에 영향을 받은 세계 각국 과학자들이 반핵, 군축 등 과학자의 사회적 책임을 논의하기 위해 조직한 회의-옮긴이)와, 케이프 코드에서 "무력 충돌 방지 대책"을 논의한 미국 예술 과학 아카데미 회의의 결과물을 공유했다.

우리의 마음은 무거웠다. 멀리 눈 덮인 봉우리들 위로 편대 비행을 하고 있는 중국 공군기들이 보였다. "국경에서 충돌이 일어난 것일까요?" 누구도 확실하게 대답할 수 없었다. 머릿속으로는 우리의 목적지인 스리나가르(Srinagar) 공항이 중국 제트기들의 목표일지도 모른다는 생각이 들었다. 사실 그 공항은 군사 기지이기도 했다. 하지만 착륙 직후 보안 조치에 의해 수속이 늦어지기는커녕 우리는 환영 인파에 둘러싸이게 되었다. 회교도로서 카슈미르에서 인기가 높은 자키르 후세인(Zakir Husain) 인도 부통령이 공식 방문을 위해 우리와 거의 같은 시각에 공항에 내린 것이었다. 우리를 태운 운전기사는 시내로 진입하는 의전 차량 행렬을 따라갈 수밖에 없었다. 도로 양쪽의 환영 인파 사이로 우리를 태운 차는 천천히 앞으로 나아갔다. 아이들과 젊은이들은 손님을 "맞이하는" 인도인 특유의 들뜬 호기심으로 밝게 웃고 있었다.

우리는 지금은 호텔이 된 옛 마하라자(Maharaja)의 궁전에 투숙했다. 이튿날 새벽 우리는 군인들과 군수물자를 싣고 접경지대로 날아가는 수송기의 소음에 잠에서 깼다.

오전에 우리는 가우탐 사라바이를 만났다. 턱수염과 기품 있는 태도가 인상적인 그는 우리를 호수 건너편의 이슬람 사원으로 데리고 갔다. 그 사원은 마호메트의 머리카락이 보존된 곳이었다. 카슈미르 전역에서 모여든 수백 명의 사람들이 작은 배를 타고 호수를 건넌 다음 사원 앞에 있는 긴 웅덩이에서 조심스럽게 몸을 씻었다. 그들은 사원 마당에서 길게 줄을 맞춰 무릎을 꿇고 절을 했다. 조금 전까지만 해도 우왕좌왕하는 것 같았던 군중이 의식에 따라 일사분란하게 움직였다.

이튿날 아침, 해발 2,700미터에 위치한 비크람 사라바이 박사의 우주 입자 연구소로 가는 길에 우리는 마지막 3마일을 말이나 지프를 이용하는 대신 도보로 올라갔다. 12월 마지막 주였지만 눈은 내리지 않았고, 공기는 서늘했지만 태양은 강렬했다. 산을 오르며 문득 바위 끝에 서서 깊은 침묵의 계곡을 흐르는 영원의 시간을 관조할 기회도 있었다. 하지만 그곳에서조차 혼자만의 시간은 그리 오래 지속되지 않았다. 말을 타고 산을 오르는 인도인 관광객들은 우리에게 등산이 재미있느냐고 묻곤 했다. 글쎄, 우리가 캐나다인이었다면 모를까.

기차역은 인도 사람들을 바라보는 색다른 시선을 제공해준다. 인도인들에게 기차역은 활발한 사교와 토론의 장이다. 늦은 밤 아메다바드에 도착한 우리는 충격적인 광경을 목격했다. 선로를 가득 메운 기차가 쓸데없이 기적 소리를 울려대는 가운데 역사(驛舍) 안팎에는 수백 명의 사람들이 더러는 매트를 깔거나 신문지를 덮은 채, 하지만 대부분은 맨몸으로 아스팔트 바닥에 누워 잠을 자고 있었다. 서양인들의 눈에는 그곳에 있는 사람들이 집도 없이 굶주림에 시달리다 죽어가는 것으로 보일 수도 있다. 하지만 그것은 쉽게 판단할 수 있는 일이 아니다. 그들 중의 일부는 실제로 그렇게 죽을 수도 있겠지만, 사실 옥외에서 잠을 자는 것은 인도에서는 매우 일반적이면서도 복잡한 현상이다. 비록 뼈만 앙상하게 드러나 있을지언정 그들이 "집에서" 잠을 자는 수천 만 명의 사람들보다 더 열악한 상황이라고 할 수는 없다. 많은 인도인들이 "침실"이라는 것을 가져본 적이 없으며, 어떤 이들은 몸을 뒤척이기도 힘든 북적대는 방에서 잠을 자느니 차라리 길거리에서 잠을 자는 것을 택하기도 한다. 어쨌든 인도에는 평범한 사람들이 이용할 수 있는 호텔이 없다. 바짝 야윈 노숙자들을 바라보다가 나는 문득 어린 시절 집에서 낯선 손님들과 부대끼며 잠을 잤을 때의 불편한 느낌을 떠올리기도 했다.

이와는 성격이 다르지만 인도의 상류층은 손님들을 자신의 집에 묵게 하기를 좋아한다. 우리를 태운 자동차는 암발랄 사라바이의 별장으로 향했다. 우리가 묵은 별장은 가문의 가장 위대한 친구인 C. F. 앤드루스(간디의 친구이자 동료로서 간디의 전기를 집필하기도 한 영국인 선교사 – 옮긴이)가 묵은 곳이기도 했다. 이튿날 아침 우리는 마치 지진이 일어난 듯 천장이 요동치는 소음에 잠에서 깼다. 우리는 그것이 인근 사원에서 떼를 지어 온 원숭이들이 지붕의 기와를 부수는 소리였음을 알게 되었다. 하인들은 속수무책이었다. 그들은 돌멩이를 던져서 골칫거리들을 쫓아내려 했지만 원숭이들을 직접 맞추지는 않았고 원숭이들도 그것을 잘 알고 있었다.

인도에 대한 깊은 애착은 처음의 두 가지 경험으로 인해 흔들리게 되었다. 하나는 지평선만큼이나 광범위한 빈곤이었고 다른 하나는 세균성 이질이었다.

우리가 기차로 이동하는 중에 증세가 나타났고 결국 조앤이 몹시 앓게 되었다. 그녀는 심한 탈수 증세를 보였고 단순히 안정을 취하는 것만으로는 나아질 기미가 보이지 않았다. 바로 그때 사라바이 가문은 이 나라에서 대가족이 어떤 힘을 갖고 있는지를 보여주었다. 그것은 마치 돌고래 집단이 기력을 잃어가는 한 구성원을 수면 위로 밀어 올리려 노력하는 모습과 비슷했다. 사나흘 정도 차도가 있기를 기다린 뒤 그들은 행동에 돌입했다. 의과대학의 내과 과장과 가문 주치의 그리고 구자라트 주의 정무장관을 대동한 채 가문의 사람들이 모여들었다. 그들은 심각한 표정으로 대책을—물론 구자라트 식으로—논의한 뒤 나에게 아내를 책임진 가장으로서 어떤 결정을 내릴 것인지 물었는데, 사실 그것은 자신들이 이미 결정한 입원 조치에 동의하느냐고 묻는 것에 불과했다. 공장주의 위엄 있는 부인—의지가 강한 자녀들을 둔 작은 체구의 어머니—은 귀한 외국인 손님을 위해 병실을 깨끗하게 청소하도록 먼저 하인 셋을 병원으로 보냈다. 침대 시트와 꽃을 챙긴 하인들이 뒤따라 출발했고 마침내 리무진을 탄 부인이 조앤을 배웅하기 위해 나타났다. 조앤은 자신의 상태를 살필 겨를이 없을 정도로 많은 이들의 위로와 걱정 속에 병원으로 향했다. 병실에서는 수간호사가 젊은 시리아계 기독교도 간호사들 몇 명을 데리고 직접 조앤을 챙겼다. 바로 옆 병실에서는 입원한 아이의 곁을 부모와 어린 두 형제가 지키고 있었다. 그들은 모두 병실 바닥에 매트를 깔고 잠을 잤다. "대가족"이라는 울타리가 그들에게 닥친 불행의 성격을 바꿔놓고 있었다. 문득 수십 년 전 아메다바드 인근 어디에선가 몸과 마음이 모두 피폐해진 간디를 공장주와 그의 아내가 거두어 보살펴주었다는 기록을 읽은 일이 떠올랐다.

사라바이 가문 사람들은 모두 자부심을 가지고 있다. 그들은 부유하며 그러한 사실을 구태여 숨기려 하지 않는다. 하지만 그들은 가진 돈을 제대로 쓰고자 하는 열망을 가지고 있다. 혹자는 그러한 모습을 보며 그들을

(물론 세부적으로는 차이가 있지만) 아메다바드의 메디치가(15~16세기 피렌체 공화국에서 학문과 예술을 후원하여 르네상스 시대가 피렌체에서 열리는 데 결정적인 역할을 한 명문가-옮긴이)라 부르고 싶을지도 모른다. 물론 그들의 넉넉한 베풂에는 상반된 평가가 이어진다. 그들의 후원을 받은 우리 역시 어떤 이들의 눈에는 의심쩍게 보일 것이다. 하지만 나는 사라바이 가문과 서로 주고받는 관계였다. 여행 중인 친구 또는 친구의 친구를 위해, 그리고 오늘날에는 학문과 예술을 전하는 외국인들을 위해 부유한 인도인들이 그렇게 하듯 사라바이 가문은 우리에게 숙식과 교통수단을 (인도에서는 이것이 곧 하인과 요리사, 운전기사를 의미하거니와) 제공해주었다. 그 대가로 나는 생애 발달 단계에 대한 우리의 임상적 견해와 힌두교 문화권의 그것을 비교해볼 기회를 나 자신과 다수의 아메다바드 시민들에게 제공하기 위해 인간의 생애 단계에 관한 세미나를 현지에서 열기로 했다.

우리는 암발랄 사라바이의 호화로운 저택에서 아이들을 포함한 대가족 모두가 모인 가운데 디발리(Divali)의 아침식사를 했다. 디발리는 신년을 맞이하는 빛의 축제로 이때가 되면 쉴 새 없이 터지는 폭죽과 불꽃놀이로 도시 전체에 생기가 넘쳐난다. 일렬로 늘어선 하인들과 정원사들이 널찍한 테라스에서 고개를 조아린 채 주인 일가의 발을 어루만지며 신년 인사를 건넬 때 나는 마치 봉건시대에 와 있는 것 같은 느낌이 들었다.

우리는 암발랄의 누나인 아나수야 사라바이에게 예를 갖춰 신년 인사를 올리기 위해 그녀가 기거하는 별채로 자리를 옮겼다. 우리가 별채로 들어서는 순간 멀리서 폭죽 터지는 소리가 들려왔다. 처음부터 줄곧 간디를 도운 이 근엄한 노부인은 우리에 앞서 다른 이들을 접견하고 있었다. 차분하고 수수하게 꾸며진 그녀의 거실에는 구자라트 주의 노동부 장관과, 카디와 간디 모자 차림의 노조 지도자들이 앉아 있었다. 예전의 강고한 모습 대신 이제 나이가 들어 초연해진 "노동계의 대모"에게 그들은 신년 인사를 올리고 있었다. 거실 벽에는 톨스토이의 친필이 새겨진 그의 사진이 걸려 있었다. 간디는 톨스토이로부터 받은 그 선물을 아나수야에게 남겼다. 톨스토이의 사진 옆에는 간디의 사진이 걸려 있었다. 사진 속의 간디는 깊은 생각에 잠긴 채 기차의 삼등칸 나무의자에 앉아 있었다. 노조 지도자들은 밝고 건강해 보였다.

이후 암발랄 사라바이는 테라스에서 숲이 내다보이는 그의 별채로 나를 데리고 가서 내게 그곳을 서재로 내주었다. 그는 타고르가 그곳에서 글을 쓰곤 했다는 이야기는—겸손함보다는 과시적인 동기에서—하지 않았다.

우리는 그곳에 손님으로 머물며 틈나는 대로 아메다바드 이곳저곳을 돌아보았다. 날이 밝으면 아침 용변을 처리하기 위해 주전자를 들고 다니는 남자들과 사내아이들의 모습이 보였다. 물론 여자들은 그보다 더 이른 시각에 모습을 드러냈다. 저물녘엔 가난한 이들의 유일한 연료인 (건조된) 쇠똥을 태우는 냄새가 온 도시에 퍼졌다. 거리를 걷다보면 우리의 발걸음 소리가 유난히 크게 들리는 것 같았는데 이는 대부분의 현지인들이 맨발로 다녔기 때문이다.

구시가는 사라바이의 저택과 사바르마티 강 사이에 있다. 구시가를 걷다 보면 혼잡하면서도 온화한 인파 속을 헤엄치는 것 같은 기분이 든다. 하지만 차를 타고 거리에 들어서면 마치 급류타기를 하듯 머리털이 쭈뼛 곤두서는 경험을 하게 된다. 거리에는 인파와 온갖 것들이 쏟아져 나온다. 맨발로 걷거나 자전거를 탄 사람들, 소가 끄는 수레 또는 낙타를 탄 사람들, 이리저리 제멋대로 돌아다니는 염소들, 빠른 걸음으로 움직이는 당나귀들 그리고 느릿느릿 걷는 소들이 거리에 가득하다. 이들 모두가 밀집 대형을 이룬 채 단 1인치의 틈도 주지 않고 자동차를 향해 다가오는 것처럼 느껴진다. 운전자가 연신 경적을 울려대야 그들은 천천히 비키기 시작한다. 하지만 일단 길이 열리면 그 광경은 거의 우아하기까지 하다. 교통사고는 극히 드문데 이는 운전자로서는 다행이라 할 수 있다. 교통사고, 특히 소가 다치는 사고가 일어나면 운전자와 승객은 심각한 곤경에 처할 수 있기 때문이다. 혼잡한 거리의 한복판에서도 신성한 암소의 커다란 눈망울은 쉽게 눈에 들어온다. 암소는 이제까지 어떤 위험이나 악의도 경험해보지 못한 듯 혼잡한 거리를 굼뜬 걸음으로 당당하게 걸어간다. 구시가의 모든 도로는 사바르마티 강으로 이어진다.

조앤은 사바르마티 강가에서 일하는 어느 장인(匠人)을 알게 되었다. 조앤은 거리와 강의 모래톱에서 직조와 염색 작업이 어떻게 이루어지고 있는지 나에게 자세히 설명해주었다. 사바르마티의 강물은 염색에 최적의 성질을 가지고 있으며 모래톱은 옷감의 염색과 표백을 위한 이상적인 장소였다. 대규모 공장이 굴뚝으로 연기를 내뿜으며 길게 사이렌을 울려대는 가운데에도 강을 터전으로 하는 삶에는 여전히 과거의 수공업 형태가 남아 있었다.

수공업은 기본적으로 가족 단위의 노동이다. 사바르마티 강은 성인 남녀와 어린아이들 그리고 갓난아기들로 인해 활기가 넘친다. 그러나 강가의 다른 모든 소음은 커다란 바위에 규칙적으로 옷감을 내리치는 소리에 묻히고 만다. 완성된 옷을 세탁하는 이들은 옷의 한쪽 끝을 잡고 철썩철썩 소리를 내며 그것을 바위에 내리친다. 힘주어 내뱉는 기합은 이따금 "시타(Sita, 고대 인도의 서사시『라마야나』에 등장하는 라마의 아내 – 옮긴이)" 또는 "라마(Rama)"를 찬양하는 거친 호흡의 노래가 되기도 한다. 그토록 세차게 내리치고도 옷이 어떻게 상하지 않는지 신기하기도 하지만 옷감은 이러한 과정을 통과할 만큼 튼튼하게 직조되는 것 같다. 사람의 손으로 일일이 염색한 옷감들이 강렬한 태양이 내리쬐는 모래톱에 펼쳐져 있는 동안 강변에는 여러 색깔—파란색, 노란색, 보라색 그리고 녹색—의 파도가 넘실거린다.

이것이 사바르마티 강에 터전을 둔 삶에 대한 그 장인의 시선이다.[1] 하지만 성벽으로 둘러싸인 이 오래된 도시는 상인의 도시, 혹은 카스트 제도에 따라 분리된 삶을 살아온 상업 도시라 할 수 있다. 나의 가이드 역할을 해준 청년은 이 도시에서 태어난 학구적인 사회주의자였다. 그는 한때 카스트 제도가 사람들에게 제공해준 안정감과 정체성을 설명하면서 그러한 세계관에 담긴 엄격함과 잔인함을 내게 이해시키려 했다. 카스트 제도는 사람들에게 윤회(힌두교는 어떤 사람이 특정한 카스트로 태어난 것은 전생의 행위에 기인하기 때문에 내세의 행복을 얻기 위해서는 현세에서 자신이 속한 카스트의 본분에 충실해야 한다고 가르친다 - 옮긴이)를 관통하는 정체성을 제공해준 것이다.

구시가와 사바르마티 강은 빠르게 성장하고 있는 아메다바드 시에 둘러싸여 있다. 아메다바드는 넓은 도로와 교량 그리고 무엇보다도 많은 공장이 있는 도시—85개의 공장과 150만 명의 인구 중 12만 5천 명이 공장 노동자인—이다. 피츠버그가 다양한 이민자 집단으로 구성되어 있듯이 이 도시는 노동 계급으로 편입되기 이전 최악의 조건 하에 살아가던 시골의 다양한 부족민들을 끌어들이고 있다. 그중에서도 붉은색 터번을 두른 타차

---

1 Joan Erikson, *Mata Ni Pachedi, The Temple Cloth of the Mother Goddess*, Ahmedabad Design Institute, 1968년.

르타인(Tachartas)들은 매우 인상적이다. 아메다바드의 빈민가에 흘러든 이 억센 "카우보이"들이 양쪽에 커다란 우유 통을 매달고 자전거를 타는 모습은 흡사 켄타우로스(그리스 신화에 나오는 반인반마인 종족 – 옮긴이)의 형상을 연상시킨다. 도시에 정착한 이 부족민들은 나름의 춤과 의식(儀式)을 가지고 있다. 우리는 이따금 횃불을 밝힌 막다른 골목 여기저기에서 (공장의 사이렌 소리에 잠깐씩 중단되며) 북소리가 밤새 울려 퍼지는 것을 듣고는 했다.

피츠버그에 대해 어느 정도 아는 사람이라면 아메다바드에 대한 이해가 쉬울 것이다. 한때 미국인들이 피츠버그에 볼 것이 뭐가 있느냐는 반응을 보인 것처럼, 아메다바드를 갈 예정이거나 그곳을 막 다녀온 사람에게 인도인들은 대뜸 "뭐 하러 거길?"이라는 반응을 보인다. 하지만 피츠버그에서처럼 이곳에서도 공장 굴뚝의 연기는 번영을 의미한다. 부와 문화 그리고 번영이 어떤 형태로 존재하든 애초에 그것은 몇몇 부유한 가문이 베푼 선물이었고, 이후에는 타협적인 노조가 확보한 권리가 되었다. 피츠버그의 초기 자본가들이 그랬던 것처럼 아메다바드의 공장주들 역시 오만한 졸부 취급을 받고 있다. 사람들은 이 도시가 돈만 밝히는 "장사꾼(Banias)"들의 지배를 받는다는 사실에 반감을 품고 있다. 옛 상인 카스트에 뿌리를 둔 그들이 자이나교를 신봉한다는 사실 또한 사람들의 반감을 불러일으키고 있다. 아메다바드의 기업인들이 자국 내에서 가지고 있는 이미지는 미국에서 "피츠버그 양키"라는 두 단어의 모호한 조합으로 불린 이들의 이미지와 유사하다고 하겠다. 그들의 특징으로 일컬어지는 것들 중 그나마 나은 것으로는 경영 능력, 조심성, 현실성, 타협적인 태도 그리고 기민함이 꼽힌다. 간디는 작은 마을의 상인 카스트 집안에서 태어났다. (그의 이름은 "식료품상 (grocer)"이라는 뜻이다.) 그가 남아프리카에서 돌아와 사바르마티 강 인근에 자신의 아슈람을 세운 것도 같은 언어를 사용하는 고향 땅에서부터 뜻을 펼치겠다는 생각이 있었기 때문이다. 하지만 교육을 받은 젊은이들은 이곳에 남지 않고 봄베이 또는 더 큰 도시로 떠나는 것이 일반적이다.

단순히 수적으로나 국가적 중요성으로 보면 아메다바드는 캘커타, 델리 그리고 마드라스 같은 도시에 미치지 못한다. 하지만 아메다바드는 인도에서 노동조합의 가입률이 가장 높을 뿐만 아니라 가장 현대적인 복지 제도를 누리고 있는 도시이다. 이곳의 노사관계를 들여다보면 과거의 빈곤과 카스트 제도에 계속 시달렸을지도 모를 이곳 사람들에게 간디 같은 인물의 사그라지지 않는 "현존"이─아나수야처럼 기득권층에서 이탈한 동조 세력의 도움으로─어떤 선물을 안겨다주었는지 알 수 있다.

강 건너편에는 간디의 옛 아슈람이 지금도 남아 있다. 현재 그 건물의 일부는 기념관으로, 다른 부분은 예전의 "불가촉천민" 고아들을 위한 시설로 개조되어 있다. 우리는 고아원 측의 초대를 받아 성탄절 아침 아이들의 기도 모임에 자리를 함께했다. 엄숙한 표정으로 기도 모임을 이끌고 있는 깡마른 남자 옆에서 서양인인 내가 책상다리를 하기 위해 안간힘을 쓰는 모습을 바라보며 아이들은 간신히 웃음을 참았다. 기도 모임의 엄숙한 분위기가 아이들의 표정으로 환해지고 있었다.

사라바이 가문의 저택에서 대로를 따라 멀지 않은 곳에 주지사의 관사가 있는데 그 인근에 구자라트 주의 공식 "게스트 하우스"가 있다. 어느 날 아침 산책을 하며 그곳을 지나던 우리에게 친절하고 위엄 있는 노인 한 사람이 말을 걸어왔다. 그의 이름은 샨케를랄 반케르(Shankerlal Banker)이며 우리는 디발리의 아침식사에서 그를 만난 적이 있었다. 그 이전에도 우리는 산책을 하며 그와 몇 차례 마주쳤지만 그가 말을 건넨 것은 그날이 처음이었다. 언뜻 보기에 그는 병약해 보였다. 치아는 하나도 남아 있지 않았고 카디와 숄을 온몸에 칭칭 감은 그는 거의 수줍어한다고 해야 할 만큼 내성적이었다. 여기까지만 보면 그는 평범한 인도인과 다를 게 없다. 그런데 그에 대해 내가 들은 이야기는 달랐다. 그는 간디가 생존해 있는 동안 뛰어난 조직책으로 활동했다. 그는 후일 전국적으로 번진 (집에서 직접 짠) 카디 운동을 책임지기도 했다.

"이곳에서 무슨 일이 있었는지 아십니까?" 그날 아침 그가 물었다. 그는 "게스트 하우스"를 가리켜 법원이라고 불렀다. 그곳은 1922년 간디가 재판을 받은 장소였던 것이다! 젊은 시절 우리는 간디와 영국인 판사가 나누는 대화를 읽으며 경외심을 가지지 않을 수 없었다. 판사는 이렇게 말했다.

간디 씨, 어떤 면에서는 당신이 혐의를 순순히 인정한 덕분에 나의 수고가 많이 덜어졌다고 볼 수 있습니다. 그럼에도 불구하고 이 나라에서 적정한 형을 선고한다는 것은 판사로서 여전히 어려운 일입니다…… 수백 만 인도인들의 눈에 당신이 위대한 애국자이자 지도자로 비치고 있다는 사실을 무시할 수는 없을 것입니다. 당신과 정치적 견해가 다른 사람들조차 당신이 고귀한 이상을 가지고 숭고한 삶을, 심지어는 성자의 삶을 살아가고 있다고 생각합니다…… 하지만 당신을 다른 사람들과 똑같이 법의 지배를 받는 한 사람으로 판단하는 것이 나의 책무입니다.

이어서 판사는 곧 내릴 선고에 대해 피고에게 이렇게 말했다. "형량이 과도하다고 생각되지는 않을 겁니다. 당신에게는 틸라크(Bal Gangadhar Tilak, 1920년 사망할 때까지 인도에서 가장 영향력 있는 독립운동 지도자였으며 6년형을 선고받은 적이 있다 – 옮긴이) 씨의 판례가 적용될 것입니다. 인도의 정세가 정부로 하여금 당신의 형기를 줄이고 석방을 가능케 하는 쪽으로 흘러간다면 이를 나보다 더 기뻐할 사람은 없을 것입니다." 간디는 틸라크와 같은 형량—간디 자신이 판사가 선고할 수 있는 가장 가벼운 형량이라고 생각한—을 선고받은 것이 "더할 수 없는 특권이자 영예"라고 말했다.[2]

나는 인도에서 알게 된 친구들 대부분이, 설령 그들이 어렸을 때일지언정, 그 재판을 참관했다는 사실을 새삼 깨달았다. 더군다나 샨케를랄 반케르는 그 재판에서 간디와 함께 법정에 선 피고가 아니었던가! 나는 그에게 간디와 함께 수감 기간에 겪은 일들을 기록으로 남겨두었는지 물어보았다. 그는 마치 그것이 해서는 안 될 일이라는 듯 고개를 내저었다.[3] 그와 나눈 몇 차례의 대화를 통해 그가 아메다바드 파업에 적극적으로 개입했다는 사실이 드러났다. 그의 유머와 솔직함 그리고 강인한 성격을 통해 나는 이 도시에 남아 있는 간디의 현존을 그려볼 수 있었다. 또한 그 파업이 매우 주목할 만한 사건이라는 생각도 점차 뚜렷해졌다. 나는 샨케를랄에게 젊은 시절 로맹 롤랑(Romain Rolland, 『장 크리스토프』로 노벨 문학상을 수상한 프랑스 작가로 나치즘에 반대하는 활동을 벌였으며 간디의 평전을 쓰기도 했다 – 옮긴이)의 책이 나에게 얼마나 큰 영향을 끼쳤는지 이야기했다. 다음 날 그는 로맹 롤랑이 쓴 『마하트마 간디』를 들고 나왔다. 로맹 롤랑은 그 책에서 간디를 이렇게 묘사하고 있다.

몸에는 거칠게 짠 흰색 옷을 두르고, 작은 얼굴에 부드러운 검은 눈동자를 지닌 이 맨발의 남자는 왜소하고 약해 보인다. 그는 밥과 과일만 먹으며 물 이외의 음료는 마시지 않는다. 침대 대신 바닥에서 잠을 자는 그는 수면 시간은

---

2 *The Great Trial* (마하트마 간디의 재판에 관한 기록), Mazharul Haque의 서문, Ahmedabad: Navajivan, 1965년, 32~34쪽. (1922년 Patna에서 나온 초판의 재발행본)

3 나중에 그는 수감 기간의 기록을 출간했다. (Ahmedabad: Navajivan, 1967년)

매우 짧은 반면 일은 쉬지 않고 한다. 마치 자신의 몸은 전혀 중요하지 않게 여기는 듯하다. 그에게는 언뜻 뚜렷한 특징이 없어 보이지만 그의 표정은 오롯이 "무한한 인내와 무한한 사랑"을 이야기하고 있다. W. W. 피어슨은 남아프리카에서 그를 처음 만났을 때 직관적으로 아시시의 성 프란체스코를 떠올렸다. 그에게는 거의 어린아이와 같은 단순함이 있다. 그는 순백의 고결함을 지니고 있으며 적대적인 사람들을 대할 때조차 온화하고 정중한 태도를 보인다. 허세를 전혀 엿볼 수 없는 그의 겸손함은 그 때문에 어떤 주장을 펼칠 때에는 마치 주눅이 든 것처럼 보이기도 한다. 하지만 누구든 그의 앞에서는 불굴의 정신을 절로 느끼게 된다. 그는 자신의 잘못을 인정하는 데 주저함이 없으며…… 말 그대로 "그를 흠모하는 군중 때문에 몸살을" 앓으면서도 다수를 의심하고 "우민정치"와 대중의 열광을 늘 두려워한다. 그는 소수파로 있을 때 편안함을 느끼며, "더 작은 목소리"에 귀 기울이는 고독한 중재자로 있을 때 가장 큰 행복감을 느낀다. 3억의 인구를 분연히 떨쳐 일어나게 했고 대영제국의 토대를 흔들었으며 지난 2백년 사이 가장 강력한 종교적인 힘으로 현실 정치에 개입한 이가 바로 이 사람이다.[4]

---

4 Romain Rolland, *Mahatma Gandhi*, Catherine D. Groth 번역, New York: The Century Co., 1924년, 3~5쪽

제2장

아메다바드의 세미나

하지만 나에겐 할 일이 있었다. 생각거리가 너무 많고 복잡할 때 일은 반가운 균형추가 된다. 다양한 그룹의 남녀노소를 만나 문을 닫고 (인도에서 흔히 사용되는 표현이다) 익숙한 절차, 즉 세미나를 시작하는 것은 매우 유익했다. 참가자가 어떤 분야에 속해 있든 세미나의 주최자로서는 그들의 현실 상황에서 인간의 보편성을 확인할 좋은 기회를 가질 수 있었다. 세미나에 참석한 이들 중에는 물리학자, 기업가, 의사 그리고 교육자들이 포함되어 있었다. 무명으로 짠 사리(sari, 인도 힌두교도 여성의 전통 의상 – 옮긴이)를 입고 나타난 사랄라데비(Saraladevi, 암발랄 사라바이의 아내 – 옮긴이) 한 사람만이 간디라는 과거를 대표하고 있었다.

권위에 대한 익숙한 순종 때문인지 내가 생애 발달단계 이론을 발표하는 동안 의심이나 웃음을 비친 사람은 없었다. 모든 참석자들─산스크리트 경전에 의거하여 생애 발달 단계를 재구성한 시인 우마 샨카르 조시(Uma Shankar Joshi)[1]부터, 자신이 이끄는 무용단원들과 함께 힌두교의 생애 발달 단계를 야외 공연장에서 무용으로 표현한 므리날리니(Mrinalini)에 이르기까지─은 각자의 표현 방법으로 세미나에 기여했다. 다른 이들역시 생애의 특정한 위기들─타고르의 유년기, 과거의 부족 사회나 카스트 제도 하에서 "죄를 저지른" 젊은이의 정체성 문제, 여학생들과 어머니

1　당시 그는 구자라티 대학의 부총장이었다.

들과의 관계—에 대해 발표했다. 세미나에서는 카스트 제도부터 불확정성 (indeterminacy)에 이르기까지 다양한 개념이 다루어졌다. 나는 메모한 자료를 그때그때 정리해서 세미나 중에 배부했다. 나의 의도는 충분한 자료를 가지고 그것을 "나의" 생애 단계[2]에 접목시켜 보는 것이었다. 물론 베다 (Vedas, 힌두교의 뿌리인 브라만교의 고대 경전 – 옮긴이)와 나 모두 계통발생과 개체발생이라는 주어진 조건을 충실히 따랐다. 하지만 일정한 연령과 문화에서 따로 설명이 필요하지 않을 만큼 명백하게 나타나는 이미지가 정확하게 무엇인지, 그리고 (물리학자 라마난단이 세미나에서 논의한 바와 같이) 따로 의식하지 않아도 될 만큼 "인간의 뼈 속에 깊이 박혀 있는" 이미지는 과연 무엇인지에 대해 우리는 상호 이해를 위해서라도 명확한 단어로 정리할 필요가 있었다. 그런데 현대 심리학이 제공해주는 그 세부적인 이미지들은 그것이 아무리 과학적으로 입증되어 있다고 하더라도 여전히 프로이트가 "신화적" 경향이라고 부른 것에 머물러 있다. 또한 가장 합리적인 세계에서조차 전통적인 (그리고 아마도 의식의 차원에서는 거부되는) 이미지들은 여전히 임상의에게 피할 수 없는 실체로 남아 있다. 그러한 이미지들은 일종의 시공간으로 생애 초기에 흡수되어, 이후의 생애 단계에 연속적으로 나타나며 한 개인을 괴롭히는 심연의 갈등에 꾸준히 맞설 수 있는 힘을 제공해준다. 이는 곧 수치심과 의심은 물론 생애 초기의 불신에 맞서는, 무력감뿐만 아니라 죄책감에 맞서는, 고립과 침체 그리고 노년의 절망뿐만 아니라 정체성의 혼란에 맞서는 힘이 되는 것이다. 또한 "행복"이나 "성공"에 대한 기대—또는 실제로 그러한 조건—때문에 그 명백한 이미지들이 인위

---

2 생애 주기의 사회심리학적 개념에 관해서는 다음을 참고할 것. Erik H. Erikson, *Childhood and Society*, Second Edition, New York: Norton, 1963년, 247~274쪽

적으로 제거된 곳에서조차, 방향을 잃고 표류하는 개인에게 그 이미지들은 조용히 다시 나타나 안도감을 제공해준다.

여기에서 나는 인도인들이 살아가면서 (연령대에 따라) 경험하는 분명한 생애 단계들에 대한 비교 연구의 결과를 개략적으로 설명하고자 한다.

힌두교의 경전은 미리 정해진 운명이 지배하는 생애 주기의 영속적 의미를 기술하고 있다는 점에서 "관념적"이라 할 수 있다. 물론 여기에서 "영속적 의미"는 사제가 권력의 정점을 차지하는 전제 정치를 정당화한다. 하지만 오늘날 우리는 모든 의미의 왜곡과 곡해에 대해 체계적인 지식을 가지고 있으며 열의를 가지고 그 문제를 다루고 있기 때문에, 성장을 꾀하는 사람들의 노력과 투쟁을 살펴봄으로써 그 사회의 제도와 체제를 이해하려는 것은 당연하다고 하겠다. 임상적 그리고 발달심리학적 관찰을 통해 우리는 유아기와 유년기라는 중요한 시기에 대해 많은 통찰을 얻었다. 또한 전 생애 가운데 이 시기를 특별히 다루려고 노력하면서 나는 생애 첫 1년 동안 희망이라는 기본적 "가치"가 만들어지고 유년기를 거치면서 의지, 목적, 주도성 그리고 재능의 토대가 형성되며 이후의 청소년기에는 자기 자신에게 충실한 성인기를 준비하게 된다고 가정해왔다.

유아기를 중시하는 우리의 임상적 관점과는 대조적으로 인간의 삶에 대한 힌두교의 전통적 이미지는 "인식"의 시기에 도달하기 이전의 단계들을 개념화하지 않는다. 즉, 의식적으로 듣고 읽고 노래하고 관찰하는 능력을 갖추는 한편 자기를 가르치는 사람에게 애착을 형성하는 8세 이전의 아이들은 갓난아기와 다를 바가 없는 것으로 간주되며 그들은 오로지 타고난 계급(caste)으로만 식별된다.[3] 물론 8세 이전에도 아이에 "대한" 의식(儀式)은 치러지지만 그것은 아이 스스로의 이해나 참여가 배제된 것이다. 그럼에도 그러한 의식들은 우리가 알고 있는 결정적 시기들을 중요하게 여기고 있다. 우리가 희망이라는 것을 생애 첫 1년 동안 나타나는 인간의 근원적 힘으로 여긴다면, 힌두교의 시각은 그것을 역사의 기원으로까지 바라본다.

"과연 희망은 어디에서 오는 것일까? …… 희망은 곤경에 처한 인간이 마지막으로 기댈 곳이다. 희망이 무너지면 커다란 슬픔이 따라오며 그 슬픔은 죽음 자체와 다를 것이 없다…… 나는 거대한 산보다 희망이 더 크다고 생각한다. 어쩌면 희망은 하늘보다도 더 크다고 할 수 있다. 아니, 그것은 진실로 측정할 수 없는 것이다. 희망, 그것은 이해하기 어려우며 획득하는 것 또한 어렵다. 희망의 속성이 이러할진대 과연 희망보다 얻기 어려운 것이 무엇이겠는가?"[4]

우리가 생애 주기의 출발점으로 여기는 것을 힌두교는 전생의 삶에 투영한다. 아이가 언제(kala), 어디에서(desha) 태어나느냐는 물론 어떤 내적 경향(gunas)을 가지고 있으며 현생에서 부여된 계급으로 살아가는 동안 어떤 노력(shrama)을 기울여야 하는지가 모두 전생의 삶에 의해 결정된다. 그러므로 아이는 브라만(Brahmans) 계급으로 태어나 종교와 학문에 종사할수도 있고, 크샤트리아(Kshatrias) 계급으로 태어나 무예와 정치를 배울 수도 있으며, 바이샤(Vaisyas) 계급으로 태어나 도구를 다루고 땅을 소유할 수도, 수드라(Sudras) 계급으로 태어나 이마에 땀을 흘리는 예속적 노동을 할

---

3 P. V. Kane, *History of Dharmasastra*, Poona: Bhandarkar Oriental Research Institute, 1941년, 제2권 1부, 188쪽. Sedhir Kakar, "The Human Life Cycle: The Traditional Hindu View and the Psychology of Erik H. Erikson," *Philosophy East and West*, 제18권, 3호, 1968년 7월, 127~136쪽.

4 *The Mahabharata*, 제12권 (Shanti Parva), M. N. Dutt 번역, Calcutta: R. M. Sircar, 1902년, 186쪽.

수도 있다. 어쩌면 이 모든 명예로운 일을 얻지 못하고 다른 사람들이 결코 손대지 않는 일을 해야 하는 불가촉천민(Untouchable)의 운명으로 태어날 수도 있다. 다만 이제는 불가촉천민들도 자신의 미래에 무한한 가능성을 가지고 있다.

서구사회에 살고 있는 우리는 숙명이라는 관념을 극복하고 있다는 것을 자랑스럽게 여긴다. 그러면서도 우리는 여전히 아동 양육이 태생적으로 주어진 조건에 밑줄을 긋는 것에 불과하다는, 즉 진화에 의해 고정된 후성적(epigenetic) 발달이라는 생각을 고집한다. 유전적 또는 기질적 요인에, 생애 초기의 경험이나 돌이킬 수 없는 정신적 외상에, 문화적 또는 경제적 결핍에 우리가 운명이라는 관념을 얼마나 자주 투영하고 있는지는 여느 세미나에서든 쉽게 확인할 수 있다. 그러므로 "내심" 자신을 이전부터 늘 있어 왔고 앞으로도 계속 살아있을 존재로 가정하지 않는 사람이 없다는 사실을 우리는 직시해야 한다. 또한 과거의 종교적 세계관은 이러한 심리적 배경 위에 하나의 문화에서 공유되고 전파되며 의식(儀式)으로 굳어진 이미지와 관념을 부여한다.

힌두교 신자들의 생애 주기에서 분명한 제1단계는 **안테바신**(Antevasin), 즉 도제식 교육과 진로 탐색의 시기이다. 이 시기는 각 개인으로 하여금 자신의 계급에 할당된 기본적인 기능을 습득하고 부모에 대한 맹목적 애착을 공인된 교사(guru)에게로 옮길 것을 요구하는데, 이는 각자의 운명과 인격을 실제적 기능과 특별한 인물에게 뿌리내리도록 하기 위함이다. 이것은 우리가 취학 연령의 아이들에게 기본적인 자신감을 키우도록 하고 청소년기를 자기 자신에게 충실한 느낌을 얻는 원천적 시기로 이해하는 방식과 매우 흡사하다. 힌두교 신자들이 성숙기 단계에서 추구해야 할 목표로 여기는 것은 **다르마**(dharma)이다. 이는 스스로의 선택뿐만 아니라 전생에서의 삶에 의해 결정되는 일생의 과업이다. **다르마**는 매우 개인적인 문제인 동시에 우리가 정체성이라고 부르는 것만큼이나 그 경계가 명확하다. "다른 사람이 성취한 훌륭한 **다르마**보다 (설령 불완전할지언정) 자신만의 **다르마**를 얻고 자신만의 **다르마** 속에서 죽는 것이 낫다. 타인의 **다르마**는 위험을 가져다준다."[5]

하지만 이 모든 개인의 **다르마**가 결합될 때 비로소 세상은 통합된다. 마하바라타(Mahabharata, '바라타 왕조의 대서사시'라는 뜻으로 인도의 2대 서사시 중 하나이다 – 옮긴이)에는 이런 구절이 있다. "국가 또는 왕이, 직위 또는 그 직위에 있는 사람이 백성을 다스리는 것이 아니다. 오직 **다르마**에 의해 백성은 서로 평화를 누릴 수 있다."[6] 우리가 자아(Ego)라고 개념화한 **다르마**가 개인의 경험을 통합하고 동시에 상호적이기도 하다면 거기에는 많은 의미가 함축되어 있다.[7] 만일 각 개인이 최고의, 그리고 최적의 **상호 활성화**(mutual activation)를 위해 서로에게 의지한다면 **다르마**는 공동의 질서에 속한 각 개인이 자아실현을 통해 세상에 통합된다는 의미를 가진다.

청소년기의 **안테바신**은 가장(家長)이 되는 시기의 **그리하스타**(Grhastha)로 이어진다. 나는 개인적으로 이러한 체계가 완전히 다른 두 가지 생활양식을 단절 없이 이어준다는 점이 마음에 든다. 구원에 이르기 위해 요람에서 무덤까지 거의 한결같은 고결함을 강조하는 유대교나 그리스도교의 가르침과는 달리, 힌두교는 **안테바신**의 단계에서 성에 대한 관심을 유예하고

---

5   *The Bhagavad Gita*, Discourse Ⅲ, 35. Franklin Edgerton 번역. Cambridge, Mass.: Harvard University Press, 1952년, Ⅰ, 39.

6   P. N. Prabhu, *Hindu Social Organization, A Study in Socio-Psychological and Ideological Foundations*, 4판, Bombay: Popular Prakashan, 1963년, 73쪽.

7   Erik H. Erikson, *Identity: Youth and Crisis*, New York: Norton, 1968년, 221~224쪽, "A Community of Egos"

지연시킴으로써 학생으로 하여금 영원한 가치를 배우는 일에 전념할 것을 명한다. 그러나 바로 다음 단계에서 청소년기를 갓 벗어난 개인에게 다양한 성적, 관능적 쾌락의 경험을 최초의 의무로 규정한다.

그러나 이 단계에서 개인은 육체적 쾌락 가운데 길을 잃어서는 안 된다. 그는 결혼과 동시에 **아르타**(Artha), 즉 가족관계와 공동체 그리고 다산의 "현실"에 충실해야 한다. **마누 법전**(Manusmriti)에는 이런 구절이 있다. "아내와 자기 자신 그리고 자식, 이렇게 세 사람이 결합되었을 때 그는 비로소 완전해진다."[8] 이는 청년기 초기의 폭넓은 관계가 타인과 자신의 정체성을 융합시키는 진정한 친밀성으로 발전할 수 있다는 우리의 가정과 일치한다. 또한 이것은 우리가 생산력(generativity)이라고 부르는, 보살핌을 주고받는 느낌의 토대가 되고 동시에 생식과 출산으로 연결되는 모든 이들에게 힘의 원천이 된다.

학업, 성적(性的) 상호관계, 가족의 형성 그리고 공동체로의 통합에 연속적으로 참여한 개인은 점차 세 번째 단계인 **바나프라스타**(Vanaprastha), 즉 자기본위와 육체 그리고 공동체로부터 내적으로 벗어나는 단계로 나아간다. 그리고 이 단계는 후에 **모크샤**(Moksha), 즉 궁극적으로 포기와 소멸을 지향하는 단계로 이어진다.

이러한 체계는 내가 강조해온 발달 단계의 **연속성**과 각 단계에서 키워진 힘의 **총합**이라는 개념과 일치한다. 마누 법전은 이렇게 말한다. "어떤 이들은 (인간에게) 최고의 선이 **다르마와 아르타**를 얻는 데 있다고 말하고, 또 어떤 이들은 그것이 관능적 쾌락인 **카마**(kama)의 만족에 있다고 말한다. 다른

---

8 *The Laws of Manu*, G. Buhler 번역, *The Sacred Books of the East*, 제25권, F. Max Muller 편집, Oxford: Clarendon Press, 1886년, 335쪽.

이들은 오로지 **다르마**의 획득이, 혹은 **아르타**의 획득만이 현세에서 최고의 선이라고 말한다. 하지만 세 가지의 총합에 최고선이 있다고 말하는 것이 올바른 결론이다."[9]

이러한 두 체계를 하나하나 비교하는 것은 불가능할 뿐만 아니라 무익하다. 중요한 것은 그러한 두 체계를 유사하게 만들어주는 원리이다. 그것은 생애의 각 단계에 주어지는 힘이, 점차 확대되는 힘의 총합에 더해지고 이후의 단계에 재통합되면서 전체의 생애 주기 속에서 나름의 역할을 하게 된다는 후성적 원리이다.[10]

하지만 이러한 유사성은 회의론자들의 눈에 두 체계 모두가 의심스럽게 보이는 요인이 될 수 있으며, 이는 우리의 세미나에서도 드러났다. 교육을 받은 사람들도 유독 종교적 세계관을 접할 때에는 그러한 주술적 사고의 잔재를 무익한 관습이나 불합리한 도식화의 결과로 받아들여야 할지 고민을 한다. 이에 반해 세대의 순환이라는 개념을 피하려는 실용주의적 세계관은 광범위한 방향 상실을 초래할 수 있다. 이러한 딜레마 가운데 많은 이들은 어쩔 수 없이 과거의 세계관이 지닌 관념과 의식(儀式)의 일관성을 존중하지 않을 수 없게 된다.

계급이 미리 결정된 상태에서 인도인들은 정해진 방식대로 한 생애를 보내야만 풀려날 수 있는 저주를 가지고 태어난다. 계급에 따라 규정된 방식대로 살고 죽음으로써 개인은 내세에서 더 나은 삶을 누릴 자격을 얻게 되며 개인의 생애 주기를 온전히 마친 뒤에야 거대한 순환에서 풀려날 수 있는 것이다.

---

9 *The Laws of Manu*에서 일부 고쳐서 씀, 70쪽.

10 *Childhood and Society*, 65쪽, 269~274쪽.

모든 세계관은 성직자들의 관료주의에 맡겨질 때 순수성을 잃기 쉽다. 하지만 이것만으로 세계관의 구조가 약화되는 것은 아니다. 옛 세계관의 잔재를 부정하는 것에는 위험이 따르는데, 이는 우리가 회의론의 정당성으로 그것을 죄악인 것처럼 주장한다고 해서 그것을 극복할 수 있는 것은 아니기 때문이다. 그것은 쉽게 부정될 만큼 허약하지도 않다. 낯선 사람에게도 점성술과 신비주의 같은 원천에서 얻은 자신의 주술적 확신을 거리낌 없이 털어놓는 사람들을 나는 인도에서 흔히 만날 수 있었다. 물론 그것은 서양 사람들이 합리적이라 부르는 것들과는 거리가 멀었다. 하지만 전통적인 정신의 자산이 부정이 아닌 초월의 대상이어야 한다는 것 또한 분명한 사실이다.

아메다바드에는 사라바이 가문의 재정적 후원을 받는 초등학교와 부속 병원이 있었다. 그곳에서 가우탐의 아내인 카말리니 사라바이는 나에게 사례 연구에 대한 토론의 자리뿐만 아니라 학생들의 놀이를 관찰함으로써 그들의 목소리를 "들을" 기회도 마련해주었다. 이를 통해 나는 우리의 아이들에 대해 많은 것을 배웠다. 『유년기와 사회』에서 기술한 바와 같이, 놀이 연구의 방법 중에는 아이에게 빈 책상("무대")과 일련의 장난감("출연진")들을 내주고 하나의 "장면"을 구성해보도록 하는 것이 있다.

나는 인도인 친구들에게 계획에 따라 실험을 진행해줄 것을 부탁했고 놀이 장면 구성에 참여하는 아이들에게 안내와 실험 조건을 동일하게 제공하기 위해 노력했다. 하지만 아이들의 눈에 띄지 않기 위해 특수 유리창 뒤에 있었던 나로서는 아이들이 가족들과 함께 나타나거나 다른 아이들에 비해 실험에 대한 안내 시간이 훨씬 길게 주어지는 경우에도 개입을 할 수가 없었다. 어느 쪽이 되었든 실험을 도와준 인도인 친구들은 아이가 **최선**을 다하기 위해서는 그것이 **필요**했다고 이야기했다. 결국 나는 심리학자로서의 과학적 책무는 잊고 인도에서 그러한 연구를 수행할 때 벌어지는 상황과 관습을 관찰하는 것에 만족하기로 했다.

미국에서 실험을 진행했을 때 우리는 아이들에게 가상의 영화 장면을 구성해보게 했지만 이곳에서는 민속극(folk play)의 장면을 떠올려 보라고 했다. 가장 먼저 눈에 들어온 차이는 미국의 아이들이 몇 개의 장난감을 신중하게 골라서 안과 밖의 경계가 뚜렷한 장면을 구성했다면, 인도의 아이들은 손에 잡히는 장난감들을 모두 사용하여 옥내와 옥외, 정글과 도시 그리고 한 장면과 다른 장면의 구분이 명확하지 않은 장면에 블록과 동물 그리고 사람을 빼곡하게 배치했다는 것이다. "재미있는 장면"이 무엇인지(정확하게 말하면 어디인지) 물어보았을 때 아이들이 지목한 부분은 개별적인 또는 중심적인 사건이라 할 수 없는 곳에 있었다. 하지만 일단 그 위치가 확인되면 그 아이의 개인사와 성장 배경에 관련된 하나의 형태(Gestalt)가 드러났다. 이는 미국 아이들의 경우에도 마찬가지였다. 나는 직접 "보는" 유형이기 때문에 아이들이 내 눈 앞에서 하는 행동들은 사례 연구를 통해 드러난 결과와 결합되었다.

깊이를 알 수 없는 다양성의 바다 어딘가에 중요한 순간들이 가라앉아 있다. 거리나 집 또는 어디에서든 삶은 그와 같은 모습을 보여주지 않는가? 사실 인도에 대해 내가 느끼는 감정이 그와 같았다. 감각적으로나 감정적으로 멀미의 기미가 없었던 것은 아니다. 시각적, 청각적 사건들로 가득 채워진 시간과 공간을 헤치고 나가는 동안 많은 사건들의 흐름 속에서 한 편의 삽화를, 감정의 흐름 속에서 하나의 사실을, 그리고 온통 섞여 있는 수많은 관계 속에서 경계가 뚜렷한 하나의 관계를 끄집어낸다는 것은 무척 어려운 일이었다. 만일 이 모든 것들을 아우르는 개념을 한 단어로 나타내야 한다면 그것은 **융합**(fusion)일 것이다. 나는 인도인들이 능동적 그리고 수동적으로 융합 속에서 살아가기를 원한다고 생각한다. 편향된 독서를 배경으로 인도인들 개개인의 고립과, 명상에 대한 그들의 지향에 초점을 맞추고 있는 이들은 이것을 납득하기 어려울지도 모르겠다. 융합과 고립은 서로 극성(極性)을 지니고 있다. 나는 『유년기와 사회』에서 한 국가의 역사가 양극단의 잠재적 가능성들을 다루는 방식, 즉 그러한 대조적 성격을 독창적인 문명으로 끌어올리느냐 아니면 단순한 모순 상태로 내버려두느냐에 따라 그 국민들의 정체성이 크게 영향을 받는다는 명제를 언급했다. 이를 우리의 출발점으로 삼는다면, 북적거리는 대가족과 집단생활에서 요구되는 융합은 한쪽의 극성을 이루게 될 것이다. 또한 군중으로부터 따로 떨어져 있으려는 깊은 욕구는 의심할 여지 없이 반대의 극성을 띠게 될 것이다. 실제로 인도인들은 군중 속에서도 철저히 혼자가 될 수 있는 능력을 가지고 있다. 나는 북적거리는 군중 속에서 긴장병적(catatonic) 고립 상태에 있는 인도인들을 많이 보았다. 하지만 혼자 있는 상태 역시 타자와 융합하고자 하는 깊은 지향의 지배를 받을 때가 있다. 여기에서의 "타자"는 스승(mentor)이나 신(god), 또는 우주나 깊은 내면의 자아일 수 있는데 그것과의 융합은 배타적이고 영속적인 방식으로 이어진다.

여기에서 조금 다른 이야기를 해보자. 서양인들은 "원리(principles)"라는 것을 가지고 있다. 우리에게 진실이란 구분해서 셀 수 있는 것의 총합이다. 그것은 논리적으로 설명할 수 있고 과거에 존재했음을 증명할 수 있으며 현재 가지고 있는 의미가 과거나 미래에도 동일하게 유지되는 것이다. 그러한 진실에서 벗어나는 순간 우리는 거짓말쟁이가 된다. 나는 인도인들이 습관적으로 거짓말을 한다는 이야기를 자주 들었지만 사실 인도인들에게 진실이란 다른 의미를 갖는다. 간디 스스로도 거의 기독교적인, 적어도 "예"와 "아니요"를 분명하게 요구하는 소크라테스의 문답법을 인도인들의 삶에 주입하기 위해 노력했다. 그는 사실에 근거한 내용과 솔직한 고백 그리고 절대적 협력을 강조했다. 그에게는 이 모든 것이 진실의 요소들이었으며, 내적 자아와 대중의 의지가 직관적으로 융합될 때 진실은 그 모습을 드러내는 것이었다. 물론 간디 역시 동서양을 막론하고 위선적인 정치인이라는, 그리고 거북할 정도로 솔직한 성자(聖者)라는 상반된 평가를 받아왔다. 따라서 인도에서 솔직함의 기준이 무엇인지 이해하는 것과, 정언적 허락과 금지를 규정한다는 점에서 **다르마, 아르타, 카마** 그리고 **모크샤** 같은 "원리"가 서양의 원리와 직접적으로 비교될 수 없다는 것을 깨닫는 것은 매우 중요하다. 오히려 이러한 원리들은 **성적 방종**이라는 또 다른 **질서로의 몰입**을 제시하는데, 여기에서 성적 방종의 방법이 상세히 적혀 있는 문헌의 형태로 이것이 표현되고 있다는 점은 별개의 문제이다. 인도 문화를 처음 접한 서양인들은 카마수트라(Kama Sutra, 성애에 관한 고대 인도의 문헌 – 옮긴이)의 방종에 감탄을 하거나, 사원의 조각상들에 넘쳐나는 성적 묘사가 너무나 오랫동안 부정되어온 예술적, 관능적 상상력의 자유를 표현하는 것이라고 생각하기 쉽다. 하지만 카마수트라는 딱딱하게 기술된 성애에 관한 목록이며, 저자 자신은 금욕주의적인 고행자였던 것으로 알려져 있다. 처음의 강렬한 자극과 혐오감이 지나가고 나면 사원의 조각상들에 표현된 가장 노골적인 에로티시즘조차 가능한 (또는 불가능한) 여러 체위를 보여주려는 것이 아니라 삶의 그 어떤 측면도 배제하지 않겠다는 노력을 보여주는 것임이 드러난다.

그러므로 군중 속에서의 융합과 완전한 고립, 관능적 방종과 강박적 질서, 그리고 역사가 완전히 배제된 삶의 의미와 단순한 사실들의 목록 사이에서 우리는 피상적인 불일치보다는 역동적인 양극성을 볼 수 있어야 한다.

다음은 가족생활의 기본적 특징에 대해 내가 받은 첫 인상이다. 이것은 심리학을 연구하는 사람이라면 누구나 출발점으로 삼는 것이기도 하다. 융합에 대한 깊은 열망은 대가족 내에서 어머니의 존재가 희석됨으로써 끊임없이 되살아난다. 대가족의 어머니는 가족 한 사람 한 사람을 돌보는 동시에 모두를 보살펴야 한다. 그러므로 어머니가 한 아이에게 온전히 내줄 수 있는 시간은 극히 제한되어 있다. 여기에서 우리는 그 아이가 서구 사회에 (정신분열증의 경계에 있는 이들을 제외하고) 거의 알려져 있지 않은 방식으로 죄책감을 느낄 것이라는 가설을 세울 수 있다. 그 아이는 어머니를 독점하고 싶지만 어머니는 모든 가족에게 사랑을 나눠주어야 하기 때문이다. 이때 아이는 아버지가 적이자 영웅인 서양의 어린 오이디푸스들처럼 어머니의 배신을 탓할 수 없다. 게다가 인도인들의 삶에는 삼촌과 고모 그리고 형제와 자매가 믿을 수 없을 정도로 중요한 자리를 차지하고 있다. 그들의 존재는 서양의 가족을 설명하는 도구를 인도에 적용하기 어렵다는 사실을 보여주는데, 이는 부모처럼 사랑과 보호를 제공해주면서도 오이디푸스의 경쟁 관계에서는 자유로운 가까운 친척들에게 근친상간이나 질투 같은 감정이 "전이"되기 때문이다. 이처럼 확대된 가족은 종종 진정한 "연대감" 속에서 신체적, 정서적으로 표출되는 친밀성을 허용해준다. 이는 매우 감동적이면서도 서양인의 눈에는 다소 불편하게 여겨지기도 한다. 삼촌이나 고모 또는 손위의 형제자매들에게 상처를 주거나 그들을 저버리는 것은 영속적인 죄책감을 일으킬 수 있으며, 반대로 그들에게 상처를 받는 경우 격렬한 분노가 일어날 수 있다. 이에 따라 많은 이들이 의존, 기대, 요구, 불만 그리고 절망 속에 살아가면서도 지지, 인정, 만족을 제공해주는 융합을 추구하게 된다. 그리고 그러한 결합 관계를 유지해야 하는 숙명은 한 개인을 철저하게 수동적이거나 무책임하게 만들 수 있고, 동시에 또 다른 형태의 몰입에 의한 구원을 기대하게 만들 수도 있다.

인도에서 "시간 할아버지(Father Time, 시간의 흐름을 의인화한 존재로 큰 낫과 모래시계를 들고 있는 노인으로 묘사된다-옮긴이)"의 역할을 하는 사람은 어머니이다. 또한 이 세상은 내적 공간으로 그려진다. 프로이트는 로맹 롤랭의 "대양감(oceanic feeling, 인간의 내면에 긍정적인 에너지를 제공해주는 원천이라는 개념으로 로맹 롤랭이 처음 사용했으나, 프로이트는 이를 시간과 공간의 경계를 뛰어넘어 스스로를 확장된 존재로 느끼는 유아의 정신 상태로 보았다-옮긴이)"을 완곡하게 비판했지만, 사실 시간과 공간에 대한 인도인들의 강한 자의식을 어떻게 바라보아야 하는지를 롤랭은 (그리고 헤르만 헤세는) 서양인들을 대표해서 잘 보여주고 있다. 오늘날 모든 사람들의 내면적 삶에는 현대와 고대가, 합리성과 불합리성이, 그리고 고상함과 충동이 혼재되어 있다. 하지만 인도인들은 더 많은 세기(世紀)를 동시에 품고 살아가는 것 같다. 또한 아무리 교육을 많이 받고 실용주의적인 가치관을 가지고 있다 하더라도 인도인들은 내면 깊은 곳으로부터 **여기**와 **지금**이라는 여성적 시간과 공간 속에 뿌리를 내리고 사는 것 같다. 그들은 목적과 수단의 연속체에 대한 관찰자라기보다는 거대한 흐름의 참여자이다. "목적"이란 계속 확장되면서 앞으로 나아가는 것이지 달성하고 뛰어넘을 수 있는 것이 아니다. 어떤 일이 곧 "완결"될 것이라는 약속이 이처럼 그럴듯한 핑계거리와 함께 사용되는 예가 어디에 또 있겠는가? 하지만 분명한 목표를 이루겠다는 다짐은 시늉에만 그칠 뿐 이 약속은 기어이 목표의 달성을 뒤로 미루고야 만다. ("바라건대"라는 단어는 오늘날 미국에서 패배주의자라고 일컬어지는 이들에게 잘 어울릴 것이다. 이는 어떤 일의 실현 가능성을 의심하면서도 계속해서 그것을 밀고나간다는 것을 뜻한다.) 인도인들도 이 점을 잘 알고 있다. 인도에서 발행되는 신문들의 시사만화는 그들 자신의 모순에 초연한 척하면서도 그것을 극복하기 위해 안간힘을 쓰는 자국민들을 신랄하게 풍자하곤 한다. 이 모든 것들이 오늘날 실용주의적이며 과학적인 인도인들을 더욱 돋보이게 하는 한편 그들을 더욱 안쓰럽게 만든다.

역사적으로 이 모든 것은 **어쩌면** 모든 정복자들과 그들의 아버지 신 그리고 역사적 논리에 맞서 어머니 여신들(mother goddesses)의 인도를 지켜내려는 고집스럽고 오래된 경향과 관련되어 있는지도 모른다. 어머니 여신들의 힘 역시 아마도 인도 땅에 양성(兩性)적 성향을 부여한 것 같다. 적어도 영국인 정복자들에게는 그것이 경멸스러우면서도 동시에 불가사의하고 신비스럽게 보였을 것이다. 간디는 스스로 전제적인 남성성과 포용적인 여성성이 결합된 양성적 성향을 대표하려고 노력했던 것 같다. 이 때문에 간디는 목적과 지향이 없던 자신의 추종자들과 대중의 삶을 하나로 묶는 데 성공할 수 있었는지도 모른다. 이 모든 것에 맞서 간디는 철저한 사실, 강박적인 시간 엄수 그리고 절대적인 책임감의 토대 위에 성벽을 쌓으려 했으며, 그가 진리라고 부른 유의미한 흐름에 이것들을 포함시켰다. 이를 통해 그는 사람들을 변화시키고자 했고 그를 한번이라도 만난 사람은 이전으로 돌아갈 수 없는 삶의 변화를 경험했다. 그는 모든 것을 뒤집을 수 있는 사람으로 비쳐졌다. 이에 따라 그를 중심으로 하는 융합은 몰입으로 이어졌고, 간디는 이것을 이전의 파편화된 개인들이 상상하지도 못했던 평생의 헌신과 봉사의 능력으로 바꿔놓을 수 있었다. 이는 어쨌든 1918년, 그 결정적인 해에 아메다바드에서 그를 따른 사람들에게 진리로 (그러므로 따를 가치가 있는 것으로) 받아들여졌다.

제3장
—
규정하기 어려운 사건

전체적인 배경을 이해하게 되면서, 1918년의 파업은 내게 극적이고 정신분석학적인 관심을 불러일으켰을 뿐만 아니라 역사적으로도 매우 중요한 의미를 띠게 되었다. 하지만 이를 뒷받침할 사료(史料)는 거의 찾을 수 없었다. 그 파업에 관해 남아 있는 사료라고는 100페이지가 채 되지 않는 35센트짜리 작은 페이퍼백 팸플릿이 전부였다.[1] 게다가 그 **사건**의 증인들이 내게 들려준 이야기들 역시 매우 단편적이었다. 간디의 평전이나 자서전에서조차 이 최초의 단식은, 그것이 비폭력 투쟁의 강력한 무기로 처음 사용된 것이 분명함에도, 한낱 실수이자 용기의 부족으로 묘사되고 있다. 하지만 애초에 간디가 그 상황에 어떻게 이르게 되었는지에 대한 나의 관심은 줄어들지 않았다. 설령 그가 실패했다 하더라도 왜 실패했는지, 혹은 그가 왜 스스로 실패했다고 생각했는지 밝혀내는 것은 중요해 보였다. 그의 추종자들은 그가 그 상황에 "말려들었다"고 말한다. 하지만 나는 이 영리한 남자가 긴 (아주 긴) 이유를 달지 않고 어떤 결정을 내리는 경우가 있었는지 의문이었다.

간디는 자서전에서 그 **사건**을 언급한다.[2] "노동자들과 접촉하다"[3]라는 장에서 그는 교육 사업과 농촌 위생 사업 등 그가 벌이고 있던 일들을 언급하며 "동료들과 나는 공중에 누각을 지은 셈이었고 이후 그것들은 한동

---

1 Mahadev Desai, *A Righteous Struggle*, Ahmedabad: Navajivan, 1951년.

안 흔적도 찾아볼 수 없게 되었다"고 적는다. 이어서 "스리마티(shrimati, 여성에 대한 존칭-옮긴이) 아나수야가 그녀의 오빠 암발랄 사라바이 씨에 맞서 싸우게 된 난감한 상황"에 대해 이야기한다. 그는 자신이 두 사람 모두와 우호적인 관계를 가지고 있었기 때문에 "그것이 공장주들(암발랄 사라바이는 공장주들을 대표하고 있었다 – 옮긴이)과의 싸움을 더욱 어렵게 했다"고 말한다. 하지만 그는 방직공들의 강경한 태도를 확인하고는 "파업을 계속하라고 조언할 수밖에 없었다." 이어서 한 페이지에 조금 못 미치는 분량으로 21일간의 파업을 간략하게 요약하는 부분이 나오는데, 우리는 뒤에서 간디의 개인사와 인도 노동운동의 역사 그리고 비폭력 투쟁의 역사에서 그 **사건**이 갖는 중요성을 확인한 뒤 이 시기에 벌어진 일들을 다시 자세히 다룰 것이다. 아울러 파업에 대해 기술된 이 페이지에는 그가 잘못 기억하고 있는 두 가지 사실이 나오는데 이 역시 뒤에서 다룰 것이다.

마하트마는 파업의 전반적인 과정에 대해 이야기하고는 (어떠한 결론도 없이) 다음 장 "아슈람의 상황[4]"으로 넘어간다. 전염병으로 인해 아슈람이 코크라브 외곽에서 당시에는 도시로부터 멀리 떨어져 있던 사바르마티의 현재 위치로 이전하게 된 사정을 설명하면서 그는 아슈람이 새로 자리를 잡은 위치와 주변 환경에 대해 시적이면서도 유머러스한 설명을 덧붙인다.

특히 사바르마티 중앙 교도소 근처에 위치하고 있다는 사실이 마음에 들었

---

2 M. K. Gandhi, *An Autography* 또는 *The Story of My Experiment with Truth*, 구자라트어로 쓰인 원문을 Mahadev Desai가 번역, Ahmedabad: Navajivan, 1927년, 291쪽. (이하 *Autobiography* 로 표기함)

3 같은 책, 314쪽.

4 같은 책, 316~317쪽.

다. 사티아그라하 운동가(Satyagrahis)에게 투옥은 숙명과도 같았기 때문이다. 나는 그 위치가 좋았다.[5]

그들은 처음에는 천막에서 생활하며 양철로 만든 창고를 부엌으로 사용했다. 그런데 흥미롭게도 이 장은 아슈람 사람들이 거의 매일 마주치는 뱀들에 관한 이야기에 절반 이상의 분량을 할애하고 있다. 마하트마는 이렇게 이야기를 마무리한다.

독이 있는 파충류를 죽이지 않는다는 규칙은 피닉스와 톨스토이 농장(간디는 남아프리카에서 피닉스 공동체와 톨스토이 농장을 세워 공동체 실험을 한 바 있다 – 옮긴이) 그리고 사바르마티에서 줄곧 지켜졌다. 이 모든 곳은 황무지에 위치해 있었다. 하지만 뱀에 물려 목숨을 잃은 이는 없었다…… 살생을 금하는 규칙을 지키면서도 25년 동안 아무런 해를 입지 않은 것이 운이 좋아서가 아니라 신의 은총 덕분이라고 믿는 것을 미신이라고 한다면, 나는 그 미신을 기꺼이 떠안을 것이다.[6]

오늘날 우리는 이것이 미신이 아니라고 믿을 충분한 과학적 근거를 가지고 있다. 우리는 이 또한 뒤에서 다룰 것이다. 다만 여기에서 살필 중요한 사실은 마하트마가 "아슈람의 상황"을 언급한 뒤에야 파업과 단식에 대한 이야기로 돌아갔다는 점이다. 그는 단식을 함으로써 노동자들로 하여금 자신을 따르도록 만든 것 못지않게 그들에게 압박을 가했다고 느낀 것 같

---

5 같은 책, 316쪽.
6 같은 책, 317쪽.

다. 또한 도덕적 인내심의 부족으로 인해 파업의 성공이 빛을 바랬다고 생각한 것 같다. 하지만 뱀을 죽이지 않는 것이 아메다바드의 파업이나 공장주들과의 관계와 무슨 상관이 있었을까?

나는 그 파업과 단식이 한 위대한 인물의 중년에 닥친 분명한 위기를 보여주는 것은 아닐까 생각하면서 그것이 연구해볼 가치가 있다는 결론을 내렸다. 나는 간디가 어디에서 어떻게 "그의 정체성 위기를 해결했는지"에 대한 질문을 종종 받곤 했다. 하지만 그 일은—만일 그것을 상징하는 단일한 사건을 꼽으라면—오래 전 남아프리카의 마리츠버그 역에서 일어났다. 유능하진 않아도 영국 유학을 다녀온 자존심 센 젊은 변호사 간디는 "쿨리", 즉 "유색인종"임에도 일등칸에 앉아 있겠다고 고집을 부리다가 열차 밖으로 쫓겨나는 수모를 당했다. 그곳에서 그는 고국으로 돌아가 변호사 개업을 하겠다는 계획을 행동에 옮기는 대신 자신의 소심한 자아를 말 그대로 하룻밤 새 벗어던지고 지도자로서의 정치적, 종교적 운명에 인생을 걸었다. 그런데 1918년이면 간디는 이미 50세에 가까워진 나이였다. 그리고 당시 그를 따른 사람들의 대다수는 20대 중후반으로 **그들 나름의** 정체성 위기를 겪고 있었다. 각자의 정체성을 얻기 위해 분투하던 젊은 추종자들을 통해 그들의 지도자를 연구하려던 내게 그 중년의 지도자가 겪고 있던 위기가 보인 것이다.

간디와 아메다바드에 대한 나의 관심은 그의 생애에서 "중간기"라 할 수 있는 시절에까지 이어졌다. 남아프리카에서 이미 간디는 성자의 명성을 얻고 있었지만 온 인도의 추앙을 받는 마하트마 간디의 역사는 아직 시작되지 않고 있었다.

암발랄과 아나수야 그리고 샨케를랄에게 작별을 고하면서 나는 오래 전 그곳에서 **있었던** 일을 제대로 알기 위해서는 오로지 그들과 그들 연령대의 사람들을 만나 이야기를 들어보기 위해 그곳을 다시 찾아야겠다고 생각했다. 샨케를랄은 내 계획에 적극 찬성했고 아메다바드에서의 마지막 날 나에게 방직노동자연합(Textile Labor Association)에서 연설을 할 기회를 주기도 했다. 사람들 앞에서 1918년에 대해 이야기를 하면서 나는 새삼 나 자신이 할 이야기가 많다는 사실을 깨달았다.

인도를 떠나기 전 나는 옛 신문 기사와 문서들을 찾아보았다. 혹시나 했던 기대는 여지없이 무너졌다. 〈런던 타임스〉는 간디를 비아냥거리는 기사를 실었다.

무저항의 저항은 간디 씨의 전매특허이며 그는 매사에 그것을 적용한다. 최근에 그는 37%의 임금 인상을 요구하며 단식을 통해 아메다바드의 공장주들을 압박했다. 노사 간의 분쟁은 유치한 타협으로 종결되었다. 간디 씨의 고결함은 인정을 받았다. 하지만 그의 일부 동료들은 이로 인해 정부가 곤경에 빠지기를 바라고 있는 것 같다.[7]

그나마 이것은 파업에 대한 인도 신문들의 보도보다는 많은 정보를 전달해주었다. (당시에는 구자라트와 아메다바드를 행정구역에 포함하고 있던) 봄베이의 영자 신문 〈봄베이 크로니클(Bombay Chronicle)〉은 그저 간디가 "얻을 것이라곤 거의 없고 잃을 것만 있는"[8] 지역적 사안에 왜 그렇게 많은 것을 거는지 모르겠다는 반응을 보였을 뿐이다. 후일 간디가 전국적, 국제적으로 명성을 얻은 뒤 이러한 태도는 바뀌었다. 하지만 역사적 관점이 결여

---

7 *The London Times*, 1918년 4월 8일자.
8 *The Bombay Chronicle*, 1918년 2월 28일자.

된 당시의 기사들은 후대의 연구자에게는 아무런 도움도 주지 못했다. 위의 기사를 송고한 〈봄베이 크로니클〉의 아메다바드 통신원은 암발랄이 이끄는 공장주들의 단체에 대해 다음과 같이 적고 있다.

그 역할을 마침으로써 이 단체 역시 사라지게 될 것이다. 이후에는 누구도 이 단체가 어떤 역할을 했으며 어떻게 생겨났는지에 대해 관심을 갖지 않을 것이다.[9]

다른 문서들을 찾아보았지만 상황은 비슷했다. 화재나 홍수 또는 좀이나 부지런한 흰개미 떼의 탓은 아니었다. 폭도의 방화가 있었던 것도 아니다. 다만 내가 찾던 자료들을 모조리 없애버린 부지런한 공무원이 있었을 뿐이다. 아메다바드의 영국 판무관은 나바지반 트러스트(Navajivan Trust, 간디의 저작물을 펴낸 출판사 - 옮긴이)의 모든 기록물을 폐기하도록 명령했으며 간디 자신이 보관하고 있던 기록물들 역시 1946년과 이듬해에 걸쳐 소각되었다.

나는 아메다바드의 공장주 협회(Millowners' Association)를 찾아갔다. 르코르뷔지에(Le Corbusier)가 설계한 그 건물은 외부의 램프를 따라 로비로 곧장 들어갈 수 있는 구조였다. 노출 콘크리트로 마감된 웅장한 로비는 통풍이 잘 되어 시원했다. 하지만 사무실들은 텅 비어 있었고 잡담을 나누는 청소부들만 눈에 띄었다. 마침내 열려 있는 문을 하나 발견하고 안을 들여다보자 산스크리트어 교사로 일하다가 협회의 간사로 새로 일하게 된 노신사가 마치 로마의 원로원 의원처럼 책상에 앉아 있었다. "1918년이라고

---

9 위의 출처.

요? 찾아볼 필요도 없습니다." 1950년대 이전의 자료는 "종이쪼가리 하나"
남아 있지 않았고 그 이후의 자료도 협회가 아메다바드 중심지에서 새로
지은 그 건물로 이전하는 과정에서 많이 분실되었다는 얘기였다.

구자라트 주에서 많은 자료를 넘겨받은 봄베이의 마하라슈트라 주립 도
서관은 나의 자료 열람 요청을 일언지하에 거절했다. 하지만 델리에 있는
인도 정부 도서관은 (마하라슈트라 주 정부와는 달리 그 문서들을 자체 매체를 통
해 출판할 계획이 없었기 때문에) 나에게 자료 검색을 허락해 주었다. 마침내
내무성의 자료 색인에서 내가 찾던 항목—"1918년, 아메다바드의 공장주
들과 노동자들 사이의 분규에 대하여"—을 발견했다. 하지만 제목의 끝에
는 "파기됨"이라는 단어가 괄호로 묶여 있었다.

판무관과 다른 영국인 관리들이 틀림없이 본국에 보고를 했으리라는 판
단 하에 나는 런던에 있는 옛 인도 관할청(India Office) 도서관에 문의를 했
다. 하지만 1918년의 정부 문서는 1969년 이후에야 공개가 가능하다는 회
신을 받았을 뿐이다. 내게 통보된 내용은 다음과 같다.

당시 파업에 대한 본국 정부와 식민지 판무관의 공식문서는 관련 부처의
회의록 등이 등재된 공식문서 기록대장에서 찾아볼 수 있으리라 생각됩니다.
다만 관련 법규에 의거하여 해당 문서들은 50년간 일반에 공개되지 않으며
현재 검색이 가능한 공식문서는 1914년 이전에 생산된 것에 국한된다는 점을
알려드리는 바입니다.

어느 인도인 유력 인사가 내게 도움을 주고자 인도 관할청과 접촉했으
나 그가 받은 답신도 실망스럽기는 마찬가지였다.

법무부, 공보부, 국세청, 통계청 등의 문서 기록대장을 찾아보았으나 1918년 아메다바드 방직산업 노동자들의 파업이나 간디의 첫 단식에 관한 공식 기록은 남아 있지 않은 것으로 보입니다. 의회 문서와 〈봄베이 네이티브〉의 기사를 검색한 결과도 마찬가지였습니다. 본청 도서관의 필사본 서고 담당자가 몬터규와 첼름스퍼드 컬렉션을 검색한 결과도 이와 같습니다.

결국에는 내무성 범죄정보국 소속의 영국인 요원들이 결정적인 도움을 주었다. 그들은 공식적으로는 "소각"되었으나 실제로는 그런 운명을 피한 문서에 자신들이 관찰한 바를 충실하게 기록해 두었다. 델리에 있는 국립 기록 보관소의 책상에 앉은 채로 (조용히 자료를 열람하는 사람들 틈에서) 나는 1918년 2월 정보 보고서에 아래의 예언을 남긴 비밀요원에게 경의를 표했다.

캘커타 회의에서 폭발한 이슬람 세력의 불만에는 별다른 중요성을 부여하고 싶지 않다. 오히려 나는 간디 씨의 발언에 귀 기울이는 사람들이 늘어나는 상황을 우려하고 있다. 고행자의 단순하고 초월적인 삶에 광신적 열의가 결합되면서 그는 어떤 선동가들보다도 대중에게 더 많은 영향력을 가지게 될 것으로 보인다.[10]

한 달 후에 작성된 또 다른 주간 동향 보고서도 소각의 운명을 피했다. "사실 공장주들은 간디를 두려워하고 있으며 그의 힘을 분쇄하기를 원하

---

10 Weekly Reports of The Director, Criminal Intelligence, 1918년 2월, Home Department, *Political Proceedings*, National Archives, New Delhi.

고 있다."

하지만 간디의 첫 단식에 대한 자료는 공문서나 1918년의 주요 일간지 어디에서도 찾아볼 수 없었다. 따지고 보면 최초의 단식과 이후의 단식들 사이에는 엄청난 역사적 간극이 존재한다. 후일 마하트마가 단식을 할 때마다 세계의 눈이 그에게 쏠렸고 인도인들은 목소리를 낮추었으며 많은 이들은 저녁에 촛불조차 켜지 않았다.

정치적 행위로서 그의 첫 공적 단식이 갖는 위대함은 사람들의 기대를 충족시키기 위한 것이 아니었다는 사실에 있다. 나는 그것이 온전히 그 자신의 뜻이었다고 믿는다. 당시 간디는 마하데브 데사이(Mahadev Desai)에게 자신의 첫 단식으로부터 "인생에서 가장 소중한 교훈"을 얻었으며 그것은 자신이 "이제까지 한 최고의 행동"이라고 말했다.[11] 나는 1918년 3월에 인쇄된, 거의 바스라지기 직전의 〈봄베이 크로니클〉을 조심스럽게 넘기다가 M. K. 간디의 서명이 있는 '편집장에게 보내는 글'을 발견했다. 해당 편지에는 "간디 씨의 의견"[12]이라는 건조한 제목이 붙어 있었다.

그 편지는 이렇게 시작한다.

어쩌면 나는 최근의 단식에 대해 대중에게 설명을 해야 할 의무가 있는지도 모른다. 내 친구들 중에는 그 행동이 어리석었다고 말하는 이도 있고, 그것이 비겁한 행동이었다고 말하는 이도 있다. 그보다 심한 말을 하는 이들도 있

---

11 *Mahadevbhaini Diary*, Narhari Parikh 편집, Ahmedabad: Navajivan, 1950년, 제4권.

12 편집자에게 보낸 이 편지는 인도 정부가 간디의 글을 연대기적으로 묶어서 펴내고 있는 출판물에 수록되어 있으며, Allahabad의 영자 주간지 〈리더(*Leader*)〉에 실렸다는 주석이 달려 있다. *The Collected Works of Mahatma Gandhi*, Delhi, Government of India, Ministry of Information and Broadcasting, The Publications Division, 1958년 이후, 제14권, 283~286쪽. (이하 *CWMG* 로 표기함)

다. 하지만 나는 만일 그렇게 하지 않았다면 조물주와 나의 신념에 스스로 충실하지 않은 것이었으리라 믿는다.[13]

그의 글은 이렇게 마무리된다.

나에게는 그것이 신성한 순간으로 느껴졌다. 나의 신념은 시험받고 있었다. 엄숙하게 맺은 약속을 노동자들이 깨뜨리려 하는 것을 나는 견딜 수가 없었다. (공장주들이 타협안을 제시하며 노동자들을 회유하자 파업은 와해 조짐을 보였고 일부 노동자들은 자신들이 고통을 겪는 동안 간디와 아나수야는 호의호식을 한다며 노골적인 불만을 터뜨렸다 - 옮긴이) 나는 35%의 임금 인상안이 받아들여지거나 모든 노동자들이 쓰러지는 순간까지 결코 음식을 입에 대지 않겠다고 선언하는 데 주저할 이유가 없었다. 그리고 그때까지 냉담하기만 했던 노동자들의 집회는 신기하게도 활기를 되찾았다.[14]

그때만 해도 간디는 인도의 주요 언론에 자신의 단식을 알리려 했던 것이다! 하지만 안타깝게도 그의 단식은 "뉴스거리"가 되지 못했다.

나는 인도를 떠나면서 이에 관해 연구해보기로 하고 그 **사건**을 가까이에서 목격한 사람들을 인터뷰하기 위해 인도를 다시 찾기로 마음을 먹었다. 나의 호기심은 두 가지 요인에 의해 증폭되었다.

아메다바드를 처음 방문했을 즈음 (미국 예술 과학 아카데미의 군비축소에 관한 회의에 참석한 직후) 나는 인간이 더 이상 자신의 "본성"에 대해, 그리고

---

13 같은 책, 283쪽.

14 같은 책, 285쪽.

다른 종이나 그들이 적이라고 부르는 "의사종(pseudo-species, 제2차 세계대전 이후 에릭슨이 심리학적 맥락에서 처음 사용한 개념으로 국가와 계급 그리고 이념이 부상하면서 한 집단에 의해 열등하거나 악한 존재로 대상화된 집단을 가리킨다-옮긴이)"에 대해 오해와 착각을 키우며 온 세상을 파괴할 수 있는 무기를 만들고 평화를 오로지 무기에 의존하는 상황이 계속되어서는 안 된다는 생각을 굳히고 있었다. 그리고 바로 그때 간디는 확실한 대안을 제시하는 유일한 인물로 보였다.

아울러 그리 고상한 이유는 아니지만 내가 당시에 집필의 소재로 삼을 역사적 인물을 찾고 있었다는 사실도 인정해야 할 것 같다. (나의 학생들이 말했듯이) "청년 루터"를 잇기에 "중년의 마하트마"보다 더 적합한 인물은 없었다. 나는 그곳에서 젊은 나이에 간디를 만나 인생이 달라진 산 증인들을 만날 수 있었다. 그들 중에는 간디가 맞섰던 공장주와 그의 누나, 인도 산업계의 일선에서 일했거나 지금도 일하고 있는 이들 그리고 내각과 의회에서 활동한 인사들이 포함되어 있다. 나는 이후의 인도 방문에서 이들을 한 사람씩 만나 인터뷰를 했다.

제1부

질문

역사가 행위자의 행위와 기록자의 기록 그리고 비평가의 해석으로 생명을 얻은 사건들의 총합이라면, 하나의 역사적 사건을 이해하고자 하는 임상의는 먼저 사실(事實)을 분명히 밝혀야 한다. 하지만 행위자, 기록자 그리고 비평가의 동기가 그 사실과 어떤 관련성을 맺고 있는지 파악하기 위해 임상의는 자신이 알고 있는 바를 활용해야만 한다. 처음 이 책의 집필을 계획했을 때 내가 경험한 일들에 대한 묘사가 대체로 인상에 근거한 것이었다면, 이제 나는 행위자의 행위, 기록자의 기록 그리고 비평가의 해석이 그들의 **생애 단계** 중 어디에서 이루어졌는지 자세히 살펴볼 것임을 밝혀둔다. 아울러 역사심리학자는 이들 개인의 **생애 주기**에서 그 단계가 어디에 위치해 있는지 알아내고, 그들의 생애 주기를 그들이 속한 집단의 **역사**와 관련지어 이해하려 할 것이다.

이 모든 과정에서 임상의는 주어진 데이터가 허락하는 한 분석적인, 그러나 실제로는 자기분석적인 태도를 유지하려 한다. 그는 실질적이고 실용적인 동기뿐만 아니라 무의식적인 동기까지 알아내고 싶은 것이다. 임상의의 자기분석에 대해 독자들은 그가 자기 자신에게, 그의 동료와 토론자들에게 그리고 독자들에게 보여주는 솔직함에 대해 고마워하게 될 것이다. 나는 앞에서 이 책에 인용되는 자료들을 모으기 위해 개인적으로 기울인 노력을 설명했다. 이를 통해 나는 연구 주제에 대한 역사심리학자의 선택이 때로는 오래 전의 이상(理想) 또는 동일시에서 비롯될 수도 있다는 점과, 입증 가능한 사실 또는 오류가 없는 방법론에 의한 주장보다 일종의 편향을 기꺼이 받아들이는 것이 그에게는 중요할 수도 있다는 점이 독자들에게 충분히 설명되었기를 바란다.

하지만 내 이야기는 이 정도면 충분하다. 연구자에게나 그 **사건**의 기록자에게나 기회는 공평해야 한다. 그러므로 어느 기록자가 나의 요청으로 이 시점에서 이야기를 들려주는 것인지 아니면 그 자신의 기록을 토대로 그 일을 이야기하는지는 중요하지 않다. 다만 간디의 경우 **사건** 당시의 행위자가 10년이 지나 기록자로 바뀌었다는 점이 고려되어야 한다.

제1장
—
증인들

1. 자서전

간디가 자서전에서 왜 그 **사건**을 축소해서 다루었는지, 그리고 당시 인도의 6대 주요 신문에 그 일을 직접 알리면서 그것이 뉴스로서의 가치가 있고 자신의 지도력을 드러낼 기회가 될 것이라 생각했음에도 그가 자서전에서는 이를 무시 또는 망각한 이유가 무엇인지 의문을 품으면서, 우리는 간디의 자서전이 그의 생애 중 어떤 시점에 쓰였는지, 왜 쓰였는지, 이전의 삶과 어떤 맥락으로 이어지는지, 그리고 어떤 공동체를 위해 쓰였으며 그 공동체의 역사에서 어떤 의미를 지니고 있었는지에 관한 총체적인 질문들과 맞닥뜨리게 된다. 앞에서도 살펴보았지만 자료의 부족이 그 **사건**에 대한 역사적 무관심을 증명하는 것은 아니다. 오히려 그것은 모든 역사적 순간의 속성이 그러하듯 마하트마의 갑작스러운 부상(浮上) 직전의 공백 상태와도 같은 것이었다. 그렇다면 그 **사건**에 대해 간디는 왜 그런 태도를 취했을까? 이것이 우리의 첫 번째 질문이라면 그 대답은 이 책의 마지막에 가서야 주어질 것이다. 이것이 우리의 첫 번째 질문이 되는 이유는, 간디의 생애 중 어느 대목을 이해하려 할 때 우리는 거의 반사적으로 그의 자서전에 의존할 수밖에 없기 때문이다. 또한 마지막에 가서야 그 대답을 얻을 수 있는 이유는, 간디의 생애 가운데 이 책이 다루는 마지막 시기에 그의 자서전이 쓰였기 때문이다. 그럼에도 불구하고 그의 자서전은 이 책에서 가장 많이 인용되는 자료이며, 간디에 대해 또는 간디에 의해 쓰인 책들 가운데 대부분의 독자들이 읽어보았거나 일독을 시도한 유일한 책일 것이다.

간디는 『자서전』 또는 『나의 진리 실험 이야기』로 불리는 책의 집필을 1925년에 시작했다. 그 즈음 간디는 인도의 일부 소작농과 노동자들은 물론이고 남아프리카에 체류하는 인도인들에게 지도자로 부상해 있었다. 사실 그는 이미 최초의 전국적 시민 불복종 운동을 이끌기도 했다. 하지만 그는 이 무렵 일종의 정체기를 맞고 있었다. 지도자로서의 첫 시기가 1922년 아메다바드의 재판으로 일단락된 것이다. 그는 6년형을 선고받았지만 감옥에서 보낸 기간은 이보다 훨씬 짧았다. 수감 중 급성 충수염에 의한 입원으로 가석방이 되었기 때문이다. 그런데 여기에서 결코 가벼운 형량을 원치 않았던 그가 6년형이라는 선고를 (그것을 자랑스럽게 여겼지만) 구속력 있는 것으로 받아들였으며, 이 때문에 원래의 형기가 끝날 때까지 스스로를 영국의 죄수로 여겼다고 추정할 만한 근거가 있다. 이 시기에 그는 영국 정부에 대한 공격을 눈에 띄게 자제했으며 대신 인도의 내부 여건을 개선하는 데 집중하는 모습을 보였다. 그는 수감 중에 이미 인도의 민중이 시민 불복종을 감당할 준비가 되지 않았다고 판단했으며 자신이 이끈 위대한 과업을 사실상 중도에 철회했다. 이로써 그는 이중의 비난에 직면하게 되었다. 자신을 따르는 사람들을 준비도 되지 않은 봉기로 이끌었다는 비난과, 성공과 실패가 판가름 나기도 전에 그들을 저버렸다는 비난이 그것이다. 이 시기에 그가 육체적, 정신적으로 쇠약해졌음은 당연한 일이다. 1921년 11월의 봄베이 폭동 직후 C. F. 앤드루스는 그를 "마치 죽음의 골짜기를 막 지나온 사람처럼 초췌하고 야윈"[1] 모습으로 묘사했다.

1924년 감옥에서 풀려난 그는 정치적 지형이 바뀌었음을 알게 되었다.

그가 만들어놓은 힌두교도와 회교도 사이의, 영국 지지파와 비협력주의자들 사이의 단결은 심각하게 약화되어 있었다. 그가 돌아올 때까지 비폭력과 불복종의 원칙을 고수하고 있던 사람들은 그새 '골수파'로 불리고 있었다. 간디는 스스로 정치에서 물러나 자기 자신과 인도의 정화를 위해 노력했으며, 이는 물레질, 기도 그리고 금욕 생활로 이루어졌다. 이것은 정결함이 자유를 가져다주고 진리는 비폭력으로 귀결된다는, 그가 평생토록 견지한 신념에 따른 것이었다. 그는 "1915년과 1919년 사이에 그랬던 것처럼 가능한 한 조용히" 민중의 마음에 다시 다가가고 싶다고 말했다. 하지만 그는 이미 비폭력이 잘못 적용될 경우 얼마나 위험한 폭력을 낳을 수 있는지를 목격했다. 그는 좌절을 겪었고 그러한 좌절에 맞서기 위해 단식을 했다. 1924년 그는 21일간의 단식을 마치며 (이 기간에 그는 자서전의 집필을 계획했다) 권력과 영혼이 충돌하는 기도로 우리에게 깊은 인상을 남겼다.

이제 저는 평화의 세계에서 반목의 세계로 들어서고 있습니다…… 오, 신이시여! 저를 당신의 도구로 삼으시어 당신의 뜻대로 써주소서. 인간은 아무것도 아닙니다. 나폴레옹은 원대한 계획을 품었으나 후일 세인트헬레나 섬에 유배되는 신세가 되었습니다. 무소불위의 카이저는 한때 유럽의 제왕을 꿈꾸었으나 결국 평범한 신사의 지위로 격하되고 말았습니다. 그것이 신의 뜻하신 바입니다. 그러니 우리가 그러한 본보기를 깊이 새겨 겸허해지게 하소서.[2]

이 시기에 그는 자신의 "고요한 날들"을 실천에 옮겼고, 자서전을 쓰기

1 B. R. Nanda, *Mahatma Gandhi, A Biography*, Boston: Beacon Press, 1958년, 234쪽.
2 Louis Fischer, *The Life of Mahatma Gandhi*, New York: Harper & Brothers, 1950년, 223쪽.

시작하면서 "정치적 침묵"에 들어갔다. 이 시기의 발언과 글을 통해 그는 문화적 영향력이 있는 성자이자 새로운 세속 종교의 창시자로서의 삶과, 재기를 도모하는 정치인으로서의 삶 그 중간 지점에 마하트마로서의 위치를 공고히 다졌다. 그리고 이번에는 보다 광범위한 대중적 호소와 규율이 잡힌 추종자들이 견고한 토대가 되었다. 그 시점에서 그의 정체기는 끝나가고 있었고 그는 갑작스럽고도 새로운 권력이 자신의 앞에 놓여있음을 인식했지만 그럼에도 몇 해 전 자서전을 쓰기 시작했을 때와 똑같이 마지막 페이지를 적어 내려갔다.

나는 무(無)의 상태로 나 자신을 끌어내려야 한다. 사람이 자신의 자유의지로 다른 모든 이들보다도 낮은 자리로 내려가지 않으면 그에게 구원이란 없다. 비폭력(Ahimsa)은 자신을 낮추는 것의 가장 먼 도달점에 있다.

독자들에게 당분간 작별을 고하면서, 진실의 신께 나의 마음과 말과 행위에 비폭력의 은총을 내려주시기를 간구하는 기도에 독자들이 동참해주기를 간곡히 부탁하는 바이다.[3]

분명히 이 세 단어—마음, 말, 행위—는 정치인의 관심사로는 흔치 않은 것이다. 하지만 앞에서 그려진 간디의 모습 중 그 어느 것도 부단한 개혁가이자 엄청난 에너지를 분출한 순례자로서 그가 가지고 있던 대중적, 개인적 이미지를 지우기 위해 의도된 것은 아니다. 그는 자서전을 통해 오로지 자신의 유년기와 청년기를, 성년기 이후의 삶을, 그리고 아메다바드에 정착한 뒤 암발랄 사라바이와 다른 공장주들의 도움을 받다가 1918년에 이

---

3 Gandhi, *Autobiography*, 371쪽.

르러 그들에게 맞서 파업을 이끈 시절을 돌아보며 당시 자신의 철학적, 감정적 상태가 어떠했는지를 보여주려 할 뿐이다.

그러므로 간디의 자서전에 대한 위의 설명은 그가 진술한 이전의 삶을 이해하는 데 필수적이며, 따라서 아메다바드에서 벌어진 일들에 대한 그의 설명을 이해하는 데에도 중요한 배경이 된다고 하겠다. 하지만 본격적으로 이야기를 시작하기에 앞서, 적어도 간디의 자서전 또는 자서전을 토대로 한 설명만 읽은 독자들을 위해 나는 간디의 생활과 표현방식의 진정한 이해를 가로막는 장애물들을 먼저 지적해야겠다. 첫 번째 장애물은 그의 자서전이 구자라트어로 기록되었다는 사실이다. 구자라트어는 인도 전체 인구의 1/10에도 미치지 못하는 사람들이 사용하는 언어이다. 나머지 대다수 인도인들을 위해 그의 자서전은 열 개가 넘는 다른 언어로 번역되었다. 영어를 사용하는 사람들을 위해서는 마하데브 데사이가 번역을 맡았다. 이후 더 나은 번역본들이 나오기는 했지만 간디로부터 배운 헌신성을 가지고 그가 충실히 번역에 임했다는 사실에는 의심의 여지가 없다. 나는 원서나 번역서의 **사실성**을 의심하지는 않는다. 하지만 간디의 부드러운 성격과 함의적인 신랄함 그리고 그가 사용한 영어는 물론이고 구자라트어로도 그를 특징짓는 독특한 유머가 많이 희석되어 있다고 믿는다.

또 다른 장애물은 간디의 자서전적 기록이 책으로 나오기까지 상당한 시일이 걸렸다는 점이다. 애초에 그의 기록은 책의 형태를 염두에 둔 것이 아니었다. 바로 여기에 흔히 간과되고 있는 간디만의 솔직한 표현 방식—글쓰기와 연설의 방식—이 있다.

남아프리카에서 벌인 진리 추구(Satyagraha) 운동사의 연재가 끝났기 때문에 나는 이 지면에 새로 자서전을 연재하려 한다. 아난드 선생은 내가 자서전을 단행본으로 따로 쓰길 원했지만 나에겐 그럴 만한 시간이 없다. 기껏해야 나는 한 주에 한 장(章)을 쓸 수 있을 뿐이다. 어차피 〈나바지반〉지에는 매주 무언가를 써야 한다. 그렇다면 그게 자서전이면 안 될 이유가 있겠는가? 선생도 내 생각에 동의를 해주었고 덕분에 이렇게 열심히 글을 쓰게 되었다.[4]

마하트마가 연재를 마치기까지는 여러 해가 걸렸다. 나중에 이 연재물은 책으로 엮여서 나오긴 했지만, 어쩌면 그러한 이유로 이 자서전은 설교나 설법을 듣듯 한 번에 한 장(章)을 "받아들이는" 수백만 명의 독자들에게 큰 영향을 끼쳤다. 그러나 역사를 연구하는 이는 이 자서전의 핵심—또한 그것이 말하려는 바의 핵심—이 모크샤(Moksha)를 이루기 위한 노력이라는 것을 알아야 한다.

2. 생존자들

현재 70대 중반인 남녀 증언자들은 20대에 간디를 만났다. 20대는 내가 젊은 루터에 대한 책에서 주목한 연령대이기도 하다. 그들이 간디를 처음 만났을 때 어떤 정체성 갈등을 겪고 있었든지 간에—간디가 그들을 선별하고 매혹시키는 과정은 뒤에서 설명할 것이다—간디의 삶과 죽음은 그들의 과거에서 중요한 부분을 이루고 있다. 그들이 함께 일구어낸 역사는 그들을 정치적, 정신적 혁명의 상속자로 만들어 주었고, 이 상속자들에게는 새로운 나라의 실질적 관리라는 과업이 맡겨졌다. 이들 가운데에는 언제라

---

4 같은 책, viii.

도 강렬하게 되살아나는 영광스러운 과거 속에 살고 있는 사람들도 있고, 완전히 달라진 환경에서 자신의 생애와 사업을 이어가야 했던 사람들—암발랄 사라바이처럼—도 있다.

그런 사람들 중에 암발랄과 아나수야 사라바이 남매가 있다. 파업 당시 그들의 나이는 각각 스물다섯과 스물일곱이었다. 세미나 1년 후인 1964년 두 사람을 인터뷰하기 위해 교외에 있는 그들의 저택을 다시 찾은 것은 너무 이르다고 할 수 없었다. 그해 말 암발랄이 뇌졸중으로 쓰러졌기 때문이다. 하지만 지금까지 나의 연구에 가장 크고 지속적인 도움을 준 이는 내가 아메다바드를 처음 방문했을 때 아침 산책을 하다 우연히 만난 샨케를랄 반케르였다. 간디를 처음 만났을 때 그의 나이는 스물여덟 살이었다. 나는 암발랄의 이웃이자 영향력이 막강한 기업가 카스투르바이 랄바이(Kasturbhai Lalbhai)도 만나보았다. 1918년 당시 그는 스물네 살이었다. 젊은 학생 시절 간디를 돕기 시작했고 스물두 살의 나이로 간디에 의해 방직 노동자연합 초대 의장으로 임명된 바 있는 굴자릴랄 난다(Gulzarilal Nanda) 인도 내무장관도 잠시 만날 수 있었다. 20대 초반 간디를 돕다가 이후 이 노동자 조직에 격렬하게 반대한—그 **사건**이 노동자들에게 가져다주지 못한 모든 것을 대표한—인둘랄 야그니크(Indulal Yagnik)도 만나보았다. 이외에도 많은 사람들을 만났지만 나는 몇몇 인물들과의 인터뷰를 토대로 그 **사건**에 대한 설명을 시작할 것이며, 이를 통해 인도에서의 전기(傳記)적 조사가 어떻게 이루어졌는지 보여줄 수도 있을 것이다.

여기에서 먼저 몇 가지 개략적인 언급을 해야겠다. 어떤 이는 생애 주기라는 확고한 개념과 정신분석학적 경험만 있으면 그러한 인터뷰에서 맥락을 짚어내는 일이 그리 어렵지 않을 것이라 생각할지도 모른다. 하지만 시작 단계의 이해 부족과 이어지는 환자들과의 만남에서 임상의가 놀라움을 얻는 과정이 여기에는 없을 거라 가정하거나 기대하는 것은 어리석은 일이다. 자신들의 과거를 떠올려서 그것을 다시 기록해보라는 요청을 받는 이들의 "저항"은 연구자가 (나이와 관계없이) 맞닥뜨리게 되는 큰 난관이며, 이런 방식의 연구는 나 스스로도 생소하기 때문에 독자들 앞에 나는 그러한 생소함과 방법론적 미숙함의 많은 부분을 그대로 드러내고자 한다.

이 책에 등장하는 연로한 인물들은 일종의 초연함을 가지고 간디를 되돌아본다. 마하트마의 거울이 아닌 **그들 자신의** 완성된 자아로 생애의 마지막을 준비한다는 것은 생애 주기의 논리로도 당연한 것이다. 간디와 인간 대 인간으로 만난 사람들, 그리고 그에게 복종하거나 그와 경쟁할 의도가 없었기 때문에 오히려 공개적으로 의견을 달리할 수 있었던 이들로부터 가장 많은 정보를 얻었던 것도 그 때문인지 모른다. 간디는 그들과 함께 웃을 수 있었다. 그리고 이제 간디가 없음에도 그들은 더 나은 분별력을 가지고 있고, 그와의 추억을 떠올리며 다시금 그와 함께 웃고 있다.

하지만 인도라는 나라가 그러하듯 이 모든 이들은 지금도 영속적인 비탄의 상태에 빠져 있다고 할 수 있다. 그들은 모든 인도인들이 (적어도 하나로 통일되어 있던 과거의 일정 기간) 그러했듯 개인의 공적과 타고난 신분을 넘어 그의 존재가 확장되는 것을 느꼈다. 그러나 오늘날 그들은 그 존재에 대한 구체적인 기억을 되살리는 것에 대한 저항을 극복해야만 한다. 나는 간디의 옛 친구 몇몇에게 자리에서 일어나 간디의 키가 어느 정도였는지 가리켜 보라고 요청했을 때 그들이 보인 경악에 가까운 반응을 결코 잊지 못할 것이다. 실제로는 키가 작았지만 그가 감히 측정할 수 없는 존재였다는 사실은 점점 분명해졌다. 그처럼 환한 빛이 지나간 자리는 더욱 어두워 보였고, 계몽된 이들에게조차 희망은 갑자기 사라졌다. 신비스러운 인물은 참여자들로 하여금 자신들이 그의 일부이며 그의 존재 가운데 자신들이 확장되고 있다고 느끼게 만드는 힘을 가지고 있다. 따라서 그 위대한 순간이 저물 때 그들의 확장 또한 종말을 맞는다. 그리고는 방어적인 태도가 자리를 잡는다. 참여자 개개인은 지나간 과거의 특별함에 대한 자기 자신만의 설명을 고수하는 한편, 집단적이면서도 지극히 개인적인 그 경험을 사적으로 "팔아먹는" 행위를 극도로 경계하며 타인을 불신한다.

1918년 아메다바드에 있었거나 노동운동의 토대가 마련된 뒤 그곳에 도착한 이들에게 나는 그 파업에 대해 알고 있는 것을 말해달라고 요청했다. 하지만 나에게 이야기를 들려준 이들이 모두 아메다바드 **사건**의 현장 "속에" 있었던 것은 아니다. 나는 단순히 예방(禮訪)차 만난 사람들에게도 간디를 어디에서 처음 만났으며, 간디라는 존재가 그들에게 무엇이었는지 등을 물어보았다.

대개의 경우 답변에 앞서 마치 안개를 뚫고 나오는 새벽 같은 미소를 지으며 그들은 매우 개인적인 대답을 했다. "간디 선생님이요?" 암발랄은 커다란 책상을 사이에 두고 조금의 망설임도 없이 대답했다. "아, 그분은 편안한 잠 같은 분이셨죠." "간디 선생님이요?" (어린 나이에 어머니를 잃은) 아나수야는 감정에 북받쳐서 말했다. "아, 그분은 저에게 어머니셨어요!" 하지만 그가 곁에 있을 때의 느낌을 묻는 질문에 대해 많은 이들은 이렇게 대답했다. "그분 앞에서는 **거짓말을 할 수가 없었습니다.**" 아무리 좋게 해석해도 어린아이 같다고밖에 할 수 없는 그런 반응들은 이른 시기에 간디를 만나 오늘날 인도의 권력 구조 상층부에 오른, 이것저것 캐묻는 외국인 학자에게 정중하면서도 모호하게 답변하는 방법을 너무나 잘 알고 있는 남자들의 경우에도 다르지 않았다. 간디와의 첫 만남을 묻는 질문에 그들은 아주 짧은 순간일지언정 공상에 빠진 아이의 표정으로 의자에 등을 기대고 모든 일의 처음을 아련하게 되돌아보는 것 같았다. 나는 대통령 직무를 대행하고 있던 자키르 후세인 부통령을 예방하면서 각료 회의에 가기 위해 관저 앞에 차량을 대기시켜 놓고 있는 수행원들 앞을 지나가야 했다. 그들의 모습은 무굴 제국과 영국령 인도 제국의 시종들을 연상케 했다. 그런 분위기에서 학생 시절 그에게 간디가 어떤 의미를 지니고 있었느냐는 나의 질문에 그가 잠시 현실을 잊는 듯한 모습을 보였을 때 나는 거의 죄책감에 가까운 감정을 느꼈다. 나중에 들은 바에 의하면 그는 수행비서와 함께 관사를 떠나 각료 회의에 도착한 직후 "그 미국인 교수"에게 더 많은 이야기를 하지 못한 것을 아쉬워했다고 한다.

하지만 자키르 후세인(현 인도 대통령)은 간디와 입장은 다르되 존경심을 가지고 그를 객관적으로, 그리고 한 인간으로 평가한 전형적인 인물이라 할 수 있다. 달라진 상황에 적응하지 못한 간디의 추종자들로부터 그에 관한 이야기를 듣기 위해서는 매우 조심스러운 접근이 필요하다. 그들은 간디지(Gandhiji) 혹은 바푸지(Bapuji, '아버지'라는 뜻의 'Bapu'에 존경과 애정의 의미가 있는 'ji'를 붙인 단어 – 옮긴이) 혹은 마하트마지(Mahatmaji)가 했던 말에 불멸의 가치를 부여하며 그것을 그대로 되풀이할 뿐만 아니라, 오늘날 그가 살아 있다면 무슨 말을 할지 자신들은 알고 있다고 주장하기까지 한다. 그것은 모든 위대한 인물의 열렬한 추종자들에게서 흔히 볼 수 있는 낯 두꺼운 주장이지만 간디의 말과 결단이 얼마나 놀라웠는지를 증언하는 개인들의 기억은 저마다 차이가 있다. 다만 프로이트학파의 한 사람으로서 나 역시 알고 있듯이 그러한 선입견은 모든 "주의(ism)"의 운명이라 할 수 있다. 내가 만나본 간디의 "가장 충실한" 추종자들은 그의 생애에 대해 남들이 모르는 많은 사실을 알고 있었지만 아메다바드의 **사건**을 나에게 들려주는 데에는 가장 비협조적이었다. 그들은 간디 같은 존재가 인도를 넘어 모든 인류를 위해 살아있도록 하기 위해서는 새로운 시대의 조명을 받아야 한다고 믿는 듯했다. 그들은 간디에 대한 자신들의 해석을 거듭해서 이야기하고자 했다. 이것은 나에게 이야기를 들려준 모든 이들이 마찬가지였다. 내가 단순한 사실을 확인하려 하면 할수록 그들은 마치 내가 신성한 존재의 "뒤를 캐기"라도 하는 것처럼 나를 더욱 의심했다. 다른 한편 나는 꼭 필요한 자료만 얻기 위해 조심스럽게 접근했음에도 내가 요청하거나 전혀 기대하지 않았던 이야기들을 털어놓는 이들도 있었다.

문득 나는 스스로 무엇을 찾고 있는지 자문해 보았다. 내가 만난 사람들은 내가 정신분석학자라는 사실을 알고 있었다. 내가 속한 분야의 전문가들은 표면에 드러난 명확한 사실뿐만 아니라 그 사실의 이면에 감추어진 의미와 행간을 읽어내려 한다. 진짜이든 돌팔이든 정신분석학자를 이전에 만나본 이들은 간디와 그들 자신의 무의식에 대한 해석을 들어본 경험이 있었다. 그들에게는 역사적 사건을 연구하는 정신분석학자라 해도 결국은 어떤 위대한 인물의 내면에 있는 신경증을 파헤치거나, 프로이트 또는 자신의 이론을 입증할 사례를 찾아내려는 사람으로밖에 보이지 않았다. 그러한 인식이 전혀 근거가 없다고 몰아세우는 것은 아무 소용이 없었고 옳지도 않았을 것이다.

잘 훈련된 임상의는 어떤 사람의 내적 갈등을 분석함으로써 그가 "정말로" 어떤 사람인지를 알아낸다. 환자의 내적 갈등은 임상의의 전문 지식에 의해 진단될 수 있고 또한 치료와 도움이라는 명분하에 임상적 호기심은 대체로 용인이 되기 때문에 그러한 임상의의 역할에 이의를 제기하는 사람은 거의 없다. 하지만 임상적 통찰을 역사적 인물이나 사건으로 옮겨 놓을 때 임상의는 자신이 보다 큰 (사회적, 역사적) 규모의 "치료"에 관여하고 있다는 착각에 빠지기 쉽다. 이 때문에 필요한 자료를 제공해주는 사람들이 머뭇거리며 이야기를 하지 않으려 할 때 임상의는 그것을 치료자의 노력에 맞서 고집스럽게 자신을 방어하려는 환자의 "저항"과 유사한 것으로 여기게 된다. 사실 우리는 그 용어를 의도적인 거짓말과 구분해야 한다. "저항"이라는 용어는 프로이트에 의해 도덕적 비난의 대상이 아닌 당대의 물리주의적(physicalistic) 개념의 일부로 사용되었다. 이를테면 약간의 "저항"은 질문에 대한 모든 반응의 속성이라고 할 수 있는 것이다. 마치 전도(傳導)에 "저항"하는 매개체가 없이는 전기를 사용할 수 없듯이 우리는 어떤 기억이나 동인에 대해 완전히 "자유로운" 의사소통의 가능성을 기대해서는 안 된다. 기억이나 동인 역시 어떤 매개체를 "통과"해야만 하기 때문이다. 흔히 "저항" 같은 단어는 순응에 대한 의식적 거부를 의미한다고 여겨지기 쉽지만 실제로는 (임상 현장에서조차) 정반대라 할 수 있다. 그것은 질문의 대상이 되는 특수한 조건하에서 모든 의사소통에 내재하는 비의도적이며 불가피한 장애물인 것이다.

역사학자가 된 정신분석학자는 자신이 다루고 있는 상황이 익숙한 것이라고 섣불리 판단하기 전에 먼저 새로운 유형의 "저항"에 적응하고 그것을 활용하는 방법을 익혀야 한다. 가장 흔한 저항의 예로는 기억이 나지 않는다는 믿기 힘든 주장—증언자의 단순한 무관심이나 인식 부족 또는 솔직하지 못한 태도로 인한—을 들 수 있다. 하지만 거의 반역사적이라 할 만한 인지적 지향성—일부의 주장에 따르면 인도인들이 일반적으로 가지고 있는—에서부터 과거를 공식적으로 서술함으로써 그것을 잃어버릴지도 모른다는 독특한 거부감에 이르기까지 심층적인 어려움들은 많다. 여기에 신화를 강화하거나 신화를 파괴하는 간디 이후 시대의 경향 자체가 역사를 만들어내고 있다는 사실에 주목해야 한다. 신화를 만들어내는 경향이 우세할 때 어느 위대한 인물의 생애는 한 장면 한 장면이 모두 우화로 받아들여진다. 반면 이러한 경향에 결코 동의할 수 없는 이들은 격렬하게 그것을 부정한다. 가지고 있는 지식 또는 정보의 수준이 어떠하든 내가 만난 모든 이들은 간디와 관련된 숭고한 또는 수치스러운 풍문을 가지고 그를 평가했다.

어떤 이들은 그에게서 진정한 인간의 모습을 제거할 정도로 그를 신성시하는 반면, 다른 이들은 우리가 그의 진면목—성자도 아니고 정치인도 아니며 진정한 인도인이라 할 수도 없고 명철하지도 않은—을 모르고 있다고 주장한다. 우리는 여기에서 여전히 그의 영향권 내에 살고 있는 사람들의 모습을 발견하게 된다. 자기 자신뿐만 아니라 우리에게도 너무나 많은 것을 요구했고 그 때문에 어떻게든 제거되어야 했던 한 남자가 우리의 곁을 떠난 것이다. 따라서 그의 유해를 한 줌의 재로 만든 화장(火葬)은 토템 식사(totem meal, 숭배 대상을 먹는 행위를 가리킨다 - 옮긴이)에 견줄 수 있는 원시적 행위로 볼 수 있다. 토템 식사를 통해 그의 친구들과 적들이 똑같이 그에 대한 기억을 먹어치우는 것이다. 한때 그를 소유했다는 사실을, 그리고 이제 생명이 없어진 조각들을 단순히 분류하게 된 것을 자랑스럽게 여기며 많은 이들이 그를 먹고 있다. 하지만 이로 인해 (토템 식사라는 원시적 착각 때문에) 간디에게—그리고 그를 통해 수백만 명의 사람들에게—특별한 생명력을 부여했던 원천을 물려받은 이는 아무도 없고, 오늘날의 세계에서 그 원천은 더 이상 이용되지 않고 있다.

자신의 삶을 지도자의 삶에 종속시키고 자신의 자아상에 그 지도자를 겹쳐놓은 사람들이 더러 있다. 그들은 자신의 자아상은 물론이고 그 지도자의 자아상 역시 관습, 종교, 개인적 유형 그리고 생애 단계에 따라 공유되는 관념에 불과하다는 사실을 직시해야 한다. 여기에서 어떤 중요한 사건을 겪은 사람들이 자기 자신을 치료하고 정화하기 위해 혹은 자기 자신을 선전하기 위해 이전의 자신이 가지고 있던 과거를 지우길 원한다는 사

실이 드러난다. 그렇기 때문에 역사심리학자는 자신의 총체적 목표는 물론
이고 증언자들의 의도를 명확하게 밝힐 필요가 있다.

제2장

—

맞수

암발랄 사라바이가 그 **사건**에서 간디의 가장 중요한 맞수였기 때문에, 그리고 그와의 인터뷰가 내게는 너무나 혼란스러운 경험이었기 때문에, 나는 역사적 사건의 연구에서 흔히 발견되는 양면적 가치들을 보여주고자 내가 겪은 어려움을 자세히 기록하려 한다. 만일 여기에서 나 자신에게나 증언자에게 내가 너무 가혹하다고 여겨진다면, 독자들은 역사심리학적 관점에서 연구자와 증언자 사이의 불편한 대면이 없이는 역사적 증거 역시 나올 수가 없고, 양면적 가치가 없었다면 그러한 대면 역시 없었으리라는 사실을 기억해야 할 것이다.

파업 기간 중의 단식에 대해 간디는 신문사에 보낸 기고문에서 이렇게 적고 있다.

이 글을 마치기 전에 나는 온 인도가 자랑스럽게 여겨야 할 두 사람의 이름을 언급하지 않을 수 없다. 공장주들의 대표를 맡은 암발랄 사라바이 씨는 모든 면에서 신사라고 하기에 부족함이 없다. 그는 훌륭한 교양과 능력을 갖추었으며 거기에 굳건한 의지까지 가지고 있었다. 노동자들의 대표는 그의 누나 아나수야였다. 그녀는 고운 심성의 소유자였다. 그녀는 가난한 이들에 대해 깊은 연민을 가지고 있었으며 노동자들로부터 존경과 사랑을 받고 있었다. 그녀의 말이 그들에게는 곧 법이었다. 나는 일찍이 분쟁의 양측 당사자들이 이처럼 적대감 대신 정중함으로 상대를 대하는 경우를 본 적이 없다. 이 행

복한 결말은 암발랄 사라바이 씨와 아나수야의 관계에서 비롯된 바가 크다.[1]

아메다바드에서 자신과 정반대의 입장에 있던 사람에 대한 그의 찬사는, 그 파업이 한낱 장사치들의 흥정으로 끝났으며 인도는 물론 국제적인 노동운동의 대의가 사바르마티 강에 내던져졌다는 세간의 부정적 평가를 불식시키는 데에 별 도움이 되지 않았다. 하지만 이 얘기는 뒤에서 자세히 하기로 하겠다.

앞에서 나는 이 남매의 각기 다른 삶의 방식에 대해 간략하게 언급한 바 있다. 하지만 그 모든 차이에도 불구하고 그들은 줄곧 상호 존중과 가족애 속에 살아온 것으로 보인다. 그러한 관계는 남매가 어머니를 일찍 여의었을 때부터 시작되었고 아나수야가 아메다바드의 노동운동을 대표하는 동안에도 지속되었다. 암발랄은 그것이 여성으로서 아나수야의 권리라고 생각했고 자신의 교섭 상대인 노동조합의 조직을 돕는 것 역시 누나의 특권이라고 생각한 것 같다.

사라바이 가문의 자녀 대부분은 외모의 특징을 아버지가 아닌 어머니로부터 물려받은 것으로 보인다. 암발랄의 외모와 신체적 특징은 전체적으로 평범하지만 선한 인상의 이목구비는 그가 노동자들의 권리를 지켜주는 것만큼 자신의 경제적 권리를 악착같이 챙기기는 못할 것 같다는 느낌을 준다. 그와 그의 아내는 고집이 있으면서도 어딘가 고결한 인상을 풍기는데, 그것은 그들이 속한 카스트와 엄격한 관행으로부터 그들이 받아온 고통에 의해 빚어진 것인지도 모른다. 그들이 먼저 피하는 것인지 아니면 다른 사람들이 그들을 피하는 것인지는 알 수 없으나 공적인 자리에서 그들 부부

---

1 *CWMG*, 제14권, 286쪽.

는 늘 다른 상류층 인사들과 따로 떨어져 있는 것 같았다. 나는 구자라트의 주지사가 공식 행사에 참석할 때마다 그들에게 따로 나마스테(인사)를 건네는 모습을 관찰하곤 했다. 그들 부부의 옷차림은 단순하면서도 우아해서 암발랄은 가공하지 않은 비단옷을, 그의 아내는 새하얀 카디를 즐겨 입었다. 나와 인터뷰를 한 시기에 그는 이미 몇 차례의 가벼운 뇌졸중으로 보행이 다소 불편해지고 발음도 분명하지 않았지만 여전히 매일 아침 사무실로 출근을 하고 있었다.

나는 앞에서 아내 조앤이 몹시 앓았을 때 암발랄과 사랄라데비가 보여준 무조건적인 도움을 언급한 바 있는데, 여기에서 간디의 자서전 마지막 부분에 등장하는 한 대목을 인용하려 한다. 이것은 파업이 끝나고 몇 달 후 육신의 쇠약함뿐만 아니라 지독한 절망감으로 간디가 병을 얻었을 때의 이야기이다.

고열로 인해 나는 정신이 혼미해졌다. 불안해진 친구들은 다른 의사들을 불렀다. 하지만 말을 들으려 하지 않는 환자에게 의사들이 무엇을 해줄 수 있었겠는가?

기업가인 암발랄이 그의 선량한 아내와 함께 나디아드까지 찾아와서 나의 동료들과 상의한 후 아메다바드에 있는 그의 별장으로 나를 조심스럽게 이송했다. 당시에 내가 받은 특별한 보살핌보다 더 큰 사랑과 사심 없는 도움을 받은 이는 아마 없을 것이다.[2]

그들 부부는 나와 내 아내에게도 참으로 친절하고 너그러웠다. 내가 아

---

2 Gandhi, *Autobiography*, 333쪽.

메다바드를 처음 방문했을 때 암발랄은 저녁
식사 후 시가를 피우며 간디에 대한 이런 저런
이야기들을 들려주었고 그때 들은 많은 이야
기로 인해 나는 그 **사건**에 대해 관심을 갖게 되
었다. 그러므로 나로서는 간디와 그의 관계에
대해 좀 더 명확하게 알아보려는 과정에서 그
가 도움을 줄 것이라 믿을 만한 충분한 이유가
있었다.

암발랄 사라바이

　그런데 1년 후 보다 공식적인 연구를 위해
내가 아메다바드를 다시 찾았을 때 내가 책을 쓸 수도 있다는 사실을 알게
된 그의 태도는 완전히 바뀌어 있었다. 나는 그의 저택에 딸린 별채에 머무
르고 있었지만 암발랄은 내게 자신을 만나려면 칼리코 공장에 있는 사무
실로 찾아오라고 했다. 그는 서양식 신사복 차림으로 커다란 책상 뒤에 앉
아 부드럽지만 단호한 어조로 내게 용건이 무엇이냐고 물었다. 나는 간디
가 자서전에서 그를 언급했고 그 자신도 간디에 대해 자주 언급한 사실을
상기시키면서, 간디의 인격과 진리 추구 운동의 시작에 대해 잘 알려져 있
지 않은 사실들을 서양의 독자들에게 설명하고 싶다고 이야기했다. 아울러
그와 간디가 서로 훌륭한 맞수로서 주목할 만한 능력을 가지고 있었기 때
문에 몇 가지 중요한 사항을 확인하고 싶다고 말했다. 그는 다소 차가운 태
도로 내 이야기를 듣고 있었다. 나는 델리에 있는 간디 기념관의 벽화 이야
기를 꺼냈다. 하지만 그는 간디가 아래와 같이 자서전에서 언급한 인물이
자신이라는 사실을 인정하지 않으려 했다.

　　마간랄이 우리의 심각한 재정 상태를 경고한 직후인 어느 날 아침, [간디가

언급한 이 일화는 파업이 일어나기 훨씬 전인 1915년 말 또는 1916년 초의 일로 추측된다.] 아이 하나가 오더니 밖에 어떤 부자가 차에서 나를 기다리고 있다고 말했다. 나는 밖으로 나가 보았다. "아슈람에 도움을 좀 드리고 싶습니다. 받아주시겠습니까?" 그가 물었다.

"물론입니다." 나는 대답했다. "솔직히 말씀드리면 저는 지금 막막한 상황입니다."

"내일 이 시각에 다시 들르겠습니다." 그가 말했다. "여기 계시겠죠?"

"네." 내가 대답하자 그는 떠났다.

이튿날 약속한 시간에 그의 차가 밖에서 경적을 울렸다. 아이들이 달려와서 밖에 손님이 오셨다고 알려주었다. 그는 안으로 들어오지 않고 밖에서 기다렸다. 나는 밖으로 나갔다. 그는 지폐로 13,000루피를 내 손에 쥐어주고는 그냥 가버렸다.

나는 그런 도움을 기대해본 적이 없었다. 또한 그런 방식은 상상조차 하지 못한 것이었다. 그 신사는 그 전에 아슈람을 찾아온 적이 없었다. 내 기억에 나는 그를 딱 한 번 만났을 뿐이다. 아슈람에 와본 적도 없는 이가 아무것도 묻지 않고 도움만 주고는 가버린 것이다. 이 일은 나에게 특별한 경험이었다…… 우리는 이제 1년 정도는 걱정 없이 지낼 수 있다는 안도감을 느꼈다.[3]

나는 인터뷰 당시 이것저것 캐묻는 외국인에게 암발랄이 털어놓기 곤란한 어떤 일이 파업 기간에 있었으리라 추측했고 지금도 그렇게 생각하고 있다. 하지만 우리가 생각하기에 더할 나위 없이 훌륭한 행위이자 이미 세상이 다 아는 사실을 그가 그토록 인정하기를 꺼려하리라고는 생각하지

---

3 같은 책, 293쪽.

못했다. 나는 그에게 이에 대한 설명을 부탁했다. 그는 기부자의 신원이 곧 알려졌고 익명으로 남고자 했던 그의 바람이 오해를 불러일으켰다고 대답했다. 그는 자신이 속한 카스트의 비난을 피하기 위해 몰래 그 일을 했다는 비난을 받은 것이다. 암발랄이 그렇게 말한 의도는 분명했다. 그는 "체통을 잃은" 동기에 대해 비난을 받기보다 익명으로 남는 쪽을 택한 것이다. 과거에도 그랬고 지금도 아메다바드의 일부 시민들은 이러한 경향을 가지고 있다고 나는 확신한다. 또한 (그는 처음에는 인정하지 않았지만) 어떤 정신분석학자와 개인적으로 교류하며 그를 신뢰한다고 해도 두 사람의 관계에 그의 직업적 관심이 끼어들 때 일반적으로 사람들은 무엇을 예상하겠는가?

나중에야 알게 된 일이지만 암발랄은 내가 아메다바드를 두 번째로 방문하기 전에 어느 외국인 정신분석학자를 (비임상적 상황에서) 만나 불필요한 이야기를 들었다. 지금 생각해보면 나는 그러한 사정을 몰랐기 때문에 다행히도 우리의 관계를 내 나름의 방식으로 유지할 수 있었다. 한편 저녁식사를 함께 하는 자리에서 나는 그가 정신분석에 대해 큰 관심을 가지고 있다는 사실을 알게 되었다. 오래 전 그는 비엔나에 간 적이 있었다. 암발랄은 그곳에서 프로이트가 어떤 사람인지, 그리고 자신의 친척 한 사람에게 도움을 줄 만한 사람인지 알아보기 위해 그를 직접 만나보았다. 암발랄은 프로이트에게 자신의 이름을 밝히지 않았다. 나는 프로이트가 그러한 태도를 우호적으로 받아들이지는 않았을 거라 생각한다.

그런데 자신을 드러내지 않으려는 그의 고집이 내 마음을 불편하게 만들었다. 나는 그의 손님으로 그의 별채 테라스에 앉아 나의 일을 했고, 그는 인도의 열악한 환경에서 내가 불편함을 겪지 않도록 세심한 배려를 해주었다. 돈—주체하지 못할 만큼 많은 돈—이라는 것이 그것을 가진 사람과 갖지 못한 사람의 관계에 얼마나 큰 영향을 미치던가? 나는 문득 내 책상과 그 책상이 상징하는 모든 것의 뒤에 앉아 돈 있는 사람을 대하던 나의 모습을 떠올렸다. "제가 어떻게 도와드리면 되겠습니까?" 나는 마치 돈 따위엔 관심이 없다는 어조로, 하지만 만일 그가 내 환자가 된다면 내 지위와 생활수준에 어울리는 액수의 돈을 지불하리라 기대하며 그렇게 묻곤 했다. 그런데 내 앞에 앉아 있는 이 남자는 아무런 생색도 내지 않고 그저 나의 연구를 지원하게 되어 기쁘다는 표정을 짓고 있는 것이었다. 그럼에도 나는 왜—보답은 못할지언정—이 사람의 과거를 캐내야만 하는 것일까? 내가 정말 원하는 것은 무엇일까? 임상의로서 내가 마음만 먹으면 그의 말에서 행간을 읽어내는 일이 어렵지 않으리라는 사실을, 그리고 명예와 돈이 따라올 출판물에 내가 새로 얻은 통찰을 공개하리라는 사실을 그는 알고 있었다. 이론과 치료 기법의 발전을 위해 임상적 관찰 결과를 발표하면서 마음이 무거워질 때마다 치료에 대한 의무감과 의학적 전통은 늘 내가 평정심을 되찾도록 도와주곤 했다. 하지만 그렇게 나를 정당화해주던 것들이 갑자기 사라지고 말았다.

불편함은 암발랄에게도 있었다. 가벼운 마비 증상으로 인해 그의 말은 속삭임에 가까웠는데 그가 피곤할 때는 말을 알아듣기가 더욱 어려웠다. 하지만 바로 그 점이 그에게는 상대방이 자신의 말을 이해하는—그리고 오해하는—것을 막아주는 역할을 했다. "어쨌든 선생의 책에 아슈람 얘기는 쓰지 마십시오." 그가 말했다. 나는 다시금 (그는 직접 본 적이 없는) 벽화 얘기를 꺼내면서 누구나 다 아는 그 사실을 확인해주거나 잘못 알려진 부분을 바로잡아주기만 한다면 그것으로 만족하겠다고 대답했다. 그러나 그는 전혀 다른 일들에 대해 이야기를 하기 시작했다.

인터뷰를 마치고 내가 자리에서 일어났을 때 그는 그리 편치 않은 미소를 지으며 물었다. "그래, 뭘 좀 얻으셨습니까?" 나는 간디가 그와, 그리고 그가 간디와 어떤 식으로 부딪쳤을지 조금은 이해하게 되었다고 대답했다. 내 말엔 가시가 있었지만 오히려 이 때문에 무거운 분위기가 조금 누그러졌는지 그는 웃음을 터뜨렸다. 그날 저녁 나는 이렇게 적었다.

첫 인터뷰는 잘 알려진 사실들에서 크게 벗어나지 못했다. 그가 모르는 듯한 (혹은 모르는 척하는) 일들은 사실 잘 알려진 것들이다. 전체적으로 그는 자신의 역사적 역할마저 사적 소유물로 여기고 있는 듯한 인상을 주었다.

그런데 내가 위의 메모를 적고 있었을 때 그의 저택(내가 머물던 별채의 테라스에서 나무들 사이로 보이는)에서 전화가 왔다. 그는 그날 오후 자신이 들려준 이야기들 가운데 어느 특정한 사건—이미 다른 사람들과의 인터뷰에서도 나온 이야기인데다 그의 용기와 선행을 증명하기도 하는—에 대해서는 쓰지 말아달라고 부탁했다. 나는 그 사건은 모두가 다 아는 일이라고 말했다. "그러면 그 사건을 **내가** 언급했다고 하지 마십시오." 그가 말했다. 나는 웃지 않을 수 없었다. 그리고는 자신의 이름이 언급되는 것을 극도로 꺼리는 그의 태도를 더 이상 이해하려고 노력하지 않기로 했다. 지금 이 글을 쓰면서, 나는 자신의 이름이 언급되는 것을 그가 얼마나 싫어하는지를 이야기하며 정작 그의 이름을 큰 소리로 떠들어대고 있다는 사실을 잘 알고 있다. 하지만 나는 이를 통해 어떤 연구의 초점이 인물이 아닌 사건이라 해도 모든 인터뷰에는 수용되고 존중되어야 할 개인적인 영역이 있다는 사실을 보여주고 싶다. 또한 한 인물이 어떤 사건에 어떻게 관련되었느냐가 아니라 그 인물 자체를 분석하려는 것은 정신분석학의 영역 밖에서는 불가능할 뿐만 아니라 본래의 연구에도 위험한 일이라는 이야기를 하고 싶다.

그런데 얼마 후 나는 암발랄에게 첫 인터뷰를 통해 그와 간디에 대해 알게 된 사실이 있다고 말한 것이 옳았음을 깨달았다. 아울러 그와의 인터뷰는 나 자신에 대해 깨닫게 해준 것도 있었다. 나는 그 공장주와의 관계에서 간디와 내가 공통점을 가지고 있다는 사실을 발견하고는 새삼 놀랐다. 암발랄은 간디에게와 마찬가지로 나에게도 후원자가 아니었던가? 낯선 인도 땅에 처음 도착했을 때 나는 그 부자의 환대—우정과 위생과 안전이 있는 피난처—를 기쁜 마음으로 받아들이지 않았던가? 25년 만에 남아프리카에서 돌아와 자신의 카스트로부터 배척을 당하고 있던 간디는 그의 재정적 후원을 기꺼이 받아들이지 않았던가? 또한 암발랄에게 내가 역사학자로 보였을 것처럼, 아슈람을 제쳐두고 노사문제에 뛰어든 간디 역시 그에겐 불청객이 아니었겠는가? 물론 여기에서 우리의 관심을 끄는 공통 요인은 우리가 임상에서 익히 알고 있는 양면적 감정전이(transference)의 문제라 할 수도 있다. 감정전이는 한 사람이 타인과 관계를 맺을 때 그에게서 성인기 이전에 알고 있던 또 다른 사람의 "상징"을 보게 되면서 활성화되는 보편적 경향이다. 여기에서 그 타인은 유아기와 청소년기의 소망과 공포 그리고 희망과 불안을 재현시킨다. 그리고 이는 감정의 혼란, 즉 특정한 조건하에서 애정과 증오의 감정이 뒤섞이는 경향과 함께 나타난다. 이러한 현상은 임상의와 환자의 관계에서 매우 중요한 역할을 하는데, 이는 임상의에 대한 환자의 의존적인 태도에서뿐만 아니라 임상의 스스로 자신의 내면에서 관찰해야 할 부분이기도 하다. 왜냐하면 임상의 역시 자신의 유년기에서 비롯된 다양한 무의식적 욕구들을 환자에게 전이시킬 수 있기 때문이다. 내가 여기에서 강조하고 싶은 것은 암발랄에 대한 나의 감정전이이다. 사람은 특정한 대상에게 무의식적으로 감정을 전이시킨다. 즉 어떤 사람의 집에서 안전을 구하거나 그의 영향력 안에서 안정을 찾는 경우 그에게 아버지 또는 형의 역할이 주어지는 것이다. 이 주제는 나의 경우 아버지 없는 아이가 이국땅에서 따뜻한 새아버지를 만난 유년기의 경험—이것이야말로 진정한 전이의 예라 할 수 있다—에 뿌리를 두고 있는 것 같다.

한편 암발랄의 인생에도 그와 간디의 관계를 설명할 수 있는 요소가 있었다. 사실 그러한 요소는 (뒤에서 다루겠지만) 인도와, 간디 주변의 전반적인 분위기에도 늘 있었다. 수줍음과 권력욕, 자비심과 엄격함이 뒤섞여 있는 암발랄의 이면에는 모성적 세심함과 (매우 성실한) 기업가 정신이 격렬하게 부딪치고 있었다. 이와 같은 양면적 감정이 있었기 때문에 그는 아직 이름이 알려지지 않은 간디 같은 인물이 원칙을 지키고자 스스로 실패자 또는 이방인의 처지를 감내할 때 자신의 돈을 기꺼이 내주었고, 간디가 공장주들의 이익을 침해한다고 여겨졌을 때에는 업계의 이익을 지키기 위해 전면에 나설 수 있었던 것이다. 마찬가지로 그러한 양면적 감정이 있었기 때문에 그는 내가 손님으로 머무는 동안 더할 수 없는 배려를 베풀어 주었고, 내가 자신의 위신을 훼손시키려는 의도를 가진 것은 아닌지 확인하기 전까지 나의 질문으로부터 자신의 사적인 영역을 완강히 지키려 한 것이다. 나에게 그런 목적의 인터뷰라면 자신의 사무실로 오라고 한 것도 그로서는 타당한 결정이었던 셈이다.

나는 암발랄에게서 (간디에게서처럼) 한편으로는 봉건시대에 속해 있는 것 같고 다른 한편으로는 시대를 앞서가는 것으로 보이는 한 인간을 보았다. 이를테면 그는 충분한 동기가 있으면 가진 것을 아낌없이 내주었지만—그것도 예상치 못한 방식으로 엄청난 액수를—다른 이유로는 기부를 하지 않았다. 그러한 "동기"는 인도인이 가지고 있는 독특한 특질이다. 서양인의 시각으로는 단지 자기만족적인 선행으로밖에 보이지 않을 수도 있지만 그것은 **다르마**(dharma)의 기준에 타당하고 적절한 것이냐는 문제를 포함하고 있었다. 그것은 칼뱅주의(Calvinist) 교리에서 구분하는 이기주의와 이타주의의 문제가 아니라 인간의 운명에 내재하는 보다 넓은 의미의 올바름(propriety)에 관한 것이었다.

하인리히 짐머는 **다르마**의 의미를 이렇게 요약하고 있다.

> 그러므로 인생의 온갖 문제를 다루는 올바른 태도는 개인이 속한 계급(varna)의 법(dharma)과 연령에 따른 생애 단계(asrama)에 명확하게 제시되어 있다. 개인에게는 선택의 자유가 없다. 개인은 가족, 길드, 조직, 종파와 같은 하나의 종(種)에 속해 있다. 이러한 조건은 한 사람의 공적, 사적 행위를 세세히 통제할 뿐만 아니라 (포괄적이고 엄격하게 집대성된 원형에 따라) 한 개인이 지향해야 할 이상적인 모습까지도 규정하고 있다. 따라서 판단하고 행동하는 독립체로서 인간은 오로지 모든 인생의 문제를 자신의 역할에 적합한 방식으로 다루는 것에만 관심을 가져야 한다. 현세의 모든 사건이 가지고 있는 두 개의 측면—주관적 측면과 객관적 측면—은 그 틀에 정확하게 결합되며, 여기에서 개인은 제3의 요인으로 밀려난다. 개인은 자신의 실재가 아닌 광대하고 비인격적이며 우주적인 법칙을 가지고 현세의 사건이 발현되게 하며, 그럼으로써 불완전한 존재가 아닌 완전한 익명과 몰아(沒我)의 유리그릇 같은 존재가 되는 것이다.[4]

위의 글은 동양의 고유한 원형을 서양의 용어로 설명한 것이다. 개인의 성격이나 기득권 또는 (아마도) 신경증적 특질로 설명될 수 있는 것조차 이

---

[4] Heinrich Zimmer, *Philosophies of India*, New York: Merdian Books, Inc., 1956년, 152~153쪽.

러한 고대적 세계관으로 설명함으로써 중대한 오류를 범하는 이가 있을지도 모르겠다. 어쨌든 아메다바드의 세미나를 통해 나는 미신적 세계관의 잔재와, 개인의 의도적인 강조와 누락, 그리고 이성의 힘이 닿지 않는 내면으로부터의 억압과 부정(否定)을 정확하게 구분하는 것이 얼마나 어려운지를 깨달았다. 사실 이것들은 분리될 수가 없다. 모든 사회적 상황에서 경제적 근심, 신경증적 불안 그리고 존재론적 공포의 악화와 완화가 함께 일어나듯, 그러한 것들은 모두 삶 속에 뒤엉켜 있기 때문이다.

우리 두 사람의 만남이 각자의 직업적 **다르마**를 충실히 따르는 일이 되어야 한다는 암발랄의 생각을 내가 충분히 이해하게 되면서 일은 수월해지기 시작했다. 마침내 암발랄은 나의 연구에 대한 완전한 신뢰를 표현했다. 나는 간디에 대한 암발랄의, 그리고 암발랄에 대한 간디의 태도에 서로의 **다르마**에 대한 존중이 내재되어 있었다고 믿는다. 간디는 자신의 **다르마**를 제대로 표출했는지도 모른다. 그는 성자의 **다르마**를 가지고 있었고 정말로 그렇게 살았다. 암발랄은 방직 사업을 자신의 소명으로 여겼고 그것을 위해 모든 면에서 최선을 다하며 그 어떤 것도 자신의 소명을 방해하도록 내버려두지 않았다. 그것이 그의 **다르마**였다.

나와 암발랄의 관계에 대해 이야기하자면, 그는—교육을 받은 다른 인도인들과 마찬가지로—**다르마**의 차이 때문에 인과법칙에 대한 우리 두 사람의 인식에도 차이가 있다고 생각한 것 같다. 처음에 그는 모든 문제를 유아기와 신경증의 요인으로 설명하려는 정신분석학의 결정론적 시각에 반감을 가지고 있었다. 나중에 그는 이를 시인했는데 그 자리에는 그의 며느리 중 하나가 함께 있었다. 마치 그 자신이 정신분석학자가 된 것처럼 그는 가족에 대한 자신의 모성애적 염려와 남몰래 행한 선행들에 대해 담담히 이야기했다. 그의 설명은 예리하고 타당성이 있었으며, 어쩌면 내가 기대했던 것보다 더 자세하고 정확하게 자기 자신을 분석한 것이었다.

암발랄의 대중적인 이미지—우리가 관심을 가져야 할 부분이거니와—에 대해 이야기하자면, 나는 그가 자신의 **다르마**에 따라 행동하면서 인정에 이끌린다거나 냉철하다고 불리는 것도, 혹은 매정하다거나 어수룩하다고 불리는 것도 원치 않았다고 생각한다. 그가 자신의 공장에서 일하는 노동자들을 위해 안과(眼科)를 개설한 배경이 그 좋은 예이다. 그는 자신이 병원을 개설한 직접적인 "이유"가 인도주의적 감정 때문이 아니라 어느 날 점심식사를 하던 중 그의 아내와 어린 딸이 급성 결막염으로 고생하는 모습을 보았기 때문이라고 말했다. 그는 사무실로 돌아가는 차에서 길가에 있는 수많은 아이들이 세균성 결막염에 걸려 있다는 사실을 새삼 깨닫게 되었다. 그는 지체 없이 행동에 나섰다. 하지만 노조 측에 거액의 병원 설립 기금을 전달하면서 (어느 노조 간부의 전언에 따르면) 그는 무뚝뚝한 표정으로 이렇게 말했다고 한다. "이건 자선이 아니라 사업상의 조치일 뿐이라는 것을 알아두시오." 나는 그의 말 속에 자기 자신과 노동자들에 대한 존중이 모두 담겨 있다고 생각한다. 가족에 대한 자기애(自己愛)적이고 심기증적(hypochondriac)인 염려의 범위를 그들과 어떤 식으로든 관계가 있는 타인들에게 (우발적으로) 확대하는 것은 개인적이면서도 동시에 봉건적인 특성이라 할 수 있다. 이는 암발랄의 특질 가운데 하나이기 때문에 우리는 간디가 그것으로부터 어떤 이익을 얻었는지 알아볼 것이다. 간디는 이 점을 너무나 잘 알고 있었고 실제로 그것을—자신의 대의명분에—이용하려 했기 때문에 반드시 살펴볼 필요가 있다고 하겠다.

그 전에 암발랄의 소심한 성격의 수수께끼를 풀기 위해서는 적어도 파업이 일어난 시점으로 거슬러 올라갈 필요가 있다. 1918년 봄, 아메다바드엔 페스트가 돌았다. 당시 아메다바드에서 발행된 잡지 〈프라자 반두(Praja

Bandhu)〉는 암발랄이 자신의 저택에 페스트 치료를 위한 병원을 개설한 사실을 자세히 보도하고 있다.

사랄라데비 병원의 이름은 설립자의 아내인 사랄라데비의 이름을 따서 지어진 것이다. 병원의 이름만으로도 우리는 그 설립자가 어떤 사람인지 잘 알수 있다. 젊은 인도인 신사가 이처럼 아내의 이름을 당당하게 내거는 것은 흔치 않은 일이다. 하지만 암발랄 씨는 대단히 현대적인 사고를 지닌 인물이다. 힌두교 전통의 한복판에 살면서도 자이나교의 종파에 속해 있는 그는 마치목에 건 맷돌 같은 힌두교 공동체의 악습을 과감하게 내던지고 있다. 그는 매우 행복한 가정을 꾸려왔으며, 자신이 행한 모든 선행의 영감이 아내의 사랑과 헌신으로부터 왔음을 굳게 믿고 있다. 그러므로 자신이 만든 병원에 아내의 이름을 붙인 것은 그녀의 따뜻한 마음씨에 바치는 그의 자상한 헌사라 하겠다……

전염병의 확산을 막으려는 대부분의 노력들이 실패로 돌아가고 있는 가운데 치료와 예방에서 두드러진 성과를 보여주는 곳이 두 군데 있으니, 하나는 사랄라데비 병원이고 다른 하나는 영국인 채트필드 씨가 운영하고 있는 예방접종 시설이다. 사랄라데비 병원은 요즘과 같은 홍보의 시대에 그런 일을 하는 기관이 흔히 보여주는 과시나 떠들썩한 분위기 없이 조용히 운영되고 있었다. 이 병원과 관련된 거의 모든 것이 설립자의 성격을 그대로 보여주고 있는데, 병원의 설립 과정이 특히 그러하다. 병원이 문을 열기까지의 과정은 마치 암발랄 씨의 저택이 높은 벽에 둘러싸여 있는 것처럼 알려진 바가 없다. 개원을 알리는 팡파르는 울리지 않았으며 개원식조차 열리지 않았다. 병원의 설립자는 박수를 받기 위해서가 아니라 자신의 양심을 따르기 위해 이 일을 한 것이다. 그는 사람들에게 자신의 행동을 널리 알리는 대신 남몰래 선행을 하는 것을 중요하게 여기고 있다. 만일 대중의 관심을 독약으로 여기는 사람이 있다면 그가 바로 그런 사람이다. 그런데 아이러니하게도 그는 현재 이 도시에서, 아니 도시의 경계를 넘어 아주 먼 지역에까지 가장 유명한 사람이 되어 있다.[5]

암발랄의 "수줍음"은 평생을 따라다녔다. 파업에 간디가 개입하면서 이 스물다섯 살의 젊은이가 업계를 대표하여 간디의 교묘함과 결단력에 맞서야 했을 때에도 마찬가지였다. 하지만 암발랄의 대중적 이미지를 고려한다면, 사람들의 이목을 끄는 자선(관습을 거스르며 아내의 이름을 병원에 붙인 것)과 익명으로 남으려는 소망을 동시에 보여준 그를 다른 기업인들이 어떻게 이용하고자 했는지 쉽게 짐작할 수 있을 것이다. 어쨌든 높은 벽은 안과 밖을 분명하게 가르기 때문이다.

뒤에서 보다 자세히 다루겠지만 간디의 내면 깊은 곳에 공장주 암발랄에 대한 양가적 감정이 있었으리라는 추측은 피할 수가 없다. 동시에 그들의 관계는 힌두교의 **다르마**—다음 생애에서 더 나은 기회를 얻기 위해 현생에서 충실히 수행해야만 하는 의무—에 대한 상호 수용의 좋은 예라고 할 수 있다. 간디의 말대로 "단식이 나의 몫"이라면 돈을 버는 것은 암발랄의 몫이었다. 부유한 이들의 재정적 지원이 없었다면 간디는 성자(聖者)와 같은 정치인(그의 표현대로라면 "성자가 되고자 노력한 정치인")의 역할을 해낼 수 없었을 것이다. 마르크스주의자들은 이를 두고 돈이 그를 타락시켰다고 하겠지만, 인도인들의 관점에서 보면 더 높은 공통의 진리를 추구하는 과정에서 서로가 역할을 분담한 것이라 할 수 있다. 다만 간디도 분명히 느꼈

---

5 *Praja Bandhu*, 1918년 3월 17일자.

겠지만 파업과 단식의 상황에서 이러한 역할 분담이 혼란스러워졌다. 그러나 프로이트학파의 이론은 그러한 상황 역시 해결되지 않은 과거의 갈등을 현재에 무의식적으로 "전이"시키는 요인이 되었을 것이라고 설명한다. 간디는 젊은 시절—뒤에서 살펴보겠지만—에 영국에서 변호사가 되기 위해 고향을 떠나며 자신의 카스트와 아버지의 유지(遺志)를 저버렸다. 그리고 후일 인도에 돌아와 개혁가가 되기로 마음을 먹었을 때는 법률 사무소에서 함께 일하

아나수야 사라바이

기를 원했던 형의 기대를 저버렸다. 대대로 내려오는 **다르마**에서 벗어난다는 것은 인도인들에게는 매우 심각한 사건이라 할 수 있다. 어쨌든 그가 귀국 후 아메다바드에 정착해서 자신의 아슈람에 불가촉천민 가족을 받아들임으로써 다시 한 번 심각한 사회적 일탈을 저질렀을 때에도 그를 도와준 유일한 사람은 암발랄이었다. 이렇게 해서 공장주 암발랄은 간디의 진정한 형제가 되었다. 간디의 생애를 잘 알고 있는 사람이라면 보은이나 인정을 한 번도 받아보지 못한 이 "위대한 영혼"이 자신을 인정해주고 이끌어주며 어머니처럼 보살펴줄 사람을 얼마나 절박하게 찾았는지 알고 있을 것이다. 이것은 매우 복잡한 문제이다. 따라서 여기에서는 그의 생애의 중요한 목격자인 두 남매에 대한 그의 감정전이를 가정하지 않고서는 그 **사건**의 의미와 간디가 그것을 "축소"하려 한 이유를 이해하기 어렵다는 점만 밝혀두고자 한다.

나는 암발랄의 누나이자 성인과도 같은(내가 이 책에서 인명 앞에 이 표현을 쓴 예는 그녀와, 간디의 아내인 카스투르바밖에 없다) 아나수야를 만나 파업에

대한 이야기를 들었다. 그녀는 **사건**이 일어나기 훨씬 전부터 노동자들을 돕다가 사바르마티 강의 모래밭에서 방직 노동자들의 집회를 주도하는 자리에서 그들에게 파업을 촉구한 일이 있었는데 내가 그 일을 언급하자 그녀는 밝은 목소리로 말했다. "내가 연설을 했나 보네요!" 사실 노동자들의 조직화를 촉발한 것이 바로 그 연설이었다. 하지만 그녀에게는 그 연설이 가물가물한 일이 되어 있었다. 그녀는 보다 개인적인 과거사와 관련해서는 나의 아내 조앤과 자유롭게 이야기를 나누었다. 그녀는 조앤의 질문에 한참 대답을 하다가 갑자기 의자에 등을 기대며 이렇게 말했다고 한다. "그런데 그렇게 오래된 일들을 왜 물어보시죠? 익은 과일은 그냥 떨어지도록 놔두죠." 동그란 얼굴에 미소를 지어보이는 그녀의 갑작스러운 반응에 조앤 역시 놀랐다고 한다.

제3장
—
네 명의 노인들

　인도에서 인터뷰한 사람들이 보여준 몇 가지 유형을 실례를 들어 설명하기 위해 그들 중 세 사람에 대해 이야기해 보기로 하겠다. 그들과 나눈 이야기를 옮기면서 나는 역사적 의미가 있는 자료도 함께 언급할 것이다.

　샨케를랄 반케르는 파업 당시 29세였다. 나는 70대 후반이 된 그를 만났다. 우리는 서늘한 인도의 겨울 아침에 암발랄이 설계한 멋진 정원을 내다보며 일광욕실에 앉아 오랜 시간 이야기를 나누곤 했다. 그는 설명하기 힘든 사람이었다. 그는 어린아이처럼 쾌활한 모습을 보이며 엄청난 에너지와 복잡한 성격을 지녔던 과거의 모습을 애써 감추려는 듯했다. 이 모든 것이 샨케를랄을 훌륭한 자료의 원천이 되게 해주었다. 그는 내가 궁금하게 여기는 이야기를 먼저 꺼내는 법이 없었지만 기업가로 활동했던 과거의 추진력 때문인지 나의 책이 반드시 완성되어야 한다는 생각을 가지고 있는 것 같았다. 또한 그는 유머에 담긴 진실에서 진정한 간디주의자의 즐거움을 누렸다. 사실 가끔은 등 뒤에서 간디가 키득대는 것처럼 느껴지기도 했다. 만나서 이야기를 시작할 때, 특히 한동안 보지 못하다가 다시 만났을 때 그는 간디나 다른 사람들의 말을 인용하면서 뭔가 철학적인 이야기라도 하려는 듯 연막을 쳤다. 하지만 내가 그의 말을 끊고 인명이나 세부적인 사실, 그리고 정확한 말뜻을 캐물을 때마다 그는 불쾌하기는커녕 오히려 고맙다는 듯이 키득거리곤 했다. 그는 상대방이 자신의 모호한 말에 걸려들어서 헤매는 모습을 무척 즐기는 것 같았다. 그가 간디에 대해—누구나 아는 경전 같은 이야기들 대신―들려준 이야기들은 너무나 사실적이었다. 이는 그가 간디를 무조건적으로 떠받든 적이 한 번도 없었을 뿐만 아니라 아슈람에서 함께 지낸 사실이 없었기 때문인지도 모른다. 무엇보다도 나는 그에게서 프란체스코를 닮은 간디의 유쾌함을 발견할 수 있었다. 그것은 간디가 아직 특별한 인물로 대우받기 전에 두 사람이 함께 1년 간 수감생활을 했을 때에도 지속된 특징이었다. 그가 들려준 이야기는 수감 중에 다른 사람들―동료들, 모르는 사람들, 관리들―을 진심으로 걱정해주거나 그들을 도발하고 괴롭힌 간디의 모습을 생생하게 보여주었다.

한편 샹케를랄이 중요한 정보 제공자가 될 수 있었던 또 다른 이유는 자신의 이야기를 내가 정확하게 알아듣고 있는지 그가 끊임없이 확인했기 때문이다. 그는 자신의 이야기를 내가 어떻게 이해했는지 들어보기 위해 이따금 나에게 말을 시키기도 했다. 그는 자국의 학자들에게 느끼는 존경심을 내게도 살짝 내비치면서, 그러나 조금은 놀리는 듯한 태도로 한사코 나를 "의사 양반"이라고 불렀다. 사실 그가 정신적 스승으로 모신 이는 의사이기도 했다. 대화를 이어가면서 나는 샹케를랄이 일생 동안 한두 차례의 정서적 위기를 겪었으며 그가 그 문제에 대한 명확한 이해를 얻기 원한다는 사실을 알게 되었다. 그러나 그가 매우 남성적이며 풍류를 즐길 줄 아는 사람이라는 세간의 평가(또는 소문)에 대해, 그리고 기업가로서 왕성하게 활동했던 시절에 대해 그는 자신의 삶을 이루는 한 부분임에도 말문을 굳게 닫았다. 그는 영국식 정장을 입고 찍은 오래된 사진 한 장을 나에게 보여준 일이 있다. 사진 속의 그는 젊고 수려한 외모에 에너지가 넘치는 모습이었다. 한때 많은 사람들과 폭넓은 교류를 가졌던 그의 힘은 내가 어떤 자료를 구하거나 어떤 개인을 만나면 도움이 되겠다는 사실을 그가 눈치 챌 때마다 어김없이 발휘되었다. 다음 날이면 그 자료가 탁자 위에 놓여 있거나 그 사람이 예고도 없이 불쑥 나타났기 때문이다. 의도는 좋지만 상대방에게 묻지도 않고 인터뷰나 모임을 임의로 주선하는 인도인들의 습성 때문에 나는 종종 언짢아질 때가 있었다. 하지만 이 때문에 인도에서는 무엇인가에 대해 준비가 되어 있다면 그만큼 얻을 것이 있었다. 말이 나온 김에 한 가지 더 언급하자면, 낯선 이방인이 고위 관료나 외국에서 온 유력 인사로 소개되지 않고서는 빈민가나 인근의 마을에서 하룻밤을 묵기 어려운 것도 같은 이유에서이다. 모든 사람들이 그 방문객을 주시하는 것이다. 아메다바드에서 불가촉천민들이 모여 사는 마을을 연구 목적으로 조심스럽게 방문했을 때 조앤과 나는 뜻밖의 환영 인파와 마주쳤다. 샹케를랄이 이것을 준비했는지는 확실하지 않다. 우리는 좁은 길을 따라 안내가 되어 주민들에게 둘러싸인 채 꽃으로 장식된 탁자 앞에 앉게 되었다. 시의원 선거 입후보자 한 사람이 동석해서 나에게 방문 목적을 이야기해달라고 요청했다. 그는 내가 하는 말을 주민들에게 통역해서 전달했지만 나는 그가 주민들의 언어를 제대로 구사하고 있는지조차 알 수 없었다. 어쨌든 샹케를랄이, 그토록 "소극적인" 사람이, 나에게 인터뷰를 주선해주기 위해 노력했고 덕분에 효율적인 인터뷰가 종종 성사되었다는 사실은 분명하다. 실용주의자의 효율성과 명상가의 소극성 사이에서 그가 겪은 갈등(오늘날 모든 인도인들이 겪고 있는 정체성의 갈등)은, 뒤에서 자세히 살펴보겠지만 사실 간디가 한눈에 알아채고 이용한 것이기도 하다.

델리에서 나는 **사건**의 목격자는 아니지만 방직노동자연합의 초기 시절부터 간디를 도왔고 후일 국가 지도자로 성장한 두 사람을 만났다. 그들은 성격만큼이나 각자 아메다바드의 유산으로 받아들인 소명도 달랐다. 굴자릴랄 난다는 내무장관이 되었고, 인둘랄 야그니크는 강성 야당 지도자가 되어 있었다.

지금은 호불호가 극명하게 갈리고 있는 굴자릴랄을 나는 대영제국 시절에 세워진 거대한 내무성 건물에서 처음 만났다. 나는 그의 집무실 밖에 있는 어수선한 대기실에서 한참을 기다려야 했다. 당시의 시국은 긴박했다. 카슈미르와 캘커타에서 폭동이 일어났고, 뇌출혈을 일으킨 네루 수상의 상태는 공식적으로 발표된 것보다 훨씬 좋지 않았다. 난다는 내각의 수석 각료로서 수상의 유고시에 그 역할을 대행해야 했을 뿐만 아니라, 국민회의파가 다른 후보를 결정하지 못하는 경우 수상이 될 수도 있었다. 드디어 그의 집무실로 안내를 받았지만 나는 완전히 기진맥진해 있는 그의 모습을 보고 그냥 돌아가겠다는 뜻을 밝혔다. 하지만 비서관이 나의 용건을 간략하게 전달하자 그는 (내가 사전에 제출한) 면담 요청서를 잠시 살펴보는 동안 기다려달라고 했다. 잠시 후 그는 비서관과 다른 보좌관들에게 10분만 자리를 비켜달라고 말했다. 당시의 엄중한 시국을 생각해보면 10분은 짧지 않은 시간이었다. 어쨌든 피로에 지친 사람에게 10분은 잠시 눈을 붙이며 기력을 회복할 시간이 될 수도 있었다. 실제로 난다는 수행원들이 모두 나가자 반쯤은 긴장이 풀린 모습으로, 반쯤은 탈진한 모습으로 의자에 털썩 몸을 기댔다. 그는 안경을 벗고 눈을 비비며 말했다. "좋습니다. 뭘 물어보고 싶으십니까?" 나는 아메다바드에서 그가 살았던 곳과, 노동운동과 인도를 위해 그가 일하기 시작한 현장들을 둘러보았다고 말했다. 이어서 아메다바드의 방직노동자연합에서부터 뉴 델리의 내무성에 이르는 큰 간극에 대해 알고 싶다고 말했다. 의자에 몸을 깊이 묻고 있던 그는 내 말이 재미있다는 듯이 웃음을 터뜨리더니 잠시 생각에 잠겼다. "간극이 그리 크지는 않습니다!" 그가 큰 목소리로 말했다. "간디지를 처음 만난 것은 제가 아주 젊었을 때, 그러니까 스물세 살 때의 일입니다. 도움이 되고 싶다고 말씀을 드렸더니 그분은 이렇게 말씀하셨습니다. '당신을 필요로 하는 곳이면 어디든 가겠다고 약속하십시오. 그러면 당신을 받아들이겠습니다.' 저는 약속했죠. 그리고 보시다시피 지금은 여기가 날 필요로 하는 곳입니다." 굴자릴랄은 가는 곳마다 새로운 조직을 만들었고 사두스(Sadhus) 역시 그가 만든 조직이었다. 구체적으로 알고 싶은 것이 무엇이냐고 묻는 그에게 나는 내 연구에 대해 설명했다. 나는 마음속으로 그를 다시 만나고 싶다는 희망을 품고 있었다. 그렇게 10분이 지나갔다. 하지만 나는 간디가 그의 인생에 던져준 과제를 그가 단 1분 동안 충분히 설명했다는 느낌이 들었다. 간디는 다른 사람들과 마찬가지로 이 젊은이 역시 직관적으로 꿰뚫어 보았을 것이다. 다음 날 독립기념일 공식 퍼레이드에서 창백한 얼굴과 구부정한 자세로 힘겹게 걸음을 옮긴 네루의 상태는 한눈에 보아도 회복이 어려워 보였다. 공식 발표와는 달리 네루가 "가벼운 뇌출혈"보다 더 심각한 상태라는 것은 분명했다.

1년 후 굴자릴랄을 다시 만났을 때 그는 우리가 전에 만난 적이 있다는 사실을 기억하지 못했다. 그는 기억을 떠올릴 수 있도록 이전의 만남에 대해 설명해 달라고 했고 나는 이렇게 말했다. "장관님, 지난번에 저는 10분 동안 장관님을 뵈었습니다. 이렇게 매년 10분씩 시간을 내주시면 언젠가는 저의 궁금증이 다 풀릴 수 있을 것 같습니다." 그는 이번에도 크게 웃었다. 그는 나에 대한 경계를 풀었지만 배석한 비서관과 속기사를 내보내지는 않았다. 그는 이제 자신의 말이 잘못 인용되어서는 안 될 상황에 있었다. 나는 나 자신의 **다르마**를 다잡으면서 질문을 시작했다. 그의 얼굴에 이전에 부통령의 얼굴에서 보았던 아련한 표정이 번졌다. 그의 아련한 표정에 젊은 시절과, 위대한 영혼에 이끌려 자신의 사명에 헌신하던 시절의 기억이 스치는 것 같았다. 하지만 그는 1918년의 파업에 대해서는 아무것도 기억하지 못했다. 그는 간디와 샨케르랄이 투옥되고 자신이 방직노동자연합을 이끌던 1923년의 파업에 대해서는 꼼꼼한 기록을 일기에 남겼다고 말했다. 하지만 그 일기장은 방직노동자연합이 새로운 건물로 이전을 하는 과정에서 분실되었다고 황급히 덧붙였다. (나는 공장주협회와 방직노동자연합이 자료의 보존과 관련해서는 어쩌면 그렇게 똑같은지 의아해하지 않을 수 없었다.) 굴자릴랄은 활동 초기에 거둔 이와 같은 성공을 기적으로 여기고 있었다. 그것은 간디의 신뢰가 낳은 기적이었고, 그러한 신뢰는 그를 따른 대부분의 사람들을 전적으로 헌신하게 만든 거대한 힘으로 작용했다. 그러나 누구도 자신들에게 맡겨진 역사적 책무를 대신할 수 없다는 강한 사명감은 종종 그들의 자리를 다른 사람에게 결코 내주지 않으려는 태도로 이어졌고 일부에서는 이를 두고 그들이 권력욕에 사로잡혀 있다는 비판을 가하기도 했다. 그것은 고위직에 오른 간디주의자들에게도 마찬가지였다. 하지만 내게는 많은 질문을 할 수 있는 시간이 주어지지 않았다. 나는 그가 경찰을 지휘하는 자리에 있음을 염두에 두고 "그 옛날"의 고귀한 이상이었던 비폭력의 원칙에 대해 어떻게 생각하느냐는 질문을 마지막으로 던졌다. "비폭력은," 그는 잠시 생각에 잠겨 있다가 조금은 쓸쓸한 어조로 말했다. "미국 역시 그런 상황이지만, 민주주의로 인해 문제들이 너무 복잡해져서 단순한 원리로 돌아갈 필요가 있는 곳이라면 어디에서든 무기가 될 수 있을 겁니다." 우리는 아메다바드에서 일어난 일들을 자세히 논의하면서 그의 말을 되새겨볼 것이다. 그의 말에는 위선적 율법주의와 교묘한 분열주의 그리고 알량한 권력보다 역사적 현실의 논리가 우위에 있을 때 비폭력주의가 가장 잘 받아들여진다는 뜻이 내포되어 있었다. 나는 그의 꾸밈없고 사려 깊은 태도에 감명을 받았다. 하지만 나는 그토록 부드럽고 소박하면서도 동시에 권력과 논란의 중심에 서 있는 이 장관이 민주주의의 (혹은 일당 관료체제의) 혼란에 스스로 빠져 있는 것은 아닌지, 또한 그와 그가 몸 담고 있는 권력체제가 비폭력 투쟁의 "다음" 상대가 될 수 있는 것은 아닌 지 의문을 갖지 않을 수 없었다. 그 자신도 스물세 살 청년의 눈으로 자신 의 위치를 돌아보면서 새삼 그런 생각을 했는지도 모른다. 왜냐하면 아메 다바드에서 일어난 일련의 사건은 하나의 의식(儀式)처럼 화해와 일치를 향한 숭고한 신념이 출현하고 실현된 것에 그 의의가 있다는 얘기를 그가 덧붙였기 때문이다. 그렇게 그가 내준 20분의 시간이 지나갔다.

내무장관 굴자릴랄 난다와 야당 지도자 인둘랄 야그니크는 키가 크고 마른 체형이라는 공통점을 제외하고는 서로 닮은 점이 하나도 없었다. 굴 자릴랄은 권력에 대한 간디주의의 타협을 보여주는 상징적 인물이다. 간디 는 그러한 타협을 내적 모순으로 여겼기 때문에 그 자신은 결코 공직에 오 르지 않았고 독립 후에도 국민회의가 정당이기보다는 사회단체의 성격을 유지하기를 바랐다. 인둘랄은 아메다바드에 자리를 잡은 봉건적 자본계급 의 지배에 맞서 비타협적 노동운동을 이끈 인물이다. 나는 혁명적 진보를 누가 대표하느냐는 역사의 물음에 그가 어떻게 대답했는지 알아보고 싶었 다. 그에 대해서는 그다지 우호적이지 않은 상황에서도 거인의 과업을 묵 묵히 수행해온 인물이라는 평가와, 자신의 존재감을 드러내기 위해 안간힘 을 쓰는 인물이라는 상반된 평가가 있었다. 나는 아메다바드 시민들이 야 그니크를 평화로운 노사관계를 위협하는 인물로 지목하고 있다는 얘기를 들은 바 있었다. 어떤 이들은 그를 "공산주의자"라고 불렀는데, 적어도 그 가 60년대 중반 아메다바드에서 일어난 폭동을 선동했다는 사실은 분명해 보였다. 아메다바드에 있는 친구들은 내가 그를 만나는 것에 대해 그리 탐 탁지 않은 반응을 보였지만 나는 그가 1918년의 아메다바드를 어떻게 바라보는지 만나서 들어보고 싶었다. 그의 75회 생일을 맞아 많은 신문들은 수수한 옷차림으로 거리를 청소하고 있는 그의 사진을 실었는데 어딘가 다소 악의적인 편집 의도가 느껴졌다. 델리에 도착한 뒤 나는 의외로 쉽게 그와 접촉할 수 있었다. 그는 자신의 생각을 적극적으로 표출하고자 하는 열망을 드러냈다. 그는 현대식 아파트에서 혼자 살고 있었다. 수수한 옷차림의 그는 길고 야윈 얼굴에 사람을 꿰뚫어 보는 듯한 눈—내가 인도에서 만난 사람들 가운데 가장 직설적인 시선—으로 내 질문에 대답했다. 그는 독특하면서도 정확하고 예리한 표현을 사용했으며 내가 인도에서 흔히 들던 미사여구는 전혀 사용하지 않았다. 하지만 그는 상대방의 말을 오래 듣지 않았다. 그는 내가 전화로 미리 알린 질문의 요지를 확인한 다음 곧바로 간디의 귀국 이후 몇 년 동안 자신이 어떻게 학창 시절을 보냈는지 상세히 설명했다. 현역 정치인으로서 그는 간디의 가장 인상적인 면모가 무엇이었느냐는 질문에 조금의 망설임도 없이 대답했다. "그는 완벽한 정치인이었습니다." 그것은 내가 곱씹어야 할 말이었다. 왜냐하면 간디의 친구들은 누구 할 것 없이 그의 활동이 일종의 영감, 심지어는 계시에 의한 것이었다고 말했기 때문이다. 사실 간디가 인도 대중은 물론이고 러시아 혁명을 정치적으로 의식하지 않았다고 가정한다면 1918년의 그를 심리적, 논리적으로 설명하는 것은 거의 불가능하다. 물론 인둘랄의 평가가 일방적이며 그의 자아상을 투사한 것이라고 할 수도 있다. 하지만 간디에 대한 다른 평가들—"진실한", "당당한", "교묘한"—역시 그러한 투사가 아니겠는가? 또한 하나하나가 진실이면서도 그것이 전부는 아닌 다양한 투사들을 이끌어낼 수 있다는 것 역시 그 지도자의 재능이 아니겠는가?

한편 나는 인둘랄이 나에게 하는 이야기가 그의 자서전을 그대로 옮긴 것에 불과하다는 사실을 곧 알아차렸다. 그 책이 영어로 번역되지 않았기 때문에 (한 친구가 나에게 몇몇 중요한 대목을 요약해주었다) 그는 나에게 "새로운" 이야기를 들려준다고 생각했을 것이다. 하지만 내가 만난 많은 사람들의 기억은 고착되어 있었고 간디와의 첫 만남은 틀에 박힌 듯했다. 이를테면 장차 간디의 추종자가 될 젊은이가 있다고 하자. 그는 반항적 기질을 가지고 있지만 동시에 삼촌 같은 존재에 대한 의존성도 가지고 있다. 그의 분노는 (야그니크가 "정신적 고뇌"라고 표현한) 가족, 독립을 위한 몸부림, 그리고 식민치하의 현실로부터 소외됨으로써 비롯된 것이다. 피가 끓는 청년에게 너무나 작은 목소리로 너무나 많은 것을 약속하는 간디는 답답하게 보인다. 하지만 청년은 다른 사람들의 이야기를 들어본 뒤 다시 간디의 말에 귀를 기울인다. 청년은 간디의 절대적인 솔직함과 인내심에 마음을 열게 된다. 그리고 마침내 개종이라 할 만한 극적인 변화가 일어난다.

야그니크는 남아프리카에서 돌아온 간디와의 첫 대면을 차분히 회상했다. 간디는 (아래에서 인둘랄의 표현을 그대로 인용한다) 당시 "진지하게" 길을 모색하는 "견습생" 같았고 "모든 것이 바뀌어야" 한다는 생각을 가지고 있었다. 하지만 그는 변화를 도울 "추종자들을 규합하는" 2년 남짓한 기간에는 여전히 "속을 알 수 없는 인물"로 남아 있었다. 이러한 설명은 인터뷰 당시 인둘랄 자신이 가지고 있던 사명감과 일치하는 것이다. 그는 굴자릴랄 난다에서부터 방직노동자연합에 이르기까지 모든 것이 바뀌어야 한다는 생각을 가지고 있었기 때문이다. 하지만 야그니크는 속을 알 수 없는 인물이 아니었다.

그는 간디를 봄베이에서 처음 만났다. 그곳에서 그는 샨케를랄과 함께 대학을 다니고 있었고 그의 나이는 스물네 살이었다. 열혈 행동주의자인 인둘랄은 옛 친구 샨케를랄을 떠올리며 밝게 웃었다. 오래 전 등을 돌렸지만 그는 샨케를랄에게 여전히 일말의 존경심을 가지고 있는 것 같았다. 당시에도 이미 열혈 운동가였던 인둘랄은 간디를 처음 만나고는 실망을 했다. 하지만 계약직 노동자들의 문제를 정확하고도 열정적으로 논의하는 간디의 ("목청을 높이거나 미사여구를 사용하는 일 없이") 조용한 힘에 점차 끌리게 되었다. 그는 1915년 국민회의 총회에 참석한 간디가 지도자들에게 배정된 좌석의 "맨 뒷줄 맨 마지막 자리"에 앉았던 일을 기억했다. 우리는 사람들이 먼저 그에게 앞자리를 권하기까지 간디가 의도적으로 뒷자리를 지킨 이유를 뒤에서 자세히 살필 것이다. 인둘랄은 구자라트 사바(Gujarat Sabha, 구자라트를 근거로 한 정치단체로서 케다(Kheda) 농민투쟁에서 중심적인 역할을 했으며 후일 국민회의에 통합되었다 – 옮긴이)에서 활동하던 시절인 1917년 2년, 고칼레(Gopal Krishna Gokhale, 간디의 멘토로 잘 알려진 인도의 독립운동가 – 옮긴이)의 장례식에서 간디가 추도 연설을 하도록 주선한 사람이 바로 자신이라고 말했다.[1] 그가 간디에게서 마하트마의 면모를 발견한 것은 푸나(Poona)에서였다. 간디는 해외에 "계약직 노동자"를 송출하는 제도를 중단해야 하며 이에 대한 구체적인 일정을 강력하게 요구해야 한다고 주장했다. 간디는 미소를 머금은 채 덤덤한 어조로 그것이 시행되도록 "죽을 준비를 하고" 싸워야 한다고 말했다. 저녁식사를 마친 자리에서 이 말을 들은 사람들은 간디의 말이 조금의 과장도 없는 진담임을 감지하고 "번개에 맞은" 기분이 들었다고 한다. 많은 젊은이들이 독립투쟁을 위해서라면 누군가를 죽이거나 스스로 죽을 각오가 되어 있던 푸나에서 스스로의 선택으로 죽을 준비가 되어 있다는 말은 "액면 그대로" 받아들여졌다. 이와 같은 단호한 결의는 많은 이들에게 과거와 현대의 모든 정체성 요소들을 하나로 아우르는 것으로 비쳐졌다. 인둘랄은 "개념과 상징을 폭넓

---

1 *CWMG*, 제13권, 345쪽.

게 검토해" 볼 때 간디가 변호사. 정치인, 외교관으로서 완벽한 인물이었다는 결론이 결코 성급한 것이 아니라고 말했다. 이 때문에 간디가 아메다바드 지역을 선택한 것은 노동자와 소작농을 포함해야 하는 그의 원대한 계획의 일환이었다는 나의 논지를 인둘랄은 간디에 대한 모욕으로 받아들이지 않았다. 인둘랄은 간디가 남아프리카에 오래 머무는 동안 현지에서 구자라트 사람과 마드라스 사람, 힌두교도와 회교도를 두루 접하며 인도의 단면을 이해했기 때문에 귀국 후에 인도의 모든 지역을 그의 활동 무대로 삼을 수 있었으며 실제로 고향인 아메다바드에 정착한 뒤에도 인도 전역을 자유롭게 다닐 수 있었다고 말했다.

인둘랄은 발랍바이 파텔(Vallabhbhai Patel)과 자신이 간디를 교육 및 정치 회의(Educational and Political Conference)에 연사로 초청했고 그곳에서의 연설을 통해 간디가 전국적으로 알려지게 되었다고 주장했다.[2] 당시 간디는 독립운동에 새로운 화두를 던졌다. 그것은 분명한 계획이 없거나 끝까지 견딜 준비가 되어 있지 않은 싸움은 아예 시작을 하지 말라는 것이었다. 인둘랄에게 가장 인상적이었던 것은 간디가 "24시간 일하는 사람"이었다는 것이다. 파텔이 회의론자로 ("마하트마는 이미 넘칠 정도로 많다.") 남았던 반면에 젊은 인둘랄은 간디에게 모든 것을 걸었다. 케다 농민투쟁이 일어났을 때 인둘랄은 구자라트의 다섯 구역을 책임지고 있었다. 그는 농민운동보다는 빈민운동에 관심을 가지고 있었는데, 그는 자신의 "모친 콤플렉스(mother complex)"에서 그 이유를 찾았다. (여기에서 이 노회한 정치인은 내가 간디의 오랜 추종자들에게 조심스럽게 적용하려던 해석을 예상하고 있었던 것이다.) 나는 그가 자기 자신을 그렇게 돌아볼 수 있게 된 것은 그 "콤플렉스"

---

2 같은 책, 제14권, 8~36, 48~72쪽.

에 맞서 싸우며 끝내 반항아로 남았기 때문이라는 생각을 하지 않을 수 없었다. 그는 간디의 보다 남성적인 특질에 자신을 동일시하면서 아슈람 공동체의 품에 안기기를 거부한 것이다. 사실 그는 아메다바드의 아슈람에 대해서는 언급하기를 원치 않았다. 자신은 사라바이 가문의 영향력이 미치는 곳에서 살아본 적이 없다는 그의 말에서 나는 사라바이 가문에 대해서는 말할 것도 없고 아메다바드 아슈람의 옛 동료들에 대해서도 그가 이야기하고 싶지 않다는 것을 읽을 수 있었다. 그는 경멸적인 어조로 방직노동자연합이 "일을 저지르고 있다"고 했는데, 그것은 의심할 여지도 없이 "더러운 일"을 뜻하는 것이었다. 이처럼 그는 나에게 꼭 필요한 균형추를 제공해주었다. (어떤 이들이 말하듯) 그가 편집증 환자인지, 혹은 (모든 사람들이 말하듯) 그가 광적인지는 중요하지 않았다. 나에게는 그가 오늘날에도 계속되고 있는, 지치지도 나이가 들지도 않는 혁명 성신의 힘을 대표하는 것으로 보였다. 그 **사건**이 벌어지는 동안 인둘랄은 이라크에 있었다고 한다.

다음 장에서 우리는 간디의 생애 전반부, 즉 라지코트에서 보낸 유년기부터 그가 많은 젊은 남녀들을 만나게 된 시기까지를 되짚어보면서 훗날의 마하트마가 어떻게 준비되고 있었는지 살펴볼 것이다. 여기에서 그의 자서전은 다시 한 번 우리의 기초 자료로 활용될 것이다. 그런데 자서전에서 간디 자신이 이야기한 유년기를 부연하고 있는 사람이 있다. 간디의 곁에서 그의 이야기를 직접 듣고—받아 적으며—간디가 성장한 카티아와르 반도에 대해 포괄적인 연구를 한 이 인물은 피아렐랄 나야르(Pyarelal Nayar)이다. 피아렐랄이 간디를 처음 만난 것은 파업이 일어난 이듬해였으므로 엄밀히 말하면 그는 증인들 중의 한 명이라고 하기 어렵다. 하지만 간디의 "생애 전반 50년"을 살펴보면서 우리는 그의 저작물과 증언을 참고할 것이기 때문에, 간디의 전기 작가이자 비서로 거의 30년을 일한 그는 우리에게 주요한 증인이 되어줄 것이다. 내가 그를 처음 만난 것은 그가 1965년 아메다바드에서 기념비적인 간디 평전 『생애 초기(*The Early Phase*)』[3]의 제1권을 마무리하고 있을 즈음이었다. 당시 우리는 (간디의 모든 저작물에 대한 출판권을 가지고 있던) 나바지반 트러스트와 들판 하나를 사이에 둔 곳에서 지내고 있었다. 피아렐랄은 몇몇 세부적인 사실을 우리와 함께 확인해보기를 원했기 때문에 약 2주간에 걸쳐 우리는 부지런히 들판을 가로질러 다녔다. 이 기간에 나는 인도의 역사적 정체성에서 영어가 차지하는 미묘한 역할을 이해하게 되었다. 피아렐랄의 작업은 쉽지 않은 것이었다. 방대한 평전의 마지막 부분인 두 권짜리 『생애 후기(*The Last Phase*)』[4]가 먼저 출간되어 있었기 때문에 제1권의 집필은 이미 정해진 결말에 도입부를 맞추는 작업이 되어야 했다. 피아렐랄은 많은 양의 놀랄 만한 자료들을 수집했다. 간디가 톨스토이에 대해 쓴 여러 편의 글과 그가 남아프리카에서 돌아온 직후 인도의 상황에 대해 쓴 글들은 이 책의 후반부에서 우리의 주목을 끌게 될 것이다. 그런데 여기에서 비록 그가 오랜 기간 간디의 곁을 지킨 인도인이라 해도 간디에 대한 심리학적 의미를 전달하는 그의 문체를 얼마나 신뢰할 수 있느냐는 문제가 제기된다. 이 문제는 미묘하면서도 우스꽝스럽기도 하다. 정통 영국 영어로 자신의 생각을 표현하려는 이 박식한 인도인의 노력은 종종 빅토리아 시대의 영어에서 길을 잃고 있었다. 예컨대 이 헌신적인 간디의 오랜 친구는 간디가 어떤 사람인지 설명하기 위해 적절한 단어를 찾다가 그 많은 사람들을 놔두고 하필이면 키플링(Joseph Rudyard Kipling,

---

3 Pyarelal, *Mahatma Gandhi*, 제1권, *The Early Phase*, Ahmedabad: Navajivan, 1965년.

4 Pyarelal, *Mahatma Gandhi*, 제2권, *The Last Phase*, Ahmedabad: Navajivan, 1956, 1958년.

『정글북』등 많은 작품을 남겼으나 영국의 제국주의를 열렬히 옹호한 대표적인 작가이기도 하다 - 옮긴이)을 인용—"꿈을 꾸되 그 꿈의 노예가 되지 않을 수 있다면"—하는가 하면, 간디가 태어나고 자란 지방의 이름을 각 장의 제목으로 붙이면서 카티아와르 지방을 "낭만주의적인 과거의 향기"라든가 포르반다르와 라지코트 지방을 "두 도시 이야기" 등으로 지칭했는데 이를 보면서 나는 차라리 고통스럽기까지 했다. 이러한 제목들은 텍스트 자체와 더불어 그가 전하는 간디의 실체를 의심하지 않을 수 없게 만들었다. 그러한 표현들은 인도인의 지극히 일상적인 경험조차 식민치하에서 강요된 이미지로 나타내고 있었기 때문이다. 적어도 간디의 전기 작가라면 그들 고유의 언어에 가장 부합하는 단어를 찾는 것을 중요하게 여겨야 하지 않겠는가! 예를 들어 간디가 청소년기에 만난 (우리도 곧 만나볼) 어느 회교도 소년은 이렇게 말하는 것으로 인용된다. "나의 신체적 역량과 대담함을 보라!"[5] 이처럼 대영제국의 이미지를 차용하여 인도인의 정신을 표현하는 것이 과연 그 고유의 의미를 얼마나 나타낼 수 있을까 의심이 드는 것은 당연하다. 이는 타고르(Tagore) 같은 이들이 바로잡으려 노력한 것이기도 하고, 간디가 말과 글의 수단으로 구자라트어를 고집한 이유가 설명되는 대목이기도 하다. 하지만 인도 정부의 후원으로 공들여 만들어진 『간디 전집』조차 안개 자욱한 북해의 섬나라에서 쓰이는 언어로 소개되었다는 사실은 안타깝기 짝이 없는 일이다. 인도에서는 이방인이며 미국에서는 이민자인 나 같은 사람이 이런 비평을 하는 것을 두고 적절하지 않다고 생각하는 사람들도 있을 것이다. 하지만 우리는 이 때문이라도 더더욱 확실하고 신뢰할 만한 자료를 찾으려 했다. 한 가지 밝혀둘 사실은 피아렐랄과 그의 누이 수실

---

5 Pyarelal, *Mahatma Gandhi*, 제1권, *The Early Phase*, 209쪽.

라(당시 보건부 장관)가 간디의 육성이 담긴 자료를 제공해주었을 때 우리는 감격한 나머지 거의 눈물을 흘릴 뻔했다는 것이다. 사실 간디는 자서전에서 이렇게 밝힌 바 있다.

다른 사람들 앞에서 말을 하는 것이 한때는 곤혹스러운 일이었지만 지금은 내가 연설을 꺼린다는 사실이 오히려 만족스럽다. 그것의 가장 큰 유익함은 말을 아끼는 법을 배울 수 있었다는 것이다. 나는 생각을 가다듬는 습관을 자연스럽게 갖게 되었다. 이제는 부주의한 단어가 내 혀나 펜에서 나오는 경우가 거의 없다고 단언할 수 있다. 나는 스스로의 말과 글에 대해 후회를 한 기억이 없다.[6]

나는 이 책에서 더러 길게 느껴질 수도 있는 그의 이러한 목소리를 인용하고자 한다.

피아렐랄은 간디의 "생애 중반"을 다룬 자료를 검토하지 않았고 마하데브가 쓴 『정의로운 투쟁(Righteous Struggle)』도 잘 알지 못하고 있는 것 같았다. 오랜 시간의 대화에서도 아메다바드 사건은 그의 주목을 받지 못했다. 그는 웅장한 신축 도서관을 자랑하는 아슈람에 전화를 걸어서 1918년의 자료들을 준비해달라고 요청했다. 아슈람에 도착한 우리는 담당 직원의 친절한 안내를 받았으나 우리가 얻은 것은 고무나무(the Babul Tree, 1918년 파업 당시 노동자들이 간디와 아나수야의 조언을 구하기 위해 매일 집회를 가진 장소-옮긴이) 아래에서 배부되었던 몇 장의 인쇄물이 전부였다. 하지만 나는 그런 자료를 얻은 것만으로도 충분히 기뻤다. 그 인쇄물의 내용은 구자라

---

6 Gandhi, *Autobiography*, 45쪽.

트어로 되어 있었지만 누군가에게 번역을 부탁하면 될 일이었다. 그곳에서 다른 문서나 편지는 구할 수 없었다. 간디는 아메다바드를 떠나기 전 그러한 자료들을 직접 없앤 것으로 보인다.

결국 아메다바드 사건을 기록한 제한된 문서들에 대해 상세한 설명을 듣고자 나는 이들 남녀를 만나야 했다. 시간이 지날수록 나는 그 **사건**의 연구에 뛰어든 것이 정말 잘한 결정이었다는 생각이 들었다. 간디가 말했듯이 "신은 우리 앞에 직접 나타나지 않고 다만 우리의 행동 속에서 모습을 드러낸다." 마찬가지로 어느 특정한 인물 역시 스스로 만든 사건 속에서 자신을 드러내기 마련이다. 여기에서 그를 역사에 남을 인물로 만든 요인이 무엇이었는지 그의 성격과 환경, 유년기와 청년기를 살펴보는 것은 우리의 몫이라 하겠다.

제2부

과거

우리는 이제 간디의 생애에서 모니야(Moniya, 어린 시절 간디의 애칭 – 옮긴이)의 장난기와 모한(Mohan)의 우울함에서부터 영국 유학 시절의 불확실한 나날들과 청년 간디가 남아프리카에서 가장이 되기까지의 중요한 장면들을 되짚어볼 것이다. 그 소년과 청년이 어떻게 역사적인 인물로 성장하게 되었는지를 보여줄 단서를 찾으면서 우리는 그의 비폭력투쟁의 기원을 탐색해볼 것이다.

이전 세대가 중요하게 여긴 까닭에 오늘날까지 전해진 자료들은 우리 세대에서 중요해진 가치를 설득력 있게 재구성하는 데 사용될 수 없다. 현재의 시점에서 우리는 그 자료를 보존할 필요를 느끼지 못할 것이기 때문이다. 우리가 앞에서 살펴보았듯이 간디의 "실험들" 역시 그가 그것을 기록한 시점의 생애 단계와, 그 기록이 남겨진 시대의 흔적을 보여준다. 그러므로 그 기록들은 간디의 기나긴 여정의 일부로 읽혀야 한다. B. R. 난다는 간디 평전에서 이를 다음과 같이 정리하고 있다.

특이할 만한 것은 그가 자신의 일탈을 매듭짓는 방식이었다. 그는 항상 스스로 문제를 제기했고 도덕적 문제에 대해 하나의 명제를 대입함으로써 그 해결책을 찾았다. 자신의 분별없는 행동을 되돌아보면서 그는 "두 번 다시"

같은 잘못을 저지르지 않겠다는 다짐을 했고, 그 다짐을 반드시 지켰다.[1]

그런데 사람이 나이가 들어 자신의 유년기를 대상으로 "실험"을 (나는 여기에 "감정전이"라는 단어를 쓸 뻔했다) 할 때 그것이 갖는 성격에서 문제가 발생한다. 그는 늙어가는 자신의 도덕적 요구에 대해 어린 시절의 기억을 얼마나 적용해야 하는 것일까? 삶의 종말에 다가가는 노인이 어린 시절의 자신과 상호 인식—일종의 정신적 안락사—하며 만나는 것이 가능할까? 간디는 자서전의 서문을 이렇게 끝맺는다.

그분이 내 생명의 모든 호흡을 주관하신다는 것과 나 자신이 그분의 자녀임을 분명히 알고 있음에도 내가 여전히 그분으로부터 멀리 떨어져 있다는 사실이 내게는 끝없는 고통이다.[2]

뒤에서 우리는 "본래의" 자신과 자신을 낳아주신 분, 그리고 그 두 사람과 "그분"의 관계를 다시 살펴볼 것이다. 여기에서 나의 관심사는 한 사람의 현재를 이루는 부분으로서 그의 유년기를 재구성해보는 것이다. 한 인간의 완성은 여러 생애 단계에 걸쳐서 이루어지지만 어느 한 단계만으로 그 사람을 설명할 수는 없기 때문이다.

이 모든 일은 어떻게 일어나는 것일까? 인간은 어디까지 자유롭고 어디서부터 환경의 지배를 받는 것일까? 자유의지는 어디까지 미치고 운명은 어디

---

1 B. R. Nanda, *Mahatma Gandhi, A Biography*, 22~23쪽
2 Gandhi, *Autobiography*, xiii.

에서 등장하는 것일까? 이 모든 것이 수수께끼이며 앞으로도 수수께끼로 남을 것이다.[3]

사례 연구들을 통해 우리는 한 인간이 겪는 내면적 갈등의 기원을 찾기 위해서는 그의 유년기를 거슬러 올라가야 한다고 배워 왔다. 또한 나는 한 인간의 총체적 발달의 "원인"을 오로지 유년기의 갈등에서 찾으려는 시도에 대해 "기원학(originology)"이라는 이름을 붙인 바 있다. 이를 통해 내가 말하고자 한 것은 노년기보다 유년기가 복잡한 발달 과정을 더 잘 설명해 주는 것도 아니고, 목적론만큼이나 기원학도 큰 오류를 범할 수 있다는 것이었다. 하지만 여기에 덧붙일 것은, 정신의학적 접근방법이 우리를 외상학적(traumatological) 관점에서 사고하도록, 즉 단순한 기원이 아닌 외상적(traumatic) 기원을 찾아내도록 길들여 왔다는 사실이다. 외상(外傷)이란 너무 갑작스럽거나 강력한, 또는 너무 이상한 경험이 그 발생 시점에서 흡수되지 못하고 이후의 생애 발달단계에서 지속적으로 나타나는 것을 말한다. 이러한 외상은 우리 몸에 들어온 이물질처럼 배출되거나 흡수될 기회를 찾는 한편 각각의 발달단계에서 상동증(常同症, 어떤 특정한 말이나 행동을 장기간에 걸쳐 지속적으로 반복하는 증세로 정신분열증 환자 등에서 흔히 관찰된다-옮긴이)의 원인이 될 수 있는 과민 상태를 유발하기도 한다. 나는 외상학적 관점을 루터에게 적용해서 그의 내적 갈등과 결핍을 이해하려고 노력한 바 있다. 하지만 나는 그리스도교 신앙을 쇄신하고 재확인하기 위해 자신의 천재성에 강인한 생명력을 덧입힌 이 젊은이의 놀라운 회복력을 과소평가하지 않았다. 사실 내가 그 책의 제목을 『청년 루터』로 지은 것도 그

---

3 같은 책, 18쪽.

가 지닌 젊음의 에너지 때문이었다. 그때부터 줄곧 나는 한 사람의 개인사에 외상학을 적용시켜 왔다. 지금도 외상학은 나의 연구에 직접적으로 적용되고 있기 때문에 나는 이 문제에 대해 더욱 신중해져야 한다. 나는 간디를 위대한 인물로 이끈 요인을 유년기에 그가 겪은 정신적 외상에서 찾으려는 시도가 방법상 잘못되었을 뿐만 아니라 그 결과도 유익하지 않으리라 생각한다. 무엇보다도 나는 인간이 "명성"을 얻고 그것을 누리고자 하는 욕구에 맞서 싸워야 하는 시기가 도래한다는 사실을 이해하고 있다.

간디에게는 그러한 신중함이 결코 가벼이 여겨지지 않았다. 루터와 마찬가지로 그는 종종 자기 자신을 사례 연구의 대상으로 제시하고 있는데, 정신분석학이 인간에게 보편적으로 내재되어 있는 것으로 간주하는 갈등조차 그는 예리한 눈으로 끄집어낸다. 인간의 의식이라는 측면에서 크게 보면 프로이트는 루터의 계승자이자 간디의 동시대인이라 할 수 있다. 우리는 이들의 공개적인 자기 성찰을 인간의 의식에 접근하는 새롭고 "혁명적인" 흐름의 한 줄기로 바라보아야 할 것이다. 이 책의 결말부에서 우리는 그러한 흐름을 전반적인 맥락에서 다룰 것이다. 다만 제2부에서는 간디의 자기성찰이 그러한 흐름에 어떻게 부합하는지 살펴볼 것이다.

미국에도 거짓말을 하지 않은 건국 선조의 이야기(미국의 초대 대통령 조지 워싱턴이 어린 시절 아버지가 아끼는 나무를 호기심에 베고 나서 이를 솔직하게 고백한 일화를 가리키는 듯하다 – 옮긴이)가 있지만 우리는 그런 이야기가 아이들에게 읽히는 교훈적인 책에나 등장할 뿐 아마도 꾸며낸 이야기일 것임을 알고 있다. 간디의 자서전에는 그의 솔직한 고백이 지루할 정도로 이어진다. 그는 우등생은 아니었지만 행실이 바르고 순종적이었으며 자신의 품성, 특히 진리에 항상 주의를 기울였다. 그는 매우 수줍고 내성적인 성격에 손위의 사람들에게 말대꾸하는 법이 없었으며 부모에 대한 순종을 강조하는 교훈적인 이야기를 들으며 성장했다. 그는 자신이 너무 일찍 결혼을 했기 때문에 만일 그들 부부가 오랜 기간 별거를 하지 않았다면 육욕으로 인해 자신과 아내의 건강이 크게 나빠졌을 것이며 심지어 일찍 죽었을지도 모른다고 적고 있다. 고집이 센 어린 아내에게 글을 가르치기 위해 노력했지만 그것이 실패로 돌아가자 그는 깊은 좌절감을 느꼈다. 마찬가지로 형의 친구인 어느 회교도 소년을 바른 길로 인도하기 위해 애를 썼지만 도리어 그에게 이끌려 어린 모한은 고기를 먹게 되었고 사창가에서 남자다움을 증명해보라는 부추김까지 받았다. 흡연과 절도, 시늉에 그친 "자살 기도"가 이어졌고 그 뒤에 커다란 비극이 닥쳤다. (임신한) 아내와 잠자리를 갖기 위해 잠시 자리를 비운 사이 그가 줄곧 정성껏 간병해온 아버지가 삼촌의 품에서 숨을 거둔 것이다. 언젠가 지나친 직역에 의해 본래의 의미에 흠이 가지 않은 새로운 번역의 자서전이 나오면 원문의 유머가 빛을 발할 것이다. (나는 교육 수준이 높은 어느 구자라트 청년과 함께 몇몇 대목을 실제로 비교 검토해본 결과 이를 확인할 수 있었다.) 하지만 지금으로서는 자서전의 번역에 다소 부정확한 부분이 있음을 염두에 두는 정도가 최선이다. 이는 특히 "육욕"에 대한 따분하고 건조한 언급이 진리 추구 운동의 창시자와 평화를 위해 투쟁하는 오늘과 내일의 투사들 사이에 장벽을 쌓고 있기 때문에 그러하다. 성에 대한 그러한 태도는 비폭력 운동과 에로티시즘 사이에 편견을 개입시킨다. 뒤에서 논의하겠지만 미래 세대는 무지에서 벗어난 에로티시즘을 도덕주의라는 내적 폭력에 굴복하지 않을 자유로 받아들이게 될 것이다.

만일 간디가 도덕적 실험의 대상으로 삼은 사건들을 자신의 유년기에서도 선택했다면 나는 그것들에 대해 한 가지 이론을 적용할 것이다. 그것은 간디 같은 이는 자신의 특별한 사명, 즉 절대적인 가치에 대한 지향을 일찍부터 고통스럽게 의식했으리라는 것이다. 그런데 성장 과정에 있는 어린 아이로서 (다른 사람들과 마찬가지로) 간디 역시 유년기와 청소년기의 제한된 조건만으로 이 세상을 탐색해야 했으며, 그런 가운데에도 침범되지 않은 정신의 영역을 유지해야만 했을 것이다. 이러한 불가침의 영역은 아이의 발달 과정을 검증하고 표준화하려는 우리의 시도와, 아이는 검증 가능한 특질의 총합이라는 우리의 믿음을 무력화시킨다. 나는 아이들이 다른 어느 때보다 특별히 예리하고 성숙해지는 시기가 있다고 믿는다. 아이들은 이 시기에 나중에 실현될 성공과 실패의 위대한 꿈을 꾼다. 이런 맥락에서 조숙한 자기 인식을 가지고 있는 아이는 유년기의 어쩔 수 없는 유약함과 의존성으로부터 상대적으로 더 큰 고통을 느낄 것이다. 간디 같은 사람들은 (그런 이들은 극소수이기 때문에 나는 성 아우구스티누스, 성 프란체스코 그리고 키에르케고르를 떠올리고 있다) 연약한 어린 시절에 자신이 의지해야 하는 사람들을 자신의 내적 투쟁에 끌어들인 것으로 보인다. 이 투쟁에서 아이는 자신의 조숙한 불가침의 영역을 잃지 않으면서도 보호자들로부터 얻어낼 수 있는 힘을 모두 쟁취하려 노력하며, 고통스러울 정도로 이른 시기에 자신의 것을 내주고 상대를 평가하는 **부모의 동인**(動因)을 갖게 된다. 피아렐랄은 "자신의 품행에 늘 신경을 쓴" 모한다스의 강박을 오염되거나 때 묻지 않으려 하는 방어적 소망으로 해석했다. 이러한 간디의 강박은 오랫동안, 그리고 어느 정도는 파괴적으로 그의 삶에 영향을 미쳤다. 하지만 나는 여기에서 또 다른 의미를 찾아야 한다고 생각한다. 성격 그 자체는 차갑게 식은 굴뚝과도 같다. 벽난로는 그 속에 있는 불꽃과 그것이 전달하는 온기가 없다면 아무것도 아니다. 나는 간디 같은 사람은 자기 자신이 선의뿐만 아니라 파괴적인 에너지도 가져야 한다는 사실을 일찍부터 알았으리라 추측한다. 간디는 후일 그 에너지를 **진리의 힘**이라고 불렀고 그것으로 자기 자신을 단련시켰다.

이러한 전제가 없다면 모한다스는 간디의 전신(前身)으로 나에게 별다른 의미를 갖지 못할 것이다. 이를 전제할 때에야 비로소 그는 여러 측면에서 내가 설명하고자 하는 역동적 의미를 갖게 되며, 그에 대한 가장 단편적인 자료조차도 균형추의 역할을 할 수 있을 것이다. 제3자에게 성장 과정에 있는 한 인간에 대한 이야기는 그의 생애 발달단계는 물론 그 시대의 특정한 조건과 일치하거나, 적어도 모순되는 점이 없어야 한다. 나는 이것을 **발달상의 개연성**이라고 부를 것이다. 동시에 이것은 그의 일생에 걸쳐 일어나는 유사한 장면들과도 일치하거나, 모순되지 않아야 한다. 우리는 간디의 **실험적 실존주의**와 관련해서 그의 유년기, 청소년기 또는 청년기에서 공통적으로 나타나는, 그리고 일생 동안 성숙의 과정을 거치며 나타나는 어떤 일관된 특질을 그의 생에 초기에서 찾아보아야 할 (찾아볼) 것이다. 뒤에서 자세히 살펴보겠지만 모니야가 동물이나 주위 사람들에게 장난을 치는 것이 가족과 세계를 시험해보는 그만의 방법이었다면, 우리는 그의 삶을 다룬 이후의 진지한 기록들 중 상당수가 실제로 당시 사람들에게는 장난으로 충분히 인식된 것이었음을 깨닫게 될 것이다. 우리는 마하트마가 영국인 총독을 괴롭히는 모습에서 어린 모니야와 그의 아버지를 보게 될 것이다. 습관적으로 짓궂은 장난을 치는 것을 임상에서는 정신 역학적 불안정 상태로 인식하지만, 그것을 평생 동안 성공적으로 활용했다면 이는 면밀히 검토해볼 필요가 있다. 이러한 검토는 집에서 큰 말썽을 부리고도 어린 모한다스가 엄격한 아버지의 처벌을 피할 수 있었던 이유와, 총독부의 관리 앞에서 소란을 피우고도 처벌을 받지 않을 수 있었던 이유를 역사적 사실과 그의 개인적 발달 논리에 적용해보는 작업이 될 것이다. 그의 아버지와 총독, 그리고 인도와 대영제국 모두 유머와 결연한 의지를 겸비한 그를 상대한 뒤에는 결코 이전과 같을 수가 없었다.

　발달상의 개연성과 **사회적 상대성**에 대해 오늘날 우리가 알고 있는 것에 비추어 볼 때, 간디의 자서전은 모니야, 모한, 간디 씨 그리고 마하트마의 장난기를 어떻게 이해해야 하는지 알려주는 지침서로는 부족함이 많다. 그 위대한 지도자도 한때는 아이였다. 그리고 "아이는 어른의 아버지"라는 말이 몇몇 사람들에게는 새롭고도 특별한 의미를 지닌다. 그들은 사실 어른이 되기도 전에 그들 자신의 아버지가 되어야 하며, 어떤 면에서는 그들 아버지의 아버지가 되어야 하는 경우도 있다. 이것은 남다른 갈등과 특별한 과제를 요구한다. 나는 간디가 만년에 기록한 글과, 피아렐랄과 B. R. 난다가 개인적 관찰과 당대의 기록을 토대로 정리한 자료, 그리고 생애 단계에 대한 나의 통찰을 통해 개연성이 높다고 판단되는 사실을 종합하여 그가 짊어진 갈등과 과제를 밝히고자 노력할 것이다.

제1장

유년기와 청소년기

1. 모니야와 어머니

모니야의 모습이 담긴 가장 오래된 사진을 보면 그가 "밝고 귀여운 얼굴에 사랑스러운 눈을 가지고" 있다는 말에 고개가 끄덕여진다. 하지만 피아렐랄의 묘사에는 소년의 얼굴을 "동그랗게" 보이도록 만들고 후일 마하트마의 얼굴에서 균형을 앗아간 커다란 귀에 대한 묘사가 빠져 있다. 특히 웃는 표정을 지을 때 그의 귀는 도드라져 보인다. 이후의 사진들도 그가 잘 웃었고 남을 웃기기는 것 또한 좋아했음을 보여준다. 성인기를 앞두고 우울한 나날을 보낼 때에도 그는 어머니를 실컷 웃게 만들어서 위로를 했다는 기록을 일기에 남기고 있다. 피아렐랄은 모니야가 유쾌한 웃음을 지니고 있었고 모든 사람이 그를 귀여워했다고 적었는데 나는 그의 글을 기꺼이—유쾌함이 없는 성인(聖人)을 상상하기 힘든 까닭에 아주 기꺼이—믿는다.

모니야는 젊은 어머니(25세)와 나이 든 아버지(47세)의 막내로 아라비아 해 연안의 카티아와르 반도에 있는 항구 도시 포르반다르에서 태어났다. 대가족이 사는 그의 집은 작은 방들이 꽉 들어차 있었다. 많은 위대한 지도자들이 그러했듯이 그는 장차 자신의 "영역"이 될 지

모니야

역이자 강한 지역적 정체성이 있는 환경에서 태어나고 자랐다. 포르반다르는 강인한 어부들과 영민한 해상 무역상들의 도시로 유명했다. 인접 지역의 캄베이 항과 마찬가지로 이곳에서도 아라비아와 아프리카의 동부 해안—남쪽으로는 후일 간디가 "자신의 소명을 발견한" 남아프리카까지—을 오가는 무역선들이 정박해 있었다.

간디의 "실험"에 대해서만 알고 있는 사람들은 감각적이고 번화한 도시에서 신나게 돌아다니는 어린 소년의 모습을 상상하기 힘들지도 모른다. 난다는 포르반다르를 이렇게 묘사하고 있다.

오래 전에 파괴된 거대한 성벽 안으로 좁은 길을 따라 북적거리는 상점들이 이어지는 이 도시는 아라비아 해를 면하고 있다. 건물들의 외관은 건축학적으로 빼어나다고 할 수는 없지만 건축 재료로 사용된 하얀색 무른 돌들이 세월이 지나며 단단해져서 강렬한 햇빛 아래에서 대리석처럼 빛나고 있다. 포르반다르가 '하얀 도시'라는 낭만적인 이름을 얻게 된 것도 거기에서 연유한다. 거리 곳곳에는 사원이 있으며 조상 대대로 살아온 간디의 집 주위에도 두 개의 사원이 있다. 그렇지만 예나 지금이나 항구 도시의 삶은 바다를 중심으로 이루어지고 있다.[1]

모니야는 조상 대대로 내려오는 3층짜리 주택에서 태어나 그곳에서 자랐다. 사진으로는 매우 크고 널찍해 보이지만 그 집은 아버지와 그의 다섯 형제가 각자 가족들을 데리고 함께 기거하는 공간이었다. 이들 일가의 가장이자 포르반다르의 태수국(princely state, 대영제국은 영국령 인도와 별도로

---

1 B. R. Nanda, *Mahatma Gandhi, A Biography*, 18쪽

각 지역의 토호들에게 명목상의 주권을 주는 방식으로 인도를 분할 통치했는데, 이러한 자치 단위의 태수(prince) 또는 마하라자(maharaja)는 수상을 임명해서 자신의 태수국을 다스렸으며 이와 같은 태수국은 인도가 독립할 당시에만 전국에 600개 이상이 있었다 - 옮긴이)에서 수상을 지낸 간디의 아버지는 "별도의 주방과 베란다가 딸린 1층의 방을 두 개 사용했는데, 방 하나는 길이 20피트에 폭이 13피트였고 다른 하나는 길이 13피트에 폭이 12피트였다." 간디의 집안은 6대에 걸쳐 카티아와르 반도에서 내무대신 또는 수상을 지냈다. 다만 카티아와르 반도만 해도 많은 태수국이 있었고 그 규모는 넓은 주택지구보다 조금 더 크거나 더 작은 경우도 있었다. 총독부에 의해 주어진 이들 태수국의 "주권"은 지역적 자부심을 어느 정도 보유할 수 있는 조건이 되었다. 비록 불완전하기는 해도 이는 소년 간디의 세계관이 최초로 형성되는 데에도 중요한 역할을 했다. 하지만 간디가 청소년기를 보내고 있을 즈음 영국은 이러한 정치적, 문화적 공동체의 활용 가치를 더 이상 느끼지 못했다. 이는 각 태수국의 수상도 쓸모가 없어졌음을 의미했다. 이에 대해서는 뒤에서 다시 살펴볼 것이다.

인도에는 공간이 허락하는 한 새로 결혼한 젊은 부부들을 위해 방을 쪼개고 늘려서 여러 세대가 함께 사는 관습이 있다. 이런 식으로 해서 두 사람이 편히 앉기도 어려운 답답하고 어두운 방이 만들어지는데, 간디의 어머니 푸탈리 바(Putali Ba)도 이런 방에서 모니야를 낳았고 평생을 이 공간에서 지냈다. 공동으로 소유한 침대는 가족 중 누구든 필요한 사람이 사용할 수 있었다. 그녀의 방 뒤에는 또 하나의 작고 어두운 방이 있었다. 간디의 할머니와 그녀의 여섯째아들 툴시다스가 그 방에서 지냈다.

옥내의 구조는 이처럼 답답했지만 날씨가 좋은 날 문을 열면 넓은 안뜰이 숨통을 트여주었다. 이 뜰은 대가족이 모두 모여 잔치를 벌이거나 수상의 초대를 받은 스무 명 이상의 손님들이 만찬을 즐기는 곳이었다.

"제일 먼저 일어나고 가장 늦게 잠들었으며" 식사는 "짬이 날 때" 혼자서 대충 때운 간디의 어머니가 이상적인 가정주부로 묘사되고 있는 것에 대해, 우리는 그녀 역시 남편과 마찬가지로 엄격하게 규정된 전통적 규범을 따랐음을 기억해야 한다. 대가족의 생활과 관련하여 우리가 위의 기록에서 받은 인상은 다음의 내용에서도 그대로 적용된다. 예컨대 어머니가 "함께 거주하는 친척의 자녀와 자신의 자녀를 차별하지 않을 때" 그녀의 자녀들은 자신의 몫이라고 여기는 것까지 어쩔 수 없이 나눠가져야 했을 것이다. 한편 그들이 "인류 안에서, 그리고 인류를 위해 사는 법"—간디가 후일 아슈람 공동체에 심고자 한 생활양식에 딱 들어맞는 문구—을 배웠다면 그것은 어머니만의 가르침은 아니었다. 아버지인 카바 간디는 수십 명의 일가친척을 거느리면서, 그들이 결혼을 하고 살림을 차리며 일자리를 얻는 것까지 일일이 도와야 했다. 그는 아내 푸탈리 바의 가사까지 거든 것으로 기록되어 있다.

> 포르반다르 사람들은 그가 슈리나티지 사원에 앉아서 방문객이나 태수국의 관료들과 함께 공무(公務)를 논하면서 아내의 부엌에 갖다 줄 채소를 다듬던 모습을 지금도 기억하고 있다.[2]

이러한 장면에서 남성적 동일시와 여성적 동일시를 구분하기는 힘들다. 피아렐랄이 대가족의 생활을 묘사하면서 건조한 문체로 양가감정(ambivalence)의 근원을 드러내는 대목은 그의 글 가운데 가장 훌륭하고 유

---

2 Pyarelal, *Mahatma Gandhi, The Early Phase*, 192~193쪽.

익한 부분 중의 하나이다.

저마다 취향과 습성, 기질이 다른 사람들이 좁은 공간에서 부대끼면서도 건강하고 부드러운 분위기를 유지하기 위해서는 싹싹함과 섬세함 그리고 서로에 대한 배려가 적잖게 요구된다. 모든 가족을 통솔하는 가장의 입장에서는 서로 돕고 존중하는 태도와, 양보와 타협의 기술 그리고 서로의 개성에 맞춰나가는 능력을 가족 구성원들이 키울 수 있도록 해야 한다. 부주의한 말 한마디나 실수, 상스러운 버릇, 이기적인 태도나 상대방의 감정을 고려하지 않는 태도는 사람들의 신경을 곤두서게 만들고 이는 온 가족의 삶을 지옥으로 만들 수도 있다. 이 좁은 세계에서 경쟁은 매우 치열하기 때문에 나이가 어린 아이들조차 이를 감지할 수 있다. 사소한 일도 크게 느껴질 수 있으며, 불공평하거나 편파적인 기미가 조금만 보여도 경쟁과 시기와 계략이 생겨난다. 이들을 다독거리기 위해서는 무한한 인내와 임기응변의 기술 그리고 인간 본성에 대한 이해가 요구된다. 대가족의 좁은 울타리 안에서 일상의 사소한 부분 하나하나까지 세심하게 챙기느냐 그러지 못하느냐에 따라 평화와 불화, 그리고 행복과 고통이 갈리게 된다.[3]

이 모든 것은 후일 간디가 그의 아슈람에 도입한 생활양식에 도움이 되었음이 물론이다. 아슈람에서의 상호 비판과 복잡한 규율은 처음 들어온 사람들로서는 이해하기도 힘들었거니와 수용하기는 더더욱 힘들었다. 푸탈리 바가 후일 아슈람에서 이상적인 여성상의 원형으로 (여성뿐만 아니라 남성에게도) 받아들여졌다면, 아슈람 사람들이 가지고 있는 대가족 생활의

---

3 같은 책, 193쪽.

공통적인 경험은 그와 유사한 공동생활에서 안정감과 영감을 찾는 데 도움을 주었을 것이다.

하지만 아슈람의 창설자이자 지도자였던 간디는 전형적인 대가족 생활을 경험한 다른 사람들보다 생애 초기에 더 복잡한 경험을 했음에 틀림없다. 사실 모니야는 특별한 관계를 요구할 자격이 있었던 것 같다. 젊은 엄마와 나이 든 아버지는 막내인 그를 가족의 구심점으로 받아들였고 이는 그를 "응석받이"로 만들었을 것이다. 그는 이러한 이점을 활용해서 집요하고도 영리한 애착을 발달시킨 것 같다. 이는 그의 부모로 하여금 막내를 특별히 여기게 만들었고 아이에게는 자신이 선택받은 존재라는 느낌을 갖게 했다. 그는 집단 속에서는 상대적 고립감을 느낀 반면에 주로 일대일의 관계를 통해 사람들을 만나고자 했다. 남아프리카에서 공동체의 구성원들—추종자들—과 일대일의 관계를 형성하면서 사람들을 만나는 그의 방식은 굳어졌다. 이는 "위대한" 인물이 되기 위한 중요한 전제조건이라고 믿어지기 때문에 우리는 일련의 독특한 관계가 그의 부모, 이어서 어린 신부, 마지막으로 "나쁜" 친구에게 각각 강박적 신뢰와 극심한 갈등 그리고 자신이 큰 위험을 무릅쓰고 실험을 하고 있다는 자각으로 어떻게 이어졌는지 살펴보아야 할 것이다.

청소년기의 모한다스는 한때 자신의 유별난 성격에 대해 절망—후일 그의 반복적인 우울함의 원형이 되는—한 적이 있다. 그렇다고 해서 우리는 어린 모니야가 자신이 남들과 다르다는 의식, 좀 더 정확하게 말하면 우월감을 가지고 있었으리라는 높은 개연성을 놓쳐서는 안 된다. 임상적 관점에서 우리는 간디의 고백으로부터 그가 불합리한 죄책감에 사로잡혀 있었다는 사실만 주목할지 모른다. 하지만 마하트마는 거기에 주저앉지 않았다. 그는 **실험을 했다**. 그가 수치심과 의심, 죄의식과 열등감을 강조한 (대부분의 인도인들은 이러한 표면적인 모습을 여과 없이 받아들였다고 생각된다) 것은 모두 그 실험을 위한 것이었다. 그는 그러한 감정들에 도전했고 승리를 거두었다. 우리는 **남다른** 아이라면 그런 도전을 하기 마련이라고 쉽게 생각할 수 있지만 사실은 **모든** 아이가 그와 같은 도전을 한다. 다만 남다른 위대함은 대부분의 아이들이 잃고 마는 것을 스스로 확증하며 간직할 수 있는 능력에 있는 것이다. 그런데 여기에서 자신들을 시험하는 아이에게 그의 부모가 보여준 여유와 이해심을 주목할 필요가 있다. 그들은 아이의 실험에서 이따금 엿보이는 사디즘에 민감하게 반응하지 않았다. 자신만만한 태도나 섬세한 분별력 같은 조숙함의 특질이 타고난 성격과 아직 맞물리지 못하고 있을 때 아이는 주도성과 호기심을 갖는다는 것에 대해 두려움을 갖기 쉽다. 그런 점에서 모니야는 부모를 잘 만난 것 같다. 어쩌면 그의 유일한 좌절은 너무 이른 시기에 자신만큼이나 고집이 센 소녀와 결혼을 한 것에서 비롯되었는지도 모른다.

쉼 없는 활동성과 에너지는 간디의 생애에서 뚜렷하게 관찰되는 또 하나의 특징이다. 위대함의 토대에 명상적 삶이 있었다고 일컬어지는 (성 프란체스코나 키에르케고르 같은) 사람들은 아무도 따라갈 수 없는 왕성한 활동력을 동시에 지니고 있었다. 간디는 만년에도 엄청난 이동 범위로 유명했다.[4]

앞에서 묘사한 좁고 답답한 공간과 집안의 분위기는 끝없는 호기심과

---

4 프로이트 역시 누구보다도 빨리 오래 걷는 것으로 유명했는데, 매우 인상적이지만 잘 알려져 있지 않은 몇 장의 사진에서 등산복을 입고 알프스를 오르는 그의 모습을 볼 수 있다. 하지만 더욱 인상적인 것은 키에르케고르처럼 사색과 명상의 삶을 살았던 이가 걸으면서 대화를 나누기 좋아했다는 사실이다. 대화에 열중한 나머지 그는 나란히 걷고 있는 대화 상대를 길 한쪽에 붙게 만들었으며 불편해진 상대방이 자리를 바꾸면 다시 그 반대쪽 가장자리로 상대를 몰고 갔다고 한다.

함께 그를 쉼 없이 돌아다니게 만들었다. 하지만 바쁜 어머니를 대신해 그를 돌봐주어야 하는 사람에게 이러한 그의 성향은 큰 부담이 되었을 것이다. 그의 누나가 이 역할을 맡았던 것으로 보이는데, 그녀는 90세에 그 시절을 회상하며 "모니야는 수은 (水銀)처럼 가만히 있지를 못하고 호기심이 가득한" 아이였다고 말했다.

피아렐랄의 조카딸과 간디

그는 동물들과도 잘 지냈다. 가끔 "개의 귀를 비틀기도" 했지만 어쩌나 교묘했는지 한 번도 물린 적은 없었다. (내가 만난 한 젊은이는 마하트마가 자신의 귀를 아프게 비틀었던 일을 여전히 용서하지 못하고 있었다. 또한 피아렐랄의 어린 조카딸에게 얼굴을 맞대고 코를 비벼대는 간디의 사진은 꽤 잘 알려져 있는데 사진 속의 아이는 그다지 기분이 좋아 보이지 않는다.) 하지만 아버지가 집에 없을 때에는 모니야를 밖에 내보내는 것이 나았다. 그는 아버지가 가지고 있는 지배자의 이미지를 밀어내고 마치 자신이 아버지를 수상으로 임명한 태수인 것처럼 행동하곤 했다. 그는 또한 종교 의식에 사용되는 도구들을 어질러 놓거나 바닥에 낙서를 하기도 했다. 그의 어머니가 이를 제지했을 때 그는 (피아렐랄의 말에 따르면) "거세게 항의했다."[5] 이것은 그 **사건**의 개체발생학적 기원을 보여주는 것인지도 모른다. 한편 모니야는 밖에서 노는 동안 누군가 곁에서 자신을 보살피는 것을 싫어했다. 그의 누나는 아버지로부터 모니야를 볼 때는 항상 멀찌감치 떨어져 있으라는 말을 들었다고 하는데,

---

5 같은 책, 195쪽.

그러한 배려는 간디의 아버지가 아들의 모험심을 억누르려 했다는 주장을 반박하는 근거라 할 수 있다. 한번은 망고나무에 높이 올라갔다가 가족들의 눈에 띄자 그는 자신이 망고 열매를 붕대로 감고 있었다고 말했다. 여기에서 우리는 성인기의 간디를 가장 잘 보여주는 특징, 즉 엄청난 활동성과 남을 돌봐야 한다는 강박이 그의 어린 마음에 이미 결합되어 있었음을 알 수 있다.

그는 혼자서 놀 때에는 장난기가 많고 겁이 없었지만 남들과 어울리는 놀이에는 큰 관심을 보이지 않았다. 그는 이것이 자신의 "수줍음" 때문이라고 했지만, 친구들 사이에 다툼이 벌어지는 경우 그는 주저 없이 중재자의 역할을 떠맡았다. 피아렐랄은 이를 두고 "그가 평생토록 열과 성을 쏟은 일"[6]이라고 말한다. 사실 라지코트에서 보낸 어린 시절부터 인도 정치의 전면에 뛰어든 성인기까지 그는 대립적인 두 당사자의 주도권 다툼에 개입할 때 그것이 "그들 모두를 위한" 것임을 자기 자신과 다른 사람들에게 충분히 설득할 수 있을 만큼의 도덕적 우위를 확보하기 전에는 결코 움직이지 않았다. 또한 실제로 그의 의도는 (중요하지 않다고 할 수 없거니와) 그 이상도 이하도 아닐 때가 많았다.

하지만 어린 아이가 그것을 부모에게 납득시키는 것은 특별한 재주라고밖에 할 수 없다. 다만 비범한 사람들에게는 이것이 드문 일이 아니다. 그 재주란 아이로서의 특권은 그대로 유지하면서도 동시에 부모와 거의 대등한 위치에서 진지한 대화를 통해 그들의 힘을 공유하는 능력을 가리킨다. 후일 공적으로 보다 중요한 일에서도 이와 똑같은 방식이 성공을 거둘 수 있느냐의 여부가 결국 그러한 재주의 객관적인 탁월함을 증명하게 될 것

---

6 같은 책, 198쪽.

이다.

대부분의 연구자들은 푸탈리 바가 강박까지는 아니더라도 종교적 계율에 매우 충실했다는 사실에 주목한다. 개중에는 간디가 정치적으로 중요한 순간마다 단식을 행한 것이 그녀의 영향이라고 주장하는 사람들도 있다. 가장 순수한 자기 정화의 노력에서부터 위선적이고 뻔뻔스러운 협박의 형태에 이르기까지 인도에서 단식이 지니고 있는 많은 측면들에 대해서는 뒤에서 다시 다룰 것이다. 다만 자신에게 지워진 일상의 무거운 짐 때문에 뿌리 깊은 분노의 배출구를 개인적인 영역, 즉 종교 행위와 극기에서 찾았다는 사실을 제외하곤 푸탈리 바가 단식을 처벌의 수단으로 삼은 사례는 발견되지 않는다. 푸탈리 바의 자녀들은 그녀를 걱정스럽게 지켜보았던 것 같다.

한번은 태양을 보기 전에는 음식을 먹지 않겠다는 서원을 하신 적이 있다. 우리는 해가 떴다는 것을 어머니에게 조금이라도 빨리 알려드리기 위해 밖에서 하늘만 쳐다보고 있었다. 알다시피 우기가 한창일 때는 해가 좀처럼 얼굴을 내밀지 않는다. 그러다 해가 불쑥 나오면 우리는 부리나케 달려가서 어머니에게 이를 알렸다. 어머니는 당신의 눈으로 직접 확인하기 위해 달려 나왔지만 그새 숨어버린 변덕스러운 해는 어머니가 음식을 드실 기회를 앗아갔다. "괜찮아. 신께서 오늘은 내가 음식을 먹는 걸 원치 않으시네." 어머니는 밝은 표정으로 말씀하셨다. 그리고는 단식을 계속하셨다.[7]

다른 한편으로 그녀는 종교적으로 옳고 정결하다고 믿는 것을 추구할

---

7 Gandhi, *Autobiography*, 4쪽.

뿐 교리에 얽매이는 사람이 아니었다. 그녀는 보이지 않는 침묵의 존재와 깊은 교감을 가질 수만 있다면 어떤 종교이든 배척해서는 안 된다는 것을 어린 아들에게 가르쳐 주었다. 사실 모니야는 어머니의 가르침을 다소 장난스럽게 이해해서 종교적 금기를 허튼소리로 받아들이기도 했다. 예컨대 그는 학교에서 돌아오는 길에 불가촉천민과 접촉했다고 이야기를 해서 어머니를 깜짝 놀라게 한 뒤 사실은 농담이라고 말한 적도 있다. 좀 더 심각한 경우로는 종교적인 단식 기간에 음식을 달라고 어머니를 조르기도 했다. 피아렐랄은 그의 말을 이렇게 전하고 있다.

나는 어머니의 귀여움을 받았다. 그것은 무엇보다도 내가 막내였기 때문이지만 사실 내게는 어머니를 도와드리는 것보다 더 중요한 일이 없었다. 형들은 놀이와 장난을 좋아했다. 나는 형들과 공유할 수 있는 것이 없었다. 나는 누나와도 가깝게 지내지 못했다. 놀이는 어머니를 돕는 것만큼 끌리지가 않았다. 어머니가 나를 필요로 할 때마다 나는 어머니에게 달려갔다.[8]

어머니가 그를 필요로 할 때라니! **그가 어머니를** 필요로 했던 상황을 암시하는 말은 여기에 한 마디도 없다. 그에게 어머니 같은 존재가 필요하지 않았던 것은 그가 70대가 될 때까지 계속되었다. 하지만 몸이 쇠약해져서 자주 추위에 떨던 그는 밤에 자신을 따르는 여인들에게 가까이 누워서 자신의 몸을 따뜻하게 해달라고 부탁하곤 했다. 그런 순간조차도 그는 그것이 자신을 시험하는 것이라고 했다. 인도인들의 표현을 빌리자면 그것은 그가 쇠진해가는 자신의 정치적인 힘을 강화하기 위해 생명의 기운을 이용하는

---

8 Pyarelal, *Mahatma Gandhi, The Early Phase*, 201쪽.

것이었다.

피아렐랄은 모니야가 어머니에게 비폭력(ahimsa)에 대해 가르치기까지 했다고 주장한다. 모니야는 어머니에게 형들이 자신을 때릴 때 맞받아치라고 하지 말고 처음부터 형들이 자신을 때리지 못하게 해달라고 부탁했다는 것이다. 하지만 토마스 맥컬리 풍의 부자연스러운 문체—"어머니, 저에게 형의 행동을 따르라 하시지 말고 그가 저를 때리지 말도록 하시는 게 마땅한 일입니다."—는 그의 추종자들 사이에서 간디의 신격화가 여전히 계속되고 있음을 보여줄 뿐이다.[9] 물론 모니야, 모한 혹은 마하트마가 어머니들의 모성보다 더 큰 모성을 얻기 위해 한결같은 노력을 기울이지 않았다면 "여성의 타고난 우월성"을 깨닫는 일은 없었을 것이다. 만일 간병이 그가 열과 성을 쏟은 또 다른 일이라면 그것은 그의 독특한 "오이디푸스" 상황에서 시작되었을 것이다. 그는 병든 아버지를 위해 어머니의 역할을 했다. 서양인의 시각으로는 모성에 대한 간디의 언명에서 단순한 감정적 전도(inversion) 이상의 것을 발견하게 될 텐데, 실제로 인도의 전통에서 모성의 (암소로 상징되는) 근본적인 힘은 보편적인 요소로 자리를 잡고 있다. 아버지의 간병을 책임지기로 한 이 소년의 내면에는 훗날 불가촉천민과 나병 환자들뿐만 아니라 모든 인도를, 아슈람뿐만 아니라 모든 인류를 돌보기에 충분한 동인의 싹이 자라고 있었다.

모니야의 어머니가 종교적 심성—특정 종교의 교리가 아닌 보다 거대한 우주의 원리를 따르는—의 씨앗을 아들에게 심어주었음은 분명하다. 그러나 모니야를 둘러싸고 있던 비슈누교(Vaishnavite, 힌두교의 주요 종파 – 옮긴이)와 자이나교의 전통, 즉 채식과 정기적인 단식, 정결과 정화, 고백과 서

---

9 같은 책, 195쪽.

원, 그리고 무엇보다도 살아있는 것을 해치지 않는 아힘사의 원리 등을 자세히 설명하는 것은 다른 연구자들의 몫으로 남겨두어야 할 것 같다. 다만 우리는 푸탈리 바가 속해 있던 종파의 특징에 대해서는 기억해둘 필요가 있다. 그 종파는 코란과 힌두교의 여러 경전을 합쳐서 그들만의 새로운 경전을 가지고 있었으며 사원 안에 어떤 그림도 걸어두지 않을 정도로 우상숭배를 경계했다. 푸탈리 바의 종교는 어머니가 아들에게 일상에서 가르쳐줄 수 있는 형태로 재해석된 것이었지만 소년에게는 힌두교의 경전이나 그리스도교의 복음서 혹은 어떤 종교의 교리이든 그것을 맹목적으로 받아들여서는 안 된다는 점을 각인시켰다. 그는 후일 서양의 저자들이 쓴 글을 통해 힌두교의 경전을 재발견했고, 복음서의 핵심을 동양과 현대의 언어로 재해석하려 노력했다. 뒤에서 자세히 살펴보겠지만 식단과 일상을 쇄신하려 한 그의 태도에는 일종의 양가감정이 깊이 배어 있었으며, 비록 그는 그것을 어머니의 "덕분"이라고 표현했지만 그 과도함과 강압적인 요소 그리고 간헐적인 자기 파괴적 측면은 그것이 억압된 반항의 잔재임을 드러낸다. 그러나 단지 신경증적 요소들이 보인다는 이유만으로, 어머니의 가르침에서 싹을 틔워 종교의 남성적 측면과 여성적 측면을 결합시키고 그것을 대중에게 성공적으로 전달한 그의 노력이 폄하되어서는 안 된다. 훗날 모니야는 고집스럽게 "실험들"을 치러냈을 뿐만 아니라 그 과정의 비행(非行)과 실수들을 스스로 인정—잘못을 낱낱이 고백하고 그것이 모두 실험이었다고 밝힘으로써 그 모든 것이 거대한 게임의 일부가 되는—하기까지 했다. 이것은 우리가 뒤에서 다룰 그의 우울한 성격과 정반대인 조증(躁症)의 측면이라 할 수 있다. 간디가 그의 추종자들과 적들이 두려움과 불안에 숨이 멎을 정도로 활발하게 활동한 시기가 있었음은 분명한 사실이다. 하지만 이 때문에 정반대의 측면, 즉 그의 자서전에서 나타나는 과도한 자기 성찰적 경향을 간과해서는 안 된다. 자서전은 사춘기에는 물론 유년기에도, 노년에 접어든 자서전 작가에게는 물론 청년에게도 나타난 우울한 기질을 정확하게 보여준다. 이러한 자기 비판적 경향은 위험에 아랑곳하지 않는 성향과 더불어 불행한 결과를 낳을 가능성을 내포하고 있었다. 하지만 마하트마를 제대로 이해하기 위해서는 그가 한때 모니야였으며, 그의 내면에 있는 어린 모니야가 결정적인 순간마다 그와 추종자들이 자신의 역량을 최대로 발휘할 수 있도록, 그리고 역사적 현실을 어린아이의 겁 없는 발걸음으로 가늠할 수 있도록 도움을 주었다는 사실을 먼저 이해해야 할 것이다.

2. 모한과 아버지

모한의 13세와 15세 때의 모습을 보여주는 세 장의 사진이 있는데, 모니야의 이미지보다 이때의 모습이 마하트마 자신이 묘사한 청소년기의 모습에 (그리고 이 묘사에 토대를 둔 다른 사람들의 설명에) 더 잘 맞는 것 같다. 하지만 사진 속의 모한은 마하트마 자신이 이야기한 그 옛날의 소년보다 더 반듯하고 훨씬 말쑥한 모습이다. 바르지만 뻣뻣하지 않고, 수줍음이 많지만 소극적이지 않으며, 총명하지만 책에 파묻히지 않은, 의지가 굳지만 고집불통은 아닌, 감각적이지만 무르지 않은, 그래서 본질적으로 설명이 불가능하지만 그것이 없이는 설명되지 않는 통일성을 가지고 있는, 그런 소년을 누가 묘사할 수 있으며 누가 "분석"할 수 있겠는가? 우리는 그러한 소년과 아버지의 관계가 어떠했는지를 살펴보아야 한다. 왜냐하면 마하트마는 사춘기의 혼란 속에서 아버지를 간병하면서도 자신의 도리를 다하지 못했

모한다스

다는 죄책감에 짓눌려 있었기 때문이다. 일부 역사학자와 정치학자들은 이를 정신분석학적으로 쉽게 설명할 수 있다고 생각하는 것 같다. 하지만 내 생각은 다르다. 문제의 핵심은 오이디푸스 콤플렉스가 어떻게 한 사람을 위인인 동시에 신경증 환자로 만들었느냐가 아니라, 어린 시절의 공상을 현실로 만드는 데 필요한 독창성과 재능이 자신에게 있음을 깨달은 한 젊은이가 다른 사람들을 옭아매고 있는 콤플렉스를 어떻게 다루었느냐 하는 것이기 때문이다. 이는 프로이트의 이론으로 설명될 수 있는 것이 아니다. 프로이트는 보통 사람들의 행동을 제어하는 양심(부모와 사회에 의해 내면화되는 개인의 의식으로, 프로이트는 양심의 근원인 초자아와 자아 사이의 긴장이 죄책감으로 표현된다고 보았다-옮긴이)에 대해 주로 기술했을 뿐, 비범한 인물들이 예외적이고 독자적인 행동을 할 수 있었던 요인은 설명하지 않았다. (이것은 어쩌면 모세에 대한 프로이트의 내밀한 동일시 때문이었는지도 모른다.) 프로이트는 꿈을 통해 무의식이 내적 콤플렉스를 지배한다는 사실을 보여주는 것에 만족했지만, 그 자신의 꿈을 이해하게 해준 것이 무엇인지에 대해서는 깊이 파고들지 않았다. 그는 도덕성의 개념처럼 이를 당연한 것으로 받아들였다.

우리는 카티아와르 반도의 작은 태수국에서 수상을 지낸 모니야의 아버지가 포르반다르에 있는 그의 집에서 매일 손님들을 접견했다는 사실을 알고 있다. 그의 직무는 어린 아들에게도 비밀이 아니었으며 모니야는 태수의 거처에서도 자유롭게 뛰어놀았다. ('카바'라고 불린) 카람찬드 간디는 그의 생애 중 적어도 28년 동안은 영향력과 존경을 누린 것 같다. 그의 이력이 정점에 도달한 시기는 모한의 유년기와 일치한다. 가장 아끼는 아들에 대한 아버지의 너그러움은 어린 아들로 하여금 아버지와 겨루는 악의 없는 상상을 하게 했고 소년은 그에 상응하는 죄책감을 동시에 느껴야 했다. 하지만 모니야가 열 살이 되기 전에 그의 아버지는 포르반다르를 떠나 또 다른 태수국인 타코레의 수상이 되기 위해 라지코트로 가게 되었다. 이렇게 소년과 아버지의 환경이 바뀌었고 이후 아버지의 이력과 건강은 내리막길을 걷기 시작했다. 라지코트의 태수는 새로 맞은 수상을 경망스럽게 자랑하며 이웃 태수국의 통치자에게 그를 "임대"해 주었다. 그런데 그 이웃 통치자는 도무지 신뢰할 만한 사람이 아니었기 때문에 카바는 1년도 되기 전에 그곳을 떠났다. 이 과정에서 카바는 자신의 뜻을 관철시키기 위해 단식도 불사했고 자신을 붙잡기 위한 통치자의 금전적인 회유마저 거절했다. "당신은 이 정도로 후한 대우를 해주겠다는 통치자를 찾지 못할 것이오." 태수가 이렇게 말하자 카바는 호기롭게 대답했다. "태수님은 이런 액수를 물리칠 만큼 도도한 수상을 찾지 못하실 겁니다." 이 일화는 당당한 거부에 관해서라면 간디 부자가 통한다는 것을 보여준다. 하지만 이 일화에서 흥미를 끄는 대목은 당시 열 살이던 모한을 영국으로 유학을 보내기 위해서는 돈이 필요할 것이라는 얘기를 태수가 했다는 점이다. 이는 태수와 모한의 아버지가 이미 소년의 재능을 알아보았을 뿐만 아니라, 영국에서 고등교육을 받은 사람만이 장차 그들을 영국의 관리들로부터 보호해줄 수 있을 것이라 생각했음을 보여준다.

장차 간디와 마하트마가 될 소년을 이해하기 위해서는 먼저 사랑과 돌봄에 기초한 어머니와의 관계에서 벗어나 그가 새로운 관계들을 맺기 시작했음을 전제해야 한다. 모든 아이들이 그러하듯 모한 역시 (앞에서 살펴본 바와 같이 대가족 내의 느슨한 연결 관계에 불과할지언정) 어머니와의 연결 관계에서 벗어남과 동시에 개인적 성장의 결을 따라 아버지, 아내 그리고 소년기의 친구라는 주요한 상대들과 일련의 강렬하고 "실험적인" 관계를 맺게 되었다. 어쩌면 성서의 인물처럼 강복(降福)을 요구하며 상대방을 그냥 지나가도록 내버려두지 않는 (창세기 32장에는 야곱이 밤새 씨름을 벌인 천사에게 자신을 축복해주기 전에는 놓아줄 수 없다고 버티는 장면이 나온다 – 옮긴이) 고집은 위대함의 또 다른 징표인지도 모른다. 후일 간디의 그러한 고집이 거대한 상대—인도, 영국, 인류—에게로 옮겨졌다면 그것은 단순히 그가 어린 시절의 에너지와 목표를 보다 큰 현실에 "전이"시켰다는 의미가 아니다. 괴짜, 광신자, 정신병 환자도 "감정전이"를 할 수 있다. 그러나 가족이라는 좁은 울타리에서 일으킨 반향을, 섬세하고 실제적인 상호작용을 통해 거대한 집단에서도 일으키는 것은 오로지 정치적으로 비범한 인물만 할 수 있는 일이다.

나이가 든 아버지는 모한다스의 결혼식을 그의 형, 그리고 또 다른 친척의 결혼식에 맞춰 합동으로 치르기로 했다. 당시 13세였던 모한다스는 가문 간의 약속에 의해 이미 두 차례 약혼한 적이 있었다. 하지만 이전의 두 약혼녀는 사망했고 모한은 그런 사실을 몰랐거나 그들의 죽음에 관심을 두지 않았던 것 같다. 그런 문제는 부모들이 알아서 처리할 일이었다. 모니야는 포르반다르의 이웃집에 살았던 고집 센 소녀 카스투르바와 어릴 때부터 같이 놀며 지낸 사이였다. 결혼식을 합동으로 치르는 것은 주로 경제적인 이유 때문이었지만, 모한의 경우 막내아들의 결혼식을 생전에 꼭 보겠다는 아버지의 뜻이 반영되었던 것으로 보인다. 결혼사진 속의 모한은 다소 겁에 질린 모습이다. 하지만 그는 결혼식 준비 과정을 어느 정도는 즐겼다고 전해진다. 그는 결혼식의 통상적인 절차 중에서 자신이 할 것과 하고 싶지 않은 것을 분명히 밝혔는데, 예를 들어 그는 요란하게 장식된 말을 타고 거리를 행진하는 절차는 원하지 않았다. 반면 그는 자신만의 놀이 친구이자 온전한 자신의 소유인 어린 신부와 보다 은밀한 관계를 기대하고 있었던 것 같다. 그는 자신이 성적인 행위를 해야 한다는 사실을 알고 있었는데, 대가족의 생활환경이나 주변에서 동물들을 흔히 볼 수 있는 환경에서 성적 행위는 그리 비밀스러운 게 아니었다. 또한 그런 문제에 관해서라면 친척들의 적극적인 지도가 따르기도 했고, 사실 누구나 전생에서 얻은 지식—"본능"에 대한 힌두교의 개념—으로 자신이 무엇을 해야 하는지는 알 수 있었다.

그런데 모한이 결혼식을 장난스럽게 준비하는 동안 이 경사스러운 분위기를 일순간에 망쳐버린 사건이 발생한다. 그것은 새신랑의 인생에 일종의 저주 같은 것이었다. 마차가 전복되는 사고로 결혼식장을 향하던 아버지가 부상을 당한 것이다. 부상의 정도는 겉으로 보이는 것보다 훨씬 심각했다.

> 아버지는 부상에도 불구하고 의연한 표정이었고 결혼식의 모든 절차에 참여하셨다. 아버지가 자리에 앉아 예식을 끝까지 지켜보시던 모습이 지금도 기억에 생생하다. 당시만 해도 어린 나이에 결혼을 시킨 아버지를 내가 지독하게 원망할 날이 오리라고는 생각하지 못했다.[10]

위의 대목은 그가 어린 신부보다 아버지를 더 의식하고 있었음을 보여준다. 실제로 그는 결혼식을 마치고 집에 돌아온 뒤 아내와 아버지의 간병에 똑같이 관심을 가졌다. 아버지를 극진히 간병하는 일은 이제 어머니에

---

10 Gandhi, *Autobiography*, 8쪽.

대한 섬김과 융화되고 동시에 그것을 대체하게 되었다. 그가 간병을 도맡지 않았더라면 그 일은 온전히 어머니의 몫으로 돌아갔을 것이다. 하지만 마하트마는 아버지의 팔다리를 주물러드리는 동안에는 아내를 생각했고 아내와 함께 있을 때는 아버지를 염려했으며, 아버지와 아내 사이를 오가는 동안 학업은 뒷전이 되었다고 고백한다. 아내와 아버지 그리고 학교를 오가는 생활이 정신없는 질주와 같았으리라는 것은 쉽게 짐작할 수 있다. 그리고 이는 훗날 그를 **필요로 하는** 사람이나 일을 돕기 위해 조증 같은 활동성과 일시적인 휴지기를 오가던 삶의 원형이 되었다고 할 수도 있다. 어쨌든 그 시절의 모한에 대한 묘사는 (훌륭한 픽션은 특정한 의도로 "사실"들을 구성한 것보다 더 진실할 수 있으므로) 아버지, 아내, 학교 사이에서 혼란과 갈등을 겪는 모습과, (독자들에게도 매우 흥미로운 대목이겠지만) 청소년기의 일탈을 실험하는 모습 또한 보여주게 될 것이다.

그에게 상대적으로 의미가 작았던 학교생활을 먼저 살펴보자. 피아렐랄의 글에 따르면 (나중에 대성한 많은 인물들의 어린 시절이 그랬듯이) "인생이나 인생의 도리와 관계가 없는 공부는 그의 관심을 끌지 못했다." 하지만 그가 친밀한 관계를 맺을 만한 가치를 느낀 교사 또한 없었던 것으로 추측된다. 마하트마는 훗날 자신이 다닌 학교와 그를 가르친 교사들을 가볍게 취급했다. 그는 책임감이 강했다는 점만 제외하면 자신이 지극히 평범한 학생이었으며, 어쩌다 상을 타거나 장학금을 받아도 "의외라고" 생각할 뿐 거기에 큰 의미를 부여하지 않았다고 말한다. 그런데 한 가지 예외가 있었다. 학교에서 어떤 곤란한 일이 생기는 경우 그의 **도덕적** 성격이 그를 괴롭혔다.

하지만 나는 나 자신의 품행에 대해서는 늘 조심을 했다. 그래서 아주 사소한 오점에도 눈물을 흘리곤 했다. 꾸지람을 들을 일을 했거나, 실제로는 잘못이 없는데도 선생님의 꾸지람을 들어야 하는 것을 나는 견딜 수 없었다.[11]

그는 오점이 전혀 없기를 바란 것은 지나친 감정적 욕구였다고 말한다. 하지만 자서전에는 그가 (조금의 원한도 없었음을 밝히면서) 선생님에게 교훈을 남긴 일화를 기록한 대목도 있다. 장학관이 학교에 장학지도를 나왔을 때의 일이다. 받아쓰기 시험을 치르던 중 교사는 모한의 답에서 틀린 철자를 발견하고는 모든 학생이 만점을 받는 모습을 보여주고 싶은 욕심에 모한에게 넌지시 옆자리 학생의 철자를 베끼라는 암시를 준다.

선생님이 옆자리 친구의 답을 내가 베끼기를 바랐으리라고는 생각도 하지 못했다. 나는 선생님이 거기에 서 있었던 이유는 우리가 답을 베끼지 못하도록 하기 위해서였다고 생각했다. 그 결과 나를 제외한 모든 학생들이 만점을 받았다. 오로지 나만 우둔한 학생이었…… 그런 일이 있었지만 선생님에 대한 나의 존경심이 줄어들지는 않았다. 나는 천성적으로 윗사람의 잘못에 대해서는 눈이 어두웠다.[12]

학생으로서의 이러한 모습을 단지 간디가 전하려고 했던 수많은 메시지의 일부로 받아들이는 사람이 있을지도 모르겠다. 하지만 그런 해석으로는 간디의 일생을 관통하는 뚜렷한 경향을 볼 수 없게 된다. 간디의 삶이 다른 성인들의 삶과 공통적으로 가지고 있는 경향에는 나름의 발달상의 논리가

---

11 같은 책, 11쪽.
12 같은 책, 5쪽.

있다. 여기에서 보이는 과도한 양심은 "나"라는 존재가 다른 모든 권위들보다 우월한 진실성을 가지고 있다고 믿음으로써 평화를 얻을 수 있다. 이는 진실은 "나"와 신의 계약이기 때문이며, 신 앞에서 "나"는 부모의 이미지나 도덕적 훈계보다도 더 중심적인 존재이기 때문이다. 나는 이것이 곧 **종교적 인간**의 핵심이라고 생각한다. 위의 이야기는 모한이 착한 아이였음을 말하려는 것이 아니라, 그가 알량한 권위의 보호 없이도 악과 진실 사이에 당당하게 설 수 있었음을 말하려는 것이다. 물론 이러한 소년의 모습은 너무나 훌륭해서 믿어지지 않는 경우도 있다. 피아렐랄은 (간디에 대해 글을 쓰는 간디주의자들의 일반적인 태도와는 달리 거의 몸서리를 치면서) 마하트마가 열일곱 살 된 아들 마닐랄에게 쓴 편지의 한 대목을 인용한다.

장난과 놀이는 철이 들지 않은 시기, 그러니까 열두 살이 되기 이전에나 용인되는 것이다. 사리를 분별할 나이가 되면 그때부터는 자신의 책임을 인식하고 인격을 도야하기 위해 끊임없이 노력해야 한다…… 지금의 네 나이가 되기도 전에 나는 네 할아버지를 간병하는 일을 가장 큰 기쁨으로 여겼다. 나는 열두 살 이후로는 장난과 놀이라는 것을 아예 모르고 살았다.[13]

위의 글은 그 배경을 이해해야 제대로 해석할 수 있다. 물론 아버지의 편지가 으레 가지고 있는 성격 또한 이해해야 한다. 힌두교의 전통에서 열일곱 살은 금욕과 면학의 태도를 겸비해야 할 나이이다. 그런 까닭에 간디는 같은 편지에서 거의 승려와 같은 태도로 육욕에서 비롯되는 경솔함을 삼

---

13 Pyarelal, *Mahatma Gandhi, The Early Phase*, 207쪽. 다음과 비교할 것. Louis Fischer, *The Life of Mahatma Gandhi*, 92쪽. Fischer의 책에서는 마지막 문장이 다음과 같다. "나는 열두 살 이후로는 놀이라는 것을 거의 모르고 살았다."

가라는 메시지를 전달한다. 간디는 아들에게 보낸 편지에서 결혼 문제에 대해 진지해질 것을 권고하는데, 뒤에서 우리는 조혼(早婚)에 대해 간디가 통한의 심정을 가지고 있었음을 확인하게 될 것이다.

마하트마는 자서전에서 그에게 큰 인상을 남긴 신화와 연극을 언급한다. 그중 어느 유랑극단이 공연한 종교극에서 "슈라바나가 양어깨에 걸머진 대나무 바구니에 눈먼 부모를 태우고 순례를 하는 장면"이 그에게 지울 수 없는 인상을 남겼다. 그는 그러한 모습을 본받겠다고 다짐했다. 하지만 속절없이 슈라바나는 숨을 거두고, "아들의 죽음 앞에 통곡하는 부모의 비통한 모습은 지금도 뇌리에 깊이 박혀 있다. 그 장면에서 나온 곡조가 내 심금을 울렸고 나는 아버지께서 사주신 아코디언으로 그 곡을 연주하곤 했다." 이를 오늘날의 시각으로 아버지보다 강해지고 싶다는 소망을 간디가 감정적으로 부정한 것이라는 해석을 하는 이도 있겠지만, 우리는 프로이트조차 오이디푸스의 주제는 의식의 차원에 있을 수 없다고 생각했음을 기억해야 한다. 우리가 오이디푸스 콤플렉스라는 개념을 이해하고 있다는 이유로 그것을 **의식할 수 있다**고 생각하는 것은, 고대로부터 오늘날까지 한 개인이 자신의 전 존재로 겪는 문제를 너무 쉽게 다루는 것이다.

그 즈음 모한은 아버지의 허락을 받고 연극을 한 편 보았다.

이 연극—하리슈찬드라(Harishchandra)—이 내 마음을 사로잡았다. 몇 번을 봐도 싫증이 날 것 같지 않았다. 하지만 같은 연극을 또 보겠다고 어떻게 말씀드릴 수 있었겠는가? 그 연극이 머리에서 떠나지를 않았고 나는 혼자서 하리슈찬드라의 역을 셀 수도 없이 연기해 보았다. "왜 사람들은 하리슈찬드라처럼 진실하지 못한 것일까?" 나는 밤낮으로 자문했다. 그 연극은 나에게 진리를 따르고 하리슈찬드라처럼 모든 역경을 겪어내는 것을 이상으로 삼게

해주었다. 나는 하리슈찬드라의 이야기를 글자 그대로 믿었다.[14]

그 연극은 보기 드문 선량함과 미덕을 지닌 어느 왕에 대한 이야기이다. 이 설화는 신들이 그를 시험해보기로 결정하는 장면에서 시작한다. 신들은 어느 브라만(Brahman)을 왕에게 보내 시주를 요구하게 하고 점점 더 많은 것을 요구하도록 한다. 자신의 **다르마**에 충실했던 왕은 그가 가진 모든 것을 내주고 나중에는 왕위까지 내놓는다. 왕은 결국 노예가 되고 왕비는 아들을 데리고 그의 곁을 떠난다. 그리고 얼마 지나지 않아 그 아들이 죽는다. 노예가 된 하리슈찬드라는 어느 화장터에서 일을 하게 되는데, 그의 앞에 나타난 아내가 아들의 시신을 화장해달라고 부탁한다. 자신의 **다르마**에 충실했던 하리슈찬드라는 화장 비용을 내야 한다고 말한다. 가진 것이 아무것도 없는 아내는 절규를 한다. "이 아이는 당신의 아들이잖아요!" 여기에서 신들이 다시 개입하여 그에게 왕위와 가족을 되돌려준다. 간디가 이 이야기를 "글자 그대로 믿었다"는 사실을 우리가 이해하게 된다면 우리는 자신의 과거를 간디가 어떻게 바라보고 있는지 보다 정확하게 이해할 수 있을 것이다. 나는 이 설화가 간디에게는 어떤 사실성의 문제보다도 더 우위에 있는 본질적 실재로 받아들여졌다고 생각한다. 훗날 그는 가장 현실적인 문제에 참여하면서도 여전히 설화의 층위에서 살고자 노력했으며 실제로 그러한 삶을 살아갔다.

하지만 그가 아들에게 보낸 편지에서 "장난과 놀이"를 거부했다고 밝힌 시기가 고집스럽고 장난기 많은 어린 신부와의 결혼 초기에 해당하며 그가 사춘기의 일탈에 몰두한 시기이기도 하다는 점은 우리를 당혹스럽게

---

14 Gandhi, *Autobiography*, 6쪽.

만든다. 우리는 과연 간디에게 실존적으로 자기 자신을 아들로서, 남자로서, 그리고 개별자로서 대면해야 하는 고독한 시기, 즉 **안테바신**이 있기나 했는지 묻지 않을 수 없다. 여기에서 그의 일생을 관통하는 또 다른 경향이 나타난다. 다른 인도인들이 전통적인 가르침과 훌륭한 스승의 지도에 부응하기 위해 박탈의 시기를 기꺼이 수용하는 동안 젊은 간디는 새로운 전통을 **창조**해야만 했다.

그가 아버지를 간병한 것은 다른 모든 목적에 우선하는 것으로 묘사되는데, 이것은 자기 자신의 죄는 물론 **아버지의** 죄까지 보속(補贖)한다는 의미로 해석될 수 있을까? 카바가 조혼을 강요함으로써 아들의 **다르마**를 어느 정도 뒤틀리게 했다는 사실에는 의심의 여지가 없다. 힌두교의 교리를 따르자면 그의 부주의 때문이든 아니면 외부의 강요 때문이든 어린 나이의 무절제 때문에 간디의 성적 욕구는 영구적인 손상을 입은 것으로 설명될 수 있다. 아이를 낳으며 육욕을 따라 사는 한, 그의 아내 역시 남편에 대해 보다 고결한 의미의 의무를 다하지 못한 것이 된다. 전통적으로 정액의 소모는 보다 높은 생명력의 고갈로 인식되기 때문이다. 물론 그러한 전통은 지역과 계급에 따라 그 영향력의 차이가 컸기 때문에 일부에서는 거의 강박에 가까울 정도의 관능이 분출되기도 했다. 여기에서 인간의 지적 능력은 사정(射精)으로 소실되지만 절제에 의해 보존되어 뇌까지 올라가는, 어떤 성적인 물질에 의해 강화될 수 있는 것으로 설명된다. 이는 인도의 전통이 설명하는 나름의 승화(sublimation) 이론이라고 할 수 있다. 그러한 지배적인 이미지와 맞물려 고갈에 대한 강박적인 공포까지 더해지면, 청소년기의 사정이 생명력을 고갈시킨다는 통념이 그러하듯 모든 성생활은 인간의 정수(精髓)를 고갈시킨다는 의미를 띠게 된다. 여기에서 모한은 모든 자연스러움과 장난스러움을 가로막는 갈등에 직면했으며, 심지어는 관습에 의해 정당화되고 아버지의 "명령"까지 받은 성생활에까지 그러한 갈등은 이어졌다. 그리고 결국 그가—그리고 그의 아내가—극기의 표식인 유머감각을 되찾을 수 있는 유일한 방법은 절대적인 금욕이라고 여겨지게 되었다.

모한다스의 어린 신부는 성적 요구의 강도와 빈도, 만족도가 실제로 어떠했든 그것을 받아들일 수밖에 없었다. 그것은 힌두교 문화에서 여자가 당연히 감당해야 할 몫이었다. 하지만 모한다스는 자신의 은밀한 마술로 그녀를 끌어들이려 애쓰는 동안 난생 처음 (그리고 많은 이들의 판단으로는 평생) 만만찮은 상대를 만났다는 사실을 깨닫게 되었다. 그녀의 고집과 존엄성은 약해질 만한 성질의 것이 아니었다. 결혼 초 그녀는 신체적으로 남편보다 강했을 뿐만 아니라 고집도 세서 글을 가르치려는 남편의 끈질긴 노력에 꿈쩍도 하지 않았다. 그녀는 훗날 존경받는 인물이 되었지만 끝내 글을 제대로 읽고 쓰지 못했다. 피아렐랄의 표현을 빌리자면, 그녀는 "말 한마디로 아픈 곳을 찌르는 데 천재적이었으며…… 언제든 그로 하여금 무력감을 느끼게 할" 수 있었다. 하지만 그녀는 피할 수 없는 희생의 삶에 조금씩 굴복하게 되었다. 샨케를랄이 노년에 접어든 그녀에게 좋은 옷을 입고 싶은 여자의 욕심이 생길 때는 어떻게 했느냐고 물은 적이 있었다. 그녀는 이렇게 대답했다고 한다. "인생에서 가장 중요한 것은 하나의 길을 선택하는 겁니다. 나머지 길은 다 잊어야죠." 하지만 그녀는 남편과의 내밀한 결혼 생활에 대해—간디의 고백으로 사람들이 알고 있는 내용조차—결코 입을 열지 않았다. 우리가 마하트마의 고백을 통해 알고 있는 내용은 아우구스티누스주의의 그것과 다를 바가 없다. "만일 나에게 이러한 격렬한 육욕의 다른 한편에 의무에 대한 강한 집념이 없었다면 나는 아마 병이 들어 일찍 죽었거나 다른 사람에게 짐이 되는 존재로 전락하고 말았을 것이다."[15] 그는 "어린 신부가 친정에서 절반 이상의 기간을 보내는" 인도의 관습이 그들 부부에게는 다행스러운 일이었으며, 열여덟 살 때 그가 영국에 건너가서 체류한 기간이 "길고 건강한 별거"를 가져다주었다고 말했다. 그의 고백만으로는 실제로 그가 얼마나 "육욕에 사로잡혀" 있었는지 우리는 알 수 없다. 다만 한 가지 확실한 것은 그가 육체적인 관계에서 즐거움과 만족을 얻었다는 암시를 어디에서도 찾아볼 수 없다는 사실이다. 후일 모든 성적 행위를 포기한 뒤 그는 남녀 모두에게 육체적으로 초연한 친밀감 속에 일종의 관능적, 심미적 즐거움을 찾을 수 있었던 것이 분명하다. 그러나 성기기(性器期)에 가졌던 욕구는 그에게 여전히 큰 오점이자 불행의 원천으로 남아 있었으며, 이는 그러한 죄의 우연적 소산이라 할 수 있는 자녀들에게 큰 짐을 지우는 결과를 낳았다. 뒤에서 살펴보겠지만, **아메다바드 사건**은 친자식과 정신적 자녀들에 대한 간디의 부권(父權)이 심각한 위기에 몰리게 된 바로 그 시점에 일어났다.

모니야의 쾌활하고 짓궂은 성격이 사춘기를 거치며 어떻게 틀어졌는지 이제 분명해졌을 것이다. 하지만 이 시기를 다룬 자서전의 몇몇 장(章)에 "죄에 대한 실험들"이라는 소제목이 붙여지는 게 이상할 것이 없다 하더라도 나는 그가 웃음을 완전히 잃었다고 생각하지는 않는다. 모든 아이들이 그런 것은 아니지만 성의 불장난이 시작될 때 많은 아이들은 이전에 하던 놀이를 더 이상 하지 않는다. 안나 프로이트는 이를 사춘기의 압력 앞에서 자아가 상대적으로 약화되기 때문이라고 설명한다. 그런데 모한의 경우는 조혼에서 비롯된 성적 요구와, 주변 사람들과 도덕적 관계를 맺고자 하는 욕구를 조화시키는 것이 쉽지 않았다. 이에 비추어 볼 때 그에게 성적 행위

---

15 같은 책, 10쪽.

는 수치스러움 그 자체였다. 그의 글 어디에서도 성적 친밀함이, 심지어는 출산을 위한 경험조차 남자와 여자의 관계를 생명을 빚는 희열로 고양시킬 수 있다고 생각하는 대목이 없다.

임상적으로 말하면 간디는 성서적 의미에서 자신으로 하여금 죄를 짓게 하는 성적 행위로부터 쾌활함과 이해심 그리고 독자성을 지켜내야 했고, 마침내 성적 행위를 완전히 거부하는 것에서 희열을 얻게 되었다. 그런데 우리는 그에게 일종의 복수심이, 특히 요부로서의 여성에 대한 복수심이 오래도록 남아 있었으며 이 때문에 후일 그가 비폭력 운동의 지도자들이 갖춰야 할 필수 조건으로 절대 순결을 강조했음을 뒤에서 확인하게 될 것이다. 아슈람 사람들이나 어떤 신성한 질서 속에서 함께 생활하는 사람들의 관계가 형제애에 기초하고 있는 데에는 이와 같은 근원적 이유가 있었던 것이다. 하지만 남근숭배(phallicism)의 거부는 승화(sublimation)의 방법을 단 두 가지로 제한한다. 남근의 사용이 갖는 공격과 침입의 성격을 유쾌하게, 그러나 강력하게 "더 높은" 차원으로 끌어올리는 것이 한 가지 방법이다. (간디는 비폭력의 원리를 보다 도발적으로 전개하는 것으로 이를 전이시켰다.) 다른 하나는 남근의 수축과 사정이 가지고 있는 성격을 퇴행적으로 강조하며 강박적으로 청결에 집착하는 것이다. 여기에서 생명의 씨앗이 되는 물질은 더러운 것이자 더럽히는 것으로 격하되고, 이에 따라 차단되고 회피와 정화에 의해 상쇄되어야 할 대상이 된다. 이것은 인도의 전통 사회에서 강력하면서도 역설적인 내력을 가지고 있다. 영적인 정화의 행위에 (갠지스 강에서 볼 수 있듯이) 위생 문제가 끼어들 여지는 없었던 것이다. 여기에서 오물과 오염에 대한 간디의 병적인 혐오는 인분을 아무렇지 않게 여기던 인도인들을 각성시키는 요인으로 작용했다.

우리는 그러한 관념들을 개인적이고 신경증적인 괴팍함의 산물로 속단해서는 안 된다. 인간이 본능적 행위를 조절하는 방법을 익혀야 한다면 그것은 어떤 목표를 위해, 어떤 방법으로 이루어져야 하는가? 이 물음은 아주 오래된 것으로 여겨져야 한다. 흥미롭게도 프로이트의 『꿈의 해석』 못지않게 『나의 진리 실험 이야기』는, "실험"이 되었든 "분석"이 되었든 한 인간의 성적 특성을 이해하고자 한다면 먼저 그의 어린 시절을 살펴보아야 하고 특히 그와 아버지 사이의 갈등에 대해 이야기해야 한다는 점을 전제한다.

3. 저주

간디가 열다섯 살 때 쓴 한 통의 편지와 관련된 이야기는 『간디 전집』 중에서 그의 소년기가 다뤄진 유일한 대목이다. 형이 자신에게 소액의 돈을 빌려간 뒤 갚지 않자 그는 "빚을 돌려받기 위해 형의 팔찌에서 금 조각을" 떼어냈고 그 사실을 아버지에게 고백하기 위해 편지를 썼다. 그의 누이가 (90세 때 피아렐랄에게) 증언한 바에 따르면 그는 먼저 어머니에게 그 사실을 털어놓았다. "아버지께 가서 말씀드려라." 어머니의 반응이었다. "아버지께서 저를 때리지 않으실까요?" 이렇게 묻는 아들에게 어머니는 대답했다. "안 때리실 거다. 왜 때리시겠니? 이제까지 아버지께서 널 때리신 적이 있었니?"[16] 이 증언이 정확한 기억에 토대를 두고 있다면, 적어도 다혈질인 그의 아버지도 그에게 손을 댄 적은 없다는 사실이 분명해진다. 계속해서 간디는 이렇게 적고 있다.

---

16 Pyarelal, *Mahatma Gandhi*, *The Early Phase*, 212쪽.

나는 아버지께 고백의 글을 써서 용서를 구하기로 했다. 나는 종이에 쓴 글을 직접 아버지께 드렸다. 나는 그 편지에서 내가 저지른 죄를 고백했을 뿐만 아니라 그에 상응하는 벌을 내려달라고 했고, 나의 잘못에 대해 아버지께서 **스스로를 책망하지 마시라**는 부탁을 덧붙였다. 나는 앞으로 두 번 다시 도둑질을 하지 않겠다는 다짐도 했다.

아버지께 편지를 건네 드리는 손이 부들부들 떨렸다. 당시 아버지는 치루로 고생을 하며 병상에 누워 계셨다. 아버지의 침상은 평평한 나무판자였다. 나는 편지를 건네 드리고 침상 맞은편에 앉았다.

편지를 다 읽은 아버지의 눈에서 눈물이 뚝뚝 떨어지며 편지를 적셨다. 아버지는 잠시 눈을 감고 생각에 잠기시더니 편지를 찢으셨다. 편지를 읽기 위해 몸을 일으켰던 아버지가 다시 자리에 누우셨다. 나도 울었다. 나는 아버지의 고뇌를 읽을 수 있었다. 내가 만일 화가라면 당장이라도 그 모습을 그대로 그릴 수 있을 것이다. 그 장면은 지금도 내 마음속에 너무나 생생하게 남아 있다.

사랑의 구슬방울들이 [사랑의 화살이] 내 마음을 정화시키며 [관통하며] 나의 죄를 씻어냈다. 그런 사랑은 경험해본 사람만이 알 수 있다. 성가의 한 대목처럼 "사랑의 [라마의] 화살에 맞아본 사람만이 그 힘을 안다."

이것이 나에게는 비폭력(Ahimsa)의 훌륭한 본보기였다. 내가 본 것은 아버지의 사랑이었으나 오늘날 나는 그것이 순순한 아힘사였음을 알고 있다. 그러한 아힘사가 모든 것을 포용할 때 그에 접촉하는 **모든 것이 변모된다.** 그 힘에는 한계가 없다. [그 힘은 측정하기가 힘들다.]

이러한 고귀한 용서가 아버지에게는 **자연스러운 것이 아니었다. [흔치 않은 일이었다.]** 나는 아버지께서 화가 나서 나를 꾸짖으며 [아마도] 당신의 이마를 칠 것이라 생각했다. 하지만 아버지는 놀라울 정도로 평온하셨다. 나는 그것이 **나의 순수한 고백 때문**이라고 믿는다.

다시는 죄를 짓지 않겠다는 약속이 담긴 순수한 고백은 그러한 고백을 받을 자격이 있는 사람에게 전해질 때 가장 순수한 형태의 회개가 된다. 나의 고백이 아버지를 안도하게 했고 나에 대한 **당신의 사랑을 더욱 커지게 했다**는 사실을 나는 알고 있다.[17]

내가 고딕체로 표시한 부분에서 15세의 아들은 아버지를 특별한 심적 상태로 유도해내는 자신의 힘을 예리하게 감지하고 있다. 만일 그러한 "고귀한 용서"가 그의 아버지에게 "흔치 않은 일"이었고 그 모든 일이 궁극적으로 "아힘사의 훌륭한 본보기"가 되었다면, "순수한 고백"으로 구체화된 의지력으로 아버지를 정화시킨 것은 다름 아닌 아들 그 자신이다. 카바는 (다른 사람들을 때리는 것은 "자연스러운" 행위였을지 모르지만) 아들을 때리지 않았고, 자신의 이마를 치는 행위—주변 사람들에게 큰 반향과 당혹스러움을 불러일으키는 인도의 관습—로 "스스로를 책망"하지도 않았다. 오히려 아버지는 평온했다. 이 모든 것이 중요하게 다루어져야 하는 이유는, 자신의 운명이 남다르다는 의식을 간디가 발달시키는 데 그것이 중요성을 갖기 때문이기도 하지만 이 일화에 어떤 "전형적인 울림"이 있기 때문이기도 하다. 그것은 일찍부터 발달한 양심과 부모에 대한 도덕적 책임감—나중에 그 대상이 인류에게로 확대되는—을 가지고 있는 위대한 지도자들의 생애에서도 공통적으로 발견되는 반향이다.

여기에서 잠시 자서전을 해석하는 일반적인 차원에서 벗어나보는 것이 좋겠다. 모한의 고백처럼 흔치 않은 일화도 역사상 그에 필적할 만한 인물들의 생애에서는 유사한 사례들을 어렵잖게 찾아볼 수 있으며, 그것은 적

---

17 Gandhi, *Autobiography*, 20~21쪽. 고딕체로 표시한 부분은 저자 강조.

어도 자서전을 집필한 이들에게는 "전형적인" 경험이라고 할 수 있다. 이를 고찰하기 위해 완전히 다른 배경을 가진 두 가지 사례를 제시해보겠다.

먼저 키에르케고르의 일기에서 인용한 유명한 구절이다.

> 오래 전 어느 아버지와 아들이 살고 있었다. 두 사람 모두 재능과 기지가 **빼어났지만 특히 아버지가 그러했다**…… 어느 날 깊은 수심에 빠져 있는 아들의 모습을 보며 아버지가 말했다. "얘야, 너는 고요한 절망 속을 걷고 있구나." (아버지는 자세히 물어보지 않았다. 아니, 물어볼 수가 없었다. 그 자신도 고요한 절망 속에 있었기 때문이다.) 그들은 더 이상 아무 말도 나누지 않았다. **역사상 가장 음울한 사람들 가운데 이 두 사람**도 포함되어 있었을 것이다.
>
> 아버지는 아들의 음울함이 자기 때문이라고 믿었고, 아들 역시 아버지의 음울함이 자기 때문이라고 믿었다. 그래서 두 사람은 그에 대해 이야기를 나누지 않았다…… 이것이 의미하는 바가 무엇일까? 핵심은 '**그가 나를 불행하게 만들었다**'—하지만 사랑 때문에—라는 것이다. 그의 잘못은 사랑의 결핍에 있었던 게 아니라 **아이를 노인으로 잘못 본 것**에 있었다.[18]

여기에서 내가 다시 고딕체로 표시한 부분은 아버지와 아들의 관계가 매우 특별한 경우에나 가능한 관점을 잘 보여주고 있다. 가부장적인 시대에 조숙한 양심과 남다른 사명감을 지닌 아들은 아직 어린 나이에도 자신이 정신적으로 아버지와 동등하다는—아니, 아버지를 책임지고 있다는—생각을 갖게 된다. 그는 아버지가 가지고 있는 절망적인 결핍 때문에 그를 증오

---

18 *The Journal of Søren Kierkegaard, A Selection*, Alexander Dru 편역, London: Oxford University Press, 1938년, 132쪽.

할 수도 없다. 나는 여기에서 아이의 우월한 인격에 의해 부모가 구속(救贖)을 받아야 한다는 필연적인 의식을 이른 시기부터 가지게 된 이들이 있다는 사실을 지적하고 싶다. 이런 관점에서 우리는 모한다스가 아버지를 대신해 자신이 속죄해야 한다고 생각한 "죄"가 무엇인지 살펴보게 될 것이다.

그러나 이 문제를 보다 넓은 범위에서 조망하기 위해 우리는 전혀 다른 형태의 위대함을 보여준 어느 미국 여성의 자서전으로 눈을 돌려볼 것이다. 엘리너 루스벨트(Eleanor Roosevelt)의 생애에서 모성적 보호를 특정한 집단과 개인은 물론이고 인류 전체에까지 확대하려는 모습은, 이전까지 우유부단하기만 하던 그녀가 장애를 갖게 된 남편(정치인으로 승승장구하던 루스벨트가 소아마비에 걸린 것은 39세 때의 일이다 – 옮긴이)을 적극적으로 돕기로 결심하는 장면에서 결정적으로 드러난다. 다음은 그녀가 기술한 아버지와의 마지막 만남이다.

그 집은 웨스트 37번가에 위치해 있었다. 그 집의 1층에 있는 높은 천장의 어두운 서재에 들어서던 순간이 기억난다. 아버지는 커다란 의자에 앉아 있었다. 검정색 옷을 입고 있는 아버지의 모습이 무척 슬퍼 보였다. 아버지는 두 팔을 벌려 나를 끌어안았다. 잠시 후 아버지가 입을 열었다. 아버지는 어머니가 돌아가셨고, 당신에게는 어머니가 전부였으며, 이제 당신에게는 어린 남동생들과 나밖에 없다고, 하지만 동생들은 아직 어리니 당신과 내가 서로를 의지해야 한다고 말했다. 아버지는 언젠가 내가 집안을 일으키면 함께 여행을 다니며 당신이 그리는 온갖 행복한 순간들도 함께하게 될 거라고 말했다.

어찌된 일인지 아버지가 그리는 미래에는 당신과 나만 있었다. 나는 남동생들이 내 아이들이 된다는 이야기인지, 동생들이 학교에 가고 대학에 진학하며 독립을 하게 되리라는 사실을 아버지가 생각이나 하고 있는 건지 이해할 수가 없었다.

평생 나를 놓아주지 않은 느낌―아버지와 나는 늘 함께 있으며 언젠가는 우리만의 삶을 함께 누리게 되리라는―이 그날 시작되었다. 아버지는 나에게 편지를 자주 쓰라는 부탁과 함께, 착하게 지내고 말썽 부리지 말고 공부 열심히 하며 당신이 자랑스럽게 여길 만한 훌륭한 여성이 되어야 한다고 당부했다. 아버지는 형편이 허락하는 대로 나를 보러오겠노라 약속했다.

아버지가 떠난 뒤 나는 아버지와 나, 두 사람만의 비밀을 간직하며 새로운 삶에 적응해야 했다.

1894년 8월 14일, 내가 열 살이 되기 직전 아버지의 부고가 전해졌다. 고모들이 소식을 전해주었지만 나는 그 사실을 믿을 수 없었다. 나는 한참을 울었고 잠자리에 들어서도 울음을 그칠 수 없었다. 이튿날 아침 나는 잠에서 깨어나 여느 때처럼 꿈속 같은 일상을 시작했다.

할머니는 동생들과 나를 장례식에 데려가지 않기로 했다. 이 때문에 나에게는 아버지의 죽음을 현실로 받아들일 확실한 무언가가 없었다. 이후 나는 머리로는 아버지의 죽음을 받아들였지만 오히려 아버지는 내게 더 가까워진, 어쩌면 살아 계실 때보다 더 가까워진 느낌이 들었다.[19]

여기에서 그녀의 아버지가 알코올 중독자였으며 마지막 만남이 있기 훨씬 이전부터 그가 요양원에 줄곧 있었다는 사실은 언급되지 않는다. 그는 사실 아주 특별한 경우―이를테면 아내의 죽음―에만 딸을 보러 올 수 있었다. 그런데 여기에서 과오와 고통을 지닌 부모의 이미지는 그녀에게 지울 수 없는 비밀이자 평생을 지탱해준 특별한 힘의 원천이 된다. 어느 전기

---

19 *The Autobiography of Eleanor Roosevelt*, New York: Harper & Bros., 1958년, 9~13쪽.

연구에서[20] 조앤 에릭슨은 이에 대해 설득력 있는 설명을 제시한다. 프랭클린 루스벨트의 아내로서 엘리너는 소아마비로 다리를 절게 된 남편이 재활 치료를 위해 요양원에—오래 전 자신이 너무 어려서 어찌 해볼 도리가 없었던 아버지의 경우처럼—가게 되자 소극적이고 우유부단하던 이전의 성격을 한순간에 내던진다. 그렇게 해서 엘리너는 대통령의 간호사이자 동료이며 조력자로서 뿐만 아니라 훗날 UN 인권선언의 공동 작성자로서 남편의 정신적, 정치적 자산을 위임받는 주요한 인물이 되었다.

　모성적 성격을 지닌 아들의 경우, 아버지에 대한 (신체적 또는 정신적) 간병에 전념할수록 양가적 감정의 요소는 더욱 커지기 마련이다. 실제로 자서전의 시작 부분에서 간디는 아버지를 가리켜 다혈질일 뿐만 아니라 (아들이 아버지의 그러한 성격을 어떻게 치유했는지는 앞에서 보았거니와) 아마도 "육체적 쾌락에 빠져" 있었던 것 같다고 언급한다. 간디의 어머니는 아버지의 네 번째 부인이었는데, 그는 마흔의 나이에 열여덟 살 난 처녀와 결혼을 한 것이다. 간디는 아버지가 앞선 세 번의 결혼에서 모두 상처(喪妻)했다고 기록했지만 이는 정확한 사실이 아닌 것 같다. 세 번째 부인은 비록 절망적인 상황의 병자이긴 해도 간디의 아버지가 푸탈리 바와 결혼을 했을 때 아직 살아 있었다. 이는 지역사회의 구설수에 오르기 쉬운 수상으로서 무시할 만한 상황이 아니었을 것이다. 사실 그러한 상황은 푸탈리 바에게도 엄청난 부담이 되었다. 어쨌든 **브라마차리아**(Brahmacharya, 힌두교에서 금욕과 독신 생활을 서약하고 엄격한 훈육을 받는 기간 또는 그러한 기간에 있는 남자를 가리키는 표현이지만 간디의 아슈람에서는 자기정화와 금욕의 의미로 사용되

20　Joan Erikson, "Nothing to Fear: Notes on the Life of Eleanor Roosevelt," *The Woman in America*, Robert J. Lifton 편집, Boston: Beacon Press, 1967년. 267~287쪽

었다 – 옮긴이)를 가르친 간디는 자서전의 첫 페이지에서부터 자신의 아버지가 성욕 과잉이었을 가능성을 언급했는데, 이는 세대 간의 딜레마에 대한 근본적인 진술이라고 할 수 있다. 왜냐하면 그 진술 속에는 아버지 자신이 육욕에 약해서 아들에게 조혼을 강요했고, 이 때문에 불행이 초래되었다는 강한 비난이 들어있기 때문이다. 이는 근원적인 죄는 흔적을 남기기마련이라는 아우구스티누스주의의 주장을 개체발생학적으로 뒷받침하는것이다. 카바는 아들을 너무 일찍 성에 노출시켰을 뿐만 아니라 사리분별도 제대로 하지 못하는 그를 아버지가 되게 만들었다. 키에르케고르는 이와 같은 실존적 문제에 매달렸던 많은 이들이 그랬던 것처럼 신이 자신을아버지가 되지 않도록 지켜준 것에 대해 감사해 하기도 했다.

이로써 우리는 마하트마가 자서전에서 더할 수 없이 생생하게 묘사하고있는 아버지와의 두 번째이자 마지막 대면을 살펴볼 준비가 된 셈이다. 그장면은 너무나 자주 인용되고 해석되어 왔기 때문에 여기에서 그 내용을전부 다시 옮길 필요는 없을 것 같다. 다음의 요약이면 충분할 것이다. 어느 늦은 밤, 아버지의 상태가 나빠지고 있었다. 어린 아들은 아버지와 각별한 사이인 삼촌에게 간병을 잠시 맡기고 (임신한) 아내가 있는 침실로 갔다. 잠시 후 누군가가 그를 부르러 왔다. 아버지의 병상으로 급히 달려간 그는아버지가 삼촌의 품에서 숨을 거두었다는 사실을 알게 되었다. 간디는 이를 "지울 수도, 잊을 수도 없는 오점"[21]이라고 적었다. 그리고 몇 주 뒤 그의아내는 유산을 했다.

이 경험은 키에르케고르(10대 초반 이후 두 형과 세 누이 그리고 어머니를 차례로 잃는 불행 속에서 키에르케고르는 신의 저주를 느꼈고 그러한 불행이 하녀였

---

21 Gandhi, *Autobiography*, 22쪽.

던 자신의 어머니를 범한 아버지의 죄에서 비롯되었다고 생각했다 - 옮긴이)처럼 조숙하고 엄격한 양심을 지닌 정신적 개혁가들의 생애에서 내가 "저주"라고 부르게 된 일이 간디의 삶에서도 나타난 것이다. 이것은 결코 청산되지 않고 평생토록 실존적인 부채로 남게 되는 유년기나 청소년기의 한 양상을 보여준다. 하지만 단 하나의 사건이 그러한 저주의 **원인**이 될 수는 없다. 오히려 그 저주는 유년기에 깊이 뿌리박힌 갈등이 어떤 극적인 사건에 응축되고 투사된, 우리 임상의들이 "차폐 기억"이라고 부르는 것이라 할 수 있다. 개인에 따라서는 이것이 이후의 삶에서 일련의 심각한 신경증을 유발하는 원인이 될 수도 있겠지만, 우리는 그러한 사건을 극적으로 만든 요인이 계통 발생론적으로 어떤 의미를 갖는지 먼저 질문해 보아야 할 것이다. 다른 종과는 달리 유아기의 의존 상태를 오래 거쳐야 하는 인간에게 아버지의 죽음이 어두운 기억을 드리우는 것은 불가피하다고 할 수 있다. 그러나 동시에 인간은 그 미성숙의 시기에 민감한 자의식을 발달시키며, 강렬하고 비합리적인 죄의식이 생기는 유년기를 거치면서 세대가 이어진다는 것이 갖는 불변의 의미를 의식하게 된다. 아버지를 능가한다는 것은 그의 자리를 대신한다는 의미이고, 아버지보다 오래 산다는 것은 그를 소멸시킨다는 의미이며, 그의 영역을 빼앗는다는 것은 어머니와 "집"을, 그리고 "왕위"를 차지한다는 의미이다. 만일 그러한 죄의식이 계시 종교의 불가결한 요소라면 각 개인이 아버지에 대한 유년기의 이미지를 통해 인류의 창조자를 처음 경험한다는 것 역시 중요하게 받아들여져야 한다.

임상적 이론에 따르면 이러한 저주는 오이디푸스 콤플렉스에서 비롯된다. 간디의 경우 아버지에 대한 "여성적" 간병은 (젊은) 어머니를 소유한 (늙은) 아버지의 자리를 차지하고픈 소년의 소망과 훗날 지도자로서 아버지를 능가하겠다는 청소년기의 의지를 부인하기 위함이었을 것이다. 우월한 적을 비폭력적인 방법으로 무너뜨리고 적이 억눌러온 사람들뿐만 아니라 그 적까지 구원하고자 하는 지도력은 그러한 양상으로 갖춰지게 되었다. 사실 그의 의식적 동기에 대한 이러한 해석은 마하트마 자신도 기꺼이 수긍했을 만한 것이다.

그러므로 "그의 내면에는 자서전에서 그가 옹호하고자 했던, 자식으로서의 도리를 다하는 모습과 전혀 다른 모습이 있었을 것"이라는 유사임상학적 설명으로 간디의 고백을 해석하는 것은 무의미하다. 그러한 해석은 그의 고백에 담긴 갈등과, 그 갈등을 짊어지고 그가 한 일들을 설명하기에는 너무나 피상적이기 때문이다. 그것은 간디가 이미 의식하고 있던 일을 들춰내서 그것을 잘못이라고 주장하는 것에 다름 아니다. 오히려 왜 비범한 재능을 지닌 소수의 사람들은 모든 인간에게 내려진 실존적 저주를 혼자서 떠안으려 하는 것인지, 그리고 왜 사람들은 오로지 그러한 사람에게만 신으로부터 부여된 위대함이 있다고 열광적으로 믿으려 하는지를 우리는 질문해야 한다.

그 질문은 다음의 세 층위로 구성되어 있다. 먼저 그 어린아이와 소년은 그러한 운명을 감당할 능력을 어떻게 키웠으며 성인기가 되어서도 그것을 끝까지 붙들 수 있었던 힘이 어디에서 나왔느냐 하는 것이다. 다음으로 대중은 어떤 동기로 그와 같은 사람을 기다렸고 그를 성스러운 존재로 여기게 되었느냐 하는 것이다. 마지막으로 파괴적인 동시에 창조적인 대중의 에너지가 분출된 사건들 속에서 그가 어떻게 대중과 자신의 동기를 하나로 모을 수 있었느냐 하는 것이다.

간디의 자서전에서 그의 유년기와 청소년기는 죄와 순결의 문제로 점철되어 있는 것으로 그려지지만, "어쨌든" 바로 그 시기에 그는 불굴의 의지와 탁월한 관찰력을 얻기도 했다. 나는 모한다스가 자신의 끝없는 야망의 지평을 그렇게 일찍 (어렴풋할지라도) 의식하지 않았더라면, 아버지의 임종을 지키지 못하고 그로 인해 자신의 비범함을 인정받을 기회를 놓쳤다 하더라도 그것이 그의 삶에 저주가 되지는 않았으리라고 믿는다. 다만 그것은 우리가 앞에서 살펴본 바와 같이 부자(父子) 모두에게 저주였다. "육체적 쾌락에 빠진" 아버지의 특성이 아들에게도 이어졌기 때문이다.

개체발생학적으로 설명하면 이 유년기의 저주는 운명을 결정한다고 할 수 있다. (양가적 감정의 대상인) 우월한 적이 고통을 겪고 있을 때 그를 돌봐준다는 주제는 훗날 실제로, 그리고 상징적으로 간디의 삶에 다시 나타난다. 우리는 영국의 정책에 반대하면서도 대영제국이 위기에 처하자 전쟁 준비를 돕고자 부상병 후송부대를 편성한 그의 모습에서 이를 확인하게 될 것이다. 또한 우리는 비폭력 투쟁을 통해 그가 진실로 적의 영혼과 적의 잠재적 "진실"까지도 살피려 했다는 사실을 진리 추구 운동의 정신에서 확인할 것이다.

한편 병든 아버지를 간병한다는 이 주제는 역사적인 맥락에서 그 실례를 찾을 수 있다. 유사한 사례를 부풀려서는 안 되겠지만 프로이트가 자신이 꾼 꿈에 대해 이야기하면서 자신의 의학적 공명심에 대한 죄책감을 상쇄하기 위해 죽어가는 아버지에게 자신이 의학적 도움을 주었다는 확신을 가져야 했고 이러한 억압된 소망이 꿈으로 표출된 것이라고 설명한 대목은 상당한 시사점이 있다.

이를 다른 배경을 가진 유사한 사례로 다시 설명하기 위해 작가 루쉰에게 시선을 돌려보겠다. 마오쩌둥은 그를 중국 혁명문학의 아버지라 일컬으며 경의를 표한 바 있는데, 그의 유명한 단편 "광인 일기"(1918)는 구어체 문장으로 쓰인 중국 최초의 문학 작품으로 (비평가들에 따르면) 탁월한 문체, 편집증(paranoia)에 대한 정확한 정신의학적 묘사, 그리고 중국 전통사회의 가혹한 면모를 그려낸 소름 끼치는 비유가 조합된 걸작이라는 평가를 받는다. (루쉰은 일본에서 서양 의학을 공부했다.) "아버지의 병"이라는 제목의 에세이에서 루쉰은 하나의 역사적 주제—한 인간의 마지막 순간에 대한 서양과 유교사회의 다른 관념—와 아들로서의 양가적 감정을 결합시키고 있다.[22] 그는 청소년기의 많은 시간을 병든 아버지를 낫게 할 약초를 찾으러 다니는 데 보냈다. 하지만 죽음의 순간은 결국 다가왔다.

이따금 번개처럼 머리를 스치고 가는 생각이 있었다. 점점 가빠지는 호흡이 차라리 멎는 게 낫지 않을까 하는 생각이었다…… 하지만 그런 생각을 해서는 안 되었다. 그것은 범죄와 다를 게 없었다. 하지만 그것이 진정으로 아버지를 위하는 길이라는 느낌도 들었다. 지금도 그 편이 차라리 나았으리라는 생각이 든다.

여기까지는 훗날 서양 의학을 공부한 아들의 목소리이다. 하지만 이승과 저승을 이어주는 일종의 산파 역할을 하고 있던 옌 부인은 아들로 하여금 아버지의 귀에 소리를 지르게 함으로써 그의 호흡이 끊어지지 않게 하는 전통적인 주술을 사용했다.

"아버지! 아버지!"
평온하던 아버지의 얼굴이 갑자기 일그러졌다. 아버지는 고통스러운 듯 눈을 가늘게 떴다.

---

22 *Lu Hsun ch'uan-chi* (Complete Works of Lu Hsun), Peking: 1956년, 제2권, 261~262쪽, 하버드 대학에서 열린 나의 세미나 "History and Life History"를 위해 Leo O. Lee가 번역함.

"소리 질러! 소리 질러! 어서!"

"아버지!"

"얘야…… 소리치지 마라…… 그만해라……"아버지는 작은 목소리로 말했다. 아버지는 거친 숨을 몰아쉬었다. 잠시 후 아버지는 평온한 상태를 되찾았다.

"아버지!"아버지의 호흡이 멎을 때까지 나는 계속 소리를 질렀다. 지금도 그때의 내 목소리가 생생하게 들린다. 그 목소리가 들릴 때마다 그것이 내가 아버지에게 저지른 가장 큰 잘못이라는 생각이 든다.

루쉰은 열다섯 살에 (간디는 열여섯 살에) 아버지를 잃었다. 간디의 경우와 마찬가지로 그의 아버지는 높은 관직에 있었다. 하지만 루쉰이 청년기에 이르기 전에 가세가 기울었다. 어쨌든 그의 이야기에서도 죽어가는 아버지에게 필사적으로 매달리는 장면이 있으며, 마지막 순간에 저지른 통한의 실수는 과거의 기억과 미래의 속죄에 짙은 그림자를 드리우는 저주가 된다.

그렇지만 그러한 저주는 수많은 사례에서 재현되는 "오이디푸스 콤플렉스"로 간단하게 치환될 수 있는 문제가 아니다. 오이디푸스의 위기는 인간의 전체 발달 과정의 일부로 여겨져야 한다. 그것은 흔히 실존적 딜레마의 유아기적, 그리고 신경증적 핵심을 이루는 것으로 여겨지지만, 그 딜레마는 (신화적인 의미를 덜어낸다면) **세대 간 콤플렉스**로 불릴 수도 있을 것이다. 이는 인간이 삶과 죽음—과거와 미래—을 세대의 교체라는 문제로 경험하기 때문이다. 이러한 위기는 모든 인간이 겪는 것이며, 따라서 한 비범한 인물의 과거만 유독 강조하는 것은 그리 현명한 접근방법이 아닐 것이다.

어쩌면 대단히 비범한 인물이 자식으로서의 갈등을 극심하게 경험하는 이유는 그가 아버지와의 경쟁을 넘어서는 자신의 독자성을 유년기에 이미 감지했기 때문이라는 설명이 타당할지도 모른다. 또한 남달리 이른 시기에 발달한 혹독한 양심은 그로 하여금 나이가 들었다는 느낌을 갖게 만들고, 심지어 어떤 뚜렷한 목표를 지향한다는 점에서는 현실 순응적인 부모보다도 자신이 더 원숙하다는 느낌을 갖게 할 수도 있다. 여기에서 그의 부모는 그가 장차 자신들의 대속자(代贖者)가 되어줄 것이라 기대할지도 모른다. 이에 따라 그는 한편으로는 죄책감을, 다른 한편으로는 어떻게든 뛰어나고 창조적인 과업을 수행해야 한다는 의무감에 가까운 감정을 가지고 성장하게 된다. 그는 최적의 수단을 가지고 최적의 순간에 충분한 규모로 과거를 재현하고 미래를 창조할 방법을 (혼자서!) 찾아야 하는데, 이로 인해 그에게 청소년기의 정체성 혼란은 그 범위가 확장된다. 이렇게 확장된 정체성 위기가 그로 하여금 생산력(generativity, 에릭슨은 '생산력'을 "본질적으로 다음 세대를 세우고 이끄는 일에 대한 관심"이라고 정의했다 – 옮긴이)의 위기를 조기에 겪게 만들고, 이는 공동체 또는 인류 전체의 문제를 자신의 것으로 받아들이게 만드는 한편 힘없고 가난하며 소박한 정신을 가진 이들을 자신이 돌봐야 할 사람들로 인식하게 만든다. 사실 생애 설계가 이와 같은 굴절을 겪게 되면 성적으로나 다른 식으로 친밀감을 향유할 수 있는 가능성은 밀려나게 된다. 존경과 숭배를 한 몸에 받는 "위인"들이 배우자나 친구 또는 자녀가 없이 생식(生殖)의 책임과 개별적 존재로서의 책임을 조화시켜야 하는 인간의 딜레마를 더욱 혼란스럽게 만드는 것도 이와 같은 이유로 설명될 수 있다.

그러나 대단히 비범한 인물들이라고 해서 모두 역사의 선택을 받는 것은 아니다. 역사심리학은 피할 수 없는 실존적 저주를 그들이 어떻게 겪어냈는지뿐만 아니라, 그것을 재현하기 위해 필요한 의지와 능력을 그들이 어떻게 얻었는지를 묻는다. 여기에서 강조되어야 할 것은 **재현**이라는 단어이다. 그것은 불합리한 행동을 특징으로 하는 "반복 강박(repetition compulsion, 고통스러운 과거의 상황을 반복하고자 하는 강박적인 충동 – 옮긴이)"과는 다르다. 저주를 창조적으로 재현한다는 것의 의미는 (오이디푸스 왕이 무대 위에 서 있다고 가정하고) 두려움에 사로잡혀 있던 청중이 그 저주를 함께 경험함으로써 해방감을 느끼는 것에 있다. 희미하게나마 이에 대한 인식이 있었기 때문에 역사적으로 적지 않은 권력자들은 인류의 보편적인 갈등을 그 시대에 맞는 내용과 형식으로 표현한 위대한 극작가들과 자서전 작가들의 노력을 적극적으로 인정하고 지원했다. 그런 의미에서 마오쩌둥 같은 정치 지도자가 루쉰 같은 작가에게 보낸 찬사도 단순한 정치적 수사가 아니라, 중국처럼 효(孝)에 얽매인 사회에서 혁명정신이 부상할 때 필연적으로 따르는 내적 갈등을 루쉰이 정확하고 냉정하게 그린 것에 대한 칭송으로 이해해야 한다. 간디의 경우 자서전 작가와 지도자로서의 모습이 한 인물에 구현되어 있지만 실제로 그가 글과 행동으로 보여준 재현에는 많은 차이가 있다. 다만 그 모든 재현들 가운데 그가 성인기의 행동으로 어린 시절의 저주를 초월했다는 점이 그를 특징짓는 것이라고 할 수 있다. 그런데 그의 행동을 가능케 한 것이 무엇인지 알아보기 위해 그의 생애를 거슬러 올라가보면, 어린 시절의 죄책감과 성인기의 행동 사이를 잇는 한 가지 위대한 덕목을 찾을 수 있다. 그것은 바로 유년기의 장난기이다. 그의 몸에 밴 장난기는 오랜 기간에 걸쳐 발달했는데, 나는 그것이 간디의 생애에서 도덕적 조숙함의 무게를 덜어주었으며 그의 개인적, 정치적 표현 방식에 특별한 차원을 더해주었다고 생각한다. 심지어 그것은 비폭력 운동의 핵심적인 요소로까지 보인다.

4. 모한다스와 나쁜 친구

조숙한 양심을 지닌 이 소년이 어떻게 같은 시기에 비행(非行)을 "실험" 할 수 있었는지는 설명하기—마하트마 자신조차—어려운 문제들 중의 하나이다. 하지만 자신의 일탈—청소년기 초기의—에 대해 이야기하는 간디의 태도에는 유머가 묻어 있어서 읽는 사람도 마음을 졸일 필요가 없다. 심지어 그는 "자살 기도"에 대해서도 (농담조의 구자라트어로) 언급한다. 이에 대해서는 피아렐랄의 글을 인용하고자 한다. 이때의 일을 다룬 다른 이들의 글보다 피아렐랄의 글에서 사춘기 소년들의 작당은 더 잘 묘사되고 있다. 또래의 친척과 모한다스는 담배를 피우기 위해서는 어른들의 허락을 받아야 한다는 사실을 알고 있었다.

그들은 독립적으로 살 수 없는 자신들의 처지가 견딜 수 없이 비참하게 느껴져 차라리 죽는 편이 낫겠다는 생각이 들었다. 그들은 자살을 결심하고 케다르지 만디르 사원에서 이를 다짐했다. 자신들의 계획에 신의 가호가 있기를 빌며 그들은 신전의 초에 불을 붙였다. 그리고는 독성이 있는 다투라(벨라도나) 씨앗을 주머니에 넣고 한적한 곳으로 갔다. 그들은 씨앗 몇 알을 삼켰다. 하지만 그 순간 용기가 사그라졌다. 어른이 될 때까지 좀 더 참을 수도 있겠다는 생각이 든 것이다. 담배야 그냥 피우면 될 일이었다.[23]

하지만 어른이 되어 담배를 자유롭게 피울 수 있는 자유는 대개 아버지

---

23 Pyarelal, *Mahatma Gandhi, The Early Phase*, 207~208쪽.

가 죽은 이후에야 주어진다. 인도에서는 중년이 다 된 남자들조차 아버지 앞에서는 담배를 삼가는 것으로 알려져 있다. 이런 이유로 육식과 관련된 또 다른 위기 앞에서 모한다스는 부모의 죽음에 대한 솔직한 속내를 드러냈다. "두 분이 세상에 안 계시고 내가 자유를 갖게 되면 그때에는 마음껏 육식을 할 것이다. 하지만 그때까지는 육식을 피할 생각이다."[24]

육식과 관련된 주제에는 "나쁜 친구" 또는 "그의 인생의 비극"이라고까지 불리는, 모한다스의 삶에 큰 영향을 끼친 인물이 등장한다. 모든 전기 작가들이 조금의 유머도 없이 언급하는 그의 이름은 셰이크 메흐타브(Sheik Mehtab)이다. 수상의 아들을 타락시키려 한 이 소년이 경찰서장의 아들이며 회교도였다는 사실에는 아이러니가 있다. 간디에게는 두 명의 친구가 있었는데, 다른 한 친구는 모한이 다니는 학교에 근무하는 교사의 동생이었다. 경찰서장과 교사라는 강력한 배경이 어떤 역할을 했든 간에, 그 두 친구는 "진실"이라는 이름으로 습관적으로 고자질을 하는 한 친구를 주먹깨나 쓰는 아이들로부터 보호해주었다. 그런데 나는 간디의 삶에서 메흐타브의 역할이 보다 근본적인 중요성을 가지고 있다고 믿는다. 이는 그 어린 회교도가 "악마"였기 때문이 아니라, 모한다스가 자신의 내면에 있는 악마를 시험하기 위해 그를 선택하고 붙잡았기 때문이다.

만일 모한다스가 부모에의 예속 상태로부터 자신을 해방시켜줄 사람으로 어린 신부를 받아들였다면 그의 기대는 결과적으로 빗나갔다. 결혼으로 인해 그는 자신도 모르게 더 심각한 예속 상태인 육욕의 위협을 받았기 때문이다. 아울러 모한다스가 아내와 부모로부터의 탈출구를 친구 메흐타브가 안내해줄 것이라 기대했다면 이 또한 헛된 바람이었다. 다른 종류의 예

---

24 Gandhi, *Autobiography*, 17쪽.

속 상태를 피할 수 없었기 때문이다. 간디의 자서전에서 메흐타브는 딱하게도 "비극"과 "비극(계속)"이라는 소제목이 붙은 두 개의 장에서 잔꾀를 잘 쓰는 악의적인 유혹자로 묘사된다. 그를 동정적인 시각으로 바라보는 사람은 아무도 없는 것 같다. 그런데 간디는 남아프리카에 오래 머물던 시절에도 그를 포기하지 않았고 메흐타브를 헐뜯는 사람들 앞에서 그를 옹호하기까지 했다. 이쯤에서 우리는 모한다스가 메흐타브를 각별하게 생각했다는 결론을 내리지 않을 수 없다. 후일 마하트마가 젊은이들에게 그런 친구를 경계하라고 가르치며 그를 반면교사로 삼은 것은 충분히 이해할 만한 일이다. 하지만 메흐타브가 없었더라도 간디는 또 다른 메흐타브를 만들어냈을 것이다. 그에 대해 보다 통찰력 있고 공정한 평가가 이루어진다면 언젠가는 카티아와르 어딘가에 메흐타브를 기리는 작은 기념비가 세워질지도 모를 일이다. 메흐타브는 모한다스가 자신의 악을 투사할 대상이 되었으며 이로써 모한다스의 부정적 정체성, 즉 그가 자신의 내면에서 떼어내고 제거하려 한 모든 것의 화신(化身)이 되어주었기 때문이다.

간디는 메흐타브와 어울린 것은 그를 "개혁"하기 위함이었다고 말한다. 하지만 아이러니하게도 메흐타브 역시 당시에 "개혁"으로 받아들여지던 운동, 즉 영국으로부터의 독립을 쟁취하기 위해 인도인의 힘을 키워야 한다는 해방 운동을 의식하고 있었다. 이 개혁은 인도인들에게 금기로 받아들여지는 것을 극복함으로써 인도인들을 투사로 만드는 것을 목표로 하고 있었다. 그중 인도인들에게는 금기였지만 영국인들이 강하고 건강한 신체를 가질 수 있었던 원동력이 바로 육식이었다. 우리는 여기에서 두 개의 상반된 "개혁"이 모한의 내면에 깊이 자리 잡은 양가감정과 상응하고 있음을 알 수 있다. 만일 그가 강해질 수만 있다면 언젠가는 영국과 싸워서 인도인들이 인도의 주인임을 보여줄 수 있을 뿐만 아니라, 아내에게도 자신이 집에서 (또는 아버지의 집에 있는 그들의 방에서) 주인임을 증명할 수 있을 것이었기 때문이다. 사악한 개혁가들이 그러하듯 메흐타브는 한 사람을 완전히 소유하고자 하는 욕구를 부채질하며 자신의 친구로 하여금 아내에 대한 치졸한 질투심을 품게 만들었다. 동시에 그는 남성우월적인 논리로 모한을 매춘부에게 데려가서 진짜 남자임을 증명해보라고 부추겼다. 간디 기념관 뒤편 벽에 있는 그 유명한 벽화의 일부에는, 성적으로 무능한 모한이 매춘부에 의해 쫓겨나는 이때의 희비극적인 장면이 그려져 있다. 간디는 후일 그 여자가 화를 낸 것이 "당연했다"고 말하는 신사적인 태도를 보여주었다. 하지만 그는 매춘부를 찾아갔을 때마다 똑같은 일이 벌어졌다고 말하지는 않았다.

진리 실험? 나는 미래의 지도자가 될 사람에게 그러한 실험은 꼭 필요했다고 믿는다. 당시 그는 조숙한 양심의 노예가 되어가는 중이었고 도덕적 우월감은 이미 그의 몸에 깊이 배어 있었다. 도덕적 발달이 그 정도에까지 이른 인물이 자신의 부정적 정체성과 한 번도 대면해본 적이 없었으리라고 믿기는 힘들다. 메흐타브를 친구로 선택함으로써 그는 자신도 **죄를 지을 수 있다**는 사실을 증명하기 위해 무의식적으로 스스로를 시험한 셈이며 그러한 경험의 한계 역시 시험해본 것이다. 같은 이유로 그는 자신의 정체성을 찾은 뒤에도 메흐타브를 버릴 수 없었다. 어떤 이들은 메흐타브의 사내다운 용기—그리고 근육—를 동경했던 모한다스가 훗날 성인이 되어서도 여전히 그의 남자다움을 좋아했을 것이라고 말하기도 한다. 두 사람이 어떻게 결별했는지는 뒤에서 살펴볼 것이다.

나는 이들의 관계에 동성애에 대한 실험이 잠시 있지 않았을까 하는 의심을 가지고 있다. 간디가 자서전을 집필했을 때만해도 메흐타브가 생존해 있었기 때문에 이를 언급하는 것이 간디로서는 부담스러웠을 것이다. 하지만 간다는 메흐타브에 관해 많은 사실을 자서전에 기록하지 않았음을 나중에 인정한 바 있다. 여성을 비하하고 배제하는 남자들 사이의 강렬한 우정에 동성애적 요소가 없었을 리 없다. 어쨌든 열여덟 살이 된 모한다스가 영국으로 출발할 준비를 하고 있었을 때 갑작스러운 정체성 혼란의 병리적인 양상을 전형적으로 보여주는 사건이 일어났다. 모한다스는 포르반다르에 어머니의 심부름을 갈 예정이었다.

출발 한 시간 전에 심각한 사건이 발생했다. 그 즈음 나는 셰이크 메흐타브와 말다툼이 잦았다. 그날도 나는 온통 그와 벌인 말다툼에 신경을 쓰고 있었다. 밤에 우리는 음악회에 갔다. 음악이 귀에 들어오지 않았다. 음악회가 끝나고 밤 10시 반쯤 우리는 메그지바이와 라미를 만나러 갔다. 가는 길에 내 머릿속은 **한편으로는 런던에 대한 생각으로, 다른 한편으로는 셰이크 메흐타브에 대한 생각으로** 어지러웠다.

생각에 깊이 잠긴 상태에서 나는 **무의식적으로** 어느 마차에 부딪쳤다. 나는 약간 부상을 당했다. 하지만 나는 누구의 도움도 받지 않고 계속 걸었다. 꽤 어지러웠던 기억이 있다. 우리는 메그지바이의 집에 들어갔다. 그곳에서 다시 나도 모르게 돌에 부딪쳐서 부상을 당했다. 나는 의식이 흐려졌다. 나는 그 후에 무슨 일이 일어났는지 모른다. 나중에 들은 이야기는 내가 몇 걸음을 걷더니 바닥에 쓰러졌다는 것이다. 나는 5분 동안 **내가 아니었다.** 그들은 내가 죽었다고 생각했다. 하지만 다행히도 내가 쓰러진 바닥은 부드러웠다. 마침내 나는 의식을 되찾았다. 모든 사람들이 기뻐했다. 사람들이 급히 어머니를 모셔왔다. 어머니는 미안해서 어쩔 줄 몰라했다. 나는 사람들에게 괜찮다고 말했지만 이 때문에 출발은 지연되었고 사람들은 나를 가지 못하게 했다……[25]

우리는 이러한 몽유병적인 상태를 주목할 필요가 있다. 이는 간디가 자신에 대해 기록한 가장 "악성적인" 상태이다. 이 기록을 남겼을 때만 해도 그는 영어를 잘 구사하지 못했다. 하지만 그가 사용한 표현들은 자기 자신에 대한 통제력을 당장이라도 잃을 것 같은 "경계선상"의 상태에 있었음을 보여준다. 이러한 상태를 메흐타브와의 임박한 이별에서 비롯된 동성애적 공황으로 설명하는 이들도 있다. 아직 미혼이었던 메흐타브와의 각별한 관계를 생각해보면 그러한 요소가 잠재했을 가능성을 완전히 배제할 수는 없다. 그는 메흐타브에게 자신이 줄 수 있는 것 이상을 주었고 그로부터는 자신도 모르는 어떤 것을 원했다. 하지만 나는 이러한 상태의 원인을 위에서 인용한 일기의 앞 단락에서 찾고 싶다. 그는 자신의 영국행에 대해 의논하기 위해 당시 저명한 변호사였던 케발람을 찾아갔다. 케발람은 학비 지원을 거절하면서 이런 말을 덧붙였다.

"혹시 네게 종교적인 신념 같은 것이 있다면 그런 건 전부 버려야 한다. 너는 고기를 먹게 될 테고 술도 마시게 될 거다. 그렇게 하지 않고는 살 수가 없다. 내 말을 잘 듣는 게 좋을 거다. 이건 아주 중요한 문제야. 나는 지금 있는 그대로 이야기하는 것이니까 기분 나쁘게 듣지 마라. 잘 들어라. 넌 아직 어리다. 런던엔 유혹이 아주 많다. 너는 그런 유혹에 금방 걸려들고 말 거다." 나는 그의 말에 조금 낙심했다. 하지만 나는 일단 마음을 먹으면 쉽게 포기하는 사람이 아니다.[26]

25 "From the London Diary," *CWMG*, 제1권, 6쪽. 고딕체로 표시한 부분은 저자 강조.
26 같은 책, 5쪽.

그의 마음은 그때 정해졌다. 그런데 나는 여기에서 메흐타브가 옹호한 육식과 난잡한 성생활을 케발람이 다시 언급함으로써 모한다스의 "실험적" 성향이 자극을 받았으리라 추측한다. 이것은 모한다스의 내적 갈등일 뿐만 아니라 (결코 사소하지 않은) 주변 사람들의 갈등에서도 핵심적인 요소였다. 심각한 정체성 위기의 순간에 내적 갈등은 성적 유혹에 의해 공황 상태로까지 악화되곤 한다. 당시 주변의 반응을 살펴보면, 어머니는 그의 영국행에 대해 동의를 미루고 있었고, 그가 속한 계급의 사람들은 저마다 죄를 짓는 일이며 전통에 어긋난다는 이유로 그의 영국행을 반대하고 있었다. 요컨대 바이슈나비트의 상인 계급은 아덴을 가거나 생업과 직접 관련된 경우를 제외하고는 결코 "검은 물"을 건너지 않았는데, 청년 간디가 이 금기에 도전한 것이다. 어쨌든 이로 인해 그와 그의 가족은 그들의 계급에서 축출당할 위기에 처했다. 메흐타브의 목소리와 자신의 내적 유혹이 결합되었을 가능성을 스스로 어느 정도 의식하고 있었기 때문에, 그는 자신이 속한 계급의 지도자들을 만나 그들의 반대에 도덕적 확신으로 맞설 자신이 없었다. 실제로 우리가 인용하고 있는 그의 일기에서 젊은 간디는 자신의 영국행이 모험정신 때문임을 시인하고 있다.

> 영국으로 유학을 떠나겠다는 생각을 하기 전부터 나는 속으로 계획한 것이 있었다…… 나는 런던이 어떤 곳인지 알고 싶다는 호기심을 충족시키고 싶었다.[27]

"런던이 어떤 곳인지"라는 대목은 많은 죄의 가능성을 내포하고 있다.

---

27 위의 책, 3쪽.

일단 영국에 가면 모한다스는 성에 대해서 뿐만 아니라 음식과 전통에 대해 새로운 실험을 해보려는 유혹을 받을 가능성이 컸다. 그는 주변 사람들로부터 그러한 예상에 근거한 추궁을 받았다. 그의 어머니는 아들을 데리고 자이나교의 승려를 찾아가 자신이 염려하는 바를 이야기했다. 그 자리에서 모한다스는 고기와 여자와 술을 멀리하겠다는 서약을 함으로써 자기 자신과의 갈등은 물론 어머니와의 갈등도 해결했다. 이 서약은 그의 영국 생활을 지켜줄 것이었고 그 기간은 진정한 모라토리엄(moratorium), 즉 이미 지나간 유년기와 불확실한 미래 사이에 놓인 수련기로 이용될 것이었다.

마하트마는 유년기를 통해 한 가지 중요한 교훈을 얻었는데, 비싼 대가를 치르고 얻은 그 교훈은 다음의 명료하고 의미심장한 글에서 잘 드러나고 있다.

그 후 나는 내 생각이 잘못되었음을 깨달았다. 개혁가는 자신이 개혁의 대상으로 삼은 사람과 가까워질 수 없다. 진정한 우정이란 영혼의 합일을 뜻하는 것으로 이 세상에서는 찾아보기 힘들다. 우정은 기질이 비슷한 사람들 사이에서만 가치가 있고 오래갈 수 있다. 친구는 서로에게 반응하고 영향을 끼친다. 그러므로 친구 사이에는 개혁의 여지가 거의 없다. 독점적인 친구 관계는 피해야 한다는 것이 내 생각이다. 사람은 미덕보다 악덕을 더 쉽게 받아들이기 때문이다. 신을 가까이하고 싶은 이라면 홀로 남아 있거나 아니면 온 세상을 친구로 삼아야 한다.[28]

이것이 크나큰 교훈이 된 것은 나중의 일이다. 청년 간디는 분노와 혼란

---

28 Gandhi, *Autobiography*, 14쪽.

속에서도 모든 주변 사람들로부터 벗어나고야 말겠다는 확고한 의지를 꺾지 않았으며, 이러한 사실을 반박할 만한 근거는 찾기 힘들다. 다만 그는 자신의 영국행을 방해하지 않은 사람들과는 관계를 "끊지" 않았다.

메흐타브는 봄베이에서 그를 배웅한 사람들 중의 하나였다. 그는 모한다스가 끝내 글을 배우지 않은 아내에게 부치는 편지들을 대신 받아서 전해주기로 했는데, 이는 끝없는 운명의 장난을 예고하는 것이었다. 모한다스는 영국으로 떠나면서 아내뿐만 아니라 첫아들 하릴랄을 남겨두었기 때문이다. 하릴랄은 아버지의 소식을 메흐타브라는 대리인을 통해 들어야 했을 것이다. 그럼에도 할머니 푸탈리 바와 집안의 어른들이 메흐타브를 끔찍하게 싫어한다는 사실과 그런 사람을 계속 신뢰하는 아버지에 대한 어른들의 불만을 그는 의식하지 않을 수 없었을 것이다. 어쩔 수 없이 대리인으로 인정해야 하는 그 사악한 인물에 대해 어린 하릴랄은 아는 것이 없었다. 덕망이 높고 대중의 존경과 칭송을 받는 인물들의 장남은 흔히 아버지의 후광에 가려서 그들 자신이 실행하거나 완성할 수 있는 과업이 남아 있지 않은 경우가 많다. 그들에게는 오로지 아버지의 부정적 정체성, 즉 "살해된 자아"가 남겨질 뿐이다. 어쩌면 하릴랄은 메흐타브에게서 훗날 아버지에게 품게 될 반감의 요소들을 찾았는지도 모른다. 어쨌든 하릴랄은 나중에 회교도가 되었으며, 아버지 마하트마가 암살된 지 1년이 채 지나기도 전에 부랑아로 떠돌던 "어느 지방에서"[29] 혼수상태에 빠진 채로 발견되었다.

영국에서 모한다스는 다른 실험들을 이어갔다. "비행"을 저지르던 모한의 역할은 런던 멋쟁이의 역할로 대체되어 그는 높이 세운 하얀 칼라와 실크 모자 차림으로 거리를 활보했다. 혹시 완전무결함 또는 비행에 대한 마

---

29 다음의 기사를 참고할 것. *Harijan*, 1948년 6월 27일자.

하트마의 편집증적인 태도와 그에 대한 묘사를 읽으면서 약간의 메스꺼움을 느끼는 독자가 있을지도 모르겠다. 하지만 우리는 거의 변명을 달지 않고 그러한 사실들을 온전히 드러내는 사람 역시 마하트마 자신이라는 사실을 기억해야 한다. 그에게 공포증에서부터 강박증과 온갖 정신병에 이르는 임상적 진단을 내리기는 쉬운 일이다. 하지만 그가 사소한 일탈 또는—보는 관점에 따라서는—정도에서 벗어난 비행을 저질렀음에도 일단 자신의 정체성과 "소명"을 깨달은 뒤에는 큰 방향을 잃지 않고 자신의 길을 가기 위해 온 힘을 쏟아 부었다는 것은 분명한 사실이다.

제2장
—
서약에서 소명까지

1. 내적 인간과 외적 인간

1888년 9월 모한이 배—당시에는 50일이 걸린—를 타고 영국으로 출발했을 때 그는 카티아와르 촌뜨기에 불과했다. 문화와 행정의 중심지로 가까이에 있는 아메다바드조차 그는 영국으로 떠나기 1년 전 대학 입학 자격시험을 응시하기 위해 가본 것이 처음이었다. 정부의 학비 지원을 받기 위해 포르반다르의 행정관을 만난 것이 그로서는 영국인과의 공식적인 첫 만남이었다. 사실 그는 영자신문을 읽어본 적도 없었다. 봄베이를 처음 구경한 것도 영국으로 떠나기 직전 유학에 대한 특별 허가를 받기 위해 그가 속한 상인 계급의 원로들을 만나러 갔을 때의 일이다. 그의 당당한 태도는 원로들보다 오히려 모한 자신이 놀랄 만한 일이었다. 이것은 그에게 생존—이를테면 정체성의 생존—의 문제였던 것이다. 당시 그의 내면에서는 앞선 지식과 기술을 습득하고 새로운 기회에 눈을 뜨기 위해서는 반항이 오히려 더 높은 차원의 순종이 될 수 있다는 목소리가 들리고 있었다. 그 내면의 목소리가 힘을 얻도록 하기 위해 그는 우선 중요한 금기들을 지키기로 다짐했다. 모든 금기들 중에서도 육식이 가장 중요한 문제로 여겨진 것은 육신의 생존과 정신의 파멸이라는 양면성의 중심에 그 문제가 있었기 때문이다.

이렇게 해서 고기를 먹을 것이냐 아니냐는 그가 직면한 첫 번째 문제가 되었다. 나는 이 문제 자체를 과소평가할 생각이 없다. 종교적 금기에 매이지 않는다면 동물의 살을 먹는다는 것은 대부분의 사람들에게 단순한 문제이겠지만, 인류의 수렵 생활과 육식의 실제적, 정서적 결과를 내적, 외적으로 재검토하고 재평가할 때 그것은 심리사회적(psycho-social) 진화의 문제가 될 수 있다. 이때에야 비로소 우리는 채식주의의 윤리적 설득력을, 그에 관한 미신과 신경증 그리고 유행의 측면과 구분해서 논의할 수 있게 된다. 어쨌든 간디는 승객들의 말을 옮기면서도 줄곧 유머를 잃지 않고 있다.

그들은 배가 아덴을 지나면 내가 고기를 찾게 될 거라 했다. 예측이 빗나가자 이번에는 홍해를 지나면 그럴 거라고 했다. 예측이 또다시 빗나가자 한 승객이 말했다. "여기까지는 날씨가 그리 혹독하지 않았지만 비스케이만으로 들어가면 죽음을 택하든 고기와 술을 택하든 해야 할 겁니다." 하지만 비스케이만도 별 일 없이 지나갔다.[1]

이 젊은이는 사람들에게 매력적으로 보일 여지가 분명히 있었지만, 그는 유난스러울 정도로 객실에 혼자 머물기를 좋아했고 메뉴판과 접시를 유심히 살폈으며 모든 대화를 어머니와의 서약에 관한 이야기로 끝내곤 했다. 특히 어머니에 대한 이야기는 너무 유치해서 어떤 이는 그것을 가리켜 "어머니의 무릎에서 한" 약속이라고 비아냥거리기도 했다. 이 젊은이가 여성들과 선내 식당 측에 자신이 어머니와의 서약을 지킬 수 있도록 협조해 달라고 부탁한 것은 어머니에 대한 일종의 감정전이에서 비롯된 것으로 보인다. 그는 남자들에게는 메흐타브의 불길한 경고를 반복해달라고 부

---

1 *The Vegetarian*, 1891년 6월 20일자. *CWMG*, 제1권, 62쪽에 수록.

탁하기도 했다.

10월 하순 어느 날, 이 젊은이는 안개가 자욱한 런던의 빅토리아 호텔에 도착했다. 플란넬 재질의 하얀색 정장을 차려입은 그는 사람들의 시선을 많이 의식했지만 정작 그를 눈여겨보는 사람은 아무도 없었다. 그의 모습은 서양의 문물을 배우기 위해 가족을 떠나 우중충한 셋방에서 영국의 겨울을 나거나 눈이 녹아 질퍽거리는 매사추세츠의 거리를 조심조심 걷는 수많은 인도 청년들의 모습과 다를 것이 없었다. 더러 고국에서 외국인들을 많이 만나본 사람들은 빠른 적응을 보여주는 경우도 있었다. 하지만 모한이 포르반다르의 영국인 행정관과, 이어서 카티아와르에 주재하는 영국인 관리에게 보낸 편지를 보면 상황의 절박함에 비추어 그 내용의 설득력은 그리 커 보이지 않는다.

런던에 두 달 간 머물면서 저는…… 편하게 생활하며 좋은 교육을 받기 위해서는 추가로 400파운드의 지원을 받아야 한다는 사실을 깨달았습니다…… 전임 행정관의 재임 기간에는 교육 분야에 대한 지원이 거의 이루어지지 않았습니다. 우리는 영국의 행정 당국이 교육을 장려함이 마땅하다고 생각합니다.

…… 저는 귀하께서 저의 아버지에게 베풀어주신 관심을 저에게도 똑같이 가져주시리라 믿습니다…… 저는 이 나라에서 제가 학업을 계속해나갈 수 있도록 귀하께서 실질적인 도움을 주실 것이라 확신합니다.[2]

한편 하얀색 플란넬 정장은 순진한 젊은 여행자가 단순히 어색한 옷을 입었다는 것 이상의 의미를 내포하고 있다. 간디는 정체성의 일단을 드러

---

2 *CWMG*, 제1권, 22~24쪽.

내는 수단으로서 의복이 가지고 있는 중요성을 늘 의식하고 있었다. 그것은 그가 자기 자신을 발견해가며 거의 벌거벗은 차림이 될 때까지 계속되었다.

내적 인간을 타락하지 않은 상태로 유지하기 위해 무엇을 섭취할 것인가, 그리고 그 내적 인간을 세상에 내보이기 위해 무엇을 입을 것인가라는 문제는 이후 수 년 간 그가 관심을 기울인 실험이 되었다. 다만 수줍은 태도와 장난기, 순응과 반항의 욕구, 그리고 참담한 실패와 내적 승리 사이의 구분은 여전히 그 경계가 불분명할 때가 많았다.

이러한 양극단의 상태는 우리가 런던 생활에 대한 그의 진술을 읽을 때, 그리고 그가 묘사하는 사건의 이면을 살필 때 하나의 공식을 제공해준다. 일부 전기 작가들의 표현("절망의 수렁과 좌절의 골짜기"[3])에도 간디의 자기연민의 어조는 그대로 녹아 있는데, 그 공식에 대한 이해가 없다면 그에게 깊이 공감하는 독자들조차 그러한 표현에서 따분함, 심지어 반감을 느낄지도 모른다. 우리는 이 자서전 작가의 동기가, 널찍하고 길게 뻗은 악의 길도 처음에는 알아보기 힘들 정도의 작은 유혹에서 시작된다는 사실을 모든 인도인들에게 각인시키는 것이었음을 알고 있다. "진리를 실험하기" 원한다면 거짓 또한 실험해봐야 한다는 그의 생각을 토대로 우리는 "영국인보다 더 영국인다워"지려고 노력한 젊은 간디의 발걸음을 따라가 볼 것이다. 그런데 모든 유명한 자서전에는 프로파간다의 요소가 있듯이 (유명한 채식주의자인 아돌프 히틀러의 자서전이 가장 뻔뻔스러운 예이거니와) 간디의 자서전 역시 젊은 시절 그가 모든 위험과 조롱을 이겨냄으로써 훗날의 미덕과 가치가 온전히 그의 것이 되었음을 증명하려 한다. 그가 영국에서 채식

---

3 Pyarelal, *Mahatma Gandhi, The Early Phase*, 269쪽.

을 고집하며 겪은 일들을 기록한 장에는 "나의 선택"이라는 소제목이 붙어 있는데, 그것은 청년기의 본질적 요소를 나타내는 문구라 할 수 있다. 지적으로나 윤리적으로 동의할 수 없는 약속에 매인 채 오로지 두려움 또는 죄의식으로 그 약속을 지키고 있던 그에게는 자유도, 신념도 없었다. 육식의 문제에 대해 과도한 관심과 희비극적인 진지함을 보인 이 미래의 지도자는 **하지 말아야 할 것을 능동적으로 선택**하는 법을 익혀야 했던 것이다. 그것은 도덕적 제약 때문에 차마 금기를 깨지 못하는 소극적 태도와 혼동되어서는 안 될, 일종의 윤리적 능력이라 할 수 있다.

언뜻 보아도 자서전과 젊은 간디의 진술 사이에는 앞뒤가 맞지 않는 부분들이 있다. 1891년, 채식주의자들을 주요 독자층으로 하는 어느 간행물과 가진 인터뷰에서 이 젊은 법학도는 영국에 온 이유를 묻는 질문에 조금의 망설임도 없이 "야망!"[4] 때문이라고 대답했다. 하지만 나이가 든 마하트마는 런던 도착 이후 그가 경험한 유혹들과 도덕적 승리 그리고 실패를 서술하는 데 열 개의 장(章)을 할애한 뒤에야 다음과 같은 문장으로 열한 번째 장을 시작한다. "내가 영국에 간 목적, 즉 변호사 자격을 얻기 위한 과정에 대해서는 아직 이야기하지 않았다. 이제 그 얘기를 간략하게 해볼까 한다."[5] 그는 학업에 대한 자신의 관심을 대수롭지 않게 이야기한 다음 이렇게 그 장을 끝맺는다. "나는 시험에 합격했고 변호사 면허를 얻어…… 하지만…… 나는 스스로 변호사로서 자격을 갖추었다는 생각이 들지 않았다." 이런 인물은 자신이 다른 누군가로부터 중요한 어떤 것을 배웠다는 사실은 결코 인정하지 않으면서도, 혼자서 깨달은 것에 대해서는 오히려 다른

---

4 *The Vegetarian*, 1891년 6월 13일자. *CWMG*, 제1권, 53쪽에 수록.

5 Gandhi, *Autobiography*, 56쪽.

사람에게 공을 돌린다. 하지만 이와 같은 모순들도 그 나름으로는 "모두 진실"이기 때문에, 우리가 활용할 수 있는 개념적 수단을 가지고 그러한 모순에 담겨 있는 심리적 진실을 파악하는 것이 우리의 과제라 하겠다.

우리가 사용하는 전문 용어로 말하자면 그 젊은이는 **모라토리엄** 상태에 있었다. 집을 떠나 아직 가장으로서 생계를 책임지거나 시민으로서의 역할을 수행할 의무가 없었기 때문에 그는 유년기의 동일시를 시험하고 재확인할 수 있었다. 우리는 간디에게 동일시의 대상이 된 주요 인물들, 즉 아버지와 어머니 그리고 메흐타브를 앞에서 만나보았다. 그는 지리적으로는 그들과 떨어져 있었지만 정신적으로는 여전히 함께 있었다. 그런 까닭에 런던이라는 환경에서 젊은 인도인 유학생에게 주어진 역할들을 감당하는 동안에도 그는 그들을 시험해야 했다. 물론 그의 아버지는 이미 사망했지만 자신의 힘을 새로운 방식으로 행사함으로써 아버지에 대한 기억과 겨루어보겠다는 다짐은 시간이 어느 정도 흐른 뒤에야 수면 위로 떠오를 것이었다. 사실 이러한 유예는 우리가 모라토리엄이라고 부르는 것에 의해 주어진다. 그런데 그의 어머니와 그의 부정적 자아의 표상인 메흐타브는 상호 배타적인 성격을 가지고 있었다. 그의 서약은 이제 고무줄처럼—인내의 한계까지 늘어나면서—어머니와 모국 그리고 어머니라는 종교에 그를 옭아맸고, 또 다른 자아의 남성적 목소리는 그 줄을 끊어버리고 "자유로워지라"고 속삭였다.

물론 그 서약은 처신을 똑바로 하겠다는 약속 그 이상의 의미를 가지고 있었다. 마치 고기를 먹지 않아야만 어머니를 마음속에 온전히 모실 수 있다는 듯, 집에서 멀어질수록 어머니와의 서약은 더욱 단단해졌다. 그는 온통 어머니에 대한 생각에 "사로잡혀" 있었고 고향을 몹시 그리워했다. 하지만 그는 (피아렐랄이 그를 "대식가"라 불렀듯이) 식사량이 엄청났다. 루터

영국 유학 시절의 간디

의 예는 장차 훌륭한 연설가가 될 사람들은 대식가인 경우가 많으며 (특히) 연설의 재능을 아직 발휘하지 못하는 청소년기에 더욱 그러하다는 사실을 보여준다. 영국에 체류하는 배고픈 인도 젊은이에게 문제는 단순히 양념과 향신료를 뺀 외국 음식을 먹는다는 것이 아니라 **영국 음식**을 먹는다는 것이었다. 그는 서약을 깨느냐 아니면 아무 맛도 나지 않는 삶은 양배추 요리로 배를 채우느냐는 딜레마에 빠져 있었다. 이러한 곤경 가운데 그는 식당이나 하숙집 여주인에게 줄곧 부탁을 해보았지만 결과는 매번 음식에 손을 대지 못하고 "굶는" 것이었다.

하지만 마침내 그는 패링던가에서 채식 식당을 찾아냈다. 그 식당 앞에서 그는 "간절히 원하던 것을 갖게 된 아이의 기쁨"을 경험했다. 그는 "영국 도착 이후 처음으로 배가 부르게" 식사를 하기에 앞서 식당 입구에서 솔트가 쓴 "채식주의를 위한 호소"를 한 권 샀다. 이로써 그는 제대로 식사를 할 수 있는 곳과 자신의 서약을 이론적으로 뒷받침해줄 책, 그리고 보다 넓은 범위에서 정신적 "동지"가 되어줄 사람들을 동시에 발견했다. 당시 채식주의는 동물 생체실험 금지와 같은 의제는 물론 페이비언 협회(Fabian Society)의 사회개혁 프로그램에 이르기까지 다양한 관심사를 공유하고 있었다. 채식으로 식사를 스스로 준비하면서부터 그는 어머니와의 동일시를 더욱 깊이 경험했고, 이는 훗날 그가 더 큰 규모의 공동체를 이끄는 데에 도움이 되었다.

그런데 채식주의 운동은 "고기"에 대한 정의에서 여러 분파로 나뉘었다. 고기가 동물의 살을 의미한다면 생선도 거기에 포함되는가? 동물에게서 얻어진 것—달걀, 우유—도 고기에 포함되는가? 간디는 자신이 먹어서는 안 될 음식의 재료를 식별하기 위해 채식주의 식당의 메뉴와 다른 테이블에 놓인 접시들을 유심히 살폈다. 그는 "철칙에 따라 나에게 고기에 대한 유일하게 참된 해석은 어머니로부터" 왔다고 말했지만 그 철칙이 어디에 적용되었는지, 또한 많은 조건이 달라진 상황에서 자신의 서약에 대한 어머니의 해석을 그가 실제로 들어보았는지는 확인하기가 어렵다. 어쨌든 그는 달걀도 먹지 않았다.

우리는 그의 하얀색 플란넬 정장에 대해 앞에서 이야기한 바 있다. 마하트마는 후일 "옷에 대한 지나친 관심"이 평생 자신을 따라다녔다고 인정했는데, 그의 어깨나 허리에 둘러진 숄이 반듯하고 꼼꼼하게 접힌 모양을 본 전문가들은 진작부터 그것을 알아챘다고 한다. 마하트마는 "영국 신사 흉내"라는 소제목이 붙은 장에서 영국인들을 흉내 내기에 여념이 없었던 시절을 기술하기도 했다. 다음은 솔트가 주도하는 채식주의자 모임에 참석한 간디의 모습을 묘사한 글이다.

실크 모자와 검정색 코트 차림의 젊은 인도인이 들어왔다…… 친절하고 수다스러운 사람들 틈에서 그는 어디에서 댄스 교습을 받을 수 있는지를 물었다…… 솔트는 무척 친절하고 이해심이 많은 사람이었다. "제 이름은 간디입니다. 아마 여러분은 처음 들어보는 이름일 겁니다." 그가 자기소개를 하는 동안 솔트는 신입 회원이 될지도 모르는 그의 이름을 적어두었다. 몇 년이 흘렀고 그의 이름은 잊혀졌다.[6]

유행을 따르는 옷과 댄스 교습에 이어 그는 바이올린과 프랑스어 그리고 웅변술을 배우기 시작했다. 그러나 피트(Pitt) 같은 영국인을 자신이 흉내 내고 있다는 말을 듣고서 그는 "정신을 차렸다." 그의 친절한 바이올린 선생님은 "마음을 단단히 먹고 완전히 바뀔" 것을 당부하면서 그가 3파운드를 주고 충동적으로 구입한 바이올린을 대신 팔아주었다.

모라토리엄은 한 개인이 자신의 신경증과 대면하는 시기이기도 하다. 이 시기의 많은 활동들이 가볍게 결정되고 쉽게 포기되며, 별다른 계획 없이 시작되었다가 무의미하게 끝나는 경우가 많은 것이 사실이지만 하나의 실험이 진지한 태도로 이루어지지 않는다면 그것은 진정한 실험이 될 수 없고 아무런 해답도 얻어질 수 없다. 이러한 실험은 불안을 억누를 것이냐 아니면 그 불안을 타당한 경고로 받아들일 것이냐를 선택해야 하는 크고 작은 패닉의 순간들로 이어질 수 있다. 마하트마는 그때그때의 기분이 어떠했든 주저 없이 후자를 선택한 것으로 (심리학자들에게는) 보인다. 예컨대 "나의 방패였던 수줍음"이라는 소제목이 붙은 장에서 그는 사람들 앞에서 연설을 하려다 웃음거리가 된 일을 자세히 기록한다. 훗날 위대한 연설가가 된 그는 쓸데없는 말을 늘어놓는 대신 차라리 말을 못해서 웃음거리가 되는 데 "성공"한 일을 자축하기까지 했다. 여기에서 우리는 모라토리엄의 불안과 억압이 그를 어설프고 설익은 성공으로부터 지켜주었을지도 모른다는 사실을 기꺼이 인정할 수 있다. 하지만 그러한 불안과 억압은 그의 내면에서 해결되지 않고 있던 문제들을 가리키고 있었는지도 모른다.

젊은 간디의 "수줍음"은 젊은 여성들과 함께 있을 때, 그리고 항상 그렇

---

6 Stephen Winsten, Salt and His Circle, London: Hutchinson & Co., 1951년, 32쪽. Pyarelal, *Mahatma Gandhi, The Early Phase*, 246쪽에서 인용.

지는 않았지만 연설을 할 때 두드러지게 나타났던 것 같다. 젊은 여성들이 등장하는 대목에서 그의 자서전은 영어판에서보다 구자라트어판에서 훨씬 익살스러운 분위기를 띤다. 그는 젊고 역동적인 영국 여성들이 발산하는 가상의 성적 유혹에 맞서기 위해 안간힘을 쓰는 자신의 모습을 희화화한다. 사실 앵글로 색슨족의 "자유로운" 풍습과, 그 이면의 근본적으로 억압된 대인관계가 그에게는 매우 낯설었는지도 모른다. 어쩌면 그는 인도의 청년들이 런던의 여성들에게 지배당하지 않도록 경고를 하고 싶었는지도 모른다. 어쨌든 어렸을 때는 가볍게 나무를 탈 수 있었고 커서는 누구보다도 걸음이 빨랐던 이 자서전 작가가 다음의 장면에서 웃음거리가 되고 있다는 사실은 분명하다.

어느 날 주인집 딸이 나를 벤트너 인근의 아름다운 언덕으로 안내했다. 나는 결코 걸음이 느린 사람이 아니었지만 그녀는 나보다 걸음이 훨씬 빨랐다. 그녀는 저만치 앞에서 걸어가며 잠시도 말을 쉬지 않았다. 나는 이따금 "네" 또는 "아뇨"라고 대답하거나 고작 "풍경이 정말 아름답군요!"라고 말할 수 있을 뿐이었다. 내가 속으로 언제 돌아갈 수 있을까 생각하는 동안에도 그녀는 새처럼 날아가고 있었다. 우리는 언덕의 정상에 도달했다. 나는 어떻게 내려갈지를 걱정했다. 그런데 스물다섯 살의 이 발랄한 아가씨는 높은 굽의 부츠를 신고도 화살처럼 언덕길을 내려갔다. 그녀를 따라 내려가는 동안 나는 창피함에 얼굴이 화끈거렸다. 조금 아래에서 미소를 지으며 나를 기다리고 있던 그녀는 힘이 들면 손을 잡고 끌어주겠다고 했다. 나는 어쩌면 그리 겁이 많았는지 이따금 바닥에 손을 짚으며 기다시피 해서 겨우 언덕을 다 내려왔다. 그녀가 크게 웃으며 "브라보!"라고 외치는 바람에 나는 더욱 창피했다.[7]

여기에서 덧붙일 이야기가 있는데, 그것은 이 젊은이가 자신이 인도에 아내를 두고 왔다는 사실을 여성들에게 이야기하지 않고 있다가 하숙집 여주인이 결혼 중매를 하려는 움직임을 보이자 그제야 극적인 고백을 했다는 것이다.

청년 간디는 사람들 앞에서 이야기를 할 때 불안 발작(anxiety attacks)을 보이는 경우가 있었는데, 〈베지테리언(*Vegetarian*)〉은 그와의 인터뷰를 실은 기사에서 "다소 불안해" 보이는 그의 모습을 묘사하기도 했다. 실패로 돌아간 그의 첫 연설은 그가 처음으로 다수의 청중 앞에 자발적으로 나섰다는 점에서, 그리고 연설 내용에 그를 가장 괴롭히던 요소가 들어 있었다는 점에서 특히 주목할 만하다. 채식주의 협회의 회장은 피임을 공공연하게 옹호한 어느 회원(앨린슨 박사)을 제명하기 위해 간디가 속해 있는 위원회에 필요한 조치를 취할 것을 요구했다. 이때 청년 간디는 협회의 목적이 "채식주의의 권장에 있지 어떤 도덕 체계를 전파하는 데 있지 않다"는 입장을 대변해야겠다고 생각했다. 이것은 훗날 자신의 추종자들을 하나로 묶은 간디의 목표 지향적 태도가 일찍이 발현된 예라고 할 수 있다. 간디가 금욕 이외의 인공적 피임에 찬성하지 않았다는 사실에는 의심의 여지가 없다. 하지만 간디는 그 의사가 채식주의 협회 밖에서 한 활동은 협회가 관여할 바가 아니라고 생각했다. 그런데 바로 그때 그는 다시 한 번 불안 상태를 겪었고 어쩔 수 없이 자신의 주장을 다른 사람에게 대신 읽도록 했다. 그 의사는 결국 제명되고 말았다. 그럼에도 마하트마는 "나는 첫 번째 싸움에서······ 지는 사람의 편에 섰다"는 사실을 자랑스럽게 기록했다.

간결하고 효과적인 연설을 하는 데 수줍음이 오히려 도움이 될 수 있다

---

7 Gandhi, *Autobiography*, 46쪽.

는 마하트마의 가르침이 이러한 체험에서 비롯되었다고 생각하는 사람이 있을지 모르겠다. 하지만 그는 연설을 **잘할 수 있는** 사람이었다. 한번은 어느 모임에 참석했다가 즉석에서 연설을 부탁받았을 때 그는 셰익스피어를 인용할 정도로 뛰어난 재치와 순발력을 보여주었다.[8]

현명하면서도 허둥거리고, 온화하면서도 사나우며
충직하면서도 중립적일 수 있는, 그런 사람이 어디 있겠습니까?

그는 채식주의자들의 모임에서 그들의 다양한 목표와 성향을 빗대 이와 같이 당당하게 자신의 생각을 표현할 수 있었다. 그렇다면 그는 극심한 억압을 느끼며 말을 할 경우에만 신경증적 갈등을 겪었으리라 보는 것이 타당하겠다. 첫 연설의 기회에서 그가 어려움을 겪은 이유는 피임이 자제심과 극기의 필요성을 상당 부분 없애버릴 것이라는 생각 때문이었는지도 모른다. 앞에서 살펴보았고 뒤에서도 확인하겠지만, 간디와 같은 성향을 가진 사람에게 자녀란 그저 잘못된 자기관리과 불명료한 생애계획을 폭로하는 산 증인일 뿐이다. 그가 영국에서의 마지막 연설을 망친 것도 임신이라는 단어가 연설에 등장했기 때문인 것으로 보인다. 사실 그는 "임신(conception)"이라는 단어를 이용한 농담으로 (그것 때문에 연설을 망칠지도 모른다는 사실을 의식했든 못했든) 자신의 신경증적 불안을 극복하고자 노력했다. 영국을 떠나기 직전, 이 젊은 변호사는 홀본(Holborn)이라는 고급 레스토랑에서 친구들을 위해 "호화롭고 사치스러운" 파티를 열었다. 이 레스토랑은 채식주의자들을 위한 방을 따로 마련해 주었다. 이곳에서 그는 (논

---

8 Pyarelal, *Mahatma Gandhi, The Early Phase*, 263~264쪽

란의 주인공이었던 앨린슨 박사를 떠올리게 하는 이름의) 애디슨이라는 정치인의 유명한 일화를 언급함으로써 자신의 수줍음을 극복해보려 했다. 애디슨의 일화는 이러하다. 하원에서 첫 연설을 하게 된 애디슨은 "I conceive, ('conceive'는 '생각하다'와 '임신하다'라는 뜻을 모두 가지고 있다 – 옮긴이)"라는 말로 입을 뗐는데 너무 긴장한 탓에 같은 말을 두 번 더 반복하고 말았다. 이때 어느 동료 의원이 일어나 큰 소리로 말했다. "존경하는 애디슨 의원께서는 임신을 세 번이나 했는데 아무것도 낳지를 못하셨답니다." 그런데 간디는 그 일화를 인용한 농담마저 끝내지 못하고 자리에 앉아야 했다. 이번에도 그는 웃음거리가 되었다.

당시 영국의 채식주의는 건강과 활력이 성적 자유와 관련이 있을 수 있다고 여겼지만, 이 인도 청년에게 채식주의의 가장 큰 의미는 악을 피하는 것에 있었다. 이 젊은 변호사는 영국을 떠나기 전에 자신의 관심사들을 글로 정리했다. 여전히 그의 서약은 온전히 지켜지고 있었다. 인도인이 허약하다는 것은 온 세상이 아는 사실임을 인정하면서, 그는 그 이유가 고기를 먹지 않는 것에 있다는 주장을 반박했다.

조혼이라는 끔찍한 풍습과 그에 따르는 해악들은 가장 큰 원인은 아니더라도 주요한 원인들 중의 하나임에는 틀림없다. 일반적으로 아이들은 아홉 살이 되면 결혼생활이라는 족쇄를 차게 된다…… 이러한 결혼생활이 어떻게 건강에 영향을 미치지 않겠는가? 또한 그러한 결혼에서 생겨난 아이들이 얼마나 허약할지 상상해보라.

그리고 이상하게도 사적인 기록이 이어진다.

결혼한 지 6년이 지나면 아직 학업을 마치지 못할 나이임에도 그에게는 아들이 생긴다. 이에 따라 그는 가장으로서 처자식을 부양해야 하는 책임을 떠안게 된다. 평생 아버지 밑에서 살 수는 없기 때문이다. 이러한 책임을 의식하는 것만으로도 정신적 고통과 건강상의 악영향이 있지 않겠는가? 이것이 건강을 해치지 않을 것이라고 누가 감히 말할 수 있겠는가? 혹시 위에서 예를 든 소년이 고기를 먹었더라면 좀 더 튼튼해졌을 거라고 주장하는 사람이 있을지 모르겠다. 그러한 주장에 대한 대답은 크샤트리아 왕자들의 사례로 대신할 수 있다. 그들은 고기를 먹었음에도 육욕을 절제하지 못했기 때문에 매우 허약했다.[9]

하지만 그는 영국의 친구들과 작별하기에 앞서 인도 민중을 위한 호소를 잊지 않았다.

사실상 거의 모든 인도인들은 채식주의자이다. 개중에는 자발적인 채식주의자들도 있겠지만 어쩔 수 없이 채식을 하는 사람들도 있다. 후자에 속한 사람들은 육류 섭취를 간절히 원하지만 가난 때문에 고기를 살 수 없다. 하루에 고작 1파이스(1/3 페니)의 수입으로 살아가는 인도인들이 셀 수도 없이 많다는 사실이 이를 증명한다. 그들은 엄청난 세금이 붙는 빵과 소금만 먹으며 살아간다.

영국의 통치하에서 이른바 인도의 식자층이 음용하는 차와 커피의 문제는 별다른 주목을 받지 못하고 있다. 차와 커피의 가장 큰 문제는 비용은 얼마 들지 않지만 건강에 해를 끼치고 쉽게 중독이 된다는 것이다. 그러나 영국의 지

---

9 *The Vegetarian*, 1891년 2월 28일자. *CWMG*, 제1권, 30~31쪽에 수록.

배가 가져온 가장 큰 해악은 단연 술—인류의 적이며 문명의 저주인—이라 할 수 있다. 다른 나라와 마찬가지로 인도에서도 술로 인해 가장 큰 고통을 겪는 이들은 가난한 사람들이다. 그들은 몇 푼을 손에 쥐면 그 돈으로 식량과 생필품 대신 술을 산다. 그들은 가족을 굶기고, 아이들을 돌보아야 하는 신성한 의무를 어기면서 스스로를 고통과 죽음으로 몰고 간다…… 그렇지만 한 사람의 힘이 아무리 강력한들 꿈쩍도 않는 권력기관의 무관심에 맞서 그가 할 수 있는 일이 무엇이겠는가?[10]

훗날 깊은 잠에 빠져 있던 고국의 무관심한 민중을 흔들어 깨웠으며 추종자들을 거느린 최초의 전국적 지도자가 된 간디 자신이 그 "한 사람"이었을까? 그렇다 하더라도 지도자로서의 그의 능력은 아직 드러나지 않고 있었다. 여기에서 우리는 그가 영국에서 배운 것이 무엇인지 질문해볼 수 있을 것이다. 그가 법학 공부에 상대적으로 소홀했다는 사실과 자서전에서 고백한 내용("나는 스스로 변호사로서 자격을 갖추었다는 생각이 들지 않았다.") 이 정당화되기 위해서는 좀 더 깊은 맥락에서 그러한 모습들조차 성공의 요소로 받아들여져야 한다. 젊은 간디는 이 시기에 영국인의 정체성을 몸으로 익히며 인도인의 정체성에 영국인의 정체성 요소를 충분히 결합시킬 수 있었고, 이후 그 두 가지의 정체성을 보다 광범위하고 보편적인 정체성으로 발전시키게 되었다. 또한 세계의 여러 종교에 대해 공부하며 두 명의 영국인 신지학자(theosophist)와 함께 바가바드기타를 처음으로 읽어본 것도 이 시기였다. 전쟁과 징벌에 관한 내용이 많은 구약성서는 그에게 혐오를 불러일으켰지만 산상수훈(마태오 복음서 5~7장에 기록되어 있는 예수의 설

---

10 *The Vegetarian*, 1891년 2월 7일자, 2월 21일자. *CWMG*, 제1권, 24, 25, 29, 30쪽에 수록.

교—옮긴이)은 그의 "마음에 깊이 박혔다." 그는 누가 한쪽 뺨을 때리거든 다른 쪽 뺨도 내밀라는 가르침을 "물 한 잔을 대접받거든 훌륭한 식사로 갚아주라"는 인도의 전통적 가르침과 연결시키기도 했다. 그런데 이 모든 것들은 책 속의 종교일 뿐 간디는 너무나 실천적인 사람이었다. 어떤 말이나 노래가 그의 "마음에 깊이 박혔다"는 것은 그가 그것을 실천할 것임을 의미했다. 우리는 그가 일종의 수도회 같은 집단을 만든 뒤에야 사람들을 자유롭게 이끌었음을 뒤에서 확인하게 될 것이다.

그의 서약은 단순한 금기를 넘어 어머니와 그의 유모 람바(Rambha)의 종교, 혹은 "어머니의 젖"과 함께 그의 정신에 주입된 민속 종교를 잊지 않도록 해주었다. 서양식 사고—그리고 술과 유희에 혼미해진 마음을 점령할 수도 있었던 백인 여성들—에 잠식되지 않고 그 영역을 지켜냈다는 것이야말로 그 서약이 갖는 보다 깊은 의미였다. 청년 간디가 그 서약을 온전히 지킨 채 영국을 떠날 수 있었다는 것은 그 자신에게도 대단히 의미가 있는 일이었겠지만 장차 인도인들 사이에서 그가 갖게 될 윤리적 위상에는 더욱 큰 의미가 있었다. 하지만 임상의로서 나는 이 승리가 간디의 강박적 성향을 더욱 강화시켰다는 점을 지적하지 않을 수 없다. 그는 여성은 물론 모유에 대해서까지 거부의 입장을 취하게 되었으며, 성적 친밀성—뒤에서 우리가 깊이 고찰해볼 문제인—을 결코 인정 내지 용인하지 않게 되었다.

영국에서 생활하는 동안 그는 후일 영국인들을 상대하면서 적용하게 될 많은 것들을 배웠다. 하지만 영국을 떠날 즈음 그는 무엇보다도 크게 성장한 인도인이 되어 있었다. 이는 그가 어머니의 아들일 뿐만 아니라 더 강한 사람이 되었음을 의미한다. 그는 이 두 개의 역할을 수행하는 동시에 자신에게 지워진 신성한 의무, 즉 성공한 변호사가 되어 그의 유학을 경제적으로 뒷바라지한 맏형과 다른 가족들에게 보답하겠다고 한 약속을 지켜야 했다.

그의 모습은 이제 달라져 있었다. 그는 영어를 훌륭하게 구사했고 영국인처럼 옷을 입었다. 채식주의 협회에서 마지막으로 찍은 사진을 보면 그는 상의의 가슴 포켓 위로 하얀 손수건을 작은 폭포처럼 늘어뜨리고 있다. 이 장에서 음식 섭취의 문제를 다룬 것과 마찬가지로 다음 장에서 우리는 그의 옷차림을 자세히 살펴볼 것이다. 거기에 정체성의 문제가 들어있기 때문이다. 어떤 옷이 "자기 자신다운" 느낌을 주고 어떤 옷이 남의 옷 같은 어색함을 주느냐 하는 것은 결코 사소한 문제가 아니며, 후일 윈스턴 처칠에게 "가능한 한 옷을 입지 않으려" 한다는 전보를 보낸 사람에게 그것은 특별한 의미를 띠고 있었다. 그는 빈곤 속에서 허영을, 겸손 속에 오만을, 그리고 무력감 속에서도 집요한 고집을 품었다. 그리고 그러한 빈곤과 겸손, 무력감으로부터—그 자신과 가난한 인도인들을 위해—새로운 힘을 만들어낼 지렛대를 발견했다. 다만 새로운 희망은 자신의 소명을 찾기 위한 이 젊은이의 탐색이 바닥에까지 도달한 뒤에야 찾아올 것이었다.

2. 소액사건 법원의 아르주나

1891년 간디가 귀국하는 시점에서 새로운 장을 시작하고, 1893년 그가 남아프리카로 떠나는 장면에서 또 하나의 장을 시작하는 것이 적절해 보일지도 모른다. 하지만 나탈(Natal)의 더반(Durban)에서 트란스발(Transvaal)의 프리토리아(Pretoria)까지 가는 기차 여행 중에 말 그대로 몸과 정신이 내동댕이쳐지는 경험을 하면서 그는 완전히 변화한다. 이때까지만 해도 그는 자신의 서약을 지키기에 급급했을 뿐 아직 소명을 발견하지는 못하고 있었다.

졸업을 했기 때문에 집으로 돌아가기는 했지만 청년 간디는 고국에서 성공을 하겠다는 의지가 그리 크지는 않았던 것 같다. 오히려 그처럼 예민하고 자존심이 강하며 자기중심적인 사람은 일반적인 의미에서의 성공을 거두지 **않음**으로써 소명을 찾기도 한다. 마하트마가 자신의 과거를 회상하며 "인생의 항로를 바꿔버린" 특정한 사건들을 지목했을 때, 그는 급박하게 펼쳐진 몇몇 충격적인 사건들을 자신이 기다렸을 뿐만 아니라 어쩌면 유발한 것일 수도 있음을 넌지시 내비쳤다.

고국에서 이 젊은이를 기다린 첫 번째 충격적 사건은 그의 유년기에 영원한 종지부를 찍었다. 그는 도착하자마자 어머니의 안부를 물었다. 어색한 침묵이 흐른 뒤 그는 어머니가 돌아가셨다는 사실을 알게 되었다. 어머니는 아들이 졸업했다는 소식이 전해질 무렵 조용히 눈을 감았다. 외국에서 그가 받을 충격을 염려한 가족들은 그에게 어머니의 죽음을 알리지 않았던 것이다. 그가 기록한 바와 같이 그의 슬픔은 "아버지가 돌아가셨을 때보다 훨씬 컸지만" 그는 곧 "마치 아무 일도 없었던 것처럼" 일상으로 돌아갔다. 우리는 어떤 이의 죽음으로 그와의 화해와 교감의 기회가 영원히 사라졌을 때 가장 아프게 애도를 한다. 토템 의식의 의미가 바로 그것이다. 우리는 죽은 이가 지니고 있던 힘을 우리 안에 흡수해서 동화시켰음을 마음속으로 확인하고 싶은 것이다.

아버지의 죽음은 젊은 간디에게 일종의 저주로 남아 있었다. 하지만 그는 어머니와는 서약을 통해 늘 함께했고 그 서약을 지키는 과정에서 어머니를 자신의 일부로 만들었던 것 같다. 음식에 대해 그는 이후에도 강박을 가지고 있었는데, "좋은" 어머니와 "나쁜" 어머니에 대한 양가감정의 많은 부분은 음식에 대한 까다로운 태도에 그대로 남아 있었다. 젊은 간디가 능숙하게 요리를 하며 어머니가 "되는" 순간, 그는 투정을 부리는 어린 모니 야로 돌아갔다. 그리고 여기에서 "실험"의 속살이 드러난다. 그 실험은 자 기관찰에 대한 내적 분열을 극대화시키는 것이었는데, 이는 간디가 평생 토록 행한 방식이기도 하다. 그가 스스로 요리한 음식을 먹은 다음 자신의 몸에서 강해지거나 약해진 활력의 징후를 하나하나 따지는 모습을 꼼꼼히 읽어본 독자들은 아마 속이 불편해질지도 모른다. 그는 "온 힘을 다해" 내 면을 정화하려 노력하다가 병으로 쓰러진 적이 몇 차례 있었고, 육욕을 느 끼지 않기 위해 우유를 마시는 것조차 거부했다. 하지만 우리는 음식에 관 한 그의 고군분투가 실존 문제에 대한 나름의 근원적 응답이었음을 인식 해야 한다. 어머니가 생존의 기반이었던 생애 초기에 우리는 이 세상을 신 뢰(에릭슨은 "신뢰 대 불신"으로 인간 발달의 첫 번째 단계를 설명했다 – 옮긴이)하 는 법과, 활력의 기본 요소인 희망을 키우는 법을 배운다. 입과 감각을 통 해 어머니의 몸과 접촉함으로써 우리는 어머니의 일부가 되고 그와 동시 에 어머니로부터 독립할 수 있을 만큼 튼튼해진다. 우리가 처음으로 올려 다본 하늘은 자양분의 원천인 젖가슴 위에서 밝게 빛나고 있는 어머니의 얼굴이었다. 보편적인 신화와 정신 병리에 대한 심층적 연구들은 생애 초 기의 신뢰가 결여되었을 때 나타나는 분노와 혼란스러운 감정들이 한 개 인의 삶을 오랫동안 지배할 수 있음을 보여준다. 그러한 분노와 혼란은 청 년기—특히 죄의식에 포위된 열정적인 젊은이들에게—에 다시 한 번 나타 난다. 오래 전 모체로부터 분리되었을 때의 트라우마가 이 시기에 "집"— 모국, 모국어, 모태의 종교를 포함한—을 떠나면서 되풀이되는 것이다. 젊 은 간디의 서약과 그 서약을 지키기 위한 노력은 그의 도덕주의적 자기부 정이 윤리적 능력으로 성숙해지는 데 도움을 주었으며, 그러한 윤리적 능 력으로 간디는 어린 시절 받아들인 종교를 나름의 방식으로 재해석할 수 있었다. 그리고 이 과정에서 그는 이미 개별자로서의 어머니를 초월하고 있었다. 나는 어머니의 죽음에 그가 덜 슬퍼할 수 있었던 이유는 자신의 내면 한가운데에 어머니가 있음을 그가 알고 있었기 때문이라고 생각한다. 그것은 부모가 얻을 수 있는 유일한 불멸성이기도 하다.

나는 여기에서 간디에게 어머니와의 동일시가 아버지와의 동일시보다 더 "중요"했다는 기존의 주장들을 되풀이하려는 것이 아니다. 단지 어머니는 그의 생애 주기에 좀 더 일찍 개입했을 뿐, 어머니가 차지하는 중요성은 보다 복잡하고 경쟁적 관계인 아버지에 대한 동일시와 함께 고려되어야 한다. 일반적으로 부모와의 동일시로 인한 무력감과 갈등은 개별적이고 특이한 행동으로 표출되기보다는 전형적 증상의 형태로 나타난다. 그러나 간디의 경우에는 모성적 측면이 유난히 강하며, 이에 따라 어머니와 모성 일반에 대한 그의 양가감정이 어떤 특징을 가지고 있었는지 알아보는 것은 중요하다고 하겠다. 물론 누구에게나 있는 생득적 양가감정조차 간디는 가지고 있지 않았다고 생각하는 전기 작가들도 있고, 그에게 일말의 양가감정이 있었기를 오히려 바랄 정도로 그를 완전한 사랑의 소유자로 여기는 추종자들도 있다. 언어 습득 이전이나 무의식적일 경우도 있겠지만 어쨌든 모든 아이들은 어머니로부터 버림받고 배신당했다는 감정을 경험한다. 그런데 간디는 좀 더 복잡한 갈등이 있었음을 암시한다. 만일 그의 아버지가 "육체적 쾌락에 빠져" 있었다면 그것은 어머니가 동조 또는 희생을 했다는 얘기가 된다. 그것은 또한 어린 모니야가 태어나지 않았으면 더 좋았을지도 모른다는 얘기도 된다. 앞에서 일부 언급하기도 했지만 간디 같은 사람에게 "육욕"은 배설의 쾌락과 어리석은 불장난에 불과하다. 하지만 탄생과 윤회, 죽음과 해탈(Nirvana)이라는 동양의 전통적 관념이 등장하는 이 대목에서 서양인인 나는 조심스러워지지 않을 수 없다. 다만 소크라테스와 마찬가지로 진정한 죽음(즉 윤회로부터의 해방)이야말로 인생의 근본적 치유책이라는 생각을 간디가 가지고 있었다는 사실에는 의심의 여지가 없다.

따라서 내면화된 어머니와의 관계는 여기에서 매우 복잡한 양상을 띤다. 왜냐하면 어머니가 아기에게 품는 희망은 무릇 윤회의 사슬을 끊을 수 있고 다시 태어나야 할 필요를 극복할 수 있다는 믿음이 되어야 하기 때문이다. 이 점에서 간디는 매우 종교적인 심성의 어머니를 떠올리며 힘을 얻었던 것 같다. 그의 어머니는 간디를 마지막으로 더 이상 아이를 낳지 않았다. 그 자신이 바로 어머니로 하여금 이후의 출산을 기꺼이 단념하게 만든 장본인이 된 것이다. 어머니와의 동일시를 통해 간디는 생존을 위해 꼭 필요한 음식 섭취를 제외한 모든 것을 절제했다. 체중 감량을 목표로 하는 사람들은 그런 능력을 성공적으로 보여주기도 하지만, 어떤 명분을 가지고 음식을 절제하는 이들이 (규칙적이되 부족한 수면이 그러하듯) 몇 가지의 정해진 음식을 최소량만 섭취하는 것으로 충분한 활력을 얻을 수 있는 것은 아니다. 고기를 먹고 싶은 욕구에서 자유로워지는 것이 탐욕스럽고 파괴적인 구강의 집착에서 벗어나는 것을 의미한다면, 젊은 간디는 어머니와 자신을 하나로 묶어줄 뿐만 아니라 두 사람 모두를 해방시켜주기도 한 그 서약에 의지할 수 있었다. 내어주는 어머니와 절제하는 어머니는 그 서약 안에서 인자한 존재가 되며, 사랑이 깃든 자기부정과 자기를 부정하는 사랑의 에너지는 영원한 정서적 자산이 되는 것이다.

앞에서 살펴보았다시피 간디는 그 서약을 매개로 당시 런던에서 활발하게 벌어진 채식주의 운동에 참여할 수 있었고, 이를 통해 인도 민중과 그의 내면에 살아 있는 인도인 특유의 종교적 열의에 좀 더 지적으로 접근할 수 있었다. 또한 채식주의 운동은 그로 하여금 톨스토이, 러스킨 그리고 소로(Thoreau) 같은 작가들의 글을 처음으로 접할 수 있게 해주었다. (후일 그는 소로를 제대로 읽은 것은 남아프리카의 감옥에서였다고 말했다.) 사실 그가 힌두교의 몇몇 경전을 읽게 된 것도 채식주의 운동 덕분이었다. 여러 면에서 어머니의 내면화된 힘은 대학 교육과 결합되어 그에게 인도인으로서의 직관을 키워 주었으며, 인도의 민중과 비판적으로 공감할 수 있는 능력을 강화시켜 주었다. 오늘날에도 그렇지만 당시에도 땅에 대한 미신과 전통 종교의 세계관을 가지고 있던 인도 민중은 경제적, 정치적, 정신적 혁신을 기피하고 있었다.

한 사람에 대한 임상 기록을 정리하면서 정확히 어느 지점에서 공통적인 강박 증상이 끝나고 어디에서 개별적 의식(儀式)이 시작되는지 말하기는 어렵다. 다만 그 개인의 준비와 집중력이 새로운 에너지를 방출하면서 다른 사람들로부터도 그에 상응하는 에너지를 끌어낼 수 있을 때, 처음에는 일반적인 강박 증상으로 보이던 것이 나중에는 풍요로운 상호관계로 이어지는 통로가 될 수도 있다. 간디는 의식을 만드는 것에 능한 사람이었다. 어머니에 대한 간디의 동일시가 갖는 정치적 의미가 바로 여기에 있는 것 같다. 바푸("아버지"라는 뜻의 호칭)라 불린 그의 모성적 측면은 특정 부류의 추종자들을 끌어 모았으며 대중으로부터 독특한 반응을 불러일으켰다. 그는 마치 자신의 내부에 새로운 모체(母體)를 만들어 스스로 인도 자체가 된 것 같았다. 하지만 이러한 열매는 그가 아버지의 꼬장꼬장한 성품과 상인(Bania)의 실용주의를 결합시킨 뒤에야 맺어질 수 있었다. 그의 모성적 측면에 녹아 있는 양가감정은 그의 전체 이미지와 생애를 바라보는 대중의 양가감정에 큰 영향을 끼쳤지만 다른 한편으로 민주주의적 평등의식과 산업 시대의 합리적 경영에 거대한 방해 요인으로 지목되기도 했다.

간디의 계속되는 정체성 위기에서 우리가 살펴봐야 할 또 다른 인물이 있다. 자서전에서 젊은 간디의 귀국과 어머니의 죽음이 다뤄진 장에 정작 그 두 사건을 적시한 소제목이 붙지 않았다는 것은 의미심장한 일이다. 그 장에는 "라이찬드바이"[11]라는 소제목이 붙어 있다. 간디는 어머니가 돌아가셨다는 소식을 들은 그날 저녁 자신보다 나이가 몇 살 더 많은 라이찬드바이를 처음 만났다. 라이찬드바이(간디가 친근하게 "라즈찬드라"라고 부른)는 철학적 깊이가 있는 청년이었다. 그는 간디가 그때까지 만나본 그 누구보다도 스승(guru)의 모습에 가까운 인물이었지만, 정확히 말해 진정한 스승이라 할 수는 없었다. 이 갑작스러운 애착에는 말 그대로 감정전이가 있었다. 하지만 나는 단순히 라이찬드바이가 당시 덕이 높은 인물로 널리 인정받고 있었다는 이유만으로 어머니에 대한 감정이 그에게 전이된 것이라 생각하지는 않는다. 라이찬드바이의 가르침이 젊은 간디의 종교적 심성에 큰 영향을 끼친 것은 사실이다. 이 시기의 간디는 어머니에 대한 순종에서 자기 자신에 대한 긍정으로, 요컨대 서약에서 소명으로 이행하며 정신적 방황을 겪고 있었다. 그의 소명은 선조들과 아버지로부터 물려받은 직업적 지위와 유산을 초월하여 이를 새롭게 하는 것이었다.

(우드로 윌슨의 표현을 빌리자면) 한 사람이 얼마나 "자기다운"지는 그가 하기 좋아하거나 하고자 하는 일을 통해 분명히 드러난다. 그 일이 자기다움에 대한 의식을 높여주기 때문이다. 다른 한편으로 그것은 "자기답지 않다"고 느끼게 하는 것과 "제정신이 아니게" 만드는 것을 통해서도 확인된다. 우리는 마하트마가 귀국 이후의 일들을 기록한 글의 도입부에서 그가 새로운 희망을 품고 있었음을 엿볼 수 있는데, 그것은 라이찬드바이에 의해 그 존재가 구체적으로 확인된 민중을 자신이 곧 만나볼 수 있으리라는 기대였다. 그러나 그에게는 걱정거리 또한 세 가지가 있었다. 먼저 그가 영

---

11 Gandhi, *Autobiography*, 63~65쪽.

국으로 출발하자마자 그와 그의 가족을 축출한 계급 원로들과의 예상되는 마찰을 어떻게 해결하느냐 하는 문제와, 영국에서 받은 교육과 면허에도 불구하고 스스로는 전혀 준비가 되지 않았다고 느끼는 변호사 일을 어떻게 시작할 것이냐는 문제, 그리고 자기 자신을 어떻게 개혁가로서 자리매김할 것이냐는 문제가 그것이었다. 이미 그는 자신의 능력을 확신하고 있었다. "나는 개혁가였다."[12]

자신과 타인들을 개혁하면서 그는 "자기 자신"이 된 느낌이 들었다. 하지만 그는 여전히 누군가의 동생이자 남편이고 아버지였으며—비록 축출당하기는 했지만—그가 속한 계급의 구성원이었다. 카스트는 대부분의 인도인들에게 현생의 모든 것을 지배하는 정체성의 토대였다. 그런데 그는 영국으로 떠나기 전 "절대로 좁혀지지 않을 의견 차이"로 계급의 원로들과 대립했고, 이에 대해 "나로서는 어쩔 수 없다"는 표현을 사용했다. 그가 이후에 자주 사용한 이 표현은, 자신은 이미 마음을 정했고 그것을 그대로 밀고 나가겠다는 의미를 가지고 있었다. 그러나 계급의 원로들을 찾아가 용서와 복권을 청하라는 어머니의 유언 때문에 그는 이 문제를 해결해야 했다. 마하라슈트라의 사원에서 정화 의식을 치르고 원로들과 식사를 한 뒤 그는 라지코트의 계급 공동체에 다시 받아들여졌다. 하지만 포르반다르와 봄베이에서는 여전히 그를 받아들이지 않았다. 간디는 이들 두 지역의 원로들에게는 "물 한 잔 달라는" 요구조차 하지 않음으로써 자기 자신과 그들의 자존심을 유지시킬 생각이었다. 이러한 결심은 그와 처가의 관계 단절을 의미할 수 있었기 때문에 카스투르바로서는 결코 반길 일이 아니었다. 이후 그는 일정한 의식을 통해 고집을 다소 꺾었지만 결코 자신의 정체

---

12 같은 책, 63쪽.

성을 양보하지는 않았다. 사실 이 당시에 계급의 규율 때문에 어쩔 수 없이 그를 피했던 사람들 중의 일부는 후일 그의 가장 열렬한 정치적 지지자가 되었다.

그런데 희망에 부풀어 있던 이 개혁가의 장애물은 그의 집에 있었다. 그는 이에 대해 자기 자신에게 부분적인 책임이 있다고 고백했다. "나의 육욕이 걸림돌이었다." 그가 의도한 뜻이 무엇이었든 간에 그의 "질투심"도 여전했다. 그는 자신이 종종 "제정신이 아닌" 상태에 빠지는 것에 대해 아내를 탓했고 그녀와 아들들에게 그러한 분노를 표출했다. 그는 카스투르바를 친정으로 쫓아내다시피 보낸 적도 있다. 자신이 만들려는 개혁 공동체에 그의 가족이 속해야 한다는 사실을 아내가 받아들일 때까지 그는 타협할 생각이 없었다. 여기에서 진정한 "개혁"이 무엇이냐는 질문은 당혹스럽기까지 하다. 그는 가족들에게 포크와 나이프를 사용해서 식사를 할 것과 영국식으로 옷을 입을 것을 강요했다. 그가 고집한 영국식 복장에는 양말도 포함되어 있었는데, 열대 지역에 전파된 서양의 문물 가운데 땀에 젖은 양말이 가지고 있는 고약한 측면을 그는 한참이 지나서야 인정했다. 그는 또한 영국에서 법학을 공부한 변호사의 아내라는 새로운 역할을 카스투르바에게 부여함으로써 글을 배우지 않으려는 그녀의 저항을 꺾으려 했다. 하지만 그녀에게 그런 역할은 별 의미가 없는 것이었다. 결국 그의 시도는 다음과 같은 애매모호한 말로 끝이 났다.

변변치는 않았지만 나는 그녀의 선생님이 되어 그녀의 개혁을 줄곧 도와주었기 때문에 우리는 둘 다 그러한 개혁을 계속하기 위해서라도 함께 있을 필요를 느꼈다.[13]

그는 또한 채식과 맨손체조에서부터 영국 국가에 이르기까지 자신이 알고 있는 것을 조카들에게 가르치기 위해 노력했다. 그는 "아이들의 좋은 선생님이 되어야" 한다는 생각을 가지고 있었으나, 어떤 면에서는 (자료 사진과 사람들의 증언에 의하면) 어린 시절 동물들에게 치던 짓궂은 장난을 아이들에게 친 것 같다는 느낌도 든다. 물론 그의 장난을 좋아하는 아이들도 있었고 싫지만 예의상 참는 아이들도 있었다. 아이들을 만나는 일은 그에게 하나의 의식이 되었고 아이들도 그것을 중요하게 받아들인 것 같다. 간디의 자녀 교육과 관련해서는 후일 그의 아들들이 아버지를 통해 배운 것은 무엇이고 아버지와 상관없이 그리고 아버지와 떨어져 지내면서 배운 것은 무엇인지 분명히 밝혀둘 필요가 있을 것이다. 다만 이 책에서는 커가는 아들들에 대한 간디의 모순된 태도를—장남 하릴랄의 경우를 제외하고—따로 분석하지 않았다.

개혁운동에는 돈이 필요했다. 영국에서 변호사 자격을 취득한 간디는 전문적인 교육을 받지 않은 인도의 변호인들보다 족히 열 배의 수임료를 받아야 했지만 정작 인도의 법률에 대해 그는 아는 게 없었다. 물론 그는 맏형이 자신에게 직업적 성공을 기대할 자격이 충분히 있다는 사실을 인정했다. 그의 형이 여전히 동생이 태수국의 수상이 되기를 기대하고 있었는지는 불분명하다. 다만 아버지의 시절에 있었던 그 직책의 매력과 위상이 이미 사라졌다는 사실을 간디가 알고 있었다는 것은 분명하다. 다른 직업들 역시 영국 유학에서 돌아온 젊은 간디의 자부심이나 빈틈이 없고 까다로운 그의 성격에 부합하지 않기로는 마찬가지였다. 그의 내면에는 라지코트나 봄베이에서 변호사로 일하는 것에 대해 "끝까지 거부"하는 목소리

---

13 같은 책, 74쪽.

가 있었다. 하지만 현실을 회피하기는 힘들었다.

처음으로 법정에 선 젊은 간디의 모습은 마하트마의 인생에서 하나의 정거장으로 간디 기념관의 벽화에 영원히 남게 되었다. 그가 수임한 첫 사건은 너무 간단해서 하루도 채 걸리지 않을 것 같았다. 하지만 이 젊은 변호사는 너무나 떨려서 "제정신이 아니었다." 그것은 참으로 안쓰러운 장면이었을 것이다. 수줍음이 자신의 방패였다고 기록한 마하트마는 언뜻 실패처럼 보이는 것이 사실은 커다란 성공이었을 수도 있다는 사실을 이미 인식하고 있었던 것 같다. 그런데 나는 그의 말에 더 많은 함의가 담겨 있다고 생각한다. 영국 유학 시절 사람들 앞에서 지나치게 긴장을 한 자신의 모습을 "눈앞이 흐릿해지면서 나는 바들바들 떨었다"고 기록한 대목은 젊은 아르주나가 대치 상태의 두 진영 사이에서 병거(兵車)를 멈춰 세운 장면(이기려면 사촌들을 죽여야 하고, 지면 자신과 형제들이 죽게 되는 딜레마에 빠져 있는 아르주나에게 크리슈나는 용감하게 싸우는 것이 크샤트리아의 의무이며, 주어진 의무를 다하는 것이 신의 뜻이라는 가르침을 준다 – 옮긴이)을 연상시키지 않는가? 아르주나는 크리슈나에게 (간디의 번역을 따르면) 이렇게 말한다. "팔다리에서 기운이 다 빠져나간 것 같습니다. 입술이 바싹 마르고 온몸은 바들바들 떨리며 머리털이 전부 곤두서 있습니다."[14] 또한 법정이라는 공간은 바가바드기타의 첫 문장—"이 정의의 전장에서……"—과 잘 들어맞지 않는가? 물론 의뢰인으로부터 30루피를 받고 봄베이의 소액사건 법정에 서 있는 젊은 변호사와, "백마들이 끄는 거대한 병거를 타고 진군의 나팔을 부는 아르주나"를 비교하기는 힘들다. 하지만 법정에서 "머리가 빙빙 돌았고 법정

---

14 *The Gospel of Selfless Action or The Gita According to Gandhi*, 구자라트어로 쓰인 원문을 서문과 해설을 추가하여 Mahadev Desai가 번역, Ahmedabad: Navajivan, 1946년, 143쪽.

전체가 빙글빙글 도는 것 같았다…… 눈앞이 하얘서 아무것도 보이지 않았다"[15]고 한 그의 말은 "머리가 빙빙 돌아서 서 있기조차 힘들다"고 한 아르주나의 말을 되풀이하는 것이었다. 미래의 마하트마가 그 칙칙한 법정에서 겪은 좌절은 그의 리더십이 띠게 될 성격을 예고하는데, 이는 그가 자신의 전장(戰場)으로 가장 작고 외딴 곳을 택할 것이었기 때문이다.

정신분석학자로서 나는 이전의 "발작들"에서 분명하게 드러난 이 젊은 변호사의 신경증적 요인들을 주목하지 않을 수 없다. 채식주의 협회에서 그는 피임의 옹호자를 변호하려다 말을 더듬었고, 홀본 레스토랑에서는 "세 번 임신한" 하원의원에 관해 농담을 하려다가 연설을 마치지 못했다. 그런데 그가 봄베이의 법정에 처음 섰을 때 카스투르바는 둘째 아이를 임신하고 있었다. 몇 년 뒤 간디는 대규모 집회에서 연설을 하려다가 또다시 말을 더듬으며 자리에 앉아야 했는데 이때 카스투르바는 막내아들을 임신하고 있었다. 물론 병리적 증후들은 "복합적 요인"들에 의해 나타나며 어느 한 가지 "원인"으로 환원될 수 없다. 그러나 복합적 요인들은 대개 단일한 주제로 수렴된다. 여기에서 그 요인들은 자녀의 출산이 그에게는 원대한 계획을 위협하는 것으로 여겨졌으며, 전투를 앞둔 아르주나 왕자가 그랬듯이 이 젊은 변호사도 자신의 **다르마**에 대해 불안을 느끼고 있었다는 해석에 타당성을 부여하고 있다.

어쨌든 "인기 없는" 변호사이자 불행한 남편이며 떨떠름한 아버지인 그에게 원대한 정신적 포부는 일시적인 실패들보다 더 생생한 "현실"이었다. 바가바드기타에서 아르주나의 고뇌는 계급적 본분을 지키는 것에 의해 해결되었다. 크샤트리아는 필요한 경우 남을 죽여야 하고 때가 되면 자신도

---

15 Gandhi, *Autobiography*, 68쪽.

죽어야 한다. 한 개인의 정체성은 그가 속한 카스트의 정체성에 의해 결정되며 그 두 가지의 정체성을 동시에 초연하게 완수함으로써 그는 정체성의 한계뿐만 아니라 죽음의 한계도 초월할 수 있는 것이었다. 간디 역시 개혁가로서의 사명이 개인적, 물리적 힘과 한계를 초월할 때 비로소 그는 자기 자신이 될 수 있는 것이었다.

여기에서 우리는 말과 행동으로 간디의 "마음에 깊이" 영향을 끼친 젊은 학자 라이찬드바이를 다시 떠올리게 된다. 젊은 간디는 스물다섯 살의 그 친구에게서 자신의 본질이라 느낀 그 무엇인가를 발견했다. 여러 가지 의무들이 그의 도덕관념을 짓누르는 상황에서도 그는 이 우정을 통해 그때까지 명확하게 설명하기 힘들었던 자신의 윤리적 목표에 대해 처음으로 확신을 얻게 된다. 라즈찬드라는 지극히 개인적인 서약에 매달리는 간디의 노력에 대해 자이나교 사상에 근거한 해석을 들려주었다. 자이나교는 카티아와르 지역 전체를 종교적으로 지배했으며, 푸탈리 바의 비슈누 종파도 여기에 속해 있었다. 청년 간디는 자이나교의 교리나 의식을 받아들이지 않으면서도 그 사상을 흡수할 수 있었다. 그가 자서전에서 라즈찬드라에 이어 톨스토이와 러스킨으로부터 큰 영감을 받았다고 한 말은, 자신의 내면에서 구체화되고 있던 것에 대한 확인과 명명을 그들로부터 받았다는 뜻이다. 결국 청년 간디는 자신이 바가바드기타에서 깨달은 것, 즉 "행동 원리"를 종교적 가르침을 통해 이해하려 한 것이다.

그런데 라즈찬드라는 장차 행동주의자가 될 청년의 스승이 될 수 없었다. 라즈찬드라가 다이아몬드 상인이라는 직업과, 철학자이자 시인으로서의 소명을 놀라울 정도로 잘 조화시켰다는 것은 사실이다. 하지만 간디의 눈에 비친 그는 세속의 계급질서에 너무나 순응적인 사람이었다. 그러면서도 지나칠 정도로 현세에 무관심하여 자신의 몸조차 제대로 돌보지 않는 사람이기도 했다. 그는 서른한 살의 나이로 죽었는데, 간디는 그의 죽음이 스스로를 돌보지 않았기 때문이라고 생각했다. (간디는 후일 참으로 존경했던 고칼레의 죽음에 대해서도 같은 생각을 했다.) 비록 길지 않은 만남이었지만 청년 간디는 진정한 진리의 탐구자를 만났다. 우리는 그의 후기 사상에서 자이나교의 본질적 요소들을 발견하게 될 것이다. 사상이 없는 정체성이란 있을 수 없으며 바로 거기에서 스승이라는 존재가 중요해진다. 영국에서 돌아온 간디가 라즈찬드라를 만나 다른 종교에서 찾기 힘든 관용적이고 현실적인 원리들을 인도의 종교에서 발견할 수 있다는 조언을 듣게 된 것은 그런 점에서 주목할 필요가 있다.

만일 마하트마가 **모크샤**의 시기에 이르기까지 자신에게 스승의 "자리"가 "빈 채로 남아" 있었다고 말한다면, 혹자는 이를 근거로 그의 생애에서 여러 자리들이 갖는 이미지들을 추적해보려 할지도 모르겠다. 그것은 힌두교의 신이 그려진 아버지의 의자에 앉기를 좋아했던 포르반다르 시절의 어린 모니야부터, 실권이 있든 아니면 그저 상징적이든 훗날 많은 자리에 앉게 된 마하트마의 이력을 살펴보는 일이 될 것이다. 그는 어떤 자리에도 안주하지 않았고, 어떤 자리에도 굴복하지 않았다. 그 어떤 자리도, 그리고 한 곳에의 정착을 의미하는 태수국의 수상직도 순례자를 붙잡을 수는 없었다.

특히 그는 개인적으로 매우 당혹스러운 사건을 겪으며 카티아와르에는 자신과 같은 변호사가 있을 곳이 없다는 사실을 깨달았다. 다시 떠날 때가 된 것 같았다. 그 사건의 시작과 끝은 대강 이러했다. 간디의 형은 자신에 대한 영국인 행정관의 부정적인 평가를 조금이라도 덜어볼 생각으로 동생 간디를 시켜 그를 만나보게 했다. 그 행정관은 간디가 런던에서 잠시 알고 지낸 사이였다. 청년 간디는 사적인 목적을 위해 인맥을 이용해서는 안 된다고 생각했지만 형의 요구에 떠밀려 어쨌든 그를 찾아갔고 형의 뜻을 일방적으로 전하다가 결국 쫓겨나고 말았다. 이 일은 간디가 자신의 인생행로가 바뀌게 된 계기라고 말한 몇 가지의 에피소드들 가운데 하나이다. 중요한 것은 그러한 사건들이 그의 내적 방향성을 떠받쳐 주었다는 사실이다. 이 때문에 남아프리카에서 일할 기회가 주어졌을 때 그는 인도의 어느 지역보다도 그곳에서 더 나은 가능성을 보았을 것이다. 이렇게 해서 20년의 세월과 수천 마일 거리의 긴 우회로가 시작되었다.

남아프리카에서 그를 찾은 이유는 변호사가 아니라 런던에서 교육을 받고 영어를 할 수 있는 구자라트사람이 필요했기 때문이다. 그의 역할은 구자라트 출신의 어느 회교도 상인의 소송사건을 담당한 트란스발 현지의 변호사들을 돕는 것이었다. 간디는 자신이 "다다 압둘라 상사의 하인"에 불과하다는 것을 알고 있었다. 그럼에도 1893년 4월 그는 인도양을 가로질러 프록코트와 반짝거리는 부츠 그리고 터번을 두른 차림으로 남아프리카의 더반(Durban) 항에 도착했다. 그런데 이때에도 간디의 실험은 계속되고 있었다. 그는 이름을 밝히지 않은 어느 기항지에서 또다시 매춘부와 한 방에 있게 되었다. 비록 선장의 의도를 뻔히 알면서 따라갔지만 그는 이번에도 "아무 탈이" 없었다. 그는 그때를 돌아보며 "그 불쌍한 여인"에게 사과를 하기도 했다.

더반에 도착하자마자 상호간에 조용한 탐색이 펼쳐졌다. 다다 압둘라는 인도에서 데려온 이 젊은 변호사에 대해 아는 것이 거의 없었다. 사흘째 되는 날 그는 현지의 법정에 간디를 데리고 갔다. 판사는 간디의 독특한 옷차림을 유심히 살피더니 그에게 터번을 벗으라고 명령했다. "벵골 터번" 모양의 모자를 쓰고 있던 간디는 "끝까지 거부"했고, 재차 명령하는 판사를 뒤로하고 그는 법정을 나와버렸다.

간디는 압둘라로부터 남아프리카의 인종 간에 얼토당토 않는 관계가 존재한다는 설명을 들었다. 그 판사는 그가 어떤 민족에 속하는지 판단하기 위해 그의 부자연스러운 옷차림을 살폈던 것인데, 만일 그가 인도인 회교도라면 그는 "아랍인"으로 통할 수 있었다. 그것은 현지의 인도인, 네덜란드인 그리고 영국인들이 암묵적으로 동의하고 있는 관행이었다. 아랍인은 "아시아인"이 아니기 때문에 다다 압둘라처럼 법정에서 터번을 그대로 두르고 있을 수 있었다. 하지만 인도의 파르시(Parsi, 8세기에 현재의 이란 지역에서 회교도들로부터 쫓겨나 인도로 건너간 조로아스터 교도들의 후예로 대다수가 상업 또는 무역업에 종사했다 - 옮긴이)라면 얘기가 달랐다. 그들은 "페르시아인"이기 때문에 터번을 두르지 않았다. 여기에서 간디는 종교와 민족이라는 두 개의 정체성 문제에 부딪치게 되었다. 여전히 영국 변호사 역할을 고집한 간디는 차라리 법정에서 당연히 벗어야 하는 서양식 모자를 써야겠다고 생각했다. 그런데 이 경우 문제가 더욱 심각해질 수 있었다. 남아프리카에서 서양식 복장을 하고 있는 인도인들은 기독교도들밖에 없었으며 그들은 대개 웨이터나 점원으로 일하고 있었기 때문이다. 이처럼 머리에 무엇을 쓰느냐 하는 문제는 자기과시욕과 굴욕 사이의 속물적 갈등에서 출발하여 점차 그의 동포들이 겪고 있는 정체성 혼란의 문제로 이어졌다. 물론 "적응"이 되었거나 돈이 많은 이들에게는 이것이 겹겹의 가면으로 해결될 수 있는 문제였는지도 모른다. 하지만 남아프리카에 있는 수만 명의 가난한 인도인들 대부분은 그러한 문화적 가면조차 가질 수 없었다. 그들은 "계약 노동자"(남아프리카에서 노예제도가 폐지되며 값싼 대체 노동력이 필요해진 상황에서 가난하고 무지한 인도인들은 '노동 이민'이라는 그럴듯한 선전에 속아 터무니없이 불리한 계약을 맺고 남아프리카로 가는 배에 올랐다 - 옮긴이) 신분으로 5년간 광산이나 농장에서 일을 한 뒤 약간의 임금과 뱃삯을 받고 인도로 돌아가거나 남아프리카에 "자유인"으로 남을 수 있었다. 하지만 남아프리카에 남은 인도인 계약 노동자들은 완전한 자유를 누리는 대신 영국인과 보어인(Boer, 남아프리카의 네덜란드계 정착민－옮긴이)의 지배 하에서 준(準)노예 상태로 살아야 했다. 이들 밑바닥 계층의 인도인들은 "쿨리(coolie)"라고 불렸다. 이후 남아프리카의 백인들은 모든 "유색" 인종을 뭉뚱그려서 부르기 시작했고 이 때문에 계약 노동자 출신이 아닌 인도인들까지 모두 "쿨리"라고 불리게 되었다. 런던의 "이너 템플 법학원 출신"의 모한다스 카람찬드 간디 역시 이렇게 해서 한낱 "쿨리 변호사"가 되었다.

그런데 간디가 남아프리카에 있는 인도인들의 상황에 대해 미리 알지 못했다는 것이 가능한 일이었을까? 인도의 서부 해안과 아프리카의 동부 해안을 연결해주는 인도양을 통해 활발한 인적 교류가 있었다는 점을 고려하면, 카티아와르와 나탈의 구자라트사람들은 무역과 이민을 통해 사실상 같은 세계를 공유하고 있었다. 그런데 어떻게 그런 상황을 모를 수 있었을까? 요하네스버그에서 만난 인도 출신의 상인은 간디에게 이렇게 말한다.

"우리 같은 사람들이나 이곳에 사는 거죠. 돈을 벌기 위해 모욕 따윈 참을 수 있으니까요…… **이 나라는 당신 같은 사람이 있을 곳이 못 됩니다.**"[16]

자신은 다른 인도인들과 처지가 다르다고 생각했던 간디에게 위에서 고딕체로 인용된 상인의 말은 나름 그의 정체성을 잘 대변한 것이라 할 수 있었다. 그는 졸지에 "쿨리 변호사"가 되었음에도 처음에는 그 문제를 자신의 지위에 대한 모욕으로만 받아들였다. 인종 간의 문제와 관련하여 미국

---

16 같은 책, 83~84쪽.

에서도 이와 비슷한 예를 찾을 수 있다. 점점 더 많은 흑인들이 교육의 혜택과 부를 누리고 있으므로 흑인들은 그들 자신을 위해서라도 점진주의(gradualism)를 수용하는 것이 낫다는 주장의 이면에는 여전히 엄혹한 차별의 현실이 있었으며, 이는 흑인 중산층이 백인들과 줄곧 공모를 했기에 가능한 일이었다. 모두가 뻔히 볼 수 있는 현실이었음에도 우리의 눈은 몇몇 젊은이들이 "몸을 던진" 뒤에야 뜨였다. 이 젊은 변호사 역시—처음에는 별 생각이 없었다가—조용히 물러나느냐 아니면 이를 악물고 덤벼드느냐의 경계에서 자신의 몸이 내동댕이쳐지는 경험을 한 뒤에야 비로소 행동주의자로 다시 태어날 수 있었다.

더반에서 일주일을 보낸 뒤 그는 소송 업무를 위해 트란스발의 프리토리아를 향하게 되었다. 물론 그는 일등칸에 탑승했다. 기차가 나탈 공화국(남아프리카를 최초로 식민지화한 네덜란드계 보어인들은 19세기 중엽 영국의 세력에 밀려 점차 내륙으로 들어가면서 나탈, 트란스발, 오렌지 자유국 등을 잇달아 세웠다-옮긴이)의 수도인 마리츠버그에 잠시 정차했을 때 어느 백인 남자가 객실에 들어서려다가 간디를 보고는 쿨리와 같은 객실에 머물 수 없다며 차장을 데리고 왔다. 차장은 간디에게 삼등칸으로 가라고 명령했다. 결국 "끝까지 거부"하는 그를 경찰이 끌어냈고 그의 가방은 플랫폼에 내동댕이쳐졌다. 그는 해발 2,000피트 고지대의 어두운 대합실에서 외투도 없이 앉아 있어야 했다. 역무원이 외투가 들어있는 그의 가방을 보관하고 있었으나 그는 또다시 모욕을 당할까봐 가방을 찾으러 가지도 못하고 있었다. 남아프리카가 자신이 있어야 할 곳이라는 생각을 그가 굳힌 것이 바로 그 추운 겨울밤이었다. 그는 결심했다.

나는 인종적 편견이라는 깊은 병의 증상이 밖으로 드러난 일을 겪었을 뿐이다. 나는 그 병의 뿌리를 뽑아내기 위해 노력할 것이고, 그 과정에 따르는 고통은 묵묵히 감내할 것이다.[17]

역사적 소명을 발견한 그의 새로운 정체성에는 남아프리카의 모든 인도인들 가운데 **오로지 자기 자신에게** 그러한 상황을 바꿀 **운명이 부여되었다**는 확신이 있었다.

그리고 이러한 확신은 곧 시험을 받았다. 이틀 후 프리토리아로 가는 계속된 여행에서 그는 성인이 되어 처음으로 신체적 폭행을 당하게 되었다.

찰스타운에서 요하네스버그까지는 철도가 연결되어 있지 않았기 때문에 간디는 역마차를 타야만 했다. 역마차의 차장은 간디에게 마부 옆자리의 바닥에 거적때기를 깔고 그 "자리"에 앉을 것을 요구했다. 간디가 이를 거부하자 차장은 이 오만한 "쿨리"에게 욕설을 퍼부으며 폭행을 가하기 시작했다. 결국 다른 승객들이 간디를 감싸며 그를 마차 안으로 들어오게 했고, 마부 옆에 앉아 있던 호텐토트인(Hottentot, 남아프리카의 원주민 – 옮긴이)이 자신의 자리를 차장에게 내주고 대신 거적때기에 내려와 앉아야 했다. 그나마 여기까지는—적어도 인종 간의 서열상—나쁘지 않았다. 요하네스버그에 도착한 간디는 그랜드 내셔널 호텔을 찾아갔지만 "방이 없다"는 대답을 들어야 했다. 그는 구자라트 출신의 어느 회교도의 거처에서 그날 밤을 보냈다. 이튿날 그는 "완벽한 영국인 복장"으로 "트란스발사람이 아니라 네덜란드사람인" 역장을 찾아가서 일등칸 표를 끊을 수 있었다. 이 여행의 희비극적인 상황은 프리토리아에 도착해서까지 이어졌다. 계획된 여정보다 하루 늦게 도착했기 때문에 역에는 그를 마중 나온 사람이 없었다. 그

---

17 같은 책, 81쪽.

때 어느 미국 흑인이 다가와 그를 "존스턴 가족호텔"로 안내했다. 호텔 주인 존스턴 씨는 그에게 방을 내주는 대신 식사를 방에서 혼자 해달라고 요청했다. 하지만 이내 자책을 한 주인은 다른 투숙객들의 동의를 얻어 이 인도인 투숙객을 훌륭한 식사—채식 식단이 포함된—가 준비된 깨끗한 식당으로 안내했다.

프리토리아에 도착해서 일주일이 지나기도 전에 이 젊은 변호사는 현지의 유력한 인도 상인에게 자신의 계획을 이야기했다.

> 나는 프리토리아의 모든 인도인을 만나고 싶다고 말했다. 나는 그곳에 거주하는 인도인들의 상황을 자세히 알아보고 싶다는 뜻을 전하면서 그의 도움을 요청했다. 그는 흔쾌히 동의해 주었다.[18]

간디는 그런 사람이었다. 그가 무엇인가를 조사해보겠다고 결심하면 주위 사람들에게는 그것이 곧 불편을 의미하는 경우가 이후에도 여러 차례 있었다. (1918년 아메다바드에서도 그러했다.) 하지만 그가 찾고 결심하며 이루어낸 것이 무엇이든 그 상황은 결국—영구적이고 현저하게—바뀌곤 했다.

이 스물세 살의 청년은 프리토리아에 있는 모든 인도인들을 모아놓고 "트란스발에서 그들이 처해 있는 상황"을 보여주고자 했다. 자신의 진정성을 강조하며 그는 모든 인도인들("힌두교도, 회교도, 파르시교도, 기독교도, 구자라트인, 마드라스인, 펀자브인, 신드인, 카치인, 수르트인 등")이 함께하는 모임의 결성을 제안했다. 그는 또박또박 자신의 주장을 펼쳤다. 물론 그는 영어

---

18 같은 책, 90쪽.

를 사용했다. 영어는 출신 지역이 저마다 다른 인도인들이 거의 유일하게 공유하는 언어였기 때문이다.

3. 유일한 사람

1년이 조금 못 되어 간디가 프리토리아를 떠나게 되었을 때 그 도시에 "그와 안면이 없거나 그가 속사정을 알지 못하고 있는 인도인은 하나도 없었다." 하지만 그가 자신의 뜻을 펼치며 그것을 성공적으로 해내는 변호사가 될 수 있었던 것은 "대중사업가", 즉 개혁가로서의 정체성을 갖춘 후의 일이었다. 변호사로서의 그의 모습은 이제 완성되었으며, 우리는 프리토리아부터 아메다바드에 이르기까지 그의 활동을 살펴보며 이를 확인하게 될 것이다.

양측의 소송 관련 서류들을 살펴보면서 나는 소송사건의 당사자들조차 모르고 있는 것 같은 사실들을 알게 되었다.[19]

먼저 사실을 분명히 파악하면 진실은 따라오기 마련이라는 그의 신념은 다른 변호사들과 의뢰인들의 웃음거리가 되었다.

사실은 곧 진실을 의미하고, 우리가 진실의 편에 서면 법은 자연스럽게 우리의 편이 된다.

---

19 같은 책, 96쪽.

그는 양측에 엄청난 소송비용으로 인한 파산을 피하기 위해 법정 밖에서 화해할 것을 권고했다. 양측의 합의로 정해진 중재인은 압둘라의 손을 들어주었다. 하지만 간디는 압둘라의 상대측인 포르반다르 출신의 메만가(家)에 "파산을 당하느니 차라리 죽음을" 택한다는 불문율이 있음을 알고 있었다. 간디는 압둘라에게 그러한 불문율을 존중해서 상대측이 배상금을 분납하도록 허용해줄 것을 요청했다. 상인 계급 출신의 이 변호사는 자서전에서 그 일에 대해 이런 말을 남겼다. "이로 인해 내가 잃은 것은 아무것도 없었다. 금전은 물론이고 나의 영혼까지도." 나는 여기에서 그가 긍정적인 노력과 타고난 기질 그리고 교육을 통해 얻은 능력을 훌륭히 조화시켰음을 스스로 입증했으며, 이는 곧 "자기 자신을 찾은" 사람들의 일반적인 표식이라는 점을 덧붙이고 싶다.

한편 남아프리카에서 첫해를 보내는 동안 그는 오늘날 우리가 흔히 "열린 마음"이라고 부르는 상태를 줄곧 유지했다. 몇몇 기독교인들이 그를 개종시키고자 노력했을 때 그는 그들의 신조에 대해 깊이 고찰했으나 그리스도가 신의 **유일한** 아들이라는 교리를 결코 받아들일 수 없었다. 그는 청년 루터에 필적할 만한 결론을 내렸다.

나는 내 죄의 결과로부터 구원받기를 원하는 것이 아니다. 나는 죄 자체 또는 죄에 대한 생각으로부터 해방되기를 원한다. 그러한 목표에 이르기까지 나는 기꺼이 이 불안한 상태에 만족할 것이다.[20]

---

20 같은 책, 90쪽.

만일 그에게 톨스토이의 "천국은 너희 안에 있다"가 해답으로 여겨졌다면, 우리는 인간은 믿음으로 이미 구원을 얻었다는 루터의 신앙 고백을 떠올릴 수 있을 것이다.

정체성은 때가 무르익으면 단호한 행동과 헌신으로 표출되기 마련이다. 소송사건을 마무리한 간디는 인도로 가는 배를 타기 위해 더반으로 돌아왔다. 그곳에 여전히 해결되지 않은 문제들이 그를 기다리고 있었다는 점에서 "그의 인생을 송두리째 바꾼" 또 다른 사건이 일어났다는 것은 그리 놀랄 일이 아니다. 현지의 유력 인도인들이 베푼 송별연에 참석한 간디는 우연히 "신문 한구석에 실린 기사"를 읽게 되었다. 그 기사는 나탈 의회가 선거권에 관한 법령 개정안의 제1독회를 마치고 다음날 제2독회를 예정하고 있다고 전했다. 개정안은 그날 저녁 송별연을 열고 있는 "유력" 인도인들의 다음 세대에게 투표권을 부여하지 않는다는 내용을 담고 있었다. 간디는 송별연에 모인 사람들에게 그 사실을 알고 있었느냐고 물었다. 사람들은 그런 문제는 알지도 못하고 관심도 없다고 대답했다. 이에 간디는 그 개정안이 "우리의 자존심을 뿌리부터 뒤흔드는" 일이라고 소리쳤다. 우리의! 그 말에 눈치 빠른 회교도 상인들이 그의 의도를 간파하고 그에게 한 달만 더 머무를 것을 요청했다. 그 순간 정치적 열정이 이 젊은 변호사를 사로잡았다. 그는 당장 개정안 심의의 연기를 요구하는 전보를 의회에 보냈고 2주 후에는 런던에 있는 식민성(植民省) 장관에게 청원서를 보냈다. 이에 인도의 국내 여론이 들썩인 것은 물론이다. 이 모든 것이 그가 귀국을 했더라면 일어날 수 없는 일이었다. 1894년 7월 그는 인도의 독립 운동가이자 하원의원인 다다바이 나오로지(Dadabhai Naoroji, 동양인 최초로 영국 의회에 진출한 정치인 – 옮긴이)에게 편지를 보냈다.

저와 제가 해온 일에 대해 간략히 말씀드리고자 합니다. 저는 경험이 일천하고 아직 어리기 때문에 실수를 저지를 수도 있습니다······ **저는 이 문제를 다룰 수 있는 유일한 사람입니다.** 그러므로 아버지가 아들을 가르치듯 저를 이끌어주시고 필요한 조언을 해주신다면 저로서는 더할 수 없이 감사한 일이라 하겠습니다.[21]

나는 위의 인용문에서 그의 새로운 정체성의 핵심을 보여준다고 생각되는 부분을 고딕체로 강조했다. 그는 이 편지에서 독립운동의 "원로"로부터 자신의 새로운 정체성을 인정받으려 하고 있다.

우리는 그가 병든 아버지를 간병할 유일한 사람이었으며, 가족들로부터 카티아와르의 명예로운 수상직을 이을 유일한 아들로 인정받았다는 사실을 기억하고 있다. 이후 그는 오로지 유일한 사람이 됨으로써 자기 자신을 확인할 수 있었다. 그런데 그와 같은 사람이라면 오로지 자신만이 다룰 수 있는 상황을 **만들어내는** 것도 주저하지 않을 것이다. 그 젊은 변호사는 그날 밤 송별연에서의 발언으로 인도의 〈타임스〉는 물론이고 런던의 〈타임스〉로부터, 인도 국민회의는 물론이고 런던의 식민성으로부터 반향을 일으킬 상황의 밑그림을 머릿속에 그리고 있었다.

아직까지 아메다바드 **사건**과는 동떨어진 것으로 보이는, 그가 20년에 걸쳐 폭을 넓혀가며 관여한 수많은 일들을 간단한 목록으로 제시하는 것은 불가능한 일이다. 하지만 이 젊은 변호사가 개인적, 실존적, 정치적 의무라고 인식한 이 첫 번째 문제를 여기에 스케치해두는 것은 의미가 있을 것이다.

나탈은 원래 케이프 식민지에서 북쪽으로 "집단 이주"한 보어인들의 정

---

21 *CWMG*, 제1권, 106쪽.

착지였으나 1893년 영국은 이곳을 점령해서 자신들의 식민지로 편입시켰다. 나탈은 영국으로부터 "자치 정부"의 지위를 부여받자마자 선거법 개정에 착수했고 간디는 이를 주목했다. 이 개정안은 향후 모든 인도인들의 선거권을 박탈하는 내용을 담고 있었다. 당시 나탈에는 최소 50파운드 상당의 부동산을 보유하고 있거나 매년 10파운드 이상의 지대(地代)를 납부하는 250명의 인도인들이 선거인 명부에 등록되어 있었다. 그런데 나탈에 있는 인도인의 수는 46,000명에 달했다. 반면 유럽인들의 수는 1,000명 정도에 불과했으며, 이들은 수적 열세에 불안감을 느끼고 있었다. 하지만 (간디가 통계적으로 차분히 설명했듯이) 나탈에 있는 16,000명의 계약 노동자와 25,000명의 "자유" 인도인들이 선거인 등록 요건을 충족시킬 수 있는 가능성은 거의 없었다. 앞에서 언급한 바와 같이 그 요건을 충족시킨 인도인의 수는 나탈에 거주하는 유럽인의 1/4인 250명에 불과했다.

하지만 이 모든 것들은 법을 앞세운 평계에 불과했다. 인도인과 유럽인을 다 합쳐도 그 수는 수십만 명에 이르는 줄루인들(Zulus)의 1/10에 불과했다. 물론 고대 문명과 세계 3대 종교의 발상지에서 온 인도인들은 그들 스스로를 흑인보다는 백인에 가깝다고 생각했다. 그러나 백인들의 눈에 그들은 유색인일 뿐이었으며 절대 다수인 흑인들의 영향력 확대에 미리 쐐기를 박아두기 위한 정치적 희생양에 불과했다. 다른 나라의 경우에도 마찬가지이지만 정작 잃을 것이 없음에도 가장 많이 아우성을 친 집단은 빈곤층과 소규모 상인 그리고 노동자 계급의 백인들이었다. 경제적, 정치적 요새 안에서 부와 토지를 가지고 있던 이들은 오히려 인도인 노동자들의 유입에 대해 우호적일 수 있었다. 물론 그 개정안은 백인 대다수의 두려움을 반영하고 있었으며, 사실 이전부터 그물망처럼 촘촘한 치안 관련 법령들은 모든 유색인들을 완벽하게 통제하고 있었다.

더반에서 기반을 닦은 인도인들이 자신들은 그 개정안에 대해 알지도 못하고 관심도 없으며 그들의 관심은 오로지 사업뿐이라고 말했을 때 그러한 태도가 현지 언론의 논조에 근거를 제공했다고 생각한 간디는 크게 상심했다.

아시아인들은 대의정치의 원리나 전통을 모르는 구시대적 문화에 젖어있는 사람들이다. 본성으로나 훈련된 습성으로 볼 때 그들은 정치적으로 뒤떨어진 유아 단계에 있으며, 그들이 우리의 정치적 목표를 공유하리라 기대하는 것은 몽상이라 할 수 있다. 그들은 생각하는 방식 자체가 다르며 유럽인의 논리로는 이해가 되지 않는 차원에서 사고를 한다.[22]

이것이 인종차별적 성격을 띤 그 개정안에 깔려있는 논리였다. 하지만 그 신문은 거기에서 멈추지 않고 아래와 같은 예언적 경고를 덧붙인다.

그들이 이처럼 새롭고도 생소한 특권이 자신들에게 주어졌다는 사실을 깨닫는다면, 그들은 장차 그들의 나라에서 혼란을 일으키고 치안을 교란시키는 도구가 될 가능성이 있다.

혹자는 이 순간 간디의 눈에 (비폭력의) 섬광이 비쳤으리라 상상할지도 모르겠다. 그날 밤 이후의 상황을 간략히 정리하면 다음과 같다. 말 그대로 하룻밤 사이에 인도 출신 상인들의 조직화가 이루어졌다. 이튿날 아침 간디는 청원서의 초안을 완성했고 그것을 (간디의 글씨체는 알아보기가 어려웠

---

22 Pyarelal, *Mahatma Gandhi, The Early Phase*, 413쪽. *Natal Mercury*에서 인용.

기 때문에) 어느 "시리아인" 기독교도가 옮겨 적었다. 곧이어 긴급하게 소집된 모임에는 인도 기독 청년회 대표들도 참석을 했다. 그들은 그때까지만 해도 현지의 "인도인 공동체에서 완전히 소외되어" 있었지만 간디는 교육 수준이 높은 그들에게서 장차 가장 활동적인 그룹이 될 가능성을 엿보았다. 나탈 역사상 최초로 작성된 청원서에 하루만에 500명의 서명이 모아졌다. 이어서 현지 언론의 표현대로라면 "아랍인들과 인도인들이" 제3독회가 열린 의사당의 방청석에 몰려들었다. (이 또한 "처음" 있는 일이었다.) 그들은 선거권이 없었음에도 방청석의 앞자리를 차지한 채 백인 여성들에게 자리를 양보하지 않았다. 백인 여성들은 "뒷자리에 앉는 것에 만족할 수 없었기 때문에 방청석을 빠져나갔다." 물론 그 개정안은 통과가 되었다. 하지만 개정안의 효력이 발생하기 위해서는 여왕의 승인이 있어야 했다. 2주 동안 간디와 그의 동료들은 (연로한 회교도 상인들은 마차를 이용해서, 젊은 기독교도들은 도보로) 온 사방을 다니며 1만 명의 서명을 받아 식민성 장관에게 청원서를 보냈다. 청원서에 대한 검토가 진행되는 동안 간디는 인도에서 독립운동의 선봉에 서 있던 인도 국민회의를 본뜬 나탈 인도 국민회의 (Natal Indian Congress)를 결성했다. 1895년 9월, 개정안에 대한 여왕의 승인이 보류될 수도 있다는 뚜렷한 징후가 보였다.

외국인과 여왕 폐하의 신민들 사이에 차별은 없습니다. 또한 인도 토착민들 가운데 가장 무지한 이들과 가장 현명한 이들 사이에도 차별은 없습니다. 다만 시민으로서의 의무와 권리를 누리기에 그 신분과 공적이 충분한 신사들을 선별하는 노력은 필요하겠습니다.[23]

---

23 같은 책, 578쪽. 식민성 장관이 나탈 총독에게 보낸 편지에서 인용.

새로운 선거법은 1896년 3월이 되어서야 나탈 의회를 통과했다. 법안에 따르면,

"유럽 태생이 아닌 자로서 현재까지 선거에 의한 대의기관을 가지고 있지 않은 국가에서 출생한 자는 총독이 예외를 인정하지 않는 한" 나탈에서 선거권을 가질 수 없었다.[24]

물론 간디는 그때까지 나탈을 떠나지 않고 결과를 기다리고 있었다. 앞서 그는 나탈 최고 법원에 변호사 업무 허가 신청서를 제출했다. 간디의 강직함은 이미 지역사회에 널리 알려져 있었기 때문에 나탈 변호사 협회가 그에게 허가를 내주지 말 것을 주장했을 때 현지 언론은 간디가 아닌 변호사 협회를 비난했다. 결국 신청서는 받아들여졌고 그는 법원장 앞에서 선서를 했다. 법원장이 그에게 터번을 벗을 것을 요구했을 때 그는 망설임 없이 요구에 따랐다. 그가 나탈에서 첫 번째 소송사건의 변론에 나섰을 때 그에게는 조금의 "긴장"도 찾아볼 수 없었다. 그는 이제 대중 연설에서뿐만 아니라 변론문의 내용에서도 훌륭한 영어와 명확한 사고 그리고 비타협적인 정직함의 조화를 보여주고 있었다. 남아프리카에 온 지 1년 만에 그는 영향력 있는 인물이자 훌륭한 모델로서의 입지를 다졌다. 나탈의 수상은 수정 법안을 새로 제출하면서 그 청원서가 "M. K. 간디 한 사람의 영향력이 만들어낸 결과"라는 데 동의하지 않았다. 그러면서도 그는 다음과 같은 경고를 잊지 않았다.

---

24 같은 책, 600쪽.

의원들께서 인식하지 못했을 수도 있지만 이 나라에는 거대하고 매우 강력한 단결력을 가지고 있으면서도 겉으로는 잘 드러나지 않는 단체가 있습니다. 바로 나탈 인도 국민회의입니다. 그들은 충분한 활동 자금과 적극적이고 유능한 지도부를 가지고 있습니다. 그들은 또한 식민지 내에서 강력한 정치적 영향력을 행사하는 것이 그들의 활동 목표라고 공언하고 있기도 합니다.[25]

수정 법안이 통과되었을 때, 간디는 동료들에게 이를 수용할 것을 권고했다. 극단적 인종차별을 드러낸 최초의 개정안을 여왕이 승인하지 못하도록 막은 것만으로도 간디는 충분하다고 생각했던 것 같다. 수정 법안은 본국과 모든 식민지 주민에게 공통적으로 적용되는 것이었다. 간디는 아직 대영제국에 도전하거나 대중의 뜻을 대변할 준비는 되어 있지 않았던 것이다. 현지의 인도인들은 간디에게 선거법과 관련된 최종적인 결과를 확인할 때까지 나탈에 남아줄 것을 요청했고 토의 결과 스무 명의 인도인 상인들이 1년간 간디에게 법률 사무를 의뢰하고 보수를 지급하기로 했다. 다음은 나탈에서 간디가 거주하게 된 집을 피아렐랄이 묘사한 것이다.

비치 그로브 빌라는 평범한 2층 가옥이었다. 정면에 철제 출입문이 있었고 통로를 따라가면 측면 출입구가 나왔다. 베란다 아래로는 더반 만(灣)이 내려다보이는 발코니가 있었다. 법무상 해리 에스콤이 바로 옆집에 살았으며, 다른 이웃들도 모두 유럽인이었다…… 가구는 별로 없었다. 카펫이 깔린 거실에는 소파 하나와 안락의자 두 개, 그리고 원형 탁자와 책장이 하나씩 있었을

---

25 같은 책, 611쪽.

뿐이다. 책장에는 톨스토이, 블라바츠키, 에드워드 메이틀랜드의 저서들과, 비의 기독교 연합(Esoteric Christian Union)과 채식주의 협회에서 발간한 서적들, 코란과 성경, 기독교와 힌두교 그리고 기타 종교들에 관한 서적들, 그리고 인도 독립 운동가들의 평전 등이 꽂혀 있었다. 식당으로 사용되는 방에는 직사각형의 식탁과 여덟 개의 의자가 놓여 있었다. 위층에 있는 다섯 개의 침실 가운데 옷장이 있는 방은 두 개였다. 그 침실에는 스프링도 매트리스도 없이 나무판자만 깔린 침대가 놓여 있었다.[26]

1896년 6월 간디는 인도에 가서 가족들을 데리고 왔다. 우리는 그가 가족들을 데리러 인도로 출발하기 전, 기나긴 그의 정체성 투쟁이 종결되었음을 보여주는 사건을 살펴보았다. 이를 통해 우리는 이 청년의 놀라운 재능과 장점이 그의 새로운 정체성이 지닌 긍정적 측면 안에서 단단하게 자리를 잡았음을 확인했다. 우리는 또한 젊은 간디가 그의 "부정적 정체성"을 회교도 친구이자 그의 또 다른 자아인 셰이크 메흐타브에게 "투사"했음을 앞에서 살펴보았다.

우리는 셰이크 메흐타브가 이 시기에 간디의 곁에 있었음을 알고 있다. 사실 그는 간디가 더반에 마련한 새 집에서 "동료"로 함께 기거한 최초의 인물이기도 하다. 하인들을 관리 감독하는 일종의 집사가 필요했던 간디는 라지코트의 옛 친구가 환골탈태했으리라 믿고 그를 남아프리카로 불러들인 것으로 보인다. 하지만 이 파렴치한은 하인들을 이간질하는가 하면 간디가 일을 하러 나간 사이 집에 매춘부를 불러들이기도 했다. 누군가로부터 이 사실을 전해들은 간디는 당장 집으로 달려가서 메흐타브를 내쫓았

26 Pyarelal, *Mahatma Gandhi, The Early Phase*, 491쪽.

는데, 경찰을 부르기 전에 집에서 나가라는 간디의 위협에 메흐타브는 우리로서는 알 수 없는 무엇인가를 "폭로"하겠다고 맞섰다. 마지막 순간까지도 메흐타브는 자신이 간디와 모종의 공모 관계였다고 생각한 것 같다. 하지만 그는 이제 소모품과도 같은 존재가 되어 있었으며, 사실 집주인의 견고한 정체성과 새로운 가정환경에 위협이 되었다. 정체성 문제의 해결책은 친구관계를 끝내는 것이었다. 다만 메흐타브는 훗날 스스로 "개혁"을 해서 간디의 충실한 추종자가 되었다.

제3장
—
가장(家長)

1. 중요 인물

아무래도 **정착**이라는 단어가 가장 적절하겠다. 간디에게는 본업과 가족 부양은 뒷전이고 오로지 혁명가이자 성인으로서의 삶을 살았다는 이미지가 있다. 그러나 남아프리카에서 풍요로운 가정생활을 영위했다는 사실과, 가족에 관심을 쏟아야 할 시기를 규정하고 있는 힌두교의 생애 주기, 그리고 말 그대로 인생의 다양한 사실들을 접하고 "수용하는" 법을 익힌 개인적 측면 등을 모두 고려할 때 그는 15년 동안 명실상부한 **가장**이었다. 고대로부터 가장의 영역은 집이든 농장이든, 회사이든 가문이든, 왕가이든 교회이든 그의 "집"을 중심으로 하고 있다. 또한 그에게 "도시"란 자신의 집과 연관되어 있는 모든 집들을 묶은 것이라 할 수 있다.

이제 간디는 직업에 충실하며 자신의 법률적 능력과 개혁가로서의 열정 그리고 보편적 진리에 대한 의식을 하나의 생활방식으로 단단히 다지게 되었다. 세상에 대해 배우는 견습생으로서 청년은 자신이 받아들인 세계의 본질적 요소들을 변형시킬 수는 있지만 그것을 버릴 수는 없다. 그런데 라즈찬드라가 그즈음 간디에게 세계의 원리를 설명해준 것이다. 간디의 법적, 정치적 행위에 스며있는 자이나교의 가장 본질적인 요소는 오늘날 우리가 상대성이라고 부르는, 세계관의 "다양성"이라 할 수 있다. 일찍부터 이 원리에 따라 생활한 간디는 나중에 이에 대해 자세히 설명하기 전까지는 자신의 상대론과 변증에 대해 기회주의적 태도라는 비난을 받기도 했다.

힌두교의 생애 주기에서 직업은 가장이 되는 단계의 가장 본질적인 요소이다. 이 단계는 일종의 기착지인 동시에 필수적인 과정이기도 하다. 그러므로 간디가 "정착"의 필요성을 느낀 것을 단순히 영국인들의 생활방식을 따르려 했기 때문이라고 한다면 이는 충분한 설명이 될 수 없다. 물론 간디 스스로 자신의 정체성 투쟁이 부분적으로는 "영국 신사 흉내 내기"의 성격을 띠고 있었다고 말했기 때문에 그의 추종자들은 더더욱 그가 가장으로 살아간 시기를 그의 생애에서 진실하고 중요한 부분이었다고 인정하지 않는다. 하지만 그러한 선별적인 이해는 인간의 생애 주기라는 전체적 맥락에서 그를 바라보지 못하게 만들고, 아울러 힌두교의 생애 주기라는 개념이 그에게 있었음을 부정하기 때문에 타당성을 찾기 힘들다. 힌두교의 생애 주기에서 개인은 전심을 다해 한 단계에 정착하고, 이어서 그 단계에 있는 자신을 부정하고 다음 단계로 나아간다. 그러므로 간디가 이십여 년 후 새로운 유형의 종교적 혁명가가 되었다 하더라도 그것이 심리적, 윤리적으로 가장으로서의 삶과 모순이 되지는 않는다. 오히려 그것은 가정에서 얻은 작고 미묘한 문제들의 교훈을 더 큰 공동체에 적용하는 데 도움이 된다. 우리는 앞에서 건강에 매우 세심한 주의를 기울이는 간디의 모습을 살펴보았는데, 후일 그는 다른 사람들의 호의는 물론이고 자신의 건강을 의도적으로 무시할 때가 있었음에도 자신의 몸을 관리하고 그로부터 유연한 힘과 불굴의 에너지를 얻는 법을 체득했다. 자금과 회계 관리에 기울인 노력도 마찬가지라 할 수 있다. 그는 부자들의 후원을 무심하고 초연한 태도로 받아들였지만 회계 관리는 늘 꼼꼼하고 정확했다. 프로이트가 "리비도의 경제학(libido economy, 리비도의 총량은 한정되어 있으므로 자아는 최대한의 쾌락을 얻기 위해 이 제한된 리비도를 효과적으로 투자하려는 경향을 보인다는 원리 - 옮긴이)"이라고 부른 것을 간디가 잘 관리했다고 볼 수는 없지만, 그는 10년 후 감정의 경제학을 근거로 일체의 성적 행위를 포기한다. 그런데 그 시점은 간디가 가족의 집을 동료들과 추종자들의 거처로, 그리고 최종적으로는 종교 단체의 성격을 띤 농업 공동체로 자신의 "집"을 바꾸고자 노력했을 때와 일치한다.

만일 성 프란체스코에게 "집"을 책임지는 역할이 "Va, Francesco, ripara la mia casa che, come vedi, va in rovina. (프란체스코야, 네가 곧 볼 터이니, 가서 폐허가 된 내 집을 고쳐라.)"라는 신의 음성과 함께 시작되었다면, 그 "집"은 천국의 교회뿐만 아니라 수리를 해야 할 특정한 성당 건물을 의미하기도 했다. 그런데 간디에게 "수리"란 곧 교정, 교육, 개혁, 관리 등—종교적 의미의 수리공으로 일할 영역—을 의미했다. 간디가 가장 광범위한 권력을 수용한 시기 역시 그가 인도 민중을 자신의 가족으로, 그리고 독립한 인도를 자신의 도시로 받아들인 때와 일치한다. 간디가 변호사로서 그리고 가장으로서 어떻게 자신을 단련했는지, **그리고 나서** 보다 포괄적인 "집"과 확장된 "도시"를 어떻게 그려나갔는지에 대한 이야기가 곧 그의 성년기의 이야기가 될 것이다.

1896년 인도를 방문했을 때 그는 자신이 당대의 두 위대한 독립 운동가인 로카마니아 틸라크와 고팔 크리슈나 고칼레와 어깨를 나란히 하는 젊은 지도자로 인식되고 있음을 깨달았다. 하지만 그가 이끌고 있던 운동의 한계는 뚜렷했다. 그는 남아프리카의 인도인 엘리트들을 대상으로 정치적 공동체를 만들었고, 그곳에서 고통 받고 있는 인도인들의 실상을 세계에 알렸을 뿐이다. 오직 고칼레만이 스물일곱 살의 청년 간디가 지닌 잠재력과 남아프리카에서 벌어지고 있는 상황이 인도에 미칠 영향을 꿰뚫어보았다. 이때부터 고칼레는 간디를 주시했고 간디 역시 고칼레를 자신의 "정치

적 스승"으로 모셨다. 훗날 조국에서 예언자의 역할을 감당하도록 간디에
게 귀국을 권고한 사람도 고칼레였다.

　1897년 말, 그는 우아한 사리(sari) 차림의 아내와 파르시 전통 의상을 입
은 (남편을 잃은 누이의 아들을 포함한) 아이들과 함께 인도를 출발했다. 그는
남아프리카에서 자신의 특별한 경험과 교육을 기반으로 변호사 업무를 새
롭게 시작할 참이었다. 그런데 말쑥한 (그 유명한 터번 덕분에 눈에 잘 띄는) 차
림의 이 변호사는 더반 항에 도착하자마자 성난 무리로부터 린치를 당할
위기에 처해 있었다. 일이 그렇게 된 사정은 이러하다. 인도에 머무는 동안
그는 연설과 팸플릿을 통해 남아프리카에서 인도인들이 당하고 있는 고통
을 자세히 이야기함으로써 여론을 들끓게 했다. 사실 그의 발언 내용은 남
아프리카에서 사람들 앞에서 하던 이야기와 크게 다르지 않았다. 다만 이
번에는 주요 언론이 세계 각지—남아프리카를 포함한—에 그의 발언을 전
하면서 과장과 왜곡을 덧칠했다는 점이 달랐다. 이 때문에 그는 하룻밤 사
이에 남아프리카에서 가장 유명한 인물이자 가장 증오스러운 인도인이 되
었다. 게다가 그가 타고 온 "쿨리 배"에는 정원을 초과할 정도로 많은 "쿨
리 이민자들"이 타고 있었는데 때마침 입항한 또 한 척의 배에도 인도인들
이 만원을 이루고 있었다. 이 상징적인 장면이 백인들에게는 간디가 자신
이 헐뜯고 비방한 나라에 자국민들을 이끌고 침략을 하는 모습으로 비쳐
졌다. 더반 항만 당국은 당시 인도에서 발생한 페스트를 문제 삼아 그 두
척의 배에 3주간 입항 허가를 내주지 않았다. 선상에서 열린 성탄절 행사
에서 간디는 만일 린치를 당한다면 어떻게 하겠느냐는 선장의 질문에 그
들을 용서하게 되기를 바란다고 대답했다. 곧 그에게 성탄절의 감상을 증
명할 기회가 주어졌다. 입항 허가가 내려진 뒤 간디는 나탈 법무상의 조언
에 따라 가족들을 먼저 하선시키고 자신은 배에 남아 있었다. 하지만 결국

그는 배에서 내렸고 그를 발견한 무리가 달려들어 그를 집단 구타하기 시작했다. 이때 경찰서장의 아내 알렉산더 여사가 그의 목숨을 구했다. 그녀는 경찰 병력이 도착할 때까지 (여성이 갖춘 의상의 일부로 간주되었기 때문에 결코 손을 대서는 안 되는) 양산을 펼쳐 간디를 보호하며 적어도 그의 얼굴에 주먹이 날아드는 것을 막아주었다. 경찰은 그의 가족들이 기다리고 있는 지인의 집까지 그를 호위했다. 그런데 간디가 상처를 치료받는 동안 그의 거처를 알아낸 무리가 다시 몰려들었다. 그들은 집 앞에서 그의 신병을 넘길 것을 거세게 요구했다. 경찰서장 알렉산더 씨는 현관문 앞에 버티고 서서 이따금 "사과나무에 교활한 간디의 교수형을"이라는 노래를 무리와 함께 부르며 시간을 벌었고, 간디는 그 틈을 타서—가족들의 안전을 위해 그가 동의했으리라 믿어지거니와—경찰복 차림으로 뒷문을 빠져나갔다. (머리에 쓰는 것과 관련된 그의 독특한 역사는 이때에도 계속되었다. 그는 경찰 헬멧 대신 숄로 감싼 양철 냄비를 머리에 뒤집어썼다.) 마침내 경찰서장이 간디가 집을 빠져나갔음을 알리며 무리의 몇몇 대표자에게 직접 집 안을 둘러보게 했을 때 그들 모두는 웃음을 터뜨리지 않을 수 없었다. 며칠 후 간디가 경찰의 보호를 받고 있는 동안 그의 발언을 왜곡했던 언론사가 정정 보도를 했고 이로써 간디는 더 이상 해를 입지 않게 되었다. 영국 정부의 식민성 장관은 그에게 폭력을 휘두른 용의자들의 체포를 지시했지만 간디는 자신이 알고 있는 용의자들의 신원을 끝내 밝히지 않음으로써 오히려 나탈 주민들의 존경을 받게 되었다.

이 모든 일들은 숭고한 비폭력의 의지를 지닌 한 사람의 이미지를 만들어내고 널리 알리는 기폭제가 되었다. 하지만 이 과정에서 간디 역시 상류층 인도인일 뿐이라는 사실이 확인되기도 했다. 우리는 나탈 인도 국민회의가 아직 "양보다는 질"에 집중하는 엘리트 집단이었음을 기억해야 한다.

여기에서 질이란 지성, 헌신 그리고 자발성을 의미하지만 금전을 뜻하기도한다. 이 단체의 회원이 되기 위해서는 3파운드를 납부해야 했고 회비를 내지 못하는 사람은 모임에서 배제되었기 때문이다.

아메다바드에서 열린 세미나에서도 다뤄진 내용이지만, 가장의 지위를 갖는다는 것은 생애 발달단계 가운데 두 단계에 걸쳐서 일어나는 일이다. **친밀**(Intimacy)의 단계에서 과업과 성(性)을 매개로 한 상호관계는 한 개인으로 하여금 사랑과 관심의 대상을 한정하도록 하며, **생산력**(generativity)의 단계에서 개인은 자녀의 보호자이자 작업과 재화의 생산자이며 관념의 창조자가 되는 한편 그의 특성은 이 모든 역할을 해낼 수 있는 능력에 의해 규정된다.[1] 이에 따라 **친밀**과 **생산력**은 당대의 문화적, 경제적 통일체 내에서 그 개인에게 알맞은 역할을 부여해준다. 그리고 이것이 (침체나 혼자만의 재능으로 고립되지 않는 한) 그의 "현실"을 규정한다. 물론 "현실"은 인간의 가장 강력한 환영(幻影)이지만 인간이 이 세계에 참여하는 한 그것은 인간 존재의 모든 수수께끼를 압도하는 힘을 갖고 있기도 하다. 만일 힌두교 신자가 자신의 생애에서 어느 한정된 시기에 "이 세계의 유지"라는 과업을 부여한다면, 그에게는 사색하는 도제(徒弟)로서의 삶이 그 이전에 있어야 할 것이고 그 이후에는 명상과 자기포기의 삶이 있어야 할 것이다. 간디에게는 이 모든 것이 "삶의 뼈대" 속에 들어 있었다. 그리고 동시에 그는 현대적 인간이자 위대한 개혁가이기도 했다.

나는 간디가 사무 변호사(solicitor, 법정 변호사인 'barrister'와 달리 주로 법률 검토 및 재판 관련 서류 등을 준비하는 변호사 – 옮긴이)였다고 생각한다. 그

---

1 이 문제에 대한 이론적 논의는 다음을 참고할 것. *Identity: Youth and Crisis*, New York, Norton, 1968년, 제3장 ("The Life Cycle: Epigenesis of Identity").

자신도 이따금 스스로를 그렇게 불렀다. 하지만 그는 사무실에 앉아 있지만은 않았다. 무시해도 될 만한 사건들과 사람들에 대해 지나칠 정도로 관심을 기울였다는 점에서 그는 (말장난을 좀 하자면) 노심초사(solicitous)했다. 그는 사무 변호사로서 자신이 해야 할 일의 영역을 가만히 따져보았다. 그리고는 자신에게 보장된 수입을 오로지 선거권을 빼앗긴 사람들과 극빈자들을 위해 써야 한다는 결론을 내렸다. 어쨌든 그에게 기존 체제 내에서 자신의 힘을 키운다는 것은 현존하는 악과 비인간적 제도를 타파하기 위해서라도 자신이 속한 시대와 장소를 긍정해야 한다는 것을 의미했다. 그러면서도 그는 기존 체제는 물론 새로운 체제를 얻기 위한 저항도 덧없기는 마찬가지임을 인식하고 있었다. 그에게 기존 체제와 개혁 사이의, 세속적 가치와 초월적 가치 사이의 경계선은 종종 안쓰러울 정도로 흐릿했다. 하지만 간디는 러스킨이 "나중에 온 이 사람에게도"에서 이야기한 정신에 온전히 부합하는 인물이었으며, 그러한 간디의 겸허함을 느낄 수 없는 사람이라면 그의 경계선에서의 삶을 가늠조차 하기 힘들었을 것이다. 이제 그에게는 어떠한 종교도 역사적 계시를 독점할 수 없다는 사실이 분명해졌다. 그에게는 오로지 일상의 경험과 행위의 본질을 설명하는 데 도움을 주는 종교만이 참된 의미가 있었다. 그리고 바로 여기에서 자이나교의 가르침을 풀어서 설명해준 라즈찬드라의 말—"나는 현실에 대한 시선의 다양성(anekantavad)을 정말 좋아합니다."—이 그에게 큰 울림을 주었다. 훗날 간디는 이런 글을 남겼다. "나는 그의 가르침 덕분에 나를 반대하거나 비판하는 사람들을 탓하지 않게 되었다…… 나는 이제 다른 사람들이 나를 바라보는 눈으로 나 자신을 바라보고, 또 나 자신을 바라보는 눈으로 다른 사람들을 바라봄으로써 그들 모두를 사랑할 수 있게 되었다."[2]

앞에서 약술한 전 과정을 세부적인 내용까지 들여다보기는 힘들 것이다. 우리의 관심사는 비폭력 투쟁이라는 정치적 도구의 기원을 찾는 것이므로 여기에서는 폭력에 대한 간디의 개인적 경험에 초점을 맞추도록 하겠다. 어떤 사람(somebody)이 중요 인물(somebody)이 되어가는 과정에서 여전히 몸(body)을 가지고 있다는 사실은 단순한 말장난의 문제가 아니다. 내적 인간이 추구하는 숭고한 가치나 외적 인간이 표출하는 신분적 욕구 그 어느 것도 마치 열등한 종이라는 낙인이 찍히기라도 한 것처럼 그의 몸이 누군가에 의해 혐오와 천대의 대상이 되는 것을 막아주지는 못한다. 그러한 경험─미국의 흑인 작가들이 생생하게 묘사하는─은 자신의 보잘것없음(nobodiness)을 극명하게 상기시켜준다.

나탈의 인도인 노동자들은 인도인 엘리트들의 활동으로부터 간접적인 이익을 얻고 있었다. 하지만 인도와 남아프리카에 있는 대다수 인도 민중은 여전히 자신들의 정치적 존엄성과 자유의 가능성을 인식하지 못하고 있었다. 우리는 역사적으로 백인들이 노예제도의 수혜자였음을 기억해야 한다. 공공의 양심에 의해 제도로서의 노예제도가 폐지된 뒤에도 카리브 해와 남아프리카에서 차와 커피, 사탕수수를 재배하는 농장주들은 명칭만 다를 뿐 과거의 제도를 유지하기 위해 가능한 모든 방법을 동원했다. 글을 못 읽는 가난한 인도인들이 남아프리카에서 일하는 계약 노동자로 그들 자신을 팔아넘기는 것을 영국령 인도 정부가 묵인했을 때, 이 새로운 제도는 사실상 노예제도와 다를 바가 없으면서도 농장주들에게는 오히려 더 큰 수익을 가져다주었다. 신체적으로 더 강하고 수적으로도 더 많은 흑인들은 강압과 위협이 있어야만 몸을 움직인 반면에, 인도인들은 전통적으로

---

2 Pyarelal, *Mahatma Gandhi, The Early Phase*, 277쪽. 다음에서 인용. *Young India*, 1926년 1월 21일자, 30쪽.

카스트와 관계없이 힘든 노동을 당연한 것으로 받아들였기 때문이다. 물론 백인들에게 그러한 전통은 "자유 인도인들(계약 기간이 끝나 농장에서 해방된 인도인들)"을 남아프리카에서 소농과 소규모 상인 그리고 노점상으로 정착하게 만들 위협 요소로 인식되었다. 따라서 백인들이 선택할 수 있는 정책은 오직 하나였다. 그것은 가능한 한 많은 계약 노동자들을 들여오는 동시에 가능한 한 많은 자유 인도인들을 내쫓는 것이었다. 그러는 동안 계약 노동자들의 삶은 비참한 노예 노동의 특징을 고스란히 지니고 있었다. 그들은 주인에게 구타를 당해도 법에 호소할 수 없었고 영장 없이 체포되었으며 이동의 자유도 제한되었다. 무엇보다도 그들을 힘들게 만든 것은 가족과 떨어져 지내야 한다는 것이었다. 이 때문에 일부 지역에서는 가족과 공동체의 생활양식이 붕괴되었으며, 건강과 종교적 의무 그리고 혼인관계와 관련된 인도인의 공동체적 특징도 무너지고 말았다.

간디는 자서전의 한 장을 할애해서 육체적 학대를 당한 어느 인도인 노동자와의 충격적인 만남을 기록하고 있다. 발라순다람(Balasundaram)[3]이라는 그의 이름은 하나의 상징이 되기까지 했다. 이는 준 노예 상태의 인도인들에게 간디가 얼마나 큰 관심을 기울였는지를 잘 보여준다. 또한 그것은 인도의 역사에서 전례가 없던 새로운 역사를, 그리고 새로운 순교자들과 영웅들을 민중에게 각인시키기 위해 그들이 처한 딜레마를 극적으로 이용할 줄 알았던 간디의 능력을 보여주기도 한다. 하지만 당시 간디는 그들을 조직화하겠다거나 그들에게 해방의 수단을 제공해야겠다는 생각은 갖고 있지 않았다.

---

3 Gandhi, *Autobiography*, 110쪽.

아마 그들의 지지를 얻어야겠다는 생각은 누구도 하지 못했을 것이다. 혹시라도 그런 생각을 한 사람이 있었다면 그들을 운동에 참여시킴으로써 상황이 더 악화될 가능성을 감수해야 했을 것이다.[4]

간디는 보어 전쟁을 통해 전쟁의 폭력성을 알게 되었다. 우리는 그 전쟁이 남아프리카에 먼저 정착한 네덜란드인들과 영국인들 사이의 끝없는 반목의 결과이며, 언젠가는 정치적으로 통합될 수밖에 없는 두 집단 사이의 권력 배분의 문제였음을 기억해야 한다.

간디의 책 『남아프리카에서의 진리 추구 운동(*Satyagraha in South Africa*)』은 보어인들에 대한 묘사와 함께 시작된다. 그들에 대한 간디의 극찬에 가까운 평가는 그가 전쟁 당시 보어인들을 지지했거나, 적어도 그들의 투쟁적 성향에 경도되지 않았나 하는 생각을 갖게 한다. 그 대목은 여기에서 상세히 인용해볼 만하다.

모든 보어인은 훌륭한 전사이다. 아무리 극심한 내부 갈등이 있다 해도 그들은 자유를 너무나 소중히 여기기 때문에 외부의 위협 앞에서는 하나로 똘똘 뭉쳐 싸운다. 그들은 훈련에 공을 들일 필요조차 없다. 그들 모두는 타고난 전투 능력을 가지고 있기 때문이다. 스뫼츠 장군, 데 웨트 장군, 헤르초크 장군은 모두 뛰어난 변호사이자 훌륭한 농부이며 위대한 군인들이다.

…… 보어인 여자들은 남자들만큼이나 용감하고 강인하다…… 그들은 자유와 독립을 지키기 위해 고통을 감당해야 한다는 사실을 알고 있었고, 그 때문에 기꺼이 그리고 꿋꿋하게 모든 고난을 견뎌냈다. 그들은 키치너 경(Lord

---

4 M. K. Gandhi, *Satyagraha in South Africa*, Ahmedabad: Navajivan, 1928년, 40쪽.

보어 전쟁에 참전한 간디(가운데 줄 왼쪽에서 다섯 번째)

Kitchener)에 의해 집단 수용소에 갇힌 채 형언할 수 없는 고통을 겪었다……
하지만 수용소에 갇힌 여자들의 고통스러운 울부짖음을 영국에 전한 것은 그
들 자신이나 그들의 남편들―전장에서 용감하게 싸우고 있던―이 아니었다.
그들의 실상을 알린 것은 숭고한 영혼을 지닌 몇 명의 영국인들이었다. 그들
이 전한 소식에 영국은 동정심을 갖기 시작했다…… 굳센 정신으로 고통을
견뎌내는 이들은 적의 차가운 심장마저 녹일 수 있다. 이것이 바로 고통 또는
고행(tapas)이 지닌 힘이다. 그리고 거기에 진리 추구 운동(Satyagraha)의 열쇠
가 놓여 있다……[5]

여기에서 간디가 인도인들에게 진리 추구 운동에는 인내가 절대적으로
필요하다는 사실을 역설하고 있다는 것은 분명하다. 내적인 "투쟁" 없이는

---

5 같은 책, 15~17쪽.

비폭력의 실현이 불가능한 것이었다. 우리는 뒤에서 이 주제를 다시 다룰 것이다. 그 즈음 여러 "다양성"의 사건들 가운데 간디가 인도인으로 구성된 부상병 후송부대(Indian Ambulance Corps)를 창설한 일이 있었다. 이것은 자이나교의 상대주의와 비폭력의 원리가 처음으로 결합된 사례인데, 여기에 드러나는 간디의 그 유명한 (혹은 악명 높은) 모호함은 잘 살펴볼 필요가 있다. 그와 그의 운동에는 다행스러운 일이었지만 대영제국에 대한 그의 충성심은 전투원으로서의 참전 여부에 의해 평가되지 않았다. 오히려 부상병 후송부대의 활동조차 영국 쪽에 전세가 불리해진 뒤에야 승인되었다. 간디는 그러한 복무에 대해, 그에게 (또는 인도인들에게) 합법적인 이익에 참여할 권리를 보장하지 않는 특정 정부에 대해 반대 입장을 가지고 있는 경우에도 자신이 속한 제국이 위험에 처했을 때는 그가 할 수 있는 일을 하는 것이 마땅하다는 생각을 가지고 있었다. 대영제국이 지닌 최악의 요소에 반대한다는 것은, 제국이 지닌 최상의 요소는 다른 정치체제에 비해 더 많은 사람들에게 더 나은 것을 제공해준다는 전제가 있기 때문에 가능한 것이었다. 어쨌든 『남아프리카에서의 진리 추구 운동』에서 간디가 비전투요원으로 보여 전쟁에 참전한 자신의 행위를 옹호한 대목은 여기에서—우리 시대를 위해—음미해볼 가치가 있다.

종교적 관점에서 정부의 어떤 행위가 비도덕적이라고 판단될 경우 제국의 신민이라면 누구든 정부를 돕거나 방해하기에 앞서 정부가 잘못된 길을 가지 않도록 온 힘을 다해 노력해야 하며 이를 위해 때로는 목숨까지 걸어야 한다. 하지만 우리가 한 일은 그런 종류의 것이 아니었다. 우리 앞에 놓인 상황은 그러한 도덕적 위기가 아니었고, 우리가 어떤 절대적이고 포괄적인 이유로 이 전쟁에서 거리를 두어야 한다고 생각하는 사람도 없었다. 따라서 신민으로서 우리의 의무는 전쟁의 옳고 그름을 따지는 것이 아니라 실제로 전쟁이 일어났을 때 우리가 할 수 있는 일을 하는 것이었다.[6]

그러한 상황에서 간디는 오직 비전투 자원만 제공할 수 있었다. 그는 "거의 1,100명에 이르는 인도인의 대규모 부대가 전선을 향해 더반으로 출발했다"고 자랑스럽게 기록했다. 그들 중에는 수백 명의 자유 인도인들도 포함되어 있었다. 그들은 위험 지역을 마다하지 않았지만 전쟁이 소강상태에 접어들면서 부대의 활동은 2개월 만에 종료되었다. 그런데 간디는 이때 또 하나의 모자—계급장이 달린 넓은 챙의 한쪽이 위로 멋지게 접어진 특무상사의 펠트 모자—를 그의 것으로 만들었다. 그는 제복을 입고 자랑스럽게 사진을 찍기도 했다. 이로써 간디는 제1차 세계대전 이후 여러 강대국에서 카리스마를 띠게 된 "부사관"이 되었다고 할 수 있다.

그런데 잠시나마 간디가 제복 차림과 위험지대에서의 복무에 대해 가졌던 자부심은 진리 추구 운동의 역사에서 매우 중요한 의미를 띠고 있다. 보어 전쟁이 간디에게 기존의 이미지에 군인의 이미지를 더해주었기 때문이다. 진리 추구 운동의 지도자는 군인의 이미지를 피하는 것이 아니라 초월하는 사람이어야 했다. 그가 보어인들의 전투적인 면모를 칭송한 것도 여기에 근거를 두고 있다. 이후 보어인들에 대한 간디의 심정적 지지는 더욱 강화되었다. 영국은 보어인들에게 승리를 거두고 그들의 공화국을 접수한 뒤 트란스발에 남기를 희망하는 영국군 퇴역 장교들(한때 인도에서 근무한 장교들이 포함된)에게 전후(戰後) 지배체제를 맡겼는데, 이 체제에서 현지의 인도인들을 옭아매던 법령들은 이전과 똑같이 시행되거나 오히려 더 강화

6 같은 책, 73쪽.

되었기 때문이다. 영국인들은 인도인들에 대한 암묵적인 약속을 깼고 남아프리카에서 위대한 정의를 실현하겠다는 전쟁의 목적을 지키지 않았으며 부상병 후송부대로 상징되는 인도인들의 충성심에 경멸로 답했다. 그러한 영국인들의 모습이 간디의 눈에는 세속적이고 사고가 단순한 보어인들의 편견보다 더 용서할 수 없는 것이었다.

2. 보잘것없는 인물

보어 전쟁과 줄루족의 반란 사이인 1901년, 간디는 인도를 다시 "방문" 했다. 사실 그는 이때 영구 귀국을 생각하고 있었다. 그는 가족들을 모두 데리고 갔으며, 이번에는 정서적으로나 직업적으로—물론 대규모의 "대중 사업"과 함께—봄베이에서 변호사 사무실을 개업할 준비가 되어 있었다.

변호사로서 그리고 지도자로서 자신에게 주어진 기회를 최대한 활용하고픈 유혹에 맞서면서 자신을 쓸모없는 존재로 격하시키고 이를 국가적 쇄신을 위한 아르키메데스의 점(Archimedean point, 불변하는 하나의 점만 있으면 거기에 지렛대를 대고 지구를 들어 올릴 수 있다고 한 아르키메데스의 말에서 비롯된 것으로 모든 지식의 근본적 토대를 가리킨다 - 옮긴이)으로 삼으려 한 그의 모습은 흥미진진하기까지 하다. 인도에 머무는 동안 간디는 1901년 캘커타에서 열린 인도 국민회의 연례총회에 참석했다. 우리는 여기에서 인도 독립운동의 테제와 안티테제를 대표하는 두 지도자와 이로부터 진테제를 도출한 간디의 모습을 간략하게 살펴볼 것이다. 간디가 남아프리카에서 인도인들의 조직화를 막 시작했을 때 인도에서는 발 간가다르 틸라크(Bal Gangadhar Tilak)가 독립운동의 중심에 노동운동을 배치하며 국민회의 내에 **급진파**의 토대를 만들었다. 그는 "민중의 존경을 받는"이라는 뜻의 로카마니아(Lokamanya)라는 별칭을 얻기도 했다. 이에 반해 고팔 크리슈나 고칼레(Gopal Krishna Gokhale)는 합법적 개혁을 주장하는 **온건파**를 대변하며 인도는 물론 영국에서도 존경을 받았다. 두 사람 모두 마하슈트라 출신의 브라만이었으며, 스탠리 A. 월퍼트가 말했듯이 "영국이 지배하기 이전 남아시아에서 마지막으로 번성한 위대한 나라의 영웅적 전통을 상속한 인물들"[7]이기도 했다. 틸라크는 고칼레보다는 열 살, 간디보다는 열세 살이 많았다. 인도 민중을 이끌 단 한 사람의 지도자가 되기에 이들 세 사람만큼 서로 다르기도 힘들었을 것이다. 왜소한 체격에 콧수염을 기른 고칼레는 마하라슈트라 전통 모자에 서양식 의복을 입었다. 안경을 쓴 그의 모습은 전형적인 교수 이미지였으며 실제로 그는 교수였다. 틸라크는 키가 더 작고 피부색이 짙었다. 그 역시 덥수룩한 콧수염을 길렀지만 브라만 계급의 전통대로 삭발을 했다는 점이 달랐다. 오늘날의 용어를 빌리자면 틸라크는 종교적 근본주의자이자 폭력과 테러를 부정하지 않는 치열한 혁명가였으며 이따금 터무니없는 주장을 펼치는 몽상가였다. 이에 반해 고칼레는 합리주의적 지식인이자 체제 내의 변화와 점진주의를 추구하는 개혁가였다. 아래의 글에서 우리는 그와 간디가 의견을—한동안—같이한 부분을 확인할 수 있다.

"우리의 젊은이들은 현재는 물론 먼 미래에도 영국의 지배를 갈음할 대안이 없다는 사실을 기억해야 한다. 또한 영국의 지배를 방해하려는 모든 시도

---

[7] Stanley A. Wolpert, *Tilak and Gokhale: Revolution and Reform in The Making of Modern India*, Berkeley: University of California Press, 1962년, 1쪽.

가 직접적으로나 간접적으로 결국 우리에게 돌아온다는 사실을 명심해야 한다. 아울러 공정한 판단을 내리고자 한다면 외국의 지배라는 필연적 문제점에도 불구하고 그것이 전체적으로는 인도의 발전을 위한 훌륭한 도구라는 사실을 인식해야 한다. 그것은 이 나라의 현 상황에서 평화와 질서를 유지시킬 수 있는 유일한 방도이기도하다."[8]

틸라크의 정치적 발언에는 (그가 글자 그대로의 의미를 의도했든 아니든) 폭력적 표현들이 포함되어 있었으며, 그것은 인도의 젊은이들은 물론이고 영국인들에게도 테러리즘을 선동하는 것으로 받아들여졌다. 그는 또한 아리아인과 베다교의 신성한 기원에 대한 신화를 "엄격한" 과학으로 적당히 포장하면서 힌두교를 숭배했다. "영웅 숭배는 민족성과 사회 질서 그리고 종교에 뿌리를" 두고 있다는 그의 신념은 전통 종교의 절기에 민족주의 운동의 의식(儀式)을 덧입히는 것으로 이어졌다. 틸라크가 고안한 철학과 행동방식은—적어도 그 현란한 암시성에서—니체에, 심지어는 히틀러에 근접해 있었다. 의심할 여지가 없이 간디는 "현상의 다양성"과 변증법적 측면에서 틸라크를 꼭 필요한 인물로서, 그리고 어떤 면에서는 위대한 지도자로서 존경했다. 반면에 고칼레는 공적 생애 전반에 걸쳐 정치적으로 늘 갈등하는 인물로 남아 있었다. 그는 "점성술을 믿는 합리주의자이자 수도원 같은 사회를 도모한 정치인이며 수학을 가르친 시인"이었다. 그는 또한 "책임 있는 관료이자 대외적인 대중운동가로서의 역할을 병행했다. 이 중 한 가지 역할을 수행하면서도 그는 나머지 한 가지 역할에 대한 의무를 방

---

8 Students' Brotherhood의 제14차 연례 총회에서 행한 Gokhale의 연설, 10월 9일, 1909년. 같은 책 239쪽에서 인용.

기할 수 없었고, 이 때문에 오로지 하나의 역할에 전념함으로써 누릴 수 있는 위안을 얻지 못했다."[9]

이들 두 지도자는 후일 간디가 영구 귀국하기 전까지 독립운동 진영을 지배한—그리고 분열시킨—두 파벌을 대표하고 있었다. 비록 "온건한" 고칼레의 현실적 노선과 "과격한" 틸라크의 급진적 노선이 인도의 현대사에서 큰 줄기를 이루긴 했지만, 그들 모두 인도의 정치적 독립에 해법을 제시하지 못했다는 점은 뒤에서 자세히 다루어질 것이다. 그 사이에 고칼레와 간디가 공통의 관심을 기울인 것이 농촌 개혁이었다. 정치인일 뿐만 아니라 뛰어난 경제학자이기도 했던 고칼레는 간디에게 많은 가르침을 주었다. 그는 동시에 전국적으로 공중 보건에 대한 절박한 필요를 인식하고 있었다.

그들은 간디가 인도 민중의 지도자로 떠오르기 전에 한 세대의 대중운동을 이끌었다는 점에서 "선배들"이라고 할 수 있었다. 간디는 그들의 지위를 넘겨받을 준비가 될 때까지 자신의 야망을 드러내지 않고 있었다. 그는 양극단의 노선과 어떠한 거래도 하지 않았으며 가장 작은 공통분모로서의 자리를 고집스럽게 지켰다. 이는 지도자의 자리에 오르기 전까지 민중 속에서 가장 작고 가장 나중에 선 사람으로 남아 있겠다는 원칙을 잊지 않기 위함이었다. 그는 세월이 지난 뒤에야 "국민회의는 매년 사흘간의 연례총회만 열고 나머지 기간은 활동을 하지" 않았으며, 연례총회조차 위원회에서 이미 결정된 사항을 "민주적으로" 승인하는 것에 불과했다고 비판했다. 당시 국민회의는 브라만 계급의 엘리트들과 도시의 특정 계급 구성원들이 독차지하고 있었다. 간디의 눈에 그들은 마치 영국과의 관계를 단절하기만 하면 인도가 저절로 "자유로워지고" 독립할 수 있다는 듯이 계급

---

9 Wolpert, 25쪽.

과 지역 간의 소모적인 경쟁에만 몰두하는 것으로 비쳐졌다. 이에 간디는 국민회의의 연례총회가 열린 바로 그 장소에서 "불가촉천민"들이나 하는 일을 스스로 해 보였다.

비위생적인 것은 이루 말할 수가 없었다. 온 사방이 물웅덩이였다. 몇 군데 밖에 없었던 간이 화장실의 악취는 지금 생각해도 숨이 막힐 것 같다. 내가 자원봉사자들에게 화장실 문제를 지적하자 그들은 퉁명스럽게 대답했다. "그건 우리의 일이 아니라 천민들의 일입니다." 나는 청소용 솔을 하나 달라고 했다. 그들은 의아한 듯 나를 쳐다보았다. 나는 솔을 가지고 화장실을 청소했다.[10]

그는 또한 신분을 밝히지 않은 채 국민회의 사무국에서 우편물을 접수하고 분류하는 일을 기쁜 마음으로 했다. 오늘날 열성적인 정치인들이 흔히 하는 봉사활동도 간디로부터 시작된 것이다. 그는 "내가 작은 봉사를 하도록 그냥 내버려둔" 어느 사무국 간부의 셔츠 단추를 "기꺼이" 채워주기도 했다. 이 모든 일들은 "어른들을 존경하는 마음이 항상 컸다"[11]는 그의 말을 입증하는 것이다. 그런데 여기에서 모니야와 모한의 모습이 다시 나타난다. 실제로 마하트마는 당시를 회상하며 "어린아이 같았던 분별력"과 "수많은 회중 속에서 어디에 있어야 할지 당혹스러웠던" 경험을 이야기했다. 그는 "남아프리카에서 얻은 연설의 능력이 그 순간 사라진 것 같았다"[12]고 말했지만 그의 퇴행은 사실 의도적이라 할 수 있었다. 이러한 그의 모습

---

10 Gandhi, *Autobiography*, 163쪽.
11 같은 책, 165쪽.
12 같은 책, 167쪽.

은 고칼레의 시선을 끌었던 게 틀림없다. 고칼레는 간디를 자신의 집으로 초대해서 "마치 동생인 양 대해주었다." 우리는 여기에서 간디의 친형들이 그에게 걸었던 기대가 그들이 바랐던 방식으로 이루어지지 않았음을 확인 하게 된다. 간디는 자신만의 방식으로 위대한 인물이 됨으로써 형들의 믿 음이 옳았음을 증명한 것이다. 고칼레는 라즈찬드라와 마찬가지로 그의 진 정한 스승이 되지 못했다. 이유는 같았다. 고칼레는 자신의 육체적 에너지 를 억누르지 않고 가정생활을 그에게 주어진 영역으로 받아들였기 때문 이다. 이제 간디는 인도에서 자신이 펼칠 무대를 위해 말 그대로 최종 리허 설을 준비했다. 그것은 의심할 여지가 없이 훗날 "인도 민중은 인도 방식으 로 이끌어야" 한다고 그가 아메다바드에서 말한 바를 고칼레에게 가르치 기 위해서였다. 그는 인도 민중의 삶을 직접 체험하기 위한 순례를 떠났다. 물론 이전부터 그는 다양한 인도인들의 삶을 살피고 있었다.

총독을 접견하기 위해 모인 태수국의 왕들은 여자처럼 치장을 하고 있었 다. 그들은 비단옷 차림에 진주 목걸이와 팔찌, 터번에 달린 진주와 다이아몬 드 술로 치장을 했고, 무엇보다도 손잡이가 금으로 만들어진 칼을 허리띠에 달고 있었다.[13]

그는 칼리 여신에게 제물로 바쳐지기 위해 캘커타의 거리를 가로질러 가는 양떼를 보기도 했다. 이제 정착을 하기에 앞서 그는 인도 전역을 둘러 보는 여행을—삼등칸으로—떠날 참이었다.

---

13 같은 책, 168쪽.

나는 12아나(anna)짜리 가방과 차야 양털로 짠 긴 외투를 한 벌 샀다. 가방은 외투와 도티(dhoti), 수건 그리고 셔츠를 넣기 위한 것이었다. 몸을 덮을 담요와 물주전자도 챙겼다. 준비를 마치고 나는 길을 떠났다.[14]

고칼레는 기차역까지 배웅을 나왔다. (그는 "자네가 일등칸으로 간다고 했으면 나오지 않았을" 것이라고 농담을 했다.) 그는 간디에게 사탕이 가득 담긴 금속 상자를 하나 건넸다. 이 여행은 이후로도 계속될 (삼등칸) 순례의 시작이었다.

민중의 삶 속으로 들어간 간디는 베나레스(Benares)에서 "계율에 따라 갠지스 강에서 목욕"을 한 뒤 최악의 경험을 하게 되었다. 청빈한 순례자로서 겸손의 가치를 시험한 그는 지혜의 샘(Well of Knowledge)에서 적은 액수의 돈을 보시했다가 승려로부터 그러한 인색함으로는 지옥에나 갈 것이라는 말을 들었다. 그는 신이 "계율만 정해놓고는 뒤로 물러나 있다"는 결론을 내렸다.

그는 봄베이로 돌아가 산타크루즈에서 "훌륭한 주택"을 마련하고 "페인(Payne), 길버트 그리고 사야니(Sayani)의 법률 사무소에서" 사무실을 하나 얻었다. 그는 다음의 사실을 담담하게 인정한다.

나는 산타크루즈에서 처치게이트까지 일등칸 통근권을 끊었다. 내가 일등칸의 승객이라는 사실에 자주 으쓱하곤 했던 기억이 있다.[15]

14 같은 책, 174쪽.
15 같은 책, 182쪽.

하지만 남아프리카에서 그를 부르는 전보 한 통이 그의 인생 여정을 다시 바꾸어 놓았다. 투쟁의 중심지가 트란스발(보어인들이 세운 트란스발 공화국은 간디가 남아프리카로 돌아오기 직전에 영국의 식민지가 되었다 - 옮긴이)로 옮겨졌음을 의식하면서 간디는 서둘러 최고 법원에 변호사 업무 허가 신청서를 제출하고 요하네스버그에 사무실을 열었

요하네스버그의 법률사무소에서

다. 이곳에서 그는 새로 설립된 아시아인 관리국(Asiatic Department)에 주로 인도에서 근무했던 전직 영국군 장교들이 배치되어 있음을 알게 되었다. 또한 이때 그는 다원주의에 토대를 둔 정치 철학을 접하게 되었다. 아래의 글은 이 시기에 그가 어떤 생각을 가지고 있었는지를 잘 보여준다.

인도인들의 그러한 특성이 남아프리카에서는 결점이 되었다. 인도인들은 특유의 소박함과 참을성, 억척스러움과 검소함 그리고 현실에 무관심한 태도 때문에 남아프리카에서 호감을 얻지 못했다. 서양인들은 적극적이고 진취적이며 물질적 필요를 충족시키는 데 큰 관심을 기울인다. 또한 쾌활한 성격을 좋아하고 불필요한 육체노동과 낭비를 줄이는 방법을 찾기 위해 늘 고심한다. 그들은 남아프리카에 정착하는 아시아인들이 많아져서 자신들이 궁지에 몰릴 것을 염려하고 있다. 하지만 남아프리카의 서양인들은 자결 따위는 하지 않을 것이며 지도자들은 그들이 그러한 곤경에 빠지도록 내버려두지도 않

을 것이다······ 결국 자신들의 문명을 보존하는 것, 즉 자기보존이라는 최고의 권리를 누리며 그에 상응하는 의무를 수행하는 것이 관건이라 하겠다.[16]

2년 동안 "아시아인 관리국의 도발에" 맞서는 가운데 간디의 관심은 실제적으로나 상징적으로 피닉스에 새로 세워진 농장과 요하네스버그의 사무실에 양분되어 있었다. 그는 남아프리카에서 만난 새로운 친구 헨리 폴락(Henry Polak)으로부터 건네받은 러스킨의 『나중에 온 이 사람에게도 (Unto This Last)』를 읽고 1904년 피닉스에 농장을 세웠다. 이 책은 그가 품고 있던 구상에 분명하고 구체적인 확신을 주었는데, 역설적이게도 남아프리카에서 철학적으로나 실제적으로 간디의 가장 큰 적수였던 세실 로즈(Cecil Rhodes, 영국의 사업가이자 제국주의자로 보어 전쟁의 원인을 제공한 인물이기도 하다 – 옮긴이) 역시 자신의 제국주의적 정책을 합리화하는 데 이 책을 활용했다. 어쨌든 간디는 "기차 안에서 밤을 새워" 이 책을 읽었고, 그날 밤은 그의 인생에서 또 하나의 "전환점"이 되었다. 피닉스에서 소박한 삶에 대한 그의 모든 원칙들은 새로운 "식구들"의 도움으로 실천에 옮겨졌다. 농장의 식구들은 간디가 인도에서 데리고 온 젊은이들과 그가 남아프리카에서 만난 (대부분이 유대인인) 정신적 동지들로 구성되어 있었다. 같은 시기에 요하네스버그의 변호사 사무실 역시 바쁘게 돌아가고 있었다.

그러나 말쑥한 옷차림에 고등교육을 받은, 흑인이 아닌 대영제국의 "유색인" 시민으로서 간디에게 남아 있던 정체성의 마지막 찌꺼기를 일소한 사건이 연이어 일어났다. 하나는 줄루족의 반란을 진압하기 위한 영국의 무력 개입이었고, 다른 하나는 이른바 흑인법(Black Law)이라는 새로운 법

---

16 Gandhi, *Satyagraha in South Africa*, 90~91쪽.

안이었다. 전시(戰時) 상황에서 아직 나탈의 시민이었던 간디는 비전투원으로 영국에 헌신하는 것이 마땅하다고 생각했다. 그는 소규모의 부상병 후송부대를 조직했으나 부대의 활동은 그리 대단한 것이 아니었다. 그는 후일 이때의 경험을 통해 백인이 아닌 모든 사람은 스스로를 흑인과 다름없이 생각해야 한다는 사실을 깨닫게 된 것에 대해 신께 감사를 드렸다. 그리고 그는 거기에서부터 새롭게 출발했다. 그는 이렇게 말했다.

우리가 부상자들을 병원까지 실어온 후에 그들을 간호하는 것은 우리의 의무가 아니었다. 하지만 우리는 할 수 있는 일이면 무엇이든 다 하겠다는 열의를 가지고 있었기 때문에 그것이 우리의 의무냐 아니냐는 중요하지 않았다. 그 의사[새비지 박사]는 자신은 유럽인들에게 줄루인들의 간호를 지시할 권한이 없으니 우리가 그 일을 맡아준다면 감사하겠다고 말했다. 우리는 그 일을 하는 것이 기쁠 따름이었다. 우리는 닷새 또는 엿새 동안 아무런 치료도 받지 못해 지독한 냄새를 풍기는 줄루인들의 상처를 소독해야 했다. 줄루인들은 말로 표현하지는 못했지만 그들의 몸짓과 표정은 우리를 신이 보낸 구원의 손길로 느끼고 있음을 말해주는 듯했다.[17]

그의 "머릿속에 맴돌던" 두 가지의 생각이 "확고해지고 하나의 서약으로 결합된" 것도 전선(戰線)에서의 일이다. 그것은 곧 **금욕**과 **청빈**이었다. 그는 이 두 가지의 결합만이 "가장 낮은 자리나 가장 큰 위험을 기꺼이 떠안는 것을" 스스로 피하지 않게 해줄 것이라고 확신하게 되었다.

이 결심은 우리의 시선을 다시 카스투르바에게 향하게 해준다. 혼란 가

---

17 같은 책, 97~98쪽.

운데 더반 항에 처음 도착했을 때 그녀는 임신 중이었고 1898년 5월 그녀는 아들 람다스(Ramdas)를 낳았다. 이어서 1900년 또 다른 아들 데바다스(Devadas)가 태어났다. "자연에 순응하는" 방식을 따르고자 간디는 스스로 산파의 역할을 맡았다. 그는 "전혀 긴장되지 않았다"고 말했다. (서른한 살이었던) 1900년 이후 그는 아내의 동의를 얻어 성관계를 끊고자 했다. 하지만 그의 결심이 온전히 실행된 것은 공식적인 서약을 한 이후—줄루족의 반란 시기—였다. 그때부터 그는 서약을 진리 추구 운동의 지도자에게 필수적인 것으로 여기게 되었다. 그가 보다 큰 공동체를 위해 성적 관계를 포기한 것은 칼뱅주의자들처럼 성을 부도덕한 것으로 보았기 때문이 아니다. 성생활은 (적어도 그에게는) 새로운 평화의 도구, 즉 진리 추구 운동을 펼치는 데 필요한 빈틈없는 마음가짐에 방해가 되는 것으로 비쳐졌다.

이제 우리는 간디의 생애에서 비폭력 투쟁과 비협력의 원리가 하나하나 구체화되는 시기에 도달했다. 간디의 삶에서 특히 이 시기를 포괄적으로 연구해보고 싶은 독자라면 『나의 진리 실험 이야기』와 『남아프리카에서의 진리 추구 운동』을 비교하면서 마하트마가 어떤 글을 어떤 순서로 썼는지 살펴볼 필요가 있다.

1924년, 남아프리카에서의 진리 추구 운동의 역사를 기록하기 시작했을 때 간디는 감옥에 있었다. 감옥의 고요함은 남아프리카의 땅과 그곳의 사람들에 대한 묘사에 고스란히 반영되어 있는데, 그 감각적인 특성은 이 책을 그의 자서전과 완전히 구별되게 해준다. 간디의 자서전은 감방 동료인 인둘랄 야그니크가 그의 구술을 받아 적어 완성했다. 앞에서 언급했다시피 언어에 탁월한 재능이 있었던 인둘랄은 자서전의 문체와 구성에 적잖은 영향을 끼친 것으로 보인다. 자서전은 정확한 연대기적 순서보다 간디의 도덕적, 정신적 여정을 중심으로 기술되었는데, 이를테면 성생활의 포

기는 보어 전쟁에 대한 이야기보다
앞에 나오고 아이들의 교육 문제는
그 뒤에 묘사된다. 이는 어쩌면 간
디가 자신의 고집스러운 자녀 교육
방법을 정당화하려 했기 때문인지
도 모른다. 물론 훗날 그는 큰아들
이 "나에게서 떠나갔다"고 인정하
면서 이에 대해 "방종과 미숙함"에
서 벗어나지 못했던 자신의 과거를
탓했다. 그러나 아버지만큼이나 감

간디의 네 아들과 아내 카스투르바

수성이 예민했던 큰아들은 간디가 부끄러워하는 그 과거를 아버지의 삶에
서 가장 빛나는 시절이라고 생각했다. 이 대목에서 마하트마의 이야기에는
근심과 걱정이 가득하다. 그는 프로이트가 거의 같은 시기에 그랬듯이 유
아기의 중요성을 깨닫게 되었다. 다만 간디의 결론은 "수태가 되는 시점에
부모가 가지고 있는 신체적, 정신적 상태가 아기에게 복제"된다는 것이었
으며, 따라서 부부는 오로지 "자녀를 원할" 때에만 성관계를 가져야 한다
는 것이었다. 그는 생식과 돌봄 단계의 중요성에 대해 이렇게 결론을 내린
다.

나는 성행위가 먹고 자는 것처럼 필수적이고 독립적인 기능이라고 믿는 것
은 극도의 무지에서 비롯된 것이라 생각한다. 이 세계는 자체의 존속을 위해
생식의 행위에 의존하고 있으며, 세상은 신의 놀이터이자 그 영광이 반영된
곳이므로 생식 행위는 세상의 질서 잡힌 발전을 위해 마땅히 통제되어야 한
다. 이를 인식하는 사람이라면 어떻게든 육욕을 제어할 것이고 자손의 신체

적, 정신적, 영적 행복에 필수적인 지식을 갖춰서 그 혜택을 후대에게 전해줄 것이다.[18]

어쨌든 마하트마는 성적 행위를 포기한 주요한 목적이 "더 이상 자녀를 갖지 않기 위함"이라고 분명히 밝히고 있다. (이는 그가 자서전에서 모크샤를 역설하는 것과 일치한다.)

이와 같이 공동체에 대한 봉사에 전념하기를 원한다면 나는 자녀와 부에 대한 욕망을 포기하고 바나프라스타(vanaprastha)의 삶—가족을 돌보는 일에서 물러난—을 살아야만 한다.[19]

그런데 그 문제에 대한 설명이 자서전에서는 개인적 성격을 띠는 반면에, 『남아프리카에서의 진리 추구 운동』에서 그가 자신의 최종적인 서약에 대해 언급한 대목은 그 서약의 가치를 진리 추구 운동의 도구로 서술했다는 점에서 차이가 있다.

우리는 두 책 중 어느 하나만으로는 적절한 설명을 얻기 힘들다. 게다가 마하트마의 솔직한 태도에도 불구하고 우리는 일부 연관된 주제들이 두 책 모두에서 빠져 있다는 느낌을 지울 수 없다. 명확하게 밝혀지기만 한다면 그 주제들은 성행위와 살생을 모두 피하겠다는 결심과 좀 더 직접적으로 관련되어 있는지도 모른다. 흑인들의 신체에 가해진 백인 남자들의 폭력을 목격하면서 간디는 학대받는 이들에 대해 깊은 동일시를 느꼈으며,

---

18 Gandhi, *Autobiography*, 148쪽.
19 같은 책, 150쪽.

그것은 또한 간디에게 모든 남성적 사디즘—그가 어린 시절 목격했을 법한 여성에 대한 남성의 성적 사디즘을 포함하여—에 대한 강한 증오를 불러일으킨 것 같다. 이에 대한 증거는 간디가 남아프리카에서 마흔 살에 쓴 『힌두 스와라지(*Hind Swaraj*, 인도의 진정한 자치에 대해 쓴 책으로 자서전과 더불어 간디의 대표적인 저서라 할 수 있다-옮긴이)』에서 찾아볼 수 있는데, 그 책의 내용은 뒤에서 다시 다룰 것이다.

한편 한 인간이 죽음의 문제를 어떻게 안고 살아가느냐는 문제와 관련해서, 가장 설득력 있고 "역동적인" 해석조차도 그 문제에 대한 종교적 신념—모든 인간에게 동일한 운명과 정체성을 가져다주는 죽음이라는 사건에 대해 윤리적으로 분명하게 응답하려는 노력—의 정체를 완벽하게 설명할 수는 없을 것이다. 여기에서 말하는 종교적 신념은 죽음에 대한 인식이자 똑같은 운명을 지닌 모든 인간에 대한 사랑이며, 의사종(pseudo-species, 에릭슨은 동일한 정체성을 공유하는 집단이 다른 집단을 배척할 때 '의사종'이라는 개념을 동원한다고 보았다-옮긴이)에 대한 우월성을 통해 자신의 "불멸성"을 얻고자 하는 인간이 다른 인간을 "죽도록" 증오하는 현실을 담담하게 통찰하는 것이기도 하다. 따라서 진정으로 종교적인 인간은 자신을 교만으로 이끄는 모든 동기를 피하거나, 적어도 그에 대한 통찰이라도 얻어야 한다. 자녀에 대한 부모의 교만도 여기에 포함된다. 인간의 생애 가운데 부모로서 살아가는 시기는 죽음에 대한 청소년기—"자기 자신이 되느냐 마느냐"의 문제에 직면하는 시기—의 낭만적, 서사시적 또는 병적 인식과, 죽음을 바라보는 노년기의 통렬한 확실성 사이에서 인간이 취해야 할 태도를 규정한다. 그것은 곧 가족을 결속시키는 힘과 외적 성공을 자신의 정체성에 결합시키는 것이다. 인도인들은 이를 이상적인 **가장의 자질**(householdership)로 여기는데, 그러한 결합은 인도인의 정체성을 구성하는 본질적 토대가 된다. 인도인들은 전통적으로 특정한 생활양식과, 특정한 카스트나 계급, 국가 그리고 종교가 확실성과 안정성 그리고 죽음보다 우월한 현실의 원리를 제공할 수 있다는 믿음을 가지고 있다. 그러한 안정감은 생식과 출산의 능력에 의해 강력하게 뒷받침되며, 집단적 나르시시즘으로 이어지거나 자녀의 잠재력에 대한 지나친 믿음으로 이어지기도 한다. 이때 자녀들의 성장과 발전은 그 자체로 부모의 불멸성을 입증하는 근거가 된다. 종교는 죽음의 문제를 드러내기도, 은폐하기도 하는 근원적 불안에 맞서도록 교리를 통한 의식(儀式)을 사람들에게 주기적으로 제공함으로써 이 세계에 대한 참여를 공식적으로 인정해주며, 동시에 종교적 성향이 강한 이들과 종교 의식을 담당하기에 적합한 이들을 수도승 또는 사제로 불러들이기 위해 노력한다. 이 성직자들은 "생명의 계승"을 담당한 사람들을 궁극적인 존재의 순수함으로 안내하는 산 증인으로 봉사하기 위해, 또는 적어도 사람들이 생식과 출산을 하면서도 절망과 열등감을 갖지 않도록 위안을 건네는 역할을 하기 위해 스스로 청빈과 순결을 결심한다. 하지만 직업적 종교인들은 세속화되기 쉬우며, 모든 종교 의식과 제도는 경직성과 위선 그리고 허영으로 이어지곤 한다. 그리고 이에 대해 당대의 진정한 종교적 인간(homines religiosi)들은 깊은 분노와 강한 우려를 느끼게 된다.

앞에서 살펴보았듯이 간디는 조혼으로 인해 자신에게 금욕적인 삶 또는 정신적 추구에 전념하는 삶을 선택할 기회가 원천적으로 박탈되었다고 생각했다. 하지만 간디는 개혁의 열의가 없었다면 변호사로서는 보잘것없었을 것이고, 루터와 마찬가지로 정치적 대의가 없었다면 수도승으로서도 변변치 못했을 것이다. 우리는 간디의 전반적인 정체성 안에서 직업적, 경제적 그리고 정치적 능력이 점차 강화되는 과정을 간략하게 살펴보았다. 만일 그가 종교인이 되었다면 그가 지녔던 고뇌의 많은 부분은 덜어졌을지도 모른다. 하지만 그는 자신을 강하게 끌어당기는 그 무엇이 그를 자발적 긍정으로 이끌든 아니면 단호한 부정으로 이끌든 그 운명을 결코 회피하려 하지 않았다. 그와 같은 이가 오로지 자신처럼 출산과 살육을 거부하는 사람만이 죽음과 그로 인한 삶의 명확한 책임을 이해할 수 있다고 확신하게 되었다면, 누군가는 그의 지위가 땀과 노력으로 "획득"된 것이라고 말할지도 모른다. 어쨌든 다른 사람들에게 끼친 그와 같은 이의 보기 드문 영향력은 그의 지위가 순수한 것임을 말해준다고 하겠다.

그런데 간디의 생애에서 정신적으로 중요한 결정에는 늘 돌발적인 정치적 사건이 따라다녔다. 줄루의 전선에 머무는 동안 간디는 "흑인법"이 입안되었다는 소식을 들었고 그에 대한 그의 즉각적인 반응은 그러한 법을 따르느니 차라리 죽는 편이 낫겠다는 것이었다.

하지만 우리는 어떤 식으로 죽어야 했을까? 승리가 아니면 죽음을 택해야 하는 상황에서 우리는 무엇을 해야 했을까? 이를테면 뚫을 수 없는 벽이 내 앞에 버티고 있었고 나는 그것을 뚫고나갈 방법을 찾지 못하고 있었다.[20]

"흑인법"이라는 명칭은 검정색이 지닌 함의에서 현실과 동떨어진 모호성을 가지고 있었다. 그의 자서전에서 "흑사병(The Black Plague)"이라는 소제목이 붙은 두 개의 장은 아시아인 관리국에 맞서 싸운 기록의 앞에 나오는데 여기에서의 검정색은 죽음을 의미한다. 줄루족의 반란이 일어난 시기에 간디는 자신을 포함해서 백인이 아닌 모든 사람들을 흑인이라고 부르기 시작했다. 하지만 하얀 피부는 깨끗하고 검은 피부는 더럽다는 관념

---

20 Gandhi, *Satyagraha in South Africa*, 99쪽.

은 인간의 정신발생학적 진화 과정에 깊이 박혀 있다. 피부색이 짙고 몸에 털이 많다는 것(에릭슨은 『유년기와 사회』에서 나치가 유대인들을 "피부색이 검고 온몸에 털이 많은" 의사종으로 취급한 사실에 주목한 바 있다 – 옮긴이)은 육욕과 타락을 상징하며, 이는 생명 그 자체는 물론이고 더 고상한 목표를 위협하는 것으로 간주된다. 이에 대해 간디는 성(性), 더러움, 인종 그리고 빈곤의 문제에 천착하는 가운데 인간은 비위생적인 오염과 단순한 상징적 불결을 합리적이고 동정적인 태도로 구분하게 될 때 비로소 의사종에 대한 우월감과 교만을 극복할 수 있다는 사실을 깨닫게 되었다. 수 세기 동안 모든 불결함이 투사된 존재로 살아온 인도의 불가촉천민들을 더 이상 차별해서는 안 된다는 현대적인 의식도 여기에서 나온 것이다. 그런데 위선적인 도덕주의가 죄 그 자체만큼이나 비도덕적일 수 있듯이, "깨끗함"도 종교적 강박의 문제가 되면 그 정반대인 불결함이 될 수 있다는 것이 간디의 생각이었다. 이에 따라 오늘날 세탁세제에 의한 위생이 깨끗함의 원천으로 간주되는 물을 오염시킬 수 있듯이, 더러운 물에서 마지못해 몸을 씻는 행위를 통해 사람들은 오히려 정결하고 깨끗한 느낌을 가질 수 있다. 인간은 "정결"해지는 의식을 행했다는 공허한 만족감을 통해 실제로 깨끗한 것이 무엇인지를 무시할 수 있기 때문이다. 간디는 흑백의 피부색에 대한 편견으로부터 자유로워지는 것만큼이나 더러운 오물과 나병 환자들을 거리낌 없이 대하는 과학적인 태도를 중요하게 여겼다. 우리는 이 문제를 아메다바드에서 발생한 흑사병과 관련지어서 다시 살펴볼 것이다.

한편 흑인법은 남녀를 가리지 않고 트란스발에 있는 8세 이상의 모든 인도인들에게 지문 등록을 강요했다는 점에서 끔찍한 법안이었다. 인도인들은 신분증을 항상 소지하고 다니면서 경찰이 요구할 경우 그것을 제시해야 했고, 만일 이를 어기면 벌금이나 투옥, 심지어는 추방을 각오해야 했다.

이 법의 목적은 불법 이민을 막기 위한 것임이 분명했지만, 유독 인도인만 잠재적인 범죄자 취급을 한다는 사실 또한 분명했다. 특히 인도인 회교도들은 계율로 엄격하게 차단되어야 할 여성들이 경찰의 검문에 노출될 수 있다는 사실에 크게 분노했다. 이 문제에 관한 한 그들은 살인도 주저하지 않을 기세였다. 이때 간디는 죽이거나 죽임을 당하는 것은 오히려 쉬운 일이며 정말 중요한 것은 어떻게 죽고 그 죽음을 의미 있게 하느냐에 있다며 그들을 설득했다. 이처럼 인종적 모욕이라는 밑바닥의 문제에서부터 진리 추구 운동은 조금씩 수면 위로 떠오르기 시작했다.

간디는 남아프리카에 있는 인도인들의 대변자로 널리 알려지면서 간디바이(Gandhibhai)라는 애칭으로 불렸는데, 이는 '간디 형님' 정도의 의미를 가지고 있었다. 간디는 훗날 얻게 된 마하트마라는 칭호보다 이 호칭을 더 좋아했다.

3. 평화의 도구

사티아그라하(Satyagraha)—글자 그대로는 "진리"와 "힘"으로 해석되는—는 훗날 간디가 자신의 생활방식과 행동방식을 일컫는 명칭으로 선택한 산스크리트 합성어이다. 그 전까지 간디는 "무저항의 저항(passive resistance)"이라는 매우 부적합한 영어 표현을 사용했다. 이 명칭의 애매함은 오랫동안 해결되지 않고 있었다. 서양에서는 "진리의 힘"이라는 용어가 구호로서의 힘을 갖지 못했다. (마틴 루터 킹이 선호한 것으로 여겨지는) "비폭력 투쟁"이라는 용어는 적어도 사티아그라하의 태도와 행동을 묘사해주기는 하지만 간디의 "진리"에 담긴 비폭력적 용기의 정신적 기원을 떠올리게 해주지는 못한다. 나는 진리와 힘이라는 의미에 섬세한 도구의 기술적인 사용이라는 의미를 덧붙이고자 "진리의 지렛대"라는 표현을 사용하고 싶다. 인간의 정신에 내재하는, "산을 옮길 수 있는" 힘으로서 간디가 진리라 부른 그것은 우리 세대가 이해하기에는 어려움이 있을 수밖에 없다. 나는 오늘날과 같은 기계와 전자의 시대에 지렛대라는 비유가 원시적임을 인정한다. 하지만 사티아그라하는 인간의 신체가 여전히 중요한 부분을 차지했던 어떤 도구의 이미지를 그 기원에 가지고 있다. 심지어 오늘날에도 사람들의 몸과 몸이 한데 모여 반대자들의 "눈을 마주보며" 나란히 어깨를 걸고 행진하는 "투쟁의 전선"에서 우리는 사티아그라하의 원리를 찾을 수 있다. 이 모든 장면은 무장을 하지 않은 맨몸의 연대가 현대 국가의 차가운 기계에 맞서는 도구로 여전히 남아 있음을 상징한다.

새로운 시대를 여는 사람은 자신이 고안한 유형 또는 무형의 독창적이고 복잡한 가치를 위해 자신의 몸과 마음 그리고 영혼의 본모습을 잘 드러내지 않는다. 그러나 간디는 오히려 자신의 몸과 마음과 영혼의 발가벗은 모습을 숨김없이 보여주려 했다. 나는 사티아그라하의 본질적인 부분들이 드러나는 일련의 장면에서 그가 이를 어떻게 행했는지 설명해 보려고 한다. 이를 통해 우리는 그의 사소하고 단순해 보이는 이전의 행동들이 아메다바드의 **사건**에서 어떤 의미를 띠게 되었는지 분명히 인식할 수 있을 것이다.

서약

1906년 9월 11일, 트란스발 전역에서 모인 인도인 대표들이 요하네스버그의 엠파이어 극장을 입추의 여지 없이 가득 메우고 있었다. 저명한 원로 회교도 상인이 집회의 사회를 맡았고 간디는 여느 때처럼 뒤편에 앉아 있었다. 그는 자신이 작성한 네 번째 결의안을 토론에 붙이기 위해 기다리고 있었다. 그의 결의안은 흑인법을 따르느니 차라리 모든 참석자들이 어떤 형태의 형벌도 감내하자는 결의를 투표에 붙일 것을 요구하고 있었다. 훗날 간디는 "한 번도 경험해보지 못한 일이 일어나리라는 기대를 참석자들의 표정에서 읽을" 수 있었지만 자기 자신도 그 결의안이 미칠 영향은 정확히 알지 못했다고 말했다. 이는 간디 특유의 즉흥적인 행동을 위한 완벽한 환경이었다. 그는 일이 어떻게 전개될지 자신도 몰랐지만 이미 사람들에게 엄청난 기대감을 불러일으킨 것이다. 한 회교도 참석자가 "그 결의안에 신의 이름을" 넣자고 제안하면서 간디를 위한 무대가 펼쳐졌다. 이제 "투표"는 서약이 될 참이었고 서약이라면 "엄숙한 서약을 한 경험이 많고 그로부터 많은 도움을 받은" 간디가 나설 일이었다. 그는 즉시 발언권을 얻어 미국 독립선언을 연상케 하는 구절을 통해 이 사안에 서약을 하는 것은 "진실로 합당하다"고 선언했다. 하지만 그는 서약은 다수결 투표로 통과될 수 없으며, 옆 사람이 아닌 오로지 신을 마주보며 각자가 해야 할 몫이라고 말했다. 그것은 누군가를 옭아매서는 안 되며 오로지 모욕, 투옥, 중노동형, 태형, 벌금형, 추방 그리고 사형까지 각오한 각 개인의 약속으로 완성되어야 했다. 그는 이렇게 말했다. "비록 소수의 사람들이 서약을 지킬지라도 이 싸움에는 끝이 있을 것이고 그것은 곧 승리일 것임을 나는 감히 확신을 가지고 말할 수 있습니다."[21] 간디는 이러한 믿음을 되풀이해서 말하곤 했는데, 이에 비추어 당시 그가 소로(Thoreau)의 사상을 접하지 않았을 것이라고 믿기는 힘들다.

---

21 같은 책, 106쪽.

만일 매사추세츠에서 천 명, 아니 백 명, 아니 이름을 댈 수 있는 열 명이—딱 열 명의 의인이—노예의 소유와 노예제도에 대한 협조를 거부하고 감옥에 갇힌다면 미국에서 노예제도는 폐지될 것임을 나는 잘 알고 있습니다. 그 시작이 얼마나 미약한가는 중요하지 않습니다. 일단 시작된 일은 앞으로도 줄곧 계속될 것이기 때문입니다.[22]

어쨌든 모든 참석자가 손을 들어 신을 두고 맹세했다. 후일 간디는 이때 "새로운 원리가 탄생했음을" 깨달았고 처음에는 그것에 "무저항의 저항"이라는 이름을 붙였다고 말했다. 이 압도적인 장면은 새롭고 강력한 연대 의식을 낳았고 그것은 곧 행동을 요구하게 되었다. 하지만 법안 철회를 위한 탄원서를 포함하여 모든 합법적인 수단이 동원되는 동안 이러지도 저러지도 못하는 기다림의 시간이 이어졌다. 기다림은 사람의 생각을 바꾸어 놓기도 한다. 대표단을 이끌고 영국으로 가기 전에 간디는 사람들에게 서약을 문서로 작성해줄 것을 요청했고 예상된 바와 마찬가지로 참여자들의 수는 줄어들었다.

이제 장면은 엠파이어 극장에서 영국 하원의 접견실로 바뀌었다. 대외적으로 보이기 위한 만찬장에는 포도주가—간디에 따르면 "야만적인 관습"인—곁들여 나왔고 이 자리에서 "사기와 다름없는" 타협안이 제시되었다. 식민성 장관은 이 법안에 반대한다는 의사를 공식적으로 밝혔지만, 1907년 1월 1일부터 "책임 있는 정부"의 지위를 갖게 될 트란스발 정부에는 이 문제를 알아서 처리하라는 메시지를 은밀히 전달했다. 실제로 새로 소집된 트란스발 의회는 여성을 등록 대상에서 제외시킨다는 점만 다른

---

22 Louis Fischer, *The Life of Mahatma Gandhi*, 88~89쪽에서 인용.

"아시아인 등록에 관한 법률"을 신속하게 통과시켰다. 이 법은 7월 31일부터 효력을 가질 예정이었다. 이제 조직적인 행동에 나설 때였다. "무저항의 저항 연합"이 결성되었다. 서약은 "만일을 위해" 다시 공개적인 선서를 거쳤고 이번에는 아무도 이탈하지 않았다.

투옥

1907년 7월 이후 사티아그라하 집회에는 수많은 인도인들이 참가했다. 어떤 때는 (요하네스버그와 프리토리아에 있는 총 1만 명의 인도인들 중에) 2천 명 이상이 참가를 해서 어쩔 수 없이 프리토리아 모스크에서 집회가 열리기도 했다. 하루는 아흐마드 무하마드 카찰리아라는 사람이 연설을 했다. 이 사람에 대한 간디의 묘사는 사티아그라하의 전형적인 "소박함"을 보여준다.

카찰리아 씨는 무척 상기되어 있었다. 얼굴은 물론 목까지 벌겋게 달아올라 있었다. 그는 온몸을 떨면서도 오른손을 목에 대고 목청을 가다듬고는 사자후를 토해냈다. "저는 교수형을 당했으면 당했지 이 법에 굴복하진 않겠다고 신의 이름으로 맹세합니다. 여기 있는 여러분들도 모두 저와 뜻을 같이하셨으면 좋겠습니다." 그는 이렇게 말하고는 자리에 앉았다. 그는 손가락으로 목을 만졌다. 단상에 앉아 있던 이들은 그에게 미소를 지었다. 나 역시 미소를 지었다.[23]

위의 묘사에서 느껴지는 감정은 다른 장면들에서도 전형적으로 나타난

---

23 Gandhi, *Satyagraha in South Africa*, 133쪽.

다. 이를테면 인도인들이 등록 사무소 근처에 가지 못하도록 감시를 한 (12세 이상의) 자원봉사자들이 있었는가 하면, 등록을 하고 안 하고는 개인의 자유라며 등록을 하러 가는 인도인들을 (사티아그라하 정신에 따라) 호위해 준 사람도 있었다. 등록을 막으려는 인도인들의 위협 속에서 트란스발 정부는 공식적인 등록 사무소 대신 한밤중에 개인의 주택을 임시 등록 사무소로 제공하기도 했으나, 최종 집계된 등록자의 수는 500명에 불과했다.

가장 먼저 체포된 인물은 "씩씩한 인상에 입심이 대단하며 산스크리트어로 여러 편의 시를 외우는"[24] 인도인이었다. 그는 곧 인도인들 사이에 "학식이 있는" 현자로 불리게 되었다. 트란스발 정부는 그를 체포함으로써 경고의 뜻을 분명히 전하려 했다. 하지만 그는 환송 인파에 에워싸인 채 감옥에 들어갔고 수감 중에도 인도인 공동체로부터 맛있는 음식 꾸러미를 끊임없이 전달받았다. 석방되는 날 그의 목에는 화환이 걸렸고 그를 위한 성대한 잔치가 열리기도 했다. 그는 인도인 공동체는 물론 남아프리카 전역에서 유명 인사가 되었다. 그런데 그가 갑자기 사라졌다. 그리고 계약 노동자 출신인 그가 사실은 인도에서 범죄를 저지르고 도망을 왔다는 사실이 밝혀졌다. 도망자 신세인 그는 자신의 명성을 감당할 수 없었던 것이다.

이제 간디의 차례였다. 트란스발에서 떠나라는 명령을 무시하고 그대로 남아 있던 그는 자신이 사건을 변호하던 바로 그 법정에 피의자 신분으로 서게 되었다. 재판을 보러 온 인도인들이 방청석을 메웠다. 그는 치안 판사에게 자신의 혐의를 순순히 인정했을 뿐만 아니라 범법 행위를 선동하고 주도한 혐의에 대해 중형을 선고해달라고 청했다. 그러나 그러한 호의는 베풀어지지 않았고 그는 독방에 수감되었다. 그곳에서 그는 실의에 빠지게

---

24 같은 책, 137쪽.

되었다. 트란스발 정부의 입장을 무력화시키기 위해 그의 추종자들이 감옥을 가득 채우지 못한다면 과연 어떻게 될 것인가? 그럴 경우 저항의 들뜬 기운은 꺾일 수밖에 없었다. 그는 자책을 했다. "내가 얼마나 어리석었던가! 사람들에게 감옥을 국왕이 제공하는 호텔로 생각하라고 했으니!"[25] 그는 죄수복을 입는 것에 동의하면서 좀 더 큰 독방으로 옮겨졌다. 그런데 얼마 후 150명의 인도인들이 활짝 웃으면서 감옥으로 떼를 지어 들어오기 시작했다. 사티아그라하 투쟁을 벌이다 수감된 인도인 재소자들은 어느 파탄인(Pathan)의 지도로 집단 체조를 했다.

> 그의 이름은 나와브칸이었다. 그의 독특한 영어 발음은 우리 모두를 웃게 만들었다. 그는 "Stand at ease(열중쉬어)"를 "Sundlies"로 발음했다. 처음에는 우리 모두 그 말이 인도 북부의 사투리인 줄 알았다. 나중에야 우리는 그것이 나와브칸식 영어임을 알게 되었다.[26]

이와 같은 떠들썩한 분위기는 꺾일 것 같지 않은 새로운 정신의 일부였고, 트란스발 정부는 그것을 주목하지 않을 수 없었다. 어느 날 경찰국장이 직접 감옥을 찾아와서 간디를 스뫼츠 장군의 집무실로 데리고 갔다. 런던에서 법학을 공부한 두 사람은 여기에서 "신사협정"을 맺었다. 스뫼츠 장군은 만일 인도인들이 **자발적인** 등록에 동의한다면 그 법을 폐지하겠다고 제안했다. 이에 동의한 간디는 요하네스버그까지 가는 기차 요금을 받고 그 자리에서 석방되었다. 다음날 간디는 집회를 열고 그의 추종자들에

---

25 같은 책, 149쪽.
26 같은 책, 153쪽.

게 사티아그라하의 원리를 따르는 사람은 적을 신뢰하기를 두려워하지 말아야 한다고 말했다. 이에 인도인 대다수는 손을 들어 등록을 하겠다고 서약했다. 하지만 트란스발을 통틀어 50명밖에 되지 않았던 파탄인들은 사티아그라하의 원리를 가혹하게 시험하기로 결심했다. 우리는 파탄인들의 생활 터전이 인도의 서북부 힌두쿠시 산맥이었다는 사실을 기억해야 한다. 후일 "붉은 간디"라 불린 가파르 칸(Ghaffar Khan)의 지휘 아래 영국의 정예 부대로부터 항복을 받아낸 그들은 카불시를 접수하면서 무장한 전사들이야말로 최고의 사티아그라하 운동가임을 온 세상에 알린 바 있다. 그런데 트란스발에서 그들은 소수 집단에 불과했다. 그들은 간디가 배신을 했다고 생각했다. 간디는 그들을 이렇게 평가했다.

> 파탄인들은 단순하고 어수룩하다. 그들이 용감하다는 것은 사실이다. 남을 죽이거나 죽임을 당하는 것이 그들에게는 흔한 일이다. 그들은 누군가에게 화가 나면 그를 무자비하게 두들겨 패고 심지어는 죽이기까지 한다.[27]

사실 그날 집회에 참석한 파탄인 가운데 한 사람은 누구든 처음으로 등록을 하는 사람을 자신의 손으로 죽이겠다고 공언했다. 사람들의 예상대로 처음으로 등록을 하는 사람은 간디 자신이 될 것이었다.

등록증 소각

1908년 2월, 등록 절차가 시작되자 간디는 자신의 사무실에서 1마일도 채 떨어지지 않은 등록 사무소를 향해 출발했다. 파탄인들이 그를 기다리

---

27 같은 책, 164쪽.

고 있었다. 그들로부터 어디에 가느냐는 질문을 받은 간디는 상인처럼 거래를 제안했다.

"만일 저와 함께 가신다면 여러분은 양손의 엄지손가락만 찍고 등록을 할 수 있게 해드리겠습니다. 물론 저는 열 손가락의 지문을 모두 찍을 생각입니다."[28]

그는 라마 신의 이름을 외칠 틈도 없이 파탄인들의 주먹에 고꾸라졌다. 그는 어느 침례교 목사의 집으로 옮겨져 치료를 받으면서 공개적인 발언을 삼가라는 충고를 들었으나 등록을 하겠다는 고집을 꺾지 않았다. 간디 자신은 피해자 진술을 거부했지만 폭행 현장에 있던 유럽인 목격자들의 진술로 파탄인 가해자들은 중노동형을 선고받았다.

스뫼츠 장군은 자진 등록을 슬그머니 유효한 것으로 만들었고 법을 폐지하겠다는 약속을 파기했다. 간디는 약속을 지키지 않은 것은 물론이고 비신사적인 행동을 한 것에 대해 스뫼츠 장군을 강력하게 비난했다.

인도인들은 스뫼츠에게 답변의 시한을 정한 서신을 보냈다. 그들이 수용할 수 있는 유일한 답변은 법안의 철폐였기 때문에 그것은 스뫼츠의 표현대로 "최후통첩"이었다. 또한 요구가 받아들여지지 않을 경우 그들이 취할 수 있는 유일한 방법은 자발적으로 발급받은 등록증을 집단 소각하는 것이었다. 트란스발 의회의 의원들이 "분노를 참지 못하고" 지체 없이 스뫼츠가 제출한 법률 일부 개정안을 "만장일치로" 통과시키자 사티아그라하 지도자들은 이를 오히려 환영했다. 그들은 이제 행동에 돌입해야 한다

---

28 같은 책, 167쪽.

는 공감대를 형성하고 있었다. 최후통첩의 시한으로부터 두 시간이 지난 뒤 요하네스버그에서 찾을 수 있는 가장 큰 솥이 2,000장의 등록증을 소각할 준비를 마치고 모스크의 마당에 놓여졌다. 만일 정부가 자발적으로 맺어진 합의안을 파기할 수 있다면 시민들 역시 자발적으로 발급받은 등록증을 소각할 수 있는 것이었다. 트란스발 정부의 답변은 모스크에 모여 있던 인도인들을 실망시키지 않았다. 어떤 이가 자전거를 타고 와서 전달한 정부의 부정적인 답변에 모스크의 인도인들은 환호했다. 간디가 말한 바와 같이 "등록증을 소각할 기회는 그들의 손에서 빠져 나가지 않았다." 그럼에도 등록증을 소각함으로써 정부와 그들을 잇는 상징적인 다리가 파괴된다는 사실에 간디는 "환호의 감정이 과연 타당한 것인지" 회의를 갖기도 했던 것 같다. 어쨌든 종교개혁의 횃불은 로마 교황의 칙서를 불태움으로써 타오르기 시작하지 않았던가? 런던의 어느 일간지는 등록증의 소각을 보스턴 차 사건(Boston Tea Party)에 비유하기도 했다. 그것은 확실히 잔치(party)였다. 간디를 죽이겠다고 협박했던 파탄인은 간디에게 공개 사과를 했고 군중은 그에게 악의가 없었음을 박수로 인정해 주었다.

"무저항의" 저항?

간디는 『남아프리카에서의 진리 추구 운동』에서 "무저항의" 저항이 가지고 있는 적극적인 면모에 대해 서술하고 있다. 사안별로 즉흥적인 투쟁이 펼쳐지던 시기에 비해 그 책이 집필된 1920년대 초에는 사티아그라하의 원리가 훨씬 정교하게 다듬어져 있었다. 하지만 간디는 오만한 정부에 대항하기 위해 새로운 투쟁 방법들을 고안하는 가운데 그와 인도인 공동체가 어떤 신성한 진리가 정해준 운명을 따른다는 느낌을 가졌으며 그로부터 커다란 기쁨과 자부심을 누렸다는 사실을 그 책의 모든 페이지에서 드러내고 있다. 쿨리 변호사였던 간디 자신도 스뫼츠 같은 권력자의 약속을 믿는 바람에 신체적 폭행을 당하는가 하면, 그 과정에서 자신의 본업이 뒷전에 밀리는 경험을 통해 어떤 해방감을 맛본 것 같다. 어쨌든 그는 어린 모니야의 정신에 다시 이끌리게 되었고, 그와 트란스발의 인도인들은 새로운 실험을 감행함으로써 강력한 적—트란스발 정부, 영국 정부, **모든** 정부—으로 하여금 약자의 힘을 인정하지 않을 수 없게 만들었다. 비폭력적 "무기"를 가리키는 적당한 용어를 찾는 일의 어려움은 간디의 모든 저작과 영어를 사용하는 저자들에게서[29] 공통적으로 나타나는데 그 모든 것이 그때 그곳에서 시작되었다. 간디는 마치 장난을 치듯 "군인"에서 "순례자"로 자신의 이미지를 변화시키는가 하면 스스로를 "장군"으로 부르다가 "청소부"로 바꿔 부르기도 한다. 반대로 남아프리카에 체류하는 인도인들의 투쟁을 가리켜 금지된 주 경계선을 넘는 "순례"라 부르다가 "아시아인들의 침범"으로 부르기도 했다. 물론 두 번째 표현은 자신들의 필요에 의해 인도인들을 끌어들여 노예로 부려먹다가 나중에 가서 인도인들의 "침범"에 호들갑을 떤 유럽인들을 비아냥거리는 것이었다.

남아프리카의 인도인들이 간디의 투쟁에 점진적으로 참여하게 된 과정을 서술하기에는 아직 이르다. 우리는 아직 아메다바드에서 멀리 떨어져 있기 때문이다. 간디는 자신의 원대한 전략에 따라 계획한 바를 충실히 행하고 있었다. 여기에서는 연이어 약속을 파기한 정부로부터 입은 "타격"에 간디가 어떻게 대응했는지를 살펴보는 것으로 충분하겠다. 특별한 시험을 통과한 인도인들이 그를 돕고 있었음에도 그들은 남아프리카 내에서 자유

---

29 이를 가장 인상적으로 표현한 것은 Louis Fischer의 은유일 것이다. 그는 "국민회의라는 안장에 앉기 전까지"는 간디가 그 밑에 깔린 "혹"과 같았다고 적었다. 위에서 언급한 책, 133쪽.

로운 이동에 제약을 받는 신분이었기 때문에 간디는 인도인 공동체 내에서 엘리트 계층의 협조를 얻는 것이 중요하다는 사실을 깨닫게 되었다.

1912년 고칼레가 남아프리카 연방(보어전쟁이 영국의 승리로 끝난 뒤 오렌지 자유국과 트란스발 공화국은 보어인들의 자치에 맡겨지고 케이프 식민지와 나탈은 영국 총독의 통치를 받았으나 1910년 영국은 이 네 지역을 합쳐 남아프리카 연방을 출범시켰다 – 옮긴이)을 방문했다. 인도인들을 의식한 남아프리카 정부로부터 그는 최고의 예우를 받았는데, 이 방문을 통해 그는 자신의 의도와는 무관하게 당대를 대표하는 평화의 사절인 네빌 체임벌린(Neville Chamberlain)에 버금가는 역할을 수행했다. 장관들과의 회담에서 고칼레는 계약 기간이 만료된 인도 노동자들에게 매년 3파운드씩 부과되던 세금의 폐지를 약속받았다고 믿었다. 남아프리카 정부는 그런 사실을 즉각 부인했지만 간디는 정부에 대한 요구사항에 그 내용을 포함시킴으로써 **인도인 노동자들**에게 장기적 이해관계가 달린 문제를 부각시키는 데 성공했다.

고칼레가 톨스토이 농장(간디가 피닉스에 이어 요하네스버그에 두 번째로 세운 집단 농장 – 옮긴이)을 방문했을 때 농장의 주인은 "고칼레가 역에서 농장까지 1.5 마일을 걸어가리라고 생각할 만큼 어리석었다."[30] 간디는 고칼레의 운동 부족과 항상 마차를 타고 다니는 습관을 놀리곤 했다. 어쨌든 그날은 비가 내렸고 고칼레는 결국 감기에 걸리고 말았다. 하지만 고칼레는 모든 도움을 물리치면서 이렇게 말했다. "불편함은 참아보겠네만 어떻게든 자네의 콧대는 꺾어놓고 싶네."

고칼레의 성공적인 남아프리카 방문을 도우면서 간디는 인도인에 대한 3파운드의 세금이 반드시 폐지될 것이라는 고칼레의 확신을 짐짓 진지하

---

30 Gandhi, *Satyagraha in South Africa*, 248쪽.

게 받아주었다. 연장자들을 부정적으로 평가하지 못하는 간디의 성향은 여전했다. 하지만 그는 엘리트 지도자들의 방식을 당장은 묵인하면서도 장차 그가 풀뿌리 운동이라고 부르는 방식으로 그것을 대체하겠다는 다짐을 마음에 새기고 있었다. 그리고 사실 그때까지만 해도,

계약 노동자들 사이에서 사티아그라하는 언급조차 되지 않고 있었다. 그들은 사티아그라하에 동참하기 위해 요구되는 교육 수준을 갖고 있지 못했다. 대부분이 문맹이었기 때문에 그들은 〈인디언 오피니언(Indian Opinion)〉이나 다른 신문들을 읽지 못했다. 하지만 나는 이 가난한 민중이 우리의 투쟁을 지켜보고 있으며 이 운동을 이해하고 있다는 사실을 알고 있었다. 그들 중 일부는 자신들의 무능으로 이 운동에 동참할 수 없음을 안타깝게 여기기도 했다. 그러던 중 장관들의 입장 번복으로 3파운드의 세금이 우리의 싸움에서 중요한 문제가 되었다. 나는 그들 중 누가 이 투쟁에 동참할 것인지 짐작조차 하지 못하고 있었다.[31]

이제 대중의 지지와 그에 따르는 정치적 힘이 사티아그라하의 투쟁 방식을 점점 강력하게 뒷받침해주었다. 오늘날 세계 곳곳의 저항의 현장에서 흔히 볼 수 있는 투쟁 방식이 이때부터 시작된 것이다. 이 가운데 남아프리카에서 가장 적극적으로 행해진 방식은 주 경계선을 의도적으로 "침범"함으로써 체포와 투옥을 자청하는 것이었다. 이는 남아프리카 정부로 하여금 어떤 조치를 취하지 않으면 안 되게 만들었는데, 그것이 경찰력을 동원하는 것이든 아니면 불법을 방임하는 것이든 정부로서는 곤혹스러운 일이었

---

31 같은 책, 273쪽.

다.

이제는 역사의 고전이 된 사건들을 설명하기에 앞서 우리는 한 가지 중요한 문제를 주목해 보아야 한다. 그것은 사티아그라하 운동가들의 초점이 어디에 맞춰져 있었으며 그들의 한계는 무엇이었느냐 하는 것이다. 인도인들은 간디를 따를 준비가 되어 있었기 때문에 대답은 분명했다. 그들은 **모든** 부당한 조치가 시정되기를 원했다. 하지만 간디는 사티아그라하 운동의 힘이 완전히 발휘되기 위해서는 목표가 단계적으로 설정되어야 한다고 생각했다. 사티아그라하 운동가들은 필요하다면 언제든 죽을 각오가 되어 있었지만 그보다 먼저 결코 양보할 수 없는 최소한의 목표를 자신과 적 앞에서 명확하게 정해둘 필요가 있었다. 요구가 관철될 조짐이 보일 때 더 많은 것을 요구한다면 이는 적 앞에서 투쟁의 진정한 성격을 흐리는 것이며 자기희생의 고귀한 정신을 훼손하는 것이었다. 투쟁의 도구가 지닌 본질적인 성격이 위협받는 것도 바로 이러한 때이다. 한두 차례 사용하고 나서 날이 뭉툭해지는 도구라면 그것은 신뢰할 수도, 오래갈 수도 없기 때문이다.

사티아그라하는 사안에 따라 가장 적절한 원리에 의해 펼쳐졌고 그러지 않았더라면 쇠퇴하고 말았을 것이다…… 만일 누구든 자신의 힘을 헤아리지 않고 사티아그라하를 펼치다가 패배를 당한다면 그는 자신의 명예를 더럽히는 것은 물론이고…… 자신의 어리석음으로 인해 사티아그라하에도 불명예를 안기는 꼴이 될 것이다…… 사티아그라하에서는 최소가 곧 최대이다. 그것은 물러설 곳이 전혀 없는 최소이기 때문에 후퇴란 있을 수 없으며 오로지 전진만이 가능하다…… 우리의 힘이 아무리 강하다 할지라도 처음의 요구가 관철되는 순간 우리의 투쟁은 거기에서 끝나야만 한다.[32]

그런데 간디는 자신의 대의명분이 출발점에서부터 불공평한 조건에 놓여 있음을 깨달았다. 계약 노동자들의 이주 정책은 처음부터 잘못된 것이었기 때문에 후일 인도인 노동자에 대한 입항 금지 조치가 내려졌을 때 그는 이에 반대하지 않았다. 사실 제한 없는 이주로 인해 계약 노동자들이 조금이나마 이익을 얻은 것도 아니고, 남아프리카의 유럽인들이 두려워하듯 그들이 정치적 세력을 확장한 것도 아니었다. 오히려 간디는 이러한 역사적 딜레마에 빠진 인도인들의 자존감과 사회적 안정을 해칠 수 있는 모든 입법에 반대했다. 이를 위해 인도인들의 사기를 꺾는 일이 더 이상 일어나지 않도록 그는 모든 노력을 기울여야 했다.

1913년 케이프 최고 법원의 어느 판사가 또 다른 불씨를 제공했다. 그는 기독교 의식을 따르지 않았거나 관청에 혼인 신고가 되지 않은 모든 혼인 관계를 무효화시켰다. 이에 따르면 인도인 대다수의 결혼은 무효가 되는 것이었다. 법원의 결정에 맞서 사티아그라하를 조직한다는 것은 쉽지 않은 일이었지만 여성과 모국을 동시에 모욕하는 그러한 결정은 간디로 하여금 (그가 사티아그라하의 "최전선"이라 부르던) **인도 여성들**이 "희생적 행동에 나서야 할 당위성"을 주장하도록 만들었다. 처음에는 지식인들이, 그 뒤를 이어 노동자와 여성이 나서지 않는다면 사티아그라하가 대중 운동으로서 성공할 수 없다는 사실은 분명했다. 이 과정에서 간디는 사티아그라하의 정신이자 양심으로서 지도자의 역할을 수행했고, 전략적 감각 기관이자 신경 조직인 그의 측근들은 투쟁에 동참할 대중이 어느 정도 준비되어 있는지를 판단하는 역할을 했다.

32 같은 책, 206, 209쪽.

아시아인들의 침범

1913년, 우리는 이제 남아프리카 연방 정부를 끈질기게 시험하고 괴롭힌 "침범"의 역사를 마주하게 된다. 이것은 새로운 인도 민중의 역사이기도 하다. 우리는 아메다바드에 이르러 그들에 관한 이야기를 다시 듣게 될 것인데, 그곳에서 간디는 방직 노동자들을 거의 신화적 지위에 가까운 영웅주의의 표상으로 내세우게 된다. 여기에 해당하는 최초의 인물은 소라브지(Sorabji)라는 이름의 파르시였다. 간디가 그의 동료들 각자가 지닌 약점을 두드러지게 표현한 것은 사티아그라하를 통해 그들 모두가 영웅이 될 수 있음을 보여주기 위함이었는데, 간디는 소라브지가 "결정적인 순간에 뜻을 굽히지 않을" 것인지 여전히 확신하지 못하고 있었다. 어쨌든 소라브지는 트란스발의 폭스러스트(Volksrust) 마을로 주 경계선을 불법으로 넘는 임무를 부여받았다. 나탈과 주 경계선을 맞대고 있는 트란스발의 이 작은 마을은 "이후 펼쳐질 낯선 광경들과 그것이 인도와 시민 불복종의 역사에서 띠게 될 중요성을 전혀 모르고 있었다." 하지만 정부는 이들에 대해 아무런 반응을 보이지 않았으며, 간디는 이를 "교묘한 무관심"이라고 불렀다. 사티아그라하 지도자들은 정부를 괴롭힐 새로운 방법을 찾아야 했다. 이렇게 해서 부유한 상인과 지식인들이 트란스발을 향해 최초의 "침범"을 하게 되었으며 이들 가운데에는 간디의 장남 하릴랄도 포함되어 있었다. 그들은 체포되어 나탈로 돌려보내졌으나, 곧바로 주 경계선을 다시 넘었으며 결국 3개월의 중노동형을 선고받았다. 이에 대한 인도인들의 반응은 이러했다.

트란스발의 인도인들은 두려울 것이 없었다. 그들은 나탈에 있는 동포들을 석방시킬 수 없다면 그들이 있는 감옥에 함께 들어가겠다고 결의했다. 그들

은 감옥에 갈 수 있는 방법을 찾기 시작했다.[33]

이제 본격적인 승부가 시작되었다. 지식인들과 상인들은 경찰에 체포되기 위해 허가 없이 거리에서 채소 바구니를 들고 행상을 했다. 그들 가운데에는 "말레이인 부인과 마차를 소유한" 사람도 있었고, 캠브리지 대학을 졸업한 이도 있었다. 불법 행상은 지방정부가 단속을 해야 했기 때문에 중앙정부는 손을 쓸 틈도 없이,

> 난감한 상황에 직면하게 되었다. 나탈에서 주 경계선을 "침범"했다가 3개월 형을 선고받은 이들과, 트란스발에서 불법 행상을 하다가 체포되어 4일에서 3개월의 형을 선고받은 인도인들로 감옥이 가득 차게 되었다.[34]

간디 역시 체포되어 폭스러스트 교도소 취사장에서 노역을 하며 함께 갇힌 75명의 인도인 동지들을 위해 열심히 음식을 만들었다. 교도소 측은 그를 징벌하기 위해 (그리고 아마도 다른 인도인 재소자들에게 끼칠 수 있는 영향을 차단하기 위해) 독방에 가두었다.

웃음거리가 된 정부는 새로운 무기를 찾을 때까지 가혹해지기 마련이다. 물론 그들의 가장 오래된 무기는 감옥을 가득 채우는 것이었다. 추방 역시 그들의 무기였다. 처음에는 주 경계선 밖 또는 포르투갈령 동아프리카로 사티아그라하 지도자들을 내보내던 정부는 점차 그들을 "모국"으로 추방하는 것이 최대의 위협이 된다는 사실을 깨달았다. 남아프리카의 인도

---

33 같은 책, 218쪽.
34 같은 책, 218쪽.

인들 다수가 더 이상 인도에 연고를 갖고 있지 않았고 개중에는 인도에 한 번도 가본 적이 없는 이들도 있었기 때문이다. 여기에 추방을 당하는 인도인은 가족과 재산을 남아프리카에 남겨두어야 한다는 위협이 더해졌다. 하지만 남아프리카 정부의 이러한 조치는 인도와 영국의 여론을 들끓게 했으며 장기적으로는 간디의 전략을 도와주는 꼴이 되고 말았다. 간디는 남아프리카의 사티아그라하를 영국의 다른 식민지와 본국에 있는 인도인들이 그들의 처지를 직시하는 계기로 삼겠다는 계획을 가지고 있었다.

일이 점점 커지고 있던 이 시기에 간디가 지도자의 역할을 수행하는 동시에 그의 아내와 아이들이 일원이 된 새로운 공동체에서 가장의 역할을 해냈다는 것은 주목할 만한 일이다. 톨스토이 농장은 부유한 건축가이자 독일계 유대인인 칼렌바흐(Kallenbach)[35]가 매입해서 사티아그라하 지도자들에게 기증한 것이며, 농장의 이름은 육체노동과 자연을 따르는 (고기가 없는) 식단의 도덕적 가치에 대한 그 위대한 러시아인의 사상을 기념하기 위해 그렇게 지어진 것이다. 어떤 이는 톨스토이로부터 영감을 받아 당시 팔레스타인에서 유대인 정착촌을 건설하기 위해 펼쳐지던 키부츠(kibbutz) 운동을 칼렌바흐가 의식했을지도 모른다고 추측한다. 하지만 키부츠와 장차 아슈람의 모델이 된 이 농장의 가장 큰 차이는, 이 농장에서는 남녀가 따로 생활했다는 사실에 있다. 어쨌든 칼렌바흐는 더반 인근의 트라피스트

35　나는 최근 남아프리카를 방문해서 케이프타운대학 학생들에게 남아프리카가 수출한 사티아그라하에 대해 강연할 기회가 있었다. ("통찰과 자유" T. B. Davie 9주기 기념 강연, 케이프타운대학교, 1968년) 현지의 몇몇 친구들은 내가 요하네스버그 인근에 있는 톨스토이 농장을 방문하도록 도움을 주었는데, 인근의 주민들은 간디에 대해 전혀 들어본 적이 없었다. 농장의 본관으로 사용되었던 건물에는 어느 백인 가족이 살고 있었다. 칼렌바흐와 관련해서는, 같은 성(姓)을 가진 어느 백인이 선대에 "부유한 괴짜 어른" 한 사람이 있었다는 사실을 전화로 확인해 주었다.

수도회를 방문한 적이 있었고 그곳에서 배운 샌들 만드는 법을 간디에게도 가르쳐주었다. 당시 간디는 농촌에서의 새로운 운동을 구상하는 중이었고 감옥에서도 그러한 구상은 계속 이어졌다.

한편 여성들은 이제 사티아그라하 운동가로서 동등한 대우를 받고 있었다. (간디의 수도회적인 열망이 드러나는 명칭의) "톨스토이 자매들"과 "피닉스 자매들"은 새로운 돌격대의 일원으로 주 경계선을 넘는 임무를 맡게 되었다. 나탈에서 트란스발로 넘어간 "피닉스 자매들"이 먼저 성공을 거두었다. 그들 대부분은 구자라트 출신이었으며 그중 카스투르바를 포함한 다섯 명은 간디의 친인척이었다. 간디는 자신의 아내가 포함되어 있다는 사실에 대해 처음에는 의도적으로 무관심한 모습을 보였다. 그녀가 떠밀려서 참여한다는 느낌을 갖지 않도록 하기 위해서였다. 하지만 그는 불안감을 애써 감추지도 않았다.

> 당신이 법정에서 겁을 먹거나 감옥에서 두려움에 떤다고 해도 나는 당신을 탓할 수 없소. 하지만 그럴 경우 나는 어찌 해야 되겠소? 내가 당신을 어떻게 감싸며 무슨 낯으로 사람들을 대하겠소?[36]

물론 그녀는 굳건히 맞섰다. 그녀의 일행은 주 경계선을 지키는 경찰들에게 각자의 이름을 밝히지 않았다. 경찰이 간디의 가족이 포함되어 있다는 사실을 알게 되면 그들을 체포하지 않을 수도 있었기 때문이다. 그들은 재판을 받고 3개월의 중노동형을 선고받는 데 성공했다.

마드라스 출신의 "톨스토이 자매들"은 처음에는 "성공"을 거두지 못했

---

36 Gandhi, *Satyagraha in South Africa*, 280쪽.

다. 그들도 트란스발의 주 경계선을 넘었지만 그들 가운데 여섯 명이 아기를 안고 있었기 때문에 경찰이 체포를 주저한 것이다. 그러자 경계선을 넘어 다시 나탈로 들어오되 그래도 체포되지 않으면 그 길로 곧장 뉴캐슬의 탄광으로 가서 3파운드의 인두세에 항의하는 파업을 선동하는 새로운 임무가 그들에게 주어졌다. 그렇게만 하면 확실하게 체포될 수 있었다! 그런데 사티아그라하 지도부는 물론 남아프리카 정부도 차라리 그들이 주 경계선에서 체포되는 편이 나았으리라 생각하게 된 상황이 벌어졌다. 광부들이 파업을 결의하고 수백 명, 수천 명씩 작업에서 이탈했기 때문이다. 광부들 대다수는 마드라스 출신의 타밀족이었는데, 모국 여성들의 연설이 그들의 마음을 움직인 것이다. "기쁘기도 하고 당혹스럽기도 한" 상황에서 간디는 어떻게 해야겠다는 확실한 계획도 없이 일단 뉴캐슬로 향했다. "군중"이 움직이기 시작한 그때 체포된 인도인 여성들이 일반 죄수들과 섞여서 수감되어 있다는 뉴스가 온 세계에 타전되었다. 이제 간디의 지도력과 행동방식은 결정적인 시험대에 오르게 되었다. 하지만 사태의 엄중함에도 불구하고 모든 일은 프란체스코 수도회 같은 밝은 분위기 속에서 진전되었다. 탄광의 소유주들은 파업에 돌입한 광부들의 사택에 수도와 전기 공급을 끊었다. 간디는 광부들에게 "노동자들의 유일한 선택은 광업소 소유의 사택을 떠나 순례자들처럼 전진하는 것"이라고 거침없이 조언했다. 그는 광부들에게 사택을 나오면서 개인 소유물은 모두 팔고 몸에 걸친 옷과 이불을 제외한 회사 소유의 물건에 일체 손을 대지 말라고 말했다. 하지만 그들을 어디로 이끌고 갈 것이며 그들을 어떻게 먹일 것인지에 대한 계획은 없었다. 당시 간디는 뉴캐슬의 라자루스(Lazarus)라는 사람의 집에 머물고 있었다. 라자루스는 작은 집과 약간의 땅을 소유한 마드라스 출신의 기독교인이었다. 그의 작은 거처가 "집을 떠나 떠돌이 신세가 된" 순례자들에게 "여인숙"이 되었다. 다행히도 날씨가 좋았고, 뉴캐슬의 상인들은 광부들에게 솥과 쌀 그리고 콩이 든 자루를 건네주었다. 광부들의 사기는 드높았다. 하지만 간디와 보건당국은 조마조마한 마음으로 그들을 지켜보았다. 인도인 광부들의 위생 관념은 남아프리카에 계약 노동자로 온 뒤에도 전혀 나아지지 않았기 때문이다. 그런데 어쩐 일인지 모든 이가 "상황의 엄중함을 이해하게 된" 것 같았다. 늘 그래왔듯이 간디는 그들에게 위생과 집단생활과 관련된 금지사항은 물론 다가오는 대행진에 필요한 기본적 윤리수칙을 이야기했다.

행진 중에 다른 이의 소유물에 절대 손을 대서는 안 됩니다. 경찰이든 민간인이든 유럽인들이 여러분에게 모욕을 가하거나 심지어 구타를 할지라도 꿋꿋이 견뎌야 합니다. 경찰이 체포를 하려고 하면 순순히 체포에 응하십시오.[37]

50대의 나이가 되어 이때의 상황을 기록하면서도 간디는 이후 어떻게 해야 할지 갈피를 잡지 못했음을 솔직하게 털어놓고 있다. 무엇보다 수천 명의 (셀 수조차 없었던) 남녀 성인과 어린아이들은 어디든 "안전하게 들어가 있을" 곳이 필요했다. 그들을 기차로 이동시킬 수는 없었다. 돈도 없었거니와 그 많은 인원의 일사불란한 이동을 지휘할 방법도 없었기 때문이다. 트란스발 주 경계선은 36마일 떨어진 곳에 있었다. 이틀을 꼬박 걸어야 할 거리였다. 광부들은 그 계획에 찬성했다. "불쌍한 라자루스에게 더 이상 폐를 끼칠" 수 없었기 때문이다. 뉴캐슬 당국도 전염병이 퍼질 가능성을 차단해야 할 절박한 필요성을 느끼고 있었다. 하지만 나는 이 모든 이유 이외

---

37 같은 책, 293쪽.

에도 간디가 인도인 대행진(Indian Trek)을 계획한 또 다른 이유가 있었으리라 생각한다. 그는 남아프리카사람들의 마음에 반향을 불러일으킬 단호한 몸짓으로 이를 계획했는지도 모른다. 일찍이 간디는 보어인들이 자유를 얻기 위해 정착지와 집을 버리고 버려진 땅을 향해 먼 여정을 떠난 사건에 깊은 인상을 받았기 때문이다. 그 유명한 보어인 대이동(Boer Trek)은 이때의 대행진과 이후 많은 나라에서 벌어진 수많은 행진에 영웅적인 모델을 제공해주었는지도 모른다.

대행진

1913년 10월 28일, 대행진(the Great March)이 시작되었다. 물론 간디는 이 사티아그라하의 "병사"들에게 그들 앞에 놓인 수많은 위험과 어려움들에 대해 미리 경고를 했고 병사 한 사람당 하루에 1.5파운드의 빵과 1온스의 설탕만 배급할 수 있다는 사실을 알렸다. 주 경계선을 넘기로 한 11월 6일, 대열에는 2,037명의 남자와 127명의 여자 그리고 57명의 어린이가 남아 있었다. 간디는 행진 과정에서 (스스로 "청소"를 함으로써 그를 따르는 사람들로 하여금 부끄러움을 느끼게 하며) 보건당국과 긴밀히 협조했고 식량 배급을 직접 챙김으로써 혹시 있을지 모를 혼란을 예방했다.

『남아프리카에서의 진리 추구 운동』에는 우리를 당혹스럽게 만드는 대목이 있는데, 간디는 여기에서 신화와 역사의 사례를 언급함으로써 이 새로운 형태의 순례가 지닌 정신에 각별한 경의를 표하고 있다.

찰스타운에 집결한 이들 남녀는 놀라운 극기심으로 각자의 소임을 굳게 지켰다. 우리를 그곳까지 인도한 것은 평화의 사명이 아니었다. 무릇 평화를 갈구하는 이는 자신의 내면에서 그것을 찾아야 한다. 우리는 세상 어디에서나

대행진

"이곳에는 평화가 없다"는 말을 들을 수 있다. 하지만 진정한 평화는 미라바이[구자라트에서 사랑받는 15세기 바크티의 여류시인]처럼 경건한 이가 평정심을 잃지 않고 자신의 입술에 독배를 갖다 대는, 소크라테스가 감옥의 어두운 독방에서 조용히 죽음과 포옹하며 자신의 친구들과 우리에게 평화를 찾는 이는 내면에서 그것을 찾아야 한다는 신비스러운 가르침을 전하는, 그러한 폭풍의 순간 한가운데에 있다. 형언하기 힘든 그러한 평화 속에서 사티아그라하의 병사들은 내일 무슨 일이 있을지 조금도 걱정하지 않으며 잠을 청했다.[38]

이 대목은 도중에 아이를 잃은 두 여성 "순례자"의 사연에 이어서 나온다. 그중 한 여성은 강물에 떨어진 자신의 아이가 물살에 휩쓸려 떠내려가

---

38 같은 책, 297~298쪽.

는 것을 속절없이 지켜보아야만 했다. 그러나 두 여성 모두 절망하지 않고 행진을 계속했다. 자식보다 귀중한 평화라니!

사실 이 대목은 당시의 상황보다 추억에 잠긴 기록자의 기분을 더 반영하고 있는 것 같다. 당시 간디에겐 차분히 생각을 할 시간이 없었을 것이다. 그는 파국을 막기 위해 스뫼츠 장군에게 편지와 전보 그리고 전화로 3파운드의 인두세만 폐지하면 광부들을 탄광으로 복귀시키겠다는 뜻을 전했다. 그러나 정부는 경찰력으로 사태를 진정시키겠다는 입장을 굽히지 않았다. 이런 가운데 뜻밖에도 남아프리카의 유럽인들은 **그들 편**에서 가해질 수 있는 폭력을 막기 위해 힘을 모았고 여러 가지로 성가신 뒤치다꺼리가 그들의 몫이 되었음에도 이 평화적인 행진에 우호적인 태도를 보였으며 그들에게 도움을 제공하기까지 했다. 간디는 이 행진 도중에 세 차례 체포되었다. 그는 처음 두 번은 보석으로 풀려나 대열의 선두에 복귀했다. 하지만 세 번째에는 트란스발 정부의 출입국 관리소장이 직접 간디를 체포하는 현장에 나왔다. 간디는 자신을 따르는 행렬을 향해 마지막 당부의 말을 남기려 했으나 출입국 관리소장은 어떠한 연설도 허용하지 않았다. 마하트마는 그 일을 이렇게 회고한다.

그는 우리의 비폭력을 신뢰하고 있었기 때문에 2천 명의 인도인들에게 둘러싸여 있었음에도 내가 그 상황에서 어떻게 대처할 것인지 잘 알고 있었다. 그는 또한 나를 구인하더라도 내가 그에 따를 것임을 알고 있었다. 이에 따라 그는 구인장에서 나에게 피의자 신분임을 따로 상기시킬 필요조차 없었다.[39]

---

39 같은 책, 308쪽.

이제 톨스토이 농장으로 (8일이 더 걸리는) 행진을 계속한 뒤 그곳에서 흙집을 지으며 농사를 짓는 것이 "순례"의 계획이었다. 그런데 요하네스버그 인근의 밸푸어(Balfour)에서 세 편의 기차가 이들을 기다리고 있었다. 간디의 부재 상태에서 헨리 폴락은 그들을 설득해 아무런 저항도 하지 말고 순순히 열차에 오르도록 했다. 은유는 행진의 마지막 순간에 대한 설명에도 사용되었다.

지휘관들을 선출해야 한다거나 오로지 한 지휘관의 지시만 따라야 한다고 주장하는 것은 군인들답지 않은 행동이었다…… 어차피 감옥은 순례의 목적지였으므로 자신들을 체포하려는 정부의 방침에 그들은 오히려 감사를 해야 마땅했다.[40]

노동자들의 우려는 현실이 되었다. 정부는 그사이 뉴캐슬의 탄광촌을 (보어 전쟁 때 처음 사용된 용어인) 집단 수용소로 바꿔놓았다. 사티아그라하의 비폭력에 대해 공식적으로 노예제도의 수단을 동원한 이 야만적 조치는 비폭력 저항에 당황한 정부가 결과적으로 반대자들을 도와주는 꼴이 된 수많은 역사적 사례들 가운데 하나였다. 하룻밤 사이에 "남아프리카 문제"가 인도와 유럽 전역에서 가장 뜨거운 현안으로 부상했기 때문이다. 나탈의 다른 지역들에서도 파업이 일어났고 이에 대한 경찰의 야만적인 진압은 국가의 폭력이 사티아그라하의 목표와 방법을 더욱 정당화시켜주는 결과를 낳으며 정부를 곤경에 몰아넣었다.

처음과 마찬가지로 결말 역시 간디다운 방법—어쩌면 방법이라는 것이

---

40 같은 책, 309쪽.

아예 결여된 듯한―으로 이루어졌다. 정부는 이 문제를 해결하기 위해 위원회를 구성했다. 하지만 이 위원회에는 인도인이 한 명도 포함되어 있지 않았기 때문에 사티아그라하 지도부는 정부의 제안을 거부하고 간디가 석방되는 대로 새로운 행진을 시작하겠다는 계획을 세웠다. 그런데 이때 남아프리카 철도 노조가 순전히 자신들의 문제로 전면 파업에 돌입했고 이에 정부는 계엄령을 선포하지 않을 수 없었다. 간디는 철도 노동자들이 정부의 곤경을 의도적으로 이용하려 한다면 사티아그라하 지도부는 거기에서 어부지리를 얻지 않겠다고 선언했다. 그는 스뫼츠에게 정부가 철도 파업 문제를 해결할 때까지 사티아그라하 운동을 중단하겠다고 밝혔다. 이 결정은 대담하면서도 현명한 것이었다. 사티아그라하는 무대 한가운데에서 조명을 받을 필요가 있었기 때문이다.

위원회의 보고서 내용은 전체적으로 인도인들에게 유리했다. 그 결과로 제안된 "인도인 구제 법안"에 대한 연방 의회의 논의는 대중에게 각인된 평화 대행진의 긍정적인 인상 덕분에 "충분한 시간을 두고 우호적으로" 진행되었다. 간디가 요약한 바에 따르면 그 법안은 인도에서 합법적으로 인정된 결혼을 (일부일처에 한해) 남아프리카에서도 유효한 것으로 간주한다는 내용을 담고 있었다. 간디는 스뫼츠 장군에게 보낸 마지막 서한을 이렇게 끝맺고 있다.

아시다시피 일부 인도인들은 그 법안이 …… 완전한 이주의 자유는 물론 주택과 토지 소유권에 대한 완전한 권리를 보장하는 쪽으로 수정되지 않은 것에 대해 불만을 가지고 있습니다…… 그들은 위의 문제들이 사티아그라하 투쟁에 포함되어야 한다고 줄곧 요구해 왔습니다. 하지만 나는 그들의 요구에 응할 수 없었습니다…… 나는 인도인 계약 노동자들의 입국이 금지되었고 지난해의 이민 규제법에 의해 자유 인도인들의 이민도 사실상 중단되었으며 이곳의 인도인들이 정치적 야심을 전혀 가지고 있지 않다는, 이 모든 사실을 남아프리카의 유럽인들이 이해하게 되기를 바랍니다. 그러면 그들 또한 위에서 언급된 권리들이 인도인들에게 허용되어야 할 정당성과 필요성을 깨닫게 될 것입니다.[41]

1914년 7월, 간디는 남아프리카를 영원히 떠났다. 그는 이곳에서 보낸 21년 동안 "단맛과 쓴맛을" 다 보며 "인생의 소명을" 깨달았다. 크게 보면 그가 남아프리카에서 벌인 운동은 결국 인도인들이 패한 전쟁 속의 작은 전투들에 지나지 않았다. 오늘날 남아프리카 공화국의 완고한 정부는 영국의 영향에서 벗어나 있지만 당시만 해도 인도에 영구 귀국해서 반년이 지난 뒤 간디는 이렇게 적고 있다.

우리는 영국의 정체(政體)를 구성하는 원리가 온전히 유지되는 범위 내에서 싸웠으며, 이는 언젠가 현실이 그 원리에 근접할 수 있도록 하기 위함이었다…… 무저항의 저항은…… 현재로서는 적절하지 않다. 그것은 오로지 인도 민중이 보편적으로 분노를 느끼거나 그들의 자존감 또는 양심이 훼손되는 사안에 한해서만 적용될 수 있다…… 우리의 불만은…… 언제든지 남아프리카에서 싸운 정도로까지는 나아갈 수 있다…… 그런 일이 생길 때까지는 청원 등의 방법이 사용될 수 있으며 실제로도 그렇게 되고 있다.[42]

---

41 같은 책, 336~337쪽.

42 J. B. Petit에게 보낸 1915년 6월 16일자 편지. *CWMG*, 제8권, 110쪽에 수록.

간디는 인도에 돌아온 그해에 계약 노동자의 송출이—어느 국가로든—영원히 금지되도록 하는 데 성공했다.

4. 선언

지금까지 우리는 남아프리카에서 간디가 연마한 도구의 주요한 요소들을 살펴보았다. 이 도구의 광범위한 적용은 시간이 지나면서 점차 분명해졌다. 아울러 간디가 이 시기에 구체화해서 하나의 간결한 선언으로 압축한 이념 또한 서서히 인도와 전 세계의 주목을 받게 되었다.

1909년 영국을 방문한 간디는 영국 정부가 남아프리카나 인도에서 인도인들의 자존심을 지켜주는 일에 한편으로는 무력하고 다른 한편으로는 의지가 없다는 사실만 확인한 채 돌아와야 했다. 그는 인도로 돌아오는 증기선에서 『힌두 스와라지』[43]를 썼다. 영어로 "인도의 자치"라고 옮겨진 이 책의 내용은 항상 평화를 추구했던 이가 썼다고 보기에는 다소 선동적이었다. 집필에 일주일도 채 걸리지 않은 이 책에서 그는 개인적이고 지역적인 관심사에서부터 인도가 지닌 한계에 이르기까지 지도자의 영역을 분명히 밝히고 있다. 이 책의 모토는 분명했다. 자치는 곧 자기 지배이며 자기 지배는 곧 자기 통제이다. 즉 자기 자신의 주인이 되는 자만이 자신의 "집"에서 주인이 될 수 있으며 스스로를 다스리는 민중만이 존경과 자유를 누릴 수 있다는 것이다. 이 소책자는 "독자"가 질문을 하고 "편집자"가 그에

---

43 M. K. Gandhi, *Hind Swaraj*, 원문은 구자라트어로 쓰였으며 다음의 매체에 연재됨. *Indian Opinion*, 1909년. *CWMG*, 제10권, 6~68쪽에 수록.

대답하는 형식으로 쓰여 있는데 이는 얼핏 소크라테스의 대화법을 연상시킨다. 실제로 플라톤이 소크라테스의 죽음에 대해 설명한 글이 참고문헌 목록에 올라와 있으며, 톨스토이의 저서 여섯 권과 소로와 러스킨의 저서도 두 권씩 목록에 포함되어 있다. 이 책에 등장하는 "독자"는 그가 런던에서 만난 인도 청년들을 하나로 합친 가공의 인물이다. 간디는 영국 방문 기간 동안 그들이 인도의 해방을 위해 테러리즘을 포함한 서양의 투쟁 방법을 열렬히 지지하고 있음을 발견했다. 당시 영국의 언론은 틸라크의 독립 운동을 테러리즘과 동일시하고 있었는데,『힌두 스와라지』에서 틸라크는 "인도가 낳은 가장 훌륭한 아들들 가운데 하나로 현재 수감 중인" 인물로 잠시 언급되는 것에 그쳤다. 사실 간디는 "독자"의 질문이라는 방법을 통해 인도의 지도자들을 하나씩 지우려 했다.

물론 그는 직접적인 비판은 피했다. 지도자 개개인은 모두 역사의 발전에서 없어서는 안 될 단계로 묘사되었다. 하지만 그들은 결국 극복되어야 할 대상이었다. 고칼레의 경우를 살펴보자.

어떤 사람이 부모의 행동이 느리다고 불평을 하거나 부모가 자기처럼 달리지 못한다고 화를 낸다면 그는 부모에게 무례를 범하는 것입니다. 고칼레 교수는 부모의 위치에 있는 분입니다. 설령 그가 우리와 함께 달리지 못한다 하더라도 그게 뭐 그리 중요하겠습니까? …… 조국에 대한 뜨거운 사랑으로 그는 필요하다면 목숨도 내놓을 분입니다. 그가 하는 모든 말은 누군가에게 잘 보이기 위해서가 아닙니다. 그는 진실하다고 믿는 것만 이야기하는 분입니다. 그러므로 우리는 그에게 가장 높은 존경을 바쳐야 합니다.

독자: 그럼 모든 면에서 그를 따라야 합니까?

편집자: 나는 그런 말은 하지 않았습니다.

국민회의에 대한 생각은 이러하다.

국민회의는 우리에게 자치를 맛보게 해주었습니다. 그러므로 그들의 명예를 박탈하는 것은 온당치 않으며 배은망덕한 짓입니다. 그것은 또한 우리의 목표 달성을 지연시키는 행위가 될 것입니다. 우리가 하나의 국가로 성장하는 데 국민회의를 방해 요소로 여긴다면 우리는 더 이상 그들을 활용할 수 없게 될 것입니다.[44]

그러나 리더십에 대한 전체적인 조망에 틸라크의 그림자는 여전히 드리워져 있는 것 같다. 사실 틸라크는 자치라는 슬로건을 전국적으로 내세운 최초의 인물이다. ("스와라지는 나의 타고난 권리이므로 나는 그것을 얻고야 말 것이다!") 그런데 간디는 스와라지를 (다른 사람들의 생각을 받아들일 때 늘 그랬듯이) 자신의 것으로 변형시켰고, 이 과정에서 틸라크의 생각과 자신의 생각이 겹치는 부분을 구태여 감추지 않았다.

영국인들의 존재로 인해 우리는 나날이 위축되고 있습니다. 우리의 위대함은 어느새 사라지고 우리 인도인들은 겁을 먹은 채 떨고 있습니다. 영국인들은 이 나라에서 무슨 수를 써서라도 제거해야 할 병충해와 같은 존재입니다.[45]

그는 일종의 신비주의적 국가주의를 조장하는 것도 마다하지 않는다.

---

44 같은 책, 10~11쪽.
45 같은 책, 40쪽.

이를 통해 그는 틸라크가 감정적 측면에서 거둔 성공을 일부 흡수해서 그 것을 자신의 비폭력 운동에 활용하려 한다. 이 모든 것은 한 가지 결론에 도달한다. 자신을 제외한 모든 지도자들은 인도인의 것이 아닌 방식으로, 인도인의 것이 아닌 미래를 위해 인도를 해방시키려 한다는 것이었다.

어떤 이들은 영국인들이 배제된 영국식 통치를 원합니다. 필요한 것은 호 랑이의 본성이지 호랑이가 아니라는 것입니다. 그런데 이를 고쳐 말하면 인 도를 영국처럼 만들겠다는 것입니다. 그러나 인도가 영국처럼 될 때 그것은 힌두스탄(Hindustan)이 아니라 잉글리스탄(Englistan)일 뿐입니다. 이는 내가 원하는 스와라지가 아닙니다.[46]

이어지는 대목에서 간디는 영국 의회와 "자유" 언론에 대해, 문명 전반 과 특히 기차에 대해, 그리고 변호사들과 의사들에 대해 모욕에 가까운 비 난을 퍼붓는다. 이 모두가 고대로부터 자치를 누리던 인도인들을 타락시키 고 오염시키며 약화시키고 볼품없이 만드는 원인으로 지목된다.

우리가 기계를 고안하는 방법을 몰랐던 것이 아닙니다. 우리 선조들은 그 런 것에 마음을 쏟는다면 우리가 노예가 되어 도덕적 본성을 잃을 것임을 알 고 있었습니다. 그래서 우리 선조들은 깊은 성찰 끝에 오로지 손과 발로 할 수 있는 노동만 해야 한다고 생각한 것입니다. 그들은 손과 발을 적절히 사용하 는 것에 진정한 행복과 건강이 있음을 직시했습니다. 나아가 그들은 대도시 가 덫이자 장애물이며 그곳에 사는 사람들이 행복해질 수 없음을 내다보았습

---

46 같은 책, 15쪽.

니다. 대도시에서는 도둑과 강도, 매춘과 온갖 악덕이 횡행할 것이며 가난한 사람들이 부자들에게 착취당할 수밖에 없기 때문입니다. 우리 선조들이 작은 마을에 만족한 것도 그러한 이유에서였습니다.[47]

이 소책자에는 "매춘"이라는 단어가 자주 등장하는데, 임상적으로 이것은 당시 간디가 유혹의 도시에서 돌아오는 길이었기 때문이라고 판단된다. 여하튼 어떤 특정한 정신 상태가 그의 글에 그와 같은 비합리적 함의가 담기도록 했으며, 이로 인해 그의 내면에 남아 있는 모니야와 모한의 갈등이 노출된 것인지도 모른다. 『힌두 스와라지』에는 지적이며 관념적인 담론에 비합리적 요소가 침투한 흔적이 두 대목에서 포착된다. 그중 한 대목에서는 **어머니**라는 단어가, 다른 대목에서는 **아버지**라는 단어가 본래적 의미로부터 손상을 입는다. 영국 의회는 처음에는 모든 의회의 **어머니**로 일컬어지지만 뒤에서는 매춘부 또는 "불임 여성"으로 조롱을 당한다. 그러한 비교를 정당화하기 위해 이 소책자의 저자는 기이한 은유를 사용한다. 그는 의회가 매춘부―"시시때때로 바뀌는 수상들의 지배 아래에 있는"―와 같다고 말한다. 여기에서 "아래에"라는 단어의 거듭된 사용이 의도된 것으로 보이지는 않는다. "오늘은 애스퀴스 씨의 지배 아래에 있고 내일은 밸푸어 씨의 지배 아래에 있으며 모레는 또 다른 누군가의 지배 아래에 있는 것이다." 의회는 "한 주인 아래에 있지 못하고" 자신의 목적을 위해 그들을 착취하는 여러 수상들에게 연이어 이용당한다. 그 결과는 "활동이 일정하지 못하며 마치 매춘부처럼 농락을 당하는" 것이다.[48]

우리는 여기에서 드러나는 전체적인 인상에 몽환적 이미지가 깃들여 있

---

47 같은 책, 37쪽.

음을 주목하지 않을 수 없다. 어떤 이는 오랜 항해가 저자의 의식에 어떤 특별한 영향을 끼친 것이 아닐까 의심을 하기도 한다. 어쨌든 그 몽환적 이미지에서 한때 신뢰를 받았으며 많은 이들에 의해 "그들 모두의 어머니"로 존경을 받았던 대상은 이제 이용당하고 "농락"당하도록 스스로를 방치함으로써 자기 자신을 천한 존재로 만들고 있다. 이 돌발적 반전이 "어머니"와 "매춘부"를 연결시켰다면, 소책자의 몇 페이지 뒤에는 "아버지"와 "도둑"의 이미지가 연결되는 놀라운 대목도 나온다. 간디는 가상의 질문자로 하여금 집에 도둑이 들어왔을 때 어떻게 대처해야 하느냐고 묻게 한 뒤 이렇게 대답한다.

나는 어떤 수단을 동원해서든 도둑을 쫓아내야 한다는 당신의 말에 동의하지 않습니다. 만일 그 도둑이 아버지라면 나는 어떻게든 그에 알맞게 대처할 것입니다. 그 도둑이 나를 아는 사람이라면 그때는 다른 방식으로 대처할 것입니다. 만일 그 도둑이 전혀 모르는 사람이라면 그때 사용할 방법은 또 다를 것입니다. 만일 도둑이 백인이라면 인도인 도둑을 상대할 때와는 다른 방법을 사용할 것입니다. 만일 도둑이 병약한 사람이라면 힘이 센 도둑과 마주쳤을 때와는 다른 방법을 사용할 것입니다. 만일 그 도둑이 머리부터 발끝까지 무장을 한 상태라면 나는 아무런 대응도 하지 않을 것입니다. 그러므로 우리는 아버지에서부터 무장한 도둑에 이르기까지 다양한 대응 수단을 가지고 있는 것입니다.

48 같은 책, 16~17쪽. *Indian Home Rule* (Madras: Ganesh & Co., 1919년)의 서문에서 간디는 "친구인 어느 영국 여성에게 한 약속 때문에 나는 한 단어를 바꾸려 했다"고 인정한다. 이는 "매춘부"라는 "상스러운" 단어를 사용한 것을 가리키는데, 그럼에도 이 소책자의 역사적 가치 때문에 그 단어는 고쳐지지 않고 그대로 사용되었다.

맨 처음에 아버지를 예로 든 것을 임의적이라 할 수도 있겠지만 그보다는 무장을 한 사람과 가장 크게 대조가 되기 때문이라고 볼 수 있다. 간디는 거의 몽상처럼 읽히는 이야기 속으로 점점 깊이 들어간다.

나는 그 도둑이 아버지이든 무장을 한 사람이든 그 상황에서는 잠이 든 척을 해야 한다고 생각합니다. 이는 둘 중 누가 되었든 그들은 무장을 하고 있을 것이고 나로서는 그들의 힘에 굴복할 수밖에 없기 때문입니다. 아버지의 힘은 나를 연민으로 울게 만들 것입니다. 무장한 도둑의 힘은 나를 분노하게 할 것이며 그는 내 원수가 될 것입니다. 상황은 이처럼 제각각입니다. 그러므로 우리는 모든 상황에 똑같이 사용할 수 있는 방법을 구하기 어려울 것입니다.[49]

특히 "아버지의 힘은 나를 연민으로 울게 만들 것"이라는 구절은 설명하기가 쉽지 않아 보인다. 도둑을 맞은 다음 취해야 할 태도로 간디가 권고하는 내용도 혼란스럽기는 마찬가지이다.

도둑에게 화를 내는 대신 그를 불쌍히 여기십시오. 남의 물건을 훔치는 버릇이 그에게는 질병과도 같은 것이라고 생각하십시오. 그러므로 지금부터는 출입문과 창문을 활짝 열어놓고 모든 물건들을 그가 들고 나가기 쉬운 곳에 두십시오. 도둑은 다시 들어와서 잠시 어리둥절하겠지만 어쨌든 물건을 들고 나갈 것입니다. 그런데 이것이 그의 마음에 동요를 일으킬 것입니다. 그는 당신에 대해 알아볼 것이고 결국 당신의 너그러움과 사랑을 깨닫게 될 것입니

---

49 같은 책, 44쪽.

다. 그러면 그는 잘못을 뉘우치고 당신에게 용서를 빌며 훔쳐간 물건을 돌려준 뒤 그 버릇을 완전히 버릴 것입니다. 그는 당신의 종이 되고 당신은 그에게 훌륭한 일자리를 주게 되는 것입니다.[50]

이것은 도둑이 들었을 때 사티아그라하 운동가는 어떻게 해야 하느냐는 질문에 대한 최종적인 답이다. 여기에서 질문과 대답 사이의 거리를 따져볼 때 그가 아버지를 끌어들이면서까지 전개한 논의가 지나칠 정도로 멀리 돌아갔다는 사실은 분명하다. 이는 아버지와 아들 그리고 도둑의 이미지가 간디의 내면에서 단일한 주제를 형성하고 있었다는 사실을 보여준다. 이것은 간디의 유년기에 대한 기억—아버지에게 도둑질을 고백한 일—에서 드러났고, 아메다바드 사건이 벌어지는 동안 그가 막내아들에게 꿈 이야기를 하는 대목에서 다시 확인될 것이다. 역사심리학적 맥락에서 현재에 대한 과거의 갑작스러운 개입에는 두 가지 요인이 있다. 하나는 과거(아버지—아들—도둑이라는 주제)의 실재가 약화되지 않은 채로 남아 있는 경우이고, 다른 하나는 현재의 실재 어딘가에 유년기와 성인기의 주제가 수렴되는 지점이 있으며 그것이 말 그대로 과거를 "불러내는" 경우이다. 나는 간디의 경우 이 수렴의 지점에 정치권력의 획득이라는 주제가 있었다고 생각한다. 간디는 성인기의 현실에서 자신이 대체하고 대신하며 능가해야 할 상대들을 마주하고 있었고, 이는 그에게 유년기에 경험한 최초의 권력투쟁—어머니와 아버지에 대한—과 그에 따르는 동일시를 떠올리게 했다. 유년기의 고백에 대한 마하트마의 해석에서 우리는 그가 자신이 굴복해야 했던 아버지에게 정신적으로 우월감을 가지고 있었음을 확인할 수 있었다.

---

50 *CWMG*, 제10권, 45쪽.

우리는 또한 수상인 아버지를 능가하기 위해 모한이 양친 모두에 대한 동일시를 만족시키는 새로운 유형의 지도자가 되기 위해 노력했음을 살펴보았다. 『힌두 스와라지』에서 사용되는 이미지들은 모든 남성적 모델에 대한 우월감을 강하게 시사한다. 구시대의 인물들이지만 존경을 바칠 만한 인도의 지도자들을 호의적으로 평가했다는 점을 제외하고, 그는 수상과 변호사 그리고 의사 같은 특정한 직종의 전문가들을 무자비할 정도로 비판했다. (여기에서 간디는 자신이 한때 의사가 되고 싶어 했다는 사실을 강조한다.)

후일 간디가 종질(從姪)인 마간랄 간디에게 보낸 편지에는 이런 대목이 있다. "영혼의 거룩함은 너 자신이 인도임을 깨닫는 데에 있다. 인도의 해방이 곧 너 자신의 해방인 것이다. 이외의 모든 것이 거짓이다."[51] 그렇다면 우리는 **모든 의회의 어머니**가 여러 수상들에게 몸을 바치는 매춘부로 형상화된 배경에, 자신의 어머니를 (결혼을 여러 차례 한) 아버지의 성적 희생양인 동시에 그의 공범이라고 여긴 어린 모니야의 감정이 있었음을 이해해야 한다. 그것은 또한 식민치하의 모든 아들들이 처한 상황을 보여주는 것이기도 하다. 영국 정부가 의회—영국 입헌주의의 수호자—로 하여금 매춘을 하게 할진대 인도에 대해서는 무엇을 못하겠느냐는 암시가 거기에 담겨 있기 때문이다. 따라서 "문명화"라는 미명 하에 착취를 당하고 있는 어머니 인도의 이미지는 그의 감정적 원천뿐만 아니라 저항적 지식인들과 민중의 감정 깊은 곳에까지 닿아 있다. 아래의 비유가 노골적인 이유도 그 때문이다.

무릇 인도를 사랑하는 사람이라면 아이가 어머니의 젖가슴에 매달리듯 자

---

51 *CWMG*, 제10권, 207쪽.

신이 인도의 옛 문화에 매달릴 필요가 있음을 이해하고 또 그렇게 믿어야 합니다.[52]

참고로 우리는 간디가 성적 이미지를 즐겨 사용한 사람이 아니었음을 기억할 필요가 있다. 다른 독립 운동가들의 경우 이념과 리더십의 특성 그리고 개인의 성격에 따라 조금씩 다르기는 했지만 성적인 형상화를 흔히 표출하곤 했다. 대표적으로 틸라크는 인도 남성의 자부심과 특권을 자주 언급했다. 그는 많은 인도 소녀들이 십대 초반의 나이에 성적 착취의 피해자가 되고 있었음에도 법적으로 소녀들의 혼인 연령을 높이려는 움직임에 격렬하게 반대했다. 그는 이렇게 주장했다.

그들은 어린 소녀들에게 저질러진 몇 건의 강간 사건을 가지고 우리나라 전체를 비난한다. 그들은 우리가 정부를 향해 법을 바꿀 것을 요구해야 한다고 말한다. 그들이 우리를 거세시키려 한다는 사실에 이보다 더 확실한 증거가 어디 있는가?[53]

그는 인도 남성의 특권을 지켜야 한다는 생각으로 그가 "관습법"이라 일컬은 것에 전적인 동의를 나타낸다.

호마(homa, 신에게 바치는 제물을 불 속에 던지는 의식 – 옮긴이)를 마친 소녀가 초경을 한 바로 그날 밤 성교가 이루어졌다. 이 관습은 고대 수트라

---

52 *CWMG*, 제10권, 38쪽.
53 *Kesari*, 제10권: 39쪽 (9월 30일자, 1890년) Wolpert, 51쪽에서 인용.

(sutra) 시대부터 2,500년 이상 지켜져 왔다.

고칼레의 경우 성의 문제와 관련된 정치적 선전으로 평소의 그답지 않게 평정심을 잃은 적이 있다. 영국 정부로부터 진정한 인도 신사라는 찬사를 얻은 이후인 1897년, 그는 돌연 두 명의 인도 여성이 영국 군인들에게 성폭행을 당한 뒤 자살을 했다고 주장했다. 그런데 이후 그의 주장이 사실이 아님이 밝혀지면서 사과를 하게 되었을 때 그가 보인 반응이 오히려 흥미롭다. 물론 틸라크를 지지하는 사람들의 눈에는 사과보다 더 치욕스러운 일이 없었다. 월퍼트는 고칼레의 모습을 이렇게 묘사하고 있다.

> 그는 매우 침울한 모습으로 집에 돌아오자마자 이렇게 고백했다. "최근의 사건들로 인해…… 너무나 괴롭고 현재로서는 나의 정신적 기능이 심각하게 손상된 기분입니다."[54]

우리는 여기에서 최초의 주장과 사과 모두가 그에게 정치적으로는 물론 개인적으로도 중요한 의미가 있었다는 사실만 확인할 수 있을 것 같다.

그런데 한 사람의 정치적 선전과 그에 대한 대중의 반응에는 전통적, 개인적 그리고 유아기적 의미들이 서로 강력하면서도 고통스럽게 연결되어 있기 마련이다. 나라 안팎의 비열한 침략자들로부터 어머니의 순수함을 지켜내야 한다는 열정은 실제로 많은 해방 운동가들(볼리바르부터 히틀러에 이르기까지)에게 정서적 필수조건이 되었는지도 모른다. 그런데 해방 운동의 때와 장소 그리고 방법은 현실에 대한 예리한 감각이 있어야 결정될 수 있

---

54 Wolpert, 118쪽.

으며, 그 지도자는 무엇보다도 자신의 감정적 원천과 민중의 그것을 동시에 동원할 수 있는 감각을 지니고 있어야 한다. 간디는 개인적, 정치적으로 자신이 순수한 인도의 화신이 되어 사티아그라하의 수단으로 영국의 수상들을 극복하겠다는 야망을 가지고 있었다. 여기에서 우리는 그가 수상들의 권위를 대신할 생각이 전혀 없었음을 지적할 필요가 있다. 왕이나 대통령의 역할을 침해하지 않기 위해 노력한 당대의 위대한 지도자들처럼 간디 역시 화려한 집무실에 앉아 민중으로부터 멀어지는 것을 원치 않았다. 오히려 간디는 조국 해방운동에 뛰어든 이들에게 자기를 버리고 성적 욕구를 포기하는 정치적 리더십을 요구했다. 그는 "킬도넌 성(Kildonan Castle)"에서 이렇게 썼다.

남편과 아내가 서로 욕정을 충족시킬 때 그것은 동물의 본능적 탐닉과 다를 게 없습니다. 종족 번식을 위한 경우를 제외하고 그러한 탐닉은 엄격하게 금지됩니다. 그런데 무저항의 저항에 복무하는 운동가는 자식을 바라서는 안되기 때문에 출산을 위해 엄격하게 제한된 그러한 탐닉조차도 피해야 합니다……

그 동안의 경험으로 나는 이 나라를 위해 무저항의 저항에 헌신하고자 하는 이들은 완전한 순결을 지키고 청빈을 받아들이며 진리를 따르고 담대함을 길러야 한다고 생각합니다.

진정한 자치는 오로지 무저항의 저항이 민중의 힘을 이끄는 곳에서만 가능합니다. 이외의 모든 지배는 외세의 지배일 따름입니다.[55]

---

55 *CWMG*, 제10권, 51~52쪽.

영국적인 이상에서 인도의 이상으로 바뀐 간디의 지향점은 기계의 시대에 대한 맹렬한 비난으로 표현되기도 했다. 그는 한 장(章)을 이렇게 끝맺고 있다.

우리의 문명에는 당연히 진보와 퇴보, 그리고 개혁과 반동이 있을 것입니다. 그러나 우리에게 요구되는 단 하나의 노력은 바로 서양의 문물을 몰아내는 것입니다. 그러면 나머지는 저절로 따라올 것입니다.

그리고 새로운 장은 이렇게 시작된다.

기계가 유럽을 황폐하게 만들기 시작했습니다. 이제 파멸이 영국의 문을 두드리고 있습니다. 기계는 현대 문명의 주요한 상징입니다. 나는 그것이 거대한 죄를 상징한다고 믿습니다.[56]

우리는 이제 아메다바드의 공장 도시로 간디를 따라갈 것이기 때문에 표제음악과 같은 다음의 진술에 특히 주의를 기울여야 한다.

우리는 공장주들을 비난할 수 없습니다. 단지 그들을 불쌍히 여길 수 있을 따름입니다. 그들이 자신의 공장을 포기하기를 바라는 것은 부질없는 짓입니다. 하지만 그들에게 공장을 증설하지 말라고 간청할 수는 있을 것입니다…… 그들은 수천 세대의 가정에 예로부터 내려오는 신성한 베틀을 설치해서 그곳에서 직조된 천을 매입할 수 있을 것입니다. 공장주들이 이를 실행하

---

56 같은 책, 57~58쪽.

거나 말거나 사람들은 더 이상 기계로 만든 천을 사용하지 않을 수 있는 것입니다.[57]

하지만 이미 핵 시대에 들어선 우리는 인간을 무장한 동물이라고 지칭한 간디의 고지식함을 새로운 관점에서 바라볼 필요가 있다.

옛날에는 싸움을 할 때 사람들은 서로 육체적 힘을 겨루었습니다. 그러나 지금은 언덕에서 총을 쏘는 한 사람이 수천 명의 목숨을 앗아가는 것이 가능해졌습니다.

우리의 곤경은 우리 자신이 만든 것들에서 비롯되고 있습니다. 신은 인간의 신체가 가질 수 있는 운동 능력의 한계를 정해놓았습니다. 그러나 인간은 그 한계를 짓밟는 도구들을 계속해서 만들어내고 있습니다.

이에 대해 어떻게 생각하십니까? 우리에게 용기가 요구되는 때는 언제입니까? 대포를 쏘며 다른 사람들을 갈기갈기 찢어버릴 때입니까, 아니면 대포 앞으로 미소를 띠며 다가가 기꺼이 죽음을 맞을 각오가 되어 있을 때입니까? 누가 진정한 전사입니까? 늘 죽음을 절친한 벗으로 삼는 사람입니까, 아니면 다른 사람들의 목숨을 좌지우지할 수 있는 사람입니까? 용기와 씩씩함을 갖고 있지 못한 사람은 무저항의 저항을 펼칠 수 없다는 제 말을 믿으십시오.[58]

여기에 행동의 새로운 판단 기준을 선언하고 옛 것을 완전히 새롭게 하려는 사람이 있었다.

---

57 같은 책, 58쪽.

58 같은 책, 20, 28, 50쪽.

어느 누구도 자신이 전적으로 옳다거나 자신의 생각과 다르다고 어떤 것을 그르다고 주장할 수는 없습니다. 하지만 만일 그 판단이 깊은 생각 끝에 내려진 것이라면 그에게는 그것이 그른 것입니다. 그렇다면 그는 자신이 그르다고 여기는 것을 하지 말아야 하며 그 결과는 온전히 감수해야 할 것입니다. 이것이 바로 영혼의 힘을 사용하는 것의 열쇠입니다…… 무저항의 저항은 그것을 행하는 사람과 그 저항의 대상이 되는 사람 모두를 지켜줍니다.[59]

그는 마지막으로 영국인들에게 이와 같은 메시지를 남긴다.

우리의 요구가 완전히 충족될 때 여러분은 인도에 남아 있을 수 있습니다. 만일 그러한 상황에서 여러분이 남게 된다면 우리는 여러분으로부터 많은 것을 배울 것이고, 여러분도 우리에게서 많은 것을 배울 것입니다. 그렇게 함으로써 우리는 서로에게, 그리고 온 세상에 유익을 줄 것입니다. 그러나 그것은 오로지 우리의 관계가 신성한 토양에 뿌리박고 있을 때 가능한 일입니다…… 만일 그러한 인도인이 한 사람이라도 있다면 그는 위의 모든 것을 영국인들에게 이야기할 것이고, 영국인들은 그의 말에 귀를 기울여야 할 것입니다.[60]

---

59 같은 책, 49쪽.
60 같은 책, 62쪽.

제3부

사건

제1장

—

사적인 편지

마하트마께,

대략 중반부에 다다른 이 책에서 나는 당신과 함께 인도에 도착했으며 인도에 돌아오기까지 당신이 살아온 삶을 나의 독자들과 함께 열심히 따라왔습니다. 그런데 이후의 생애에 대한 당신의 설명을 듣기 전에 먼저 드릴 말씀이 있습니다. 내가 글로 옮기고자 하는 비평에는 설령 당신이 살아 있다 해도 당신 앞에서 할 수 있는 이야기만 담도록 하겠습니다. 당신에게 다가가는 나의 방식을 스스로 정당화할 수 있었던 것은 정신분석학적 통찰이 당신의 진리를 온전히 설명하는 데 도움이 되리라는 확신이 있었기 때문입니다. 이 과정에서 동양과 서양의 전통적 역할은 서로 자리를 바꾸기도 할 것입니다. 이는 오늘날 당신이 서구에서 행동주의의 새로운 모델이 되고 있고 서양의 사고방식이 내적 성찰의 새로운 방법을 제공해주고 있기 때문입니다.

당신은 자서전의 한 대목에서 책을 완전히 새로 쓰기 시작하는 것 같았습니다. 나는 당신의 자서전을 다시 읽으며 그 대목이 **매우** 사적임을 발견했습니다. 자서전의 중반부에 있는 "유럽인과의 친밀한 교류"[1]라는 소제목의 장에서, 당신은 스스로의 "내적인 목소리"가 아닌 비평가들의 목소리를

---

1 Gandhi, *Autobiography*, 206쪽.

의식하며 갑자기 하던 이야기를 멈추었습니다.

　내가 쓰고자 하는 내용 가운데 영국인 친구들에 관한 부분에서 어떤 것을
언급하고 어떤 것을 뺄 것인지는 중요한 문제이다. 만일 중요한 이야기를 빼
놓는다면 진실이 흐려질 것이다. 그리고 이 이야기를 쓰는 것이 과연 적절한
것인지조차 확신을 갖지 못할 때라면 무엇이 중요한 부분인지 판단하는 것은
더더욱 어려운 일이다.

　나는 자서전이 역사로서 부적합할 수 있다는 글을 오래 전에 읽은 적이 있
는데 오늘에야 그 뜻을 분명히 이해하게 되었다. 나는 내가 기억하는 모든 것
을 이 이야기에 담지 않았다는 것을 누구보다 잘 알고 있다. 그러나 오로지 진
실을 위해 어떤 것을 쓰고 어떤 것을 생략해야 하는지 명확히 말할 수 있는 사
람이 누구이겠는가? 또한 내 삶의 어떤 사건들에 대해 내가 제출한 일방적이
고 부적합한 증거가 진실의 법정에서 과연 무슨 가치를 가지겠는가?

그러면서 당신은 (나를 포함한) 가상의 독자에게 주의를 환기시킵니다.

　만일 어떤 호사가가 내가 쓴 어떤 장들에 대해 반대심문을 한다면 그는 그
부분들을 새롭게 조명할 수 있을 것이고, 만일 그가 적대적인 비평가라면 아
마도 나의 수많은 가식들을 밝혀내고는 희희낙락할지도 모를 일이다.

그러나 반갑지 않은 비평가들에 대해 당신의 감정을 표출한 뒤에도 여
전히 당신의 깊은 회의는 가라앉지 않은 것 같습니다.

　이 때문에 어떤 때는 집필을 중단하는 것이 적절하지 않을까 하는 생각도

든다. 하지만 내면의 목소리가 이를 금하지 않는 한, 나는 계속해서 글을 써야 한다. 나는 일단 시작한 것은 그것이 도덕적으로 그르다고 판명되지 않는 한 결코 포기해서는 안 된다는 현자의 말씀을 따라야 한다.

이어서 당신은 당신만의 글쓰기 방식에 대해 이야기하는데, 그것은 정신분석학자들에게는 매우 익숙한 것입니다. 그것은 우리가 환자들의 개인사를 이해하기 위해 사용하는 "자유 연상" 기법과 매우 비슷하기 때문입니다.

나는 영혼이 나를 움직이는 대로 글을 쓴다. 이는 나의 의식적인 사고와 행동이 모두 영혼에 이끌린 것임을 내가 확실히 알고 있다는 뜻이 아니다. 그러나 내가 이제까지 내디딘 큰 걸음들은 물론이고 아주 작은 발걸음들까지 되돌아볼 때 그 모두가 영혼의 인도를 받은 것이라고 말한다 해도 틀린 말은 아닐 것이다.

만일 내가 그것을 믿지 않았다면 나는 지금 이 책을 쓰고 있지 않을 것입니다. 하지만 나는 당신이 쓴 글 가운데 (그리고 당신으로부터 영감을 받아 쓰인 글들 가운데) 나로 하여금 이 책을 더 이상 쓰지 못하겠다는 생각까지 들게 한 몇몇 대목과 마주쳤음을 고백해야겠습니다. 어쩌면 나는 당신이 진실을 주장하는 대목에서 일종의 허위를, 비현실적인 순수를 이야기하는 대목에서 깨끗하지 못한 어떤 것을, 그리고 무엇보다도 비폭력을 다루는 대목에서 다른 형태의 폭력을 감지했던 것 같습니다.

나는 당신의 유년기에서 명랑함과 쓸쓸함을, 그리고 당신의 청년기에서 실험과 의심을 목격하며 당신을 따라 여기까지 왔습니다. 당신 자신이 인도의 운명을 바꿀 유일한 사람이라고 느끼면서 스스로를 완성하기 위해 기울여온 노력을 나는 굳게 신뢰합니다. 당신은 수많은 유혹을 실험의 도구로 삼아왔으며 자신과의 투쟁에서 승리함으로써 활력을 얻었습니다. 비록 당신은 철저한 인도인—민중에게 가까이 다가간—이 되어야 했지만 당신의 정체성은 온 세상 만인의 정체성과 다르지 않았습니다. 당신의 직업은 오로지 민중을 위한 변호사였습니다. 당신의 "집"은 추종자들의 숙소였고 당신의 "가족"은 또 하나의 수도회였으며 당신의 "도시"는 대영제국의 모든 땅이었습니다.

하지만 나는 이러한 이유들로 인해 당신이 약간의 농담을 섞어 의심의 순간을 물리치려고 하는 것을 더더욱 받아들일 수 없습니다.

나는 비평가들을 즐겁게 해주기 위해 이 자서전을 쓰는 것이 아니다. 자서전을 쓴다는 것 자체가 나에게는 진리에 대한 실험들 가운데 하나이다. 분명히 그 목적들 중에는 내 동료들에게 위로와 성찰의 재료를 제공한다는 것도 포함되어 있다. 사실 나는 그들의 바람에 따라 이 자서전을 쓰기 시작했다······ 따라서 내가 자서전을 쓰는 것이 잘못된 일이라면 그들도 그 책임을 나눠가져야 할 것이다.

마하트마여, 오로지 당신의 추종자들만 당신의 글을 읽는 것이 아닙니다. 마찬가지로 나 역시 나의 임상적 용어에 익숙한 독자만을 위해 당신의 고백을 해석하는 것이 아닙니다.

이 책에서 내가 할 일은 당신이 밝히고 삶으로 보여준 영적 진리와, 내가 배우고 적용해온 심리학적 진리를 서로 마주보게 하는 것입니다. 나는 심리학적 진리가 당신의 글을 보완해야 한다고 믿습니다. 당신의 글은 우리가 예상할 수 없는 방식으로 인도를 넘어 그리고 미래에도 계속 퍼져나갈 것이기 때문입니다. 이를 위해 나는 먼저 당신의 글에 임상적 통찰을 적용할 것입니다. 이어서 당신의 통찰을 우리의 생각과 비교할 것인데, 그것은 이 책의 마지막 부분에서 완성될 과제입니다.

그렇다면 먼저 당신이 자서전의 중반부에서 갑자기 이야기를 중단한 배경을 살피고 싶습니다. 그런 순간을 경험하는 것과 그것을 글로 옮기는 것은 별개의 문제입니다. 자서전에서 그러한 글은 독자들과 미래 세대에게는 자문(自問)의 형태를 띤 고백이 됩니다. 그리고 이 세대의 독자들과 정신분석을 공부한 이들은 당신이 이야기를 잠시 중단한 다음 "신 앞에서의 회상과 참회"라는 장을 이어갔다는 사실을 무심코 넘길 수 없습니다. 이 장에서는 당신의 뜻을 따르는 (유럽인들을 포함한) 이들에게 당신이 집을 개방하기로 했을 때 당신의 아내가 화를 내는 장면이 나옵니다. 당신은 다양한 인종과 종교를 가진 남녀들을 "가족"의 일원으로 받아들이는 것이 전혀 힘들지 않았다고 말합니다. 하지만 당신의 아내에게는 자신의 집을 온 세상에 개방하는 것이 어려웠습니다. 여기에서 "온 세상"이란 당신의 뜻을 따르는 온갖 부류의 사람들을 가리킵니다. 당신은 그들의 다양한 생각으로부터 단 하나의 진리를 빚어내고자 했습니다. 어쨌든 유럽인 친구들과 관련된 사실들을 어디까지 밝혀야 하는가에 대한 당신의 고민은 그 집이 과연 누구의 집이었느냐 하는 문제와 복잡하게 맞물려 있습니다. 그곳은 당신의 집이자 카스투르바의 집이었습니까?

"신 앞에서의"고백이란 아내를 쫓아내려 한 당신의 행동에 대한 고백과 다르지 않습니다. 물론 그런 일은 인도에서 결혼 초기에도 있었습니다. 하지만 인도에서는 그녀에게도 돌아갈 친정이 있었고, 결혼한 여자가 장기간 친정에 머무는 관습도 있었습니다. 나는 여기에서 "성자"는 당신이 아닌 카스투르바라는 호사가들의 무의미한 이야기를 되풀이하려는 것이 아닙니다. 나는 다만 그 일을 제대로 이해하려고 하는 것입니다. 나는 더반에 있는 당신의 집에 요강이 있었다는 사실과, 요강을 비우는 일이 오로지 불가촉천민에게만 맡겨지던 인도의 오랜 관습을 당신이 타파하려 했다는 사실을 알고 있습니다. 당신의 "가족" 대부분은 당신의 뜻을 알고 있었기 때문에 각자의 요강을 직접 비웠습니다. 하지만 이를 잘 알지 못하는 사람들이 새로 들어왔을 때 그 일은 당신과 당신 아내의 몫이 되었습니다. 자신의 "성질"에 맞지 않고 전통에도 위배되는 일이었지만 그녀는 대체로 그것을 받아들였습니다. 하지만 (종교가 다른) 기독교인의 배설물뿐만 아니라 (계급이 다른) 불가촉천민의 배설물까지 치워야 했을 때 그녀는 얼굴을 찌푸리지 않을 수 없었습니다. 그 두 가지를 동시에 감당한다는 것이 그녀로서는 지나친 일이었습니다. 그런데 당신은 아내에게 그 일을 **즐겁게** 할 것을 요구했고 이에 그녀는 화가 나서 소리를 질렀습니다. "당신 집이니까 당신 마음대로 하세요. 나는 나가겠어요!" 이때 당신은 그녀를 문으로 내몰았습니다. 그리고 그녀는 절망과 분노로 무너져 내렸습니다.

당신은 이 일을 차분한 어조로 기록하며 진심을 드러냅니다.

아내가 나를 떠날 수 없었듯이 나 또한 그녀를 떠날 수 없었다. 우리는 수많은 언쟁을 벌였지만 마지막에는 늘 화해를 했다. 보기 드문 인내심을 가진 아내가 항상 진정한 승리자였다.[2]

사랑이라는 단어가 사용되지는 않았지만 위의 글에는 사랑이 배어 있습

---

2 같은 책, 205쪽.

니다.

그런데 관찰자의 눈에는 당신이 다른 성향을 감추기 위해 **사랑**이라는 단어를 사용하는 것으로 보일 때가 있습니다. 따라서 반성의 뜻이 담긴 진술에서 여전히 현학적인 태도가 엿보이는 것을 나는 지적하지 않을 수 없습니다. 예컨대 어린 신부에게 글을 가르치려 한 당신의 노력을 설명하는 대목이 그러합니다.

하지만 나는 지나치게 친절한 나머지 가혹하기까지 한 남편이었다. 나는 그녀의 선생임을 자처하며 맹목적인 사랑으로 그녀를 괴롭혔다.

이 가혹한 사랑은 분명히 밝힐 필요가 있습니다. 텐둘카르(Tendulkar)는 요하네스버그에서 열린 신지학자들의 모임에 대해 당신이 한 말을 이렇게 옮기고 있습니다.

만일 그들이 자신의 속마음을 분석해 본다면 다른 사람들을 나쁘게 생각할 수 없다는 것을 깨닫게 될 것입니다. 그리고 오히려 자기 자신을 탓하게 될 것입니다. 자신의 내면에 도둑과 살인자들—그들이 다른 사람들을 가리켜 사용한 표현대로—이 숨어 있음을 깨닫게 될 것이기 때문입니다.[3]

하지만 그러한 자기기만을 비판하면서 먼저 자기 자신을 돌아보라는 도덕주의적 훈계를 하는 것만으로는 충분하지 않습니다. 우리가 잘 알다시

---

3 D. G. Tendulkar, *Mahatma, Life of Mohandas Kamachand Gandhi*, 2판, Delhi: Government of India, Ministry of Information and Broadcasting, The Publication Division, 1960년, Ⅰ, 72쪽.

피 정의로운 인간이 적을 향해 품는 살의와, 도덕적 인간이 스스로를 대하는 가혹함 사이에는 분명한 상관관계가 있기 때문입니다. 사실 인간은 흔히 자신은 몸을 아끼지 않고 최선을 다했다는 생각으로 다른 사람들에 대한 가혹함을 정당화하곤 합니다.

나는 바로 이것이 사티아그라하의 미래를 위협하고 있다고 생각합니다. 그것은 진정으로 느끼지 않는 사랑을 당신이 "흉내"만 내서가 아니라, 오히려 사랑과 증오가 공존하는 양가감정을 당신이 의식하지 못하고 있거나 어쩌면 그것이 사라져 버리기를 바라고 있기 때문일 것입니다. 관능성에 대한 당신의 혐오는, 예컨대 여성을 악의 근원으로, 음식 섭취를 배변과 다르지 않은 것으로, 그리고 우유를 "위험한 물질"로 여기는 글을 통해 사디즘을 드러내기도 합니다. 당신이 (내가 만나본 증언자들에게) 운전자가 시궁창을 피하듯 아름다운 여성을 피해야 한다고 말한 것이 사실이라 해도 당신은 여성과 시궁창을 직접적으로 "연상"하지는 않았을 것입니다. 당신의 동료들 가운데 잘 알려진 어느 여성을 칭찬하며 그녀가 출산을 한 적이 없다는 사실을 언급했을 때 당신은 그녀에게 존경을 표하려는 의도를 가지고 있었을 것입니다. 하지만 미래를 위한다면, 오로지 성적 포기를 통해 폭력을 극복할 수 있다고 믿는 금욕적인 남녀들에게 당신의 사티아그라하가 한정되어선 안 된다고 분명히 밝히는 것이 중요합니다. 왜냐하면 사티아그라하의 삶으로 일상의 경험을 가득 채울 수 없는 대부분의 사람들에게는 폭력의 위험이 늘 잠재해 있을 것이기 때문입니다. 인간의 폭력적 성향이 형성되는 것은 일상, 특히 아이들의 일상을 통해서입니다. 우리는 다른 동물들과 달리 인간만이 가지고 있는 폭력의 과잉이 어쩌면 적대감을 가르치는 아동 양육의 방식에서 비롯된 것일지도 모른다는 생각을 가지고 있습니다.

그저 빈틈없는 도덕주의자가 되는 것만으로는—당신의 동시대인인 프로이트의 출현 이후로—충분하지 않습니다. 왜냐하면 우리는 이제 인간 내면의 모호성과 양가감정 그리고 본능의 충돌을 이해하고 있기 때문입니다. 과거에는 강압적인 도덕주의에 의해 우리 내면의 가장 어두운 성향이 수면 아래에 억눌려 있다가 불확실하고 혼돈스러운 상황에서 걷잡을 수 없이 분출되었지만, 우리는 이제 자기 자신에 대한 이해를 통해 우리의 의식이 밝은 빛 가운데 자유를 누릴 수 있다는 사실을 이해하게 되었습니다.

나와 같은 호사가들이 **위선**이라고 부를지도 모른다고 당신이 경계하는 바로 그것을 우리는 무의식적인 **양가감정**으로 자연스럽게 받아들입니다. 그것은 인간이 가지고 있는 불가피한 성향이기도 합니다. 물론 양가감정은 표면적으로는 의식에 의해 이끌리는 것 같지만 동시에 정반대의 무의식적인 감정에 의해 이끌리는 행위로 표출됩니다. 증오에서 비롯된 사랑이나 앙심에서 비롯된 친절이 그 예라고 할 수 있겠지요. 아내에게 글을 가르치려고 노력하다가 결국 실패한 이야기를 들려주면서 당신이 "가혹한 친절"이나 "맹목적인 사랑" 같은 표현을 사용한 것으로부터 양가감정을 읽어내는 것이 오늘날에는 그리 어려운 일이 아닙니다. 그것을 자연스럽게 받아들이는 것 또한 오늘날에는 매우 당연한 일입니다. 하지만 사티아그라하를 위해 우리는 당신의 학생으로서 낙제를 한 카스투르바에 대해 당신이 내린 결론을 유심히 살펴보아야 합니다.

나는 더 이상 맹목적인 탐닉에 빠진 남편이 아니다. 나는 더 이상 아내의 선생도 아니다. 카스투르바는 이제 마음만 먹으면 과거의 내가 그녀에게 그랬듯이 나를 함부로 대할 수 있다. 우리는 더 이상 서로를 욕망의 대상으로 여기지 않는 편안한 친구 사이이다…… 앞에서 언급한 사건은 아직 내가 금욕

(bramacharya)을 생각하지 못했던 1898년의 일이다. 당시만 해도 나는 아내를 남편의 기쁨과 슬픔에 참여하는 협력자이자 동지이며 동반자로 생각하기보다 남편이 시키는 대로 따라야 하는 존재이자 남편의 욕구를 충족시켜주는 존재로만 여기고 있었다.[4]

위의 대목은 아내는 오로지 남편과 성적으로 결합하지 않아야만 남편의 기쁨과 슬픔에 참여하는 "협력자이자 동지이며 동반자"가 될 수 있다는 독단적인 가정을 감추고 있는 것 같습니다. 사실 아래의 대목에서 당신이 고백하는 내용을 금욕적 동료관계가 낳은 이상한 열매라고 생각하는 이도 있을 것입니다.

지금도 내가 하고 있는 일의 많은 부분이 그녀의 동의를 얻은 것이라고 하기는 힘들다. 우리는 그런 일들에 대해 의논을 하는 법이 없다. 그렇게 하는 것이 유익할 것 같지도 않다. 부모나 나로부터 마땅히 교육을 받아야 했을 시기를 그녀가 놓쳤기 때문이다.

이 대목은 아내가 당신과 의논할 수 있는 일과 그럴 수 없는 일을 당신이 일방적으로 판단함으로써 글을 배우지 않으려 한 그녀의 태도에 당신이 앙심을 품고 있었음을 분명히 드러내는 것이 아닌지요? 사실 이 고백은 당신의 "지적(知的)" 상대가 될 수 없었던 카스투르바를 향해 드물지 않게 표출되던 앙심을 다시 한 번 드러낸 것입니다. 그녀의 (그리고 당신으로부터 버림받은 아들 하릴랄의) 모습은 "내적 목소리가"가 아닌 **어느 누구의 어떤 말도**

---

4 Gandhi, *Autobiography*, 205쪽.

들으려 하지 않은 당신 자신의 일부를 보여주고 있지는 않습니까?

하지만 "더 이상 서로를 욕망의 대상으로 여기지" 않게 됨으로써 승리자는 당신이 됩니다. 한 사람이 다른 사람을 어떤 것을 위한 "대상"으로 여길 때 그 관계에서 진리는 배제될 수밖에 없기 때문입니다. 그리고 바로 여기에 핵심이 있습니다. 오늘날 우리가 "상호관계"라고 부르는 것에 의해 특징지어지는 성적 관계를 당신은 한 번도 인정한 적이 없습니다. 물론 그것은 자제심과 희생이 없이는 쉽게 만들어지거나 유지될 수 있는 능력이 아닙니다. 하나의 목표 또는 목표에 근접한 가치로서 그것은 상대방을 성적 또는 공격적 욕구의 "단순한 대상"으로 삼지 않는 성적 관계를 가리킵니다. 나는 성적 관계를 통해 서로에 "대한" 욕망을 충족시키고자 하는, 상호간의 사디즘이 전혀 존재하지 않는 건강한 성애가 존재한다는 망상을 품고 있지는 않습니다. 또한 배변 기관에 대한 성적 접근에서 얻어지는 일정한 쾌락 **또한** 건강한 성애에 포함될 수 있다는 사실을 부인하지도 않습니다. 중요한 것은 상호 동의와 섬세한 상호작용만이 상대를 단순히 성적으로 소유하려는 폭력과 타락을 막을 수 있다는 사실입니다. 나는 고결한 목표를 가지고 공적으로—종교적으로는 물론—봉사하는 삶이 경우에 따라서는 공동의 신념을 위해 계몽된 부부로 하여금 성적 관계를 포기하게 만들기도 한다는 사실을 부인하려는 것이 아닙니다. 당신의 글에는 쉽게 버려지지 않는 낡은 원리가 하나 있습니다.

자신의 내면에서 발견한 신을 다른 사람들 가운데서도 보아야 하는 이들은 충분한 초연함을 가지고 다른 사람들과 어우러지는 삶을 살 수 있어야 한다.

그런데 양자 모두가 "충분한" 초연함을 갖기 위해서는 성적 포기가 두 사람 모두의 선택에 의해 이루어져야 하며 결코 한쪽의 양심에서 비롯되어서는 안 됩니다. 당신의 삶에는 세 가지의 극단적 상황이 함께 찾아왔습니다. 도덕적 신중함과 결합된 당신의 조숙한 성생활은 가학성에 대한 의식을 가라앉히기는커녕 오히려 악화시켰습니다. 또한 당신의 야망과 (역사적 상황에 의해 키워진) 재능은 인간을 위한 봉사의 삶을 자기희생의 수준으로까지 끌어올릴 것을 요구했습니다. 마지막으로, 카스투르바가 보여준 거부의 힘은 당신의 그것보다 더 강했습니다. 따라서 당신은 성적 갈등을 해결하기 위해 그것을 서약에 근거한 의지의 문제로 만들어야 했고, 적을 무기로 공격하지 않았듯이 남근의(phallic) 욕망으로 사랑하는 사람을 공격할 수 없었을 것입니다. 또한 당신은 자의식을 가진 존재에 대해 책임을 져야 한다는 생각으로 더 이상 새로운 존재가 태어나지 않게 하려 했을 것입니다.

카스투르바는 자신을 돌볼 수 있는 성인이었습니다. 그녀와 당신의 관계가 오늘날에도 호사가들의 입에 오르내리게 된 것은, 고상한 문제들이 한낱 희비극적인 부부싸움의 소재밖에 되지 못한 상황들을 당신 스스로 드러내기를 주저하지 않았기 때문입니다. 내가 지금까지 당신의 결혼 생활에 대해 적은 이유 역시 자서전의 중반에 이르러 갑자기 회의를 드러내며 당신이 "신 앞에서의 회상"을 이야기했기 때문입니다.

당신이 기술한 두 번째 사건은 사티아그라하의 도정에서 일어난 일이 아닙니다. 그것은 당신이 스스로의 믿음과 용기가 가장 컸을 때로 기억하는, 톨스토이 농장의 설립 초기에 저질러진 (이것 말고는 다른 적당한 단어를 찾을 수 없습니다) 일입니다. 이 사건에는 공동체의 미성년자들이 관련되어 있습니다.

이와 관련된 부분을 아래에 인용합니다.

이것은 나의 실험이었다. 나는 행동이 짓궂다고 알려진 남자아이들과 순진한 여자아이들을 같은 시각, 같은 장소로 목욕을 다녀오게 했다. 나는 이전부터 아이들에게 자제심의 의무를 충분히 가르쳤기 때문에 아이들은 사티아그라하의 원리를 잘 알고 있었다. 아이들은 내가 어머니의 사랑으로 자신들을 사랑한다는 사실 또한 잘 알고 있었다. 독자들은 농장의 부엌에서 얼마 떨어진 곳에 있던 작은 연못을 기억할 것이다. 아이들을 그곳에 함께 보내면서도 그들이 여전히 순수하기를 바랐다면 그것은 어리석은 생각이었을까? 나는 어머니의 눈이 딸을 지켜보듯 늘 여자아이들을 주시하고 있었다. 남자아이들과 여자아이들이 목욕을 하러 가는 날이 정해졌다. 아이들을 함께 보낸 데에는 안전상의 이유도 있었다. 나는 아이들이 단독 행동을 하는 것을 항상 피하도록 했다. 그래서 평소에는 나도 연못에 함께 가곤 했다……

…… 어느 날 한 남자아이가 두 여자아이를 희롱했고 그 아이들이었는지 아니면 다른 아이였는지 기억이 분명하지 않지만 어쨌든 누군가가 그 일을 나에게 알려주었다. 나는 온몸이 떨렸다. 조사해본 결과 그것은 사실이었다. 나는 남자아이들을 모아놓고 주의를 주었다. 하지만 그것만으로는 충분하지 않았다. 나는 그 여자아이들에게 두 번 다시 사악한 시선이 던져지는 일이 없도록 모든 사내아이들에게 경고가 될 수 있는, 그리고 공동체의 모든 여자들에게 누구도 그들의 순결을 감히 범할 수 없다는 교훈을 줄 수 있는 표식을 두 아이가 몸에 지니기를 바랐다. 정욕에 눈먼 라바나(Ravana)는 라마(Rama)가 수천 마일 떨어진 곳에 있었음에도 시타(Sita, 인도의 대서사시 '라마야나'의 등장인물로, 마왕 라바나에게 납치되어 그의 구애를 받았으나 남편 라마에게 구출될 때까지 이를 끝까지 거부했다 – 옮긴이)를 결코 건드리지 못했다. 여자아이

들이 스스로 안전하다고 느끼는 동시에 죄인의 눈을 소독해주기 위해서는 어떤 표식을 지녀야 할까? 이에 대한 고민으로 나는 그날 밤을 뜬눈으로 보냈다. 아침이 되어 나는 소녀들에게 내가 그들의 긴 머리를 자르도록 허락해 주겠느냐고 부드럽게 물었다. 우리는 서로 머리를 자르거나 삭발해주었기 때문에 농장에는 그러한 용도로 사용하는 가위가 있었다. 그 아이들은 처음에는 내 말을 들으려 하지 않았다. 나는 미리 공동체의 나이든 여성들에게 그 상황에 대해 설명했다. 그들은 내 제안에 충격을 받았으나 그 동기에 공감했고 마침내 내 제안에 동의해 주었다.

머리를 자르는 일에 대해 이야기한 다음 당신은 이렇게 적고 있습니다.

> 나의 행동은 농장에 정착한 모든 이들의 생활에 끼칠 파급효과를 염두에 둔 것이었다. 우리는 농장 운영에 필요한 비용을 줄이는(cut down) 것이 필요했기 때문에 서로 옷을 바꿔 입기도 했다.[5]

나를 참견하기 좋아하는 사람이라고 불러도 좋습니다. 하지만 "자르는(cutting down)" 것에 이어 "줄이는" 것에 대한 이야기가 연속적으로 등장한다는 사실을 나는 간과할 수 없습니다. 누군가로 하여금 죄를 범하게 하는 원인을 뿌리 뽑으려 하는 것은—그리고 다른 이들에게 내재하는 그것을 함께 뽑아내려 하는 것은—흔히 도덕주의의 필사적인 몸부림으로 해석되기 때문입니다. 당신은 "고결한 소녀들"이 결국 "정신을 차리게 되었다"고 말합니다. 이어서 다소 민망한 듯 "그 사건을 기록하고 있는 이 손이 그

---

5 Gandhi, *Satyagraha in South Africa*, 244~246쪽.

들의 머리카락을 잘랐다"고 말합니다. 당신이 아이들에게 한 행동을 설명한 다음 당신은 "두 번 다시 희롱이 있었다는 이야기를 듣지 못했다"고 말합니다. 그야 당연했겠지요.

여기에 일종의 폭력이 있음을 깨닫기란 그리 어려운 일이 아닙니다. 나는 위의 일화에서 당신의 존재론적 갈등이 드러났다고 생각합니다. 그것은 지상의 자손과 신성한 진리—종교에서 중심적 문제로 다루는—의 관계에 대한 것입니다. 하지만 교육적, 정치적 관심이 종교적 초월과 직접적으로 관련되어 있는 당신과 같은 이의 삶에서 그것은 끊임없이 증폭되는 것이기도 했습니다. ("어머니의 눈이 딸을 지켜보듯" 했다는 것에서부터 "그 사건을 기록하고 있는 이 손"에 이르기까지) 당신의 말에서 드러나는 가식은 어쩌면 잘못된 번역의 탓일지도 모릅니다. 내가 할 일은 그 가식을 파헤치는 것이 아니라 도대체 그것이 왜 필요했는지 이해하는 것입니다. 그러므로 내가 그 내용의 일부를 비평하는 것을 허락해 주셨으면 합니다. 왜냐하면 그 주제는 생애의 마지막 순간까지 당신을 괴롭혔고 이후에도 수많은 이들, 심지어는 당신에게 가장 우호적인 비평가들의 눈에도 당신의 모습과 함께 떠오를 것이기 때문입니다.

교육자가 자신의 제자들에게 여러 면에서 아버지와 어머니가 되어야 한다는 것은 합당한 일입니다. 그것이 자연스러운 상황이라면 괜찮겠지만 그렇지 않을 경우 그것은 의지의 행위나 고행으로 할 일이 아닙니다. 목욕을 하러 연못으로 가는 소녀들을 남자가 어떻게 "어머니의" 눈으로 볼 수 있느냐 하는 것은—적어도 서양인의 시각으로는—이해하기도 어렵거니와 구태여 그런 식으로 표현할 필요가 있었는지도 의문입니다. 이는 어쩌면 아버지가 딸을 여성으로 의식할 수 있다고 당신이 느꼈기 때문이 아닐까요? 자신의 눈을 "소독"해야 하는 이들보다는 차라리 젊은 여성들의 매력을 의식하면서도 그들의 성장에 헌신하는 아버지나 교사가 그들을 더 잘 이끌고 보호할 수 있지 않겠습니까?

그 이야기의 첫 부분은 오늘날의 독자들에게 "짓궂은" 남자아이들과 "순진한 여자아이들"을 따라가는 보호자가 혹시 도덕주의자의 내밀한 기대로 그들이 자신의 호기심을 불러일으킬 만한 어떤 흥미로운 장면을 보여줄지 모른다고 생각한 것은 아닐까 하는 인상을 주기에 충분합니다. 그리고 어느 소년이 두 소녀를 "희롱"했을 때 그 소녀들은 단지 피해자로 묘사되었음에도 그들의 후견인에게는 줄곧 주요한 관심의 대상이 됩니다. 그 소식을 들은 후견인은 온몸이 떨렸다고 했습니다. 그것은 무엇 때문이었을까요? 분노? 불안? 본능적인 갈등? 그것이 어떤 감정이었든 간에 그는 별다른 설명 없이 뜻밖의 소망을 드러냅니다.

나는 그 여자아이들에게 두 번 다시 사악한 시선이 던져지는 일이 없도록 모든 사내아이들에게 경고가 될 수 있는, 그리고 공동체의 모든 여자들에게 누구도 그들의 순결을 감히 범할 수 없다는 교훈을 줄 수 있는 표식을 두 아이가 몸에 지니기를 바랐다.

그 보호자는 "죄인의 눈을 소독해주기 위해 그 여자아이들이 어떤 표식을 지녀야 할까?"라는 고민으로 밤을 지새웠습니다. 하지만 "소독"되는 것은 죄를 지은 단 한 사람의 눈에 불과했기 때문에 그것만으로는 부족했던 것입니다. 그래서 당신은 소녀들의 긴 머리가 "그 사건을 기록하고 있는 이 손"에 의해 잘려야 한다고 "부드럽고" 끈질기게 설득했습니다. 끔찍하거나 신성한 어떤 것, 혹은 양자 모두의 도구라도 되듯 비인격화된 대상으로 표현된 "이 손"은 20년이 지나 그 일이 기록되었음에도 여전히 이상하게 느껴집니다.

당신은 뒤늦게 말합니다. "내가 기록한 실험들은 누군가가 따라 하도록 하기 위함이 아니다." 다행입니다. 여자의 머리카락을 자른 것이 오래된 관행을 "따라 한" 것이 아니라면 말입니다. 역사적으로 여자의 머리를 짧게 자른다는 것은 적군의 병사와 동침한 여성들에게 그랬던 것처럼 일종의 의식 또는 징벌이었습니다. 종교적으로도 특정한 공동체의 여성들이 교회나 교리를 대표하는 사람들로 하여금 자신들의 머리카락을 자르도록 동의한 사례들이 있습니다. 머리카락을 자르거나 잘린다는 행위에 어떤 개인적 도착(倒錯)이 있었다고 해도 그것은 공동체를 배경으로 상징적인 의미를 띠었습니다. 성 프란체스코가 성녀 글라라(St. Claire)의 머리카락을 자른 것은 영적인 우정을 확인하는 상징적인 행위였습니다. 이에 비추어 당신의 행동은 개인적 맥락으로도 이상하지만 공동체의 의식(儀式)으로도 미숙한 것이었습니다. 왜냐하면 당신은 항상 자신의 억압과 구속의 헐거운 부분을 공동체 안에서 단단하게 묶으려고 했기 때문입니다. 만일 어느 서양인이 당신의 행동이 독단적이고 단편적이었다고 판단한다면, 그는 먼저 당신의 종교적 전통이 시시콜콜한 규칙들과 자질구레한 의식들을 허용해 주었다는 사실을 기억해야 할 것입니다. 문제는 당신이 정한 많은 규칙의 도덕적 정당성이 당신의 기준을 따랐다는 것이고 그것이 곧 공동체의 기준이 되었다는 것입니다. 당신이 사티아그라하의 정신을 드높이고 다른 사람들을 자발적으로 참여하게 한다는 의미를 당신의 독단적인 결정에 부여할 수 있었다면 당신이 옳을 수도 있겠지만, 왜곡된 독선에 깊이 매몰되어 있었다는 점에서 당신은 위험할 정도로 잘못되어 있었습니다. 그리고 그와 같은 행동이 젊은이들을 더 나은 사티아그라하 운동가로 만들었느냐 아니면 정신적 지배력을 가진 이의 독선에 순응하게 만들었느냐가 여기에서 중요한 문제로 대두됩니다.

그 사건의 분명한 결말은 알려져 있지 않습니다. 마하트마여, 당신의 뜻에 동의한 나이든 여자들이 누구였는지 당신은 밝히지 않았습니다. 카스투르바도 그들 중의 한 명이었습니까? 또한 당신은 남자들이 공동체의 다수를 차지하고 있었음에도 그 문제와 관련해서 청소년들에게는 큰 관심을 두지 않았습니다. 사티아그라하 운동가로서 희생과 헌신의 삶을 살고 있었다면 그들 자신의 눈을 "소독"하는 방법을 선택하는 문제에 대해 적어도 그들 자신이 발언할 기회가 있어야 했습니다. 당신은 소녀들의 부모가 어떤 의견을 가지고 있었는지도 궁금하게 여기지 않았습니다. 대신 당신은 다른 이들의 자녀로 하여금 모성과 부성이 결합된 당신의 방식에 무조건 순종하게 했습니다. 그러면서도 당신은 아이들로부터—혹은 어머니들로부터—모성을 박탈했다는 사실을 스스로 의식한 것 같지도 않습니다. 당신이 키운 그 아이들이 지금 어떻게 살고 있는지는 모르지만, 반복적인 정신적 외상의 원형으로 남지 않는 한 일회적인 사건은 청소년들에게 큰 해를 끼치지 않는다는 사실을 나는 잘 알고 있습니다. 청소년들은 대개 어른들에 의해 저질러지는 실수를 묵묵하게 받아들이거나 그것을 용서하고 잊어버립니다. 그렇다면 문제는 이후 그 사건이 어떤 의미를 가지게 되었느냐 하는 것입니다. 마하트마여, 당신은 그 사건을 기억했고 기록했으며 무엇보다도 오래도록 곱씹었을 것입니다.

당신은 언젠가 "인간은 절대적인 진리를 알 수 없으므로 다른 사람을 처벌할 자격이 없고 이 때문에 진리는 폭력의 사용을 배제"한다고 말했습니다. 이것은 사티아그라하의 가장 중요한 요소이며 이에 따라 매일의 삶은 "진리 안에서의 실험"이 됩니다. 당신이 진리의 상대적 특성이라고 부른 것이나, 내가 (아인슈타인과 프로이트 이후의 시대를 살며) **진리의 상대성**이라고 부르는 것 모두 어른과 아이, 그리고 교사와 학생의 만남에서 그 자체의 속성을 드러냅니다. 당신이 신탁(trusteeship)이라고 표현한 이 관계는 이끄는 사람과 따르는 사람의 상호성을 전제하며, 이를 토대로 지도자를 따르는 사람들의 현실은 그에게 길잡이가 됩니다. 그런데 당신의 경우 진정한 설득에서 비롯되는 상호성이나 추종자들이 "스스로 선택한" 고통을 거의 찾아볼 수 없습니다.

어른들이 자기 현시적으로 드러내는 고통은 아이들을 겨냥한 나쁜 무기가 될 수 있는데, 당신의 어머니는 이를 극단적으로 사용했는지도 모릅니다. 당신은 젊은 세대의 도덕적 일탈을 다루기 위해 스스로 단식을 택함으로써 거기에 더 많은 가치와 위엄을 부여했습니다. 피닉스의 공동체에서도 당신은 일주일간 단식을 한 적이 있습니다. 이때 당신은 세 명의 "죄인들"(한 처녀와 두 청년)에게 당신이 그들로 인해 "얼마나 고통 받고 있고 그들이 얼마나 타락했는지를" 보여주려 했습니다. 그 처녀는 당신의 단식에 동참했고 머리카락을 자르겠다고 자청했습니다. (이때는 당신이 가위를 든 것 같지 않습니다.) 하지만 그녀는 스물 살의 성인이었습니다. 이와 비슷한 사례는 또 있습니다. 당신의 아들이 스무 살이었을 때 어느 "기혼 여성"에 의해 (피셔의 불분명한 표현에 따르면)[6] "공격"을 당한 일이 있습니다. 이때 당신은 2주간 단식을 했고 그 여성은 스스로 머리카락을 잘랐습니다. 규율이나 교육에 관한 한, 나는 이러한 일들이 젊은이들과 공동체의 사안이었을 뿐만 아니라 당신 자신의 문제이기도 했다는 인상을 받습니다. 그러나 공동체의 역학관계상 당신의 그러한 행동에는 쿠치 사막(The Great Rann of Kutch)처럼 넓은 양가감정이 담겨 있었을 것입니다. 그리고 이 양가감정의

---

6 Louis Fischer, *The Life of Mahatma Gandhi*, 207쪽.

이면에는 의도적으로 고통 받는 모습을 보여주는 가혹한 ("지나치게 친절한 나머지 가혹하기까지 한") 아버지의 폭정이 있었을 것입니다. 그는 자신이 고통당하는 모습을 아이들에게 보여줌으로써 더 큰 앙심을 드러냈으며 이는 직접적인 분노의 표출보다도 아이들에게 더 큰 상처를 주었을 것입니다. 이 경우 아이들은 스스로 처벌받는다고 느끼면서도 이를 납득하지 못하게 됩니다.

살아있는 자녀들은 생식(procreation)의 저주—당신의 말에서 자주 암시되는—에 걸린 존재들입니다. 금욕을 맹세할 즈음 당신은 형에게 보낸 편지에서 "어쨌든 현재로서는 하릴랄을 더 이상 아들로 생각하지" 않는다고 적었습니다. 하릴랄이 결혼을 하려고 했기 때문입니다.[7] 당신은 인도에 있던 하릴랄의 귀에 당신이 한 말이 들어가리라는 것을 충분히 예상할 수 있었습니다. 그런데 어떻게 자신의 아들이 "어쨌든 현재로서는" 더 이상 아들이 아닐 수 있습니까? 같은 편지에서 당신은 다른 누군가의 아들을 "마음속으로 프라흐라드(Prahlad) 같은" 아들로 여기고 있다고 언급했습니다. 당신에게는 그 청년이 육신의 아들보다 더 소중했습니다. 여기에서 프라흐라드(창조주의 축복으로 불사의 권능을 받은 히란야카쉬푸 왕이 점차 교만해져서 백성들에게 자신을 신으로 섬길 것을 요구했으나 아들인 프라흐라드 왕자가 이를 따르지 않고 비슈누 신을 충실히 섬기자 분노한 아버지는 아들에게 갖은 고문을 가하며 그를 살해하려 했다 - 옮긴이)는 중요한 상징적 인물이 됩니다. 마하트마여, 당신은 프라흐라드 왕자의 이야기를 좋아했습니다. 그는 끔찍한 육체적 고문을 받으면서도 신보다 더 큰 힘을 지닌 부왕(父王)의 요구를 따르지 않았습니다. 결국 그는 불에 달궈진 붉은 기둥을 껴안아야 하는 벌을 받

---

7 *CWMG*, 제5권, 334~335쪽. Lakshmidas Gandhi에게 보낸 편지를 수록. 5월 27일, 1906년.

았습니다. 그때 외설적 의미가 담긴 그 기둥에서 신이 걸어 나와 부왕을 갈기갈기 찢어죽입니다. 당신은 프라흐라드 왕자를 최초의 사티아그라하 운동가라고 불렀습니다. 당신이 종종 언급한 이 이야기는 당신의 아들들을 끔찍한 곤경으로 몰아넣은 것 같습니다. 당신은 (아들들과 당신 자신의 양가 감정을 인정하지 않으면서) 그들에게 프라흐라드 같은 인물이 되기를 권고하는 한편, 그들이 당신의 뜻을 거역하려 하면 부자(父子)의 인연을 끊겠다고 끊임없이 협박을 했습니다. 그러한 분노의 순간에 당신의 내면에서 일어난 감정이 프라흐라드의 거역을 목격한 부왕의 감정과 같았다고 말한다면 지나친 것일까요?

물론 당신의 분노는 부분적으로 가부장제의 습성에서 기인한 것이지만, 자녀를 소유물로 여기는 경향이 당신에게 얼마나 강했는지를 보여주는 것이기도 합니다. 반발과 저항이 없지는 않지만 가부장제가 소멸의 길을 걷고 있는 이 시대에 아버지가 된 사람들은 당신의 행동들을 양가감정의 원리로 설명할 수 있습니다. 또한 오늘날 우리가 수많은 개인사의 연구를 통해 이해하게 된 양가감정의 힘을 당신은 미처 알지 못했으리라는 점을 우리는 인정해야 합니다. 사실 우리의 이해 역시 부모로서 끊임없이 죄책감에 맞서며 우리 자신의 행동을 냉철하게 분석하는 가운데 얻어진 것입니다. 그러므로 나는 당신이 (성적 행위를 부정한다는 의미의) "순결"을 평생토록 고집한 이유가 악마에 사로잡힌 부왕이 당신의 내면에 있었다는 사실을 스스로 인식하지 못했기 때문임을 충분히 이해하고 있습니다. 그리고 이를 **반드시** 지적해야 하는 이유는, 은폐되고 위장된 양가감정 속에서 승리는 언제나 악마의 것이며 우리가 아이들을 좌절시킬 때 악마는 다름 아닌 우리 자신이기 때문입니다. 만일 우리가 증오 속에서 사랑의 가능성을 찾아야 한다면 우리는 사랑 속에 있는 증오 또한 인식해야 합니다. 우리가 선의와 사랑을 품은 사람들의 내면에 양가감정이 존재한다는 사실을 인정할 때 당신이 말한 진리는 비로소 진정한 의미를 가지게 될 것입니다. 나이와 성별 또는 권력의 유무에 다른 불평등과 적대감 속에서도 인간은 성장합니다. 이는 온갖 종류의 불평등이 도덕적 퇴행보다는 의식의 통찰을 요구하기 때문입니다. 나는 인간의 의식을 확장하려 한 당신의 노력이 프로이트의 노력과 상호 보완적 관계를 맺게 되는 지점이 바로 여기라고 생각합니다.

사실 지그문트 프로이트는 당신이 그랬던 것처럼 자신의 삶을 독자들 앞에 적나라하게 드러낸 보기 드문 인물입니다. 오늘날 유행하는 자기 현시적 글쓰기의 형태로서가 아니라 오로지 이론과 진실을 추구하는 방법으로 그는 자신을 드러내 보였습니다. 톨스토이 농장에서 일어난 사건을 다루면서 나는 그에게서 배운 바를 당신의 고백에 적용시켜 보았습니다. 이제 나는 다른 사람의 내적 갈등을 이해하려는 노력과 자기 자신에 대한 분석이 짝을 이룰 때, **내면의** 적과 비폭력적으로 마주하는 당신의 사티아그라하가 정신분석학적 방법과 어떻게 만나는지 이야기하고 싶습니다. 당신과 프로이트는 모두 (인간이 지닌 의식의 지평을 넓힌 위대한 고백자들이 그랬던 것처럼) 인간에 대한 통찰이 자기 자신으로부터 출발한다는 사실을 잘 알고 있었습니다. 당신이 "실험"을 통해 내적 동기를 살폈듯이 프로이트는 환자들의 꿈은 물론 자기 자신의 꿈을 "과학적으로" 다루기 시작했습니다.

물리주의적(physicalistic) 용어나 이론이 아니라 창안자의 의도와 실제적인 적용에 의거해서 해석할 때, 나는 정신분석이 (사티아그라하라는 단어에 이미 그 뜻이 내포되어 있는) **진리 추구 방법**과 상응한다는 사실을 확신하게 되었습니다. 이는 단순한 유사성 그 이상의 것입니다. 이 두 가지는 방법상의 일치와 인간의 가치에 대한 교점을 보여주며 역사적 의미에서도 대등한 중요성을 지니고 있습니다.

비엔나의 그 정신과 의사가 자신의 환자들에게 시행하기를 거부하고 대신 선택한 방법이 무엇이었는지를 여기에 간략하게 적어보겠습니다. 동료 의사들이 성도착자(性倒錯者)로 취급한 환자들이 어쩌면 억압적 교육과 그로 인한 내적 억압으로 고통 받고 있는 것인지도 모른다고 생각했을 때 프로이트 박사는 중년의 나이에 들어서고 있었습니다. 그의 환자들은 빅토리아 시대의 엄격한 부모들이 세운 규칙을 내면화하기 위해 그들 자신에 대해 치명적인 편견을 품고 있었습니다. 그는 환자들을 내적 억압에서 해방시켜주어야 할 의사들이 도리어 최면요법과 환자들의 의존성을 심화시키는 권위적 방식으로 그들의 자유를 빼앗고 있다는 결론을 내렸습니다. 프로이트는 내적 강박으로부터 환자가 해방되기 위해서는 자기 자신과 다른 사람들의 진실을 의식적으로 받아들이는 과정이 필요하다고 믿었으며 이 때문에 최면요법을 부정적으로 바라보았습니다. 남아프리카라는 시험장에서 당신이 그랬던 것처럼 그는 자신의 진료실에서 스스로 고안한 자기 분석을 치료의 도구로 사용하기 시작했습니다. 그는 한 인간으로서 자기 자신이 환자들과 똑같은 내적 기제를 가지고 있다는 사실을 받아들였습니다. 그는 환자를 치료할 수 있는 방법이 있다면 의사는 자신의 내면에서도 그에 상응하는 방법을 찾을 수 있다고 믿었습니다.

그는 환자로 하여금 내면의 억압된 생각과 감정을 자기 검열 없이 드러낼 수 있도록 하는 방법을 선택했습니다. 동시에 의사인 자기 자신도 환자들에 대해, 그리고 환자들의 "자유 연상"에 의해 그의 내면에서 일어나는 감정에 대해 도덕적 비난을 가하지 않으려 했습니다. 그는 도덕적 억압이 아닌 진실이 환자들로 하여금 그들을 억누르는 실체를 폭로할 수 있게 해줄 것이며, 이를 통해 의사는 환자 자신이 이해하지 못하고 있는 것을 인식하고 설명할 수 있으리라 믿었습니다.

프로이트는 환자와 의사 사이의 대등한 관계를 요구했으며 이러한 비폭력적 평등이 유지될 때 비로소 진실이 수면 위로 떠오를 것이라 믿었습니다. 진실을 찾기 위한 이와 같은 계약을 환자가 받아들일 경우 의사는 열등함이나 타락 같은 오명으로부터 환자를 지켜줄 것이고 아울러 환자 자신의 내적 방해를 "자연스러운" 저항으로 받아들여 이를 비난하는 대신 설명하려 할 것입니다. 하지만 마음에 떠오르는 것을 걸러내지 말고 그대로 표현해야 하는 환자의 "기본 규칙"은 의사에게도 고통의 분담을 요구합니다.

다른 사람들의 삶에 참견할 권리를 우리가 거저 **얻는** 것이 아님을 보여주는 예로 나는 환자들의 내적 저항이 종종 의사에 대한 비난과 의심의 형태로 나타난다는 사실을 지적하려 합니다. 그러한 경우에도 의사는 분노나 반박 대신 환자에게 그것이 자연스러운 과정임을 설명할 의무가 있습니다. 사실 의사는 환자들의 자유로운 표현을 독려해야 하며 이 과정에서 전통적인 예의범절이 지켜질 것을 기대해서는 안 됩니다. 물론 대개의 경우 의사에 대한 환자들의 비난과 의심은 불합리하며, 숙련된 의사는 그것을 환자들에게 나타나는 증세의 주요한 "근원"인 어떤 희미한 과거에 대한 양가감정으로 받아들입니다. 그런데 이따금 의사 자신도 깨닫지 못하고 있던 그의 내면을 환자들이 신랄하게 폭로하는 당혹스러운 경우가 있습니다. 의사가 감당할 고통의 몫은 여기에서 끝나는 게 아닙니다. 의사는 바로 그 환자가 며칠 후 자신에게 칭찬과 존경을 아낌없이 표현할 때에도 그것 또한 진실이 아닐 수 있음을 의식해야 합니다. 유일한 진실은 환자의 감정과 증세 그리고 왜곡에 숨어있는 무의식적 기원과 의미에 있기 때문입니다. 지금까지의 설명으로 의사가 면허를—그리고 합당한 범위 내의 치료비를—거저 받는 것이 아님을 당신이 충분히 납득했기를 바랍니다.

초창기의 정신분석학은 방법상 금욕(Brahmacharya)의 요소를 가지고 있었습니다. 프로이트 역시 처음에는 환자들이 완전히 금욕을 하고 있을 때 정신분석 치료가 가장 잘 이루어진다고 느꼈습니다. 치료 과정에서 성적 갈등이 어떻게 심화되고 성적 충동이 어떤 식으로 표출되든 의사는 그에 대해 반응을 보이기보다 그 속에 담긴 분노와 무의식적인 성적 반응 그리고 내밀한 죄의식을 이해할 준비가 되어 있어야 했습니다.

사티아그라하에 대해 그랬던 것처럼 정신분석학에 대한 세상의 평가도 처음에는 "수동적" 측면에 초점이 맞춰져 있었습니다. 당대 의사들의 권위주의적인 방법에 비추어볼 때 정신분석학의 기법은 사실 전문적인 의료 행위라기보다는 의사와 환자가 같이 음울한 묵상을 하는 것처럼 보였습니다. 특히 의사가 자신의 해결되지 않은 내적 갈등—보통 은폐되고 회피되기 마련인 개인적 약점—을 마주하고 이해하는 훈련을 했다는 사실에서 정신분석의 훈련 과정은 가학적으로 보이기까지 했습니다. 정신분석이 제도권 밖에서 시작되었고 수십 년 동안 의과대학의 울타리 밖에서 번성했다는 사실은 놀랄 일이 아닙니다.

하지만 이 모든 것은 정신분석 과정의 성격에 대한 설명의 시작에 불과합니다. 하나의 정신분석 사례를 온전히 보여주는 것—하나의 역사적 사건을 역사심리학적으로 연구하듯 세부적으로—만이 진실의 공동 경험으로서 그 해석이 어떻게 이뤄지는지 그리고 그렇게 드러난 진실이 공동의 노력 속에 어떻게 수용될 수 있는지를 알려줄 것이며, 이 공동의 노력은 삶의 관능적 실상과 절연하는 금욕이 아닌 그 실체를 철저하게 따져보는 새로운 종류의 고행이 될 것입니다. 따라서—이것이 나의 요지이기도 하거니와—히포크라테스의 원리가 진실(또는 환자에게 내재하는 치료의 힘)을 시험하려면 오로지 해악을 끼치지 않는 행동에, 더 나아가 상호성을 극대화하고 강압이나 위협에 의한 폭력을 최소화하는 행동에 토대를 두어야 한다고 말한다면, 우리는 그의 원리에 충실한 하나의 보편적 "치료법" 안에서 서로 만나고 있는 것입니다.

마하트마여, 당신이 좌절과 질병을 겪으면서 스스로를 괴롭히는 일을 중단하고 당신의 몸을 비폭력으로 다스려야 한다는 결론을 내렸을 때 당신은 자신도 모르게 프로이트와 같은 생각을 하게 된 것입니다. 사실 여러 면에서 당신은 전혀 교조적이지 않았고 다양한 도덕주의에 대한 판단에서는 반(反)교조적이기까지 했습니다. 끔찍할 정도로 "질투하는" 신의 모습이 담긴 구약성서는 당신에게 전혀 맞지 않았습니다. 어느 시점엔가 (당신 자신의 도덕주의가 승리를 거둔 시점에서) 당신은 교조주의가 광신자들의 내면을 가혹한 재판관과 절망적인 죄인으로 분열시키며 그들로 하여금 타인을 마치 자신의 내면에 있는 최악의 존재처럼 여기게 만든다는 사실을 이해했습니다. 여기에서 타인은 그들의 자녀이거나 "아이들보다 나을 게 없는" 의존적인 부류의 남녀들을 가리킵니다. 내가 당신의 교육 원리의 실례와 우리의 통찰을 대조하는 이유는 타인의 불합리한 폭력을 치유하려는 이가 겪는 끔찍한 어려움을 어른과 아이의 만남 속에서 발견했기 때문입니다. 이 치유의 과정에서 중요한—당신의 맥락과 우리의 맥락 모두에서—것은 도덕적 판단을 하는 (도덕적 복수심을 쉽게 갖게 되는) 어른이 폭력을 배제하고 상대방의 불가침한 영역을 인식하며 가르침을 행해야 한다는 것입니다. 그 상대방이 어린아이라면 더더욱 그렇습니다. 하지만 단순히 물리적 폭력을 피하는 것만으로는 충분치 않습니다. 사실 부모는 표면적으로 모든 지배력과 분노를 포기함으로써 억압 상태에 이를 수 있는데 우리는 이러한 상태를 진전이라고 할 수 없습니다. 아이들이 온전하게 발달하기 위해 없어서는 안 될 길잡이의 역할을 우리가 포기하거나 아직 준비가 되지 않은 결정을 그들에게 강요할 때 우리는 여전히 아이들에게 "폭력을 행사"하고 그들에게 분노를 유발하는 것입니다. 조혼의 폭력성을 경험한 당신의 생애보다 이를 더 극명하게 보여주는 사례는 없습니다. 하지만 마하트마여, 당신은 전통과 개인의 운명을, 그리고 종교와 정치를 결합시킴으로써 진지하게—그리고 가끔은 우회적으로—비폭력의 방법으로 유년기의 내면에 도사리고 있던 보복적 폭력을 극복한 매우 드문 사람이었습니다.

교육 원리의 측면에서 나는 비폭력(ahimsa)이 타인의 신체적 불가침성을 보호한다는 의미를 넘어, 발달 과정에 있는 한 인간으로서 타인의 존재를 존중한다는 의미를 포함한다고 생각합니다. 따라서 한 사람이 타인을 완성시키려고 하는 반복적 충동과 상상을 포기하는 것은 그러한 충동과 상상이 사악하거나 금지되었기 때문이 아니라 타인을 사랑할 때 그를 잠재력을 지닌 한 인간으로 사랑하기 때문입니다. 자기희생은 오로지 이 방법으로만 자기가치 확인(self-affirmation)이 될 수 있으며 복수의 무기가 아닌 진실의 도구가 될 수 있습니다. 이러한 현상들이 일상의 도덕성 가운데 일어나는 것을 아무런 자의식 없이 본 적이 없는 이들에게는 위의 단어들이 거창하게 들릴 수도 있을 것입니다. 그러나 우리는 악마의 계략 또는 이드(id)의 냉혹한 요구라고 불리던 많은 것들이 폭력적인 도덕주의로 부정되기보다 사랑으로 받아들여질 때 얼마나 많이 용인될 수 있는지 알고 있습니다.

마하트마여, 당신은 어느 신교도 목사가 당신에게 느닷없이 원죄를 믿느냐고 물었을 때 그렇다고 대답한 일이 있다고 했습니다. 나에게 그런 질문을 할 사람이 있을 것 같지는 않지만 만일 그런 질문을 받는다면 나 역시 같은 대답을 할 것입니다. 하지만 심리학자로서 나는 이렇게 덧붙이겠습니다. "그렇다고 대답할 수밖에 없어서 유감이군요." 이는 달리 믿을 도리가 없는 것이 인간의 본원적 저주라고 믿기 때문입니다. 하지만 바로 그러한 이유로 나는 질문을 던지는 그 사람에게 구체적으로 누구와 무엇을 염두에 두고 있느냐고 되물을 것입니다. 왜냐하면 그 문제를 존재론적 중대성에 비추어 고찰할 수 있는 사람은 많지 않기 때문입니다. 대부분의 사람들은 (어느 정도는 의식적으로) 모든 이가 원죄를 나누어 가지되 다른 사람들이 자기 자신보다 좀 더 많은 원죄를 지고 있다고 생각합니다. 이는 트란스발의 총독 크루거 씨가 당신의 친구들에게 내뱉은 말에도 잘 드러납니다.

> 당신들은 이스마엘(Ishmael, 아브라함이 아내의 하녀인 하갈에게서 낳은 아들로 아랍인의 시조로 여겨진다 – 옮긴이)의 후손이지요. 그러니 에서(Esau, 이삭의 맏아들 – 옮긴이)의 후손들에게 종살이를 하는 것은 당연합니다.[8]

그렇다면 앞의 질문은 종교적 차원에서뿐만 아니라 심리적 차원에서도 다뤄져야 합니다. 그것이 우리 가운데에 살인자들을 만들어내기도 하기 때문입니다. 죄인들을 "정당한 이유"로 살해하는 것, 또는 그렇게 살해됨으로써 영웅이 되는 것, 그리고 신의 눈에 순수한 것으로 보이는 이러한 영웅주의를 숭배하는 것, 이 모든 것이 죄책감과 부조리라는 인간 공통의 무거운 짐에서 우리를 해방시켜 줍니다. 하지만 그 짐을 함께 지지 않는다면 우리는 하나의 인류가 될 수 없습니다.

임상적으로 본원적 죄라는 개념은 개인의 운명과 역사적 상황에 따라 크게 악화될 수는 있으나 실존적으로 경험되는 경우는 극히 드뭅니다. 나

---

8 Gandhi, *Satyagraha in South Africa*, 33쪽.

는 (당신이 즐겨 쓰던 표현을 빌리자면 "매우 조심스럽게") 당신의 경우가 이에 해당하는 것 같다는 생각을 몇 차례 비췄습니다. 당신이 내면의 본능과 맞서는 데 꼭 필요한 무기로 여긴 도덕적 절대주의는 당신으로 하여금 모든 본능적 욕구에서 돌이킬 수 없는 저주를 발견하게 했습니다. 당신은 인간의 무분별한 욕망 때문에 악하게 변해버린 것들마저 악의 "원천"이라 부르기를 주저하지 않았습니다. 또한 (당신의 장남을 염두에 두고) 임신할 의도가 없는 성관계를 통해 태어나기도 하는 게 아이라는 말도 스스럼없이 했습니다. 여기에서 균형추를 맞추기 위해 이런 종류의 사고가 저의 분야에서도 보편적이라는 이야기를 해야겠습니다. 임상에서 우리는 신경증적 문제에 대해—그것이 기질적 "원인"에 의한 것이 아니라면—항상 환자의 유년기에서 불행의 씨앗을 찾고는 합니다. 하지만 우리는 모험과 실험의 정신으로 우리 자신이 직접 대면해본 적이 없는 것을 악이나 질병 또는 운명으로 치부할 권리를 가지고 있지 않습니다. 사실 프로이트가 사람들에게 정신분석을 제공했듯이 당신이 사티아그라하의 본보기를 삶의 여러 영역에 제시한 것도 그 때문입니다. 그런데 아이들에게 보낸 당신의 편지들에서 발견되는 엄격함은 이따금 소름끼치도록 숙명적인 태도를 보여주며 그것은 마치 당신의 죄로 세상에 나온 아이들이 당신의 금욕에 동참하지 않는다면 영영 구원의 기회가 없을 것이라고 말하는 것처럼 들립니다. 여기에서 나는 우리 임상의들도 그와 비슷한 저주를 조장해 왔다는 사실을 인정해야겠습니다. 우리는 "발생론적인" 접근 방법을 통해 아동의 발달 과정을 재구성하면서 아이를 부모의 덕 또는 악의 산물에 불과한 존재로 다룰 때가 있었습니다. 하지만 우리가 모든 아이를 단순히 이전 세대의 소산이 아닌 잠재적으로 전혀 새로운 인간임을 인정할 때, 그리고 임상적으로 뚜렷한 근거가 없는 한 관념적인 저주로 그들에게 무거운 짐을 지울 권리가 우리에게 없다는 사실을 인정할 때, 우리는 더 유용한 존재가 될 수 있을 뿐만 아니라 더 진실해질 수 있을 것입니다. 사티아그라하가 당신의 추종자들이 일궈온 금욕적 성향을 미래에도 유지할 수 있을지, 남녀의 성과 관능적 쾌락의 역할에 대한 보다 건강한 이해가 더 많은 이들을 진정한 평화로향하게 할 미래에도 사티아그라하의 타당성이 입증될 수 있을지는 생식의행위와 관련해서 여전히 중요한 문제로 남아 있습니다. 나름대로 자신의삶에 가치를 부여하고 있는 사람들이 과연 그들의 권리를 옹호하겠다며고통을 받으려는 사람들을 이해할 수 있을지 나는 잘 모르겠습니다.

마하트마여, 만일 당신이 내게 대답할 수 있다면 당신은 고도로 문명화된 서구의 일부 지역에 (종종 프로이트의 이름으로) 만연해 있는 무절제한 성과 향락을 지적할 것입니다. 나는 그 점을 인정합니다. 다만 당신의 비폭력 운동에 이어 (당신의 이름과는 거의 무관하게) 일어난 폭동 같은 비극적 문제들을 내가 당신에게 상기시키는 것은 저급한 반박을 하기 위함이 아닙니다. 중요한 것은 도덕적 제약과 억압이 커질 경우 그것의 독단적, 맹목적특성 때문에 방종과 폭동이 그 뒤를 따른다는 사실입니다. 여기에서 나는본래의 요점을 다시 한 번 밝힐 따름입니다. 내적 또는 외적 비폭력은 윤리(ethics)가 도덕주의를 대체하는 곳에서만 진정한 힘이 될 수 있습니다. 도덕주의의 특징이 맹목적 복종이라면 윤리는 인간의 가치에 대한 통찰과동의를 특징으로 합니다. 또한 윤리는 무조건적인 금기보다는 소통과 설득에 의해 전달됩니다. 과연 점점 많은 사람들이 그러한 윤리적 태도를 발달시키고 전파할 수 있을지 나는 잘 모릅니다. 하지만 우리가 그 일을 해야하고 그것을 위해 노력하는 젊은이들이 우리의 지원을 기다리고 있다는사실은 분명합니다.

우리가 확실히 말할 수 있는 것은, 우리 내면에서 "악"으로 느껴지는 것 또는 우리로 하여금 본능의 충족을 두려워하도록 만드는 것에 대해 사티아그라하를 적용할 방법을 찾지 못한다면 사회적 갈등에서 사티아그라하의 보편적 타당성을 찾을 가능성은 거의 없다는 사실입니다. 우리를 두려움에 떨게 만드는 그것들이 없다면 인간은 한낱 감각적인 존재로 쪼그라들 것이며 갑절로 파괴적인 존재가 되고 말 것입니다. 이는 감각적, 논리적 그리고 윤리적 능력이 서로 균형을 이룰 때 비로소 인간은 자신의 존재 안에서 평화를 발견할 수 있기 때문입니다. 모든 문화가 달성하고자 노력해 온 것이 바로 이것입니다. 이것은 또한 전 세계적인 과학 기술 문화가 확신과 현실주의 가운데 그려야 할 보편적 이상이 되어야 합니다. 그런 점에서 오늘날 감각적, 논리적, 윤리적 경험의 심각한 불균형에 대한 책임이 우리에게 있다는 사실에는 의심의 여지가 없습니다.

당신을 따라 1914년의 인도로 돌아오면서 나는 인도인들이 불신의 시선으로 던지는 다음의 질문을 제지할 방법이 없습니다. 힌두교는 본래 칼뱅주의의 죄에 대한 개념으로부터 자유로운 것 아닙니까? 그리고 바로 그러한 이유로 힌두교는 생애 주기의 논리를 통해 전적으로 생활에 전념하는 일정한 시기가 **지나면** 점차 초연해져야 한다고 가르치는 것 아닙니까? 만일 "행동의 열매에 대한 초연함"이 바가바드기타의 핵심적인 주제라면 그것은 또 다른 주제, 즉 그 열매가 먼저 익어야 한다는 사실을 당연히 전제하는 것 아니겠습니까? 그런데 크리슈나가 아르주나에게 전사의 **다르마**를 지키며 살아야 한다고 조언했을 때 아르주나는 뛰어난 전사임에도 아직 충동적 공격성을 "행동으로 옮길" 준비가 되지 않은 상태였습니다. 그렇다면 특정한 생애 단계의, 혹은 정체성에 내포되어 있는 기능의 미숙함과 불완전함 때문에 그러한 상태에 놓인 사람들은 "초연함"과 존재론적 자유의 가능성마저 박탈당하는 것은 아닌지요? 이로 인해 성숙과 완성에 도달하지 못한 어린 세대에게 청산되지 못한 저주가 전해지는 것은 아닌지요? 바로 여기에서 정신적 지도자인 동시에 정치적 지도자가 되고자 했던, 현실에 초연한 동시에 행동주의자가 되고자 했던 당신이 생식과 출산에 관해 빚어낸 딜레마가 중요성을 띠게 됩니다. 후세를 위한 최상의 환대에 헌신하며 이 세상의 질서를 수호하는 여성의 현존성이 함께하지 않는다면, 인간은 너무나 병적인 까닭에 (너무나 노골적으로 남성적인 까닭에) 범죄와 폭동 그리고 전쟁만이 그 압력을 완화시킬 수 있는 갈등 속에서 사티아그라하를 재창조해야 할 것이기 때문입니다. 나는 임상 연구에서 젊은이들의 고통을 목도하면서 진실로부터 괴리된 부모들을 보아왔습니다. 그러므로 나는 (당신이 나중에 깨달은 바와 같이) 당신의 아들 하릴랄처럼 신화가 아닌 현실 세계에서 절망적인 고통으로 신음하는 이들이 곧 프라흐라드 왕자라는 결론을 내리지 않을 수 없습니다.

아내와 아이들에 대한 분노를 솔직히 드러낸 당신의 글은 모든 비범한 이들, 특히 종교적으로 비범한 이들이 지닌 양면성을 구체적이고 적나라하게 보여줍니다. 그들은 자신이 누구의 아들이냐는 문제는 물론 자신이 누구의 아버지인가라는 문제에 직면하기 마련입니다. 비록 그 자신은 세속의 아버지에 의해 어머니의 몸에서 어느 때 어느 곳에서 태어났지만 그의 영혼은 늘 존재의 무게에 부합하는 이상적인 아버지와 아들의 모습을 선망합니다. 당신은 인도인들의 삶 속에 "이름 없이" 뛰어들었다고 했으나 당신의 이름은 모든 이들의 입에 오르내렸습니다. 스스로 아무것도 아닌 존재라고 하면서도 당신은 모든 이들에게 전부인 존재가 되기를 바랐습니다. 마찬가지로 가족의 속박으로부터 자유로워지고자 노력하면서도 당신 스스로는 다른 이들의 부성과 모성까지 당신의 것으로 만들어버렸습니다.

하지만 이 모든 것은 결코 당신에 대한 비난이 아니며 임상적 판단은 더더욱 아닙니다. 내 눈에는 세례를 받거나 성직에 임명되지 않고도 (신화가 된 과거의 구원자들이나 성인들보다 자기 자신을 훨씬 투명하게 드러내며) 숭고함의 목록에 오를 모든 덕목들—정직, 청빈, 침묵, 정결 그리고 자비—을 스스로 일궈낸 인물이 보일 뿐입니다. 또한 내 눈에는 깨어있는 모든 순간 자신의 힘을 인도 민중이 살아가는 **여기**와 **지금**에 쏟아 부은 사람이 보일 뿐입니다. 당신이 스스로에게 그리고 "민중을 위한 봉사"에 헌신한 다른 이들에게 요구한 희생은 당신 자신을 역사상 전무후무한 민중을 위한 삶에 바쳐지도록 준비시켰습니다. 그래서 나는 당신과 탄광 노동자들을 오랫동안 돌보아준 뉴캐슬의 라자루스 씨에게 당신이 보낸 편지글을 겸허한 마음으로 받아들입니다.

경기(이 글이 인용된 편지에서 간디는 식민치하의 인도인들이 영국의 럭비와 크리켓에 몰두하면서도 정작 노동으로부터 얻을 수 있는 육체와 정신의 건강을 경시하는 현실을 개탄한다 – 옮긴이)는…… 일정한 조건에서만 그 역할을 하는지도 모릅니다. 하지만 이처럼 쓰러져서 일어나지 못하고 있는 우리에게 그 경기들이 차지할 자리는 없다는 확신이 듭니다.[9]

모든 이야기를 마쳤으니 이제부터는 토론이나 논쟁 없이 당신의 나라에서 당신이 예언자의 사명을 맡게 된 시기를 서술할 차례가 된 것 같습니다. 진실한 마음으로 이 편지를 마칩니다. 변치 않는 존경을 담아, 당신의 벗이.

---

9 *CWMG*, 제13권, 49쪽. 1915년 4월 17일 이후의 확인되지 않은 날짜에 마드라스에서 쓴 편지를 수록.

제2장
—
예언자

1. 왜 아메다바드여야 했는가?

　1915년 1월 중요한 인물을 맞이하기 위해 특별히 비워진 부두에 발을 내려놓은 순간부터 간디는 인도의 불행과 자신의 사명이 무엇인지 알고 있는 사람처럼 행동했다. 중년의 성숙한 사람이라면 자신이 **맡은** 일과 그렇지 않은 일을 분명히 알고 있을 뿐만 아니라 자신이 **맡게 될** 일과 **맡을 수 있는** 일에 대한 계획도 확고히 가지기 마련이다. 그는 자신의 위치를 정확히 파악하고 그 위치에서 자신만이 할 수 있고 **해야만 하는** 일에 관심을 갖는다. 우리는 지금부터 간디가 모든 면에서 자신의 위치를 어떻게 공고히 다졌는지 살펴볼 것이다. 조금도 지체하지 않고 그는 고위관리들이 그를 예우하기 위해 마련한 "눈부시게 화려한" 환영식에 "카티아와르 촌뜨기"의 옷차림으로 나타났다. 그는 관리들 앞에서 구자라트어로 연설을 하며 "사티아그라하의 일면"을 보여주었다. 그는 모니야에게나 어울릴 법한 거친 말로 관리들을 꾸짖었지만 그 어조에는 자신이 한 말을 목숨을 걸고서라도 실행하는 사람의 진정성이 담겨 있었다. 청중의 반응은 "동포들 앞에 나의 신식 사고를 대담하게 꺼내놓는 것을 주저하지 말아야겠다는 생각을 갖게 해주었다." 그는 정치적 사안에 대해서는 당분간 몸을 낮추고 있으라는 고칼레의 조언을 마지못해 받아들였다. 하지만 개혁을 위한 자신의 프로그램에 대해 확신을 가지고 이야기하는 것을 주저하지는 않았다.

그는 먼저 자신이 어떤 사람인지를 분명히 밝혀야 했다. 도착한 다음날, 그는 금으로 만든 족쇄가 담긴 선물 상자를 우편으로 받았다. 그는 이 선물에 대해 이렇게 말했다.

거처도 없는 사람에게 그다지 어울리는 선물은 아닙니다. 족쇄가 금으로 만들어졌든 쇠붙이로 만들어졌든 어쨌거나 그것은 족쇄일 뿐입니다. 이 물건이 가진 기능을 생각해보면 마음이 대단히 불편해집니다.[1]

봄베이의 유력인사 600명이 모인 환영식을 다룬 현지 신문은 그가 털어놓은 자신과 아내의 심경을 이렇게 전했다.

봄베이에서 사흘을 보내면서…… 그는—그의 아내 역시—인도의 진정한 영웅들인 계약 노동자들과 함께 있었을 때 마음이 훨씬 편했다고 말했다.[2]

라지코트의 수상이 주재한 모임에서 그는 자신의 건강이 연이은 모임에 참석하며 "매우 나빠지고" 있다고 말했다. 그는 참석자들에게 앞으로 자신의 행보가 실패에 부딪치더라도 자신에게 보여준 그 사랑을 거두지 말아달라고 부탁했다. 그는 자신이 속한 카스트 공동체의 환영식을 축복으로 받아들였지만 그들의 사랑이 진실한 것인지 아니면 그들이 단지 "양떼처럼 맹목적으로" 모인 것인지는 "시험의 때"가 닥치면 알 수 있을 것이라 생각했다.[3]

---

1 The Bombay Chrnonicle, 1915년 1월 15일자. *CWMG*, 제13권, 3쪽에 수록.
2 The Bombay Chrnonicle, 1915년 1월 13일자. *CWMG*, 제13권, 5쪽에 수록.

조금도 지체하지 않고 간다는 아직 시험되지 않은 미래를 향해 모든 사람들의 시선이 돌려지게 했다. 동시에 그는 농업 시대의 아들답게 고향 땅에 영원한 뿌리를 내리기 위해 "정착"에도 관심을 쏟았다. 그것은 인도의 모든 지역으로, 그리고 인도가 당면한 모든 위협과 가능성으로 눈을 돌리기 전에 먼저 해야 할 일이었다. 그는 곧 사바르마티 강을 끼고 있는 아메다바드 인근에서 "피닉스 식구들"이 재정착할 곳을 찾았다. 지금부터 기술할 내용은 이 도시에 정착한 후 인도의 구석구석을 다녀본 그가 사티아그라하라는 도구를 최초로 온전히 적용할 곳으로 아메다바드를 선택하게 된 과정을 보여줄 것이다.

과거에도 그랬지만 지금도 간디가 상인 계급이었다는 사실과 그가 구자라트에 정착했다는 사실을 용서하지 못하는 인도인들이 있다. (이것은 꼭 짚고 넘어갈 문제이다.) 하지만 그들의 눈에 가장 용서하기 힘든 것은 그가 아메다바드의 공장주들과 관련을 맺고 있었다는 사실이다. 간디가 독립운동의 동력까지는 아니더라도 적어도 강력한 도구이기는 했다는 사실을 인정하는 사람들조차 당시 인도에서 일어나고 있던 여러 힘의 요소들에 대해 그가 눈을 감은 것은, 새삼 확인된 그의 상인 기질 때문이었다는 의심을 거두지 않는다. 그 요소들이란 힌두교의 거대한 영향력, 무사(武士) 카스트의 남성적 이데올로기, 벵골 지역에서 시작된 지식인들과 예술인들의 정치적 잠재력, 마하슈트라 지역에서 끓어오르기 시작한 독립운동 그리고 무엇보다도 농촌 지역 무산계급의 혁명적 잠재력이었다. 그의 자서전이 아메다바드 **사건**을 축소해서 다루었다는 사실을 앞에서 확인한 우리로서는 그가 왜 사바르마티 강가에 사티아그라하 아슈람을 세웠는지, 그리고 그가 왜 방직

---

3 *CWMG*, 제13권, 10~12쪽.

노동자들의 투쟁을 귀국 이후 첫 단식의 계기로 삼았는지 이해하는 데 초점을 맞춰야 한다.

물론 "정착"은 간디에게 늘 물음표로 남은 문제였다. 하지만 귀국과 **사건** 사이의 기간은 사실 그의 "식구들"을 위해 "집"을 마련하려고 노력한 시기와 기차를 타고 인도 아대륙을 미친 듯이 누비던 시기로 나눌 수 있다. 정착지가 그에게 기도와 개혁의 장소로 활용되었다면 동시에 그곳은 전국적인 운동의 본부이기도 했다. 기차 여행이 그에게 다양한 체험을 통해 정보를 축적하는 수단이었다면 동시에 그것은 가장 넓은 범위의 선전 수단이기도 했다. 그는 고칼레와의 약속을 지키면서도 어디를 가든 자신이 정치가로서 "시험을 거치는 중"이라고 말하기를 주저하지 않았다. 가난한 이들의 진정한 벗이라는 기존의 명성을 이용하면서 그는 허리에 천을 휘감은 차림으로 순례에 나설 때마다 매번 기차의 삼등칸에서 나흘째 밤을 보냈다. 깡마른 "카티아와르 농부" 같은 그의 모습은 현대판 조토(Giotto, 회화를 시각 예술의 주류로 끌어올린 중세 이탈리아의 대표적인 화가 – 옮긴이)의 그림에 등장할 법했다. 그는 밤새 덜컹거리는 기차에서 선 채로 비틀거리며 잠을 청했다. 그는 의자나 객차 바닥에 체면 따위 신경 쓰지 않고 드러누워 있는 승객들을 비집고 들어갈 생각이 없었다. "어떻게 밤새 그렇게 견딜 수 있소?" 누군가 묻는다. "그나저나 당신 이름은 뭐요?" "제 이름은 모한다스 간디입니다." 이렇게 대화가 시작되면 이내 삼등칸의 승객들은 몸을 일으켜 그를 주목하곤 했다. 얼마 지나지 않아 경찰이 그를 따라다니기 시작했고 승객들은 "그 딱한 고행자"가 경찰의 신분증 제시 요구를 귀찮을 정도로 자주 받는 모습을 보게 되었다. 그러면 승객들은 경외심이 섞인 표정으로 어떻게 "그것을 견딜 수" 있으며 이름이 뭔지 다시 묻곤 했다. 이것은 민중들 사이에 매우 낮으면서도 매우 광범위한 명성이 되었다.

그런데 기차에서 내린 모든 곳에서 그가 펼친 새로운 형태의 전국적 운동에 대해 기록하기에 앞서 먼저 던져볼 질문이 있다. 왜 아메다바드이어야 했는가? 왜 그의 운동은 "인도의 맨체스터"에서 시작되어야 했는가?

나는 알 것 같다는 생각이 든다. 따지고 보면 아메다바드는 내가 세미나를 한 번 치르면서 어느 정도 익숙해진 인도의 유일한 도시였다. 사람은 "직무상" 적응해야 하는 도시에 대해 어떤 특별한 느낌을 갖기 마련이며, 오래 머물되 어려움이 별로 없는 체류에서는 결코 관찰할 수 없는 것을 짧은 기간 동안 이해하게 된다. 또한 그 도시의 미래상에 대해 나름대로 주관적인 판단도 하게 된다. 아메다바드는 비록 왕궁이나 항구 근처에 세워지지는 않았지만 여러 세기를 거치며 그 기능에 딱 맞는 크기와 구조를 갖춘 도시라는 느낌을 주었다. 예로부터 아메다바드는 진정한 도시의 면모를 가지고 있었다. 도시의 산업이 오래 전 자생적인 길드로부터 점차 중소 규모의 기업과 거대한 산업으로 중단 없이 발전해 왔다는 점에서 이 도시는 상업의 논리를 삶 속에서 호흡해 왔다고 할 수 있으며, 도시의 역사가 가지고 있는 그와 같은 일관된 흐름으로부터 하나의 지역적 정체성이 생겨났다고도 할 수 있다. 견고하면서도 제한된, 강하면서도 내향적인, 활기가 넘치면서도 고립된 특징을 지닌 이 도시는 여러 세기에 걸쳐 주목할 만한 에너지를 품고 있었으며 그 에너지는 오늘날 이곳의 연구, 경영, 교육 기관의 성격에서 새롭게 나타나고 있다. 인도의 모든 도시에서 볼 수 있는 불결함은 있지만 아메다바드가 산업시설의 소음과 매연을 특징적으로 보여주고 있다는 것은 부인할 수 없는 사실이다. 이곳에는 대규모의 제조업 공장들뿐만 아니라 가공, 인쇄, 포장, 운송업체들도 있다. 하지만 (피츠버그와 마찬가지로) 도시가 하나의 주요 산업을 중심으로 기능을 하고 있다는 것은 그곳에 사는 수십 만 명의 사람들에게 일정한 성향과 사고방식이 있음을 의미하기도 한다. 과거에 이곳의 주민들은 종족을 중심으로 하는 공동체 생활과, 이웃 마을은 물론 멀리 떨어진 고향과도 활발하게 교류하는 생활을 유지했다. 마하트마는 이렇게 회상한다.

나는 아메다바드에 각별한 애착을 가지고 있었다. 구자라트 사람으로서 나는 구자라트어를 통해 고향에 가장 큰 봉사를 할 수 있을 거라고 생각했다. 아메다바드는 예로부터 베틀로 짠 피륙으로 유명했기 때문에 수동 방직기를 사용하는 가내 수공업을 다시 일으키기에 가장 유망한 지역으로 보였다. 또한 이 도시는 구자라트의 주도(州都)이기 때문에 다른 지역에 비해 부자들의 재정적 도움을 얻기가 쉬울 것이라는 나름의 기대도 있었다.

간디는 무엇보다도 먼저 **언어**라는 요인을 강조했다. 구자라트어를 사용하는 인구는 인도 전체 인구의 10분의 1에 미치지 못하지만 그들은 그의 동족이었다. 그에게 자유인의 첫 번째 요건은 어린 시절에 익힌 언어로 자신의 생각을 표현할 수 있는 능력이었다. 후일 간디는 인도의 심각한 언어 문제에 대한 해결책으로 효용이 없고 수용이 불가능한 제안을 했지만 이론적으로는 그가 옳았음이 분명하다. 이후 그에 버금가는 열의와 추진력을 가지고 인도의 언어적 딜레마에 접근하는 지도자가 없었기 때문에 오늘날 인도의 상황이 더 나빠졌다는 것도 분명한 사실이다. 간디는 진리의 사도로서 개인적인 본보기를 통해 민중으로 하여금 국가적인 불행에 눈을 뜨게 만드는 일을 할 수 있었을 뿐이다. 대부분의 공무와 일상의 많은 영역이 부자연스럽고 변형된 영어 아니면 의도한 의미의 근사치밖에 전달하지 못하는 수많은 방언에 의해 이루어지는 곳에서 진리는 불명료한 문제가 될 수밖에 없다. 어떤 사람이 자신이 "진정으로" 의도하는 바를 말하려고 할 때 그것이 불가능할 뿐만 아니라 불필요해지는 것도, 영국인들이 인도인들에 대해 정직하지 못한 성향을 "타고난" 사람들이라고 생각하게 된 것도 모두 그러한 사실에서 비롯된 것이다.

그런데 간디가 선택한 아메다바드는 구자라트어가 상업과 대학에서 공용어로 사용되었으며 예로부터 **베틀로 짠 피륙**으로 유명한 도시였다. 지역의 언어와 공용어인 영어 사이의 어쩔 수 없는 균열 이외에도 간디는 인도인의 정체성이 약화되는 원인으로 전통적인 수공업의 붕괴를 지목했다. 그는 경제적으로 꼭 필요한 물건이자 하나의 종교 의식으로, 그리고 국가적 상징으로 물레의 중요성을 부각시켰다. 사실 인도의 모든 도시들 가운데 아메다바드가 방적과 직조에서 가장 현대적인 방법을 사용하는 곳이었다는 사실은 전형적인 간디의 역설이라 할 수 있다. 우리는 실을 잣고 옷감을 만드는 것과 관련하여 시간과 규모 면에서 훨씬 효율적인 방법을 배제한 간디의 제안을 뒤에서 살펴보게 될 것이다. 그 제안으로 인해 간디는 기계를 혐오하고 손으로 하는 작업을 선호한 몽상가로 비판을 받기도 한다. 하지만 여기에서도 간디는 이론적으로 옳았다. 개인이 소유한 수백 만 대의 물레와 경쟁해야 한다는 점에서 방직 산업의 미래를 걱정하는 사람들이 있는 반면에, 마을에서 부활한 베틀 문화와 활기찬 방직 산업의 공존을 상생이 아닌 경쟁으로 보는 인도인 기업가를 나는 한 명도 만나지 못했다. 어쨌든 간디는 전통과 물리적 환경이 그와 그의 추종자들로 하여금 방적과 직조를 할 수 있게 해주는 곳에 정착하기를 원했다. 부유한 자이나교도 상인들과 제조업자들 가운데 일부는 "경쟁자"에게 재정적 지원을 주저하지 않으리라 생각했다는 점에서도 간디는 (어느 정도는) 옳았다.

인도에서 실을 잣는 전통은 물건을 고유의 방법으로 만들어낸다는 것 이상의 의미가 있었기 때문에 수공업은 **길드**와 **카스트** 그리고 **종교**를 밀접하면서도 상호 독립적으로 만드는 전체적인 체계 속에 깊이 뿌리를 내리고 있었다. 또한 아메다바드에서는 방직 산업의 자금 조달과 생산 그리고 유통을 담당하는 다양한 공동체가 여러 세기 동안 상호 의존과 조화 속에서 생활해 왔다. 아메다바드의 카스트 체제는 말 그대로 "작동해 왔고" (계급 제도가 온전히 작동했으며 상인 계급이 노동에 종사했다는 중의적 의미로 "worked"가 사용되었다 – 옮긴이), 영국의 식민치하에서도 그러한 전통은 거의 영향을 받지 않았다. 간디는 "일관성"을 요구하는 서양의 관념론자들에 의해 너무나 쉽게 공격 대상이 되는 문제를 목전에 두고 있었다. 그는 의식(意識)과 목표의 신속한 현대화를 촉구해야 했지만, 동시에 대체 불가능한 전통적 정체성의 원천인 낡은 사회구조의 양상들을 인정해야 했고 심지어는 그것들을 보존하기까지 해야 했다. 따라서 간디는 과거의 구조를 어느 정도 보존하고 있는 현대적인 장소에 정착해야 했고, 그곳을 기점으로 인도 전역을 여행하며 인도인의 정체성에 가해진 "4중의 파탄(간디는 영국의 식민지배가 인도를 정치적, 경제적, 문화적, 정신적으로 파탄시켰다고 말했다 – 옮긴이)"을 살펴보았다.

아메다바드는 이전 세대들에게 그랬던 것처럼 모니야와 모한다스가 살던 세계의 지평에서도 신기루와 같았을 것이다. 모니야가 태어나기 몇 세기 전 아메다바드는 해상 무역으로 이름을 떨쳤다. 도시가 형성된 초기[4]의 아메다바드는—오늘날에는 믿어지지 않지만—넓은 도로와 아름드리나무들 그리고 아흐메드 1세(Sultan Ahmed)의 왕위 계승자들이 도시의 외곽에 조성한 거대한 정원들로 유명했다. (암발랄이 지은 "별장"은 틀림없이 그 정원

---

4 나는 Kenneth L. Gillion이 아메다바드의 역사를 기록한 글에서 매우 큰 도움을 받았다. 그의 기록은 최근 다음과 같이 책으로 출판되었다. *Ahmedabad: A Study in Indian Urban History*, Berkeley: University of California Press, 1968년.

들을 모델로 삼았을 것이다.) 그러나 "프로테스탄트"들처럼 종교와 상업적 정신을 조화시키려는 경향이 강했던 구자라트와 카티아와르 사람들의 눈에는 무엇보다도 아메다바드의 옛 길드가 가장 인상적이었을 것이다. 길드는 카스트, 계급, 종교와 연관된 의무와 권리에 견고하면서도 유연한 토대를 제공해주었다. 이는 인도의 농촌에서 일반화되어 있던 자즈마니(jajmani, 서로 다른 카스트가 필요한 재화와 용역을 교환하는 제도로서 농업에 종사하는 카스트와 장인(匠人) 카스트가 농산물과 농기구를 교환하는 것을 예로 들 수 있다–옮긴이)가 도시에 적용된 것이다. 전통적으로 가장 영향력 있는 길드와 상인 그리고 전주(錢主)의 대표가 자이나교 공동체의 우두머리이자 도시의 "시장(市長)"이 되었으며, 옷감을 거래하는 상인들의 대표는 비슈누교도 (Vaishnava)와 시장(市場)의 우두머리가 되었다. 도시는 사원과 사각형의 뜰을 중심으로 주택들이 밀집해 있는 수십 개의 "폴(pol)"로 다시 나뉘었다. 벽으로 둘러싸인 하나의 폴 안에는 카스트들과 수많은 하위 카스트(sub-castes)들이 공존했다. 이곳에서는 일가친척과 함께 사는 부자들이 구역 내의 가난한 사람들을 책임졌다. 부유한 힌두교도들은 주기적으로 카스트의 축제를 주최해야 하는 의무를 이행함으로써 자신들의 부를 드러냈다. 그들의 부는 집의 입구에 있는, 일상의 모습들과 더러는 관능적인 장면들을 새긴 조각을 통해 드러나기도 했다. 그들은 폴 안의 활용 가능한 공간들을 조금씩 점유하면서 식구를 (그리고 재산을) 불려나갔고, 그들의 소유권은 폴 바깥의 거리로까지 확장되었다. 이러한 과정이 어떤 결과로 이어졌는지는 후일 총독부가 건축과 교통 관련 규정을 정비한 것에서 잘 드러난다. 새로 만들어진 법령은 가로수가 줄 지어 있는 도로 쪽으로 돌출된 지붕이 이웃한 지붕과 최소한 8피트의 간격을 유지해야 한다고 못 박았다. 이렇게 해서 하나의 도시는 내부 지향적 전통의 건축학적 표현이자 살아있는 상징이 되었다.

1817년 영국이 아메다바드의 지배권을 확대하기에 앞서 사회적 연결망의 견고성이 시험을 받은 "암흑기"가 있었다. 도시는 정복자들의 신중하지 못한 지배로 쇠퇴의 길을 걸었고 기아와 전염병으로 많은 사람들이 죽었다. 그러나 이 시기에도 부유한 가문과 그들의 자본은 그저 지하에 숨어 있었을 뿐이다. 아메다바드는 곧 상업적 활기와 명성을 되찾았으며, 영국이 아편 무역을 조장하면서부터 도시는 더욱 활기를 띠었다. 일부 존경할 만한 전주들은 상당한 희생을 감수하면서까지 아편 무역에 관여하기를 거부했던 것으로 보이지만, 아메다바드에서 가장 인상적인 근대 건축물인 자이나교 사원은 아편 무역에서 벌어들인 돈으로 건축된 것으로 전해진다. 어쨌든 현대적인 기술의 도입이 의무화된 랭커셔(Lancashire)의 공장들과 경쟁을 한 19세기에도 아메다바드의 전통적 장인정신은 그대로 남아 있었으며, 인도에서 아메다바드만이 가지고 있는 독특함은 도시의 전통적인 약속―금융, 제조, 거래 그리고 상업적 상호 의존성과 금전적 도덕성의 양식을 아우르는 계약 체제―위에 그대로 유지되고 있었다. 보조금을 받지 않고도 수공예는 번성했고 강한 책임감을 지닌 세습 부호들은 도시의 번영에 일조했다. 영국인들 역시 이러한 도시의 특성에 간섭을 하지 않았다. 영국인들은 이처럼 촘촘하게 짜인 사회에서 자신들의 영향력이 미미하리라는 사실을 알고 있었던 것 같다. 영국 군대는 도시의 외곽에 있는 영국인 거주 지역을 벗어나는 일이 없었다.

모니야는 어렸을 때 **산업화**에 관한 대하소설 같은 이야기를 들어보았을지도 모른다. 어느 통찰력 있는 ('란초들랄'이라는 이름의) 노인이 1860년 경 방적 공장을 세우기로 결심했다. 그러나 공장 설비를 싣고 희망봉을 지나던 배가 화재로 침몰하고 말았다. 상당한 시일이 지난 뒤 새로 주문한 설비가 캄베이(Cambay)에 도착했고 그곳에서부터는 소가 끄는 수십 대의 수레에 실려 아메다바드까지 육로로 운반되었다. 그러나 공장에 먼저 도착해 있던 영국인 기술자가 천연두로 목숨을 잃었고 그 때문에 설비의 조립은 일종의 모험이 되고 말았다. 어쨌든 설비의 조립이 끝나고 공장은 돌아가기 시작했다. 처음에는 천천히 그러나 곧 (특히 봄베이까지 철도가 개통되면서) 폭발적인 속도로 산업화가 진행되었다. 인도의 공장들이 진정한 번영을 누리기 시작한 것은, 1882년 자유무역 협정의 체결로 인도의 직물로부터 영국과 인도를 "보호"하던 높은 세율의 관세가 철폐되면서부터이다. 한편 아메다바드의 공장들은 도시와 주변의 농촌 지역에서 꾸준히 유입되는 노동력으로 활기를 띠었다. 공장의 인력은 소수의 "상류층" 힌두교도들과 일부 회교도들 그리고 (불가촉천민이기 때문에) 공장의 특정 구역에서만 일한 다수의 가난한 노동자들로 구성되어 있었다. 이러한 노동력과 토착 자본이 아메다바드의 방직 산업을 든든하게 떠받쳤고 이는 봄베이와 경쟁할 수 있는 주요한 토대가 되었다. 만일 간디가 인도 전역의 스와라지라는 거창한 목표를 세웠다면 인도의 역사에서 현대적인 도시 공동체의 "자치"가 방해를 받지 않고 이루어지는 일은 없었을 것이다.

간디가 영국과 남아프리카에서 그의 소명을 찾는 동안 아메다바드는 산업 도시로 성장해 있었다. 소유권과 관련해서 공장은 "경영 대리인"에 의해 운영되었는데, 개인이나 집단이 "소유주"로부터 위임을 받아 공장을 운영하는 이러한 체제는 많은 인도의 사업체가 가지고 있는 전형적인 특징이기도 했다. 이러한 소유권은 지분이 큰 출자자들뿐만 아니라 다수의 소액 "공탁인"들도 나눠 가졌고, 어떤 공장은 이들의 지분이 85%에 달하기도 했다. 그러나 일부 경영 대리인들과 그들의 가족이 지분을 사들이면서 그들은 이익 배당금과 경영에 대한 보수를 모두 받았으며 이와 같은 과정을 거쳐 그들은 "공장주"가 되었다. 암발랄 사라바이가 공장주가 될 수 있었던 것도 그의 조부가 1880년에 칼리코 공장의 경영권을 획득했기 때문이었다.

간디가 강을 끼고 있는 외딴 곳에 정착했을 때 아메다바드는 (캘커타, 봄베이, 마드라스, 하이데라바드 그리고 델리에 이어) 인도에서 여섯 번째로 큰 도시였다. 당시 아메다바드의 인구는 25만 명이었으며, 이 중 10만 명이 방직 노동자들과 그들의 가족이었다. 최초의 공장에는 2,500개의 방추와 63명의 직공이 있었으나 그 규모는 이제 10만 개의 방추와 2만 대의 베틀로 늘어나게 되었다. 전체 노동자들 중 절반 이상이 아메다바드 출신이었고 1/4은 간디의 고향인 카티아와르를 포함한 인근 지역 출신이었다. 이후 간디가 공장 구성원들과 맺게 될 관계를 이해하기 위해 1921년의 인구조사 자료 중에서 도표[5] 하나를 참고해보는 것이 유용할 것 같다. 이것은 시기적으로 1918년의 현황에 가장 근접해 있는 자료이다.

1921년 아메다바드 인구 현황

종교	인구 구성비(%)	문자 해독 가능 비율(%)	
		영어	기타 언어
힌두교도	72.5	5 미만	22
회교도	19.6	1	15
자이나교도	6.3	10	55
기독교도	0.9	25	50
조로아스터교도	0.6	40	80

간디가 만난 공장주들은 설령 영어를 하지 못하더라도 나름 높은 수준

---

5 *Census of India*, 1921년, *Cities of the Bombay Presidency*, 제9권, 1부, Poona: Govt. Printing, 1922년, 64쪽.

의 교육을 받았던 반면에 노동자들은 대체로 문맹률이 높았으며 구사하는 언어도 구자라트어 하나인 경우가 많았다는 사실은 분명하다.

경제적, 문화적 노동환경과 관련해서는 간디가 이에 대한 조사에 직접 나서는 대목을 다룰 때 다시 이야기할 것이다. 다만 한 가지 미리 언급해둘 점은 영국으로부터 기계와 기술적 자문을 받은 덕분에 노동자들이 얻은 이점이 있었다는 사실이다. 이는 안전과 더 나은 노동환경에 대해 영국의 산업계가 축적한 경험과 지식이 함께 들어왔기 때문이다. 게다가 인도의 공장들은 하나의 기계에 더 많은 직공들을 배치할 여유가 있었다. 한편 페스트가 창궐하기 직전인 1916년에도 아메다바드의 사망률은 이미 높은 수준을 기록하고 있었는데, 이는 공장에서 나오는 먼지, 석탄 가루, 매연과 더불어 불충분한 물 공급이 주요 원인이었다. 인도의 다른 도시들에 비해 아메다바드는 나름의 체계를 잘 갖추고 있었지만 다른 도시나 세상의 모든 식민지가 겪는 불운마저 피한 것은 아니다. 간디는 이에 대한 깊고 광범위한 조사에 나섰다.

2. 4중의 파탄

1930년 1월, 인도 국민회의는 다음의 문장이 포함된 독립선언문을 온 세상에 선포했다. "우리는 4중의 재앙을 이 나라에 안기고 있는 지배 체제에 계속 복종하는 것이 인간과 신 앞에 죄를 짓는 것이라고 믿는다."[6] 내가 이 문장을 인용한 이유는 "죄"와 "4중의 재앙"이라는 단어가 명백하게 간

---

6 Pyarelal, *Mahatma Gandhi, The Early Phase*, 62쪽에서 인용.

디의 것이기 때문이다. 이는 미국의 독립선언문과 분명한 차이를 보여주는 것이기도 하다. 미국의 독립선언문은 영국으로부터 이미 성취된—아직 개척되지 않은 넓은 대륙의 일부 지역에 국한된—분리 독립을 공식적으로 확인하는 것이었다. 이에 반해 인도는 온갖 계몽과 높은 이상에도 불구하고 아대륙 전체를 착취하고 "쥐어짜는" 외국의 지배를 여전히 받고 있었다. 이 때문에 독립 운동가들은 인도 민중의 삶에서 네 가지 영역—경제적, 정치적, 문화적, 정신적—의 회복을 촉구한 것이다. 자와할랄 네루—간디의 정치적 상속자이자 지적으로 우리 시대의 가장 뛰어난 정치가인—는 그러한 좌표가 인간의 심리학 안에서 모두 만나게 된다는 사실을 분명히 인식했다. 그는 언젠가 간디가 인도를 위해 이룩한 업적은 "마치 정신분석 전문가가 환자의 과거를 깊이 들여다본 뒤 그가 지닌 콤플렉스의 원인을 찾아내어 그것을 환자에게 보여줌으로써 환자가 그 짐에서 벗어나도록 해주는 것처럼 심리적 변화를 이끌어낸"[7] 것이라고 말한 적이 있다. 만일 네루가 한마디 덧붙여서 간디가 인도의 "정체성"을 되돌려주었다고 말했다면 그는 오늘날 느슨하게 사용되는 의미로 그 용어를 사용한 것이 아닐 것이다. 왜냐하면 정체성은 (적어도 내가 믿기로는) **"개인의 중핵적인 부분**에, 그리고 **그가 속한 문화의 중핵적인 부분**에 '위치해 있는' 일련의 과정이며, 이 과정은 사실상 두 개의 정체성을 확립하는"[8] 것이기 때문이다. 위대한 지도자들은 이것을 직관적으로 알고 있다. 그들은 개인적인 차원의 정체성 투쟁은 물론이고 그가 이끄는 민중이 공통적으로 겪는 정체성 투쟁 모두를 치열하게 경험했기 때문이다. 내가 여기에서 요약하는 "4중의 파탄"은 영

---

7 Jawaharlal Nehru, *The Discovery of India*, 2판, London: Meridian Books, 1947년, 304쪽.

8 다음을 참조할 것. Erikson, *Identity: Youth and Crisis*, 22쪽.

국령 인도 제국에 대한 "객관적"이고 역사적인 평가와 일치하지 않을 수 있다. 다만 나는 식민 지배자들에 의해 인도 민중이 돌이킬 수 없는 피해를 입었다는 간디의 인식에 초점을 맞추려 할 뿐이다. 물론 식민 지배자들은 의존적 성향을 가진 피지배자들을 자신들이 괄목상대하게 "발전"시켰다고 스스로를 정당화하기도 했다. (지금도 그렇게 생각하는 이들이 있다.) 하지만 피지배 민중의 지도자들이 자신들에게 가해진 영구적인 피해를 분명히 진단하고 인식할 수 있을 정도로 그들의 정체성이 손상되었다면, 식민지의 착취자들이 그들을 발전시킨 구석이 어딘가에 있어야 한다는 것은 당연하다고 하겠다.

인도를 위한 봉사와 신을 위한 봉사를 같은 것으로 여겼으며 그 때문에 인도를 가벼이 여기는 것을 하나의 죄로 여긴 간디의 공적, 사적 측면들이 일부 독자들에게는 불편하게 여겨질지도 모르겠다. 그러한 국가주의적 논리는 신의 더 큰 영광을 위하여(in majorem dei gloriam) 다른 사람들에 대한 착취와 파괴를 정당화하는 데 흔히 사용되어 왔다. 하지만 정치적 과업과 실존적 과업을 단일한 종교적 사명으로 받아들인 간디에게는 심리적으로나 (내가 판단할 수 있는 한) 정신적으로 충분한 근거가 있었다고 생각된다. 어떤 국가, 계급 또는 카스트에 속해 있다는 것은 한 개인의 정체성을 이루는 중요한 요소들이다. 그러한 정체성은 양성(兩性) 가운데 하나 또는 타고난 인종처럼 적어도 **자신이 그 무엇이 아님**을 함의하고 있다. 자신이 그 무엇이 아니라는 사실은 특정한 생활공간(life space)을 만들어 주는데, 그 공간에서 개인은 자신의 고유성을 긍정적으로 소망할 수 있으며 더 나아가 포괄적이고 평등한 인간성에 의해 그러한 고유성을 극복하고자 소망할 수도 있다. 유대인이었던 예수가 그러했다. 간디는 지도자이든 추종자이든 모든 사람은 주어진 역사적 시기에, 특정한 지리적 장소에서, 자신이 속한 특정한 공동체 내의 정해진 역할을 다하며 각자의 발달 단계에 있는 되돌릴 수 없는 사실들을 통합할 수 있어야 한다고 말한다. 물론 완전한 인간의 정체성을 아직 구현하지 못하고 있는 인류에게 그의 말은 모든 인간이 타인을 착취하거나 타인에 의해 착취를 당하는 상황에 노출되어 살아가고 있음을 뜻하는 것이기도 하다. 영토나 자원을 위한 싸움 이외에도 의사종(pseudo-species)은 그들 자신을 선택된 존재로 여기게 해주는 우월한 정체성을 위해 다른 의사종을 상대로 전쟁을 벌인다. 그러한 정체성이 없을 때 인간은 다른 모든 인간들과 동물들 가운데 스스로를 열등한 존재로 여기게 되는 것 같다. 하지만 자신의 역사적 정체성을 회피하지 않고 **모든** 인간의 발가벗은 모습과 운명적 유약함을 인정하는 사람도 드물게 나타난다.

영국은 인도의 피지배민들에게 영국인 엘리트의 감독을 받는 더 자유로운 정체성을 약속했는지 모르지만 (미국이 자국의 흑인들에게 그랬던 것처럼) 특정한 개인과 집단 모두에게 없어서는 안 될 정체성의 요소들을 계발하는 데에는 무관심했다. 그리고 그것은 사실상 "범죄적"인 무관심이었다. 반(反)식민주의 혁명은 그러한 상황을 재평가해야 하는 과제를 안고 있다. 당시 그러한 악조건에서도 발달한 정체성의 요소들은 처음에는 역사의 부산물로 운 좋게 얻어진 장식품이나 소모품 정도로 여겨졌지만 점차 우월한 가치를 보여주는 휘장으로 변하면서 그것을 무시하는 것이 죄로 여겨지게 되었다. 인도의 사례—영국과 인도의 사례라고 하는 게 더 나을지 모르지만—는 식민주의라는 역사적 경향성의 가장 극단적인 모습을 보여준다. 지배를 받는 인구의 규모, 본래의 이상과 역사적 현실의 거리, 성공과 실패의 뚜렷한 차이, 그리고 공적인 화려함과 비인간적 빈곤의 부조화, 이 모두가 극단적이었다.

네루는 그의 어린 딸(훗날 그를 이어 수상이 될)에게 보낸 감옥으로부터의 편지에서 이렇게 적었다.

　　초췌하고 아무 희망도 없는 표정의 우리 농민들(kisans)의 움푹 들어간 눈보다 더 슬픈 모습은 없을 것이다. 우리의 농민들은 지난 세월 얼마나 무거운 짐을 지고 살아왔던가! 얼마간의 번영이나마 누려온 우리로서는 우리 자신이 그 짐의 일부였음을 잊지 말아야 한다. 외국인과 내국인을 가릴 것 없이 우리 모두가 고통 받는 농민들을 착취해 왔으며 그들의 등에 올라타 있었다. 그들의 등이 굽은 것이 과연 놀랄 일이겠느냐?[9]

　　나는 분명한 사실을 다시 설명하는 것보다 위의 구절을 인용하는 쪽을 택했다. 4중의 파탄이라는 역사는 식민 지배자의 심리는 물론 피지배자의 심리에서 찾아야 하는 "원인들"을 보여준다. 또한 그 역사는 누군가는 반드시 손해를 보아야 하는 구조에서 일시적 번영의 열매를 차지하기 위해 서로 공모하거나 배척하는 한 민족 내의 여러 파벌들이 그 "책임"을 나눠 가져야 한다고 이야기한다. 이런 구조 내에서는 더 많은 사람들이 그 정도와 기간에서 이전보다 더 큰 퇴보를 겪으며 더 비싼 대가를 치러야 했다. 그러므로 간디가 당시에 느낀 것들을 우리는 이 시대의 용어로 이해해야 할 것이다.

　　경제적 측면에서 영국인 상인들과 모험가들이 인도에 있는 다른 유럽의 경쟁자들을 물리치는 동안 고대 무굴 제국은 다른 모든 나라에서와 마찬가지로 봉건제의 종말을 재촉하는 압력 하에서 이미 붕괴하고 있었다. 하지만 동인도회사의 관리들은 대영제국으로부터 자본과 토지는 물론이고

---

9 Jawaharlal Nehru, *Glimpses of World History*, New York: John Day, 1942년, 428쪽.

동인도회사의 명칭을 넘겨받고도 옛 질서를 새로운 질서로 즉각 대체하지 않았다. 그들의 목표는 사실상 정치적이었다. 동인도회사는 이미 쇠약해질 대로 쇠약해진 유기체에 달라붙은 거머리 같은 기관이었다. 네루와 인도의 역사학자들은 경제적 지배자들이 새로운 계급의 출현을 허락하지 않은 것은 물론 사실상 가로막기까지 하면서 발 닿는 곳마다 중간상인과 중개인의 역할을 모두 접수했다고 주장한다. 다른 식민지들의 경우 새로운 계급이 봉건제의 질서로부터 중간 계층의 역할을 넘겨받아 새로운 무역의 시대에 상업적 정체성을 얻었다는 것이다.

영국인 지방행정관의 직함이 "징세관(Collector)"이었다는 사실을 아메다바드에서 처음 알게 되었을 때 나는 그 무신경함에 경악을 했다. 이는 그 관리가 행정과 자문을 위해서가 아니라 세금을 걷어 본국에 보내기 위해 그곳에 파견되었음을 보여주는 것이나 다름없었다. 실제로 1765년 무굴 제국으로부터 동인도회사가 얻은 "조세 대리 징수"의 권한은 영국의 점령에 대해 잘못된 법적 정당성을 부여했다. 그로부터 10년 후 아담 스미스는 『국부론』에서 거대한 파멸의 경제적 기초가 될 모순에 대해 다음과 같이 경고했다.

독점적인 상인의 정부는 어느 나라 할 것 없이 아마도 최악의 정부가 될 것이다…… 지배자로서의 동인도회사는 유럽에서 실어온 물건을 인도에서 가능한 한 싸게 팔고, 인도의 물건을 유럽에서 가능한 한 비싸게 파는 것이 그들의 이익에 부합한다. 그런데 상인으로서의 동인도회사는 상충된 이해관계를 가지고 있다. 지배자로서의 이해관계는 그들이 다스리는 국가의 그것과 정확하게 일치한다. 상인으로서의 이해관계는 이와 정반대이다.[10]

동인도회사는 국왕의 몫인 세금을 본국에 바치는 동시에 국왕의 권력을 일부 넘겨받았는데 이는 통치가 아닌 약탈을 위해서였다. 그들은 오로지 본국의 상인들과 투자자들만 중요하게 여겼다. 물론 그들은 이를 위한 준비도 잘 갖추고 있었다. 18세기 식민주의의 도덕적 진공상태를 고려하면 그들은 스스로 옳고 애국적이라고 생각하는 행동을 한 것인지도 모른다. 그러나 그들의 애국적, 직업적 정체성은 눈앞에 있는 시장 너머까지를 보지 못하는 근시안적 중개상인의 정체성이라 할 수 있었다. 미래의 삶과 번영 또한 중요하게 생각하는 새로운 계급의 직관적인 절제를 그들은 전혀 지니지 못하고 있었다. 그것은 한탕주의의 약탈이나 다름없었다.

우리는 앞에서 언급한 다섯 도시들 가운데 델리가 전적으로 영국령 인도 제국의 행정적 필요성 때문에 세워진 반면에 오늘날 아메다바드의 인구를 넘어선 세 개의 도시, 즉 캘커타와 봄베이 그리고 마드라스는 모두 영국인들에 의해 세워졌다는 사실을 주목해야 할지 모른다. 인도의 부가 유출된 통로가 바로 이 세 도시의 항구였으며 이곳을 통해 들어오는 것은 모두 인도 현지의 부에 독이 되었거나 그것을 체계적으로 약화시켰기 때문이다. 네루는 투옥 중에 그의 딸 인디라와 나눈 편지에서 이에 대해 자세히 설명했다.

인도의 물건을 외국에 내다팔고 외국에서 금과 은을 들여오던 흐름이 바뀌고 말았다. 언제부터인가 외국의 물건이 인도에 들어오고 금과 은이 빠져나가기 시작했다.

이러한 침탈이 있기 전에 가장 먼저 인도의 방직 산업이 붕괴되었다. 영국

---

10 딸에게 보내는 Nehru의 편지, 12월 1일, 1932년. 위의 책 417쪽에서 인용.

에서는 기계 산업이 발달한 까닭에 인도의 다른 산업 분야들도 방직 산업의 뒤를 따라 쇠락의 길을 걸었다. 보통은 자국의 산업을 보호하고 장려하는 것이 그 나라 정부의 역할이다. 그런데 보호와 장려는커녕 동인도회사는 영국의 산업과 이해관계가 부딪치는 인도의 모든 산업 분야를 짓밟았다. 인도의 조선업이 무너졌고 금속 산업이 버텨내지 못했으며 유리와 제지 산업도 쇠락했다.

처음에는 외국의 물건들이 항구 도시와 그 주변 지역까지만 들어왔다. 그러나 도로와 철도가 건설되면서 외국의 물건들은 점차 내륙으로 들어갔고 마침내 구석진 마을의 수공업자들마저 몰아냈다. 수에즈 운하는 영국을 인도에 더욱 가깝게 만들었고 영국에서 물건을 들어오는 비용은 더욱 낮아졌다. 그로 인해 기계로 만든 외국의 물건들은 더욱 많이 들어왔고 그것들은 아주 멀리 떨어진 마을까지 흘러들어갔다. 이러한 과정은 19세기 내내 계속되었고 현재에도 어느 정도는 지속되고 있다.[11]

여기에서 상인들과 군인들, 행정관들이 눈독을 들인 것이 원자재—투자와 건설 그리고 수백 만 개의 일자리 창출로 이어질 수 있는—가 아니라 외국인들의 눈에 인도인의 전통적인 생활과 정체성을 상징하는 것으로 비친 물건들이었다는 사실을 인식하는 것이 중요하다. 특히 수백 만 호의 농가와 수십 만 개의 소규모 작업장에서 짜낸 직물은 농업으로 얻는 부족한 소득을 보충하는 것에 그치지 않고 오랜 세월 동안 주요한 수출품으로 자리를 잡고 있었다. 이는 그 열매를 강탈당한 전통 사회가 인도 내부로터는 아무런 해악을 입지 않았다는 뜻이 아니다. 외세를 등에 업고 조세를 대리 징

---

11 같은 책, 419쪽.

수한 이들과 자국의 토착 상인들 역시 관습이 가로막지 않는 한 착취를 멈추지 않았다. 중요한 것은 영국의 점령 초기부터 **모든** 관습이 무너지기 시작했으며 수공업자들과 농민들에 대한 착취를 제어할 수 있는 전통적 규범들도 그와 함께 무너져 내렸다는 사실이다. 이에 따라 이전의 사회 제도에서 정체성을 제공해주던 과정들은 그 본래의 힘을 잃고 말았다. 훌륭한 물건들을 만들어내는 데 필요한 기술은 경제적, 법적 체계가 적절한 보상과 지위 그리고 가치를 보장하는 한에서만 정체성의 주요한 원천이 될 수 있기 때문이다. 수공업자들은 동인도회사의 중개상들이 요구하는 대로 물건을 만들어야 했을 뿐만 아니라 납품 가격의 독점적 결정권도 그들에게 넘겨주어야 했다. 계약되지 않은 모든 생산 활동은 금지되었고, 불법 생산에 사용될 수 있는 원자재와 도구의 소유도 금지되었다. 이러한 금지 조치는 가택과 마을에 대한 수색권을 부여받은 무자비한 중개상들에 의해 시행되었다. 피아렐랄은 "인도 남부 사람들은 오늘날까지도 누군가의 집 근처에 목화솜이 떨어져 있는 것을 보면 불운이 찾아오는"[12] 것으로 믿는다고 기록했다. 이와 같은 착취에 더해 다른 곳에서 생산된 물건에 대한 소비도 강요되었다. 수공업자의 옛 정체성을 새로운 생산 방법에 내재하는 새로운 정체성으로 대체하려는 노력도 암묵적으로 금지되었다. 외딴 마을에서부터 공공기관의 소재지에 이르기까지 새로운 기술을 기꺼이 받아들이려는 인도인들에게조차 정복자들에 대한 동일시는 허락되지 않았다. 우리는 인도인들이 얼마나 필사적으로 서양의 문물을 배우려 했는지를 간디의 경우를 통해 볼 수 있었다.

아메다바드가 봉건시대 이후 (이제 좀 더 분명히 이해될 수 있듯이) 중간 계

---

12 Pyarelal, *Mahatma Gandhi, The Early Phase*, 34쪽.

층의 상인들이 정체성의 손실을 최소화하며 전통적인 방식에서 산업화된 직조와 방직으로의 이행에 성공한 몇 안 되는 거점이었다면, 무산계급이 된 수공업자들은 그들의 생활공간과 정체성 모두를 잃고 말았다. 일거리를 잃은 수공업자들은 토지도, 기댈 만한 경제체제도 없는 임금 노동자로 전락했기 때문이다. 네루는 감옥에서 한 세기 전의 인도를 이렇게 돌아보았다.

> 1834년 영국인 총독은 "산업의 역사에서 이와 같은 참상은 찾기 힘들 것이다. 목화에서 실을 뽑아내던 사람들의 뼈가 인도 평원을 하얗게 덮고 있다"고 말한 것으로 전해진다.[13]

최소한의 국내 수요를 제외한 잉여 농산물은 수출이 되었고, 아무리 혹독한 기아와 기근이 닥쳐도 세금은 꼬박꼬박 걷어졌다. 수공업자들과 농민들의 무산계급화는 네루가 지적한 바와 같이,

> 인도인들이 겪는 빈곤 문제의 근본적 원인이었다. 우리의 불행 대부분이 여기에서 비롯되었다…… 한 농가가 소유한 땅은 자급을 하기에도 부족했다. 농민들은 최상의 시기에도 빈곤과 반(半)기아 상태를 모면하지 못했다. 그리고 최상의 시기는 거의 찾아오지 않았다. 그들은 악천후와 폭풍우에 속수무책이었다. 기근이 닥치고 전염병이 돌면 수백 만 명이 목숨을 잃었다. 마을의 전주를 찾아가서 돈을 빌린 농민들에게 빚은 점점 늘어났고 상환의 가능성은 모든 희망과 함께 사라졌다. 그들에게는 삶 자체가 견디기 힘든 무거운 짐이

---

13 Nehru, *Glimpses of World History*, 419쪽.

었다. 19세기 영국의 지배 하에서 대다수 인도인들의 상황이 이러했다.[14]

간디가 4중의 파탄을 이야기하면서 그 네 가지 측면이 서로 악영향을 끼치는 과정을 진단했다면, 나는 정체성을 서서히 파괴한 경제적 파탄을 다루면서 공동체적 삶의 본질이 심리적 측면에서도 파괴되었다는 점을 설명했다. 비록 편협한 사고와 파벌주의 그리고 미신이 과거의 경제와 행정 체제를 지배했지만 전통적인 공동체의 삶은 문화적, 정신적인 쇄신을 이어오면서 그 나름의 번영을 누리고 있었다. 물론 새로운 체제를 이식하려 했던 정복자들은 이를 이해할 수도, 관리할 수도 없었다. 전통적인 삶이 새로운 변화에 적응할 유연성을 가지고 있었느냐 아니냐를 떠나 옛 체제는 새로운 관행이 놓일 토대를 갖추고 있었다. 네루는 힌두교의 법을 다음과 같이 묘사하고 있다.

힌두교의 법은 그 자체가 관습이며, 관습은 끊임없이 변화하고 성장한다. 힌두교의 법이 가지고 있는 이러한 유연성은 영국의 지배 하에서 사라졌고 영국의 법학자들이 내놓은 엄격한 법령이 그 자리를 대신 차지했다. 힌두교 사회의 성장은 이렇게 해서 천천히 멈추게 되었다. 새로운 상황에 대한 분노의 수위가 훨씬 높았던 회교도들은 아예 입을 다물어버렸다.[15]

임상적 용어로 표현하자면 어떠한 형태로든 존재했을 적응 능력이 방어적 태도로 바뀌면서, 방어적 태도를 지닌 사람들이 흔히 그러하듯 인도인

---

14 같은 책, 420쪽.
15 같은 책, 431쪽.

들은 옛 체제에 외래의 방식을 도입하려는, 우월한 힘을 지닌 이들에게 과도한 순응 또는 철저한 불신을 보인 것이다. 피아렐랄이 설명한 것처럼,

영국의 지배 이전까지 인도에서 토지는 상품이 아니었다. 세금을 못 내거나 빚을 갚지 못한다고 해서 토지가 저당 잡히거나 압류 또는 경매에 넘겨지는 일은 없었다. 채무를 이행하지 못한 농민은 전제적인 지배자에 의해 투옥, 고문 또는 학대를 받았는지는 모르지만 그와 그의 자녀들에게 생계의 원천이 된 토지가 박탈되지는 않았다…… 그들 자신이 대개 지주 계급 출신이었던 영국인 총독이 영국식 지주제도의 개념과 더불어 일정 비율의 소출 대신 현금으로 소작료를 지불하는 제도를 도입하면서 상황은 완전히 바뀌었다. 인도 역사상 처음으로 토지는 저당 또는 압류가 가능한 상품이 되었다. 자와할랄 네루의 말을 인용하자면 지주제도의 출현은…… "공동체적 생활과 지역 공동체의 특성을 무너뜨렸고 종교의식의 협업 체제도 서서히 사라지게 만들었다."[16]

이제 우리는 왜 간디가 물레의 재보급을 광범위한 경제적 필요에 대한 응답이자 잃어버린 정체성을 되찾을 상징으로 여겼는지 그 이유를 이해할 수 있다. 후일 인도가 정치적 자유에 더 가까워지고 영국이 인도의 새로운 산업을 지원하며 투자를 하기로 결정했을 때 물레는 도리어 경제적 반동을 상징하게 되었다. 하지만 간디가 전국적인 지도자로 처음 부상했을 때만 해도 인도 민중은 (딸에게 쓴 네루의 편지에서 드러나듯이) "밑바닥까지 떨어져" 있었기 때문에 수백만의 부모들은 배고픈 아이들에게 음식을 내줄

---

16 Pyarelal, *Mahatma Gandhi, The Early Phase*, 37쪽.

수 없었고 해마다 되풀이되는 기근 속에서 아이들이 죽어가는 것을 그냥 **지켜볼** 수밖에 없었다. 빚을 갚기 위해 부모가 아이들을 파는 경우도 드물지 않았다.[17] 이런 일이 일어나는 곳에서 정체성의 토대는 남아 있을 수 없다. 그리고 기근은 반드시 식량의 부족을 뜻하는 것만은 아니었다. 가뭄으로 인해 수백만 명이 아사 위기에 처해 있어도 인근 지역에서는 여전히 계약에 따라 "잉여 농산물"이 수탈되었다. 만일 탄력적인 체제가 기능을 했더라면 기근의 고통을 어느 정도 해소할 수 있는 재분배가 가능했을 것이다. 조직적인 권력 체제를 갖춘 외국의 지배 하에서 기근의 횟수나 아사자의 숫자가 감소는커녕 증가했다는 사실에는 의심의 여지가 없는 것 같다.

물론 농업과 수공업에 닥친 최악의 재앙에서 충분히 멀리 떨어져 있는 지역들도 많이 있었다. 사실 봉건 체제(7백 개의 태수국 같은)에서 번영을 누린 지역과 도시들은 봉건 사회의 역사적 쇠퇴 속에서도 영국의 지원으로 명맥을 유지했고, 간디가 성장한 평화로운 소도시도 그런 지역들 가운데 하나였다. 하지만 간디가 일찍이 깨달았듯이 정치적, 정신적 제도에 의한 "자연스러운" 지지를 상실한 전통적 정체성은 식민 지배자들의 지원으로 유지될 수 있는 것이 아니었다. 그러므로 우리는 인도의 민족주의적 역사학자들이 곱씹는 식민 치하의 명백한 참상과 범죄적 행위들뿐만 아니라, 영국인들이 인도에 대한 애정과 이해를 가지고 시행한 법적, 교육적 조치들[18]이 결과적으로 인도의 전통적 체제가 가지고 있던 문화적, 정신적 복원력을 약화시킨 과정에도 주목을 해야 한다. 간디 스스로도 (큰 포부와 진지함을 지닌 수많은 인도 청년들이 그랬던 것처럼) 처음에는 영국이 적어도 자신들

---

17 같은 책, 37쪽.

18 이에 대한 예는 Philip Woodruff의 다음의 설명을 참조할 것. *The Men Who Ruled India*, 특히 제2권, *The Guardians*, London: Jonathan Cape, 1954년.

에게 동화된 인도의 상류 계층에게는 행정, 사법, 교육 분야의 대리 통치자가 될 수 있는 권리와 기회를 허락해주리라는 희망을 품고 있었다.

법과 법적 진실의 개념—국민적 정체성의 중요한 요소이자 개인적 정체성의 필수적 토대가 되는—에 대하여 러크나우의 지방행정관인 윌리엄 슬리먼(William Sleeman) 경은 영국의 관습법을 인도의 마을에 적용한 것이 잘못이었음을 인정했다. "우리의 법적 접근방식은 다른 모든 사악함을 합친 것보다 더 많은 해악을 끼쳤다."[19] 19세기 초 마드라스의 주지사 토머스 먼로(Thomas Munro) 경의 분명하고 세련된 자기비판은 통렬할 정도로 솔직했다. "인도인들의 성향에 대한 우리의 근거 없는 비난은 우리의 제도에서 비롯된 것이다."[20] 그의 말에 담긴 뜻은, 현실과 사실에 대해 완전히 다른 개념을 가지고 살아온 사람들에게 부과된 영국의 사법 체계가 가장 양심적인 사람들조차 거짓말쟁이로 만들어 버렸으며, 특히 그들의 사법 제도가 요구하는 진실이 통역을 거쳐야 하는 경우 그러했다는 것이다. 피아렐 랄이 언급했듯이,

어느 모로 보나 마을 재판(panchayat)이 신속하고 효과적이며 경제적이었다. 그것은 정의에 대한 사랑과 공명정대한 행동을 권장했으며 진실을 이야기하는 습관을 장려했다. 영국인들이 도입한 재판 제도는 "모호하고 복잡했으며 지나치게 세세한 규칙에 얽매였다." …… 판사들은 예외 없이 유럽인들이었다. 그들은 인도 민중의 언어와 관습과 감정을 이해하지 못했다. 법정에

---

19 Sir William Sleeman, *A Journey Through The Kingdom of Oude, 1849-50* (1858년판), Ⅱ, 68~69쪽, 다음에서 인용됨. Pyarelal, *Mahatma Gandhi, The Early Phase*, 39쪽.

20 East India Papers, London (1920년), Ⅱ, 118. Pyarelal, *Mahatma Gandhi, The Early Phase*, 40쪽에서 인용.

356 제3부_사건

서 선서를 해야 한다는 것은 어느 정도의 지위가 있는 인도인이라면 참을 수 없는 모욕이었다. 그래서 프레더릭 쇼어(Frederick Shore)는 판사로서의 오랜 경험 끝에 점잖은 힌두교도가 영국 법정에서 증언을 할 경우 그것은 "그가 자신의 지위와 체면에 반하는 행위를 하고 있다는 추정적 증거"라는 결론을 내리기까지 했다.[21]

우리는 윌리엄 슬리먼 경의 또 다른 증언도 가지고 있다. 그는 "이들보다 더 진실한 증언을 하는 사람들을 찾기란 쉽지 않다. 그들이 증언을 하는 마을 공동체에서는 친척들과 원로들 그리고 이웃들의 존경이 행복의 필수 요소이며 그것은 오로지 진실을 지킴으로써 얻어질 수 있다"[22]고 말했다. 다만 같은 인도인들이 영국의 법정에 서게 되면 그들의 증언이 "너무나 신뢰하기 힘들다"는 점 또한 그는 인정했다. 당시에는 어떤 인도인도 동족의 정직성을 재판할 수 있는 판사로 임명되지 않았으며 영국령 인도의 판사는 모두 영국인이었다.

여기에서 자국민의 재판이 자국민에 의해 이루어질 권리도, 모국어로 사실 또는 진실을 따질 자격도 없다고 간주되는 국민에게 국민적 정체성을 보존하거나 창조하는 일이 과연 가능하겠느냐는 만만치 않은 질문이 제기된다. 또한 최고의 교육을 받은, 가장 양심적인 식민 권력의 집행자들이 자신들의 법적, 언어적 논리를 피지배민들에게 강요할 때 과연 그들은 자신들에게 동화되고자 하는 피지배민들을 배제하려 할 것이냐, 아니면 그들을 포섭하려 할 것이냐는 질문도 제기된다. 인도의 경우, 이 문제는 교육

---

21 Pyarelal, *Mahatma Gandhi, The Early Phase*, 39쪽.

22 같은 책, 40쪽에서 인용.

분야에서 그 본원적 모순이 가장 극명하게 드러났다. 영국에서는 식민 지배의 초기부터 영국인 교사들을 인도에 파견해야 한다는 주장이 있었다. 물론 미래를 내다본 어느 총독은 인도인들에 대한 교육이 성공을 거둘 경우 "우리는 이 나라에서 석 달도 버티지 못할 것"이라는 의견을 내놓기도 했다. 반면에 봄베이의 주지사였던 마운트스튜어트 엘핀스톤(Mountstuart Elphinstone)은 1824년에 어느 정도 객관성이 있는 다음과 같은 진술을 남겼다.

우리 정부는 이곳에 있던 능력의 샘을 고갈시켰다. 우리의 점령이 가진 성격으로 인해 지식의 발전에 대한 장려는 중단되었고 이 나라 사람들의 실질적인 배움은 사라졌으며 이전의 지혜가 담긴 성과물들은 기억에서 지워진 것 같다.[23]

하지만 상당한 영향력이 있었던 토머스 B. 매컬리(Thomas B. Macauly)는 "인도인의 교육에 관한 소고"에서 자신의 근본주의적 견해에 대해 거의 의심을 품지 않았다.

인도와 아라비아의 고유한 저작물을 모두 합쳐도 유럽에 있는 훌륭한 도서관의 책장 한 칸을 채울 가치밖에 되지 않으며…… 결코 과장이 아니거니와, 산스크리트어로 쓰인 모든 책에서 사료를 모은다 해도 영국의 예비학교에서 사용되는 가장 하찮은 축약본의 가치에도 미치지 못할 것이다……

---

23 Forrest's *Selections from The Minutes and Other Official Writings of the Hon. Mountstuart Elphinstone* (1884년), 102쪽.

나는 산스크리트어와 아랍어의 법률 용어는 물론이고 종교적인 언어도 우리의 공적 업무에 사용될 여지가 없으며, 이 나라의 원주민들을 훌륭한 영어 사용자로 만드는 것이 가능한 일이라고 생각한다. 이 목표를 위해 우리의 모든 노력이 경주되어야 할 것이다…… 우리와 우리가 다스리는 사람들 사이에서 통역을 해줄 수 있는, 혈통과 외모로는 인도인이지만 태도와 소신, 윤리와 지성에서는 영국인이라 할 만한 계층을 형성하기 위해 우리는 최선을 다해야 한다.[24]

피지배민의 아이들이나 착취당하는 민족에게서 역사적 정체성의 요소들을 하나의 세계관으로 조합할 권리를 빼앗는 방법 중의 하나는 그들의 전통적인 학교를 없애거나 폄하하는 것이다. 또 다른 방법은 아주 어릴 때부터 유년기와 청년기로 이어지는 발달 과정에서 그들의 부모가 미래에 대한 신념을 결여하고 있음을 폭넓게 인식시키는 것이다. 상황이 나빠질수록 남들보다 큰 야망과 재능을 지닌 청년들은 (어느 나라든 정체성 위기로부터 가장 큰 타격을 입는 이들은 재능과 야망을 지닌 청년들이므로) 오로지 새로운 정체성을 덧입음으로써 자신들의 미래를 기대할 수 있게 된다. 역사를 꿰뚫어본 벵골의 어느 주지사가 기록한 바와 같이,

19세기 중반 무렵 지식인들의 혼란이 시작되었고 그것은 마치 배를 정박시킬 밧줄을 끊어버린 것처럼 젊은 세대를 휩쓸고 지나갔다. 서구화는 당대의 유행이 되었다. 그리고 서구화는 그 신봉자들로 하여금 자국의 문명을 깎

---

24 Thomas B. Macaulay, *Prose and Poetry* 중에서 "Minute on Indian Education", Cambridge, Mass.: Harvard University Press, 1952년, 722, 729쪽.

아내릴 것을 요구했다. 서구적인 것에 대한 숭배가 열렬해질수록 모든 동양적인 것에 대한 멸시는 더욱 심해졌다. 옛 지식은 경시되었고 고대의 관습과 전통은 밀려났으며 오래된 종교는 낡아빠진 미신으로 전락했다. 인도 사회는 구조적 토대부터 허물어지기 시작했지만 그 토대를 무모하게 허문 새로운 세대는 구조물을 새로 세울 준비가 거의 되어 있지 않았다.[25]

문화적 공격과 함께 종교적인 공격이 이루어졌다는 사실은 여기에서 따로 설명할 필요가 없을 것이다. 간디는 깨어있는 인도인들에게 그리스도의 가르침이 전달한 바를 받아들이려고 노력했지만, "그리스도가 없는 그리스도교"에 맞서 그 자신과 인도의 청년들을 지키고자 했다.

벵골과 다른 지역에서 일어난 인도의 르네상스는 타고르와 네루 같은 이들의 가문으로 하여금 개화한 식민지 내에서 인도 문화의 인식에 토대를 둔 정체성을 꿈꾸게 했다. 하지만 평범한 인도 청년들은 자국 내의 지배 집단에 접근할 수 있는 기회를 전혀 갖고 있지 못했다. 19세기 후반까지 고위직 공무원의 등용문인 인도 행정고시(Indian Civil Service)는 근무 기한을 마치면 본국으로 돌아갈 영국인들의 전유물이었다. 네루는 이러한 영국인 공무원들을 다음과 같이 묘사하고 있다.

그들은 매우 독특한 집단이었다. 어떤 면에서 그들은 효율적이었다. 그들은 통치 기관을 조직하고 영국의 지배를 강화했으며 부수적으로 자신들의 이익도 극대화했다. 영국의 지배를 공고히 하고 세금을 걷는 데 도움이 되는 부

---

25 Earl of Ronaldshay, *The Heart of Aryavarta*, 45쪽. Pyarelal, *Mahatma Gandhi, The Early Phase*, 47쪽에서 인용.

서들은 효율적으로 조직되었다. 그 외의 다른 부서들은 홀대를 받았다. 인도 행정고시 출신의 공무원들은 인도 민중의 임명을 받지도 않았고 인도 민중에 대한 책임감도 없었으므로 대민 업무를 담당하는 부서에 관심을 기울일 이유가 없었다.

…… 고위직은 모두 영국인들이 차지했으나 낮은 직급이나 말단 사무원의 자리까지 모두 영국인으로 채워질 수는 없었다. 말단 사무직은 늘 사람이 부족했다. 영국인들이 학교와 대학을 세운 이유도 하급직을 채울 인도인들을 양성하기 위해서였으며, 이는 지금까지도 인도에서 교육의 주요 목적이 되고 있다. 이러한 교육기관에서 배출되는 이들은 오로지 말단 공무원이 될 수 있을 뿐이다.[26]

이것이 대다수의 인도 청년들이 그들 자신과 모국을 책임질 수 있는 최대치였다. 간디가 4중의 파탄을 이야기하기 시작한 배경도 거기에 있었다. 간디가 진실을 정체성의 필수 요소로, 정체성을 자치의 필수 요소로 여긴 이유가 이제는 분명해졌을 것이다.

3. 대결

지도자의 위치에 오르기 전까지 간디가 한 모든 말은 재앙과 관련된 예언적 분위기를 띠었으며, 동시에 어떤 청중에게든 그들 앞에 꺼내놓은 주제를 직접적이고 충격적이면서도 부드럽게 적용하는 특징을 가지고 있었

---

26 Nehru, *Glimpses of World History*, 434쪽.

다. 광범위한 주제에 대한 그의 연설은 성 바오로의 서간서나 루터의 초기 소책자들과 비교될 만하다. 물론 성 바오로와 루터는 더 위대한 저자였으며 연설가였다. 성 바오로의 메시지는 바다를 건너 전해져야 했고 다음 방문을 약속하거나 지난 방문을 회상함으로써 생명력을 유지해야 했다. 루터의 소책자들은 매우 딱딱한 문체로 쓰였지만 인쇄 기술과 신속한 배포에 의지할 수 있었다. 이에 반해 간디는 기차를 타고 다니며 자신의 메시지를 전달했다. 삼등칸의 열악한 조건을 탄식하면서도 그는 길이나 역에서 만난 사람들, 특히 삼등칸에 아무렇게나 내던져진 다양한 부류의 사람들을 최대한 활용했다. 집을 향해 가고 있거나 새로운 곳을 찾아가는 그들은 어딘가에서 내려 달구지나 낙타를 타고 구석진 마을까지 그의 메시지를 퍼뜨려 줄 사람들이었다. 간디는 조용하고 부드러운 연설가였지만 매우 강렬하고 설득력 있는 태도를 지니고 있었으며 어떤 청중에게든 친밀하게 다가가는 웅변가였다. 해학적이면서도 거침없는 표현으로 청중을 움직이는 그의 능력을 제대로 이해하기 위해서는 그가 직접 쓴 글이나 현장에서 그의 말을 옮겨 적은 글을 읽는 것 못지않게 그의 육성 연설을 직접 들어볼 필요가 있다.

우리는 귀국 직후 인도 서부의 여러 곳에서 연설을 한 그의 육성이 녹음된 자료를 들어볼 기회가 있었다. 1915년 4월, 그는 마드라스 변호사 협회의 연례 만찬에서 연설을 했다. 그의 새로운 리더십이 이전의 지도자들과 얼마나 극적인 대조를 이루며 한 도시 전체에 각인되었는지를 제대로 이해하기 위해서는 기차에서 사흘 밤을 보낸 그가 마드라스에 도착하는 장면을 떠올릴 필요가 있다. 환영을 나온 사람들이 일등칸과 이등칸에서 그를 찾다가 막 포기하려는 참에 누군가 삼등칸에 있는 간디와 카스투르바를 발견했다. 그는 나흘간 계속된 여행으로 구겨지고 때가 탄 셔츠와 바지를 입고 있었다. 환영 인파를 발견하자 그는 허리를 굽혀 인사를 했다. 대기 중이던 말과 마차의 옆에서 그를 기다리고 있던 마드라스의 학생들은 그의 모습을 보고는 조용히 말의 멍에를 벗기고 자신들이 직접 마차를 끌고 갔다.

만찬은 "달빛이 밝게 비치는 탁 트인 야외에서" 개최되었다. "총독 각하의" 왼쪽에 나란히 앉은 간디는 어처구니없게도 대영제국을 위해 건배사를 해달라는 부탁을 받았다. 청중들은 포도주와 함께 다음과 같은 간디의 건배사를 삼켜야 했다.

무저항의 저항을 실천하는 사람은 어떤 상황에서든 자신의 주장을 실증해야 한다는 생각이 드는군요. 저는 대영제국이 제가 사랑하는 많은 이상(理想)을 가지고 있다고 생각합니다. ("옳소, 옳소!") 그러한 이상들 가운데 하나는 대영제국의 모든 신민이 자신의 행동과 노력 그리고 양심에서 비롯된 모든 것을 자유롭게 펼칠 기회를 가지고 있다는 것입니다. 이는 우리가 알고 있는 다른 통치 체제에는 해당되지 않고 오로지 대영제국에만 해당되는 이야기라고 생각됩니다…… 대영제국의 신뢰를 받은 지휘관 가운데 한 분인 바이어즈 장군은 공개적으로 반란을 일으켰습니다. 그의 행동은 대영제국이었기에 가능한 일이었고 그가 현장에서 총살을 당하지 않은 것도 오로지 대영제국이었기에 가능한 일이었습니다. 스뫼츠 장군은 바이어즈 장군에게 보낸 주목할 만한 편지에서 자기 자신도 한때 반역을 꾀했다고 적었습니다. 스뫼츠 장군은 자신이 목숨을 건질 수 있었던 것은 대영제국이었기에 가능한 일이었다고 했습니다. 이것이 제가 대영제국에 충성을 바치는 이유입니다.[27]

만찬을 보도한 신문들은 참석자들이 그의 건배사에 "경의를 표했다"고

전했다.

캘커타를 방문한 그는 "엄청나게 많은 수의" 강경파 벵골인 **학생**들이 모인 가운데 칼리지 스퀘어의 학생회관에서 연설을 했다. 연설 제목은 "아나키스트들의 범죄에 대하여"였다. 그는 학생들이 학업을 멀리하면서까지 정치에 참여할 이유는 없다고 말했다.

그는 통치 행위를 가장 적게 하는 정부가 최고의 정부라고 믿고 있었다. 하지만 개인적 견해와 무관하게 그는 무장 강도와 암살에 의존하는 잘못된 열의는 결코 오래갈 수 없다는 점을 강조했다. 무장 강도와 암살은 전적으로 다른 나라에서 유래된 방식이었다. 그것은…… 인도에서는 지속적인 투쟁 방법이 될 수 없었다.[28]

이어서 그는 이렇게 결론을 내렸다.

만일 그들이 죽을 각오가 되어 있다면 그 역시 함께 죽을 준비가 되어 있었다. 또한 그는 기꺼이 그들의 지도를 따를 준비도 되어 있었다. 하지만 만일 그들이 테러를 수단으로 사용한다면 그는 결연히 반대할 것이었다.

휴식을 위해 아메다바드에 돌아온 간디는 인도 행정고시에 합격하여 **공무원**의 길을 걷게 된 어느 친구(20세기 초부터 소수의 인도인들이 행정고시를 통해 공직에 등용되기 시작했다 – 옮긴이)의 축하연에서 연설을 부탁받았다. 그

---

27 *CWMG*, 제13권, 59, 60쪽.

28 같은 책, 45쪽.

는 이렇게 말했다.

제가 이와 같은 자리에 참석하는 것이 옳은 일인지 의심스럽습니다. 여기
에서 저의 생각을 밝혀도 되는지는 더욱 의심스럽습니다…… [여러분이 축하
를 보내고 있는 그는] 행정고시에 합격했습니다…… 그가 기울인 각고의 노
력은 축하받아 마땅합니다…… 하지만 저는 다른 학생들이 그를 본보기 삼아
공직에 들어가는 일은 없었으면 합니다…… 그의 부친께서는 아들을 뒷바라
지하는 데 3만 루피를 쓰셨습니다. 저는 그가 더 나은 용도로 그 돈을 쓸 수도
있었을 거라 생각합니다…… 지금까지 많은 공무원들이 인도에 파견되었고
앞으로 더 많은 공무원들이 이 나라에 올 것입니다. 하지만 이 나라에 그들이
딱히 도움이 되고 있는 것 같지는 않습니다.[29]

그는 마을 광장에 모인 **농민**들에게는 이렇게 이야기했다.

소달구지를 타고 카토르에서 출발했을 때만 해도 저는 이곳에 일찍 도착
하기만을 바라며 저의 편의만 생각했습니다. 달구지를 끄는 황소가 막대기로
연신 맞는 것을 보면서도 저는 관심을 갖지 않았습니다…… 이 일에 대해 저
는 전능하신 신의 법정에서 대답해야 할 것입니다. 제가 이곳에 다시 오게 된
다면 그때는 뾰족한 막대기를 더 이상 보지 않았으면 합니다. 만일 그때에도
달라진 것이 없다면 저는 달구지를 타느니 차라리 걸어오겠습니다.[30]

---

29 같은 책, 144, 145쪽.
30 같은 책, 198, 199쪽.

간디는 알라하바드에서 열린 **경제학자**들의 회의에서 예수에 관해 설교를 했다. ("아마 여러분은 갑자기 제가 끼어들어서 잠시 머리를 식히게 되었다고 좋아하실지 모르겠습니다.")

"부자가 하느님 나라에 들어가는 것보다 낙타가 바늘구멍으로 빠져나가는 것이 더 쉽다!" 여기에서 우리는 영어로 표현될 수 있는 가장 고귀한 말에 담긴 삶의 영원한 법칙을 발견하게 됩니다. 하지만 오늘날 우리가 그러하듯 제자들도 그의 말을 의심했습니다…… 또한 예수께서는 이렇게 말씀하셨습니다. "내가 진실로 너희에게 이르노니 나를 따르려고 제 집이나 형제나 자매나 부모나 자식이나 토지를 버린 사람은 백배의 상을 받을 것이다." …… 저는 경제적인 발전이…… 진정한 발전과 대립된다고 생각합니다. 그런 까닭에 고대의 이상은 부를 증진시키는 활동에 제약을 가했습니다. 이것은 모든 물질적 열망을 포기하라는 것이 아닙니다. 과거에도 그랬듯이 앞으로도 우리 가운데에는 부의 추구를 삶의 목표로 삼는 사람들이 있을 것입니다. 하지만 우리는 그것이 이상과 거리가 멀다는 사실을 항상 인식해 왔습니다. 자발적인 가난이 그들을 더 고귀한 지위에 오르게 했을지도 모른다고 생각하는 이들이 가장 부유한 이들 가운데 있다는 것은 아름다운 일입니다…… 많은 인도인들이 미국인들의 부를 얻되 그들의 방법을 따르지는 말자고 말합니다. 저는 감히 그러한 시도는 실패할 수밖에 없다고 말씀드리고 싶습니다. 우리는 "현명함과 절제와 맹렬함"을 하루아침에 얻을 수 없습니다.[31]

간디는 구자라트의 소규모 **상인**들과 **지주**들이 참석한 최초의 정치 집회

---

31 같은 책, 313~315쪽.

에서 연설을 하기로 되어 있었다. 그런데 집회를 이끌기로 예정되어 있던 위대한 "로카마니아" 틸라크가 집회 장소에 늦게 도착했다. 간디는 연설을 이렇게 시작했다. "분명한 목적을 가진 집회에 45분 늦게 도착하는 것을 아무렇지 않게 생각한다면 인도의 자치가 꼭 그만큼 늦어지는 것도 감수해야 할 것입니다."[32] 그는 **낮은 신분의 카스트 공동체**에 속해 있는 사회적 협의체에서 연설을 하며 위의 정치 집회를 언급했다. 그는 이 자리에서 불가촉천민에 대한 자신의 입장을 분명히 밝혔다.

> 우리와 이 공동체의 차이가 무엇입니까? 같은 심장, 같은 코, 같은 언어, 같은 감정―모든 것이 같습니다…… 저는 [불가촉천민들이 배제된] 그 정치 집회에 신이 계셨는지 잘 모르겠습니다. 그러나 이 자리에 신이 계시다는 것은 확신합니다.[33]

그런데 이 자리에 참석한 비밀경찰의 정보원은 다음과 같이 기록하고 있다.

> 그때 데드(Dhed, '불가촉천민'을 가리키는 공식 명칭 ‒ 옮긴이) 계급의 한 청년이 발언권을 요청했다. 그는 매우 조심스럽게 앞으로 나아갔다. 그는 자신이 교육을 받은 사람이 아니라고 말했다. 그는 자신이 속한 계급도 밝혔다…… 그는 점점 자신 있는 태도로 자신이 속한 공동체가 라지푸트(Rajput, 7세기에서 12세기까지 인도 북부 지방을 지배했다고 전해지는 종족 ‒ 옮긴이)족

---

32 *CWMG*, 제14권, 48쪽.
33 같은 책, 72쪽.

내에서 으뜸이라는 주장을 입증하기 위해 노력했다.

간디는 다시 자리에서 일어나 그에게 조상에 관한 그런 엉터리 이야기를 믿지 말라고 충고했다. 간디는 데드 계급은 그들보다 높은 계급의 도움을 받았으니 자신의 혈통에 만족하고 스스로의 노력으로 일어서야 한다고 충고했다.

그런데 그의 가장 유명한 무례이자 세상이 다 아는 스캔들이 된 일화는 1916년 2월 6일, 베나레스 힌두 대학교의 개교 기념식에서 일어났다. 학자들 이외에도 (베전트 여사를 포함한) 양국의 수많은 귀족들과 고위 인사들이 참석한 이 자리에서 간디는 주로 학생들에게 말을 건네는 태도로 연설을 했다.[34] 당시에만 해도 공식 석상의 연설은 의례와 격식을 엄격하게 따라야 했지만 간디는 더할 수 없이 편안하게 이야기했다.

오늘 저녁 저는 연설이 아니라 혼자만의 거리낌 없는 생각을 전하고 싶습니다. 만일 제가 하는 이야기가 지나치다고 생각되신다면 부디 한 사람의 거리낌 없는 생각을 여러분이 공유하고 있다고 여겨주셨으면 합니다. 그리고 만일 제가 예의에 벗어나는 것으로 보인다면 저의 무례를 용서하시기 바랍니다.

그런데 거리낌 없이 생각하는 것에 그치지 않고 그것을 전달하기 위해 간디는 영어로 말을 해야 했다! 그는 이것이 자신에게 깊은 굴욕과 수치의 문제였다고 말했다.

우리의 언어는 우리 자신의 그림자입니다. 만일 우리의 언어가 최상의 사

---

34 *CWMG*, 제13권, 211~214쪽.

고를 표현하기에 부족함이 많다면 저는 차라리 우리의 존재가 사라지는 편이 우리 자신을 위해 더 나을 것이라고 말하겠습니다…… 우리는 주체성이 없다는 비판을 받고는 합니다. 외국의 언어를 완벽하게 배우기 위해 인생의 귀중한 시간을 낭비해야 하는 우리가 어떻게 주체성을 가질 수 있겠습니까? 게다가 그러한 우리의 노력은 대개 실패로 끝나고 맙니다. 어제와 오늘 연설을 한 사람들 중에 누가 히긴보텀 씨(Mr. Higginbotham, 이틀에 걸친 개교 기념 강연에서 히긴보텀 씨를 제외한 대부분의 연설자들은 영어를 사용했다 – 옮긴이)처럼 청중을 감동시킬 수 있었습니까?

대학이 위치한 그 도시에 대해 이야기하면서 그의 언어는 점차 과격해졌다.

어느 도시를 가든 그곳엔 두 개의 구역, 즉 영국 군대가 주둔한 곳과 본래적 의미의 도시 구역이 있습니다. 도시는 악취와 불결함 그 자체입니다. 하지만 우리는 평화로운 옛 마을을 복원할 수 없습니다…… 우리의 사원들조차 편안함과 정결함의 표본이 아닐진대 어떤 자치가 우리에게 있겠습니까? 자의에 의해서든 우리의 힘에 떠밀려서든 언젠가 영국인들이 짐을 모두 싸서 인도를 떠나게 되면 우리의 사원들은 성스러움과 정결함 그리고 평화의 거처가 될 수 있을까요?

이 정도로는 충분히 과격하지 않았다는 듯이 그는 참석자들을 지목하며 말했다.

여러분에게 또 다른 이야기를 들려드리고자 합니다. 어제 이 자리를 주재하신 마하라자께서는 인도의 가난에 대해 말씀하셨습니다. 다른 연설자들도 그 점을 매우 강조했습니다…… 저는 [연단 뒤로 앉아 있는] 화려하게 치장한 귀족들과 수백만의 빈민들을 나란히 바라봅니다. 그리고 여기 계신 귀족 여러분께 이렇게 말씀드리고 싶습니다. "여러분이 몸에 두르고 있는 보석을 떼서 동포들에게 나눠주지 않는다면 결단코 인도의 구원은 없을 것입니다." …… 우리의 구원은 오로지 농민들을 통해 옵니다. 변호사가, 의사가, 부유한 지주가 그것을 가져오지는 못합니다.

이러한 발언을 하는 동안 간디는 현장에 있었던 베전트 여사(Annie Besant, 틸라크 등과 함께 인도의 자치권을 쟁취하기 위해 노력했으며 1917년 국민회의의 의장으로 선출되기도 했으나 이후 간디와의 갈등으로 인도의 정치운동에서 물러났다 – 옮긴이)가 관찰한 젊은 청중들의 "화약" 같은 분위기와 일부 학생들의 "끓어오르는 분노"를 정확하게 인지하지 못했을 가능성이 있다. 하지만 그가 청중의 분위기에 적극적으로 반응하며 자신의 생각을 밝혔을 가능성은 있으며 사실 그랬을 만한 개연성도 있다. 애국적인 청년들의 마음을 사로잡아 그들을 일깨우기를 열망하면서 그는 아마도 자신의 내면에 숨겨져 있는 폭력성에 기댔을지도 모른다. 이러한 추측이 타당성을 얻으려면 우리는 이 주목할 만한 장면을 느린 화면으로 다시 들여다볼 필요가 있다.

그는 폭력 혁명가들의 행동에 대해 자세히 설명하면서 이 대목을 시작했는데 이는 물론 자기 자신을 그들과 구분하기 위해서였다. "저는 아나키스트이지만 전혀 다른 형태의 아나키스트입니다." 자신의 혁명 정신을 표현한 이 말은 매우 정제된 것이었다. 하지만 청중들과 내빈들 사이에는 긴장감과 웅성거림이 교차하고 있었기 때문에 이 결정적인 순간에 그의 발언은 오해를 받고 말았다. 이 발언 직전에 그는 총독을 겨냥한 아나키스트들의 폭탄 투척에 대비하기 위해 베나레스 거리에 촘촘히 배치되어 있던 경찰의 과잉 경비를 언급했다. 그가 다음과 같이 말했을 때 그의 용어 선택이 적절했다고 주장할 사람은 아무도 없을 것이다.

애니 베전트

우리는 우리 자신에게 물었습니다. "왜 이렇게 불신하는 거지? 하딩 경(Lord Hardinge)조차 죽느니만 못한 삶을 살 바에는 차라리 죽는 게 낫다고 하지 않았던가?" 하지만 위대한 국왕의 대리인께서는 그럴 생각이 없으신가 봅니다. 그분은 죽느니만 못한 삶도 살아갈 필요가 있다고 생각하시는지 모르겠습니다.[35]

간디는 나중에 "이 성스러운 도시가 맞이한 귀빈인 총독 각하"에 대한 호의로 그런 발언을 했다고 설명했다. 그럼에도 그의 발언이 "죽느니만 못한 삶"과 암살을 불필요하게 대비시켰다는 사실은 분명하다. 긴장하고 있던 수많은 청중들은 그의 연설에 담긴 미세한 부분까지 구분하기는 어려웠을 것이다. 그들은 듣고 싶은 것만 들었고, 그들이 다음과 같은 간디의 발언에 두려움을 느꼈으리라는 것은 쉽게 짐작할 수 있다.

---

35 같은 책, 214쪽.

만일 우리가 신을 믿고 두려워한다면 우리는 그 누구도, 마하라자도, 총독도, 경찰도, 심지어 조지(George) 국왕도 두려워할 필요가 없습니다. 저는 아나키스트들의 조국에 대한 사랑에 경의를 표합니다. 저는 조국을 위해 기꺼이 목숨을 바치려는 그들의 용기에 경의를 표합니다. 저는 그들에게 살인도 명예로운 행위냐고 묻습니다…… 저는 이런 대답을 들어 왔습니다. "우리가 이를 행하지 않았다면, 누군가 폭탄을 투척하지 않았다면, 우리는 지금 가지고 있는 것들조차 얻지 못했을 것입니다."[36]

"중단해 주십시오!" 소리를 지른 사람은 베전트 여사였다. 그녀는 나중에 간디의 지나친 발언을 제지시켜 달라고 의장에게 한 말이었다고 해명했지만, 당시 간디는 그녀가 자신에게 연설을 중단하라고 말한 것으로 이해했다. 그는 연설을 멈추고 의장인 다르방가(Darbhanga)의 마하라자에게 다가가 **그의** 지시를 따르겠다고 말했다. 청중들은 연설을 계속하라고 소리쳤고, 간디가 오해를 했음을 알아챈 의장은 그에게 "목적한 바를 이야기하라"고 말했다. 간디는 의장의 당부에 따라 "상호 우애와 신뢰를 토대로" 하나의 제국을 소망한다는 틀에 박힌 이야기를 했지만 이어서 이렇게 덧붙였다.

우리가 집에서 무책임하게 떠드는 것보다는 이처럼 대학의 울타리 안에서 이야기하는 것이 낫지 않겠습니까? …… 저는 학생들이 토론을 할 때 기피하는 주제가 없음을 알고 있습니다. 학생들은 모르는 게 없습니다. 그래서 저는 우리 자신에게 탐조등을 비추고 있는 것입니다.

---

36 같은 책, 214, 215쪽.

발언할 권리를 다시 얻은 간디는 연설이 중단되기 이전의 어조를 되찾았다. 그리고는 내빈으로 참석한 또 다른 집단인 고위 "공무원"들을 지목하며 말했다.

네, 그렇습니다. 인도 행정고시 출신의 공무원들은 확실히 거만하고 폭압적이며 가끔은 경솔하기까지 합니다. 그들에게 붙일 형용사는 이밖에도 많이 있습니다…… 하지만 그것이 의미하는 바가 무엇일까요? 그들은 인도에 오기 전에는 신사들이었습니다. 만일 그들이 도덕성을 잃었다면 그것은 우리의 모습이 반영된 것입니다. ["아닙니다!"라고 외치는 소리가 들린다.] 여러분 스스로 생각해보십시오. 어제까지 선했던 어떤 사람이 저를 만나고 나서 악해졌다고 해봅시다. 그의 타락은 그의 책임입니까 아니면 저의 책임입니까?[37]

그리고 나서 그는 흥분한 청중들의 역사적 분별력을 과대평가한 나머지 보어인들의 반란에 대해 이야기하기 시작했다!

많은 마하라자들이 자리를 박차고 일어났고 의장인 마하라자도 연단을 떠나면서 행사는 중단되고 말았다. 간디는 나중에 이 모든 사태가 베전트 여사의 돌발적인 행동 때문에 일어났다고 비난했다. 물론 그녀는 경찰의 정보원이 간디의 발언을 모두 기록하고 있다는 것을 알고 있었기 때문에 자신은 그저 간디의 안위가 걱정되었을 뿐이라고 해명했다. 그녀는 "간디 씨는 누군가를 죽이느니 차라리 자신이 죽임을 당하는 쪽을 택할" 사람임을 잘 알고 있었던 자신이 그의 말을 오해했을 리 없다고 말했다.

---

37 같은 책, 216쪽.

물론 사티아그라하의 창시자가 아나키스트들과 그들의 폭력을 옹호한다는 오해를 받았다는 사실은 놀랄 만한 일이다. 하지만 나는 그 자리에 참석한 사람들이 그의 어조와 그가 선택한 용어에서 무엇인가를 이해했으리라 믿는다. "베전트 여사(Mother Besant)"는 인도의 모든 법적 지위의 변화는 철저하게 대영제국의 울타리 안에서 일어나야 한다는 주장을 펼쳤는데, 간디는 그녀의 바로 다음 순서로 자신이 연설을 하게 되었다는 사실과 그녀가 연단 뒤쪽으로 화려하게 치장을 한 마하라자들 사이에 앉아 있다는 사실을 크게 의식했다. 물론 젊은 혁명가들 앞에 서게 된 간디가 그들의 "끓어오르는" 애국심을 자신의 비폭력 투쟁으로 끌어오기 위해 (물론 틸라크로부터) 이때만큼은 그들의 편이 되어준 것일 수도 있다. 하지만 그들에 대한 지나친 동일시는 간디의 내면에서 부모의 권위를 분출시키는 계기가 되었는지도 모른다. 어쨌든 이 연설에서 그는 경찰과 마하라자에서부터 조지 국왕에 이르기까지 아버지를 상징하는 모든 이미지를 동원했다. 만일 그가 이전의 지도자들이 실패했던 과업을 해낼 수 있는 유일한 사람이었다면 (그가 『힌두 스와라지』에서 분명히 밝힌 바와 같이) 이제야말로 "자신의 생각을 드러낼" 때였다. 고칼레는 이미 숨을 거두었고 "시험"은 끝이 났기 때문이다.

간디는 그에게 비텐베르크 대학 부속 성당의 문(1517년 루터가 면벌부(免罰符) 판매를 비판하며 '95개조 의견서'를 붙인 곳으로 종교개혁의 출발점이 되었다-옮긴이)과도 같았던 베나레스를 자서전에서 언급하지 않았다. 자서전을 집필한 그 시점까지도 간디는 세상을 떠난 고칼레의 충고를 여전히 따르고 있었던 것이다. 물론 모니야와 그의 내면에 있는 선동가는 고칼레와의 서약으로 자신이 "시험 중에" 있다는 사실을 청중들에게 잊지 않고 이야기했다. 이는 그의 영국 유학 시절, 친구들은 물론 처음 만난 사람들에게도 자신이 어머니와의 서약을 지켜야 한다고 말한 것과 다르지 않다. 아버지 이미지로서의 고칼레에 대해 우리는 이미 남아프리카에 머물던 시절 간디가 고칼레에 가지고 있던 양가감정의 분명한 표식을 주목한 바 있다. 사실 자신을 방치한 결과로 얻게 된 질병이라는 주제는 이때까지도 계속되고 있었다. 마하트마는 자서전에서 고칼레와의 마지막 만남을 회상하며 늙고 병약해진 고칼레가 자신을 위해 베풀어준 연회에서 갑자기 실신을 한 일을 묘사했다. 마하트마는 그 일을 언급한 장의 마지막 문장을 이렇게 적었다. "하지만 그의 실신은 나의 삶에서 결코 하찮은 사건이 아니었다."[38] 우리는 여기에서 '나의'라는 단어를 주목해야 한다. 그의 병든 아버지, 즉 그가 극복해야 했고 그가 그토록 피하고자 했던 결점과 방종을 지닌 아버지를 향해 모한다스가 가지고 있던 복잡한 감정을 고칼레의 실신이 다시 흔들어 깨운 것은 아니었을까?

간디는 라빈드라나드 타고르가 있는 샨티니케탄(Shatiniketan, 벵골어로 '평화의 집'이라는 뜻으로 타고르가 세운 학교가 위치한 작은 마을이다 - 옮긴이)에 머물고 있을 때 고칼레의 부음을 들었다. 타고르의 학교 공동체에서도 간디는 경건한 생활을 했고 이미 높은 명성을 지니고 있던 그 시인에게조차 무엇인가를 가르치는 데 열심이었다. 그는 샨티니케탄을 "소박함, 예술 그리고 사랑"의 성지라고 불렀다. 하지만 그는 그곳을 "분주한 벌집"으로 만드는 작업을 지체하지 않았다. 그는 아이들을 조직해서 채소를 써는 법과 탈곡하는 법을 가르쳤고 아이들 스스로 부엌과 주변 청소를 하게 했다. 점잖은 "그루데브(grudev, 타고르가 간디에게 '마하트마'라는 호칭을 붙여준 뒤 간디는 "위대한 정신"이라는 뜻의 호칭을 타고르에게 붙여주었다 - 옮긴이)"는 간디

---

38 Gandhi, *Autobiography*, 277쪽.

타고르와 간디

가 샨티니케탄에 머무는 동안에는 이 모든 것을 인내심을 가지고 지켜보았다.

고칼레의 죽음에 충격을 받은 간디는 그의 유지를 받들겠다는 어조로 C. F. 앤드루스에게 말했다. "앞으로 5년 정도는 사티아그라하에 어떠한 진전도 있을 것 같지 않습니다." 나중에 마하트마는 자서전에서 고칼레의 부음을 들었을 때의 충격을 다시 한 번 언급하면서도 자애로운 아버지 같던 고칼레조차도 가끔은 "내가 품은 어떤 생각들에 대해서는 코웃음을 치면서…… '자네가 인도에 1년만 더 있어보면 저절로 생각이 달라질 것'이라고 말했다"[39]는 사실을 빠뜨리지 않았다.

베나레스의 사건은 고칼레가 사망한 지 정확하게 1년 뒤에 일어났는데, 그 시점에서 간디는 시험의 시기를 마치려 한 것 같다. 따라서 아버지 같은 친구의 권고가 간디의 행동주의적 성격을 줄곧 억누르고 있었다면 우리는 "중단"하라는 베전트 여사의 말이 오랜 좌절의 기억을 어떻게 악화시켰을지 충분히 상상할 수 있다. 나는 간디가 베나레스에서 애매모호한 발언을 이어간 것과, 그가 아나키스트들과 과격한 청년들을 지지했다고 일반적으로 이해되는 것에는 그러한 정서적 배경이 있다고 생각한다. 후일 간디와

---

[39] 같은 책, 282쪽.

애니 베전트의 상호 비방은 우스꽝스러울 정도로 가족 간의 말다툼과 비슷하게 전개되었다. 델리의 총독부에 (베전트 여사가 간디를 보호하려 했다는 명분으로 삼은) 경찰의 정보원이 보낸 보고서에는 베전트 여사가 허리에 천을 두른 왜소한 그 남자를 시기하고 있음이 분명하다고 기록되어 있다. 어쨌든 간디가 베나레스에서 특유의 부드러움을 잠시 잃고 모니야의 장난기가 조소로 바뀐 가학적 요소들을 드러냈다면 그곳에 모인 학생들이 그에게 "동조"한 것도 충분히 이해가 된다.

간디가 친구와 적들에게 자신이 4중의 파탄이라고 부른 현실을 어떻게 제시했는가에 대해서는 이 정도로 해두고, 지금부터는 강연과 설교가 결합된 형태로 간디가 모든 인도인들에게 설명하려 했던 문제들을 살펴보고자 한다. 언어 문제를 예로 들어보겠다. 수라트에서 열린 자이나교 학생 도서관 개관식에서 간디는 이렇게 말했다.

영어로 연설하는 학생들은 청중들이 자신의 말을 제대로 이해하고 있는지 살피지 못합니다. 또한 그들은 영어를 이해하는 청중들이 자신의 말에 흥미를 느끼는지 아니면 자신의 엉터리 영어에 넌더리를 내는지조차 분간하지 못합니다…… 부모도 알아듣지 못하고 형제자매도 이해하지 못하며 하인과 아내와 자녀들과 친척들도 이해하지 못하는 언어를 지껄여대는 것이 과연 새로운 시대를 앞당길 것인지 아니면 더 늦춰지게 할 것인지 그들은 잘 생각해 보아야 합니다.[40]

또 다른 강연(러크나우에서 열린 전국 공통 문자 및 언어 회의)에서 그는 매우

---

40 *CWMG*, 제13권, 191, 192쪽.

잘 알려진 모범 사례를 언급했다.

> 신사 여러분, 기독교 문학 보급 및 성서 협회(Christian Literature Depot and
> Bible Society)가 전 세계를 누비고 있다는 것을 아실 겁니다. 이 단체는 자신들
> 의 책을 온 세상에 퍼뜨리고 있습니다. 그들은 자신들의 책을 온 세상의 언어
> 로 번역해서 적재적소에 보급하고 있습니다. 그들은 아프리카의 원주민들과
> 노동자들에게까지 그들의 언어로 쓰인 성서를 제공하고 있습니다. 그들은 이
> 러한 일을 하는 데 수천만 루피를 쓰고 있습니다. 그들은 우리처럼 회의만 열
> 고 있지 않습니다.[41]

아래의 또 다른 인용문은 언어에 관한 문제를 설명하는 데 혹은 그 문제
가 오늘날까지 해결되지 못하고 있는 이유를 설명하는 데에 적어도 한 권
의 연구 논문이 필요할 것임을 분명하게 보여준다. 여기에서 강조되는 것
은 단 하나의 정신이다. 간디는 인도의 모든 문제들 중에서 가장 중요하며
잠재적으로 가장 결정적인 그 정신을 통해 인도인들이 각성할 것을 촉구
했다.

> 힌디어를 사용하는 인구는 거의 6,500만 명에 이릅니다. 힌디어와 유사한
> 언어들까지 포함시킨다면…… 그 인구는 거의 2억 2천만 명에 달합니다. 그
> 렇다면 인도에서 10만 명도 제대로 사용하지 못하는 영어가 어쩌면 그토록
> 광범위하게 사용되는 언어와 경쟁을 할 수 있는 것일까요? 오늘날까지 우리
> 가 힌디어로 국가를 경영하지 못하고 있는 이유는 우리의 비겁과 신념의 부

---

41 같은 책, 321쪽.

족 그리고 힌디어의 위대함에 대한 무지 때문입니다…… 각 주(州)에서 변화가 시작되어야 합니다. 만일 여기에 어려움이 따른다면 그것은 타밀어 같은 드라비디어(Dravidian Languages)를 사용하는 사람들 때문일 것입니다…… 열정적이고 용감하며 스스로를 존중하고 활력이 넘치는 힌디어 사용자들은 무보수로 힌디어를 가르치기 위해 마땅히 마드라스 주와 다른 주들을 향해 달려가야 합니다.[42]

또 하나의 복잡한 문제인 **카스트 제도**를 다루면서도 간디는 더할 수 없는 성실함과 열의를 보여주었다. 하지만 아래의 인용문들은 그의 생각이 복잡했음을 보여준다. 그는 편견과 맞서 싸울 때는 단호했지만 전통적 원리들을 혁명적으로 대체할 수단이 없었기 때문에 이 문제에 대해 신중한 태도를 보일 수밖에 없었다. 물론 전통적 구속을 느슨하게 만들 수 있는 쾌락주의(hedonism)에 대해 두려움을 가지고 있었다는 점에서 간디 스스로 도덕주의적 편견에서 자유롭지는 않았다. 이 때문에 그는 다른 계급끼리 어울려서 식사하는 것을 금하는 전통적 계율을 옹호하기도 했다. 다만 여기에서 그는 음식을 섭취하는 행위의 중요성을 지나치게 강조해서는 안 된다는 논거를 가지고 있었다.

음식 섭취의 과정은 배변만큼이나 불결하다. 유일한 차이는 배변은 후련한 느낌을 주는 반면 무절제한 음식 섭취는 불쾌감을 가져다준다는 것이다. 우리는 배변을 할 때 다른 사람으로부터 떨어져 있듯이, 음식 섭취나 다른 동물적인 행동을 할 때에도 다른 사람들과 떨어져 있어야 한다.[43]

---

42 같은 책, 419, 420쪽.

원칙적으로 평등을 방종과 다르지 않은 것으로 간주한 간디는 평등이 아닌 극기를 옹호했다. 불가촉천민과 함께 식사를 하는 것에 대해 그는 다음과 같은 생각을 가지고 있었다.

개인적인 견해로는 강한 극기심만 있다면 불가촉천민과 함께 식사를 하더라도 그 공동체는 아무런 문제가 되지 않는다. 다른 예를 들자면, 내가 속한 공동체에서 적당한 신붓감을 찾지 못해서 미혼으로 남게 될 때 나는 악습에 물들기 쉬울 텐데, 이때 자의로 다른 공동체의 처녀와 결혼하기로 마음먹는다면 그것은 극기의 행위이며 카스트 제도의 근본 원리를 침해하는 것이 아니다. 만일 내가 상례를 따르지 않고 미혼으로 남는다면 나의 목적은 육체를 제어하고 있음을 보여주려는 데 있는 것이고, 이는 이후의 내 행동을 통해 드러날 것이다. 하지만 그러는 동안에도 나는 어떤 공동체에 속함으로써 누릴 수 있는 특권이 부정되는 것에 분개하지 않고 나의 의무를 지켜야 할 것이다.[44]

이러한 문제들은 감상이나 의견으로 가볍게 판단되어서는 안 되며, 특히 다른 시대와 장소의 잣대로 평가되어서는 더더욱 곤란하다. 왜냐하면 바로 그 문제와 관련해서 간디는 대단히 복잡한 생각을 가지고 있었음에도 사바르마티 강 인근에 정착했을 때 불가촉천민들을 자신의 아슈람에 받아들이는 혁명적인 행동을 조금도 주저하지 않았기 때문이다. 이 모

---

43 같은 책, 301, 303쪽.
44 같은 책, 302쪽.

든 과정에서 그는 자신의 결정에 따르는 책임을 기꺼이 지겠다는 생각으로 그와 같은 본보기를 행동으로 보였다. 이러한 태도는 에스더 패링(Esther Faering)에게 쓴 1917년 8월 3일자의 편지에 특히 잘 나타나 있는데, 간디는 이 시기에 인도에서 사티아그라하를 본격적으로 펼칠 준비를 하고 있었다.

이 상황에서 당신과 나에게 가장 적절한 질문은 개인으로서 우리의 의무가 무엇이냐 하는 것입니다. 나는 다음과 같이 스스로 실천할 수 있는 결단을 내리게 되었습니다. "나는 그 어떤 이유로도 다른 사람을 죽이지 않을 것이다. 그러나 바로 그 사람의 의지에 도전함으로써 내가 죽어야 한다면 나는 기꺼이 그에게 죽임을 당할 것이다." 나는 모든 사람들에게 이와 비슷한 조언을 하고자 합니다. 그러나 의지가 부족한 사람에게는 먼저 자신의 의지를 드러낸 다음 투쟁을 하라고 조언할 것입니다. 의지가 없는 곳에는 사랑도 없습니다. 인도에는 사랑이 없으며 오로지 무력감에서 비롯된 증오만 있습니다. 철저한 무력감으로 오로지 싸우고 죽이겠다는 강한 욕구만 있을 뿐입니다. 이 욕구는 싸울 수 있는 능력을 회복할 때 비로소 충족될 것입니다. 선택은 그 다음의 일입니다.

그렇습니다. 바로 용서와 사랑의 행위는 그 행위자가 지닌 우월성을 보여줍니다. 그런데 이 명제를 제시하는 방식은 '사랑을 할 수 있는 주체가 누구냐'는 질문을 교묘히 피해 갑니다. 생쥐는 고양이를 사랑할 수 없습니다. 누구도 생쥐가 고양이를 해치지 않기 위해 참는다고 말할 수 없습니다. 우리는 두려움의 대상을 사랑할 수 없습니다. 공격할 것이냐 아니면 참을 것이냐의 선택은 오로지 우리가 두려워하기를 멈출 때에야 가능해집니다. 참는 것은 인간의 정신이 자각을 했다는 증거이며, 공격하는 것은 몸—힘—의 증거입니다. 공격할 수 있는 능력은 정신의 힘이 증명되는 곳에 존재해야 합니다. 이는 우

리가 반드시 상대보다 육체적으로 우월해야 함을 의미하는 것은 아닙니다.[45]

당시 간디가 밝힌 견해의 많은 부분은 처방이나 예측의 성격보다는 진단을 내리는 용기의 측면에서 더욱 주목할 만하다. 그러나 그는 전 국민적 개혁가로서 대규모의 행동을 통해 자기 자신과 인도인 모두를 포함시키는 실험에 직접 나서야 한다는 사실을 알고 있었다. 간디는 그러한 실험의 구역을 정하면서 아슈람의 일상생활을 중심에 두었고, 인도의 방대한 인구 집단을 명확하게 구분하여 그들의 들끓는 분노를—한 번에 하나씩—체계적으로 살핌으로써 그 외연의 실험을 수행할 계획이었다. 이를 통해 별개의 사티아그라하 운동은 제한적이면서도 대표성이 있는 목표를 지향할 수 있었다.

4. 정면 돌파

간디가 아메다바드의 아슈람에 붙인 이름은 그곳이 미래에 펼쳐질 모든 운동의 본부로 정해졌음을 보여준다.

나는 남아프리카에서 사용했던 방법을 인도에 소개하고 싶었고 적용이 가능한 범위 내에서 그것을 인도에서도 실험해보기를 열망했다. 그래서 동료들과 나는 우리의 목표와 수단을 모두 표현할 수 있는 "사티아그라하 아슈람"이라는 이름을 선택했다.[46]

---

45 같은 책, 485쪽.

결코 놀랄 일이 아니지만 간디가 인도에서 사티아그라하 운동을 시작할 최적의 환경을 찾아내기까지는 "5년 정도"가 아닌 훨씬 짧은 시간이 걸렸다. 히말라야 산기슭의 비하르(Bihar) 주와 그 지역에서 인디고(indigo, 콩과 식물로 인도에서는 염료로 널리 사용된다-옮긴이)를 재배하는 소작농들이 그의 새로운 실험 대상이 되었다. 비하르는 아메다바드에서 인도 아대륙을 가로질러 동쪽 끝에 있는 지역으로 네팔과 국경을 맞대고 있으며 에베레스트 산 바로 남쪽에 위치해 있다. 아메다바드에서 정확히 북쪽으로 똑같은 거리(약 1,300km)를 올라가면 카슈미르 지방이 나오고 남쪽으로 같은 거리를 내려가면 마드라스가 나온다. 따라서 아메다바드는 카리스마를 지닌 지도자가 여행을 떠나고 돌아오기에 지리적으로 이상적인 지점이었다. 스스로 내적 목소리에 인도되었을 뿐이라고 주장하는 이에게 그러한 지리적 전략이 있었을까 의심하는 독자가 있다면 다음의 사실을 기억할 필요가 있다. 훗날 마하트마가 어떤 의미에서 나라 전체를 정복했을 때 그는 인도의 정중앙에 위치한 가난한 지방의 가난한 마을에 자신의 "집" 터를 잡았으며 그곳은 델리, 캘커타, 카티아와르 그리고 마드라스에서 거의 같은 거리에 위치해 있었다. 따라서 인도의 지도자들은 그를 만나기 위해 인도의 정중앙으로 모여들어야 했다. 하지만 이 모든 일이 현실화되기 전에 그는 우선 국토의—그리고 독립운동의—경계선에 도달해야 했다. 간디는 그 이유를 이렇게 밝히고 있다.

참파란(Champaran)에는 나를 아는 사람이 아무도 없었다. 농민들은 모두

---

46 Gandhi, *Autobiography*, 291쪽.

무지했다. 갠지스 강 상류를 따라 북쪽으로 멀리 히말라야의 산기슭에 위치한 참파란은…… 인도의 다른 지방과 단절되어 있었다. 이 지방에서 국민회의를 알고 있는 사람은 거의 없었다. 간혹 그 이름을 들어본 사람들조차 국민회의에 참여하거나 그 이름을 언급하기를 꺼렸다.[47]

그의 전기 작가들이나 『간디 전집』의 편집자조차 간디의 첫 충돌이 "다소 우발적으로" 일어났다고 주장한다. 간디 스스로는 "가는 곳마다 따라다니던 라즈쿠마르(Rajkumar)"라는 소작농이 이 모든 일의 불씨를 지폈다고 진술함으로써 한 편의 현대적인 우화를 만들어냈다. 라즈쿠마르는 비하르에서 "틴카티아(Tinkathia)" 제도로 고통을 당하는 수많은 소작농들 중의 한 사람이었다. 이 제도는 농민들로 하여금 토질이 가장 좋은 15%의 농지에 인디고를 경작해서 지주에게 고정된 가격에 넘기도록 강제하고 있었다. 물론 이 제도는 농민들의 원성을 사고 있는 많은 제도들 가운데 하나에 불과했다. 라즈쿠마르 슈클라는 먼 곳에 있는 국민회의가 자신과 같은 농민들을 위해 해줄 수 있는 일에 만족하지 못하고 러크나우에서 아메다바드까지 그리고 다시 캘커타까지 간디를 끈질기게 따라다니며 결국 간디로 하여금 자신을 따라 비하르에 오게 만들었다. "딱 하루면 충분합니다." 라즈쿠마르는 그렇게 말했다. 그리고 그의 말은 적중했다. 간디는 비하르에서 농민들의 실상을 목격하자마자 이 문제에 몰두하게 되었다. 현지에서 진상을 파악하려는 노력이 이런 저런 방해를 받자 간디는 더욱 고집스러워졌다. 간디에게 라즈쿠마르가 안내한 (집주인이 출타 중인) 숙소에서 간디는 하인들로부터 거지로 오해를 받았다. 하인들은 그가 우물을 사용하지

---

47 같은 책, 303, 304쪽.

못하게 했고 옥내 화장실의 사용도 막았다. 차림새만으로는 간디의 계급을 알 수 없었으니 하인들의 행동도 이해 못할 것은 아니었다. 간디는 곧 몇몇 소작농들을 만나 사실 확인에 착수했고 그의 명성을 잘 알고 있던 이 지역의 교수들과 변호사들을 만나 도움을 청했다.

"저는 여러분의 법률적 지식은 필요하지 않습니다." 나는 그들에게 말했다. "사무 보조나 통역의 도움을 청할 따름입니다. 어쩌면 이 때문에 투옥을 당하실지도 모릅니다. 여러분이 그 정도까지도 감수해주셨으면 좋겠지만 어디까지 도와주시든 그것은 여러분의 선택에 달려있습니다. 언제까지가 될지 모르는 기간 동안 직업을 포기하고 서기의 일을 맡는다는 것도 사실은 작은 일이 아닙니다…… 이 일에 보수를 드릴 여유는 없습니다. 이 모든 일은 오로지 사랑과 봉사의 정신으로 수행되어야 합니다."[48]

이와 같은 과정을 거쳐 제국의 변두리에서 일어난 작은 운동에 수많은 미래의 국가 지도자들이 모이게 되었다. "서기와 통역사" 역할을 맡은 그 지역의 변호사 라젠드라 프라사드(Rajendra Prasad)는 이때로부터 30년 후 인도의 초대 대통령이 되었다.

지방 정부와 농장주들은 그들이 상대할 인물이 누구인지 모르고 지방 조례를 근거로 체포와 투옥을 언급하며 그에게 즉시 떠날 것을 요구했다. 그러나 그러한 협박은 오히려 간디에게 이상적인 조건을 만들어주었다. 간디는 여느 때와 마찬가지로 순순히 유죄를 인정했다. 그는 법정에서 자신의 "보잘것없는 의견"을 밝히며, 지방 행정당국과 자신 사이에 "의견 차

---

48 같은 책, 301, 302쪽.

이"가 있었다고 진술했다.

저는 인도주의에 입각하여 나라에 봉사하겠다는 생각으로 이 나라에 돌아 왔습니다. 그리고 간곡한 초대에 그러한 생각을 행동으로 옮겨…… 지주들에게 정당한 대우를 받지 못하고 있다고 주장하는 농민들을 돕게 되었습니다. 저는 먼저 그 문제를 자세히 조사하지 않고는 그들을 도울 수 없었습니다. 이 때문에 저는 가능하다면 행정당국과 농장주들의 도움을 받아 조사를 진행하고자 했습니다. 저에게 다른 목적은 전혀 없었습니다. 제가 이곳에 옴으로써 공공의 평화가 깨지거나 인명 피해가 유발될 수 있다는 주장을 저는 믿을 수 없습니다. 저는 그러한 문제에 관해서라면 상당한 경험이 있다고 분명히 말씀드릴 수 있습니다.[49]

바꾸어 말하면 이 지역에 불쑥 나타난 사티아그라하 운동가는 합법적인 정부와 자신을 동등한 자격으로 놓고 그들을 상대로 소송을 제기하기 위해 필요한 사실 관계를 조사하며 그들의 도움을 요청한 것이다. 자신을 구금하거나 추방할 수 있는 그들의 권력에 대해서는,

우리를 둘러싼 복잡한 제도와 저에게 닥친 이와 같은 상황에서 자존심을 지키려는 사람이라면 고결하고 남에게 해를 끼치지 않는 유일한 행동방식으로 스스로 결심한 바를 행해야 한다는 것이 저의 굳은 신념입니다. 그것은 곧 아무런 저항 없이 불복종에 대한 벌을 받아들이는 것입니다. 제가 감히 이렇게 진술하는 것은 저에게 내려질 처벌을 경감받기 위해서가 아니라 저에게

---

49 *CWMG*, 제13권, 375쪽.

송달된 소환장을 제가 묵살했다는 사실을 분명히 보여주기 위해서입니다. 이는 법적 권위에 대한 존중이 부족해서가 아니라 우리 존재의 보다 높은 법인 양심의 목소리를 따르기 때문입니다.[50]

이것은 훗날 마하트마가 말했듯이 인도에서 행해진 최초의 시민 불복종 사례였다. 그리고 이 불복종 행위는 성과를 거두었다.

나와 관리들—지방행정관, 치안판사, 경찰서장—사이에 일종의 친밀감이 생겨났다. 나는 소환장에 대해 법적으로 대응할 수도 있었지만 그렇게 하지 않고 모든 조치에 순순히 따랐다. 나는 관리들에게도 예의를 지켰다. 이로써 그들도 내가 개인적으로 그들을 괴롭히려는 것이 아니라 그들의 명령에 반대 의사를 표명하는 것임을 이해하게 되었다. 그들은 안도를 하면서 나를 괴롭히는 대신에 군중을 통제하는 데 나와 내 동료들의 협조를 기꺼이 구하려 했다. 그런데 이는 그들에게도 자신들의 권위가 흔들리고 있음을 분명히 보여주는 것이었다. 그러자 군중은 처벌에 대한 두려움을 모두 잊고 그들의 새 친구가 보여준 사랑의 힘에 순종했다.[51]

결과적으로 소송이 취하되었을 뿐만 아니라 지방 정부가 진상 조사를 전적으로 지원하기로 약속함에 따라 모든 일은 너무 쉽게 풀렸다. 그러나 상황이 그렇게 매듭지어지기 전까지 간디는 "…… 일종의 고독을 즐기고 있었다. 집은 그리 나쁘지 않았다. 목욕 시설이 있었기 때문에 씻는 불편함

---

50 *CWMG*, 제13권, 375쪽.

51 Gandhi, *Autobiography*, 303쪽.

도 없었다. 그 상황은 자아의 성장에도 도움이 되었다."[52] 그는 "기쁜 마음으로" 체포당할 준비를 하고 있었다. 마간랄에게 보낸 편지에서 간디는 이렇게 적고 있다.

내가 남아프리카에서 받은 훈장을 심라(Simla)의 지방행정관 비서에게 등기로 보내주길 바란다. 이곳을 떠나라는 명령이 송달되었지만 나는 이를 따르기를 거부했다. 구속영장이나 그와 비슷한 것이 당장이라도 발부될 수 있을 것 같다…… 우리 가운데 누구도 [라마야나의 등장인물들인] 라마찬드라, 바라타, 자나카 그리고 시타지의 발자취가 남아 있는 이 신성한 땅 비하르에서 내가 투옥될 것이라고는 생각하지 못했다.[53]

아직 상황이 어떻게 진행될지 불확실한 가운데 그는 남아프리카에도 성급하게 편지를 보냈다.

남아프리카에서 보낸 나날들을 돌이켜봅니다. 라마와 자나카가 살았던 땅에서 남아프리카를 회상하는 것이지요! 이곳 사람들은 모든 도움을 아끼지 않고 있습니다. 우리는 이곳에서도 곧 나이두스와 소라브지 그리고 이맘스 같은 이들을 발견하게 될 것입니다. 어쩌면 카찰리아(Ahmed Mohamed Cachalia, 트란스발의 부유한 상인이었으나 모든 것을 희생해가며 간디의 사티아그라하 운동을 도왔다 – 옮긴이) 같은 이를 만나게 될지도 모를 일입니다.[54]

---

52 *CWMG*, 제13권, 361쪽.

53 같은 책, 365쪽.

54 같은 책, 371쪽.

이처럼 간디는 오래 전의 첫 투쟁을 끊임없이 되풀이하려 했다. 하지만 이번에는 지방행정관이 개입하면서 전설적인 남아프리카 사티아그라하 운동의 영웅들에 필적할 인물들은 필요하지 않았다. 지방행정관에게도 비하르에 와 있는 이 인물은 결코 무시할 수 없는 존재였다. 이렇게 해서 참파란은 지방의 시민 불복종 운동이 **전국적** 이슈로 떠오를 수도 있음을 보여준 실례가 되었다. 간디는 집에 보내는 편지에서 "지금으로서는 참파란이 곧 나의 집"이라고 적었다. 이후 6개월 동안 간디는 자신의 진짜 집에 들르는 여행조차 "참파란을 잠시 비우는" 것으로 표현했다. 이처럼 간디는 모든 곳을 자신의 집으로 삼으며 그곳에서 사티아그라하 운동을 꿋꿋하게 펼쳐나갔다. 그에게 사티아그라하 운동이란 면밀하고 공정한 조사를 벌이고 그 조사 결과를 대중 집회에서 공개적으로 발표하며 사티아그라하 운동을 전개하겠다는 압박을 통해 최소한의 요구 사항을 관철시키는 것을 의미했다. 그리고 이러한 압박은 해당 지역 주민들 가운데 가장 가난한 이들의 지지를 받으리라는 기대와, 인도 전역에 이러한 상황이 알려지리라는 기대에 토대를 두고 있었다. 간디는 처음부터 가장 중요한 점, 즉 자신의 "집"에서 아무리 멀리 떨어져 있는 지역이라 해도 그곳의 부당한 상황을 바로잡기 위해 뛰어든 사람은 현지의 피해자들에게 도움을 주는 사람으로 환영을 받는 한 스스로를 현지인과 똑같이 여길 수 있다는 점을 인정받고 있었다. 여기에서 도움을 주려는 사람은 자신에게 닥치는 고통을 기꺼이 받아들이고 보다 광범위한 정체성이 명하는 정당성을 가지고 행동에 나서야 했다. 이는 간디가 참여한 공식 조사 위원회가 1917년 10월 "틴카티아" 제도의 폐지를 요구하는 만장일치의 보고서를 채택함으로써 확증되었다. 비록 국제 거래시장에서 인디고의 가격이 하락 추세에 있었다는 점에서 그러한 성과가 공허한 승리로 여겨질 수도 있지만, 간디는 자신이 남아프리카에서 만들어낸 도구를 인도에서도—자신이 선택한 지역과 이슈에서—적용할 수 있다는 사실을 보여주는 데 성공했다.

간디는 곧바로 다음 단계이자 그의 운동에서 최종 단계인 재교육(re-education)에 착수했다. 그는 다양한 출신 지역과 직업적 배경을 가진 자원봉사자들(카스투르바를 포함한)을 중심으로 비하르 지역 소작농의 자녀들을 위한 학교들을 세웠다. 이 사업 또한 오래 지속되지는 않았다. 그러나 그 원리는 간디 자신의 운동을 뛰어넘어 오랫동안 강력하게 지속되었다.

물론 지역의 농장주들에게는 이 모든 일들이 어처구니없는 악몽과도 같았다. 그들은 간디 부부를 깎아내리기 위해 가능한 모든 수단을 동원했다. 앞의 여러 장에서 우리는 간디의 정체성과 직업에 변화가 생길 때마다 그의 복장이 특징적으로 변화했음을 주목했는데, 이 장을 마무리하면서 우리는 그의 옷차림을 비아냥거린 어윈 씨라는 인물(소작농에게 채찍을 휘두르다가 간디에게 발각된)의 글에 대해 간디가 언론사에 기고한 글을 인용하고자 한다. 간디 스스로 이 기고문이 "수십 차례의 연설보다 훨씬 효과적임이 입증"되었다면서 동료들에게 신문에서 오려내어 보관하라고 말한 이상 이 문제에 대한 우리의 관심은 정당화될 수 있을 것이다.

어윈 씨는 내가 참파란에서 어떤 효과를 노리고 농민들 앞에 독특한 복장으로 나타난다고 말하려는 것 같다…… [실제로는] 서양 문명의 하찮은 쾌적함에 익숙했던 나는 오히려 그로부터 인도의 전통 의복에 대한 존중을 배우게 되었다. 법정이나 카티아와르 이외의 지역에서 동포들과 동화되기 위해 어쩔 수 없이 반(半)유럽식 복장을 입은 매우 짧은 기간을 제외한다면, 내가 참파란에서 입는 의복이 사실은 인도에서 내가 줄곧 입어온 것이라는 사실을 어윈 씨는 흥미롭게 받아들일지도 모르겠다…… 인도의 기후에 가장 적합한 의복을 내팽개치고 있다는 점에서 우리 모두는 죄를 짓고 있다. 우리의 옷은 수수하고 기능적이며 값이 싸다는 점에서 결코 없어져서는 안 되며 위생적인 이유에서도 모든 요건을 충족시킨다. 그릇된 자존심과 특권의식만 없었다면 이곳에 있는 영국인들도 오래 전에 인도의 전통 복장을 받아들였을 것이다.[55]

---

55 같은 책, 450쪽.

제3장
—
동지들과 반대자들

1. 사라바이 남매

여전히 참파란의 일에 몰두하고 있던 간디는 아메다바드의 노사 관계가 불안해지고 있다는 소식을 듣게 되었다. 이에 앞서 아나수야 사라바이는 자신이 방직 노동자들의 문제에 점차 깊이 관여하고 있으며 이에 대해 조언과 지지를 부탁한다는 편지를 간디에게 보냈다. 1917년 12월 21일, 간디는 암발랄 사라바이에게 다음과 같은 편지를 보냈다.

친애하는 암발랄 사라바이 씨께,

저는 당신의 사업에 방해가 될 생각이 전혀 없습니다. 하지만 저는…… 이런 글을 드릴 수밖에 없습니다. 저는 스리마티 아나수야를 위해서라도 당신이 방직 노동자들의 요구를 들어주어야 한다고 생각합니다. 그들의 요구를 수용하면 시끄러운 일이 생길 수 있다고 생각할 이유는 어디에도 없습니다. 설령 그런 일이 생긴다 해도 당신은 옳다고 느끼는 바를 행하면 됩니다. 공장주가 노동자들에게 임금을 올려주는 것에서 행복감을 느껴서는 안 될 이유가 어디 있습니까? 어찌 남동생이 누나에게 고통의 근원이 될 수 있겠습니까? 그것도 아나수야 같은 누나에게 말입니다. 저는 그녀가 완벽하게 순수한 영혼을 가지고 있음을 잘 알고 있습니다. 당신이 그녀의 말을 법조문처럼 받든다 해도 전혀 이상하지 않을 것입니다. 그러므로 당신은 노동자들을 기쁘게 하고 누나의 축복을 받아야 하는 이중의 의무를 지고 있는 셈입니다. 본의 아니게 저 또한 주제넘은 글로 당신의 사업과 가족사에 이중으로 참견을 한 게 아닌지 모르겠습니다. 부디 용서를 바랍니다.

모국에 엎드려 절하며
모한다스 간디[1]

이 편지는 친구들의 일반적인 문제에, 그리고 특히 그들의 가족관계에 개입―개입할 뜻이 전혀 없다고 밝히면서―하는 간디만의 매력적이고 직관적인 방식을 보여주는 한 예이다. 그러므로 간디를 아메다바드로 돌아가게 만든 상황을 살피기에 앞서, 나는 간디가 아메다바드 방직 노동자들의 파업으로 인해 만나게 되는 주요한 동지들 그리고 반대자들과 어떤 방식으로 관계를 맺었는지 자세히 설명하고자 한다. 이것이 오늘날의 우리에게도 특별한 관심을 불러일으키는 이유는, 그들이 간디를 처음 만났을 때의 나이가 20대였기 때문이다. 그들은 소외된 세대라 불릴 수 있는 젊은이들이었고, 종교적 도피와 행동주의적 참여 사이에서 갈등을 한 인도인들이기도 했다. 직접적으로 관련된 주제를 넘어 우리는 전국적인 활동을 막 시작하는 사람이 자신의 협조자들을 모으고 선발해서 훈련시킬 수 있었던 특별한 호소력과, 그의 반대편에 선 전도유망한 이들과 관계를 구축해 나간 방식을 이해하기 위해 노력해야 한다.

우리는 앞에서 간디가 재정적 어려움으로 모든 계획을 접고 불가촉천민들의 마을로 들어가려고 했을 때 그의 아슈람 앞에 뭉칫돈을 들고 나타난 "익명의 신사", 즉 암발랄이 간디의 삶 속으로 수줍게 그러나 과감하게 들

---

1 *CWMG*, 제14권, 115쪽.

어온 장면을 살펴보았다. 간디는 이전에 그를 한 차례 만난 적이 있었다고 기록했는데, 나는 그 만남이 아슈람의 설립을 논의하기 위해 암발랄의 집에 사람들이 모였을 때 이루어진 것으로 알고 있다. 이전부터 그의 집에서는 박애주의를 실천하려는 많은 모임이 열리고 있었다. 당시 20대였던 암발랄은 이미 자신의 시대와 공동체의 편견을 깨뜨리는 용기를 여러모로 보여주었다. 돌이켜보면 그의 용기는 그가 간디의 가장 진실한 친구이자 그 **사건**에서 가장 완강한 반대자가 된 것이 "당연한" 귀결이었음을 보여준다. 실제로 암발랄은 선택의 자유라는 원칙에 입각하여 자신의 가정을 세웠고 이는 그의 자녀들을 훌륭한 인물들로 키워낸 원동력이 되었다. 1913년 사랄라데비와의 결혼이 얼마나 범상치 않은 사건이었는지는 힌두교(그리고 자이나교)의 엄격하고 때로는 가혹하기까지 한 결혼제도를 알고 있는 사람이라야 제대로 이해할 수 있다. 우선 그와 사랄라데비의 가문은 계급이 같지 않았다. 그러나 이보다 더 놀라운 것은 이 청년이 부모의 뜻보다는 자신의 의지로 신붓감을 결정했다는 사실이다. 그들의 결혼에 대해서는 여러 가지 이야기가 전해지는데 (나로서는 그 지방에 떠돌고 있는 이야기를 전할 뿐이지만) 그 핵심은 그의 가족과 사랄라데비의 가족이 오래 전부터 그녀보다 평판이 "나은" 언니를 암발랄의 신부로 정해두었다는 것이다. 그런데 처가가 될 집을 방문한 암발랄은 결혼을 약속한 여인의 동생을 주목하게 되었고 수줍음이 많은 사랄라데비에게 마음을 뺏기고 말았다. 늘 강하고 "확실한" 느낌에 따라 행동을 한 암발랄은 미래의 장인어른(판사였던)에게 그녀를 마차에 태우고 잠시 바람을 쐬고 와도 되겠느냐고 물었다. 그리고 마차 안에서 암발랄은 그녀에게 청혼을 했다. 그들은 결혼을 약속하고는 집으로 돌아왔다. 마침내 결혼식을 올리고 그들의 신혼집으로 향하면서 그들은 주민들의 돌팔매질을 피하기 위해 다른 길로 돌아가야 했다. 남의 눈을 의식하지 않는 암발랄의 행동으로 인해 그들의 안전이 위협받은 것은 이때의 일이 전부가 아니다. 암발랄은 아내를 사회적으로 완전히 동등한 존재로 여겼으며—이 점을 그는 매우 자랑스럽게 여겼다—부인을 대동하는 것이 관습으로 받아들여지기 훨씬 전부터 공식적인 연회에 아내와 함께 모습을 드러냈다. 또한 그는 가족의 사교적인 행사에 자녀들이—그 모임에서 아이들이 즐거움과 배움을 얻을 수 있는 나이가 되자—참석하도록 허락했다. 앞에서 언급한 바와 같이 그의 집은 여행 중인 정치인들과 지식인들에게 늘 열려 있었다. 덕분에 그의 자녀들은 모틸랄 네루(Motilal Nehru, 자와할랄 네루의 아버지로 국민회의 온건파를 대표하는 인물이었으며 독립운동을 펼치다가 아들과 함께 투옥되기도 했다 – 옮긴이), 타고르, 폴락 부부, C. F. 앤드루스 등 그의 집을 자주 찾던 손님들과 일찍부터 대화를 나눌 수 있었다. 그리고 그 손님들 중에는 간디도 포함되어 있었다.

한편 그의 집을 둘러싼 벽은 안으로 가족에 대한 그의 염려를, 밖으로는 그가 견지한 남다른 면모를 상징하며 그의 사생활과 박애주의적인 결정 모두를 보호했다. 이로써 그는 20대 후반의 나이에 그 **사건**의 중요한 축을 이루는 인물이 되었다. 전체적으로 그는 다재다능하고 지식과 교양을 겸비한 인물이었다고 여겨진다. 어떤 적과 마주치든 그리고 어떤 반목과 모순에 맞닥뜨리든 그의 마음에는 그 모든 성직자적 숙명과 사회적 관습—그리고 심리학적 설명—에도 불구하고 자신의 다르마를 철저히 자발적이고 개인주의적으로 해석하려는 지향이 굳게 자리 잡고 있었다. 하지만 그가 지키고자 한 자유에는 숙명적인 불안이 따를 수밖에 없었고, 훗날 한창 젊은 나이의 장남을 잃으면서 그의 불안은 더욱 깊어진 것으로 보인다.

그런데 그를 간디에게, 그리고 간디를 그에게 이끌고 간 힘은 무엇이었을까? 나는 그가 높은 지향을 지닌 **남성적 행동주의자**로서 동지적 감정으로 간디에게 자금을 제공했으리라 생각한다. 또한 그에게는 보편적 차원의 **모성적 염려**도 있었을 것이다. 내가 이에 대해 질문을 했을 때 암발랄은 그들의 우정이 카스트 제도와 인도 사회의 불평등을 깨뜨리겠다는 열정과, 영국의 식민 지배에서 벗어나고자 하는 공동의 관심사에 토대를 두고 있었음을 완곡하게 내비쳤다. 한편 암발랄의 아내는 아슈람의 공동체 생활에 매혹될 정도로 간디의 신념을 깊이 공유했다. 전하는 이야기에 의하면 아슈람 공동체의 초창기에 사랄라데비가 기도 모임에 참석하여 간디의 옆에 앉았다고 한다. "이러시다 그 아름다운 사리가 더러워지겠습니다." 간디가 미소를 띠며 말하자 그 이후로 그녀는—자신의 시누이인 아나수야처럼—카디를 입었다고 한다. 물론 두 사람 모두 아슈람에서 생활한 적은 없다.

간디는 남편보다 아내가 "더 훌륭한 사람"이라며 암발랄을 놀리기 좋아했다. 그럴 때마다 암발랄은 빙긋이 웃어보였다. 간디와 관계를 맺은 사람들 중 그들의 가정사와 사생활에 영향을 미치려는 간디의 노력(과 실패)에도 우정을 오래 이어간 이들은 농담 속에 가시가 있는 간디의 말을 마치 작위를 받듯이 받아들였고 그의 농담을 한결같이 잘 기억했다. 간디는 자신의 동지가 되기보다 끝내 반대자로 남은 사람들을 늘 존중했다. 간디와 암발랄 가운데 한 사람은 마하트마가 되었지만 그럼에도 두 사람은 서로를 대등한 존재로 인정했다. 사실 간디는 자신을 특별한 인간으로 떠받들려는 시도를 항상 유머로 무산시켰다. 그는 이렇게 말하곤 했다. "만일 내가 나 자신을 위대한 영혼, 즉 마하트마라고 인정해버리면 그것은 다른 이들을 하찮은 영혼으로 인정하는 꼴이 됩니다. 그런데 **하찮은 영혼**이라니요? 그런 표현 자체가 모순입니다."

간디와 가까웠던 사람들 대부분이 공통적으로 지니고 있던 모성 "콤플렉스"에 대해서는 뒤에서 좀 더 이야기할 것이다. 암발랄은 간디에게 "인간 대 인간"으로 늘 다정하고 솔직했으나 **기업가**로서 경제적 역할이 충돌할 때는 단호한 태도를 보였다. 간디 역시 전국적으로 영국산 직물 불매운동이 벌어졌을 때에는 자국의 기업가들과 손을 잡았으나, 민중이 영국산 수입품을 몰아내자 기업가들도 자국산 제품의 가격을 낮춤으로써 민중의 고통에 동참해야 한다고 주장하면서 결국 갈등관계로 돌아섰다. 암발랄은 간디에게 모성적으로 타이를 혹은 아버지처럼 매섭게 꾸짖을 대상이었는지도 모른다. 그럼에도 그 반대자는 인간 대 인간의 관계에서 얻는 만족감을 버리려 하지는 않았다. 그러한 반대자들은 정치적 또는 철학적으로—어느 정도는—간디주의자라고 불릴 여지가 있었으나 간디의 일상적 생활방식에 동참한다는 의미의 추종자가 되지는 않았다.

아나수야는 아무도 가지 않은 길을 걷는 모성적 삶을 살아왔다. 오늘날 노동계의 대모로 불리는 그녀는 대지의 여신에게 자신의 어머니가 기도를 올리던 아름답고 경건한 모습을 기억하고 있다. 그녀의 어머니는 일곱 살짜리 암발랄을 열 살이 된 맏딸에게 남기고 스물일곱의 젊은 나이로 숨을 거두었다. 아나수야는 이미 결혼할 상대가 정해진 상태였다. 그녀가 결혼을 할 시기, 곧 사춘기에 접어들자 그녀의 후견인이었던 삼촌은 그녀의 부모가 결정한 엄숙한 약속을 그대로 지켰다. 이렇게 해서 그녀는 세상을 떠난 부모의 뜻에 따라 한 살 위인 소년과 결혼을 했다. 그녀의 결혼식은 앞에서 살펴본 간디의 결혼식처럼 떠들썩한 잔치와 혼자만의 두려움이 뒤섞인 것이었다.

매우 지적인 소녀였던 아나수야는 학교를 그만두어야 했다. 그녀의 남편이 낙제를 했고 힌두교의 관습에 따라 아내는 남편보다 학력이 높아서는 안 되었기 때문이다. 그녀는 오랫동안 남편과 함께 지내기를 거부하며 (카스투르바가 친정에서 오랜 시간을 보낸 것처럼) 남동생의 개인 교습을 어깨

너머로 들으면서 공부를 계속했다. 하지만 그런 생활이 그녀를 영원히 보호해줄 수는 없었다. 그렇다고 이혼을 할 수도 없었다. 이혼은 가문과 계급의 명예를 더럽히는 일이었기 때문이다. 마침내 그녀는 남편에게 자신은 결혼생활을 영원히 포기할 테니 원한다면 자유로운 삶을 살라고 말했다. 그녀의 남편이 당시로서는 용인되던 방식으로 학대를 시작하자 암발랄은 누나를 그 집에서 데리고 나왔다. 이 또한 당시로서는 대단한 용기가 필요한 행동이었다. 그녀는 남동생의 집안일을 돌보다가 암발랄이 결혼을 하자 의학을 공부하러 영국으로 유학을 떠났다. 하지만 정육점에 매달려 있는 송아지의 머리를 보고는 피를 보아야 하는 직업이 자신에게 맞지 않다는 것을 깨달았다. (간디 역시 피를 보아야 한다는 사실 때문에 외과의사가 되겠다는 생각을 포기한 바 있다.) 그녀는 병자를 치료하겠다는 열망과 직접적이고 실제적인 봉사를 하고 싶다는 소망을 사회운동에 대한 공부로 전환시켰다. 당시 사회운동 진영의 여성들은 여성 참정권 운동가들의 행동과 페이비언 사회주의자들의 이론을 따르는 여성운동과 연결되어 있었다. 혹시 아나수야가 직접 몸으로 부딪치는 일을 (당시에는 온 세상 상류층 가정의 소녀들이 다 그랬겠지만) 피하려 했다는 사실을 지적하는 이가 있다면, 그는 불결한 주거환경, 더러운 아이들, 보호자가 없는 환자들 그리고 온갖 부패와 타락에 찌든 사람들과 대면했을 때 그녀가 자신의 소극적인 태도를 과감하게 고쳤다는 사실 또한 주목해야 할 것이다.

인도에 돌아오자마자 그녀가 시작한 일은 천천히 그러나 분명히 그녀 자신을 남동생과 대척점에 서게 만들었다. 한때 누나를 남편의 학대에서 구해낸 암발랄은 가문의 우두머리로서 그녀의 삶을 좌지우지할 수 있는 권리가 있었음에도 자신이 경영하는 기업의 노동문제에 개입하려는 누나를 여전히 보호하려 했다.

이른 나이에 원치 않는 결혼으로 고통을 겪은 아나수야는 여성의 권리, 특히 남자들보다 훨씬 힘든 상황에 처해 있는 여성 노동자들을 위해 일하기로 결심했다. 그들은 남자보다 낮은 임금을 받으면서도 더 고된 일과를 보내야 했다. 그들은 새벽 4시에 일어나 가족들의 식사를 준비했고 출근하기 전에 온갖 집안일들을 해야 했다. 퇴근하자마자 저녁식사를 준비하는 것도 그들의 몫이었다. 더군다나 당시엔 버스도 다니지 않았다. 1914년 3월, 아나수야는 노동자들의 자녀를 위한 학교를 열었다. 2부제(오전 8시에서 10시까지, 오후 2시에서 6시까지)로 실시된 교육은 나이가 어려 아직 일을 할수 없는 아이들을 대상으로 했고, 초저녁에는 공장에서 일을 마치고 나온 아이들을 위한 과정이 개설되었다. 성인 노동자들을 위한 야간반도 개설되었다. 이러한 학교교육에는 청결과 위생에 대한 교육이 자연스럽게 포함되었으며 필요한 경우 직접적인 의료 지원도 제공되었다. 델리 정부가 공장법(Factory Act)을 통과시킨 이후에도 총체적으로 비위생적이고 부도덕한 고용 조건은 뻔뻔스러울 정도로 계속되었다. "진일보한" 노동 법령에 따르면 9세 미만 아동의 노동은 전면 금지되었고, 9세에서 12세 사이의 아동은 반나절만 일을 할 수 있었다. 하지만 아나수야는 ("노동자의 권익을 보호하는" 그러한 법령에 의해 묵인되는 비인도적 행태는 별개로 하더라도) 많은 아이들이 가명을 사용해서 다른 근무시간대에도 공장에서 일을 계속하고 있다는 사실을 발견했다. 성인들(즉 12세 이상의 노동자들)에게는 하루에 최대 12시간 동안만 일할 수 있다는 "인도적인" 규정이 적용되었으나, 일부 방직공들은 몇 차례의 짧은 휴식만 가진 채 근무 교대 없이 36시간을 일하기도 했다. 아나수야는 그들의 눈이 늘 충혈되어 있었고 정신적으로도 황폐해 있었다고 회상했다. 아나수야 같은 여성이 "사회운동"에 참여하면서 "노조 지도자"가 되지 않는다는 것은 불가능했다. 그녀의 모성적 관심과 분노는 그녀로 하여금 열악한 노동환경과 관리자들의 가혹하고 더러는 폭력적이기까지 한 행동을 묵과하지 못하게 했다. 무엇보다도 먼지와 솜이 뿌옇게 날리는 공장에서 기계의 소음을 들으며 잠이 든 아기들의 모습에 그녀는 분노하지 않을 수 없었다. 직접 민원을 제기하기 위해 정부에서 파견된 감독관을 찾아간 그녀는 그 감독관이 화기애애한 분위기에서 공장주의 접대를 받고 있는 모습을 목격했다. 얼마 후 그녀는 본격적으로 노동자들의 "어머니"가 되어 그들의 노동환경과 생활조건의 모든 측면에 깊이 관여하기 시작했다. 그녀의 남동생은 자신의 공식적인 역할을 수행할 때는 "거친" 모습을 보였지만 그의 **다르마**가 허락할 때는 부성(父性)의 감정으로 누나의 관심사를 이해하고 도와주는 "부드러운" 모습을 보여주었다. 그에게 누나는 자신의 "또 다른 자아"라 할 수 있었다.

1915년 아메다바드 인근에 정착한 간디가 아나수야의 명성을 듣게 된 것이나 그녀가 후일 그의 조언을 구하기 위해 찾아온 것은 지극히 자연스러운 일이었다. 이렇게 해서 간디는 그의 삶을 증언한 주요 인물들 가운데 아나수야를 가장 먼저 알게 되었다. 하지만 아나수야가 아메다바드의 노동운동을 이끄는 최초의 지도자가 된 것은 간디가 아직 참파란에 머물고 있던 1917년의 일이다.

암발랄과 아나수야의 관계를 파악함으로써 우리는 이제 사람들을 다루는 간디의 수완을 제대로 이해할 수 있게 되었다. 아나수야는 파업과 관련하여 간디에게 편지를 보내 그의 지지를 요청했고, 이에 간디는 어린 나이에 어머니를 잃은 암발랄로 하여금 누나를 생각하지 않을 수 없게 만드는 호소의 글을 보낸 것이다. 하지만 암발랄은 호락호락하지 않은 상대였다. 그는 누나와 사업, 노동자들—그리고 마하트마—에게 자신의 **다르마**를 어떻게 나눠주어야 할지 아는 사람이었다.

2. 샨케를랄 반케르

간디는 샨케를랄을 만났을 때 그의 특별한 재능과 사티아그라하 운동가로서의 잠재력을 한눈에 알아보았다. 우리는 샨케를랄의 개인사를 살펴봄으로써 그가 어떻게 간디의 동지가 될 수 있었는지 이해할 수 있을 것이다. 샨케를랄은 1889년 봄베이에서 태어났다. 그가 태어난 집안—같은 하위 카스트에 속한 백여 개의 비슈누교도 가문 가운데 하나인—은 보수적이고 매우 종교적인 가풍을 지니고 있었다. 그는 "우리는 매일 목욕을 마치고 신께 경배를 드렸고 절을 올린 다음에는 염주를 굴리며 기도를 바쳤다"고 했다. 아버지가 은행에서 일했기 때문에 그의 가족은 윤택한 생활을 했다. 그러나 어린 소년에게는 그만의 인생 문제가 있었다. 그는 누나만 일곱 명을 둔 막내였다. 그의 아버지는 하나뿐인 아들이 누나들에게 군림하도록—아들이 하나이거나 막내인 집안에서는 드물지 않은 일이었다—부추겼고 아들이 분노를 표출하는 것도 귀엽게 받아주었다. 아침 기도를 마치면 아버지는 가장 먼저 아들을 찾았다. 힌두교도에게 아들이란 영원불멸의 고리였기 때문에 줄줄이 딸만 일곱을 낳은 뒤에 얻은 이 아들은 그에게 더할 수 없이 소중했다. 그 덕분에 어린 샨케를랄은 특별한 힘을 누릴 수 있었지만 다른 한편으로 몇몇 누이들이 결혼을 앞두고 심적 고통을 겪는 모습을 지켜보면서 남다른 갈등을 겪기도 했다.

아버지가 돌아가신 뒤 아버지와 가까웠던 어느 의사가 샨케를랄의 후견인이 되었다. 늘 자신의 뜻을 고집한 이 소년은 열여섯 살이 되자 (스코틀랜드 장로회가 세운) 봄베이의 윌슨 대학에 들어갔고, 그 직후 벵골 분할(영국은 독립운동의 세력이 강한 벵골 지역을 힌두교도가 많은 서부와 회교도가 많은 동부로 분할함으로써 인도인의 분열과 독립운동의 약화를 꾀했는데 이에 대규모 반영 운동이 일어나자 영국은 결국 벵골 분할 계획을 철회했다 - 옮긴이)에 반대하는 전국적인 "소요"에 참여했다. 이 운동으로 투옥된 틸라크가 그에게는 영웅으로 받아들여졌다. 그때까지 종교적 저작물(스와미 비베카난다 같은 저자들의)에 깊은 관심을 가지고 있던 샨케를랄은 이제 가문의 "우상 숭배"를 버리고 정치에 열정을 쏟았다. 여기에 인용하는 그의 글은 오늘날 일부 학생들의 글과 매우 유사해 보인다.

로카마니아 틸라크가 6년형을 선고받자 대학생들은 크리팔라니(Kripalani)의 주도 하에 전면적인 수업거부에 들어갔다. 학생들은 정치에 관심을 가지고 극단주의자들의 주장에도 귀를 기울였다…… 벵골 분할 계획은 영국 상품에 대한 불매운동을 불러일으켰다. 우리 대학의 학생들은 국산 의류와 설탕만 구매하기 시작했다…… 하지만 국산 모자는 구하기가 힘들었다. 그 시절 학생들은 "방갈로르" 또는 "헝가리" 모자라고 부르던 펠트 모자를 쓰곤 했는데 그 대용으로 이제 두꺼운 국산 천으로 만든 모자를 쓰기 시작했다…… 그들은 로카마니아 틸라크에게 아낌없는 존경을 바쳤고 어느 정도는 폭력 투쟁에 동조하기도 했다.

나는 건설적인 운동에 관심을 가지고 있었기 때문에 개인적으로 그러한 운동 방식에는 끌리지 않았다.[2]

인도의 정치적 맥락에서 건설적이라 함은 단순히 비폭력적인 활동이 아

---

2 이 글은 샨케를랄의 자서전 『구제라티(*Gujerati*)』의 초고를 번역한 것이다. 그의 원고는 구자라트어로 출판되었다. Prologue의 note 3 참조.

닌 보상적 의미의 "사회운동"을 의미했다. 샨케를랄은 동료 학생을 통해 "최하층 계급 지원 사업(Depressed Classes Mission)"에 관심을 갖게 되었다. 이 운동은 "낙후된" 계급, 특히 불가촉천민들을 "끌어올리는" 일에 집중했다. 그는 불가촉천민의 마을을 찾아가는 것도 주저하지 않았다.

어머니는 내가 낙후된 공동체에 관심을 갖는 것을 싫어하셨다. 나는 어머니께 그곳에 사는 사람들의 비참한 상황에 대해 말씀드리곤 했다. 그러면 어머니는 그런 일에 돈은 얼마든지 내도 좋으니 불가촉천민의 마을을 직접 찾아가지는 말라고 하셨다. 그러면서 만일 그곳을 가겠다는 고집을 꺾지 못하겠다면 적어도 돌아오자마자 목욕이라도 하라고 하셨다. 나는 소위 불가촉 구역을 계속 방문했으나 어머니께 순종하는 뜻에서 가끔은 집에 오자마자 목욕을 했…… 후견인은 나의 학업을 걱정했지만 나는 모든 시험에서 꽤 좋은 성적을 거둘 수 있었다…….

그의 후견인은 그에게 "어울리는 직업"을 선택할 것을 충고하며 재계와 학계의 유력 인사들과 만나는 자리에 그를 데리고 다녔다. 하지만 샨케를랄은 사회운동을 하겠다는 고집을 꺾지 않았다. 어느 고위직 인사는 개인의 운명이라는 논리로 그를 설득하려 했다. "우리가 불가촉천민의 지위를 향상시켜 주면 변소 청소는 누가 한단 말인가?" 또 다른 이는 미래의 예측과 연민이라는 측면에서 접근했다. "이 아이들에게 더 많은 교육을 제공한다고 해도 그들이 나중에 무엇을 할 수 있겠나?" 이렇게 말한 이는 건설적인 의견도 덧붙였다. "이들의 생활조건은 무두질과 가죽을 다루는 전통 기술이 산업적으로 발달해야만 개선될 수 있네." 이 말이 샨케를랄을 사로잡았고 그것을 실행하기 위해 그는 여러 가지 준비에 착수했다. 그는 자비에 대학(Xavier College)으로 돌아가 화학을 공부했고 그곳에서 1911년 석사 학위를 받은 뒤 방갈로르의 타타 연구소에서 (한 해 여름을 공장에서 일하며) 근무했다. 그리고 1914년 3월 마침내 그는 영국으로 건너가 레더셀러즈 대학 (Leathersellers' College)에서 학업을 이어갔고 그곳에서 페이비언 사회주의자들의 영향을 크게 받았다. 어쨌든 그는 사업가가 되기 위한 이력을 쌓으라는 후견인의 권고와 소외된 계층에 봉사하겠다는 자신의 결심 사이에서 타협점을 찾으려 노력했다. 어렴풋이나마 사회적 사고가 과학에 대한 이해와 결합되고 조직화의 원리가 봉사를 향한 열정에 더해지면서, 그는 남성적이며 영웅적인 추구와 깊은 모성적 동일시 사이에서 갈등하는 인도의 문제에 대해 나름의 해결책을 얻게 되었다. 그러나 새로운 유형의 스승을 찾으려는 그의 욕구는 여전히 충족되지 않은 채 남아 있었다.

오로지 자신의 길을 찾는 데 몰두한 이 청년은 그와 간디의 길이 처음으로 교차했을 때에는 자신의 숙명을 깨닫지 못했다. 1914년 간디가 전쟁 중인 영국을 방문해 지원 의사를 밝혔을 때 샨케를랄은 간디에게서 결코 좋은 인상을 받지 못했다. 영국군을 돕기 위해 인도인들의 모병을 담당하는 역할이 그에게는 아무런 호소력이 없었던 것이다. 사실 샨케를랄이 간디와 처음 조우한 그때 간디는 사티아그라하의 철학과 영국의 안위를 걱정하는 마음 사이에서 갈등을 겪고 있었다. 간디는 인도 전역에서 건설적인 사업을 펼치려는 계획과 스스로 대영제국의 시민으로서 마땅히 해야 할 의무라고 생각한 일 사이에서 갈등을 했는데, 이 모든 일은 영국의 변호사이자 영국령 인도의 신민으로서 그의 불확실한 태도가 마지막으로 표출된 것이었다.

1915년 3월, 봄베이에 있는 어머니의 집으로 돌아온 샨케를랄은 아래층에 새로 들어온 세입자와 알게 되었고 그를 통해 새로운 이념적 지향에 눈을 떴다. 잠나다스 드와르카다스(Jamnadas Dwarkadas)는 베전트 여사가 시작한 자치 운동을 주도하고 있었다. 샨케를랄은 처음에는 그에게 거부감을 가졌으나, 1916년 스물일곱 살이 되던 해 그의 조직에 합류하자마자 회원의 수가 1,000명에 불과한 자치연맹(Home Rule League)의 대중 집회에 50,000명을 끌어 모으는 등 조직 활동가로서 탁월한 역량을 보여주었다.

1917년 베전트 여사가 체포되자 샨케를랄은 봄베이에 머물고 있던 간디를 찾아가 그에게 항의 집회에서 연설을 해달라고 부탁했다. 영국에서 간디를 처음 만났을 때 그의 영국식 복장에 좋은 인상을 받지 못했던 샨케를랄은 이번에는 자신이 영국식 정장을 입고 간디를 찾아갔으나 그 자리에서 농민의 옷차림을 하고 있는 간디의 모습에 놀라지 않을 수 없었다. 샨케를랄은 간디와 바닥에 마주 앉은 채로 말했다. "저희는 선생님께서 베전트 여사의 석방을 위해 연설을 해주셨으면 합니다." 간디는 조용히 그러나 단호하게 대답했다. "그럴 수 없습니다." 샨케를랄은 그의 대답을 언짢게 받아들였다. "물론 베나레스에서 있었던 일로 선생님께서 베전트 여사에게 불편한 감정을 가지고 계시다는 것은 압니다. 하지만 그분이 이제껏 인도를 위해 해온 일을 기억하셔야죠. **사람은 용서할 줄도 알아야 합니다!**" 간디는 이 무례한 언사에도 흔들리지 않았다. "나는 그 일은 생각하지 않았습니다. 다만 당신이 베전트 여사를 돕기 위해 스스로 이루려는 일이 무엇인지 자문해 보았으면 합니다. 한 걸음이라도 전진하고자 한다면 우리는 연설이나 대중 집회를 조직할 것이 아니라 **태산 같은 고난을 견뎌낼 준비를 하고 있어야 합니다.**" 이 말은 샨케를랄이 나에게 직접 들려준 것이기 때문에 간디가 단 몇 마디의 말로 격렬한 정체성 갈등을 겪고 있던 샨케를랄의 마음을 흔들리게 했다는 것은 분명하다. 샨케를랄이 자신의 소속—그리고 옷차림—을 바꾸는 것은 이제 시간문제일 따름이었다.

두 사람이 대화를 나누는 동안 간디의 곁을 지키는 젊은 여성이 있었다. 아나수야 사라바이였다. 그녀는 간디를 찾아온 젊은 손님이 회교도일 것이라 생각했고 간디와 함께 바닥에 앉아 있는 그에게 의자를 내주기까지 했다. 그녀는 샹케를랄의 태도에 몹시 충격을 받았으나 (서로에게—그리고 자신에게—도움이 될 만한 사람들을 연결시켜 주는 데 항상 공을 들인) 간디는 자리에서 일어나려는 샹케를랄을 붙잡으며 말했다. "차를 가지고 계시니 가는 길에 아나수야를 집까지 태워다 주시면 고맙겠습니다." 이렇게 해서 두 사람은 평생의 우정을 맺게 되었다.

샹케를랄이 베전트 여사의 석방을 위해 사티아그라하 운동을 전개하자는 간디의 제안을 자치연맹에 전달했을 때 조직 내의 분위기는 의외로 호의적이었다. 아나수야는 이 운동에 참여하기로 하고 사티아그라하 서약을 했다. 자치연맹의 지부가 아메다바드에 세워졌고 샹케를랄이 이곳에 오게 되었다. 그는 이제 막 싹트고 있는 노동자 조직을 포함하여 아나수야가 벌이고 있는 노동운동에 대해 알게 되었다. 간디가 파업의 지지 여부를 결정하기 위해 방직 노동자들에 대한 비교 자료가 필요했을 때 이미 봄베이의 노동 상황을 잘 알고 있던 샹케를랄은 간디에게 큰 도움이 되었다.

두말할 나위 없이 이 과정에서 샹케를랄의 의식은 변화하기 시작했다. 그는 영국식 복장을 포기하고 인도의 옷을 입는 것에 대해 처음에는 거부감을 가졌고 이따금 육식을 즐기기도 했다. 어느 날 그는 나디아드의 사티아그라하 공동체에 머물고 있던 간디로부터 편지 한 통을 받았다. "아나수야를 통해 당신이 육식을 한다는 이야기를 들었습니다. 당신이 이제껏 나에게 그 사실을 이야기한 적이 없었음을 생각하니 마음이 아픕니다. 진작 알았더라면 당신이 이곳을 방문했을 때 채식이 아닌 음식을 제공했을 텐데 말입니다. 나는 당신이 언제든 진실을 털어놓아도 되는 형제 아닙니까?" 얼핏 보기에는 우연 같지만 간디가 다른 사람의 약점을 건드리는 일이 늘 완벽한 시점에 일어났다는 사실은 그가 사람들을 자신의 편으로 만든 수많은 사례들을 살펴보면 알 수 있다. 아슈람을 찾아온 사랄라데비에게 우아한 사리가 바닥에 닿아 더러워지겠다고 주의를 준 것이 이후 그녀로 하여금 줄곧 카디를 입게 만들었다는 사실을 기억해 보라. 샨케를랄은 그 후 "채식이 아닌 음식"을 두 번 다시 입에 대지 않았다.

간디는 자신을 따르는 이들과 그들의 부모 또는 후견인들과의 관계에도 각별한 관심을 기울였다. 당시 샨케를랄은 어머니의 방식에 반발하여 그의 계급이 두르는 신성한 띠를 더 이상 몸에 두르지 않았다. 샨케를랄의 어머니가 간디에게 다녀간 뒤 간디는 샨케를랄을 불러 쥐와 공작새의 이야기를 들려주었다. 시바 경에게 두 아들이 있었는데, 쥐를 타고 다니는 가네쉬와 공작새를 타고 다니는 카르티카가 어느 특별한 과일을 놓고 각자 소유권을 주장했다. 신은 세상을 한 바퀴 먼저 돌고 오는 사람이 그 과일을 차지할 수 있다고 결정했다. 카르티카는 재빨리 그의 공작새에 올라 세상을 돌고 오기 위해 출발했다. 가네쉬는 조용히 어머니 파르바티에게 절을 올린 다음 자신의 쥐로 하여금 어머니의 주위를 한 바퀴 돌게 했다. 그 과일은 그의 몫이 되었다. 샨케를랄은 다시 띠를 둘렀고, 1년 후 어머니가 돌아가셨을 때 어머니의 생전에 자신이 그렇게 한 것을 다행스럽게 생각했다.

샨케를랄은 가난한 이들을 위해 일하겠다는 열망과 함께 사람들을 조직하는 능력과 사업적 수완을 겸비하고 있었기 때문에 간디는 그를 카디 운동, 즉 인도의 크고 작은 마을에 물레와 베틀을 다시 보급하는 운동의 간사로 추천했다. 간디는 샨케를랄의 어머니가 갑작스런 죽음을 맞기 전에 여성들에게 물레질을 가르치는 일을 그녀에게 맡기기도 했다.

아나수야는 샨케를랄을 노동자들과 이어주는 고리가 되었다. 이에 따라 간디가 아메다바드 노동계의 상황에 개입하기로 결심했을 때, 샨케를랄은 적당한 시기에 최적의 장소에서 그리고 "적당한 갈등"을 겪으며 최적의 관심과 능력을 갖추고 있었다.

한편 간디는 자신이 직접 작성해서 인쇄한 문서를 샨케를랄에게 전해주었는데 그것은 그때까지 사티아그라하 운동에 대해 간디가 쓴 가장 간결한 진술문이었다. 우리는 새 아들을 향한 새로운 가장의 그러한 노력이 평생의 인연을 쌓기 위한 것이었음을 충분히 이해할 수 있다. 간디가 전달한 그 글에서 사티아그라하의 새로운 방향을 보여주는 대목을 아래에 인용한다.

사티아그라하와 무기는 아주 먼 옛날부터 사용되어 왔다…… 이 두 가지 형태의 힘은 약자들이 선호하기 마련인데, 우리는 그것을 가리키기에 "비겁"이라는 단어가 조금 단순할지언정 더 적절하다는 것을 알고 있다. 이 둘 중 어느 하나라도 있어야 스와라지와 진정한 민중의 각성이 가능하다. 이 둘 중 어느 하나에라도 의존하지 않는 스와라지는 진정한 스와라지가 아닐 것이다. 그런 스와라지는 민중에게 아무런 영향력도 끼칠 수 없다. 민중의 각성은 힘이 없이는, 용기가 없이는 이루어질 수 없다.

…… 사티아그라하의 도움을 받는다면 우리는 정부의 폭정이 자신들을 좌절과 분노로 내몰고 있다고 생각하는 젊은이들을 우리 쪽으로 끌어들일 수 있을 것이며, 그들의 용기와 기개 그리고 고통을 감내하는 능력을 사티아그라하를 강화하는 데 이용할 수 있을 것이다.[3]

---

3 "Ideas About Satyagraha"에 대한 샨케를랄의 1917년 9월 2일자 편지. *CWMG*, 제13권, 517~520쪽에 수록.

3. 마하데브 데사이

훗날 **사건**의 기록자가 된 마하데브 데사이는 참파란에서 간디의 동지가 되었다. 1942년 같은 감방에 수감되어 있던 그가 숨을 거두자 마하트마는 아들을 잃은 것처럼 슬퍼했다. 마하데브는 자신에게 일어난 일을 즉시 기록하는 습관이 있었는데 그의 습관 덕분에 우리는 **사건**에 대한 충분한 설명을 얻게 되었다. 그가 간디를 처음 만난 것도 20대였다. 간디가 그를 수확할 즈음 그가 얼마나 영글어 있었는지 알아보기 위해서는 그의 친구들이 남긴 글을 읽어볼 필요가 있다.[4]

간디의 고향과 인접한 지역에서 (모국어에 대한 사랑을 간디와 공유하며) 태어난 마하데브는 형 셋이 모두 유아기에 죽었기 때문에 부모의 사랑을 한몸에 받으며 자랐다. 그의 어머니는 그가 일곱 살 때 죽었다. 어린 아들의 건강과 미래를 염려한 (평생 제한된 환경에서 살았던) 아버지의 시름은 간디가 아들의 정신적 지도자가 될 때까지 계속되었다. 세심한 성격의 아들 역시 아버지를 실망시키지 않기 위해 늘 조심했다. 어린 시절 그를 "왕자처럼 대해준" 어머니에게 그랬듯이 이따금 지나칠 정도로 사람들을 잘 믿고 따르기는 했지만 그는 매우 학구적이었으며 교과과정 이외의 활동에는 관심이 없었다. 사람들도 그를 무척 좋아하고 아꼈던 것 같다. 물론 간디의 총애와 기록자로서의 위치를 두고 경쟁관계에 있었던 이들은 예외였다. 그들은 간디의 말을 옮기는 그의 방식에 강한 불신을 가지고 있었다. 우리는 이

---

4 다음의 설명은 Narahari Parikh의 *Mahadev Desai's Early Life*에 토대를 두고 있다. 구자라트어로 쓰인 이 책은 Gopalrao Kulkarni에 의해 번역되었다. Ahmedabad: Navajivan, 1953년.

마하데브 데사이와 간디

와 관련된 미심쩍은 예를 곧 살펴볼 것이다.

마하데브 역시 열세 살에 결혼을 했다. 간디와 마찬가지로 조숙한 성행위는 친밀감에 대한 그의 욕구에 혼란을 일으킨 것 같다. 젊은 시절 마하데브의 위기는 그가 봄베이에 잠시 머물던 시기에 일어났다. 그는 변호사 시험 전날 밤 어느 매력적인 여성이 자신의 침실에 들어왔다고

기록했다. 그는 영혼을 구하려거든 침실에서 나가라고 그녀를 설득했다. 다음날 "아는 대로 쓰기만 했으면…… 쉽게 합격할 수 있었음에도" 마하데브는 갑자기 울음을 터뜨리며 고사장을 뛰쳐나갔다. 아무에게도 비밀을 털어놓지 못한 채 그는 "시름시름 앓았고" 결국 "기분을 전환하기 위해 적당한 곳으로" 떠났다. 그런데 이 일은 일련의 치명적인 위기들의 시작에 불과했다. 아내 없이 혼자 여행을 떠날 때마다 여러 여성들이 그의 친절함과 섬세함에 끌린 것 같다. 어쨌든 그는 적어도 두 명의 인도 여성과 두 명의 유럽 여성으로부터 비슷한 유혹을 받았다고 기록했다. 그럼에도 그는 "육체의 정결함을" 지켜냈다.

마하데브는 번역자이자 변호사로서 그리고 협동조합의 감독관으로서 유능한 일꾼이 되었다. 그는 농촌 지역의 필요와 관습에 상당한 통찰을 보여 주었으나 그의 고용주들은 그가 협동조합의 도덕적 "약점"을 드러내는 데 지나칠 정도로 열성적이라고 생각했다. 이러한 열성으로 그와 그의 친

구인 (훗날 그의 전기를 쓴) 나라하리 파리크는 1917년 초 간디에게 편지를 보내 아슈람의 의무적인 금욕생활이 "많은 해악을 일으킬" 수 있음을 경고했다. 간디는 편지의 내용보다 그의 편지 자체가 마음에 들었는지 두 청년을 아슈람에 초대해서 그들을 놀리듯 시험해 보았다.

> 간디: 두 분은 무슨 일을 하십니까?
>
> 우리: 저희는 변호사로 일하고 있습니다.
>
> 간디: 혹시 인도 연감(Indian Year Book)을 갖고 계십니까?
>
> 나: 작년 것은 가지고 있습니다. 혹시 올해 것이 필요하시다면 구해드리지요.
>
> 간디: 그럼 여태 작년 것을 가지고 일을 하셨단 말입니까? 저는 면도를 할 때는 항상 새 면도기를 사용했습니다만.[5]

간디의 마지막 말이 간디답지 않다고 느껴진다면 아슈람의 도서관 입구에 면도를 하는 마하트마의 모습이 실물보다 큰 사진으로 걸려 있음을 상기할 필요가 있다. 이는 그리 중요한 사실은 아니지만 간디가 외모에 줄곧 신경을 썼으며 가까운 이들을 친근하게 대했음을 보여주는 실례로 언급할 가치가 있겠다.

마하데브는 이후 간디와 꾸준히 연락을 주고받았다. 마하데브는 어느 저명한 영국인에게 보낸 자신의 편지에 대해 간디의 의견을 물은 적이 있었다. 간디는 그 편지의 내용을 조심스럽게 비판했을 뿐만 아니라 그 편지에 마땅히 담겨야 했을 내용을 구체적으로 지적하기도 했다. 이처럼 스스로 의식하지 못하는 가운데 마하데브는 장차 간디의 비서로 훈련을 받고

---

5 같은 책, 46쪽.

있었다. 그리고 이는 스물일곱 살 때 친구인 파리크에게 보낸 편지에서 조금은 낭만적인 어조로 기술되어 있다.

8월 31일 아침, 바푸지께서 하신 말씀이 나에게 사랑, 당혹감 그리고 기쁨이 뒤섞인 감정을 일으켰네. 글로 옮기기가 쉽지 않겠지만 그날 나눈 대화를 아래에 적어볼까 하네. 바푸지께서는 이렇게 말씀하셨지.

내가 당신을 매일 이곳에 오도록 청한 데에는 이유가 있었습니다. 나는 당신이 이곳에 와서 머무르기를 바랍니다. 지난 사흘 간 나는 당신의 능력을 지켜보았습니다. 내가 지난 2년 간 찾고 있던 청년의 모습을 나는 당신에게서 발견했습니다. 만일 내가 당신에게서 내가 원하던 청년의 모습을, **언젠가 내가 하는 모든 일을 마음 놓고 맡길 수 있고 전적으로 신뢰하며 의지할 수 있는** 청년의 모습을 당신에게서 발견했다고 말한다면 믿을 수 있겠습니까? 당신은 내게로 와야 합니다. 자치연맹의 일을 접고 잠나다스 씨와 모든 것을 버리고 오십시오. 이제까지 내가 이런 식으로 이야기한 사람은 폴락 씨, 슐레진 양 그리고 마간랄밖에 없습니다.[6]

간디는 마하데브에게 자신이 남아프리카에서 규합한 동지들에 대해 이야기했다. 폴락에 대해 "겉으로는 특별한 점이 전혀 안 보이는 사람"이었다고 평가한 간디는 계속해서 이렇게 말했다. "마간랄은 말할 것도 없습니다. 내가 당신에게서 발견한 지적 능력을 그에게서는 찾아볼 수 없었습니다. 당신은 탁월한 능력을 가지고 있기 때문에 여러모로 내게 큰 도움이 될

6　Narahari Parikh에게 보내는 Mahadev Desai의 1917년 9월 2일자 편지. 같은 책 52~54쪽에 전문이 실렸다.

것이라 확신합니다."

물론 동료들에 대한 마하데브의 이러한 무례함과 자신에게 일방적으로 유리한 서술은 절대적인 명분이 있는 운동에 동참할 것을 제의받음으로써 "객관화"된다. 그러한 제의와 요청 앞에서 그는 덫에 걸린 새처럼 허둥댄다.

나는 너무 놀라고 부끄러워서 한 마디도 하지 못하고 그분의 말씀을 듣고만 있었네. 그러다 불쑥 한 마디를 했지. "저는 선생님께 제가 이제까지 무슨 일을 해왔는지 보여드린 적이 없습니다." 그랬더니 그분은 이렇게 대답하시더군.

"그건 모르고 하시는 말씀입니다. 나는 아주 짧은 시간에 사람을 판단할 수 있습니다. 나는 폴락을 다섯 시간 만에 꿰뚫어 보았습니다. 내가 신문에 기고한 글을 읽고 그가 편지를 보냈고 얼마 후에 나를 만나러 직접 찾아왔는데 나는 단번에 그가 어떤 사람인지 알 수 있었습니다. 그리고 그는 곧바로 내 사람이 되었지요."

"내 사람"이 의미하는 것은 간디가 폴락의 결혼을 언급하는 대목에서 분명히 드러난다. 간디는 (남아프리카에서도 그랬고 폴락이라는 사람의 삶에서도 그랬지만) 인도의 전통 사회에서 부모가 담당한 역할을 맡는 데 주저함이 없었다. 사실 간디는 추종자들의 결혼─그것을 막을 수 없다면─에 영향력을 행사하려는 의도를 매번 분명히 드러냈다. 또한 그는 새로운 추종자들의 삶에서 자신이 특권적인 위치를 차지하는 데 지체함이 없었다. 폴락을 맞아들이는 과정에 대해 간디가 한 말을 마하데브는 이렇게 옮기고 있다.

나는 그에게 허심탄회하게 말했지요. "당신은 내 사람이고 당신과 당신의
자녀들을 부양하는 책임도 나에게 있습니다. 당신의 결혼에 반대하는 사람이
없으니 나도 당신의 결혼을 받아들입니다." 그의 결혼식은 내 집에서 열렸습
니다. 우리가 하던 이야기로 돌아가면, 나는 당신이 자치연맹이나 잠나다스
씨는 이제 잊었으면 합니다. 하이데라바드(Hyderabad)로 가세요. 그곳에서 1
년 정도 자유로운 시간을 보내십시오. 그리고 인생의 즐거움을 마음껏 누리
세요. 그리고 스스로 길을 잃었다는 느낌이 들기 시작하면 그때 나에게로 돌
아오십시오.

다른 이들로부터도 이와 비슷한 이야기를 듣지 않았다면, 그리고 인도
인들의 독특한 임상적 논리를 존중하지 않았다면, 나는 위의 이야기를 누
군가 꾸며낸 것으로 받아들였을 것이다. 물론 간디는 이 청년에게 세상의
쾌락을 "만족할 때까지" 시험해보라고 권하면서도 마음을 놓을 수 있었다.
간디는 조숙한 성적 경험이 이 청년의 불안한 정체성을 위태롭게 하고 있
으며, 민중에 대한 절대적인 헌신이 **브라마차리아**와 결합됨으로써 그의 목
적의식이 회복되리라는 것을 이미 꿰뚫어보고 있었다. 물론 이 청년도 "1
년 정도" **카마**를 추구하면서 지낼 의향이 없었다. 그래서 마하데브는 간디
에게 "당장이라도" 함께할 준비가 되어 있다고 말했다. 하지만 지나치게
서두르는 인상을 주고 싶지 않았던 간디는 이렇게 대답했다. "당신이 준비
가 되어 있다는 것은 알지만 나는 당신이 인생을 좀 더 이해하고 즐겼으면
합니다. 때가 되면 협동조합 운동에 대한 당신의 지식이 필요해질 겁니다.
우리는 그 부문의 문제들을 보완해야 하니까요. 그때까지는 아무것도 신경

쓰지 말고 인생을 좀 더 즐긴 뒤 돌아오십시오." 우리는 여기에서 간디가 하이데라바드를 선택한 이유가 마하데브로 하여금 그 도시에서 카마를 누리도록 하려는 것이 아니라 그곳에 발달해 있는 협동조합 운동에 대한 지식을 쌓게 함으로써 그의 활용도를 높이려는 것이었음을 깨닫게 된다. 어떤 본능의 추구가 권고되었든 그것은 결국 지도자에게 양도되어야 했다. "나는 아슈람 학교나 다른 사업이 아닌 나 개인을 위해 당신이 필요합니다. 1년이나 6개월 정도 당신이 없는 동안에는 어떻게든 혼자 버텨보겠습니다."[7]

이와 같이 완전히 새로운 위임으로 인해 샨케를랄 같은 이에게 주어진 기존의 위임에 의문이 제기될 수밖에 없었다. 하지만 마하데브는 새로 전향한 이들이 공통적으로 겪는 고민을 토로하며 친구에게 보내는 편지를 마무리한다.

나는 아버지나 어느 누구에게도 자치연맹에 가입하겠다는 애초의 결심을 바꾼 이유를 이야기하지 않았네. 그렇다고 이런 일을 편지로 알릴 수는 없지 않은가? 그래서 적당한 기회에 아버지와 아내 앞에서 이 편지를 직접 읽을까 하네.

그의 아내가 이에 대해 듣게 된 것은 모든 일이 확정된 이후였다. 이 편지의 추신에서 우리는 당시 마하데브의 감정 상태를 엿볼 수 있는데, 그는 전혀 예상치 못한 상황에서 자신을 "인정해준" 한 사람에게 자신의 모든

---

7 이는 Mahadev가 참파란에 머물기보다는 후에 간디를 따라 봄베이와 아메다바드에 간 이유를 설명해준다. 그곳에서 그는 사건의 목격자가 된다.

역량을 오래도록 바치겠다는 다짐을 한다.

추신: 나는 때때로 삶에 지쳤고 인생이 그저 허무하게만 느껴졌네. 하지만 이제는 인생이 살 만한 가치가 있다고 생각될 만큼 나 자신에 대한 확신이 생겼네. 바푸지께서 나에 대해 좋은 말씀을 많이 하셔서 무척 당혹스럽기도 했거니와 나는 여전히 나에 대한 그런 평가를 받아들일 수 없네. 다만 이제까지 내가 그런 칭찬을 받아본 적이 없었고 앞으로도 그럴 것이라는 점은 분명하네. 어쩌면 세상이 우러러볼 어떤 일을 성취하는 데 내가 도구가 될지도 모를 일이지. 그래도 바푸지의 마음에서 우러나온 그러한 말들은 나의 마음에 평생의 보물로 영원히 남을 것이네.

그러나 예상한대로 마하데브의 아버지는 너무나 고달픈 아슈람의 생활에 반대했다. 훌륭한 힌두교 신자가 누군가의 제자가 되는 것은 오로지 생애 초기—그리고 성인기에는 "사회에서 명예로운 지위"에 오른 **후**—에 경험하는 과정이어야 했다. 그의 아들은 그에게 이렇게 썼다.

저는 성공을 얻으려는 욕심으로 간디지께 가는 것이 아닙니다. 저는 그분의 그림자가 되어 그분 곁에 머물며 그분의 가르침으로 더 많은 지식을 얻고자 할 뿐입니다. 만일 저의 야망이 지도자가 되는 것이었다면 마땅히 아버지의 반대를 고려했을 것입니다. 하지만 명예에 관해서라면 간디지께서는 그것을 이미 가지고 계십니다. 그러니 제가 괴로워할 이유가 무엇이겠습니까?[8]

---

8 Parikh, 57쪽.

이후 간디의 눈에 희비극적으로 비치는 일들이 일어났다. 마하데브는 인디고 재배 농민들의 투쟁을 이끌고 있던 간디를 돕기 위해 아내와 함께 참파란에 갈 계획이었다. 파리크는 당시의 상황을 이렇게 기록하고 있다.

나는 기차역으로 마하데브 내외의 마중을 나갔으나 그들은 나타나지 않았다. 역에서 돌아왔을 때 간디지께서는 그사이 도착한 마하데브의 또 다른 전보를 나에게 보여주셨다. 전보에는 간디지와 함께하고 싶은 열망은 간절하지만 그렇게 할 경우 아버지의 상심이 너무 클 것 같다는 내용이 적혀 있었다······ 하지만 그의 아버지는 아들이 겪는 정신적 고뇌를 그냥 보고 있을 수 없었다. 그의 아버지는 결국 아들에게 축복을 내리며 간디지에게 가도 좋다고 허락을 했다. 사흘 뒤 마하데브로부터 아버지의 축복을 받았으며 곧 출발하겠다는 내용의 전보가 날아들었다. 역으로 마중을 나가려는 나에게 간디지께서 말씀하셨다. "그사이 마하데브로부터 못 오겠다는 전보가 또 오면 얼마나 재미있을까요?" 나는 이번에는 꼭 올 거라고 대답했다.

마하데브는 그날 아내와 함께 도착했다. 그날부터 그는 숨을 거두는 날까지 간디지의 곁을 지켰다. 그는 완전히 간디지와 하나가 된 것이다.[9]

그림자이자 비서로서 간디와 완전히 하나가 되었기에 **사건**에 참여한 이들 가운데 그 누구도 그곳에 있던 마하데브의 존재를 기억하지 못했다. 하지만 "그 고무나무 아래에서 어떤 역사적인 사건이 일어났는지 알고 있는 이는 그 집회에 직접 참석한 사람들 이외에는 거의 없다"[10]는 그의 기록은

---

9 같은 책, 58쪽.
10 *CWMG*, 제14권, 217쪽.

주요한 목격자로서 그의 지위를 입증하는 듯하다. 우리는 고무나무 아래에서 열린 집회에 대해서는 곧 살펴보게 될 것이다. 한편 간디는 아메다바드에서 폴락에게 편지를 썼다. "데사이 씨는…… 나와 운명을 함께하고 있습니다. 그는 유능한 조력자이며 당신의 자리를 대신하겠다는 포부를 가지고 있습니다. 정말 대단한 일이지요. 그의 노력이 말입니다."[11] 간디는 자신의 추종자들—혹은 그의 아들들—가운데 누군가가 대단한 노력 그 이상의 것을 할 수 있음을 알리고 싶었던 것일까?

4. 아들들과 추종자들

우리는 암발랄에게 보낸 편지의 마지막 부분에 있는 고백—"당신의 사업과 가족사에 참견을 한 게 아닌지 모르겠습니다."—에서 간디가 자신의 버릇을 정확하고도 매우 솔직하게 진단하고 있음을 볼 수 있다. 그는 가족의 유대관계를 정교하게 잘라내는 나름의 수술 방법을 가지고 있었으며 동시에 이후의 봉합을 위한 최적의 가능성도 남겨두고 있었다. 사실 나는 경제적 갈등과 가족의 갈등이 중첩된 사라바이 가문의 드문 사례—훗날 부모와 자식 사이의 갈등과 정치적 갈등이 중첩된 네루 가문의 경우에도 그랬듯이—가 간디의 관심을 끌었으리라고 확신한다. 남매 사이의 이러한 갈등은 간디가 최초의 사티아그라하를 아메다바드에서 전개하기로 결정하게 만든 동시에 그것이 실패로 돌아가는 데 주요한 요인이 되었는지도 모른다.

---

11 *CWMG*, 제14권, 245쪽에 수록.

우리가 앞에서 살펴본 바와 같이 간디로 하여금 아메다바드를 자신의 도시로, 아슈람을 자신의 가족으로 삼게 만든 모든 것이 구자라트를 모국의 중심지가 되게 만들었다. 그가 형의 뜻을 거스르고 가족의 바람을 저버리면서까지 해온 모든 일이 이제 그 순수성을 시험받게 되었다. 이곳 아메다바드에서 한 젊은이와 그의 누이는 각자의 **다르마**를 내세우며 그것을 상호 시험하는 상황에 놓이게 되었다. 그리고 이것은 간디 자신의 내적 갈등과 어느 정도 겹치고 있었음에 틀림없다. "가족사"가 갖는 바로 그 측면이 간디에게는 상징적인 중요성이 있었는데, 이는 그가 아메다바드의 사티아그라하를 통해 (이후 50마일도 채 떨어지지 않은 케다에서 펼친 사티아그라하를 통해서도) 조국의 예언자가 되어야 했기 때문이다. 그런데 흔히 말하는 것처럼 예언자가 자신의 고향에서 인정받기가 어렵다면 유년기의 기억이 떠오르는 땅에서 자신의 달라진 위상을 확인하는 것 또한 내적인 어려움을 겪을 수밖에 없을 것이다. 우리는 "남아프리카에서" 인도를 방문한 젊은 간디가 내적 억압으로 연설을 제대로 하지 못했음을 앞에서 살펴보았다. 이제 그러한 억압은 분명히 극복되었다. 그러나 초기의 실패와 생물학적인 아버지로서 그가 겪은 혼란을 연관시킬 근거는 충분히 있으며, 이제 고향에서 자신의 뜻을 펼치려는 순간 아버지로서의 오랜 가책은 다시 깨어나고 있었다. 우리는 『간디 전집』에서 일련의 개인적인 편지들을 볼 수 있는데, 이 중 그가 아들에게 보내는 편지에서 꿈 이야기를 하는 대목은 우리로 하여금 그가 두 개의 전선에서 생애의 위기와 싸우고 있었음을 보여준다. 그는 역사적 현실에서 우위를 얻기 위해 싸우고 있었을 뿐만 아니라 개인적 과거와도 싸웠는데, 그것은 세대 간의 사슬로 묶여 있는 모든 사람에게 운명으로 주어진 것이었다. 간디는 "나의 아들"에게 보내는 편지에서 아래와 같은 글을 남겼다.

만일 내가 완전한 사랑을 얻었다고 느끼지 못한다면 나에게 인생은 의미가
없을 것이다. 결국 중요한 것은 사랑을 위한 우리의 능력이 끊임없이 커가는
것이다.[12]

보존된 개인적인 편지가 이 시기부터 크게 늘어난 데에는 간디가 구술
한 편지들을 받아 적으며 그것을 기록으로 남긴 마하데브의 역할이 어느
정도 있었을 것이다. 아울러 『간디 전집』의 편집자—입수된 자료의 역사적
성격을 예리하게 판단한—는 부단한 정치적 접촉의 시기에 "여러 개인들
에 대한 그의 관심이 오히려 깊어지고 활발해진 것 같다"[13]는 점을 주목했
다. 이러한 관심의 대상에 특히 그의 아들들과 가까운 친척들이 포함되어
있었다는 사실은 강조할 필요가 있겠다. 인도의 국부(國父)로 떠오르던 시
점에도 그는 아들들을 (그동안 비판받아온 것과는 달리) 잊지 않았다. 다만 그
가 아들들을 기억하는 방식에는 나름의 숨은 의도와 의미가 있었다. 추종
자와 조력자 그리고 훌륭한 맞수들을 얻으려는 노력 가운데 그가 거의 고
통에 가까운 자의식을 가지고 아버지—그리고 어머니—의 보살핌과 유사
한 태도로 그들 모두에게 관심을 쏟았다는 사실은 분명하다.

그런데 파업 직전에 쓰인 편지들을 살펴보기 전에 우리는 먼저 인도인
들의 삶에서 중요하게 여겨지는 다음의 두 가지 주제를 상기해야 한다. 하
나는 삼촌과 조카 그리고 스승과 제자의 관계를 포괄하는 부자(父子) 관계
이다. 다른 하나는 일생의 과제인 해방, 즉 모크샤이다. 우리는 간디의 아들

12 *CWMG*, 제14권, 146쪽.
13 같은 책, ix

들이 그로 하여금 자신의 성적 무절제를 떠올리게 하는 존재였음을 앞에서 살펴보았다. 이제 아들들로 하여금 자신들의 존재 자체를 후회하게 함으로써 간디는 자신의 저주를 "치유"하려고 했던 것으로 보인다. "당신은 내 아들들이 어른이 되기도 전에 성인(聖人)부터 되길 바라는 거라고요!"라고 외친 카스투르바는 간디의 조급한 열망에 담긴 모든 비극적 요소를 이 한 문장에 압축시켰다. 그러나 간디의 생각은 달랐다. 그는 지체할 수가 없었다. 인도를 위해 일한다는 것은 즉각적으로 자력에 의해 성인이 되어야 함을 의미했다.

1917년 구자라트 지방의 새해 첫날인 디발리를 맞아 (서른 살이 된) 장남 하릴랄에게 보낸 편지에서 간디는 "돈을 좇는 사람"은 인격적 부(富)야말로 숭배할 가치가 있는 유일한 것임을 깨달아야 한다고 적은 반면에, 종질(從姪)이자 그가 선택한 아들인 마간랄에게는 고린도전서 13장 전체를 구자라트어로 번역해서 보내주었다. 그리고 **사건**이 일어나기 한 달 전인 1918년 1월, 조카 잠나다스에게는 이렇게 적어 보냈다.

내가 처음부터 나라를 위한 일에 관심이 없는 가난한 가장이었다면 나에게는 아무것도 요구되지 않았을 것이다. 그랬다면 나는 내 이상에 따라 아이들을 키울 수 있었을 것이고, 아이들 또한 자라면서 나와는 다른 길을 자유롭게 갈 수 있었을 것이다. 그랬다면 아이들도 나에게 개인적인 축복 그 이상을 바라지 않았을 것이다. 내가 평범한 사람이었다면 그럴 권리가 있었을 것이고 그것은 지금도 마찬가지이다. 그러나 부모의 이상은 바뀌는 경우가 있고 그럴 경우 아이들은 부모를 따르거나 아니면 조용히 부모와의 결별을 택해야 한다. 설령 그런 일이 일어난다고 해도 이는 부모와 자식이 각자의 스와라지를 택한 것일 뿐이다.[14]

그는 잠나다스의 아내인 메바(Meva)에게도 메시지를 남겼다.

> 만일 혼자서라도 이곳에 머물 용기가 있다면 속히 오도록 해라. 나는 너의 건강을 호전시켜줄 수 있을 테고 너는 나에게 딸의 역할을 하며 딸이 없는 나의 허전함을 메워줄 수 있을 것이다.[15]

1월 31일, 그는 참파란을 떠나 암발랄을 만나러 봄베이로 가기 직전에 남아프리카에 혼자 남아 있는 둘째 아들 마닐랄에게 편지를 썼다. 마닐랄은 당시 스물여섯 살이었다.

> 네가 샘을 만난 자리에서 결혼을 하지 못한 네 처지를 비관하더라는 이야기를 데비벤을 통해 들었다. 나는 네가 속마음을 나에게 있는 그대로 털어놓았으면 한다. 너는 나의 포로가 아니라 친구이다. 네게 솔직한 충고 한마디를 하마. 내가 하는 말을 잘 새겨듣고 너에게 가장 좋은 방향으로 행동하기를 바란다. 나는 네가 나에 대한 두려움으로 잘못된 선택을 하는 일이 없었으면 한다. 나는 네가 나뿐만 아니라 어느 누구도 두려워하지 않기를 바란다.

이어서 불가능한 일에 대한 요구를 멈추지 못하는 그의 딱한 면모가 드러난다.

---

14 *CWMG*, 제14권, 157쪽에 수록.

15 같은 책, 158쪽.

명랑함을 잃지 않도록 유의해라. 그리고 결코 헛된 망상에 빠지지 마라.[16]

아메다바드에서 사티아그라하 투쟁을 준비하면서 ("나는 현재 매우 위험한 상황을 다루고 있고 이보다 더욱 위험한 상황에 뛰어들 준비를 하고 있다.") 그는 훌륭한 제자가 되어줄 아들과 이상적인 아들이 되어줄 제자를 찾는 일에 더욱 열의를 보였다. 실제로 그는 오늘날 많은 이들로부터 그의 진정한 후계자로 인정받고 있는 비노바 바베(Vinoba Bhave, 21세에 대학을 중퇴하고 간디의 제자가 된 인물로 간디의 사후 인도 전역을 도보로 순례하며 지주들로부터 토지를 헌납 받아 가난한 이들에게 나누어주는 운동을 벌였다 – 옮긴이)에게 아래와 같은 편지를 보내기도 했다.

자네를 어떤 말로 칭찬해야할지 모르겠네. 자네의 사랑과 인품은 나를 늘 매혹시키며 자네의 자기성찰 또한 그러하네. 자네의 가치를 평가하기에 나는 부족한 사람일세. 그러나 자네의 뜻을 받아들여 나는 이제 자네의 아버지로서의 역할을 맡으려 하네. 자네는 나의 오랜 소망을 이루어준 사람인 듯하네. 나는 아버지란 무릇 자신을 능가하는 덕을 갖춘 아들을 가질 때 비로소 아버지가 된다고 생각하네. 마찬가지로 아들은 아버지가 해온 일을 넘어설 수 있을 때 진정한 아들이 되는 법이네. 만일 아버지가 정직하고 의지가 굳으며 자애심이 있다면 아들은 이 모든 덕목을 더욱 크게 지니고 있을 것이네. 그리고 이는 자네가 스스로 성취한 것들일세. 나는 자네의 성취에 나의 노력이 기여한 바가 있다고 생각하지 않네. 그러므로 나는 자네가 사랑의 선물로 나에게 제안한 그 역할을 기꺼이 받아들이려 하네. 나는 그 역할에 부족함이 없도

---

16 *CWMG*, 제14권, 178, 179쪽에 수록.

록 노력할 것이네. 그러나 내가 만일 히란야카쉬푸처럼 된다면 그때는 신을 사랑한 까닭에 아버지를 거역한 프라흐라드처럼 부디 나에게 정중히 맞서주게.[17]

이 대목에서 간디는 잠재적으로 프라흐라드처럼 목숨을 걸고 지도자에게 맞설지도 모르는 강력한 추종자를 아들로 받아들이며 자신의 내면에도 마왕이 있을지 모른다는 사실을 인정하고 있다.

그러나 누나에게 보내는 편지에서 간디는 다시 냉정해진다.

혹시라도 내가 딱해 보인다면 누님이 이곳에 와서 나와 함께 지내며 내가 하는 일을 도와주었으면 합니다. 이곳에 오면 누님의 적적함도 사라질 것입니다. 또한 누님은 남동생뿐만 아니라 수많은 형제들을 갖게 될 것이며 수많은 아이들의 어머니가 될 수도 있을 겁니다. 이것이야말로 진정한 비슈누교도의 다르마입니다. 누님이 이를 깨닫기 전까지 우리는 떨어져 있을 수밖에 없습니다.[18]

상황이 점점 긴박해짐에 따라 ("현재 나는 무저항의 저항을 본격적으로 펼쳐야 하는 상황에 직면해 있습니다.") 사람들에 대한 그의 요구도 더욱 엄혹해졌다. 그는 아슈람에서 서약을 한 후 갑자기 떠나버린 어떤 이에게 편지를 썼다. "설령 온 가족이 굶주리게 된다 하더라도 당신은 서약을 지켜야 합니다. 자신의 의무를 다하는 이들만이 나라를 세울 수 있습니다. 그러지 못하

---

17 *CWMG*, 제14권, 188쪽에 수록.
18 1918년 2월 11일자 편지. *CWMG*, 제14권, 190쪽에 수록.

는 이들은 사람 취급을 받을 수도 없습니다."[19]

그런데 그의 내적 혼란의 정도는 그가 꾼 꿈에 잘 압축되어 있는 것 같다. 2월 중순 비하르로 돌아가지 않기로 결심한 간디는 막내아들 데바다스에게 편지를 보냈다. "원래는 하루만 머물 생각으로 이곳에 왔으나 아무래도 한 달은 더 있어야 할 것 같다. 만일 내가 이곳을 그냥 떠나버리면 수많은 이들이 너무나 많은 것을 잃을 것 같다. 그들은 굴복을 하고 완전히 낙담하고 말 것이다." 이어서 그는 우리가 "깊이" 들여다보려고 하는 것을 어렴풋이 암시해주는 꿈에 대한 이야기를 한다.

나는 늘 네 생각을 한다. 나는 네가 큰 열의를 가지고 있으며 어떤 일도 잘 해낼 수 있음을 알고 있다. 만일 네가 이곳에 있었다면 너는 매순간 궁극적인 진리의 힘을 보았을 것이다. 이것이 내가 너에게 남겨줄 수 있는 유일한 유산이다. 그리고 나는 이것이 엄청난 유산이라고 믿는다. 그 가치를 아는 이들에게 이것은 값을 매길 수 없을 만큼 소중한 것이다. 그런 이들은 다른 유산은 요구하거나 바라지도 않을 것이다. 나는 네가 그 가치를 알고 있으며 그것을 소중히 간직하고 있으리라 생각한다. 지난밤 네가 나의 믿음을 저버리고 금고에서 현금을 훔쳐 달아나는 꿈을 꾸었다. 꿈에서 너는 그 돈을 모두 사악한 곳에 써버렸다. 그것을 알게 된 나는 많이 놀랐고 형언할 수 없는 비참함을 느꼈다. 바로 그때 깨어나면서 나는 그것이 꿈이라는 것을 깨달았다. 나는 신께 감사했다. 이 꿈은 너에 대한 나의 사랑을 보여주는 것이다. 물론 너 또한 나의 사랑을 원하고 있을 게다. 너는 살아있는 동안 너에 대한 나의 사랑이 완전히 사라질까 두려워할 필요가 없다. 나는 모든 이들에게 똑같은 사랑을 품고

---

19 *CWMG*, 제14권, 195쪽.

자 노력하고 있으나 너에게서는 좀 더 많은 것을 기대하고 있다.[20]

이것은 분명히 꿈에 불과하지만 그럼에도 놀람과 비참함, 그리고 배반, 도둑질, 사악함 등의 요소가 등장한다. 이는 우리가 앞에서 살펴본 것과 같이 마하트마가 그의 자서전에서 중요하게 다룬 어린 시절의 기억과 명백하게 연결되어 있다. 담배를 피우기 위해 도둑질을 한 것, 그리고 아버지에게 잘못을 고백함으로써 정직한 프라흐라드이자 어린 사티아그라하 운동가의 모습을 갖게 되는 장면이 바로 그것이다. 간디는 아들에게 그 꿈은 아버지의 사랑을 보여주는 것이며 그 꿈이 현실이 아니어서 매우 기뻤다고 말했다. 그렇다면 아들은 왜 아버지는 자신이 악에 물든 배신자이자 도둑의 모습으로 나오는 꿈을 꾸었느냐고 되물어볼 수 있을 것이다. 아버지로서의 사랑이 "완전히" 사라지지는 않을 것이라는 다소 모호한 위로와 아들에게 요구하는 "좀 더 많은 것"에 대한 불명료한 언급과 함께 그 꿈은 오로지 간디가 아들에게 요구하는 것은 크고, 기대하는 것은 작다는 사실—즉 자신의 내면에 있는 최악의 모습을 아들과 연결시켰다는—을 보여줄 뿐이다. 간디 자신이 막내였던 것처럼 데바다스는 그의 막내아들이었다. 그리고 어린 시절 자신이 도둑질을 한 시기와 아들의 나이가 비슷했다는 사실은 그 꿈에서 간디가 아들을 동일시하고 있었음을 보여준다. 그렇다면 (내가 내리고 싶은 결론은) 조국에서 비폭력의 선지자로 간디가 시험을 받게 된 바로 그 시기에 비폭력이라는 이 새로운 무기가 사용된 어린 시절의 선례가 그 꿈을 통해 다시 충분한 힘을 갖게 되었다는 것이다. 자신이 어떻게 악에 빠졌으며 그것을 아버지에게 어떻게 고백했는지, 그리고 이러한 고

---

20 같은 책, 197, 198쪽.

백을 통해 폭력적인 아버지를 진실의 힘으로 어떻게 무장 해제시켰는지의 기억이 꿈을 통해 재활성화된 것이다. 만일 이것이 그의 생애에서 사티아그라하가 실행된 초기의 선례라면 그는 이제 보다 큰 규모로 그것을 시험해보려는 중이었고 이를 통해 본질적으로나 그 정도에서 자신이 아버지보다 위대한 지도자임을 증명하려고 했다. 그는 아버지가 작은 규모로—마하라자의 절대 권력에 소극적으로 저항한—한 일에 맹렬히 달려들면서 자기 자신과 아버지를 동일시했으며 이로 인해 그 자신이 아버지로서 배신을 당하는 꿈을 꾼 것이다.

만일 아들들에 대한 간디의 태도에, 특히 그가 쓴 편지의 문투에 무의식적인 도발이 있었다고 지적한다면 심리학을 연구하는 이들에게는 그것이 억측으로 받아들여지지 않을 것이다. 동서양을 막론하고 많은 독자들은 아버지가 보낸 편지가 그들의 내면에 있는 최악의 것을 끄집어내는 것 같았다는 느낌을 공유할 것이다. 그리고 그러한 도발의 이면에는 자신이 아버지에게 한 것과 똑같은 일을 아들이 자신에게 해주길 바라는 자기 처벌적 소원이 있을 수 있다. 이를테면 그것은 모든 아들들보다 뛰어난 아들, 그리고 아들이 없는 아버지가 되고 싶은 열망에 대한 처벌을 소망하는 것이라 할 수 있다.

이 편지들 속에 매우 분명하게 나타나 있는 아버지와 아들의 관계는 모든 위대한 개혁가들의 삶에서 중요한 시기에 내적 변모의 본질적인 요인으로 발견된다. 이 주제는 **사건**이 진행되는 동안 간디의 행동과 말 속에서 관찰되며, 그 투쟁의 결말에 이르러 다시 한 번 비극적으로 드러나게 될 것이다.

제4장
—
사건의 재구성

아메다바드 **사건**은 일반적으로 봄베이에서 암발랄과 간디가 만나면서부터 시작된 것으로 간주된다. 당시 간디는 "참파란을 잠시 비우는" 정도의 여정을 생각했다. 그 일은 처음부터 한 편의 우화와 같았다. 아메다바드의 부유한 공장주가 봄베이로 간디를 찾아갔다. 그는 간디에게 이렇게 부탁했다. "선생님, 비하르로 돌아가지 마시고 아메다바드에 오셔서 우리의 문제를 살펴 주시기 바랍니다." 이것은 참파란에서의 우화—히말라야 기슭에 있는 자신의 마을로 간디가 찾아오겠다고 약속할 때까지 그를 끈질기게 따라다닌 어느 가난한 소작농의 경우—와 대비가 된다. 당시 간디는 여러 상황들을 나름의 체계적인 계획을 가지고 살펴보는 중이었다. 이는 인도의 사정에 밝은 어느 친구에게 인도 각지에 팽배해 있는 불만의 요인들을 목록으로 작성해달라고 부탁하는 편지에서 분명히 드러난다. 그리고 우리가 앞에서 살펴보았듯이 자서전에서 그가 동지라고 부른 이들을 그는 이미 신중하게 선택하고 있었다.

간디는 아메다바드의 상황을 이전부터 주시하고 있었다. 그는 참파란에 머무는 동안에도 자신의 아슈람을 두 차례 방문했으며, 이때 아메다바드의 심각한 물 공급 상황에 대해 연설을 하기도 했다. 1917년 7월, 그는 전염병의 심각한 위협에 어떻게 대처할 것인가에 대해 장문의 편지를 아슈람에 보내기도 했다.

절망적인 상황이 이어지고 있었다.[1] 인도의 도시 빈민굴을 둘러본 적이 있는 사람이라면 우기에 쏟아지는 어마어마한 폭우가 바닥재조차 깔려 있지 않은 허술한 주택들과 빈민들이 거주하는 지역의 물 공급에 어떤 타격을 입힐 수 있는지 쉽게 상상할 수 있을 것이다. 1917년의 우기에는 특히 많은 비가 내렸으며 이로써 전염병이 창궐할 일련의 조건들이 만들어졌다. 봄베이에서는 1896년 이후 페스트가 간헐적으로 돌고 있었으나 아메다바드는 그 영향권에서 벗어나 있었다. 그러나 1917년 7월 초부터 아메다바드에서도 페스트에 의한 사망자가 늘어나기 시작하더니 11월 중순이 되자 600명이 새로 감염되어 그중 550명이 사망할 정도로 상황은 악화되었다. 10%에 미치지 못하는 생존율은 페스트의 기세가 꺾일 때까지 계속되었다. 시 당국은 무능했다. 당국은 깨끗한 물을 공급하지도 못했고 오염된 물을 제때 빼내지도 못했는데, 사바르마티 강 상류는 물을 끌어다 쓰기에 너무 멀었고 배수 시설이 좋지 못한 지역에서는 어김없이 강물이 범람했다. 시 당국은 "이것은 전문가들이 다룰 문제"라고 주장했다. 설상가상으로 인접 지역의 친척집을 찾아 떠나는 사람들의 행렬에 시 공무원들도 가세했다. 이러한 악조건에서도 보건요원들은 영웅적인 활동을 펼쳤다. 그들은 남아 있는 주민들에게 예방주사를 놓았고 석유와 파라핀 그리고 나프탈렌을 섞어 만든 약품으로 도시 구석구석을 소독했다. 그러나 재난은 미신을 부채질했다. 인도인들은 불결함—더러운 물이나 쥐 또는 쥐벼룩에 의한 것이 아닌, 엄격한 계급의 구별보다 공공의 위생을 우선시하는 보건당국에 의한—에 대한 뿌리 깊은 공포를 가지고 있었다.

예방접종을 받은 사람들은 약 3만 명에 불과했다. 그리고 페스트 환자를 치료하는 병원의 병상 수는 26개에 불과했다. 암발랄은 젊은 내과의사 탄

---

1 이어지는 통계는 *Praja Bandhu*와 아메다바드 시의 *Reports*에서 인용.

카리왈라(Tankariwalla) 박사에게 미르자푸르에 있는 자신의 대저택을 페스트 치료를 위한 임시 병원 시설로 내주면서 도움이 필요한 사람이라면 누구든 차별하지 말고 치료해줄 것을 요구했고 그 비용은 모두 자신이 부담하겠다고 약속했다. 이는 당시로서는 매우 파격적인 결정이었는데, 암발랄은 이곳에서 "통합" 치료가 이루어져야 한다는 주장을 굽히지 않았다.

평상시라면 병원을 기피하며 차라리 죽음을 택했을 높은 계급의 일부 힌두교도들에게는 별도의 시설이 제공되었지만, 이곳에서는 기독교도들은 물론이고 자이나교도와 이슬람교도, 상인 계급과 브라만 계급 그리고 불가촉천민들까지 함께 입원 치료를 받았다. 이 병원 시설은 백 명 이상의 환자를 수용하지는 못했지만 50%에 달하는 환자들을 회복시켰으며, 매우 위험한 상태에 있는 일부 환자들을 격리 치료하며 위생적 조치의 효율성을 입증했다.

탄카리왈라 박사는 두 명의 유럽인 수간호사와 바로다(Baroda)에서 온 간호사들 그리고 성실한 병동 사환들 이외에도 들것을 나르는 라지푸타나(Rajputana) 출신의 어느 "영웅적인 단체"의 도움을 받았다. 나는 오늘날 개발도상국에서 자원봉사 활동을 펼치는 평화봉사단(Peace Corps)이나 도움이 필요한 자국의 여러 현장에서 일하는 젊은이들에게 경의를 표하고자 다음의 이야기를 간략하게 하려 한다. 그 "단체"는 고등교육을 받은 높은 계급의 힌두교도 청년 일곱 명으로 구성되어 있었다. 그들은 아메다바드에 갑자기 나타나 자신들이 도움이 될 수 있는지를 물었다. 사랄라데비 병원으로 보내진 그들은 계급을 차별하지 않고 가장 더럽고 가장 위험한 일을 묵묵히 수행했다. 그들은 음식을 제공받았지만 금전적 보상은 받지 않았다. 페스트의 기세가 꺾이고 10주가 지났을 때 그들은 이름도 남기지 않은 채 홀연히 사라졌다.

이 기간에 학교와 대부분의 공공기관들은 문을 닫았으나 공장은 계속 가동되었다. 공장주들은 도시를 떠나지 않고 일터에 남은 노동자들에게 특별 상여금을 지급하기로 결정했다. 하지만 그들 중 많은 수가 도시를 떠나지 않은 진짜 이유는 얼마 되지 않는 알량한 재산이 약탈을 당할지 않을까 하는 두려움 때문이었다. 그런데 뒤이은 파업에서 주요 쟁점이 된 문제가 바로 이 "전염병 상여금"이었다.

오염된 물과 쥐벼룩, 시 당국의 무능과 지독한 미신에 관한 이 끔직한 이야기의 한가운데에서 우리는 암발랄의 이타심과 라지푸타나 청년들의 인간애를 발견하게 된다. 그러나 여기에서 우리는 이 도시의 엘리트 계층이 가지고 있던 지리적, 심리적 고립의 특징 또한 발견할 수 있다. 9월 초, 일주일 동안 이 도시에서 400명의 주민들이 페스트에 걸리고 350명의 사망자가 발생한 상황에서도 〈프라자 반두(Praja Bandhu)〉의 연극 평론가는 전쟁 중인 영국을 돕기 위한 모금 행사의 일환으로 상연된 "연합국의 위용(Allies Tableau)"에 대해 다음과 같은 글을 실었다.

이 연극은 높이 평가받아 마땅하다. 애국심이 있는 사람이라면 이 연극을 보며 벅찬 감동을 느끼게 될 것이다. 연합국에 속해 있는 각국은 젊은 여성 한 사람 한 사람으로 의인화되어 있다. 관객들은 적에게 패했으나 당당함과 미래에 대한 희망을 잃지 않은 벨기에를 보게 될 것이며, 적에게 짓밟혀도 불굴의 정신으로 꿋꿋하게 일어서는 세르비아도 볼 수 있을 것이다. 물론 영국을 비롯한 용감한 친구들의 모습에도 관객들은 뜨거운 갈채를 보내게 될 것이다. 그러나 무엇보다도 (어느 파르시 여성으로 의인화된) 인도가 연합국의 일원으로 당당하게 행진하는 모습을 보면서 관객들은 극장의 천장이 무너질 정도로 큰 함성을 내지르지 않을 수 없을 것이다. 이 외에도 매혹적인 장면들이 많이 있는데 그중에는 인도인들이 특히 환호할 만한 장면도 있다. 자항기르(Jehangir, 무굴제국의 4대 황제 – 옮긴이)와 누르자한(Noorjahan, 자항기르 왕의 스무 번째 아내 – 옮긴이)의 궁정이 무대에서 장엄하게 재현되며, 아흐메드 샤 왕(King Ahmedshah)이 그의 아름다운 궁정을 거니는 장면에서 관객들은 잠시 이 도시의 영화로운 과거로 돌아가게 될 것이다.

한편 다른 노동자들에 비해 상대적으로 임금이 높고 주거 환경이 좋았기 때문에 도시를 탈출할 필요성을 덜 느낀 500명의 노동자들—브라만, 바니아 계급 그리고 회교도—에게는 전염병 상여금의 지급이 거부되었다. 그리고 이들이 25%의 "실질임금 감소 보상수당"을 요구하면서 노동쟁의가 일어나게 되었다. 그들의 요구가 정당하다고 생각했던 아나수야는 노동자 조직의 추대에 의해 갑자기 그들의 지도자가 되었고, 공장주들은 사라바이 가문의 여성이 이끄는 노동자 조직에 의해 파업을 통보받게 되었다. 공장주들은 아나수야가 서명한 파업 예고 통지서를 찢어버리면서 암발랄에게 그의 반항적인 누이를 잘 다스리라고 충고했다. 그러나 암발랄은 그의 누이가 만일 남자였다면 아버지의 재산 절반을 물려받았을 것이라며 단지 여자라는 이유로 그녀의 권리를 박탈할 수는 없다고 대답했다. "누님이 하는 일을 가로막을 권리가 저에게는 없습니다."

아나수야가 갑작스럽게 떠맡게 된 자신의 역할에 두려움을 느끼며 간디에게 축복을 요청하는 편지를 쓴 것은 바로 이러한 상황에서였다. 하지만 페스트가 진정되기 시작했을 때 역설적이게도 훨씬 더 큰 문제가 일어났다. 공장주들은 페스트가 맹위를 떨치는 동안 노동자들에게 지급되었던 (임금의 75%에 달하는) 상여금을 더 이상 지급하지 않겠다고 밝혔다.

암발랄은 봄베이에서 간디를 만나 악화되고 있는 아메다바드의 상황—

공장주들이 전염병 상여금의 지급을 중단하려는—을 설명하고, 자신과 아나수야를 대신해 그가 중재에 나서줄 것을 부탁했다. 하지만 간디는 암발랄의 부탁을 받기 전부터 아메다바드와 그 도시가 상징하는 모든 것을 사티아그라하의 시험대로 삼으려는 계획을 가지고 있었다. 그는 1월 초, 공장주들과 노동자들을 만나 그들의 주장을 들어보았다. 그 자리에 나온 노동자들의 행동을 지켜보면서 간디는 비폭력 투쟁을 이끌고 있는 아나수야가 그녀만의 소박하고 여성적인 방법으로 노동현장에서 이미 사티아그라하를 실천하고 있으며, 공장주의 누이인 이 자애로운 여성이 무지한 노동자들에게 끼치고 있는 영향력이 과소평가되어서는 안 된다는 사실을 깨달았다.

하지만 앞에서 살펴보았듯이 당시 간디는 상황의 모호함뿐만 아니라 자신의 내적 양가감정에도 사로잡혀 있었다. 또한 그는 "죽을 각오로"라는 자신의 원칙을 세상에 내보일 수 있는 기회를 모색하며 행동과 결정의 순간을 가능한 한 뒤로 미루려고 했다. 2월 8일, 노동자들에게 행한 첫 연설에서 (남아프리카 뉴캐슬 탄광의 파업 노동자들에게 한 연설은 노동 조건에 대한 것이라기보다는 민족적 차별에 관한 것이었다) 간디는 그들이 정당하게 요구할 수 있는 것이 무엇인지부터 명확히 하라고 강하게 충고했다. 비록 전염병이 창궐하는 동안에는 80%에 달하는 상여금이 지급되었다 하더라도 그 이후 50~60%의 임금 인상을 요구하는 것은 대중이나 언론의 공감을 얻을 수 없기 때문에 공장주들 역시 쉽게 거부할 명분을 갖게 된다는 것이었다. 정당한 요구가 전제되어야만 중재도 가능했다. 그는 노동자들에게 아나수야와 ("그녀는 오직 여러분만 생각하고 있습니다.") 자신을 믿으라고 말했다. 그런데 노동자들에게는 아나수야가 간디보다 훨씬 친숙했기 때문에 초기의 모든 주장과 공고는 아나수야의 이름으로 발표되었다. 한편 고집스러운 도덕주의자 간디는 이 연설에서 노동자들에게 몇 가지 당부를 하지 않을 수 없었다. 그는 노동자들에게 더 나은 소득을 원한다면 먼저 위생과 청결을 익히고 ("차를 마시는 습관"을 포함한) 다양한 중독에서 벗어나야 하며 아이들이 교육을 받도록 해야 한다고 말했다.

그즈음 봄베이에 있던 샨케를랄은 그곳의 임금 수준이 아메다바드보다 25%가량 높다는 보고를 해왔다. 그러나 공장주들은 이에 대해 봄베이는 항구도시이지만 아메다바드는 석탄의 수입과 상품의 수출을 철도에 의존해야 한다고 반박했다.

2월 11일, 지방행정관은 간디에게 보낸 편지에서 공장주들이 공장 폐쇄를 계획하고 있음을 알리며, "나는 공장주들이 적어도 당신의 조언에는 귀를 기울일 것이라는 이야기를 들었습니다. 이는 당신이 그들에게 호의적이기 때문이며, 그들은 자신들의 처지를 나에게 설명해줄 유일한 사람으로 당신을 지목하고 있습니다."[2]라고 말했다. (여기에서 "유일한 사람"은 더반의 상황을 다시 떠올리게 한다.) 지방행정관은 이 편지에서 간디와 암발랄의 친분에 대해서도 언급을 했다. 당시 공장주 협회 회장이었던 만갈다스 파레크((Mangaldas Girardhas Parekh)는 공장 폐쇄나 파업까지 가기를 원치 않았고, 자신의 공장에서는 전염병 상여금을 계속 지급하려 했기 때문에 암발랄은 이해관계가 복잡하게 얽힌 이 상황에서 문제를 풀 핵심적인 인물이 되고 있었다. 그리고 이때부터 "공장주들"은 암발랄을 중심으로 새로운 협의체를 구성한 다수의 강경파를 뜻하게 되었다. 물론 공장주들은 다양한 정치적, 경제적 문제들에 대해 의견 불일치를 노출하기도 했다. 전쟁으로 인해 영국산 직물이 들어오지 못하는 동안 인도의 방직 공장들은 엄

---

2 Mahadev Desai, *A Righteous Struggle*, 5쪽에 수록.

청난 수익을 올렸고, 아메다바드의 공장주들은 전쟁이 끝나면 영국과 미국에서 공장 설비를 들여오기 위해 막대한 자금을 쌓아놓고 있었다. 이 때문에 기존의 공장 설비로 수요를 충족시킬 수 있는 유일한 방법은 숙련된 노동력을 최대한 활용하는 것이었다. 그리고 다른 산업도시들과 비교했을 때 결근이 거의 없는 근면한 노동자들은 아메다바드의 자랑이었다. 그러므로 그 시점에서—간디의 도움으로—사태를 중재하는 것은 현명한 선택으로 보였다. 이와는 반대로 당시 영국의 정보기관이 분석한 자료에 따르면 전쟁으로 인한 석탄과 운송수단의 부족으로 공장주들로서는 이미 상여금 지급 여부를 넘어 힘겨루기 양상으로 접어든 이 문제를 해결하기 위해 공장을 폐쇄하는 것도 그리 나쁘지 않은 선택이었다.

여느 때처럼 암발랄은 복잡한 상황에 직면했다. 누이가 거둔 성공을 통해 노동자 계급이 새로운 의식을 갖게 되었음을 인식한 그는 노동조합의 결성이 불가피하다는 사실을 알고 있었다. 그럼에도 그는 공장주들의 대표로서는 단호한 모습을 보였다. 그는 간디가 오로지 민중의 정신적 각성과 독립의식 고취에 매진해주기를 바랐지만, 간디가 그 상황에 개입한다 하더라도 그가 폭력을 최소화해줄 것임을 알고 있었기 때문에 내심 간디와 상대하게 된 것을 다행으로 여겼다. 그는 노동자들에 대한 누이의 영향력에 맞서야 했지만 동시에 누이가 간디의 도움을 받고 있다는 사실에 안도하기도 했다. 어쨌든 그는 처음부터 끝까지 누이의 활동을 권위적으로 가로막거나 억누르려 하지 않았다. 하지만 그는 누이의 집—자신이 소유하고 있는—에 머물고 있는 봄베이에서 온 선동가의 개입은 수용할 수 없었다. 암발랄은 말을 아끼며 그 선동가를 비판했다.

반케르 씨의 주장은 잘못된 가정에 토대를 두고 있습니다. 그는 공장이 인간에 대한 사랑으로 운영되어야 한다고 생각하며 공장 가동을 박애와 자선의 문제로 다루고 있습니다. 그는 공장이 가동되는 목적이 노동자들의 생활수준을 사용자가 누리는 생활수준으로 끌어올리는 데에 있다고 생각합니다. 우리는 이 점에서 그의 접근방법이 잘못되었다고 생각합니다…… 노동자들은 이러한 목적[이윤]으로 고용되는 것이며, 노동자와 사용자의 생활조건은 전적으로 수요와 공급의 원리와 그들이 지닌 효용의 측면에서 결정됩니다…… 반케르 씨의 접근방법은 비현실적이고 실현 불가능하며 이상주의적일 따름입니다.[3]

중재를 위해 구성된 협의체에는 사용자를 대표하여 암발랄과 두 명의 공장주가, 그리고 노동자 측에서는 간디와 샨케를랄 그리고 그때까지는 무명이었던 아메다바드의 변호사 발랍바이 파텔이 참여했다. 지방행정관은 이 협의체의 "심판"을 맡았다. 그러나 각성된 노동자들에게 이러한 협의체는 이해할 수도 없고 자신들이 아무 역할도 할 수 없는 하나의 술책일 뿐이었다. 이 때문에 몇몇 공장에서는 일부 노동자들이 파업을 강행했다. 이 소식을 들은 간디는 케다에서 급히 돌아와 노동자들을 꾸짖고 공장주들에게 사과를 한 다음 공장주 협회의 간사에게 다음과 같이 편지를 보냈다.

저는 중재의 원칙이 매우 중요하며 방직공들이 이 과정에서 신뢰를 잃는 것은 대단히 바람직하지 못한 일이라고 생각합니다…… 반케르는 그동안 봄베이 지역 공장들의 임금 현황을 파악해왔습니다. 귀하께서 이 지역 공장들의 임금 현황을 저에게 지체 없이 보내주신다면 대단히 감사하겠습니다……

---

3 Desai, *A Righteous Struggle*, 83쪽.

저는 특별히 노동자들에게 호의적이지는 않습니다. 다만 저는 공정함을 옹호하며 이로 인해 그들의 편에 서는 경우가 있을 뿐입니다. 그리고 이 때문에 사람들은 제가 노동자들의 편에 서 있다고 생각하는 것입니다. 저는 아메다바드의 산업계에 해를 끼칠 생각이 전혀 없습니다.[4]

하지만 상황을 돌이킬 수는 없었고 대부분의 공장은 폐쇄 조치에 돌입했다. **사건**의 첫 번째 국면은 이렇게 시작되었다. 공장주들은 20%의 임금 인상폭을 수용하는 노동자들만 작업에 복귀시키겠다고 선언하면서 간디의 추가적인 "조사"에 협조하기를 거부했다. 간디는 35%의 임금 인상이 노동자들에게는 필수적이고 공장주들에게는 감내 가능한 수준이기 때문에, 20%와 50%의 인상폭을 두고 대립하는 양측이 그 정도 선이라면 타협에 이를 명분도 찾을 수 있으리라 생각했다. 당시 〈봄베이 크로니클〉의 아메다바드 통신원이 쓴 칼럼에서 볼 수 있듯이 이제 일반 대중도 이 상황에 관심을 보이기 시작했다. 칼럼을 쓴 통신원은 대부분의 사실 관계와 구체적인 수치를 잘못 알고 있었지만 공장주들 가운데 공장 폐쇄에 반대하는 이들에 대한 불편한 속내를 감추지는 않았다.[5]

일부 공장주들이 공장 폐쇄에 반대하는 것은 노동자들의 이익을 보장하기 위해서가 아니다. 그들은 다른 공장에서 파업과 공장 폐쇄 사태가 벌어지는 동안에도 전염병 상여금을 지급하며 자신들의 공장을 계속 가동함으로써 이익을 최대한 얻으려는 목적을 가지고 있다.

---

4 *CWMG*, 제14권, 211쪽.
5 *The Bombay Chronicle*, 1918년 2월 14일자, 5면.

며칠 후 〈봄베이 크로니클〉은 지방행정관이 간디를 만나기 위해 아슈람을 방문했고 그곳에서 중재가 이루어졌다고 보도했다.

지방행정관이 간디 씨의 의견을 기꺼이 받아들인 것 또한 고무적이다. 이는 민중의 지지를 받는 지도자와 진정으로 협조—시늉만 내는 것이 아니라—하려는 관리의 자세가 지역사회에 상당한 유익을 끼칠 수 있음을 보여주는 사례라 하겠다.[6]

그 통신원은 "이러한 난제를 극복할 방안을 누가 내놓을 수 있겠는지"를 물으며 칼럼을 마쳤다. 며칠 후에는 폐쇄된 공장 밖으로 내몰린 노동자들이 일자리를 찾기 어려울 것이라고 경고하는 어느 대주주의 투고가 실리기도 했다.

하지만 이러한 칼럼이나 투고는 〈봄베이 크로니클〉의 지면에서도 큰 비중을 차지하지 않았다. 전반적으로 이 문제는 뉴스로서의 가치가 크지 않았고, "M. K. 간디 씨"는 남아프리카나 비하르에서 존경을 받은 몽상가적 개혁가 정도로밖에 여겨지지 않았다.

그러는 동안 간디와 그의 동료들은 조용히 노동자들을 돕고 있었다. 마하데브는 그런 간디의 모습을 이렇게 기록하고 있다.

간디 선생은 조용히 활동하는 것을 중시했기 때문에 자신의 활동이 신문에 요란하게 보도되지 않도록 늘 주의를 기울였다. 이 때문에 신문을 통해 정

---

6 같은 신문, 1918년 2월 18일자, 6면.

보를 얻는 사람들은 그가 참파란에서 사람들의 내적인 삶을 변화시킨 일이나 그곳에서 그가 거둔 성과들에 대해 잘 모르고 있었으며 오로지 그가 그곳에서 벌인 조사에 대해서만 알고 있을 뿐이었다. 그가 투쟁 기간 동안 노동자들에게 행한 연설들의 내용이 기자들에게 제공되지 않은 것도 그의 뜻에 따른 것이었다.[7]

아나수야와 샨케를랄 그리고 간디의 조카이자 남아프리카에서 온 "베테랑"인 차간랄은 매일 아침저녁으로 노동자들의 거주 지역을 방문하여 그들의 고충을 듣고 조언을 해주는 한편 의료적인 도움이나 임시직을 제공하기도 했다. 또한 노동자들이 겪고 있는 어려움이나 그들 사이에 돌고 있는 소문들 그리고 그들의 투쟁 의지나 싸움을 포기하려는 간헐적인 움직임들을 매일 간디에게 보고했다. 저녁은 물론 이따금 아주 늦은 밤까지도 아나수야의 집은 고충을 상담하러 찾아오는 노동자들에게 활짝 열려 있었다.

그러는 동안 간디는 이 특별한 사티아그라하 투쟁에 적용할 새로운 의식들을 고안하고 있었던 것 같다. 그중 하나가 바로 아나수야의 이름으로 매일 발행한 인쇄물이었다. (이 인쇄물들은 오늘날까지도 아슈람의 서류 보관함에 인쇄 당시의 모습 그대로 선명하게 보존되어 있다.) 이와 함께 간디는 매일 저녁 샤푸르(Shahpur) 성문 밖 사바르마티 강둑에 있는 그 유명한 고무나무 아래로 노동자들을 불러 모으기도 했다.

물론 나는 그 나무가 서 있던 곳을 찾아가 보았다. 그러나 나무는 큰 홍수에 쓸려가서 흔적조차 찾아볼 수 없었다. 샤푸르 성문도 사바르마티 강

---

7 Desai, *A Righteous Struggle*, 9, 10쪽.

을 가로지르는 다리에 진입하기 위해 이곳으로 몰려드는 차량과 동물들의 통행에 방해가 된다는 이유로 철거되고 말았다. 강의 모래톱을 내려다보았을 그 기념비적인 나무가 있던 자리에는 오늘날 최악의 빈민굴이 형성되어 있고, 과거 "죄 많은" 계급으로 불린 사람들이 그곳에 살고 있다.

매일 오후 간디는 동료들과 함께 아나수야의 1915년형 오버랜드 차량을 타고 당시 사바르마티 강에 하나밖에 없었던 다리를 건너 이곳에 도착했다. 많은 노동자들이 그들을 기다렸는데 그 수는 적을 때는 5천 명에서 많을 때는 1만 명에 육박했다. 이곳까지 2, 3마일을 걸어온 사람들은 허리에 흰 천을 두른 키 작은 남자의 연설을 듣기 위해 일찍부터 자리를 잡았다. 가까이에서 그의 육성을 들을 수 있는 사람은 소수였기 때문이다. 사람들은 그의 연설이 글을 읽을 줄 아는 소수의 노동자들이 돌려가며 읽는 인쇄물의 내용을 쉽게 풀어서 이야기하는 것임을 알고 있었다. 그들은 자신들을 무시하는 기색이 전혀 없이 그처럼 가까이 다가서는 이를 접해본 적이 없었다. 또한 인쇄물이나 육성 연설로 사티아그라하의 투쟁 상황이 이처럼 "실시간"으로 모든 참가자들에게 분명하게 설명된 경우도 없었다.

설령 간디가 이 행사를 종교적 의식으로 바꾸어야 한다고 주장했더라도 일부 노동자들은 거기에 호응했을 것이다. 공장이 폐쇄되었을 때 그들은 방직기 앞에서 엄숙한 작별 의식—다시 돌아오겠다고 약속하며 힌두교도들은 기계 위에 코코넛을 올려놓고, 회교도들은 손바닥을 이마에 대고 절을 하면서—을 행했다. 간디는 노동자들 앞에서 매일 연설을 했다. 샨케를랄이 묘사한 바에 따르면 한동안은 "고결한 감정"이 지속되었던 것 같다. 최악의 사태에 대비해서 경찰이 순찰을 강화했고, 특히 노동자들이 "약속을 지켜라!"라고 외치며 행진에 나섰을 때에는 무장 경찰이 거리마다 배치되었다. 그러나 공장 폐쇄 사흘째, 간디가 상황을 통제하고 있음을 확신한

치안 책임자는 주요 지점을 제외하고 무장 경찰을 철수시켰고 닷새째가
되자 남아 있던 경찰들마저 철수시켰다.

첫 번째 인쇄물

간디는 아나수야와 함께 투쟁을 이끄는 조건으로 노동자들에게 서약을
요구했다. 2월 26일, 공장 폐쇄 5일째에 처음 나온 인쇄물은 노동자들의 요
구 사항이 완화되었음을 보여주고 있다.

공장주와 노동자 양측의 이해관계와 다른 모든 상황을 충분히 고려한 끝에
[중재자들은] 35%의 임금 인상이 적당하며 노동자들도 이에 따라야 한다고
결정했습니다…… 사용자들은 이 문제에 대해 입장을 표명하지 않았습니다.
애초에 50%의 인상을 요구했던 노동자들은 기존의 주장을 철회하고 35%의
인상을 요구하기로 결정했습니다.[8]

이어서 노동자들이 서약한 내용이 나온다.

노동자들은 다음과 같이 서약하였습니다.
1. 지난해 7월분 임금을 기준으로 35%의 인상액이 보전될 때까지 작업을
재개하지 않는다.
2. 공장 폐쇄 기간 동안 어떠한 소요도 일으키지 않으며 폭력이나 약탈 행
위도 하지 않는다. 또한 사용자의 재산에 어떠한 피해도 입히지 않고 평화적

---

8 *CWMG*, 제14권, 215쪽.

인 투쟁을 지속한다.

노동자들이 그들의 서약을 어떻게 지킬 것인가에 대해서는 다음에 나올 인쇄물에서 논의할 것입니다. 저[아나수야]에게 하실 말씀이 있으신 분은 언제든 찾아오시기 바랍니다.

간디는 위의 내용에 덧붙여 고무나무 아래에서 이렇게 말했다.

오늘은 공장 폐쇄 5일째가 되는 날입니다. 여러분 가운데에는 어쩌면 한 주나 두 주만 참으면 모든 일이 잘 풀릴 것이라고 기대하는 사람이 있을지도 모르겠습니다. 하지만 그런 희망을 품고 있더라도 우리는 끝까지 굳건하게 버틸 준비가 되어 있어야 합니다. 만일 우리의 희망이 이루어지지 않는다면 죽는 한이 있어도 작업에 복귀해서는 안 된다고 저는 거듭 말씀드리고 싶습니다. 우리는 돈을 갖고 있지 않지만 돈보다 더 큰 부를 가지고 있습니다. 우리에겐 두 손과 용기 그리고 신에 대한 두려움이 있습니다. 만일 여러분이 굶주리게 되는 상황이 닥친다면 우리는 여러분을 먼저 먹이기 전에는 아무것도 먹지 않을 것임을 분명히 기억하시기 바랍니다. 우리는 여러분이 굶주림으로 죽어가도록 내버려두지 않을 것입니다.[9]

간디는 아나수야와 함께 자동차를 타고 암발랄 소유의 저택에 가서 그녀와 차를 마시곤 했다. 암발랄도 매일 오후 공장주들과 회의를 마친 뒤 아나수야를 만났다. 그는 매일 대화를 갖자는 간디의 제안을 받아들였고, 간

---

9 같은 책, 217쪽.

디와 아나수야와 함께 점심식사를 갖기 위해 종종 아슈람을 찾기도 했다. 그럴 때마다 간디는 빙긋이 웃으며 아나수야로 하여금 남동생의 음식 시중을 들게 했다. 그는 "국내(domestic) 문제"를 가족의 문제로 만드는 것에 큰 즐거움을 얻은 것 같다.

마하데브의 기록 덕분에 우리는 이 시기에 간디가 발언한 내용들을 확인할 수 있다. 간디는 매일 아침 아슈람의 기도 모임에서 개인적이고 솔직한 태도로 연설을 했고 모임을 마친 뒤에는 (활기찬 대화가 동반되는) 산책을 했다. 산책을 마친 뒤 그는 편지를 읽거나 방문객들을 만났고 이어서 동료들과 함께 점심식사를 했는데 이따금 이 자리에는 암발랄이 동석했다. 오후에 그는 다음날 배포할 인쇄물의 문안을 작성하곤 했다. 그리고는 오후 5시 정각 고무나무 아래에 도착하기 위해 아나수야와 산케를랄과 함께 오버랜드 차량으로 이동을 했다. 나는 마하데브가 기록한 내용을 모두 믿지는 않지만—마하데브가 받아 적은 내용을 간디가 부인하는 흥미로운 경우도 있었으므로—전반적으로 그의 기록을 신뢰한다. 간디의 문체는 매우 명료하다. 다른 기록들이 덜 체계적이고 불완전한 까닭에 나는 이 인쇄물들을 시간의 흐름을 따라가는 이정표로 활용할 것이다.

두 번째 인쇄물

두 번째 인쇄물이 배포된 날(2월 27일) 간디는 기도 모임에서 이렇게 말했다.

다른 곳에서는 이런 이야기를 한 적이 없습니다만 저는 어제 지방행정관이 한 말을 여러분들에게 들려드리고 싶습니다. 이런 얘기는 이곳 아슈람에서만 할 수 있을 듯합니다. 그의 말은 단순히 의례적인 것이 아니라 그의 진심을 담고 있었습니다. 그는 노동자들의 투쟁이 공장주와의 상호 존중 가운데 이루어지는 모습을 난생 처음 보았다고 말했습니다. 저 역시 이해관계가 충돌하는 양자의 관계가 이처럼 좋은 경우를 본 적이 없습니다. 아시다시피 암발랄은 이 싸움에서 우리 편이 아니지만 그는 어제 이곳에서 식사를 함께했습니다. 제가 오늘도 식사를 하러 오라고 청했을 때 그는 저의 진의를 알아차렸습니다. 그는 제가 왜 식사에 초대를 했는지 이해했고 그 자리에서 동의를 했습니다.[10]

두 번째 인쇄물에서 간디는 앞서 약속한 대로 서약을 지킬 수 있는 노동자들의 내재적인 힘에 대해 자세히 설명했다.

노동자들은 돈을 갖고 있지는 않지만 그들에겐 일을 할 수 있는 손과 발이 있습니다. 그리고 노동자 없이 할 수 있는 일은 이 세상에 아무 것도 없습니다. 그러므로 노동자들이 알아야 할 사실은 바로 이 상황의 열쇠를 자신들이 쥐고 있다는 것입니다. 이 세상의 부도 노동자들 없이는 이루어질 수 없습니다. 노동자들이 이를 깨닫기만 하면 승리가 확실해질 것입니다.[11]

식민지의 민중이나 착취당하는 대중에게서 흔히 볼 수 있는 내재적 규율의 결핍—특히 자신들의 잠재력을 처음으로 인식하는 순간 쉽게 폭동으로 이어질 수 있는—이라는 문제를 배제한다면, 간디가 덧붙인 도덕적 훈

---

10 같은 책, 218쪽.
11 같은 책, 219쪽.

계는 그저 단순한 당부의 말로 해석(또는 무시)될 수도 있을 것이다. 그러나 노동자들에게 **정직**해지라는 충고가 주어졌을 때, 이는 거짓말을 해서는 안 된다는 뜻뿐만 아니라 규율이 없는 대중을 쉽게 폭도로 만들 수 있는 뜬소문을 경계하라는 뜻도 담겨 있었다. 그들에게 **용감**해져야 한다는 충고가 주어졌다면 이는 그들이 노예와 다름없는 상태에서 "주인"에게 분노를 표출했다가는 버림을 받을지도 모른다는 뿌리 깊은 두려움을 가지고 있었기 때문이며, 이 두려움이 무분별한 폭력 또는 자포자기를 낳을 수 있었기 때문이기도 하다. 바로 이 지점에서 간디는 언뜻 보면 역설적이기 그지없는 사티아그라하를 소개했다.

현재 고용주들은 화가 나 있습니다. 또한 그들은 이번에 노동자들의 요구를 받아주면 계속해서 노동자들에게 시달림을 받지 않을까 우려하고 있습니다. 이러한 우려를 불식시키기 위해 우리는 실제 행동을 통해 그들을 안심시켜야 합니다. 이를 위해 우리가 가장 먼저 해야 할 일은 그들에게 어떠한 적의도 품지 않는 것입니다.[12]

노동자들이 이러한 주장에 코웃음을 치지 않은 것은 **아힘사**에 대한 깊은 존중 때문이었거나, 아니면 성인과 같은 그들의 지도자들에 대한 순박한 믿음 때문이었을 것이다. 그런데 여기에서 우리는 노동자의 대다수를 차지하고 있던 회교도들이 쉽게 흥분하고 충동적이었다는 사실을 기억할 필요가 있다. 간디는 분노를 표현하는 방법을 전통과 훈련을 통해 배운 이들에게는 분노의 조절이 그리 생소하지 않다는 것을 남아프리카에서 알게 되

---

12 같은 책, 219쪽.

었다. 또한 스스로 의미 있는 고통을 선택함으로써 무의미한 고통을 제어하는 것은 사티아그라하 같은 새로운 의식(儀式)[13] 안에서 기쁜 마음으로 운명을 지배하는 경험이 될 수 있었다.

행복은 스스로 선택한 고통 뒤에 찾아옵니다. 생계를 유지하기에 충분한 임금을 받지 못하는 것이 노동자들에게는 고통입니다. 하지만 무지로 인해 우리는 이를 참아내며 꾸역꾸역 살아왔습니다. 이 고통을 치유할 방법을 찾으면서, 우리는 고용주들에게 이야기했습니다. 우리가 요구한 폭의 임금 인상 없이는 우리로서는 남의 도움 없이 살아가는 것이 불가능하다는 것을 말입니다. 동시에 우리의 요구가 받아들여지지 않는다면 우리는 굶주림에서 헤어날 길이 없고, 그렇다면 차라리 지금 굶어죽는 편을 택하겠노라 분명히 밝혔습니다.[14]

그런데 무지한 노동자들에게 스스로 선택한 고통의 힘을 납득시키는 것은 더 큰 과제였다. 게다가 노동자들을 이끄는 지도자들을 향해 조소를 보낸 사용자들은 고집을 꺾지 않는 노동자들과 그들의 가족을 기다리는 것은 무의미한 굶주림밖에 없다는 내용의 (내가 아는 한 오늘날까지 보존된 것이 없는) 인쇄물을 배포하고 있었다. 간디는 그날 오후 고무나무 아래에서 "가족의(domestic) 문제"를 가장 광범위한 맥락에서 펼쳐놓았는데, 이는 아메다바드의 노동자들은 한 번도 생각해 본 적이 없는 것이었다.

---

13 의식화(ritualization)에 대한 나의 개념은 다음을 참조할 것. Erik H. Erikson, "Ontogeny of ritualization in man," *Philosophical Transactions of the Royal Society of London*, Series B, vol. 251 (1966년), 337~349쪽.

14 *CWMG*, 제14권, 219, 220쪽.

만일 여러분이 처음부터 패배를 받아들였다면 저는 이곳에 오지 않았을 것입니다. 그것은 아나수야도 마찬가지입니다. 그러나 여러분은 싸우기로 결심했고, 이 소식은 인도 전역으로 퍼져나갔습니다. 머지않아 아메다바드의 노동자들이 신께 서약을 하고 그들의 목표가 달성될 때까지 작업에 복귀하지 않기로 했다는 사실을 온 세상이 알게 될 것입니다. 훗날 여러분의 자녀들은 이 나무를 바라보며 자신들의 아버지가 이 나무 아래에서 신께 엄숙하게 서약을 했다고 이야기할 것입니다. 여러분이 서약을 지키지 못한다면 여러분의 아이들은 여러분을 어떻게 생각하겠습니까? 후손의 미래가 바로 여러분에게 달려 있습니다.[15]

우리는 여기에서 조국 인도는 물론 대영제국의 국가 원리가 자기 자신들에게 달려 있다고 믿었던 남아프리카의 수많은 인도인들과 그들의 투쟁을 떠올리지 않을 수 없다. 또한 간디는 노동자들에게 새롭게 주목하고 집중해야 할 것을 가르치기도 했다.

이 인쇄물에 있는 한 마디 한 마디를 명심하고 그 서약을 충실히 지키십시오. 기계적으로 그것을 외우는 것은 아무 의미가 없습니다. 많은 이들이 코란과 바가바드기타를 앵무새처럼 암송하며, 어떤 이들은 바가바드기타와 라마야나를 모두 외우기도 합니다. 하지만 그것을 입으로 외우는 것만으로는 충분하지 않습니다. 여러분이 그것을 외웠다면 그 다음에는 실천을 해야 합니다. 그러면 어느 누구도 여러분이 요구하는 35%에서 한 푼도 깎을 수 없을 것

---

15 같은 책, 222쪽.

입니다.[16]

간디는 결코 헛되이 사용되어서는 안 될 자신의 이름을 걸고—그리고 이번에는 목숨까지 걸고—자신이 이끈 수천 명의 노동자들에 대해 책임감을 느끼게 되었다. 그러나 요하네스버그에서 재단사로 일하고 있던—이제 스무 살이 된—아들 람다스에게 보내는 편지는 더할 수 없이 다정다감했다.

요즘 줄곧 네 걱정을 하고 있다. 네가 보낸 편지에서 의기소침해 있는 네 모습이 보이는 듯했다. 교육을 제대로 받지 못한 것에 대한 아쉬움도 큰 것 같고, 어느 것에도 마음을 붙이지 못하고 있는 네 생활에 답답함도 많이 느끼고 있는 것으로 보였다. 곁에 있다면 어떻게든 위로를 해줄 텐데 그럴 수 없는 상황이 안타까울 뿐이다. 내가 너를 행복하게 해주지 못했으니 분명히 나에게 부족함이 있었으리라는 생각이 든다. 나의 사랑이 부족했던 게 틀림없다. 혹 내가 저지른 잘못이 있다면 본심은 그러하지 않았으리라 여기고 부디 용서하기 바란다. 아이들은 부모에게 순종할 때 부모로부터 많은 것을 받아 누려야 마땅하다. 그러므로 부모의 실수는 아이들의 인생을 망가뜨릴 수 있다. 우리의 경전은 부모를 신의 위치에 올려놓고 있다. 하지만 부모가 그런 책임을 늘 합당하게 수행하는 것은 아니다. 부모는 아이들에게 세속의 유산을 전해주는 것에 그치고 그렇게 구현된 이기심만이 세대에서 세대로 전해질 뿐이다. 네가 쓸모없는 아들이라고 스스로 생각할 이유가 어디 있느냐? 네가 그렇게 생각한다면 그것은 곧 내가 쓸모없는 사람임을 증명하는 것이 아니겠느냐? 나

---

16 같은 책, 223쪽.

는 스스로 쓸모없는 사람으로 여겨지기를 원치 않는다. 그렇다면 네가 어찌 쓸모없는 아들이 될 수 있겠느냐?

　너는 나에게 용서를 구할 필요가 없다. 너는 이제까지 나를 불행하게 한 적이 없다. 나는 네가 그곳에서의 실험을 마치고 이곳에 왔으면 한다. 네가 결혼을 하겠다면 내가 도울 방도를 찾아보마. 만일 공부를 하고 싶다면 그렇게 할 수 있도록 도와주마. 네가 육체를 강철처럼 단련시키고자 한다면 필요한 도움을 준비해 놓겠다. 지금 우리는 뿔뿔이 흩어져 있다. 너는 그곳에, 마닐랄은 피닉스에, 데바다스는 바드하르와에, 네 어머니는 비티하르와에, 하릴랄은 캘커타에 그리고 나는 이곳저곳으로 옮겨 다니고 있다. 어쩌면 우리는 이 나라와 정신의 고양을 위해 이처럼 떨어져 지내야 하는 것인지도 모른다. 그렇든 그렇지 않든 우리에게 주어진 숙명을 즐거운 마음으로 견디어내자꾸나.[17]

세 번째 인쇄물

　세 번째 인쇄물(2월 28일)은 **모든** 노동이 지닌 존엄성의 문제를 다룸으로써 특정한 직업에만 존엄성을 부여하는 카스트와 오랜 전통에 반기를 들고 있다. 이는 모든 문명사회가 직면하게 된 문제이기도 하다. 일찍이 루터는 이 문제를 광범위하게 다룬 바 있고, 아메다바드에서 공장이 폐쇄된 바로 그 시기에 러시아에서는 농민과 노동자들의 혁명이 들불처럼 번지고 있었다. 영원한 **카르마**(Karma, 말과 행위와 생각으로 짓는 선악의 소행을 가리키며 현생 또는 다음 생에서 그 열매를 맺게 된다는 인과응보의 원리 – 옮긴이)는 물론 각자의 카스트에 따라 직업의 종류와 무슨 일이 있어도 해서는 안 될 일

---

17 Ramdas에게 보내는 1918년 2월 27일자 편지. 같은 책 221쪽에 수록.

이 정해져 있는 문화에서 노동자들에게 아래와 같은 연설을 한다는 것은 결코 사소한 문제가 아니었다.

인도에서는 어떤 직업에 종사하는 사람이 다른 일을 하게 되면 위신이 손상된다고 생각합니다. 뿐만 아니라 어떤 직업은 그 자체로 낮고 비천한 것으로 여겨지기도 합니다. 그러나 이와 같은 생각들은 모두 그릇된 것입니다. 인간이 존재하는 데 꼭 필요한 직업들 사이에 우월하거나 열등한 것은 없습니다. 우리는 자신이 원래부터 하던 일이 아닌 다른 일을 하는 것에 부끄러움을 가져서는 안 됩니다. 옷감을 짜는 일, 돌을 깨는 일, 바느질을 하거나 목재를 쪼개는 일 그리고 농장에서 하는 일이 모두 필요하며 존경받을 만합니다. 그러므로 우리는 아무것도 하지 않으면서 시간을 보내는 대신에 무언가 유용한 일에 그 시간을 활용해야 합니다.[18]

그리고 여기에 상세한 충고─도박, 늦잠, 잡담 그리고 차(茶)를 멀리하고 공장 주변을 어슬렁거리며 시간을 보내지 말라─가 덧붙여졌다. 공장 폐쇄는 집을 청소하고 수리하기에 더할 수 없이 좋은 기회였다. 간디는 가능하다면 책을 읽고 다른 기술이나 취미를 배워볼 것이며 필요하다면 찾아와서 조언을 구하라는 말도 잊지 않았다. 그러나 이 모든 충고는 노동자들에게 닥친 문제의 핵심을 고려한 것이었다. 일시적이나마 일자리를 잃은 상태에서 그들이 노동자로서의 정체성을 잃게 된다면 어떤 일이 벌어질까? 오늘날 미국이나 러시아에서도 변화하는 환경과 맞물려, 일상적이되 필수적인 허드렛일의 상징적 가치에 대해 유사한 문제가 제기되고 있다. 미국

---

18 *CWMG*, 제14권, 225쪽.

의 이민자나 농민 또는 러시아의 노동자라면 과연 아내의 설거지를 도와줄까? 다른 문화권에서는 이것이 성 역할이나 계층에 따라 달리 정의되는 문제로 인식되겠지만, 인도에서는 (일부 지역에서는 지금도 그렇지만) 스스로 "잘못된" 역할을 하고 있다는 인식이 형이상학적인 공포—자기 자신이 우주의 질서를 따르지 않고 있다는—마저 일으킨다. 이처럼 전통적 가치관의 재정립을 주저하지 않았던 간디는 네 번째 인쇄물에서는 지도자로서 자기 자신을 다시 정의하겠다고 예고한다.

한편 그는 아메다바드에서 가장 높은 지위에 있는 영국인 관리에게 **자신의** 의무라고 생각하는 바를 거침없이 이야기했다. 2월 27일, 그와 지방행정관은 케다의 상황에 대해 의견을 나누었는데, 드물지 않은 일이었거니와 간디는 이 대화가 거북스러웠다. 이에 그는 자신이 예견한 변화를 실천에 옮기는 선지자의 어조로 즉각적이고도 솔직한 반응을 편지에 담아 보냈다.

새로운 질서가 낡은 질서를 대체하고 있습니다. 그것은 평화적으로 구축될 수도 있고 얼마간의 고통이 따를 수도 있을 것입니다. 앞으로의 상황은 국왕의 통치권을 대리하는 고관들보다는 당신 같은 관리의 손에 달려 있습니다. 그러나 당신은 문제의 해결에 도움이 되기를 바란다면서도 사랑이 아닌 공포의 힘에 의존하고 있습니다. 영국의 행정당국이 행사하는 힘이 인도인들에게는 곧 영국을 대표하는 것으로 받아들여집니다. 아마 당신 개인의 잘못이 아닐 수도 있겠지만 당신은 그 힘을 이곳 사람들에게 충실히 전달하지 못했습니다…… 주제넘은 이야기가 될지 모르겠으나 새로운 질서로 이행하는 과정에서 나는 당신의 역할을 대신하여 위험한 소요 사태를 막아낼 수 있으리라 믿습니다…… 잘못된 행동을 바로잡을 더 나은 방법을 신속하게 제시함으로써 나는 그 일을 해낼 수 있을 것입니다…… 그들에게 가장 고결하고 솔직하며 희망찬 방향은, 부당하다고 여겨지는 당신의 명령에 불복종하고 그로 인한 처벌을 기꺼이 받음으로써 반대의 뜻을 분명히 밝히는 것입니다.[19]

네 번째 인쇄물

네 번째 인쇄물(3월 1일)은 **고문단**의 역할을 주로 다루고 있다. 마치 헛된 약속을 피하기라도 하려는 듯이 이날의 인쇄물은 "우리가 결코 하지 않을 일"로 시작한다. 예컨대 노동자들의 무책임한 요구나 폭력 행사 같은 잘못된 행동은 결코 지지하지 않겠다는 것이었다. 뿐만 아니라 지도부는 "사용자들의 이해관계를 보호하는 선에서" 노동자들의 이해관계를 옹호하겠다는 입장이었다.

여기에서 노동자들의 이해관계란 35%의 임금 인상뿐만 아니라 지도부가 노력하고 있던 그 이상의 것들을 포함하고 있었다.

우리는 노동자들의 경제적 조건이 개선될 수 있는 방법을 제시할 것입니다. 우리는 노동자들의 도덕적 수준을 향상시키기 위해 노력할 것입니다. 우리는 청결한 생활방식을 노동자들에게 가르칠 것이며, 무지 속에서 살고 있는 이들의 지적 향상을 위해 노력할 것입니다.[20]

그리고 중요한 약속이 이어진다.

---

19 같은 책, 225, 226쪽.
20 같은 책, 227쪽.

투쟁의 과정에서 경제적 궁핍을 겪고 있는 노동자들에게 식량과 의복을 제공해주지 못하는 한, 우리 자신도 음식을 입에 대지 않을 것입니다.

이를 언급하기 전까지 부자와 가난한 이들을 똑같이 대했던 간디는 노동자들이 일상적으로 경험하는 계급 차별의 문제를 자신도 충분히 이해하고 있다는 것을 보여주지 못했다. 노동자들이 굶주리기 시작했을 때에도 지도부는—노동자들이 상상한 대로라면—아나수야의 집에서 훌륭한 식사를 마친 뒤 미국산 승용차를 타고 나타나는 것이었다. 그때까지만 해도 간디는 노동자들에게 "서약을 이행하려는 우리의 노력에 실수나 안일함이 엿보이거든" 지도부를 찾아와 책망해달라는 당부만 했을 뿐이다.

그런데 지도부와 고용주들의 부족한 모습에 초점을 맞춘 이 인쇄물의 내용에 균형추를 맞추기라도 하려는 듯 간디는 그날 아침 암발랄에게도 편지를 썼다.

만일 당신의 뜻이 관철된다면 그동안 억압받아온 가난한 이들은 앞으로 더 큰 억압을 받게 될 것이며 그들의 상황은 더욱 비참해질 것입니다. 그리고 돈이 모든 것을 지배한다는 생각은 더욱 공고해지겠지요. 반대로 당신의 노력에도 불구하고 노동자들의 요구가 관철된다면 당신과 고용주들은 그 결과를 패배로 받아들일 것입니다. 하지만 저는 전자의 경우에도 당신이 승리할 수 있기를 바랍니다. 돈의 교만이 득세하는 상황이 당신이 바라는 것입니까? 노동자들이 백기를 들고 항복하는 것이 당신이 원하는 것입니까? 마땅히 받아야 할 몫을, 어쩌면 몇 푼에 불과한 돈을 더 받으려는 그들의 노력이 성공하지 못하는 모습을 보기 위해 당신은 그들을 그토록 매몰차게 대하실 생각입니까? 당신의 승리는 당신의 패배 속에 있고, 오히려 당신의 승리에는 커다란 위험이 따른다는 사실을 모르시겠습니까? …… 저의 승리는 모든 이에게 승리로 받아들여질 것입니다. 설령 제가 실패한다고 해도 그것은 누구에게도 해가 되지 않을 것이며, 단지 노동자들이 앞으로 더 나아갈 준비가 되지 않았음을 증명하는 것에 불과할 것입니다. 제가 기울이는 노력은 사티아그라하에 있습니다. 부디 당신의 내면을 들여다보고 거기에서 들려오는 작은 목소리에 귀 기울이시기를 바랍니다. 저와 저녁식사나 함께 하시겠습니까?[21]

다섯 번째 인쇄물

다섯 번째 인쇄물(3월 2일)은 노동자들에게 **고용주들**이 두려워하는 것이 무엇인지를 설명하고 있다. 간디는 고용주들이 두 가지를 우려하고 있다고 말했다. 하나는 일단 노동자들의 요구가 받아들여지면 이후 그들이 더 많은 것을 요구하리라는 것이었고, 다른 하나는 노동자들에 대한 고문단의 영향력이 지속될 것이라는 점이었다. 첫 번째 우려에 대해 간디는 만일 억압적인 상황이 이어진다면 오히려 노동자들이 더 큰 앙심을 품게 될 위험이 있다고 반박했다. 고문단의 영향력과 관련해서 그는 고문단과 노동자들을 갈라놓으려는 고용주들의 시도는 결코 성공할 수 없겠지만, 만일 노동자들이 고용주에 대한 의무를 다하지 못하는 경우 고용주들 역시 고문단의 도움을 받을 수 있을 것이라고 말했다.[22]

여기까지는 괜찮았다. 그런데 고용주들을 안심시키던 어조가 여기에서 갑자기 저주에 가까워진다. 간디는 순수한 정의를 추구하는 자신의 방식을

---

21 같은 책, 229, 230쪽.
22 같은 책, 231쪽.

고용주들이 이용하지는 않을까 불안해진 것일까? 그는 이 인쇄물을 이렇게 마무리한다. "고용주들은 서구적 또는 현대적인, 정의에 대한 악마의 개념을 차용하고 있습니다." 이는 노동쟁의를 하나의 악마적, 서구적, 현대적 경향—계급투쟁—으로 뭉뚱그려서 생각하는 자본주의자와 공산주의자의 개념을 비판하는 것이었다.

여섯 번째 인쇄물

여섯 번째 인쇄물은 "순수한 정의"라는 문구로 시작한다. 간디가 인도의 전통적 사회체제를 바라보는 서구적 시각을 비판적으로 설명할 필요를 느꼈다면 이는 충분히 이해가 된다.

인도에는 아버지와 아들이 한 집안에서 대를 이어 하인으로 일하던 시절이 있었습니다. 그들은 가족 같은 대우를 받았습니다. 그들은 주인 가족과 고통을 함께 나누었고, 주인 가족은 하인들의 기쁨과 슬픔을 공유했습니다. 그 시절의 인도는 갈등을 모르는 사회질서를 유지했고, 그러한 질서는 수천 년 동안이나 이어져 내려왔습니다. 지금도 이 나라에는 그와 같은 동료의식이 완전히 사라지지는 않았습니다. 그러한 화합이 존재하는 곳이라면 제3자나 중재자 따위가 필요하지 않을 것입니다. 주인과 하인 사이의 갈등은 그들끼리 우호적으로 해결되었습니다. 이러한 화합에는 양자의 변화하는 이해관계에 따라 임금을 올리고 말고 할 여지가 전혀 없었습니다.

그 옛날의 자즈만 카민(jajman-kamin) 제도에 대한 간디의 (어쩌면 지나치게 단순한) 설명은 산업화된 새로운 세계에서, 양자 모두에게 아직 존재하고 있는 전통적 가치를 살려보고자 하는 노력으로 제시되었음이 분명하다. 이 인쇄물에는 간디의 낙담이 엿보이는 대목도 있다.

> 우리는 이 고귀한 구자라트 땅의 주도(州都)에서 자니아교도와 비슈누교도인 고용주들이 노동자들의 임금을 깎는 것을 결코 승리로 여기지 않을 것이라는 굳은 믿음을 가지고 있었습니다.[23]

그러한 "봉건주의"를 우습게 여기는 이들은 과거에 농민이었던 노동자들의 현실 속에 어떤 가치관이 남아 있는지, 그리고 양자 모두에게 여전히 남아 있는 정체성을 보여주는 현실이 무엇인지 간디가 확실히 파악하고 있었음을 기억해야 한다. 수세에 몰린 공장주들이 소유권을 무기로 온갖 꼼수를 부린 것은 사실이지만, 나는 (암발랄 또한 인정했듯이) 나이가 든 공장주들은 사회주의자와 진보주의자들의 비난을 받으면서도 그들 나름의 온정주의적인 역할을 포기하지 않았다고 생각한다. 이러한 인도 특유의 봉건주의와 당대에 인기를 끈 사회적 다윈주의(Social Darwinism)의 차이를 간디는 보여주려 한 것이다.

> 현재 유럽을 휩쓸고 있는 전쟁에서…… 승리를 위해서라면 어떤 수단이나 방법도 부적절한 것으로 여겨지지 않고 있습니다. 과거에도 수많은 전쟁이 있었지만 대다수 백성들은 거기에 휘말리지 않을 수 있었습니다. 우리는 이러한 비열한 정의의 개념을 인도에 들여오지 않는 편이 나을 것입니다. 만일 노동자들이 고용주의 상황은 외면한 채 단지 자신들의 힘이 강하다는 이유로

---

[23] 같은 책, 232, 233쪽.

어떤 요구를 한다면 그것은 정의에 대한 오늘날의 악마적인 개념에 굴복하는 것입니다. 고용주들 역시 의도한 것이든 무지로 인한 것이든 노동자들의 요구에 귀 기울이지 않을 때 그것은 정의에 대한 악마의 원리를 받아들이는 것이 됩니다. 고용주들은 마치 개미들에 맞서기 위해 코끼리의 무리를 동원하듯 노동자들에게 집단적으로 맞서고 있습니다. 만일 고용주들이 자신의 다르마를 귀하게 여긴다면 그들은 결코 노동자들을 억누르지 못할 것입니다. 여러분은 고대 인도에서 일꾼들이 굶주리는 상황을 주인이 좋은 기회로 받아들인 사례를 결코 찾지 못할 것입니다. **분쟁 상황에서는 양측 당사자 누구에게도 해를 입히지 않는 행위만이 정당하다고 할 수 있습니다.**[24]

내가 마지막 문장을 고딕체로 강조한 이유는 모든 사티아그라하 투쟁의 근간을 이루는 정신이 바로 이것이기 때문이다. 이 시점에서 간디와 암발랄 사이에는 팽팽한 긴장이 흐르게 되었다. 비폭력이라는 새로운 투쟁을 접하며 당혹감을 느낀 적들은 대개 이전보다 더 냉혹해졌는데, 이러한 당혹감으로 인해 그들은 전통적이고 개인적인 가치관에 부합하지 않는 수단을 사용하게 되었고 그것이 모든 사티아그라하 투쟁에 결정적인 순간을 제공해주었다. 힘 있는 이들의 도덕적 취약성이 그러한 순간에 드러났기 때문이다.

한편 고무나무 아래의 집회는 하나의 의식(儀式)으로 자리를 잡았다. 이에 대해서는 모든 기술(記述)들이 일치하고 있다. 수천 명의 군중이 몇 시간을 기다리다가 마침내 간디 일행이 나타나면 길을 터주었다. 그날의 인쇄물이 낭독되고 이어서 간디가 연설을 하는 동안에는 오직 침묵만이 흘

---

24 같은 책, 233쪽.

렀다. 매일 점점 더 많은 사람들이 이 낯선 의식을 구경하기 위해 몰려들었다. 참가자들이 최초의 서약을 다짐하고, 이어서 이 집회를 위해 새로운 노래를 지어온 이들이 딱딱하지 않은 분위기의 경연대회를 치르면서 의식은 마무리되었다. 개중에는 우스꽝스러운 구성으로 박장대소를 이끌어낸 노래도 있었고, 전통적인 종교적 감정을 이 새로운 사회적 체험에 전이시키려는 시도를 보여주는 노래도 있었다. 처음에는 간디도 이를 경계했듯이 이 종교적 감정의 많은 부분은 그를 카리스마 있는 인물로 떠받드는 성격을 지니고 있었다. 그러나 마하트마의 지위를 누리게 될 간디에게 이것은 시작에 불과했다. 집회가 끝나고 간디가 수행원들과 함께 물러나면 노동자들은 행렬을 이루어 새로 만든 노래를 부르며 거리를 행진했다. 즉흥적인 분위기의 경쾌함과 흥겨운 리듬을 벗겨내고 가사만 살펴본다면 오늘날의 기준으로 이 노래들은 진부하기 짝이 없다. 마하데브의 소책자와 샨케를랄의 공책에는 이 노래들의 가사가 일부 기록되어 있다.

> 우리에겐 신성한 이의 도움이 있으니 두려워 말라.
> 굶어죽어야 한다면 차라리 죽자. 그러나 우리의 다짐은 버리지 말자.
> 신이시여, 선한 마음의 간디에게 큰 영광과 명성을 주소서.
> 그는 우리를 무지의 잠에서 깨워주었네.
> 외롭던 우리에게 그는 친구가 되어주었네.
> 선한 마음의 간디지여, 우리의 누이 아나수야여.
> 그대들의 이름 부활의 날까지 세상에 길이 남으라.

간디의 충실한 추종자들은 후대를 위해 어떤 노랫말은 의도적으로 기록하지 않았을 것이다. 간디 역시 그러한 노랫말들을 주목하고 있었던 것 같다. 그는 군중으로부터 열렬한 박수갈채를 받은 한 참가자의 노래를 중단시키기도 했다.

여러분이 기계를 하찮게 여기고 그것을 "텅 빈 진열장"이라고 부르는 것은 온당치 않습니다. 생명이 없는 이 기계들은 여러분에게 아무런 해도 끼치지 않았습니다. 이 기계들이 가동됨으로써 여러분은 임금을 받을 수 있었습니다. 저는 여러분이 과격한 표현을 사용하거나 고용주들을 비난해서는 안 된다고 생각합니다. 부자들이 좋은 차를 타고 다니는 것이 다 우리 덕분이라고 말해 봐야 우리가 얻는 유익이 무엇입니까? 그것은 도리어 우리의 자존심만 잃게 만들 뿐입니다. 우리는 조지 5세 국왕이 대영제국을 다스리는 것도 우리가 있기 때문이라고 말할 수 있을 것입니다. 하지만 그렇게 이야기한다고 해서 우리의 명예가 높아지는 것은 아닙니다. 다른 사람들을 악하다고 비난함으로써 우리가 선해지는 것은 아닙니다. 신은 누가 잘못을 저지르는지 다 내려다보십니다. 악행을 저지른 사람은 신이 벌을 내리십니다. 그러니 우리가 누구를 판단하겠습니까? 우리는 그저 고용주들이 35%의 임금 인상을 받아들이지 않는 것이 잘못이라고 말할 수 있을 뿐입니다.[25]

그런데 간디 자신도 잘 알고 있었다시피, 임금 인상은 그들의 투쟁에서 너무나 익숙한 부분이 되어 그 의미를 새삼스럽게 강조하기가 쉽지 않았다. 그는 경제적 이념이나 이성적 설득으로 고무되기 힘든 노동자들이 굶주림이라는 가혹한 현실을 받아들이기 위해서는 일종의 종교적 확신이 있어야 한다는 것을 알고 있었다. 사실 그들은 이미 굶주리고 있었다. 일부

---

25 Desai, *A Righteous Struggle*, 18쪽.

노동자들은 친척이나 상대적으로 형편이 나은 다른 노동자들의 도움을 받았지만 이제 그런 도움마저 줄어들고 있었다.

그때까지만 해도 노동자들은 다른 일자리를 찾아보겠다는 생각을 하지 않고 있었다. 그들은 공장주들이 곧 양보하리라는 기대를 갖고 있었고, 그들 자신이 방직산업의 유기적 요소이자 대체 불가능한 노동력이라고 생각했기 때문에 잠재적으로 다른 일자리를 고려하고 있는 집단으로 비칠 수 있는 행동을 삼가고 있었다.

> 공장 폐쇄가 2주 이상 계속될 경우, 공장주들이 주는 임금을 받아들이고 그냥 작업에 복귀하겠다는 생각을 갖고 있는 노동자들은 임시로 다른 생계수단을 찾아볼 수도 있을 것입니다. 협상이 타결되고 공장이 다시 가동되기 시작하면 심각한 노동력 부족 사태가 벌어질 것이 확실하기 때문입니다. [26]

많은 외부 사람들이 노동자들에게 경제적 도움을 제공하겠다고 나선 것은 간디의 "순수한 정의"를 지지하는 뜻도 있었지만 노동자들을 위협하는 그러한 경제적 상황을 외면할 수 없었기 때문인지도 모른다. 봄베이에 있는 샨케를랄의 친구가 거액을 지원하겠다고 나섰고, 간디 자신도 아메다바드의 친구들로부터 비슷한 제안을 받았음을 인정했다. 하지만 그는 이념적이고 실천적인 이유를 들어 그 모든 제안을 거절했다. "대중의 자선에 의존하는 투쟁은 사티아그라하라 할 수 없습니다." 게다가 그러한 외적, 인위적 요인은 공장주들의 결정에도 영향을 미칠 우려가 있었다. "공장주들은 그러한 지원이 얼마나 지속될 수 있을지 계산해볼 것입니다." 바로 이러한 상

---

26 *The Bombay Chronicle*, 1918년 3월 5일자, 8면.

황에서 다른 일자리를 고려해보라는 제안이 나왔고, 간디 자신도 아슈람에서 일자리를 제공함으로써 본보기를 제시했다.

일곱 번째 인쇄물

일곱 번째 인쇄물(3월 4일)은 의외의 문장으로 시작한다. "남아프리카는 영국의 식민지입니다." 간디는 노동자들에게 남아프리카에서 사티아그라하가 어떻게 시작되었는지에 대한 역사적 (신화적이기도 한) 관점을 제시하고자 했다. 하지만 항상 새로운 주제를 인쇄물이 나온 그날의 상황과 관련지은 간디는 "순수한 정의"를 설명하기 위해 남아프리카에서 벌인 사티아그라하 투쟁의 마지막 국면을 예로 들었다. 그는 유럽인 철도 노동자들의 파업으로 인해 사티아그라하 투쟁이 일시 중단될 수밖에 없었던 당시의 상황을 고집스럽게 이야기했다.

철도 파업은 이미 2만 명의 인도인 노동자들이 파업을 벌이고 있던 시점에 시작되었습니다. 우리는 순수하고 소박한 정의를 위해 그 나라 정부를 상대로 싸우고 있었습니다. 우리 노동자들의 무기는 사티아그라하였습니다. 우리는 정부를 괴롭힐 생각이 없었고 정부가 곤경에 빠지기를 바라지도 않았습니다. 정부를 타도하겠다는 생각은 더더욱 없었습니다. 그런데 유럽인 노동자들은 인도인들의 파업을 이용하려고 했습니다. 이때 우리의 노동자들은 이용당하기를 거부했습니다. 우리는 이렇게 외쳤습니다. "우리는 사티아그라하 투쟁을 벌이고 있다. 우리는 정부를 괴롭힐 생각이 전혀 없다. 그러므로 당신들이 파업을 벌이는 동안 우리는 싸움을 중단할 것이다." 이렇게 해서 인도인 노동자들이 파업을 중단한 것입니다.[27]

독자들 가운데 당시 노동계급의, 즉 철도 노동자와 산업 노동자들의 연대가 어느 정도 강고했는지 궁금하게 여기는 이가 있다면 당시 남아프리카의 노동계급은 그러한 연대를 "유색인"들에게까지 확대할 생각이 없었음을 기억해야 한다. 이민 노동자들과 일자리를 놓고 경쟁할 필요가 없었던 중산층에 비해 유럽인 노동자들은 인종주의적 성향도 더 강했다. 어쨌든 간디는 이제 새로운 복음을 제시했고, 그것은 노동자들의 반(半) 종교적 기질과 잘 맞았다.

여덟 번째 인쇄물

여덟 번째 인쇄물(3월 5일)에서 간디는 이렇게 말한다.

남아프리카의 사티아그라하 투쟁에서 우리와 비슷한 이들이 어떻게 행동했는지 함께 생각해 보았으면 합니다. 후르바트 싱(Hurbat Singh)은 평범한 사티아그라하 운동가들 중의 한 사람이었습니다. 당시 75세의 노인이었던 그는 어느 농장에서 7루피의 월급을 받기로 하고 5년 계약으로 남아프리카에 와 있었습니다. 인도인 2만 명이 파업에 돌입했을 때 그도 동참했습니다. 파업 참가자들 가운데 일부가 투옥되었을 때에도 그는 함께 있었습니다. 동료들은 그를 설득하려 했습니다. "이런 고통의 바다에 뛰어드는 것은 당신의 몫이 아닙니다. 감옥은 당신이 있을 곳이 아니란 말입니다. 당신이 이런 투쟁에 동참하지 않는다고 당신을 욕할 사람은 아무도 없습니다." 그러자 후르바트

---

27 *CWMG*, 제14권, 236쪽.

싱이 대답했습니다. "당신들 모두 명예를 지키려고 이렇게 고생을 하는데 나만 밖에 남아서 뭘 하란 말이오? 설령 내가 여기서 죽는다고 해도 그게 뭐 대단한 일이오?" 후르바트 싱은 결국 옥중에서 숨을 거두었고 영원한 명예를 얻게 되었습니다…… 수백 명의 인도인들이 그의 장례 행렬에 참여했습니다.[28]

이것은 계급의 문제 또한 아니었다.

트란스발의 상인 아흐마드 무하마드 카찰리아도 빼놓을 수 없습니다. 신의 은총으로 그는 지금도 남아프리카에서 인도인의 공동체를 지키며 살고 있습니다. 후르바트 싱이 목숨을 바친 그 투쟁에서 카찰리아도 여러 차례 투옥되었습니다. 그는 자신의 사업이 기우는 상황에서도 흔들리지 않았고. 지금은 가난 속에서 살고 있지만 어디를 가든 존경을 받고 있습니다. 그는 비싼 대가를 치러야 했음에도 자신의 명예만은 지켜냈습니다.

나이도 중요하지 않았다.

연로한 노동자와 중년의 명망 있는 상인처럼 열일곱 살의 소녀도 자신의 신념을 지키며 고난을 기꺼이 받아들였습니다. 그녀의 이름은 발리아마(Valliamah)였습니다. 그녀 역시 같은 투쟁에서 인도인 공동체의 명예를 지키기 위해 투옥을 두려워하지 않았습니다. 그녀는 투옥될 당시 열병을 앓고 있었는데 옥중에서 그녀의 몸 상태는 점점 나빠졌습니다. 그녀는 석방을 제안받았지만 이를 단호하게 거절하고 형기를 마쳤습니다. 그녀는 출소 나흘 후

---

28 같은 책, 237, 238쪽.

숨을 거두었습니다.

고무나무 아래에서 간디는 그들이 가르쳐주는 교훈을 이야기했다.

이들 세 사람은 자기 자신의 이익은 조금도 추구하지 않았습니다. 그들은 인두세를 내지 않아도 되는 사람들이었습니다. 부유한 상인이었던 카찰리아는 인두세를 낼 필요가 없었습니다. 후르바트 싱은 인두세가 도입되기 전에 남아프리카에 도착했기 때문에 인두세를 낼 필요가 없었습니다. 그리고 발리아마는 인두세가 시행되지 않는 지역에 살고 있었습니다. 그럼에도 이들 모두는 투쟁에 동참했습니다…… 이에 반해 여러분의 투쟁은 여러분 자신의 이익을 위한 것입니다. 그러므로 여러분은 이 상황을 버티기가 더 쉬울 것입니다.[29]

2주 동안의 어려움에 대해서는 다음과 같이 이야기한다.

그들의 고난은 단지 열이틀에 그친 것이 아닙니다. 그 투쟁은 7년 간 계속되었고 그 기간 동안 수백 명의 사람들이 엄청난 긴장과 불안 속에 살면서도 끝까지 굳은 다짐을 지켰습니다. 집을 떠난 2만 명의 노동자들은 임금을 받지 못한 3개월 동안 자신들이 가진 물건들을 내다 팔며 연명했습니다. 그들은 침대와 매트리스와 소를 팔아가며 앞으로 나아갔습니다. 수많은 사람들이 하루에 밀가루 3/4 파운드와 설탕 1온스만 배급받으면서도 매일 20마일씩 며칠을 행진했습니다. 또한 그 행렬에는 힌두교도뿐만 아니라 회교도들도 있었습니

---

29 같은 책, 239쪽.

다.[30]

그날, 간디는 남아프리카에 있는 폴락에게 보낸 편지에 이렇게 적었다.

사티아그라하가 "생활의 모든 부문에서 활발하게 작용하기 시작했습니다."[31]

하지만 분노를 드러내는 대목 또한 있다. "암발랄은…… 이 싸움에서 가장 어려운 상대입니다."

아홉 번째와 열 번째 인쇄물

아홉 번째 인쇄물의 마지막 부분에서 간디는 고용주들의 전략이 "비열" 하고, 상황을 "과장"하고 있으며 "왜곡"을 일삼고 있다고 지적했다.

열 번째 인쇄물(3월 7일)은 노동자들을 직접적으로 위협하고 있는 문제를 다루었다. 일부 노동자들은 경제적 압박을 견디다 못해 터무니없는 이자를 물면서 돈을 빌리고 있었다.

공장이 폐쇄된 지 2주가 지났을 따름입니다. 그런데 어떤 이들은 식량이 떨어졌다고 하고 또 어떤 이들은 집세를 낼 수 없다고 합니다…… 이와 같은 극단적 빈곤은 참으로 고통스러운 일입니다. 그러나 35%의 임금 인상만으로 이

---

30 Leaflet No. 9. 같은 책, 239쪽에 수록.

31 Millie Graham Polak에게 보내는 1918년 3월 6일자 편지. *CWMG*, 제14권, 240쪽에 수록.

모든 문제가 해결되지는 않을 것입니다. 다른 방법이 마련되지 않는다면 설령 임금이 두 배로 오른다 해도 이 절망적 빈곤은 계속될 가능성이 높습니다.

장기적인 대책 없이 미봉책만으로는 문제를 해결할 수 없다는 판단 하에 간디는 당면한 위기를 극복할 수 있는 도움을 약속—반드시 지킬—했다.

당면한 투쟁의 일부로 만일 모든 노동자들이 이처럼 과도한 이자를 지불하지 않겠다고 서약한다면 그들은 견디기 힘든 부채의 짐을 벗어던질 수 있을 것입니다. 누구도 연리 12% 이상의 이자를 지불해서는 안 됩니다. "앞으로는 그렇게 한다고 해도 이미 약속한 이자로 빌린 돈은 어떻게 갚아야 합니까? 우리는 지금까지 늘 이런 식으로 돈을 빌리고 갚았습니다."라고 말하는 사람이 있을지도 모릅니다. 이 상황에서 벗어날 수 있는 가장 좋은 방법은 노동자들만의 신용협동조합을 만드는 것입니다.[32]

한편 공장주들은 노동자들의 곤경을 적극적으로 이용했다. 그들은 다섯 명의 다른 노동자를 설득해서 공장으로 함께 복귀하는 사람에게 금전적 보상을 하겠다고 약속했다. 또한 노동자들이 20%의 임금 인상을 받아들이고 복귀하면 3월 12일 전후로 공장 폐쇄 조치를 철회할 수 있다는 소문도 퍼뜨렸다. 당장 형편이 어려운 노동자들에게 20%는 결코 적지 않은 인상 폭이었으며, 35%라는 도달하기 어려운 목표에 비해 그저 조금 적은 액수로만 비쳐졌다. 게다가 일단 작업이 재개되면 추가로 15%에 해당하는

---

32 *CWMG*, 제14권, 242, 243쪽.

임금 인상분을 곡물이나 식품으로 제공할 수 있다는 암시도 곁들어졌다. 시 당국도 공장주들의 약속에 공감하기 시작했고, 많은 이들은 마하트마의 전제적 영향력이 없었다면 과연 노동자들이 처음부터 서약을 하고 그것을 지킬 엄두를 냈을 것인가 의심하기 시작했다. 사실 간디 스스로—서약이라면 단연 전문가인—도 자신이 힘겹게 끌어올린 노동자들의 의식 수준이 장기적으로 그들의 경제적 조건이 완전히 개선되지 않으면 유지되기 힘들다는 것을 잘 알고 있었다. 다만 어렵게 얻어진 노동자들의 의식이 사라진다면 장차 경제적 조건이 개선될 것이라는 희미한 가능성마저 사라지고 말 것이었다. 물론 공장으로 복귀하려는 움직임이 서약을 하지 않은 노동자들로부터 시작될 것임은 충분히 예견되고 있었다.

열한 번째 인쇄물

3월 11일, 간디는 노동자들에게 이튿날 집회는 오전 7시 30분—호각 소리가 공장의 문이 다시 열렸음을 알릴 수 있는 바로 그 시각—에 열릴 것이라고 발표했다.

여러분은 이곳이 낯선 다른 지방 출신의 노동자들과 이제까지 집회에 참석하지 않은 노동자들을 찾아서 그들도 이 집회에 참석하도록 해야 합니다. 최근 많은 유혹을 받으면서 여러분의 머릿속이 복잡하리라 생각됩니다. 노동자가 일을 하지 못하고 있다는 것은 비참한 일입니다. 이 집회는 그런 노동자들이 인내심을 잃지 않도록 도움을 주고 있습니다. 자신의 힘을 잘 알고 있는 이들에게 타의에 의한 실업이란 있을 수 없는 일입니다.[33]

결정적인 순간이 도래했다. 3월 12일, 간디는 노동자들의 비참한 처지를 봐서라도 그만 투쟁을 중단하라고 촉구한 영향력 있는 인물들에게 편지를 보냈다. 간디는 공장 폐쇄에 동조하지 않은 공장주 협회 회장 만갈다스 파레크에게도 편지를 보냈다. "이 투쟁에 왜 동참하지 않으십니까? 이 위대한 투쟁을 무심히 지켜만 보고 있는 것은 당신답지 못한 일입니다."[34]

하지만 상황은 이미 돌이킬 수 없는 방향으로 흘러가고 있었다. 3월 12일, 공장 폐쇄 종료가 선언되었고 간디는 이것을 새로운 출발점으로 삼았다. "오늘 새로운 장이 시작되었습니다." 이것은 간디가 암발랄로부터 한 통의 편지를 받으면서 시작되었다. 간디는 그 편지를 읽고는 마하데브가 옮겨 적을 새도 없이 파기해 버렸다. 하지만 간디의 (이번에도 마하데브의 필사를 막은) 답장을 근거로 추측컨대, 암발랄은 노동자들에 대한 간디의 부당한 압력에 불만을 토로했던 것 같다. 그럼에도 암발랄은 저녁식사를 함께 하자며 간디를 자신의 집으로 초대했다. 이는 노동자들의 투쟁이 그날 끝날 수도 있으리라는 기대를 그가 가지고 있었기 때문인지도 모른다. 마하데브는 기억을 더듬어 그날 간디가 보낸 답장을 재구성했다.

저는 노동자들의 의지에 반하여 그들의 공장 복귀를 독단적으로 막을 의향이 없습니다. 오히려 저는 복귀를 원하는 노동자들을 공장까지 안전하게 안내할 준비가 되어 있습니다. 노동자들이 작업에 복귀하느냐 마느냐는 저의 관심사가 아닙니다.

당신이 저에게 부과한 과제를 생각할 때 어떻게 당신의 초대를 흔쾌히 받

---

33 같은 책, 246쪽.

34 같은 책, 248쪽.

아들이겠습니까? 당신의 아이들을 보고 싶은 마음은 간절하지만 현재로선 초대에 응하는 것이 가능하지 않을 듯합니다. 저녁식사는 다음 기회로 미루도록 하지요.[35]

열두 번째 인쇄물

어쨌든 이제 세력들 간의 대결은 새로운 양상을 띠게 되었다. 열두 번째 인쇄물은 이렇게 선언한다. "오늘 고용주들의 공장 폐쇄가 종료됨과 동시에 노동자들의 파업은 시작되었습니다."

간디는 승산이 높은 싸움을 시작했다. 그는 노동자들의 경제적 조건이 개선될 수 있다고 역설하며 다음과 같이 적었다.

만일 노동자들이 스스로 서약을 지키는 것 이외에 다른 방법이 없다는 사실을 깨닫기만 한다면 그들의 상황은 현재보다 틀림없이 좋아질 것입니다. 고용주들 역시 노동자들이 서약을 지키는 것이 곧 자신들의 이익에도 부합한다는 사실을 깨달아야 합니다. 자신의 서약을 지키지 못할 만큼 나약한 노동자들에게 일을 시키며 수익을 얻기란 힘들 것이기 때문입니다. 종교적 심성을 가진 사람이라면 다른 사람으로 하여금 서약을 어기도록 강요하면서 결코 행복감을 느낄 수 없을 것입니다. 그러나 우리는 지금 고용주들의 도리에 대해 생각할 시간이 없습니다. 그들 역시 무엇이 옳은지 알고 있습니다. 우리는 그저 그들에게 간청할 수 있을 따름입니다. 하지만 노동자들은 이 시점에서 자신의 도리가 무엇인지 심각하게 생각해야 합니다. 그들에게 현재와 같은

---

35 같은 책, 250쪽.

기회는 다시 오지 않을 것입니다.[36]

어쩌면 다시 오지 않을 기회를 잃을 수도 있다는 생각에 간디는 그때까지 자신이 반대해온 방식, 즉 모든 인도 노동자들의 연대에 호소하는 방식에 결국 동의하게 되었다.

구자라트가 아닌 다른 지역 출신의 노동자들은 이 투쟁에 대해 잘 모를 수도 있습니다. 우리는 힌두교도와 회교도, 구자라트사람과 마드라스사람 그리고 펀자브사람을 차별하지 않으며 그리고 싶지도 않습니다. 우리는 모두 하나입니다. 그러므로 우리는 이해심을 가지고 타 지역 출신의 노동자들에게 다가가야 하며, 우리와 함께하는 것이 자신들에게도 이익이 된다는 사실을 그들이 깨닫도록 도와주어야 합니다.

열세 번째 인쇄물

그럼에도 사티아그라하 운동으로서 이 투쟁의 정체성은 결코 양보할 수 없는 것이었다. (그는 어쩌면 더 많은 대중에게 그것이 알려질 때까지 기다린 것인지도 모른다.) 그는 남아프리카에서 그렇게 했듯이, 파업에서 이탈한 노동자들이 피켓을 든 성난 파업 노동자들을 뚫고 공장 안으로 안전하게 들어갈 수 있도록 호위하겠다는 뜻을 이미 밝혔고, 이제 열세 번째 인쇄물을 통해 공장에 들어가는 노동자들을 누구도 막아서는 안 된다고 강조했다. 사실 파업 노동자들은 공장 근처에도 가지 말아야 했고 다른 일거리를 찾아

---

36 같은 책, 249쪽. 나는 이 대목에서는 『간디 전집』의 번역보다 Mahadev의 번역을 선호한다.

보라는 권고를 받고 있는 중이었다. 그런데 파업 노동자들에게 그것은 너무나 가혹한 요구였다. 공장 폐쇄라는 수동적인 상황에서는 공장의 정문 앞에서 노동자들이 스스로 내쳐진 존재라는 비참함을 느껴서는 안 되었다. 그러나 복귀를 희망하는 노동자들에게 공장의 문이 열렸음에도 파업을 벌인다는 것은 능동적인 행위였으며, 파업에서 이탈한 노동자들 앞에서 자신들의 당당함을 보여줄 기회를 포기해야 한다는 것은 너무나 힘든 일이었다. 파업 노동자들의 노래는 이제 점차 공격적으로 변했고 간디가 그 점을 질책했을 때 그들의 투쟁은 이전에 충만했던 정신의 많은 부분을 잃고 말았다. 두 번째 위기가 닥쳐왔다.

이처럼 중대한 시기에 마치 이 "국내 문제"가 특정 지역의 문제에 불과하다는 사실을 보여주기라도 하듯, 하루 두 차례의 강연을 위해 아메다바드에 도착한 애니 베전트 여사가 선택한 강연 주제는 "민족 교육"과 "자치"였다. 오후 강연에서 간디는 연설자를 소개하며 이렇게 말했다. "그녀가 수백 가지의 실수를 한다 해도 우리는 여전히 그녀에게 경의를 표할 것입니다." 그녀는 강연에서 파업을 언급하지 않았다. 그런데 저녁 강연을 앞두고 열린 연회에서 간디는 암발랄을 지목하며 베전트 여사에게 말했다. "이 분들은 공장 노동자들을 말살하기로 작정을 했습니다." 그러자 암발랄이 받아쳤다. "공장주들에게 똑같은 일을 하려는 분들도 있죠." 항상 상황을 주도하려 했던 베전트 여사는 자신이 당국의 중재를 요청—그녀가 베나레스에서 취한 바로 그 제스처—해야 하느냐고 되물었다. 간디는 전혀 그럴 필요가 없다고 대답했다. "이 문제에 관련된 당사자들 사이에는 확고한 상호존중이 있습니다." 베전트 여사는 이를 매우 특이한 상황으로 받아들였다.

3월 14일에는 아무것도 기록되지 않았다. 이는 애니 베전트의 방문이 간디를 분주하게 만들었기 때문인지도 모른다. 하지만 평소처럼 노동자들의 거주 지역을 찾은 간디의 참모들은 그곳에서 냉소와 환멸만 확인하고 돌아왔다. 차간랄이 (만일 그토록 참담한 빈곤에도 등급이 있다면) 가장 빈곤한 이들이 거주하는 공동주택 중의 하나인 주갈다스 공동주택(Jugaldas Chawl)을 찾아갔을 때 그를 맞이한 것은 조롱과 비웃음뿐이었다. "아나수야와 간디가 무엇 때문에 이런 일에 관심을 가진답니까? 우리가 숨이 끊어지는 고통을 당하고 있을 때에도 그 사람들은 좋은 차를 타고 다니면서 훌륭한 음식을 먹고 있을 텐데요. 집회에 참석한다고 해서 우리의 배고픔이 사라지지는 않습니다." 실제로 3월 15일 아침, 고무나무 아래에 앉은 간디의 눈에 들어온 모습도 이와 다르지 않았다.

환한 표정을 짓는 5천 명 이상의 사람들 대신에 얼굴에 낙담의 빛이 역력한 천여 명의 사람들만 집회에 참석했다.[37]

열네 번째 인쇄물

열네 번째 인쇄물은 노동자들에게 바쁘게 지낼 것을 다시 한 번 강력하게 권고하고 있다.

무슨 일이든 하면서 자립을 도모하는 것이 우리의 의무입니다. 노동자가 일을 하지 않는다는 것은 설탕이 단맛을 잃은 것과 다르지 않습니다. 만일 바닷물이 염분을 잃는다면 어디에서 소금을 구하겠습니까? 만일 노동자가 일을

---

37 Desai, *A Righteous Struggle*, 24, 25쪽.

하지 않는다면 이 세상은 종말을 고하게 될 것입니다.[38]

　그러면서 그는 이렇게 결론을 내린다. "단 한 사람이 버틴다고 해도 우리는 그를 저버리지 않을 것입니다."

　하지만 인쇄물과 대규모 집회의 시기는 지나가고 있었다. 간디는 자기 자신이 마지막까지 버티는 한 사람이자 결코 스스로를 저버리지 않는 사람이 되어야 한다는 사실을 깨달았다. 그는 예고 없이 선언했다. "저는 여러분이 서약을 깨뜨리는 모습을 단 한 순간도 그냥 지켜볼 수가 없습니다. 저는 이 순간부터 35%의 임금 인상을 쟁취하거나 여러분 모두가 싸우다 죽을 때까지 어떤 음식도 입에 대지 않을 것이며 차량을 이용하지도 않을 것입니다."

　1918년 3월 15일에 시작된 단식은 그가 평생 동안 "죽을 각오로" 결행한 열일곱 차례의 단식 가운데 최초의 것이었다. 훗날 마하트마가 단식을 하는 동안 인도 전체는 숨을 죽였고 모든 도시는 어둠 속에 있는 그와 함께하기 위해 저녁에도 램프의 불을 밝히지 않았다. 그때부터 오늘날까지 비록 충동이나 양심에 의한 것일지언정 수많은 이들이 마하트마의 행동을 본보기로 삼아왔다. 그러므로 그가 최초의 단식을 하게 된 동기가 무엇이며, 나중에 이 단식을 후회한 이유가 무엇인지 이해하는 것은 매우 중요하다. 그렇지만 목숨을 건 단식이 "순수한" 결단으로 이루어질 수 없다는 것은 분명하다. 왜냐하면 그러한 결단은 당면한 문제를 극복할 수 있다는 확고한 신념과, 그것을 위해 죽겠다는 결심의 역설적인 조합에서 생겨나기

38　*CWMG*, 제14권, 254쪽.

때문이다. 이는 어떤 신조를 위해 죽음으로써 부끄럽지 않게 "사는" 것을 가능케 한다. 순교자 역시 죽음을 두려워하지 않되 결국에는 다른 누군가로 하여금 자신을 처형하도록 강요하는데, 이처럼 자신의 목숨을 내놓는다는 결정은 특이하면서도 모호한 층위에 속해 있다.

의심할 나위 없이 이 단식은 즉흥적으로 결정된 것이었지만, 이 지도자가 마지막 수단으로서 단식을 이전에도 고려했으리라는 사실 또한 의심의 여지가 없다. 그런데 현장에 있었던 사람들에게는 그의 선언이 일종의 형이상학적 충격으로 다가왔을 것임에 틀림없다.

쉽게 흥분하는 회교도들이 먼저 극적인 반응을 보였다. 아나수야가 간디의 단식에 동참하겠다고 선언하자 많은 노동자들은 울음을 터뜨리며 자신들도 단식을 하겠다고 나섰고 개중에는 만일 아나수야가 단식으로 목숨을 잃으면 따라서 죽겠다고 하는 이들도 있었다. 어느 다혈질의 회교도가 이 흥분 상태의 영웅이자 피해자가 되었다. 바누마라는 이름의 이 남자는 항상 깔끔한 옷차림에 분홍색 터번을 썼고 자신이 소유한 네 대의 베틀과 두 명의 아내를 자랑스럽게 여기던 사람이었다. 그가 갑자기 큰 칼을 꺼내 자신의 몸을 찌르려는 순간 간디가 그를 제지했다. 이 의미심장한 장면은 폭력의 기운이 억눌려 있던 당시의 극적 상황을 잘 보여준다. 구경꾼들은 바누마가 칼을 빼든 것이 공장주들에 대한 복수심에서 비롯된 행동이라고 생각했다. (실제로 그는 두 번 다시 공장으로 돌아가지 못했다.) 충격이 다소 가라앉은 뒤 간디는 동조 단식의 뜻을 밝힌 아나수야와 다른 이들을 만류했다. "나에게 맡겨두십시오." 간디가 말했다. "단식은 **나의** 일입니다." 사람들은 간디에게 단식이 무엇을 의미하는지 아직 알지 못했고 그것을 그저 또 다른 신비적 모험주의로만 여겼다.

오버랜드 차량은 이제 멀리해야 할 자본주의적 방종의 상징이 되었다.

집회를 마친 간디는 3월이 되면서 작은 실개천으로 변한 사바르마티 강을 건너 아슈람까지 걸어갔다. 그의 뒤를 따라 걸어간 사람들 중에는 주갈다스 공동주택에 거주하는 사람들도 있었다. 그들은 간디의 단식 선언에 담긴 내용을 접하고는 자신들이 내뱉은 말이 그의 단식을 "초래"했다고 생각했다. 그들은 처절한 죄책감 속에서 서약을 끝까지 지킬 것을 다짐했고 설령 멸시를 받을지언정 다른 일거리를 찾아보겠다고 맹세했다. 한편 공장주들은 암발랄의 집에서 모임을 가졌다. 강경한 입장의 공장주들은 승리감과 우려가 교차된 감정을 가지고 있었다. 그들은 간디에게 쓴맛을 보여주었다는 점에서는 승리감을 느꼈으나 간디 같은 광신자가 실제로 저지를지도 모르는 일을 우려하지 않을 수 없었다. 자이나교도인 이들 공장주들의 일부는 간디의 단식을 그저 협상이 실패하자 최후의 수단을 동원한 것으로만 받아들였다. 그러나 암발랄의 심경은 복잡하기만 했다. 암발랄이 찾아왔을 때 간디는 기력을 유지하기 위해 매트 위에 누워 있었다. 암발랄은 화가 나기도 했다. 그의 표현을 빌리면 단식은 "더러운 속임수"였다. 암발랄은 간디에게 이렇게 말했다고 전해진다. "이보십시오, 당신은 이 모든 일의 기본적인 전제를 뒤엎고 있는 겁니다. 이것은 공장주와 노동자들의 문제입니다. 여기에 **당신의 목숨**이 끼어들 여지가 어디에 있습니까? 외부 세력이 노동자들로 하여금 우리에게 도전하도록 부추기는 상황에서 우리가 양보를 한다는 것은 불가능한 일입니다. 만일 노동자들이 계속 그런 식으로 나간다면 어떻게 되겠습니까? 우리가 중재를 꼭 받아들여야 할 이유는 또 무엇입니까? 그러다간 결국 우리만 체면을 구기게 될 것입니다." 암발랄이 아메다바드의 노동쟁의에서 간디가 완전히 손을 떼겠다고 약속하면 35%의 인상안을 받아들이겠다고 제안한 것은 아마 단식 첫날이 아닌 이튿째였을 것이다.

어쨌든 암발랄은 35% 인상안을 수용하면서 "**이번만**"과 "순전히 **당신**을 위해"를 강조했다. 그런데 간디로서는 그런 단서를 받아들이기 힘들었다. 암발랄 역시 간디의 단식이 노동자들의 굴복을 막으려는 것이라기보다 공장주의 대표인 자신을 굴복시키려는 데 목적이 있다는 인상을 부각시킬 수만 있다면 절반의 승리를 거두는 것이라는 계산을 하고 있었다. 이 때문에 그는 20% 인상에서 한 발자국도 물러서지 않으려는 공장주들의 입장 역시 옹호할 수 있었다.

한편 노동자들이 아슈람에 밀려들어왔지만 며칠 동안은 특별히 진척되는 일이 없었다. 이때 나온 인쇄물의 내용 중에는 노동의 가치를 찬양하는 것도 있었다. 노동자들은 간디가 그들에게 기대하는 "내적 진보"란, 전통적 특성이나 관습적 회피를 유지하는 것보다 자신의 서약을 지키고 고난을 감내하는 것이 더 중요하다는 사실을 확신하는 것임을 잘 알고 있었다. 많은 이들이 아슈람에 와서 유난스럽게 바삐 움직인 것도 그 때문이었다. 부르주아 계급 출신인 샨케를랄과 아나수야는 간디와 함께 단식을 할 기회는 얻지 못했지만 뜨거운 태양 아래에서 모래주머니를 부지런히 머리에 이고 나른 것으로 전해진다.

단식 첫날 늦은 오후, 간디는 다시 고무나무 아래로 걸어갔다. 수천 명의 사람들이 배는 고프지만 새롭게 고양된 정신으로 그를 기다리고 있었다. 간디는 먼저 주갈다스 공동주택에서 온 사람들에게 자신이 서운한 마음을 갖고 있지 않다는 점을 분명히 밝혔다. 오히려 자기 자신을 포함하여 인도를 위해 일하는 사람이라면 누구나 노동자들의 비판으로부터 배워야 하는 것이었다. 서약 그리고 다른 일을 찾아봄으로써 곤궁한 상황을 타개하겠다는 의지가 핵심적인 문제였다.

하지만 여러분에게 육체노동을 통한 자립을 권고하기 위해 저는 무엇을 해야 할까요? 저도 육체노동을 할 수 있습니다. 이제까지도 해왔고 지금도 하고 싶은 생각은 있지만 그럴 기회를 얻지 못하고 있을 뿐입니다. 챙겨야 할 일들이 많은 까닭에 저는 그저 의례적 성격의 육체노동만 하고 있습니다. 그런데 저의 사정이 이렇다고 해서 여러분도 줄곧 방직 노동만 했으니 다른 육체노동은 할 수 없다고 하시겠습니까? …… 저에 대한 여러분의 혹독한 비판을 접했을 때 저는 여러분으로 하여금 다르마의 길을 걷게 하고 서약과 노동의 가치를 분명히 제시하기 위해서는 제가 먼저 본보기가 되어야겠다고 생각했습니다. 우리는 여러분을 희생시켜가며 놀이를 하는 것도 아니고 연극을 하는 것도 아닙니다. 우리가 여러분에게 권고하는 모든 것은 우리부터 실천할 준비가 되어 있는 것들입니다. 이것을 여러분에게 어떻게 증명해야 하겠습니까? …… 저는 서약에 익숙한 사람입니다. 그럼에도 사람들이 저를 잘못 따라할지도 모른다는 생각에 차라리 아무런 서약도 하지 않으려 합니다. 저는 수많은 노동자들을 대하고 있습니다. 그렇기 때문에 저의 양심은 깨끗해야만 합니다. 제가 여러분을 가지고 노는 것이 아니라는 사실을 저는 여러분에게 보여드리고 싶었습니다.[39]

이 집회가 끝난 뒤 아나수야는 간디가 물이 줄어든 강을 도보로 건너다니며 체력이 소진되지 않도록 그를 자신의 집에 머물도록 했다. 다음날인 3월 16일, 아나수야의 집에서 그는 여러 현안들을 챙겼다. 그는 봄베이의 주지사에게 편지를 보내 만일 케다의 상황에 대한 자신의 탄원이 무시된다면 소작농들에게 더 이상 지대(地代)를 내지 말라고 "공개적"으로 촉구

---

39 같은 책, 256, 257쪽.

할 것임을 밝혔다. 그는 자신이 편지를 쓰는 이유에 대해, "극단적인 방법"을 고려할 때는 이를 주지사에게 미리 알려주겠다고 한 약속 때문이라고 덧붙였다. 그는 주지사에게 원하면 즉시 자신을 찾아오라고 말하기도 했다.

열다섯 번째 인쇄물

이날 그는 열다섯 번째 인쇄물의 내용을 작성했고 늘 그랬듯이 인쇄물에는 아나수야의 서명이 들어갔기 때문에 그 자신은 3인칭으로 언급되었다. 그는 노동자들에게 자신의 단식에 덧입혀진 "오명"에 대해 이야기했다.

간디가 단식을 서약한 동기와 그 의미를 이해할 필요가 있습니다. 먼저 기억해야 할 것은 그의 단식이 노동자들에게 영향력을 행사하려는 의도에서 시작된 것이 아니라는 점입니다…… 만일 고용주들이 간디를 불쌍히 여겨서 35%의 인상안을 수용한다면 우리는 모두 웃음거리가 되고 말 것입니다…… 예컨대 50명의 노동자들이 목숨을 걸고 단식을 한다 해도 만일 그들에게 아무런 결정권이 없다면 고용주들은 35%의 인상안에 합의할 이유가 없을 것입니다. 그리고 이런 식의 관행이 이어진다면 사회적 문제를 다루는 일은 불가능해질 것입니다…… 간디는 단식을 통해 자신이 서약을 얼마나 중요하게 생각하는지를 보여주려 한 것입니다. 노동자들은 굶주림에 대해 이야기했습니다. 이에 대한 간디의 메시지는 "굶어라. 그러나 자신의 서약을 지켜라."였습니다. 어쨌든 그는 자신의 서약을 지킬 것입니다. 이는 그가 죽을 각오가 되어 있기 때문에 할 수 있는 일입니다…… 그러나 노동자들은 싸울 수 있는 자신의 힘을 믿어야 합니다. 그들을 구할 수 있는 것은 오로지 그들 자신뿐입니

다.[40]

그런데 아슈람과 자신의 "식구들"이 그리워진 간디는 그날 다시 강 건너편으로 발걸음을 옮겼다. 직면한 상황에 대한 냉철한 판단을 위해 그에게 아슈람의 기도 모임이 필요했으리라고 추측할 근거는 충분히 있다. 단식을 하는 동안 그는 양극단을 오가는 감정의 변화를 겪었다. 그는 어떤 순간에는 자신의 단식을 전국적인 지도자가 되기 위한 필수적인 과정으로 여기다가도 다음 순간에는 그것을 사티아그라하에 대한 배신으로 여겼다. 이 책의 첫 부분에서 내가 **사건**에 관심을 갖게 된 배경을 설명하며 지적했듯이, 이러한 감정의 강도는 평전 작가들과 자서전이 여러 일화에서 끄집어낸 그의 소심함과는 거리가 멀다. 뒤에서 다루겠지만 그 이유는 **사건** 자체에 내재하는 역설과 다르지 않다. 그는 전국적인 지도자로 올라서기 위한 발판으로 자신의 고향을 이용하면서 스스로 흙탕물 같은 싸움판에 빠져든 것은 아닌지 자문했다.

3월 17일 이른 아침, 그는 아슈람에서 음악을 듣다가 "식구들"에게 고백을 하고 싶다는 생각과 그럴 필요성을 강하게 느꼈다. 아래는 **사건**에 대한 서사시적 설명이라 할 수 있다.

아슈람에서 아침저녁으로 하던 기도를 못하게 되면 무척 슬플 것 같았습니다…… 아나수야는 제가 그곳에 머물기를 바랐지만 저는 아슈람에 돌아오겠다고 했습니다. 이 시각에 이곳에서 듣는 음악은 저에게 큰 위로가 됩니다. 지금이 바로 제 영혼의 짐을 여러분 앞에 내려놓을 가장 좋은 때가 아닌가 싶습

---

40 같은 책, 258, 259쪽.

니다.

그리고는 당대 인도의 지도자들에 대한 평가가 이어진다. 이는 『힌두 스와라지』에서 기술한 내용과 비슷하지만 그 어조는 더 격렬하며, 이번에는 러시아에 대한 언급도 등장한다.

저는 소수의 사람들이 얻은 진리가 결국에는 세상을 지배한다는 이치를 인도의 고대 문화에서 배웠습니다. 하지만 이보다 먼저 여러분에게 드리고 싶은 말씀이 있습니다. 현재 인도에는 수백만 명을 열광하게 만드는 분이 계십니다. 이 나라에 있는 수백만 명의 사람들이 그분을 위해서라면 목숨이라도 내놓을 것입니다. 그분은 바로 로카마니아 틸라크입니다. 그분은 바가바드기타의 내적 의미에 대한 글을 쓰셨습니다. 하지만 저는 그분이 인도의 옛 정신을 이해하지 못하고 있으며, 그 영혼도 이해하지 못하고 있다는 생각이 듭니다. 이 나라가 오늘의 상황에 처한 이유도 바로 거기에 있습니다. 마음 깊은 곳에서부터 그분은 우리가 유럽인처럼 되기를 바라고 있습니다. 지금은 유럽이 정상에 서 있기 때문에, 물론 유럽인들의 관념에 푹 빠져 있는 이들에게는 그렇게 보이겠지만, 그분은 인도가 유럽과 똑같은 위치에 있기를 바라고 있습니다. 그분은 옥중에서 6년을 보냈지만 그것은 우리를 억누르는 이들에게 5년이든 25년이든 우리도 그처럼 긴 수감 기간을 버틸 수 있다는 용기를 보여주는 것에 그쳤습니다. 러시아의 많은 위대한 인물들이 시베리아의 수용소에서 평생을 보내지만 그들은 어떤 숭고한 동기에 의해 수용소에 간 것이 아닙니다. 그러므로 한 사람이 자신의 삶을 그런 식으로 허비하는 것은 아무런 목적 없이 우리의 가장 귀한 보물을 소진시키는 것이나 다름없습니다. 만일 틸라크가 어떤 숭고한 동기를 지닌 채 옥중에서 고통을 겪었다면 우리의 현실은 오늘날과 같지 않았을 것이고 그의 투옥이 낳은 결과도 많이 달랐을 것입니다. 이것이 제가 그분께 드리고 싶은 말씀입니다…… 그분께 이를 생생하게 보여드리기 위해 저는 살아있는 예를 제시해야 합니다. 간접적인 방식으로는 충분히 말씀을 드렸지만 그것을 직접적으로 보여드릴 기회가 있는 이상 이를 놓칠 수는 없었습니다. 그리고 바로 이곳에서 그렇게 할 기회가 있었습니다.

그와 비슷한 분으로 마단 모한 말라비야(Madan Mohan Malaviya)가 있습니다. 그분은 매우 경건한 삶을 살고 있으며 다르마에 대해서도 잘 알고 있지만, 위대한 인도의 정신을 제대로 이해하고 있는 것 같지는 않습니다. 제가 너무 심하게 말하는 것은 아닌지 두렵기도 합니다. 만일 그분이 제 말을 듣는다면 화를 내면서 저를 건방지다고 할지도 모르겠습니다…… 저는 그분에게도 직접적인 예를 보여드릴 기회를 갖게 되었습니다. 저는 두 분께 인도의 정신이 무엇인지 보여드릴 의무가 있습니다……

저에게는 서약이 너무나 가볍게 깨지고 신에 대한 믿음이 약해지는 것이 곧 다르마의 소멸과 같은 의미로 여겨집니다…… 수만 명의 노동자들이 자신과의 약속을 저버리는 것은 이 나라에 파멸을 불러오는 행위입니다. 그럴 경우 노동자들의 문제를 제기하는 것이 앞으로는 불가능해질 것이기 때문입니다. 사람들은 이번 일을 언급하면서 수만 명의 노동자들이 간디 같은 사람과 이십 일 동안 고통을 당하면서도 결국 이기지 못했다고 이야기할 것입니다…… 저는 노동자들이 쓰러지지 않도록 단식을 결정했습니다. 이것이 제가 서약을 한 이유이자 사람들의 마음을 움직인 이유입니다. 그곳에 모인 수많은 사람들이 눈물을 흘렸습니다. 그들은 새로운 정신으로 현실을 바라보게 되었고, 그들을 움직인 새로운 의식은 서약을 굳게 지킬 힘을 주었습니다. 저는 다르마가 인도에서 결코 사라지지 않았으며 각자가 영혼의 호소에 반응하고 있음을 확신하게 되었습니다. 만일 틸라크와 말라비야가 이를 보았더라면 인도에서 더욱 위대한 일들이 일어났을 것입니다.[41]

같은 날, 간디는 **사건**의 그리 영웅적이지 못한 측면을 솔직하게 기술했다.

하지만 저는 이 서약이 지닌 오점 또한 의식하고 있습니다. 어쩌면 저의 서약 때문에 공장주들은 저를 고려해서 노동자들의 요구를 들어주겠다고 하는 것인지도 모릅니다…… 그들은 마치 자비를 베풀 듯 행동하고 있고 그로 인해 이 서약은 저에게 큰 수치심을 가져다주고 있습니다. 하지만 저는 저의 수치심과 노동자들의 서약, 이 둘의 경중을 따져보았습니다. 무게는 후자 쪽으로 기울었고, 저는 노동자들을 위해 저의 수치심 따위는 생각하지 않기로 했습니다. 공적 책무를 수행할 때 사람은 이처럼 체면을 잃는 일도 감내할 준비가 되어 있어야 합니다.[42]

실제로 암발랄이 타협안을 들고 나타난 것도 그날이었다. 간디는 암발랄에게 자신의 단식은 무시해도 좋다며 이렇게 말했다. "단식은 저에게 큰 즐거움을 주는 일입니다. 누군가에게 폐를 끼치지도 않고 말입니다." 간디는 암발랄의 타협안을 가리켜 "우리의 양심 또는 우리의 자부심을 돈으로 주저앉히려는 부끄러운 짓"이라고 했으며, 순진한 노동자들의 눈에도 그것은 "계산된 속임수"임이 뻔히 보였다. 그럼에도 간디는 선택의 여지가

---

41 아슈람의 Prayer Discourse. 같은 책, 260~263쪽.
42 같은 책, 263쪽.

없음을 알고 있었다.

혹시라도 다른 방법이 있다면 우리는 그것을 택할 것입니다. **그러나 여러분이 저에게 이 제안을 수용하라고 한다면 저는 그렇게 하겠습니다. 다만 저는 여러분이 이 문제를 성급하게 결정하지 않았으면 합니다.** 먼저 중재자가 우리를 만나본 뒤 결정을 내릴 수 있게 합시다. 그리고 그가 최종적으로 결정하는 임금을 즉시 발표합시다. 즉 첫날에는 35% 인상된 일당을 받고, 둘째 날은 20%, 그리고 셋째 날 이후로는 중재자가 결정한 임금을 받는 것입니다. 조금 우스꽝스럽더라도 이렇게 해야 모든 일에 의혹의 소지가 없을 것입니다. 그리고 셋째 날의 일당은 그날 곧바로 발표되어야 합니다.[43]

첫날에 35%의 인상률을 적용하자고 한 것은 노동자들로 하여금 서약을 깨뜨렸다는 느낌을 갖지 않도록 하기 위함이었고, 마찬가지로 둘째 날의 20%는 공장주들의 입장을 배려한 것이었음이 분명하다. 그렇다면 노동자들을 이끌고 "부끄러운 속임수"와 "명예에 대한 집착" 사이의 좁은 해협을 빠져나갈 방법은 무엇이었을까?

열여섯 번째 인쇄물

간디가 단식과 고통스러운 갈등을 겪고 있는 동안 샨케르랄 반케르가 대신 작성한 (그리고 서명한) 열여섯 번째 인쇄물이 배포되었다. 글의 첫머리는 간디의 뜻을 그대로 대변하고 있다.

---

43 *CWMG*, 제14권, 264쪽.

이것은 제가 여러분에게 쓰는 첫 번째 글입니다. 먼저 제가 여러분에게 조언을 드린다는 것이 가당치도 않다는 말씀부터 드리고 싶습니다. 저는 육체 노동을 해본 적이 없고, 노동자들이 견뎌내야 하는 비참함을 겪어보지도 못했습니다. 또한 그러한 비참함을 없애기 위해 무언가를 해볼 능력도 없습니다. 그래서 이 문제에 대해 제가 여러분에게 조언을 드린다는 것이 자꾸만 망설여집니다. 하지만 지금까지 제가 여러분을 위해 한 일이 없었을지언정 지금 이 순간부터는 제 능력이 허락하는 한 무엇이든 하겠다는 것이 저의 강렬한 소망입니다. 저는 바로 그러한 소망으로 이 글을 쓰고 있습니다.[44]

이어지는 글에서 그는 이전의 인쇄물에서 언급된 내용을 자신만의 표현으로 되풀이하면서, 단순히 파업에 국한되지 않는 협상의 원칙을 강조했다. 그리고 이후 그는 자신의 다짐을 지켰다.

3월 18일 기도 모임에서, 지치고 낙심한 간디는 수치심을 느끼며 "해결책"을 발표했다. "저의 악조건으로 인해 공장주들은 조금의 자유도 얻지 못하고 있었습니다." 그는 집회에 모인 사람들에게 정의에 관한 가장 간단한 원칙을 상기시켜 주었다. 즉 어느 누구도 강압적인 상황에서 자신의 이름을 서명하도록 요구받아서는 안 된다는 것이었다. 그가 끝까지 고집했다면 공장주들은 결국 노동자들의 요구를 수용할 수밖에 없었을 것이다. 하지만,

만일 제가 그렇게 했다면, 뭔가 역겨운 것을 삼킴으로써 단식이 깨졌다는

---

44 같은 책, 548쪽.

느낌이 들었을 것입니다. 하지만 [영생을 가져다준다는 신화 속의 생명수인] 암리타(amrit)가 있었다 해도 입에 델 생각이 없었던 사람이 어찌 그런 것을 삼킬 수 있었겠습니까?[45]

이 비유는 매우 음울한 담화를 예고하는 것이었다. 간디는 다소 투박한 표현으로 그러한 압박감을 덜어내려고 했다. "어떤 정직한 사람이 자신의 주위에 온통 사기꾼들밖에 없다는 사실을 깨달았을 때, 그는 그들에게 등을 돌릴 것인지 아니면 그들과 한 패가 될 것인지 선택해야 합니다." 그런데 이 대목에서 돌연 그의 마음은 신성한 주제들과 히말라야 산맥, 빈디아(Vindhya) 산맥 그리고 소로(Thoreau)를 향했다. (간디는 소로의 시적 수사(修辭)와 그의 실제 삶을 동일시하곤 했다.)

위대한 인물들과 저의 정신을 비교할 때 저는 너무나 보잘것없는 사람이라 여러분께 무슨 말씀을 드려야 할지 모르겠습니다. 제가 스스로의 힘을 가늠하지 못하는 것은 아닙니다. 그러나 바깥세상에서 저의 힘은 실제보다 훨씬 높이 평가되고 있습니다. 저는 매일 너무나 많은 위선을 발견하고 있기 때문에 이대로는 더 버틸 수 없겠다는 생각을 자주 합니다. 피닉스에서 저는 사람들에게 어느 날 갑자기 제가 사라지더라도 놀라지 말라는 말을 자주 했습니다. 그때의 느낌이 다시 든다면 저는 여러분이 결코 찾을 수 없는 곳으로 떠날 것입니다. 그런 일이 벌어지더라도 결코 당황하지 말고 제가 여러분 곁에 늘 있다는 생각으로 여러분이 하던 일을 계속 해나가시기 바랍니다.[46]

---

45 같은 책, 266쪽.

간디는 그날 오후 깊은 슬픔에 잠긴 채 마지막으로 고무나무를 향한 발걸음을 힘겹게 옮겼다. 고생이 끝났다는 생각으로 들떠있는 군중—아메다바드의 많은 유력 인사들과 지방행정관을 포함한—에게 간디는 절제된 메시지를 준비했다. 간디는 양측의 합의가 노동자들에게는 그들의 서약을 옹호하는 것으로 받아들여지겠지만 공장주들에게는 사실상 중재안을 이행하라는 강요가 될 것이라고 말했다. 당시 구자라트 지역 신문의 보도가 사실이라면 간디는 이렇게 말했다. "저는 중재자로부터 35% 인상을 반드시 얻어낼 것입니다." 그런데 이는 "중재의 원칙을 수용"하겠다는 그의 태도와 잘 어울리지 않는다. 실제로 양측의 합의안은 다음의 방식을 따랐다.

> 첫날은 우리의 서약에 맞게 35% 인상된 금액이 지급될 것입니다. 둘째 날은 공장주들의 요구에 맞게 20% 인상된 금액이 주어질 것입니다. 그리고 셋째 날부터 중재자의 최종 판단이 내려질 때까지는 27.5%의 인상분이 적용될 것입니다. 만일 중재자가 최종적으로 35% 인상을 결정하면 공장주들이 우리에게 7.5%를 추가 지급할 것이고, 중재자가 20%를 결정하면 우리가 7.5%를 반납해야 할 것입니다.[47]

그러한 상황에서 7.5%의 반납을 달갑게 여길 노동자는 아무도 없었다. 그들은 3월 19일 마지막 인쇄물에 실린 지급 방식의 논리에 조소를 보내는 공장주들에게 반감을 품지 않을 수 없었다.

---

46 같은 책, 266, 267쪽.
47 같은 책, 267쪽.

우리는 이 상황에서 우리가 할 수 있는 최선의 방책으로 35% 인상을 받아들였습니다. "35% 인상이 관철될 때까지 작업에 복귀하지" 않겠다는 우리의 원칙은 두 가지 의미로 해석될 수 있습니다. 하나는 35% 이하는 결코 수용할 수 없다는 것이고, 다른 하나는 단 하루라도 35%의 인상률이 적용되어야 작업에 복귀하겠다는 것으로 말입니다.[48]

그날 연설의 마지막 부분에서 간디가 실망감과 거부감을 드러낸 이유도 이제 충분히 이해가 된다.

여러분에게 전해드리는 협상의 결과는 서약의 형식을 충족시킬 뿐 그 정신마저 충족시키는 것은 아닙니다. 서약의 정신은 우리에게 큰 의미를 갖지 못했습니다. 그러므로 우리는 그 형식을 지킨 것에 만족해야겠습니다.[49]

연설을 마무리하며 그는 군중을 향해 분명한 어조로 한 가지 권고를 남겼다. 이후로도 군중이 그들 자신을 위해서는 할 수 없을 것 같은 일을 간디를 위해서라면 할 것이라는 판단이 설 때마다 이 권고는 되풀이되었다.

지난 20년간의 경험으로 저는 스스로 서약을 할 자격이 있다고 생각하게 되었습니다. 그러나 여러분은 아직 그럴 자격을 갖추지 못했습니다. 그러므로 여러분은 앞으로 지도자들과 의논하기 전에는 서약을 하지 마십시오. 서약을 할 일이 생기거든 우리를 찾아와서 이번처럼 여러분을 위해 우리가 죽을 준

---

48 같은 책, 270쪽.
49 같은 책, 268쪽.

비가 되었는지를 먼저 확인하십시오. 하지만 우리는 여러분이 우리와 뜻을 함께하겠다는 서약을 할 때만 여러분을 도울 것입니다. 잘못된 서약은 내팽개쳐지기도 쉽습니다. 여러분은 언제, 어떻게 서약을 해야 하는지 아직 모르고 있습니다.[50]

간디는 숨을 죽인 군중 앞에서 단식의 중단을 선언했다. 곧바로 다른 이들의 연설이 이어졌다. 심지어 케다에서 간디와 대립하고 있던 지방행정 관조차도 모든 이들에게 축하를 건네면서, 노동자들이 간디 선생의 조언을 따르기만 하면 모든 일이 잘 풀릴 것이고 정의도 구현될 수 있을 것이라고 말했다. 아마 그는 케다의 농민들이 자신의 발언을 듣지 않기를 바랐을 것이다. 그런데 정작 아메다바드의 노동자들도 그의 말을 듣고 있지 않았다. 모든 사람들의 관심은 곧이어 벌어질 가두행진에 쏠려 있었기 때문이다. 비록 간디는 그런 종류의 상찬(賞讚)을 좋아하지 않았지만 그는 암발랄과 아나수야와 함께 마차에 태워졌다. 기록에 남아 있지는 않지만 그 마차는 노동자들이 직접 끌었을지도 모른다. 노동자들은 아나수야에게 붉은색 비단 사리를 바치기도 했다.

행진을 마친 군중이 고무나무 주위로 돌아왔을 때 그곳에는 공장주들이 실어다 놓은 과자와 사탕이 산더미처럼 쌓여 있었다. 하지만 이것은 현명한 일이 아니었음이 곧 증명되었다. 마치 호의적인 발언의 성찬을 상쇄하기라도 하듯 그날 저녁은 혼란스러운 장면으로 끝이 났다. 공장주와 노동자들이 주인공인 이 잔치에 아메다바드의 거지들이 몰려들어 먹을 것을 얻기 위해 몸싸움을 벌이면서 많은 양의 과자와 사탕이 땅바닥에 떨어져 발

---

50 같은 책, 268쪽.

에 밝히고 말았다. 먹을 것을 놓고 볼썽사나운 모습을 보인 사람들이 노동자들이라고 생각한 외부인들에게 이 모습은 당혹감과 함께 묘한 긴장감을 불러일으켰다. 그러나 소란을 일으킨 이들이 누구인지 밝혀지면서 노동자들의 명예는 지켜질 수 있었다. 일부 노동자들은 암발랄의 저택으로 초대를 받아 그곳에서 온전히 남은 과자를 먹었다. 믿음을 저버리지 않은 노동자들에게 깊이 감명을 받은 간디는 그 자리에서 한 차례 연설을 더 했다. 그는 전체적으로 이 투쟁이 주목할 만한 것이었다는 사실을 새삼 깨달았다.

이와 같은 경험은 저로서도 처음이었습니다. 저는 갈등이 벌어지는 현장을 수없이 경험했고 그런 상황에 대한 이야기도 많이 들어봤지만 이번처럼 악의와 냉소가 없었던 경우는 알지 못합니다. 저는 여러분이 이번 투쟁에서 해온 그대로 앞으로도 항상 평화를 유지할 수 있기를 바랍니다.[51]

간디는 인도 전체가 아메다바드의 노동자들을 자랑스럽게 여길 충분한 이유가 있다는 말로 연설을 마쳤다.

인도인들은 간디의 단식에 대해 어느 정도는 알고 있었다. 그러나 당시 주요 신문들은 그의 단식을 비중 있게 다루지 않았다. 공장주들로서는 그리 달갑지 않았겠지만 애니 베전트가 공장주들에게 전보—"작은 일로 위대한 분을 희생시키지 마십시오."—를 보낸 일은 있었다. 소식통들은 그의 단식을 "어리석고" "비겁한" 행동으로 묘사했으며, 간디에 의하면 "그보다도 훨씬 안 좋게" 보도되기도 했다. 간디는 파업이나 단식에 대해 전혀 들어본 적이 없는 독자들은 물론이고 자신을 비판하는 사람들을 의식해서

---

51 아메다바드 공장 노동자들에게 행한 연설. *CWMG*, 제14권, 268쪽에 수록.

인도의 대도시에 있는 주요 신문사의 편집국에 투쟁의 전 과정을 요약한 장문의 글을 보냈다. 앞에서 언급했듯이 이 기고문은 3월 27일자 〈봄베이 크로니클〉 12면의 독자 투고란에 겨우 실릴 수 있었다. 이 기고문에서 간디는 파업과 자기 자신을 헐뜯으려는 시도를 단호하게 배격했다. "나는 최근의 단식에 대해 대중에게 설명을 해야 할 필요를 느꼈다." 간디는 이 기고문을 영어로 작성했다.

나에게는 그 순간이 신성하게 느껴졌고 나의 믿음은 모루 위에 오르게 되었다. 나는 엄숙하게 맺은 서약이 파기되는 것을 참을 수 없으며 35%의 인상을 얻어내거나 그들이 모두 쓰러질 때까지 음식을 입에 대지 않겠다고 선언하기를 주저하지 않았다. 그러자 이전의 냉담한 분위기는 사라지고 노동자들의 집회는 마치 마술처럼 새로운 기운으로 깨어났다.[52]

그는 자신의 결정에 담긴 중층적 의미를 설명한 다음 이렇게 적었다.

앞으로 친구들이 어떤 판단을 내리든, 지금 분명히 말할 수 있는 것은 그러한 상황이 주어진다면 내가 이 지면을 빌어 설명한 미천한 일을 기꺼이 다시 하리라는 점이다.[53]

그는 암발랄과 아나수야를 언급하며 글을 마무리했다. 이 대목은 이 책의 앞부분에서도 인용된 바 있다.

---

52 *CWMG*, 제14권, 285쪽.
53 같은 책, 286쪽.

나는 일찍이 분쟁의 양측 당사자들이 이처럼 적대감 대신 정중함으로 상대를 대하는 경우를 본 적이 없다. 이 행복한 결말은 암발랄 사라바이 씨와 아나수야의 관계에서 비롯된 바가 크다.

그런데 당시에는 간디의 동료들 중에서도 이 "국내 문제"에 구현된 비폭력 투쟁 원리를 제대로 알아차린 이가 드물었다. 이는 개인적, 경제적으로 그 문제가 가지고 있는 모호한 성격 때문이었다. 그럼에도 위대한 운동은 작은 계기로 시작될 수도 있다. 설령 3주간의 이 투쟁에서 간디가 인도의 국내 문제에 큰 영향력을 행사하지 못했다 하더라도 최소한 그가 인도인들에게 한 걸음 다가섰다는 것은 분명하다. 또한 주요 신문들로부터 철저히 외면을 받는 동안에도 그의 이름은 인도 대중에게 일종의 무용담처럼 입소문을 통해 광범위하게 알려졌다. 어쩌면 역사적 현실에서 가장 중요한 목표는 어떤 사안의 경중과 관계없이 그 일을 중요하게 보이도록 만드는 것에 있는지도 모른다.

그의 기고문이 신문에 실릴 무렵 이미 몸을 추스른 간디는 피지 제도(Fiji Islands)의 계약 노동자들이 처한 상황을 논의하는 모임을 아메다바드에서 주도했고, 3월 22일에는 나디아드(Nadiad)에서 5,000명의 농민들에게 연설을 함으로써 케다 사티아그라하 운동의 시작을 알렸다. 또한 그는 반란 혐의로 수감되어 있는 회교도 운동가 알리(Ali) 형제의 석방을 논의하기 위해 델리에 가서 총독의 비서관을 만나기도 했다. 여기에서 우리는 환자의 병력(case history)과 개인의 생활사(life history) 사이에 존재하는 차이를 엿볼 수 있다. 환자들은 크고 작은 내적 갈등에 의해 조금씩 쇠약해지지만, 역사적 현실에서의 내적 갈등은 모든 초인적 노력에 더 큰 힘을 불어넣어준다.

제5장
—
여파

1. 사티아그라하 운동가와 군인

이제 불명예스러운 여파를 이야기해야겠다. 그렇다고 **사건** 자체가 명예로운 이야기를 제공해주었다는 것은 아니다. 사람들을 대결 구도로 몰아넣은 그 **사건**은 한 지역의 청중들을 대상으로 펼친 공연의 리허설 같은 것이었다. 정확하게 1년 후인 1919년 3월 15일에 일어난 최초의 전국적 사티아그라하 운동을 다루면서 아메다바드를 되돌아볼 때 그러한 성격은 특히 도드라져 보일 것이다. 수십만 명의 사람들이 지역과 종교를 가리지 않고 인도 전역에서 행동에 나섰을 때 그 상대는 대영제국이었으며 전 세계가 경외심을 가지고 이를 지켜볼 것이었다. 진지한 리허설은 부족한 점들을 드러내기 마련이지만 그럼에도 아메다바드는 적어도 진정한 명장의 리허설이었음이 1년 후 증명될 것이었다.

간디가 아메다바드에서 노동자들을 이끌고 있는 동안 케다에서는 농민들이 참여한 사티아그라하 운동이 준비되고 있었다. 앞에서 언급했듯이 단식을 중단하고 며칠이 지난 뒤 간디는 그동안 미뤄둔 일을 해야겠다는 생각과, 어쩌면 아메다바드의 어정쩡한 상황에서 벗어나고 싶다는 바람으로 서둘러 케다로 향했다. 우리는 이 새로운 운동을 오로지 아메다바드의 여파로서 다룰 것이다. 간디가 벌인 하나의 운동을 제대로 평가하기 위해서는 한 권의 책이 따로 필요할 것이기 때문이다. 새로운 운동을 시작할 때마다 간디는 극심한 고통을 겪었는데 그는 이를 출산의 고통과 비교하기도 했다. 또한 운동을 마무리하는 시점에서도 그는 자신이 가치 있는 본보기를 만들어냈는지—자신의 자녀들에 대해 그랬던 것처럼—확신을 갖지 못했다. 케다의 상황은 단순한 문제에서 시작되었다. 1917년 우기의 기록적인 폭우로 예년에는 풍요로움을 자랑하던 지방에 극심한 흉년이 들었다.

수확이 평년보다 25% 이상 줄어든 해에는 법에 따라 토지세의 납부가 연기되거나 면제될 수 있었다. 간디는 그해가 바로 그런 경우에 해당한다고 확신했다. 1918년 1월, 농민들이 주기적으로 겪는 고충을 조사하고 이에 대한 정부의 관심을 촉구하기 위해 만들어진 모임에서 간디는 케다의 농민들에게 정부가 실태 조사를 벌일 때까지 토지세를 납부하지 말고 기다릴 것을 권고했다. 지방정부는 간디와 그의 동료들을 가리켜 "외부의 선동가들"이라고 부르면서 실태 조사를 거부했고, "풍요롭고 비옥한 지역"에서 토지세를 징수할 것임을 분명히 했다. 그들은 곡물 가격이 상승한 원인을 투기 세력과 전쟁 특수(特需)에 돌렸다. 사실 상대적으로 부유한 농민들은 세금을 낼 여력이 있었지만 다수의 농민들은 그럴 형편이 되지 못했다. 간디는 이 상황을 부자와 지식인들이 착취당하는 농민들에게 연대의 손길을 내밀 수 있는 기회로 생각했다. 또한 체납된 세금을 추징하기 위해 토지와 가축을 주저 없이 몰수하는 관리들에 대한 두려움을 농민들이 극복하는 데 그들이 도움을 줄 수 있으리라 생각했다. 3월 22일, 케다의 사티아그라하는 세금을 납부하기보다 그로 인한 고초를 감내하겠다는 서약과 함께 시작되었다. 물론 이를 실천하는 방식은 비폭력이어야 했다.

이 문제는 거의 석 달을 끌었고 6월 6일이 되어서야 투쟁의 종료가 선언되었다. 간디의 표현을 빌리면 그것은 "고결함이 없는 종결"이었다. 그가 자서전에서 거듭 이야기했듯이 "사티아그라하 운동은 사티아그라하를 실천하는 사람들이 처음보다 더 강해지고 씩씩해질 때 비로소 가치 있는 것"[1]
이었기 때문이다. 그런데 간디는 투쟁의 결과로 농민들보다 오히려 지방정
부가 더 큰소리를 치게 되었다는 사실을 놓치고 있었다. 간디는 이 투쟁이
농민들에게 작은 이익보다 더 중요한 것, 즉 "자각의 시작…… 진정한 정치
교육의 시작"을 가져다주었으리라 확신했다. 그러나 지방정부는 가장 가
난한 농민들에게 세금의 일부를 감면해주는 쉬운 양보를 하면서도 오민하
고 고압적인 태도를 유지했고, 상대적으로 형편이 나은 농민들로부터는 자
발적으로 더 많은 액수의 세금을 납부하겠다는 약속을 받아내기까지 했다.
농민들은 자신들의 주장을 펼치며 저항을 했음에도 아무런 불이익을 받지
않았다는 사실에 기뻐했지만 간디는 이를 마냥 기뻐할 수 없었다.

　고향 구자라트에서 노동자와 농민들이 사티아그라하의 가능성을 보여
줌에 따라 간디가 더 큰 과업을 열망하게 되었다고 믿을 만한 근거는 충분
하다. "우리는 영국 신민으로서의 권리를 원합니다. 우리는 해외의 다른 자
치령처럼 영국의 동반자가 되기를 갈망합니다. 우리는 총독의 권한을 우리
가 얻게 될 날을 손꼽아 기다립니다."[2] 지역의 문제를 해결하기 위해 온 힘
을 기울이면서도 행동을 향한 그의 상상력과 욕구는 지역에서 풀려나 이
미 전국적 문제를 지향하게 된 것 같다. 또한 이 시기에 그는 고칼레의 충
고라는 마지막 구속으로부터도 풀려난 것 같다. 그러나 전국적 운동의 포
부를 갖기 시작하면서 그는 이전부터 어떤 벅찬 상대와 마주할 때마다 그
랬던 것처럼 영국이라는 거인을 상대해야 할 필요성 앞에서 감정과 생각
이 복잡해졌다. 그는 모체가 위험에 처해 있을 때 먼저 도움과 원조를 제공

1　Gandhi, *Autobiography*, 324쪽.

2　"Sisters and Brothers of the Kheda District", 6월 22일, 1918년. *CWMG*, 제14권, 440쪽에 수록.

해야 했다.

케다의 문제가 아직 해결되지 않은 시점인 4월에 델리에서 열린 전쟁 지원 회의에 총독의 초대를 받았을 때 그는 답장[3]에서 이렇게 썼다.

저는 이 위급한 시기에 우리가 대영제국을 위해 절대적인 지원을 흔쾌히 제공해야 한다는 점을 인식하고 있습니다. 이는 우리가 해외의 다른 자치령처럼 가까운 장래에 영국의 동반자가 될 수 있기를 갈망하기 때문입니다. 다만 우리의 화답은 이로 인해―의무의 충실한 이행은 그에 상응하는 권리를 가져다주기 마련이므로―우리의 목표가 더욱 빨리 달성되리라는 기대에서 비롯된 것입니다. 인도인들은 당신의 연설에서 언급된 개혁 조치가 국민회의―인도무슬림연맹 개혁안(Congress-League Scheme)의 주요한 원칙을 구현할 것이라고 믿을 권리가 있습니다. 또한 많은 이들이 전쟁 지원 회의에 참석하여 전적인 지원을 결의하도록 할 수 있는 힘도 바로 그러한 믿음에서 나올 것이라고 저는 확신합니다.

국민회의―인도무슬림연맹 개혁안은 인도국민회의와 인도무슬림연맹이 1916년에 합의 발표한 전면적인 정치 개혁안이었다. 이 개혁안은 대영제국의 일부로서 "이른 시기에 영국의 역사 및 정책과 완전한 조화를 이루는" 인도의 자치정부가 수립되리라는 기대를 담고 있었다. 그런데 우리는 당시 간디가 다소 비이성적이었다고 판단하지 않고서는 그가 이 문제를 다룬 방식을 이해하기 힘들다. 반대자들은 물론이고 그의 동료들조차 도대체 그에게 무슨 일이 일어났는지 의아해할 정도였다. 많은 이들은 무엇

---

3 총독에게 보내는 1918년 4월 29일자 편지. *CWMG*, 제14권, 377, 378쪽에 수록.

보다도 그의 일관성과 진리에 대한 애착이 정확하게 무엇인지 의문을 품었다. 『간디 전집』은 그의 갑작스러운 내적 갈등을 다양한 차원—총독과의 관계는 물론이고 친구와 아들들에 대한 관계, 그리고 연설과 행동은 물론이고 그의 정신적, 육체적 상태—에서 살펴볼 수 있게 해준다. 우리는 이모든 문제들 속에서 어떤 전형적인 긴장과 불안을 발견할 수 있는데, 그것은 아버지의 죽음부터 그 자신의 죽음에 이르기까지 평생에 걸친 그의 진리 추구에서 끊임없이 나타나던 것이었다.

그는 총독에게 보내는 답장에서 이렇게 썼다. "두렵고 떨리는 마음으로 저는 회의에 참석하기로 결정했습니다." 총독은 비서가 받아 적은 회신에서 자신은 그런 두려움과 떨림을 이해할 수도, 믿을 수도 없다고 말했다. 그리고 비서는 이 대목에서 쓸데없이 "저도 마찬가지입니다."라는 구절을 덧붙였다. 하지만 간디는 여전히 불안감과 의욕이 뒤섞인 태도를 보였다. 마침내 전쟁 지원 회의에 참석한 간디는 힌디어로 연설을 하는 선례를 남겼다. "저는 무거운 책임을 느끼며 저의 결단에 대한 여러분의 지지를 간곡히 청합니다." 그의 결단은 영국군을 지원하기 위해 인도에서 50만 명의 지원병을 모집하자는 것이었다. 어떤 이는 인도인이 공식적으로 국왕의 대리자 앞에서 인도인의 언어로 발언한 것이 이때가 처음이라는 사실에 의미를 부여한다. 하지만 그 내용은 간디가 충성심이 지나친 신민임을 보여줄 뿐이다. 그는 감정적으로 완전한 순종을 하지 않고는 그 무엇도 따를 수 없는 사람이었다.

제가 만일 인도인들의 마음을 돌려놓을 수 있다면 저는 그들로 하여금 국민회의의 결의를 거두어들이고 전쟁이 끝날 때까지는 "자치"나 "책임 있는 정부"를 입 밖에 내지 못하도록 할 것입니다. 저는 온 인도가 위기에 처한 대영제국을 위해 건강한 아들들을 제물로 바치도록 할 것입니다. 이렇게 함으로써 인도는 영국의 가장 든든한 동반자가 될 것이고 인종차별은 먼 과거의 이야기가 될 것입니다.

한편 그때까지만 해도 총독은 관심조차 가지고 있지 않던 참파란과 케다에서의 활동에 대해 그는 전혀 새로운 해석을 내놓았다. "참파란과 케다에서 제가 벌인 활동은 전쟁에 기여하는 나름의 직접적이고도 특별한 방식이었습니다. 그런 활동을 중단하라고 하는 것은 저에게 목숨을 내놓으라는 것이나 마찬가지입니다."[4] 이어서 그는 자신의 입장을 설명했다. 그는 자신이 "친구와 적을 따지지 않고 그 누구도 죽이거나 상해를 입히지 않을 것"이기 때문에 직접 참전하지는 않을 것이며, 대신 사티아그라하 운동을 벌여온 자신의 추종자들이 모병에 응하게 될 것이라고 적었다. "케다의 상황이 나아진다면…… 그곳에 있는 동료들의 도움을 얻어 그 지역에서 모병을 할 수 있을 것입니다."[5] 한창 마하트마로 부상하고 있던 그가 국왕 폐하를 위해 제복을 입은 신하의 자세를 취한 것이다. 그는 총독의 비서에게 자신의 "과거 기록"—군에 복무한 과거 기록—을 자발적으로 제출하기까지 했다!

저는 보어 전쟁 당시 1,100명으로 구성된 부상병 후송부대를 이끌고 콜렌소, 스피온콥, 발크란즈의 전투에 참가했습니다. 불러(Buller) 장군은 본국에 보낸 공문에서 저를 특별히 언급하기도 했습니다. 줄루족의 반란 시기에도

---

4 같은 책, 379쪽.
5 총독 비서에게 보내는 1918년 4월 30일자 편지. *CWMG*, 제14권, 380쪽에 수록.

90명의 인도인으로 구성된 유사한 부대를 만들어 당시 나탈 정부로부터 특별한 감사를 전달받았습니다. 현재 벌어지고 있는 전쟁이 발발했을 때에는 런던에서 100명에 가까운 학생으로 의무부대를 조직했고, 1905년 심각한 늑막염으로 인도에 돌아오기 전에도 저는 필요한 훈련을 충분히 받았습니다.[6]

이날 그는 총독의 비서에게 거의 알랑거린다고 할 만한 편지를 같이 부쳤다.

저는 첼름스퍼드 경(Lord Chelmsford, 1916년부터 1921년까지 재임한 인도 총독 - 옮긴이)이 진정한 참전으로 여길 수 있는 일을 하고 싶습니다. 만일 제가 직접 모병에 나선다면 헤아릴 수 없이 많은 지원병을 모을 수 있으리라 생각합니다. 혹시 이것이 오만하게 들린다면 용서하십시오.

어제 총독께서 조금 창백해 보이시더군요. 저는 총독님의 연설을 듣는 동안 걱정이 많이 되었습니다. 신께서 그분과, 충실하고 헌신적인 비서인 당신을 보살펴주시기를 기원합니다. 당신은 총독님께 비서 그 이상의 의미가 있는 분이라 생각됩니다.[7]

마지막의 불필요한 문장은 부모에 대한 자식의 태도처럼 비합리적 애착의 인상을 주는데, 이것은 인도의 건강한 아들들을 대영제국에 제물로 바치겠다는 간디의 표현에서 처음 나타난 바 있다. 위기에 처한 대영제국을 위해 모병의 임무를 자청하면서 그는 자신을 그 일을 해낼 수 있는 "유일

---

6 같은 책, 381쪽.
7 *CWMG*, 제14권, 382쪽.

한 사람"으로 내세우고 있다. 또한 창백해 보이는 총독 곁에서 비서 그 이상의 역할을 하는 것으로 보이는 비서에게 그는 거의 질투를 느끼는 것 같은데, 여기에서 아버지를 간병하는 아들의 이미지를 읽어내는 것은 매우 자연스럽다.

한편 그의 가족사 내에서 부자(父子) 관계는 계속 악화되고 있었다. 사실 간디가 총독의 비서에게 편지를 보낸 시점은 간디와 하릴랄의 관계가 파국으로 치닫게 된 시점과 일치했을지도 모른다. 어쨌든 다음날 간디는 하릴랄에게 편지를 보냈다. 편지에는 우리가 이제 자연스럽게 여기게 된 깊고 무의식적인 양가감정이 담겨 있었다. 반대로 하릴랄이 도덕주의적인 아버지에게 복수를 꾀하고 있었다는 점 또한 분명하다. 간디의 편지는 하릴랄과 그의 동업자를 법적인 곤경에 몰아넣은 신용 사기를 언급하고 있다. 우리의 흥미를 끄는 것은, 간디 자신은 전혀 의식하지 못했겠지만 앙심에서 비롯된 주제들이 그 편지에 드러나고 있다는 사실이다. "사람은 자신의 천성대로 행동하기 마련이다." 여기에는 아들이 아버지의 죄로 인해 희생 제물이 될 운명을 가지고 태어났으며, 이 때문에 하릴랄은 도둑의 기질을 타고났다는 암시가 담겨 있다. 하릴랄은 이 편지에서 아버지가 "델리에서 무척 중요한 일을 해냈다"는 사실을 알게 된다. 당시 신용 사기에 연루되어 있던 그의 처지에서 이는 가혹한 대조였다. 그럼에도 아버지는 아들에게 그 중요한 일이 무엇인지 구체적으로 알려주지 않는다. 아들은 그것을 신문에서 읽거나 어쩌면 아버지의 비서인 마하데브의 편지를 받고서야 알게 되었을 것이다. 아버지의 편지는 이렇게 이어진다.

마하데브가 너의 자리를 대신하고 있다. 하지만 그 자리에 네가 있었으면 하는 바람은 여전하다. 만일 나에게 다른 아들들이 없었다면 나는 아마 비탄에 잠겨 죽었을지도 모른다. 지금이라도 **이미 분별력 있는 아들의 자리를 대신하고 있는 누군가를 밀어내지 않고** 그 역할을 하고 싶다면 네 자리는 마련되어 있다.[8]

이 편지의 발신일은 5월 1일이었다. 그로부터 2주가 지나도록 간디는 자식이 부모를 대하듯 대영제국을 향해 제안한 내용에 대해 공식적인 답변을 듣지 못했다. 사실 총독의 비서가 봄베이의 주지사인 윌링던 경(Lord Willingdon)에게 보낸 편지에는 명확한 지침이 담겨 있지 않았다. 그동안 간디는 비하르를 잠시 방문했다. 그곳의 정보원이 작성한 문서에 따르면 파트나에 모인 8,000명의 군중은 처음에는 열광적인 분위기를 보였으나 "그의 연설이 이어지면서 분위기는 차츰 가라앉았다." 간디는 자신을 정부의 충실한 대리인이자 비하르의 지도자로 소개하며 청중들에게 모병에 응할 것과 "정부가 명하는 곳이라면 어디든 함께" 갈 것을 제안했다. 이에 많은 수의 청중이 "조용히 자리를 떴다." 5월 30일, 첫 제안을 한 지 4주가 지나 간디는 윌링던의 비서에게 편지를 보냈으나 전쟁 지원 사업에 아무 조건도 내걸지 말 것을 요구하는 퉁명스러운 답장을 받았을 뿐이다. 5월 11일, 간디가 이에 반박하는 편지를 보내자 주지사의 비서는 곧바로 "대영제국의 국왕 폐하께 충성을 맹세하는 것에 대해 정치적 논쟁을 벌이는 것이 타당한지"를 되묻는 회신을 보냈다. 그는 조건 없는 충성 맹세를 다시 한번 강조하며, 이는 (틸라크처럼) "공개적으로 협력을 거부하는 것과 비교할 때 다소 솔직하지 않다는 점만 다를 뿐"[9]이라고 덧붙였다. 간디는 그러한 수모에도 불구하고 나중에는 애니 베전트와 진나(Muhammad Ali Jinnah, 인

---

8 같은 책, 385쪽. 고딕체는 저자 강조.
9 같은 책, 424쪽.

도무슬림연맹의 지도자로 훗날 인도가 독립할 때 파키스탄의 분리 독립을 이끌어냈다-옮긴이)에게 "조건 없는 모병을 지지하는…… 단호한 선언"을 요구하기까지 했다. 그는 진나에게 보낸 편지에서 자치연맹에 가입한 사람들이 모병에 응할 것을 요청하며 "너희는 먼저 모병관을 구하라. 그리하면 이 모든 것을 너희에게 더하시리라."[10]라는 역겨운 농담을 적기도 했다.

바로 이것이 불과 몇 달 전만 해도 정부에 저항할 것을 촉구했던 간디가 농민들에게 전하려고 한 메시지였다. 가장 가혹한 영국인 관리에게조차 비폭력의 원칙과 신사적인 태도를 지키라고 권고한 간디를 케다의 농민들은 한 달이 못 되어 다시 만났다. 그리고 이번에 만난 간디는 그들에게 무기를 들고 영국의 군인이 되라고 말하는 것이었다. 농민들은 어이가 없었다. (샨케를랄이 증언한 바에 따르면) 농민들은 그들의 지도자에게 소리쳤다. "우리는 당신을 위대한 인물로 만들었습니다! 우리는 당신의 사티아그라하가 성공하도록 도왔습니다! 그런데 이제 와서 당신이 우리에게 이런 요구를 한단 말입니까?" 농민들은 그의 연설을 듣지 않았을 뿐만 아니라 그에게 교통수단과 음식을 제공하는 것조차 거부했다. 간디의 시도는 실패로 돌아갔고 결국 그는 육체적, 정신적으로 무너지고 말았다. 그런데 "감"을 잃은 것은 간디 한 사람만이 아니었다. 발랍바이 파텔과 인둘랄 야그니크도 모병 소식지 1호(Recruiting Leaflet No. 1)에 자신들의 이름을 올렸다. 이 소식지에는 공동의 목표를 위해 일정한 수의 사람들을 희생시켜도 된다는 오싹한 논리의 모병 계획이 담겨 있었다.

케다 지역에는 600개의 마을이 있습니다. 각각의 마을에는 평균적으로

---

10 같은 책, 470쪽.

1,000명의 주민이 살고 있습니다. 만일 한 마을에서 스무 명의 젊은이가 모병에 응한다면 케다 전역에서 12,000명의 지원병이 모이는 셈입니다. 케다 지역의 전체 인구는 70만 명이므로 그 숫자는 연간 사망률인 1.7%에도 미치지 못하는 것입니다.[11]

당시 간디가 "제정신이" 아니었고, 누군가의 반대를 귀담아듣지 못할 정도로 판단력이 흐려져 있었다는 것은 분명하다. 그는 여러 친구들에게 "지금까지 단 한 명의 모병도 성공하지 못했다"는 소식을 몇 주에 걸쳐 편지에 적어 보냈다. 그럴수록 그는 모병에 더욱 필사적으로 매달렸고 나중에는 "미친 듯이 모병을 하고 있으며, 오로지 모병에 대한 말만 하고 모병에 대한 생각만 하며 모병을 위한 행동만"[12] 하는 지경에 이르렀다.

자기 통제력을 잃었음을 고백하는 글을 쓴 바로 그날, 간디는 고열과 이질로 자리에 눕게 되었다. 며칠 후 그는 자신의 생애에서 가장 심하게 앓고 있다고 (펜을 들거나 걷지도 못할 만큼 기력이 없었기 때문에) 구술했다. 극도의 쇠약함과 나약함을 고스란히 드러내는 그의 모습에서 우리는 억압된 분노라고 일컬을 만한 것을 읽을 수 있다. 사실 그의 병이 자연적인 원인에 의한 것인지 아니면 자신의 치료법 이외의 모든 치료법을 거부했기 때문에 진행된 것인지는 분명하지 않다. 8월 말, 암발랄과 사랄라데비가 그를 자동차로 자신들의 저택으로 옮기기 위해 찾아오고 나서야, 그리고 한 달 후 그의 고집으로 아슈람에 옮겨져 추종자들에 둘러싸인 채 죽음을 앞둔 의식을 행하고 나서야 아나수야는 "진짜" 의사를 부르기로 결정했다. 의사는

---

11 같은 책, 443쪽.
12 *CWMG*, 제15권, 17쪽.

간디의 맥박이 정상이며 그의 탈진은 "신경쇠약"—당시에는 신경쇠약을 병인(病因)으로 돌리는 경우가 흔했다—에서 비롯된 것이라고 퉁명스럽게 말했다. 마하트마 자신도 그 진단이 타당하다는 사실을 솔직하게 인정했지만, 오늘날까지도 공식적인 『간디 전집』은 그가 "죽음의 문턱"을 넘나들었다고 말한다. 하지만 우리의 관심은 그가 정말로 죽을 정도로 아팠는지 아니면 그 모든 것이 그의 상상이었는지에 있지 않다. 중요한 것은 그의 정신 속에 늘 있었던 고통스러운 양자택일의 갈등으로 그를 다시 몰아넣은 것이 무엇이냐는 것이다. 그는 영토 또는 도덕적 위험에 처한 세계를 영웅적으로 지키기 위해 죽이거나 죽임을 당함으로써 명예와 불멸성을 구하는 것과, 생명을 걸고 인간애에 대한 믿음을 적에게까지 확대함으로써 자신의 영혼을 구원하는 것 사이에서 하나를 선택해야 했다. 그러나 간디가 경악과 경멸을 느끼며 확인한 사실은, 사티아그라하 운동가들 가운데 살인을 하지 않기 위해 전쟁을 거부한 사람은 아무도 없다는 것이었다. 그들은 단지 죽기 싫었을 뿐이다.

얼마 지나지 않아 간디는 예언적인 글을 남긴다.

우리가 다르마인 줄 알았던 것이 사실은 다르마가 아니었다. 우리는 비폭력의 이름으로 엄청난 폭력을 저지른다. 피 흘리기를 두려워하면서도 우리는 매일 사람들에게 고통을 가하고 그들의 피를 말린다. **바니아 계급은 결코 비폭력을 실천할 수 없다.**[13]

이 예언자가 모국에 돌아와 자신의 주장을 펼쳐야만 했던 이유를 이해

---

13 *CWMG*, 제14권, 499쪽.

하려고 노력한 이라면 그의 갑작스러운 통찰에 두려움을 느낄 것이다. 그는 자신의 메시지가 잘못되었을지도 모른다는 사실을 깨달은 것일까? 간디는 바니아 계급이 아닌 사람들—영국인, 마하라슈트라인, 크샤트리아인—을 새로운 시각으로 바라보며, 사티아그라하가 그에게 적절한 덕목으로 받아들여진 이유를 자신의 천성과 성장배경에서 찾았다. 그는 C. F. 앤드루스에게 보내는 편지에서 이렇게 적었다.

> 처음에 이곳의 동료들이 인도인들은 무저항의 저항을 약자의 무기로 사용한다고 말했을 때 나는 그것을 비방이라 여겼습니다. 그런데 그들이 옳았고 내가 틀렸습니다. 무저항의 저항은 우리의 강인함에서 나오는 것이며, 그것이 사티아그라하로 설명된다는 사실을 인식하고 있는 이는 소수에 불과합니다. 대부분의 사람들에게 사티아그라하는 단순히 무저항의 저항으로 받아들여지는데, 이는 폭력의 수단을 사용하기에는 그들이 너무 나약하기 때문입니다. 케다에서 나는 그러한 사실을 거듭 확인해야 했습니다.[14]

일단 실상이 눈에 들어오자 이에 대한 더욱 "깊은" 인식이 이어졌다. 서구 문명의 청교도주의가 "억압 받는" 사람들이 아닌 근본적으로 강인한 사람들의 생활방식이었던 것처럼, 그는 **아힘사**가 순종적이거나 방어 수단이 없는 사람들에 의해 만들어진 것이 아님을 깨달았다. "**아힘사**는 삶의 활력으로 충만하고 적을 똑바로 쳐다볼 수 있는 사람들에게 설파된 것이었다." 전사(戰士)의 가치를 깨달은 간디가 그에게 조언을 구하는 어느 환자에게 보낸 답장에서 의사들에 대한 분노를 터뜨리는 장면은 비장하기까지 하다.

---

14 같은 책, 475쪽.

하지만 경험이 가장 많다고 하는 의사로부터도 당신이 기대할 수 있는 것이라고는 면허를 받은 살인밖에 없습니다. 당신의 이야기를 들을 때마다 나는 당장 달려가서 그 의사를 총으로 쏘고 싶다는 생각이 들지만 아힘사가 그것을 가로막곤 합니다.[15]

생업으로 매일 강가에서 빨래를 하는 건장한 남자들의 우렁찬 목소리에서 그는 모든 공격성의 원천을 직관적으로 깨닫기도 했다. "빨래를 할 때 우리는 빨랫감을 두들기면서 희열을 느낀다. 그렇게 함으로써 빨래가 깨끗해진다는 사실을 알기 때문이다."[16] 사실 이 대목에서 순수하지 못한 것을 폭력적으로 제거해야 한다는 생각으로 그가 폭력을 감정적으로 용인하게 된 것은 아닐까 의심하는 이도 있을 것이다. 그는 같은 날, 데바다스에게 보낸 편지에서 불결한 것에 대한 그의 혐오가 줄어들기는커녕 점점 커지고 있다고 적었다. 도덕적으로 타락한 사람들과 겁쟁이들—혹은 단순히 방어 능력이 없는 사람들의 **부정적 정체성**—에 대한 그의 혐오는 6월 21일 나디아드에서 열린 모병 집회—천 명 정도가 모인—의 개회사에서도 엿볼 수 있다.

모든 국가는 자기 방어의 책무를 가지고 있으며 자국의 국민을 보호할 수 있어야 합니다. 스스로를 방어할 능력을 갖게 될 때까지 우리에게 스와라지는 적합하지 않을 것입니다. 인도를 지키기 위해 영국에 의존해야 한다는 것,

---

15 같은 책, 512쪽.
16 같은 책, 506쪽.

바로 여기에 인도의 무력함이 있습니다. 이 무력함을 제거하는 것은 우리가 가장 먼저 감당해야 할 신성한 의무입니다.[17]

이러한 감정적 토대에서 간디는 자신이 느끼는 진실을 설파하기 시작했다.

우리 안에 이러한 심약함과 두려움이 있는데 어떻게 우리가 영국인들과 동등해질 수 있겠습니까? 만일 제가 데드 [불가촉천민] 한 사람을 보고 그에게 제 옆에 와서 음식을 들라고 하면 그는 아마 두려워서 벌벌 떨 것입니다. 저를 두려워하지 않을 만큼 그가 스스로 충분히 강하다는 생각을 갖게 될 때 그는 비로소 저와 동등해질 수 있습니다. (그에게 그럴 힘이 없는 상태에서) 그를 저와 동등하게 취급하는 것은 그를 더욱 힘들게 만들 것입니다.

간디는 인도의 뿌리 깊은 불가촉천민의 문제가, 인도와 영국의 관계에서 고스란히 반복된다는 결론에 도달했다. 즉 영국에 대해 인도는 불가촉천민의 입장이 되는 것이었다. 그는 통찰과 무모함을 둘 다 갖춘 솔직함으로 다음과 같이 덧붙였다.

영국을 도우면서 우리는 군대의 규율을 배울 것이고, 전투 경험과 우리 자신을 방어할 힘도 얻게 될 것입니다. 만일 영국이 우리를 부당하게 대우한다면 우리는 그 힘을 가지고 그들과 싸울 수도 있을 것입니다.

---

17 같은 책, 437쪽.

(그의 일관성 결여를 걱정한 많은 친구들처럼) 에스더 패링이 그를 염려하며 질문을 했을 때 간디는 사티아그라하의 관점에서 대답을 했다.

살인을 하고 싶지만 몸이 불구이기 때문에 그렇게 할 수 없는 사람에게 내가 어떤 충고를 해줄 수 있겠습니까? 그에게는 살인을 해서는 안 된다는 것을 가르치기 전에 먼저 그가 잃어버린 힘을 회복시켜 주어야 합니다…… 전쟁을 감당할 수 없는 나라는 싸우지 않는 것의 미덕을 경험을 통해 얻을 방법이 없습니다. 이는 인도가 싸워야 한다는 뜻이 아닙니다. 다만 나는 인도가 싸우는 법을 알아야 한다고 말하는 것입니다.[18]

인용문의 분량이 다소 많다고 느낄 독자들이 있으리라는 것을 나는 잘 알고 있다. 하지만 다른 말로 풀어서 설명하는 것으로는 간디의 새롭고도 놀라운 이 통찰—비폭력 저항의 역사에서 결코 떼놓을 수 없는—을 분명하게 전달할 수가 없다.

이전에는 분명히 알지 못했지만 나는 이제 폭력 속에 비폭력이 있다는 사실을 깨닫게 되었습니다. 이것이 나에게 일어난 가장 큰 변화입니다. 나는 술 주정뱅이가 악행을 저지르는 것을 막아야 하는, 그리고 광견병에 걸린 개를 죽여야 하는 책임을 이전에는 충분히 깨닫지 못하고 있었습니다. 이 두 가지 사례에서 폭력은 사실 비폭력입니다. 폭력은 육체의 작용입니다. **브라마차리아**는 성적 탐닉을 삼가는 데 있습니다. 그렇다고 우리가 아이들을 성불구로 키우는 것은 아닙니다. 비록 왕성한 생식능력을 가지고 있다 해도 육체적 충동

---

18 1918년 6월 30일자 편지. *CWMG*, 제14권, 462, 463쪽.

을 제어하는 능력을 갖출 때 비로소 아이들은 **브라마차리아**를 준수하게 될 것입니다. 마찬가지로 우리의 아이들은 신체적으로도 강해져야 합니다. 만일 아이들이 폭력의 충동을 완전히 억누를 수 없다면, 우리는 그들이 폭력을 저지르고 그 힘을 이용하여 싸움을 하도록 허용함으로써 그들을 비폭력적으로 만들 수 있을지도 모릅니다. 비폭력은 무사 계급인 크샤트리아가 크샤트리아에게 가르친 것이었습니다.[19]

간디가 C. F. 앤드루스에게 보낸 편지에는 "전쟁은 늘 우리와 함께 있을 것입니다. 인간의 본성이 바뀔 가능성은 전혀 없어 보입니다."[20]라는 구절도 있었다.

하지만 핵의 시대 이전, 그리고 다윈주의 이후에 쓰인 그 구절은 내가 결론에서 이야기하려는 바와 같이 좀 더 넓은 시각에서 조망되어야 한다. 인간이 자기 자신과 집 그리고 자손을 위해 설정한 영역을 지키기 위해 싸운다는 통찰 또한 그러하다.

모크샤와 아힘사는 개인이 획득해야 할 가치입니다. 아힘사의 온전한 실천은 부와 땅의 소유나 자녀의 양육과는 다른 것입니다. 설령 범죄자를 때려눕히더라도 아내와 아이들을 지키는 일에 진정한 아힘사가 있습니다. 또한 완전한 아힘사는 범죄자를 때려눕히는 것이 아니라 그의 공격을 처음부터 차단하는 것에 있습니다.[21]

---

19 1918년 7월 25일자 편지. *CWMG*, 제14권, 505쪽.
20 1918년 7월 29일자 편지. *CWMG*, 제14권, 509쪽.
21 *CWMG*, 제14권, 509, 510쪽.

만일 간디가 자신의 역할을 좀 더 분명히 깨닫는 데 이러한 통찰이 도움이 되었다면, 이는 또한 인도의 문화—정해진 계급과 부족에게만 무사의 덕목을 부여하는 문화—에서 그가 자신의 위치를 분명하게 깨닫는 데에도 도움이 되었을 것이다. 카스트 체제 내에서, 규율과 체계적인 전투 규범의 완전무결함으로부터 자신의 **다르마**를 추구한 "직업인들"은 태평스럽게 "세상을 유지"하는 역할을 지닌 다른 구성원들을 지켜주었다. 그러나 자신들의 안전을 타인의 힘에 맡기려 하지 않은 동등한 시민들의 공동체에서는 다양한 **다르마**의 기능이 다른 방식으로 분배되어야 했다. 그리고 대중운동으로서의 사티아그라하는 엘리트 계급이 아닌 공동체의 일반 계층의 용기에 그 성공 여부가 달려 있었다.

서구 사회에서는 유대인 국가의 흩어진 후손들이 이와 유사한 문제를 경험했다고 여겨진다. 그들은 상업과 학문 분야에 치중했고 여러 세기 동안 자신들의 안전을 그들이 거주하는 국가의 군인들에게 맡겨두었다. 그런데 이 군인들은 스스로를 보호할 능력도, 의지도 없는 이들 유대인들에게 종종 가학적 혐오를 표출하곤 했다. 유대인—신이 계약의 증표로 그들의 남성성을 상징하는 음경의 포피를 요구하도록 내버려둔—들은 싸울 능력이 없기 때문에 싸우지 않을 것이라는 타자의 판단이 반유대주의의 강력한 요인이 되었음은 의심의 여지가 없다. 이러한 반유대주의는 군사력을 손에 쥔 오만한 범죄자들이 절망적 두려움에 휩싸인 패전국에서 권력을 잡았을 때 최악으로 치달았다. 디아스포라(Diaspora, '분산' 또는 '이산'이라는 뜻으로 세계 도처에 흩어져 살면서 고유의 종교적 규범과 생활 관습을 유지하는 유대인들을 가리킴 - 옮긴이)의 유대인들이 지닌 가치관을 고려해보면, 유대인들도 국가의 이름으로 전쟁을 **할 수 있다**는 것을 보여준 뒤늦은 증거들은 많은 이들에게 시대착오적이라는 인상을 줄지도 모른다. 사실 이스라엘군이 거둔 승리들은 무력에 의한 역사적 사건들을 돌아볼 때 어떤 서글픔으로 다가오기도 한다. 그러나 군사적 잠재력을 입증함으로써 오히려 평화를 사랑하는 세계 도처의 유대인들은 사티아그라하를 더 설득력 있게 주장할 수 있지 않을까? 흑인 민권운동(Black Power)의 옹호자들 역시 다소 광적이긴 하지만 잘 훈련된 분노의 경험이 진정한 자제의 토대가 된다는 전제를 그들의 주장에 분명히 통합시키지 않았던가? 이러한 측면에서 그들은 (비폭력의 원리를 지키는 그들의 동료들은 물론이고) 간디의 메시지로부터 힘을 얻고 있다.

　자기 자신을 방어하도록 가르치면서 동시에 오만해지지 않도록 하는 것은 어려운 일입니다. 지금까지 우리는 누군가에게 맞더라도 받아치지 말라고 가르쳐왔습니다. 우리가 지금도 그렇게 가르칠 수 있을까요? 아이에게 그렇게 가르친다면 그 결과는 어떻게 될까요? 아이는 자라서 용서를 베푸는 사람이 될까요, 아니면 겁쟁이가 될까요? 저는 판단하기 힘듭니다. 여러분은 어떻게 생각하십니까? 제가 발견한 비폭력의 이 새로운 양상은 저를 끝없는 질문으로 몰고 갔습니다. 저는 이 모든 수수께끼를 풀 열쇠를 아직 찾지 못했습니다. 그러나 우리는 그 열쇠를 찾아야만 합니다. 우리는 아이에게 한 대를 맞으면 두 대로 갚아주라고 가르쳐야 합니까, 아니면 약자가 때리거든 그냥 맞아주고 강자가 때릴 때는 반격하되 상대의 더 큰 공격도 감내하라고 가르쳐야 합니까? 정부 관리로부터 폭행을 당하는 경우에는 어떻게 해야 할까요? 아이는 그 순간의 매질을 견디고 우리에게 찾아와 도움을 청해야 할까요, 아니면 그 상황에서 할 수 있는 최선의 대응을 하고 그 결과를 감수해야 할까요? 이는 한쪽 뺨을 맞고 다른 뺨을 내밀기를 포기하는 순간 우리 모두가 맞닥뜨리게 될 질문입니다…… 우리는 히말라야를 직선으로 등정할 수 없습니다. 비폭력의 길이 어려운 것도 그와 같다고 할 수 있을까요? 신의 가호가 우리에게 있기를 진심으로 바랍니다.[22]

마찬가지로 무력에 대한 신념을 지키며 그것을 명예롭게 여기는 이들을 (무시하거나) 경멸하는 평화운동은 끔찍한 결과를 목도할 수도 있다. 사실 『간디 전집』에서 이 시기의 편지와 연설 그리고 메모들이 실린 부분은 불길한 예언으로 마무리된다. 훈련된 폭력의 가치를 무시할 수 없는 상황에서 민중이 조직화된 싸움에 토대를 둔 정체성을 얻지 못했을 때, 인도 같은 나라의 민중은 언제든 무질서한 폭력—통제되지 않은 폭력—에 휘말릴 가능성에 놓일 것이었다.

오늘날 나는 모든 사람들이 살의를 가지고 있지만 그들 대부분이 두려움이나 무력함 때문에 그것을 실행에 옮기지 못한다는 것을 알고 있다. 그 결과가 무엇이든 나는 인도에서 힘이 회복되어야 할 필요성을 확실히 느끼고 있다. 어쩌면 그 결과는 대학살이 될지도 모른다. 그러나 인도는 이를 경험해야 한다. 현재와 같은 상황은 더 이상 참을 수 없다.[23]

마하트마가 이러한 통찰을 그의 근본적인 신념에 통합시켰는지의 여부와 상관없이 그는 자신에게 발언의 "일관성"을 요구하던 당시의 지식인들과 정치 지도자들을 계속해서 실망시켰다. 우리가 앞에서 살펴보았고 뒤에

---

22 같은 책, 515, 516쪽.
23 같은 책, 520쪽.

서 다시 확인하게 되겠지만, 그에게 진리란 교과서가 아닌 행동과 투쟁에서 드러나야 하는 것이었다. 훗날 그가 이 문제를 명확하게 이해하는 데 도움을 준 이들은 인도에서 유일하게 (그가 암살당하기 전까지) 그에게 신체적 위해를 가했던 호전적인 파탄인(Pathans)들이었다. 그들은 1930년대에 이르러 페샤와르(Peshawar)의 무혈점령을 완수했고 그곳에 주둔하고 있던 영국군 정예부대의 일부를 무장해제 시키기도 했다. 간디에게 일관성이 있었다면 그것은 "실험"을 멈추지 않는 데 있었을 것이다. 그는 언뜻 보기에 완벽한 기회들을 여러 차례 망쳐버린 것 같지만 반대로 절망적인 상황에서 유례없는 성공을 이끌어내기도 했다. 몸이 아직 회복되지 않은 상태에서 (어쩌면 이 과정을 통해 천천히 회복되면서) 그는 몇 달 후 전국적인 운동에 뛰어들어 수많은 민중에게 새로운 종류의 집단적 경험을 제공하려고 했다. 이른바 비협력(non-cooperation)에 의한 승리가 바로 그것이었다. 하지만 그는 폭력에도, 비폭력에도 준비가 되어 있지 않은 민중들이 통제되지 않은 폭력 사태를 일으키는 장면을 목격할 수밖에 없었다. 오늘날 심지어 최고의 지식을 갖춘 이들 가운데에도 이 시기의 간디가 현실감각을 잃고 혼자만의 몽상에 빠진 나머지 폭동―독립국 인도의 얼굴에 흉터를 남긴―을 예견하지 못했다고 비난하는 경우가 있는데, 이는 그들의 이해가 얼마나 부족한지를 보여줄 뿐이다. 그들은 만일 간디가 살아 있었다면 중국의 침공(1962년 인도와 중국의 국경 지역에서 대규모 무력 충돌이 일어나 인도는 3,000명 이상의 병사를 잃었다 - 옮긴이)에 어떻게 대처했을 것인가를 묻는다. 간디는 인도와 다른 여러 지역에서의 통제되지 않은 폭력을 예견하기는 했다. 그러나 중국과의 국경 충돌 문제에 관해서라면 간디처럼 복잡한 생각을 가진 이가 과연 어떤 행동을 보였을지 누구도 확실하게 대답할 수 없을 것이다.

하지만 그가 국내에서 그리고 국제적으로 사티아그라하의 승리를 전망하면서 마냥 "편한 마음"을 가지고 있지는 않았으며 오히려 심각한 내적 갈등의 징후를 드러냈다는 사실을 인정하는 것은 매우 중요하다. 그의 추종자들이 주장하듯 그가 단순히 육체적으로 소진되어 있었을 뿐이라고 여기는 것은 그의 위업을 정당하게 평가하는 것이 아니다. 다른 사람들이 신체적인 위기로 받아들인 문제를 그는 "신경쇠약"이라고 인정하는 것을 꺼리지 않았다. 그러나 역사상 가장 완전한 인물 중의 한 사람이자 믿을 수 없을 만큼 활력—일시적인 회의(懷疑)와 무력감 속에서 빠르게 회복된—에 넘치던 인물의 내적 갈등에 대해 이야기할 때, 그의 문제가 단순히 육체적이었는지 아니면 정신적이었는지를 따지는 것은 너무 조급한 일이 아닐까?

2. 환자와 마하트마

그의 회복 이후를 이야기하기 전에 1918년 8월로 돌아가서 자신의 병에 대한 간디의 주관적인 견해를 짚어보자. 위생에 대한 집착이 강했던 간디가 자기 자신에 대한 의학적 처방에 확신을 가지고 있었다는 점에서 여느 환자들처럼—혹은 많은 의사들처럼—고집이 세고 분별력이 없었다는 사실은 임상의를 흥미롭게 한다.

오늘은 자리에서 일어나거나 걷는 것조차 쉽지 않을 정도로 몸에 힘이 없다. 나는 화장실까지 거의 기어가다시피 하고 있고 온몸을 쥐어뜯는 통증에 비명을 지르고 싶을 정도이다. 하지만 이러한 고통 중에도 나는 진실로 행복하다. 나는 당연히 받아야 할 벌을 받고 있는 것이다. 나는 이 통증이 6시 15분 전에 가라앉으리라 확신하고 있다…… 사나흘만 지나면 나는 완전히 회복될 것이다.[24]

육체적으로 쇠약해진 바로 그때 그는 아메다바드의 노동쟁의를 중재한 드루바(Dhruva) 교수로부터 최종 결정을 전달받았다. 물론 35% 인상이었다. 간디는 이에 감사를 표하는 몇 줄의 글을 적었다. "당신의 중재안을 잘 읽었습니다. 사람들이 비를 고대하듯 노동자들은 이 결과를 기다려 왔습니다. 이제 그들은 평화를 얻게 될 것입니다. 저 또한 이를 기다려왔습니다. 비록 지금까지 사실상 35% 인상된 임금을 받아오긴 했지만 저는 당신이 노동자들의 입장을 지지하는 결정을 내려줄 것이라 믿었습니다."[25] 그런데 이와 같은 감사의 표현은 자신의 질병에 대해 서술한 두 개의 긴 문단에서 사라지고 만다. 그중 첫 번째 문단은 이렇게 시작한다. "최근 제가 겪어온 일들을 여기에 적어볼까 합니다." 두 번째 문단은 이렇게 시작한다. "이 질병의 원인에 대해 말씀드리고자 합니다." 여기에서 우리는 병간호에 대한 간디의 끝없는 열의를 기억해야 한다. 발병하기 불과 며칠 전 그는 병석에 있던 C. F. 앤드루스에게 보내는 편지에서 다음과 같이 적었다.

만일 옆에서 당신을 사랑으로 돌봐주고 의사의 지시를 엄격하게 지키도록 강권해줄 사람이 따로 없다면, 당신에겐 아내가 필요합니다. 당신이 음식을 제대로 섭취하는지, 외출할 때 복부에 붕대를 감고 있는지, 병을 앓는 친척들

---

24 *CWMG*, 제15권, 18쪽.
25 Anandshankar Dhruva에게 보내는 1918년 8월 17일자 편지. 위의 책 24쪽에 수록.

의 나쁜 소식에 당신이 지나치게 마음을 쓰는지 살펴줄 아내 말입니다. 하지만 결혼은 너무 늦은 듯합니다. 곁에서 직접 병간호를 해줄 수 없는 나로서는 그저 애가 탈 뿐입니다.[26]

그와 같은 이는 자신을 괴롭히는 질병이 무엇인지 모를 수도 있다는 사실을 결코 인정할 수 없을 것이며, 몇 주 또는 몇 달 동안 질병 분류학에 근거한 자신만의 처방을 임상적 정당성을 가지고 고집할 것이다. 하지만 위에서 분명히 언급된 바와 같이 그의 자기진단은 도덕과 의학이 뒤섞인 질병 분류학에 토대를 두고 의학적 문제에 대해 도덕적 치료법을 제시하고 있다. 이질은 그에게 벌이었고, 이를 인식하고 기쁘게 받아들이는 것이 치료법인 셈이었다. 하지만 도덕주의자가 병을 앓는 경우 우리는 그 벌이 누구에게 주어진 것인지를 묻지 않을 수 없다. 또한 이 대목에서 우리는 인도에서는 병자가 결코 혼자가 아님을 이해해야 한다. 우리는 견딜 수 없는 통증으로 괴로워하고 기력이 완전히 쇠진된 상태에서 간디가 카스투르바에 가한 처벌에 양가감정이 깔려 있었음을 알아차려야 한다. 사실 그는 명시적으로 자신의 병을 그녀의 탓으로 돌리기도 했다. 10년 후 그는 자서전에서 이때의 일을 상세히 떠올렸다.

그날 어떤 축제가 열렸다. 나는 카스투르바에게 점심에 아무것도 먹지 않겠다고 말했음에도 그녀는 음식을 권했고 나는 그 유혹에 넘어가고 말았다. 당시 나는 우유나 우유로 만든 어떤 음식도 입에 대지 않겠다고 서약을 한 상태였기 때문에 그녀는 나를 위해 특별히 밀에 기(ghi) 버터 대신 기름을 넣어

---

26 *CWMG*, 제15권, 3, 4쪽.

죽(porridge)을 만들어주었다. 거기에 곁들여 그녀는 녹두 한 그릇도 준비했다. 모두 내가 좋아하는 음식들이었다. 나는 카스투르바도 기쁘게 하고 내 미각도 만족시킬 양으로 탈이 나지 않기를 바라며 음식을 먹었다. 그러나 악마는 호시탐탐 기회를 노리고 있었다. 적은 양을 먹는 대신에 나는 준비된 음식을 양껏 먹었다. 이것은 죽음의 사자를 부르기에 충분했다. 한 시간이 채 지나지 않아 급성 이질 증세가 나타났다.[27]

카스투르바가 그의 미각을 유혹했고, 그의 미각은 악마를 불러들였으며, 악마는 죽음의 사자에게 문을 열어준 셈이다. 이에 카스투르바의 표정이 밝았을 리 없다. 하지만 그는 뒤틀린 양가감정으로 카스투르바의 표정을 묘사한다.

나는 그녀의 얼굴을 차마 쳐다볼 수가 없다. 그녀의 표정은 순한 암소와 같을 때가 있다. 암소가 그러하듯 그녀는 말없는 표정으로 무언가를 말하는 것 같다. 그 표정에 담긴 고통 속에서 나는 이기주의가 있음을 발견하기도 한다. 그럼에도 그녀의 온순함은 나를 압도하고 나는 그 모든 번잡함 가운데 긴장을 풀고 싶은 생각이 드는 것이다.[28]

하지만 카스투르바의 "말없는" 정신은 이 세상에서 젖을 주는 모든 존재의 이름으로 맹렬하게 움직이고 있었고 얼마 지나지 않아 이 위대한 인물의 자기 파괴적 서약을 꺾을 해결책을 찾게 될 것이었다.

---

27 Gandhi, *Autobiography*, 332쪽.
28 *CWMG*, 제15권, 70쪽.

한편 그러한 진단적 처방과 도덕적 태도의 조합은 이 환자로 하여금 자신의 정당성을 고집하게 했고, 이는 그가 비참한 상태에 놓여 있다고 생각한 사람들에게 (그것이 자신들을 분개하게 만든다는 사실을 인정할 수 없었던 사람들에게) 더더욱 화를 돋우는 일이었음에 틀림없다. "나의 마음은," 그는 몇 번이고 같은 얘기를 되풀이했다. "나의 마음은 평화롭다." 그는 몇 주 간의 고통과 병약함을 돌아보며 말했다. "그동안 나는 한 번도 걱정이나 불안에 사로잡힌 적이 없다." 이러한 말에 담긴 자기중심성은 하릴랄에게 보낸 편지에서 다시 한 번 전면에 드러난다. 그가 편지를 보낸 시점은 아직 그의 병세가 좋아지기 전이었다. 그즈음 아내를 잃은 하릴랄과 주변 사람들의 걱정은 오로지 아이들을 어떻게 키울 것인가에 집중되어 있었다. 그러나 이 편지에서 아이들의 할아버지는 오로지 자신의 내적 평화를 예찬할 뿐이었다.

나를 기쁘게 하는 것은 오로지 가장 순수한 행위에 깊이 몰입하는 것뿐이다. 그러한 행위에 필요한 자제심과 인내의 실천으로부터 내가 한없는 기쁨을 경험한다는 것은 결코 과장이 아니다. 이것을 이해하고 그에 따라 살아가는 사람은 진정한 행복을 발견하게 될 것이다. 만일 어떤 고난이 닥치더라도 거기에서 행복을 찾을 수 있다면, 우리는 그것을 두 팔 벌려 환영할 만하다.[29]

그런데 무슨 까닭인지 그는 "타협"을 한다. 한 달 후, 다시 아들 하릴랄에게 보낸 편지에서 아버지는 자신의 좌절을 인정한다.[30]

---

29 같은 책, 60쪽.
30 같은 책, 65, 66쪽.

교만한 마음으로는 결코 신께 기도를 올릴 수 없으며 인간은 오로지 자신의 무력함을 고백할 때 신의 도움을 청할 수 있다…… 병석에 누워 있으면서…… 나는 내 정신의 보잘것없음에 깊은 수치심을 느낀다. 사람들의 관심을 갈구하는 내 육신으로 인해 나는 절망에 빠지고, 그때마다 그러한 갈구가 사라지기를 소망한다. 나의 상황이 이러하므로 나는 다른 사람들의 상황을 잘 판단할 수 있다. 내가 경험에서 얻은 교훈들을 너에게 모두 전해주었으면 한다. 너는 이를 받아들일 수 있는 한 받아들이도록 해라.

이어서 그는 아들에게 자신의 곁으로 올 것을 권유하며 이렇게 덧붙인다.

만일 네가 내 앞에서 감정을 발산할 수 없다면 누구 앞에서 그럴 수 있겠느냐? 나는 너에게 진정한 친구가 되고 싶구나. 설령 너의 계획과 관련하여 우리 사이에 의견 차이가 있다 하더라도 그것이 뭐 그리 중요하겠느냐? 서로 대화를 하되 최종 결정은 네가 하면 될 일이다.

여기에서 우리는 이를테면 사티아그라하가 가족관계 내에서 작동하고 있는 것을 볼 수 있다. 실제로 『간디 전집』을 편집한 스와미나단 교수는 마하트마가 병을 앓으면서 "자율적인 독립체"인 자신의 몸에 사티아그라하를 적용하는 법을 배웠으리라고 추측한다. 자신이 경멸한 "자율적인 독립체"에서 태어난 아들에게 그가 비폭력적일 수 있었던 것은, 그가 자신의 몸을 비폭력적으로 대하는 법을 배웠기 때문에 가능했던 것일까? 이유야 어떻든, 우리는 인간이 스스로 용인할 수 있는—그리고 다른 사람에게 허용할 수 있는—좌절의 정도까지만 위대해질 수 있다는 사실을 주목해야 할 것이다.

우리는 불가사의할 정도로 양가적이었던 한 인간이 자기 자신에 대한 방어막이자 무기로 사용했던 것을 여기에서 다시 한 번 목격하게 된다. 그것은 바로 서약이다. 내가 "다시 한 번"이라고 말한 까닭은 우리가 외국에서 청년 시절을 보낸 그의 발자취를 여기까지 따라왔기 때문이다. 그 시절 간디는 (은유적으로 말하면) 모성적 힘을 제공하면서도 그의 완전한 자율성을 제한하는 정신적 탯줄로서 세 가지 서약을 지키고 있었다. 그리고 이제 그는 비슈누교도로서의 의무를 서약으로 지켜내야 했다. 그것은 마지막 한 방울의 우유까지 짜내기 위해 암소에게 고통을 가하는 잔혹함을 거부하고자 우유를 마시지 않는 것이었다. 그를 설득하려는 어느 의사에게 그가 병석에서 썼듯이,

나에게 우유를 마시고 안 마시고의 문제는 당신이 이야기한 것처럼 그리 간단하지 않습니다. 내가 병중에도 우유를 마시지 않는 것은 송아지를 위해서가 아니라 우유나 우유로 만든 식품을 섭취하지 않겠다고 스스로 서약했기 때문입니다. 나는 서약을 깨뜨리느니 차라리 죽는 편이 낫다고 생각합니다. 내가 오늘 받아들이고 있는 결과는 서약을 했을 때부터 이미 감수한 것입니다.[31]

그런데 이제 "말없는" 암소의 눈을 가진 여성이 모성적 특징을 유감없이 드러내는 순간이 찾아왔다. 해가 바뀔 무렵 몸에 난 종기—그의 아버지

---

31 같은 책, 43, 44쪽.

를 괴롭히기도 했던—로 극심한 고통을 받고 있던 간디는 수술을 받기 위해 봄베이에 있는 병원으로 옮겨졌다. 의사가 먼저 간디에게 서약의 성격에 대해 물었는지, 아니면 의사가 있는 자리에서 카스투르바가 먼저 얘기를 꺼냈는지는 분명하지 않다. 어쨌든 그녀는 자신이 알기로 그가 **염소**의 젖을 마시지 않겠다고 서약한 적은 없다고 말했다. 이에 간디는 주변 사람들의 걱정을 덜어주고 자신의 서약도 지킬 수 있는 기회를 갖게 되었다. 실제로 자신이 서약을 했을 때 염소에 대해서는 생각을 하지 않았기 때문이다. 그는 잠시 주저했다. 그리고 이에 대한 간디의 설명은 그의 금욕과 어느 정도 대척점에 있었던 권력에 대한 의지를 보여주기도 한다.

나의 의식은 단 한 순간도 질문을 멈추지 않고 있다. "왜 이 모든 고난을 받아야 하는가?" "인생을 걸고 해야 할 일은 무엇인가?" "개혁을 위해 전력을 기울이는 것은 무엇을 위함인가?" 나는 독일 황제(Kaiser)의 고난을 생각할 때마다 마치 우리가 바닷가에서 조가비를 가지고 놀 듯 어떤 위대한 존재가 우리를 가지고 논다는 느낌이 든다.[32]

하지만 24시간 후 그는 결국 염소젖을 마셨고 사람들은 그가 지켜보는 가운데 두 마리의 염소로부터 연신 젖을 짜내기 바빴다. 그의 젊은 추종자들은 그것이 서약을 완전히 깨뜨린 것과 어떻게 다른지 의아해했고, 그의 "귀염둥이" 에스더는 루터교도다운 단순함으로 신이 처음부터 서약의 상대가 되었다는 사실에 분개한 것보다 그러한 서약의 파기를 더 언짢게 여겼을지 궁금하게 여겼다. 하지만 마하트마는 염소젖을 마시면서도 자신은

---

32 같은 책, 71쪽.

여전히 서약을 지키고 있다고 생각했다. 다만 이번에는 완전히 새롭고 이 전에는 생각조차 할 수 없었던 단어들이 "서약", "자유로운" 그리고 "해석" 등의 용어들과 함께 나타났다. 한 걸음 더 나아가 그는 이렇게 적기도 했 다.

나의 서약에 큰 구멍이 있었다는 사실은 오히려 서약의 충실성에 대한 증 거가 된다…… 우유에 대한 서약과 관련해서라면, 염소는 나에게 어머니와 같은 존재라 할 수 있다. 제한된 의미에서나마 서약의 준수를 보여주는 사례 들은 우리의 경전에서도 많이 찾아볼 수 있다. 나는 이제 그러한 사례들의 의 미를 더욱 잘 이해하게 되었다.[33]

전반적인 몸 상태의 호전과 함께 서약의 중압감을 덜어낸 것이 간디에 게는 조증에 가까운 환희를 불러일으킨 것 같다. 이미 네 발 달린 그의 친 구를 "어머니 염소"라고 불렀던 그는 이제 자연요법의 치료제에 "형제 젖 (Brother Milk)"이라는 이름을 붙여주었다. 그는 의기양양해진 카스투르바 의 "무뚝뚝한 성격"을 다시 놀리기도 했다. 그리고 하릴랄에게 보낸 애정 어린 편지에서 그는 어머니를 잃은 손주들에게 자신이 어떤 식으로 어머 니의 역할을 하고 있는지, 그리고 아이들이 자신의 곁에서 어떻게 놀고 있 는지를 적었다. 아이들의 노는 모습을 묘사하며 그는 이렇게 덧붙였다. "그 모습을 보니 너의 어린 시절이 생각나는구나."

1919년 2월 24일, 아메다바드 투쟁 1주년이 가까워질 무렵 간디는 새로 운 사티아그라하 서약을 작성했다. 이 서약은 (남아프리카에서 그를 저항하게

---

33 같은 책, 78쪽.

만든 법령의 이름처럼) "암흑법(Black Act)"으로 알려진 법안에 반대하기 위해 만들어졌는데, 인도 정부가 소요 행위를 막기 위해 만든 이 법이 바로 롤래트 법(Rowlatt Act)이다. 이 법은 기결수와 소요 혐의자의 시민권을 박탈하는 내용을 담고 있었다. 발랍바이 파텔과 아나수야를 비롯해서 당시 아메다바드에 머물고 있던 동지들이 서명한 이 서약문은 여느 때처럼 주요 신문사로 보내졌다. 마하트마는 샨케를랄 반케르에 대해 "열성적으로 시위를 이끌었고, 나는 조직을 꾸리고 지속적인 투쟁을 벌여나가는 데 그가 탁월한 능력을 가지고 있음을 처음 알게" 되었다고 기록했다.[34] 마하트마가 후일 몬터규 경(Lord Montagu)에게 썼듯이, 놀랍게도 이 서약은 "성난 민중의 종교적 상상력에 불을 질렀다." 간디는 빠른 회복을 보였지만 여전히 대중 집회에서 선 채로 연설을 할 수 없었고 이런 상태는 이후 몇 년간 지속되었다. 오래 전에 그랬듯이 그는 온몸이 심하게 떨리는—아르주나의 공황 상태를 연상시키는—증세를 호소했다. 그럼에도 간디는 2주 후, 마드라스에 있는 동지들의 지지를 얻기 위해 그곳으로 향했다. 그곳에서 그는 인도 역사상 진정한 의미에서 간디의 시대가 열리는 계기가 되었다고 할 수 있는 전국적 시위를 구상—그의 말로는 비몽사몽 중에—했다.

어느 날 마드라스의 라자고팔라차리(Chakravarti Rajagopalachari, 독립 운동가이자 훗날 간디의 아들 데바다스의 장인이 된 인물로 국민회의 지도자로 활동했으며 후일 인도 정부의 내무장관 등을 역임했다 - 옮긴이)와 롤래트 법에 대해 의견을 나눈 뒤 잠자리에 든 간디는 이튿날 새벽 평소보다 이른 시각에 "잠과 의식 사이의 몽롱한 상태에서" 깨어났다. "마치 꿈처럼…… 갑자기 떠오른" 생각은 온 나라가 (모든 상점과 일터가 일제히 문을 닫는) **하르탈**(hartal)

---

34 Gandhi, *Autobiography*, 337쪽.

을 지키며 "그날 하루를 단식과 기도로"[35] 보내게 하자는 것이었다. 처음에 3월 30일로 잡혔던 날짜는 이후 4월 6일로 바뀌었다. 그런데 일정 변경을 알리는 전보가 늦게 도착한 델리에서는 3월 30일에 단식과 시위가 애초에 계획된 대로 진행되었고, 이때 벌어진 유혈사태는 다른 지역에서 벌어질 수도 있는 유사한 사태에 대한 경고 신호의 역할을 해주었다. 간디가 "델리에서는 다음 주 일요일 단식을 다시 할 필요가 없다"고 독단적으로 결정한 뒤 이를 전보로 알린 것은 그의 달라진 위상을 대변한다. 그러나 **검은 일요일**이라고 불린 4월 6일에는 인도 전역에서 단식과 파업이 벌어졌고, 후일 간디는 그날을 이렇게 회상했다.

그런 일이 일어날 줄 누가 알았겠는가? 그날 인도 전역은, 한쪽 끝에서 다른 쪽 끝까지, 시골 마을은 물론 도시까지 **하르탈**을 완전히 지켰다. 그것은 매우 놀라운 광경이었다.[36]

자서전에 기술된 이 모든 이야기는 꿈처럼 들리지만, 아메다바드에서 토대가 마련된 사티아그라하의 기본 전략은 이제 전국적인 규모로 전개되었다. 그리고 이번에도 역시 **서약**이 있었다.

양심에 의거하여 판단할 때 1919년도 제1호 인도 형법 수정안과 제2호 비상 조치법으로 알려진 법안은 부조리하며 자유와 정의의 원칙을 무너뜨릴 뿐만 아니라 인도의 존립 기반인 개인의 기본권을 말살한다는 점에서, 우리는

---

35 같은 책, 339쪽.
36 같은 책, 339쪽.

이 법안이 철회될 때까지 이 법의 준수를 거부할 것이며 향후 구성될 위원회에서 지목하는 다른 법안들도 따르지 않을 것임을 엄숙히 선언한다. 우리는 또한 이 투쟁에서 진리를 충실히 따르며 개인이나 재산에 대한 폭력을 멀리할 것임을 분명히 밝힌다.[37]

투쟁을 이끌 활동가들의 선발과 준비는 종교적 분별력과 관례에 따랐다. 시민불복종 운동에 참여할 사람들은 24시간의 단식을 통해 그들 자신이 정화되었음을 확실히 보여주어야 했다. 그리고 마침내 그들은 법안이 통과되는 즉시 투쟁을 시작하겠다는 **최후통첩**을 총독에게 전달했다. 계획된 **시민 행동**은 모든 상점의 문을 닫는 것으로 정해졌다. 작은 상점들과 노점들, 행상들의 수레 사이에서 약동하는 사회생활을 일시에 정지시킨다는 점에서 이것은 일상의 성격을 완전히 바꾸어놓는 것이었다. 특히 인도에서 일요일은 회교도나 힌두교도 모두에게 원래 휴업일이 아니었음을 기억할 필요가 있다. **하르탈**은 롤래트 법에 대한 불복종만 천명하는 것이었다. 그러나 이 투쟁을 이끈 위원회는 소금세(salt tax) 법과 금서에 대한 법 등 즉각적으로 불복종의 대상이 될 법들을 지목할 권한을 가지고 있었다. 간디와 반케르는 당국의 허가 없이 〈사티아그라히(Satyagrahi)〉라는 제호의 신문을 발행할 예정이었다. 또한 거리에서는 금서를 판매할 예정이었다. 이 금서들 중에는 케말 파샤(Kemal Pasha, 터키의 초대 대통령으로 독립전쟁의 영웅이자 국부로 추앙 받는 인물 – 옮긴이)의 생애를 그린 책과 러스킨의 『나중에 온 이 사람에게도』를 간디가 고쳐 쓴 책, (플라톤이 쓴 『소크라테스의 변론과 죽음』을 간디가 개작한) 『어느 무저항 불복종주의자의 이야기』 그리고 "매사추

---

37 *CWMG*, 제15권, 101, 102쪽.

세츠의 스승"[38]이라 불린 헨리 소로가 지은 『시민의 불복종(*The Duty of Civil Disobedience*)』의 요약본이 포함되어 있었다.

마하트마—이제 간디는 스스로를 그렇게 칭했다—는 봄베이의 시위에 참가했고, 이를 보도한 〈봄베이 크로니클〉은 시위에 나선 그의 의도가 무엇인지 조금도 의심하지 않았다.

> 백 만(Back Bay)의 해변은 해가 뜨기 훨씬 전부터 몰려든 인파로 활기가 넘쳤다. 이른 시각부터 사람들은 초파티(Chowpatty) 해변에서 몸을 씻었다······ 검은 일요일이었던 이날의 행사는 바다에서 몸을 정결하게 하는 것으로 시작되어야 했다······ M. K. 간디 씨는 몇몇 일행과 함께 초파티 해변에 가장 먼저 도착한 이들 가운데 하나였다. 6시 30분 혹은 그보다 이른 시각에 그는 백여 명의 사티아그라하 활동가들에 둘러싸인 채 벤치에 자리를 잡고 앉았다······ 시간이 지나면서 점점 많은 사람들이 해변으로 몰려들었다. 도착한 사람들은 먼저 바닷물에 몸을 씻은 뒤 간디 씨의 주위에 자리를 잡았다. 이런 식으로 늘어난 사람들은 마침내 거대한 군중이 되었다. 집회를 시작할 때가 되자 간디 씨는 사로지니 나이두(Sarojini Naidu) 여사, 잠나다스 드와르카다스 씨, 로이 호니먼(Roy Horniman) 씨 등이 기다리고 있는 곳으로 이동했다. 샌드허스트 다리가 인파로 뒤덮인 광경은 장관이었다. 이날 모인 군중은 대략 15만 명에 달했다······ 각자의 공동체를 대표하는 사람들—회교도, 힌두교도, 파르시인 그리고 한 명의 영국인—도 이 자리에 참석했다.[39]

---

38 이 요약본은 Satyagraha Leaflet No. 1에 실렸고 나중에 *CWMG*의 부록 2권에 다시 실렸다. 출처: Home Department, Political Files, Series B:373, National Archives, New Delhi.

39 *CWMG*, 제15권, 183쪽.

마하트마는 "아마 우리의 삶에서 가장 엄숙하며…… 연설을 하지 않는 것이 더 웅변적일 수 있는 이런 날"에는 가능한 한 말을 적게 하고 싶다면서 연설을 시작했다. 하지만 그의 연설은 긴 변론 같았다. (전보가 늦게 도착했든 아니면 시위를 조직한 델리의 활동가들이 의도한 것이었든 간에) 앞선 델리의 시위에서 발생한 유혈사태는 마하트마가 그의 핵심 추종자들을 제어할 수는 있겠지만 과격한 폭도들까지 통제할 수 있는 것은 아님을 보여주었다. 예측 불허의 군중을 상대로 당혹감을 느낀 당국이 가혹한 진압에 나선 것도 그가 제어할 수 없는 일이었다. 정부 당국을 향해 마하트마는 소총과 칼로 무장한 구르카족(Gurkhas)을 앞세워 위협을 가하기보다 차라리 군중의 지도자를 통해 그들을 통제하는 편이 나을 거라고 충고했는데, 이는 권력을 쥐고 있는 이들이 받아들이기 어려운 요구였다.

마하트마는 딱딱하지 않은 어투로 1897년 더반의 경찰서장이 "아무 죄도 없는 사람"에게 린치를 가하려고 몰려든 6천 명의 유럽인들을 겨우 십여 명의 경찰관을 데리고 평화적으로 (그리고 교묘하게) 해산시킨 일화를 들려주었다. 하지만 그는 곧 비난의 화살을 델리의 경찰에서 사티아그라하 활동가의 체포에 거세게 항의한 자신의 추종자들에게 돌렸다.

체포와 구금이야말로 우리가 시민 불복종을 통해 추구하는 것입니다. 그러므로 체포나 구금에 우리가 분노한다는 것은 앞뒤가 맞지 않은 일입니다. 또한 해산을 하지 않은 것도 잘못이었습니다. 서약에 기초하여 오로지 위원회가 지목한 법을 따르지 않는 것이 이 운동에서 우리가 해야 할 행동입니다. 규율, 절제 그리고 지도력을 완전히 습득했을 때 우리는 집단적 시민 불복종을 더 잘 이끌 수 있을 것입니다. 하지만 그러한 자질들이 충분히 키워질 때까지는 개인적 불복종을 실천할 수 있는 그러한 법을 골라내는 것이 중요하다고 생각합니다…… 또한 우리가 필수적인 지식과 규율을 갖추게 된다면 기관총이나 다른 모든 무기들, 심지어는 비행기조차도 더 이상 우리를 괴롭히지 못할 것입니다.[40]

이 집회에서는 몇 가지 결의문이 환호와 박수로 통과되었는데, 그중에는 다음과 같은 내용도 있었다.

국왕 폐하께 '혁명과 무정부주의 범죄에 관한 법률'을 허락하지 마시라고 식민성 장관이 기꺼이 충언을 올리도록, 그리고 총독이 롤래트 법을 철회할 수 있도록 함께 기도를…….

이어서 마드하브 바우그 사원으로 기도를 바치러 가는 행진 대열이 형성되었다. 자원자들은 그들의 지도자들 주위를 띠로 둘러싸야 했다. (밀려드는 군중에 마하트마가 압사당할 위험에 처하지 않도록 하려는 이와 같은 조치는 이때 처음 등장했다.) 엄청난 수의 군중이 해변에서부터 사원을 향해 천천히 움직이기 시작했다. 마하트마는 사원에서 기도를 올린 뒤 군중을 향해 조용히 해산할 것을 요청했다. 군중은 그의 말을 그대로 따랐다. 그날 저녁, 자원자들은 거리에서 금서를 팔기 시작했다. 훗날 마하트마는 자신도 이날 책 한 권을 50루피에 팔았다고 자랑스럽게 이야기했다. 우리는 간디가 경찰국장에게 보낸 편지에서 모니야의 모습을 다시 한 번 찾아볼 수 있다.

친애하는 그리피스 씨에게,

---

40 같은 책, 186~188쪽.

제가 편집장을 맡아 발행하는 미등록 신문 한 부를 귀하게 보내드려도 되겠습니까?

1919년 4월 7일
M. K. 간디[41]

당시 간디에겐 기뻐할 만한 일이 있었다. 캘커타에서 날아온 전보는 폭력이 발생했다는 최초의 보고는 사실이 아니며, 실제로는 검은 일요일에 모든 상점과 시장이 문을 닫고 20만 명에 이르는 군중이 시위를 벌인 뒤 평화롭게 해산—사소한 사고가 몇 건 있었을 뿐—했다는 소식을 알려왔다.

그러나 4월 8일, 델리와 펀자브 지방을 방문하기 위해 출발한 간디는 많은 방해를 받았다. 그의 사명은 평화를 전하는 것이었으나 그가 도발을 하고 있다고 판단한 당국은 델리에 도착하기 전에 그를 체포해서 봄베이로 돌려보내기로 결정했다. 봄베이에 도착한 뒤에는 관할지역을 떠나지 않겠다는 약속을 받고 그를 풀어줄 계획이었다. 뒤이어 일어날 일을 예상하지 못한 채 간디는 기쁜 마음으로 체포에 응했다. 그는 다른 사람들을 위해 자신이 당하는 고통을 표현하지 않고는 행복을 느낄 수 없었다. 경찰에 체포되어 봄베이로 돌아오는 기차에서 그는 에스더 패링에게 편지를 썼다.

오늘 나는 아마 이 세상에서 가장 행복한 사람일 것입니다. 지난 두 달 동안 나는 무한한 사랑을 경험했습니다. 아무에게도 악의를 품고 있지 않음에도, 그리고 오늘날 인도에서 평화를 유지할 수 있는 유일한 사람임에도, 나는 지금 체포되어 있습니다. 나의 투옥은 오히려 잘못을 저지르는 자들의 벌거벗

---

41 같은 책, 195쪽.

은 모습을 보여주게 될 것입니다. 그리고 그들은 나에게 아무런 해도 끼치지 못할 것입니다. 나의 영혼은 여전히 평화롭고 고요하기 때문입니다.[42]

"유일한 사람"이라는 표현에는 정치인이자 구세주로서의 **자만**이 그 어느 때보다도 강하게 드러나 있다. 그리고 그는 이에 대해 값비싼 대가를 치러야 했다. 그가 체포되었다는 소식은 광범위한 소요 사태를 불러왔고, 특히 아나수야도 체포되었다는 (헛)소문은 아메다바드의 노동자들로 하여금 폭동을 일으키게 했다.

마하트마는 아직 이를 모르고 있었다. 사실 그는 폭동이 일어나리라고는 전혀 생각하지 않았기 때문에 봄베이에 도착하자마자 경찰국장을 만난 자리에서도 아메다바드의 시민들이 평화를 깨뜨리는 일은 없을 것이라고 말했다. 이미 상황 보고를 들은 경찰국장은 마하트마에게 그의 가르침이 시민들에게 끼친 영향에 관해서라면 경찰이 더 잘 판단할 수 있다고 경고했다. "그들은 본능대로 행동할 것입니다." 경찰국장이 말했다. 이에 간디는 아메다바드에서 폭동이 일어난다는 것은 상상하기 힘든 일이라고 자신 있게 대답했다. 그러나 폭동은 실제로 일어났고 고향으로 급히 돌아온 간디는 이미 계엄령이 선포되었다는 사실을 알게 되었다. 어느 영국인 장교가 (비번 중에) 참혹하게 살해되는 일이 벌어졌고, 주민들은 "미친 듯이 방화"를 저지르고 있었다. 이 사태로 거의 50명에 이르는 사망자가 나왔고 그들 대부분은 인도인이었다. 간디는 당국의 허가를 받아 아슈람에서 군중 집회를 열었다. 이 자리에서 그는 과격한 폭도들의 잘못을 자신의 책임으로 돌렸다.

---

42 같은 책, 209, 210쪽.

이제 델리에 가는 대신에 시민들에게 사티아그라하를 보여주는 것이 저의 의무가 되었습니다. 저는 롤래트 법안이 철회될 때까지 죽음을 불사하고 사티아그라하를 지키자고 다짐했습니다. 그러므로 폭력 사태가 발생한 지금 우리 자신에게 사티아그라하를 보여주는 것은 온전히 저의 몫입니다. 우리가 완전한 평화를 지키지 못하고 개인과 재산에 대한 폭력을 중단하지 않는 한 제 육신을 희생시켜서라도 저는 이를 실천할 것입니다.[43]

그는 사흘간의 단식을 시작하며 모든 아메다바드 시민들에게 폭력 사태로 목숨을 잃거나 부상을 당한 영국인들의 가족을 위해 모금에 동참해줄 것을 촉구했다. 더 이상의 소요는 발생하지 않았다. 하지만 간디는 "잠정적으로" 모든 투쟁을 중단하기로 결심했다. 1919년 4월 19일의 일이었다. 그는 여전히 폭력의 직접적인 원인은 사티아그라하 운동이 아니라 흥분한 경찰과 과격한 폭도 사이의 충돌 때문이라고 믿었다. 하지만 그는 사티아그라하 운동이 보다 잘 훈련된 전문적인 활동가들을 필요로 하고 있다는 사실을 인정하지 않을 수 없었다. 그는 자신이 "히말라야 같은 오판"을 저질렀다고 말했다.

그렇다면 그 운동은 "실패"였을까? 그리고 "주도권을 상대방에게 넘겨준" 것은 사티아그라하 지도자가 결코 해서는 안 될 일이었을까? 전제적인 관점에서 나는 아니라고 생각한다. 투쟁의 중단을 선언함으로써 그는 여전히 주도권을 유지했고 유례없는 규모의 전국적인 운동을 일으킬 수도, 중단시킬 수도 있는 자신의 능력을 보여주었다. 이와는 대조적으로 정부는

---

43 같은 책, 221쪽.

노골적이고도 과민한 힘의 행사로 돌이킬 수 없을 만큼 위신을 잃었고 이는 인도에서 식민주의의 종언을 재촉하는 촉매가 되었다. 또한 영원히 오명으로 남게 될 "주의(ism)"를 만들어낸 광신자에 의해 종종 한 시대가 (우리 시대는 조셉 매카시 상원의원에 의해) 조명되듯이, 당시에도 영국의 다이어 장군에 의해 "다이어리즘(Dyerism)"이 역사의 한 페이지에 갑자기 등장하게 되었다. 가장 긴박했던 10분간의 역사 속에서 그는 식민주의의 잔혹성을 가장 선명하게 보여주는 냉혈한의 학살을 자행했다.

1919년 4월 13일, 다이어 장군은 펀자브 지방 시크교도들의 성지인 암리차르(Amritsar)에서 대중 집회를 금지하는 포고령을 내렸다. 그러나 수천 명의 시민들은 이를 모르고 집회가 예정된 잘리안왈라 공원(Jallianwalla Bagh)에 모여들었다. 높은 벽으로 둘러싸인 이 공원은 오로지 몇 개의 좁은 문으로만 출입이 가능했다. 다이어 장군은 병사들에게 "폭도들"에 대한 사격을 명령했다. 이 모든 일은 "잘리안왈라 공원 대학살"로 잘 알려져 있다. "대학살"이라는 단어는 원래 광기에 휩싸인 다수의 군인이나 폭도들이 저지르는 대규모의 살육을 의미한다. 그런데 이 단어로는 당시 사건의 냉혹함을 제대로 전달할 수가 없다. 그것은 차라리 기계화된 살육의 성격을 띠고 있었다. 군인들은 벽으로 둘러싸인 공원의 한쪽 구석에 모여 있는 군중의 맨 앞줄에서 불과 150야드 떨어진 지점에 서 있었다. 1만 명이 넘는 군중은 완전히 비무장 상태였다. 장군 휘하의 병사 25명은 소총으로 무장하고 있었다. 사전 경고 없이 장군은 사격 명령을 내렸다. 병사들은 10분 동안 1,600발을 쏘았는데 이로 인해 379명이 사망하고 1,137명이 부상을 입었다. 이는 표적에서 빗나간 총알이 1/10도 되지 않았음을 의미한다.

이미 잘 알려져 있는 이런 사실들을 내가 언급하는 이유는 군인이라는 신분을 가지게 될 때 인간이 어떻게 변할 수 있는지를 독자들이 직시할 필요가 있기 때문이다. 혹자는 기계화된 무기를 소유했을 때 인간이 갖게 되는 감시와 통제의 욕구를 지적할지도 모르겠다. 나는 경찰이 없는 사회를 그릴 수 있다거나 경찰을 마치 불의한 조직의 하수인 같은 별종으로 취급해야 한다고 말하려는 것이 아니다. 그들은 인간 본성의 저항할 수 없는 성향, 즉 가혹한 정의를 위해 자발적으로 협력하는 꼭두각시일 뿐이다. 나는 마하트마에게 보내는 공개적인 편지에서 이 점을 충분히 설명한 바 있다. 나는 남아프리카에서 목욕을 하러 간 아이들을 감시하고 처벌한 그의 내재적인 폭력을 비판할 충분한 근거를 가지고 있었다. 우리 모두가 감시와 통제의 욕구에 순응하게 될 때, 우리가 "다른 사람"—어쩌다 다른 지역이나 다른 부류에 속하게 된 혹은 다른 제복을 입게 된 살아있는 인간—을 우리의 도덕적 기준으로 더러운 얼룩처럼 취급하게 될 때, 그리고 그들을 한낱 우리의 (또는 우리 군인들의) 총이 겨누는 표적으로 삼게 될 때, 우리는 그들의 목숨까지는 아니더라도 이미 그들이 지닌 인간으로서의 본질을 침해하고 있는 것이다.

그렇다면 봄베이의 경찰국장은 군중의 "본능"이라는 표현을 어떤 의미로 사용했을까? 그리고 본능에 의한 어떤 종류의 일탈이 학살을 저지른 감시와 통제의 욕구를 정확하고 정당하게 설명할 수 있을까? 우리는 이 책의 결론에서 그것을 논의할 것이다. 일단 우리는 이러한 일탈에 대한 대안으로서 비폭력을 주장한 것이 간디의 행위를 특징짓는다고 말할 수 있다. 오만한 정치인들이 "전쟁을 끝내기 위한 전쟁(제1차 세계대전 당시 영국의 허버트 조지 웰스는 모든 전쟁의 종식을 위해서는 독일 군국주의를 완전히 물리쳐야 한다고 주장하며 이 표현을 처음 사용했다-옮긴이)"을 이야기하고 있었을 때, 베르사유 조약의 체결을 위해 모인 강대국들이 "민주주의가 구현된 안전한 세상"을 태평스럽게 이야기하고 있었을 때, 러시아의 혁명가들이 폭력투쟁이 종국에는 "국가의 소멸"을 가져올 것이라는 믿음을 품고 있었을 때, 이 모든 일들이 벌어지던 바로 그 시기에, 인도에서는 한 남자가 세상을 향해 새로운 종교적 열정이 깃든 새로운 정치적 도구가 인류에게 또 다른 선택이 될 수 있다는 주장을 펼치고 있었다.

1918년과 1919년 당시 인도와 해외 언론의 보도를 살펴보면 간디의 이름이 "마하트마"와 거의 동의어가 되면서 카리스마에 목말라 있던 온 세상의 주목을 받고 있음을 확인할 수 있다. 하지만 이 주제를 다루려면 한 권의 책이 따로 쓰여야 할 것이다. 어쩌면 1918년 7월 길버트 머레이(Gilbert Murray)가 〈히버트 저널(*Hibbert Journal*)〉에서 언급한 "한 영혼과 정부 사이의 싸움"이라는 표현이야말로 가장 예언적이었다고 할 수 있다. 그는 간디에 대해 "그의 몸을 정복할 수는 있겠지만 그의 영혼을 얻기란 쉽지 않을 것이기 때문에 위험하고도 불편한 적(敵)"이 될 것이라고 예견했다.

1918년 델리에서 열린 인도국민회의에서 말라비야(Malaviya) 의장은 과학자들, 시인들, 변호사들, 판사들 그리고 공직자들의 이름을 열거하며 그들을 칭송했는데, 이에 덧붙여 그는 "M. K. 간디 씨와 같은 인류의 봉사자와 모든 전장에서 자신의 임무를 훌륭히 수행한 군인들"[44]을 특별히 칭송했다. 그리고 1년 후, 자와할랄 네루의 부친인 모틸랄 네루 인도국민회의 의장은 처음으로 간디를 "마하트마지"[45]로 지칭하며 간디와 그가 주도한 운동이 인도 민중에게 깊이 뿌리내렸음을 공식적으로 인정했다. 1920년, 드디어 마하트마는 인도국민회의의 지도자가 되었다. 그는 그때까지만 해

---

44 *Congress Presidential Addresses from the Silver to the Golden Jubilee*, Second Series (1911년부터 1934년까지의 Presidential Address 전문 수록), Madras: Natesan, 1934년, 401쪽.

45 같은 책, 431쪽.

도 자신은 자금을 모으거나 결의문을 작성하는 것 같은 부수적인 업무의 전문가일 뿐이라고 스스로를 깎아내리듯 말했다. 그러나 이제 국민회의는 그에게 마을 단위의 조직 구성에서부터 상설 위원회 기능의 재정립에 이르기까지 전체 조직의 개편을 일임했다. 그는 이제 인도 민중의 정신에 독립운동의 닻을 내리는 정치적 과업을 수행할 "유일한 사람"이 되었다. 또한 그는 영민한 변호사이자 노련한 정치인일 뿐만 아니라 정신적인 지도자로서 전인적인 과업을 수행할 수 있게 되었다. 그것은 권력의 표징이 아닌, 그 모든 것을 초월하는 지위—곧 카리타스(caritas, 종교적 사랑 - 옮긴이)와 "이성적으로 유효한 정치 행위"[46]를 결합시킬 수 있는 지위—를 추구하는 것이었다.

---

46 다음을 참조할 것. Lloyd and Susanne Rudolph, *The Modernity of Tradition-Political Development in India*, Chicago: The University of Chicago Press, 1967년, 159쪽.

제4부

진리의
지렛대

GANDHI'S TRUTH

제1장
—
종교적 인간

아메다바드 파업 당시 간디는 48세였다. 즉 마하트마는 중년이었다. 그는 이듬해에 인도의 국부(國父)로 부상했는데, 이는 중년의 삶이 내가 생산력(generativity)이라는 용어로 포괄한 인간의 보편적인 욕구와 능력에 의해 이루어진다는 점에서 더욱 큰 중요성을 띤다. 나는 이 단계에 도달한 모든 남녀는 이제까지 돌봐온 사람들과 자신들이 해온 일들을 돌아보고 현재 시점에서 자신이 해야 할 일을 명확히 규정하며 앞으로 자신이 해야 할 일에 대한 계획을 스스로 세울 수 있어야 한다고 말했다. 그러나 위대한 지도자는 자기 자신은 물론 다른 많은 이들을 위하여 새로운 선택과 새로운 책무를 구상한다는 것도 분명하다. 그는 이와 같은 선택과 책무를 강한 열의, 강력하면서도 유연한 에너지, 놀라울 정도의 독창성 그리고 자신의 관심을 그 시대에 투영할 수 있는 능력으로부터 얻어낸다. 그리고 동시대인들은 그의 설득력 있는 행동을 통해 그의 관심이 시대의 절박한 필요로부터 "자연스럽게" 표출된 것이라고 믿게 된다. 과거에 실제로 일어난 일들 가운데 기록으로 남아 있는 것만 연구할 수 있는 역사학자들 중에서도 그러한 의견에 동의하는 이들이 있다. 다만 간디가 없었다고 하더라도 인도가—훨씬 좋아졌으리라고 말할 수는 없겠지만—그리 나빠지지 않았으리라고 생각하는 이들도 적지 않다. 실제로 강력한 카리스마를 지닌 당대의 다른 인물들과 비교해볼 때, 간디와 그의 "내면의 목소리"는 기분에 따라 달라지는 경우가 많았고 신비주의적인 경향이 강했으며 이념적으로 일정한 양식이 없었던 것으로 보인다. 간디를 비판하는 사람들이 일관되게 지적하는 것은 바로 그에게 일관성이 없었다는 것이다. 그는 어떤 때는 사회주의자 같다고 비난을 받다가 이내 지나치게 보수적이라고 비판을 받았다. 평화주의자와 광기에 휩싸인 군국주의자, 국가주의자와 "지방자치주의자", 무정부주의자와 전통의 신봉자, 그리고 서구적 행동주의자와 동양적 신비주의자라는 엇갈린 평가가 그를 줄곧 따라다녔다. 종교인의 면모와 자유주의자의 성향을 모두 가지고 있었던 그는 심지어 무신론자의 무신론 속에서도 신을 볼 수 있다고 말할 정도였다.

만일 이와 같은 독특한 존재에게 나의 임상적 견해에 부합하는 이름을 붙여본다면, 나는 그를 **종교적 현실주의자**(religious actualist)라 부르고 싶다. 임상적 고찰을 통하여 나는 우리가 흔히 "현실(real)"이라 일컫는 것을 두 가지로, 즉 논증을 통해 알 수 있는 사실적 현실(factual reality)과 실제로 작용하기 때문에 느낄 수 있는 현실(actuality)[1]로 나눌 필요가 있음을 깨달았다. 간디는 인도의 전통 문화에서 실재(sat)의 개념을 흡수했다. 그리고 이를 인간 생활의 모든 부문과 그 과정을 구성하는 모든 단계에서 실제적으로 적용하려고 노력했다. 나는 뒤에서 기록영화가 증명하는 그의 날렵함을 근거로 마하트마가 (모든 에로티즘에 대한 그의 적대적인 태도에도 불구하고) 육체적으로 매우 좋은 표본이었다는 주장을 자세히 검토할 것이다.

그는 거스를 수 없는 현대화의 파도 앞에서 인도가 유일하게 의지할 수 있는 것은—설령 와해되고 있었다 해도—인도의 고대 문화이며, 그것이 인도 민중 대다수를 하나로 묶어주고 있다고 생각했다. 그런 점에서 그는 진

---

1 이 차이에 대한 보다 상세한 설명은 다음을 참고할 것. Erik H. Erikson, *Insight and Responsibility*, "Psychological Reality and Historical Actuality," New York: Norton, 1964년, 159~216쪽.

정한 인도인이었다고 할 수 있다. 인도인으로서 그는 바니아 계급으로 태어났고, 모든 인도인들의 마하트마가 되어야 하는 숙명의 길에 접어들었을 때에도 여전히 그는 바니아 계급이자 구자라트사람이었다. 하지만 그는 자신의 첫 번째 직업, 즉 영국 변호사로서의 정체성을 영리하게 이용했고 인도에서 강력한 정치 지도자로 부상하면서도 종교인으로서의 "책무"또한 단단히 붙잡고 있었다. 이는 특별한 의식(意識)과 책임감을 가지고 그 자신이 영(zero)이자 모든 것(everything), 절대적인 침묵의 중심, 그리고 예언적 참여의 핵이 되어 우리 각자가 존재하는 모든 포괄적 상황을 직시하는 것을 의미했다. 문화, 문명, 생활양식, 그리고 우리에게 불멸의 정체성과 집단적 명예를 제공해주는 온갖 주의(ism)가 역사적으로 어떻게 변천해왔는지를 꿰뚫어보는 사람은 우리의 보잘것없음을 통찰하며—이상하게 들릴지 모르지만—그것으로부터 권력을 얻는다.

무엇보다도 간디의 현실주의는, 만일 현실과 조응할 수 있는 능력만 병행된다면 이 세상에서 의도적인 무(nothingness)보다 더 강력한 것은 없다는 인식에 토대를 두고 있었다. 이에 대한 설명은 나의 몫이 아닐 수도 있지만, 분명한 것은 그 힘에는 가장 예리한 정신과 원숙한 경험이 요구되었으리라는 것이다. 만일 이 두 가지가 없었다면 그의 현실주의는 과대망상과 자기파괴 사이에서 으스러지고 말았을 것이다. 그러한 인물에 대한 우리의 반응은, 사람들이 항상 멀리하면서도 한 순간도 잊지 못하는 것을 기꺼이 떠안는—그리고 거기에 의미를 부여하는—소수의 사람들을 찾아내려는 욕구에서 비롯된 것이다. 보통 사람들의 이러한 선택을 "경제적"이라고 할 때, 프로이트라면 그러한 인물들이 구원자로 비치게 된 것은 그들이 다른 이들을 죄에서 (프로이트는 '죄'라는 표현을 사용하지 않았겠지만) 건져주었기 때문이 아니라 모두가 애써 외면하려는 명백한 사실들을 직시하게

해주었기 때문이라고 말했을 법하다.[2]

인도 문화는 (다른 문화들과 마찬가지로) 성스러운 인물들의 이러한 특별한 소명으로부터 보편적이면서도 종종 정직하지 못한 존재를 만들어냈다. 간디는 마하트마라는 위치가 자신을 비실재성(in-actuality)의 존재로 몰아가고 있다는 사실을 의식하고 있었다. 그럼에도 그는 자신의 정신을 현실 정치에 구현하기 위해 마하트마의 역할을 자신의 의무로 받아들였고, 이를 위해 자신의 특별한 재능과 대중에게 다가갈 수 있는 동일시를 기꺼이 활용했다. 나는 간디가 들었다는 내적 목소리는 다름 아닌 민중의 외침이었다는 주장에 동의한다. 어쩌면 그것은 내적 목소리와 민중의 목소리가 결합된 것이었는지도 모른다. 그리고 그러한 목소리는 그와 같은 인물을 종종 혈연관계로 묶인 가장 가까운 사람들에게조차 무감각해지도록 만들었는지 모른다.

외세의 간섭을 배제한다는 의미에서의 스와라지와 자치(self-rule)가 간디의 "방식"이었다. 만일 현실의 권력이라는 것이 사람들 사이의 보다 크고 높은 일치를 극대화시키는 것을 뜻한다면, 각 개인은 자신에게 주어진 능력과 시대의 소명을 결합시킴으로써 현실적 존재가 될 수 있을 것이다. 내가 종교적 현실주의의 정수로 꼽은 바 있는 루터의 선언—Quotidianus Christi Adventus (그리스도께서 오늘 오신다), via dei est qua nos ambulare facit (우리를 움직이게 하는 것이 신의 방식이다), semper oportit nasci, novari, generari (우리는 늘 거듭나고 새로워지고 쇄신되어야 한다), proficere est nihil aliud nisi semper incipere (충분히 행한다 함은 늘 다시 시작함을 뜻한다)—을

---

2 심리적 불멸성의 문제에 대해서는 Robert Lifton이 쓴 다음의 저작을 참고할 것. *Revolutionary Immortality-Mao Tse-tung and the Chinese Cultural Revolution*, New York: Random House, 1968년.

간디는 이미 체화하고 있었던 것으로 보인다. 보잘것없음을 인정함으로써 가장 핵심적이면서도 포괄적인, 영원하면서도 현실적인, 그리고 의식과 행동을 아우르는 실체가 드러나는 것이다. 우리는 간디가 사소한 것들에서 보편적인 의미를 발견하는 모습을 보아왔다. 그는 유년기의 가치관이 경험에 의해 재확인되는 한, 그리고 그러한 가치관을 대체할 더 높은 진리를 깨닫기 전까지는 그것을 기초로 살아가야 한다고 생각했다. 이 때문에 간디는 자이나교—다양한 관념과 가치관들 가운데 무엇을 선택해야 할지 알려준 종교—신자로 남아 있으면서도 동시에 다른 모든 종교의 정수를 흡수할 수 있었다. 마찬가지로 그는 당대의 기술(technology)과 공존하는 법을 알고 있으면서도 동시에 산업화를 받아들일 준비가 아직 되어 있지 않은 인도의 많은 지역에서 물레 같은 물건이 가질 수 있는 상징성과 실용성을 제대로 이해하고 이를 극적으로 활용할 수 있었다.

그의 삶에서 많은 양상들이 그러하듯, 그에게 일관성이 결여되어 있다는 비판 또한 도달하기 어려운 목표와 자급 가능한 수단들에 대한 비판자들의 몰이해에서 비롯된다. 특히 **다르마**와 윤리가 만나는 지점이 일상에 있다는 점을 고려하면, 공장의 기계 돌아가는 소리에서 활력을 얻는 사람보다 물레 돌아가는 소리에 빠져 있는 사람이 현실에서 더 멀리 떨어져 있다고 단정할 근거는 없다. 만일 그의 행동 방식과 배경에 충분한 주의를 기울인다면, 그리고 그러한 행동이 자칫 사장되거나 퇴보할 될 수 있었던 그의 잠재력을 발현시켰다는 점을 고려한다면, 연구자들은 간디주의자들이 신봉하는 "만들어가는 목표" 또는 "만들어지는 과정에 있는 목표"[3]라는 언명

---

3 Joan Bondurant는 이를 인상적으로 설명했다. *Conquest of Violence-The Gandhian Philosophy of Conflict* (개정판), Berkeley: University of California Press, 1965년.

을 이해하게 될 것이다. "진정한" 인간은 수단 또는 목적 그 자체를 위해 그 중 어느 한쪽에 고착되지 않는다. 민주주의나 공산주의에서 혹은 국가가 없는 세상에서 영원한 자유를 누릴 이상적인 미래가 도래할 때까지는 부정한 수단을 "일정 기간" 사용할 수 있다는 논리를 그는 단호하게 배격했다. 지금 진리인 것도 잘 살피지 않으면 미래에는 진리에서 멀어질 수 있다. 그러나 지금 진리가 아닌 것은 어떤 속임수를 쓰든 미래에도 진리가 될 수 없다. 따라서 겸허한 마음으로 이 종교적 현실주의자가 말하는 진리의 힘을 해석해본다면, 현재의 진리를 위해 목숨을 바칠 준비가 되어 있다는 것은 이제까지 살아온 충실한 삶을 완성할 기회를 잡는다는 의미를 가지고 있는 것이다.

그런데 종교적 현실주의자는 종교적 개혁가가 될 수밖에 없다. 이는 그가 자신을 실재하게 한 힘이 다른 사람들에게도 작용하기를 바라는 열정을 갖고 있을 것이기 때문이다. 이것은 제도의 창조 또는 재창조를 의미하며, 아무것도 아닌 존재를 제도 안에서 규정한다는 의미를 가질 수도 있다. 우리가 앞에서 보았듯이 생애 주기에 대한 힌두교의 관념은 영원한 가치를 지닌 것들에 대한 학습의 기간을 청소년기에 할당하며, 생애의 끝에 다다른 나이에는 무에 가까워지는 경험의 기간을 할당한다. 하지만 생애의 중반은 "세상의 존속"에 헌신해야 할 기간, 즉 관능과 생식 그리고 공동체적 결합을 이행해야 할 시기로 규정되어 있다. 이 시기의 성인은 새로 태어나는 개체와 다음 세대를 위해 죽음에 대해서는 생각하지 말아야 한다. 그러나 중년기에는 과거를 돌아볼 수 있어야 하며 이 시기의 개인은 혼자만의 힘을 얻기 위해 정기적으로 멀리 여행을 떠나야 한다. 우리는 앞에서 이따금 간디가 가장의 역할을 얼마나 무겁게 받아들였는지를 살펴보았다. 만일 조혼과 그에 따르는 가정생활을 영위할 필요가 없었다면 그는 성자 같은 정치인이나 개혁가가 아닌 진짜 성인이 되었을지도 모른다. 진짜 성인은 가장의 지위를 신이 거하는 곳에서 얻는 사람이며, 그들은 자신의 자녀대신에 모든 인간을 부모와 형제자매, 자녀로 가질 수 있는 사람이기 때문이다. 하지만 그들은 이를 기존 "체제"에서 행하야 하며, 덧없는 현실 속에서 살아가야 하는 사람들에게 평안을 제공하는 의식을 창조하거나 거기에참여해야만 한다.

그런데 실재는 단순히 무의 부정이 아니다. 힌두교의 생애 주기를 다루면서 내가 지적했듯이 실재는 무를 보완하는 역할을 하며 그렇기 때문에 실재에는 본능적인 에너지와 생식에 대한 본원적 관심이 주어진다. 그러므로 본능과 관습에 의해 생애 중반기의 남녀에게는 죽음을 잊고 그들 나름의 삶을 영위할 시간이 "할당"된다. 여기에 "위대함"의 한 가지 기원(起源)이 있다. 땅을 정복하고 그 영유권을 선언하는 건국 선조들의 위대함, 상대진영의 사람들에 대한 살인을 승인하는 지도자들의 위대함, 그리고 그러한살육의 현장에서 죽임을 당한 젊은 영웅들의 위대함이 모두 그러하다. 집단적 정체성을 제공하며 인간의 공동체를 보다 큰 세력권으로 묶는 모든도그마와 주의(ism)의 기원 또한 여기에 있다. 그러나 통탄스럽게도 이러한 힘의 결집은 배타성에 전적으로 의존하며 의사종(pseudo species, 에릭슨은 다른 민족 또는 다른 국가의 구성원들을 자국 또는 자민족과 단순히 다른 부류가아닌 상호 다른 방식으로 진화해온 종으로 간주하려는 경향을 설명하면서 이 개념을 처음 사용했으며 나치즘을 이와 같은 의사종의 가장 끔찍한 예로 제시했다 - 옮긴이)의 새로운 표본이 되고 만다.

그렇지만 종교적 현존성은 (세속의 권력과 손을 잡는 경우도 종종 있지만) 여성의 존재론적 경험과 유사성을 지니고 있다. 여성들은 일상의 가사활동을 통해 진정으로 "세상의 존속"에 관여하며, (영웅들이 죽음을 열망하는 동안) 끊임없이 삶의 활력을 되살려내는 생활 속에서 죽음의 본질적인 요소를 경험할 수 있다.

이러한 이야기는 간디와 무관하겠지만 적어도 그가 안고 있었던 가장 큰 문제에 대한 편견 없는 접근은 될 수 있을 것이다. 힌두교의 **브라마차리아**에서 말하는 금욕이란 단순히 성적 활동을 하지 않는다거나 남성성을 제한한다는 뜻이 아니라, 양성(兩性)이 만들고 상호 의존하는 공고한 일상의 세계에서 벗어나 아이들이 현실이라고 믿는 세계에 결합하는 것을 가리킨다.

그러나 보통 사람들에 비해 중년의 지도자는 훨씬 심오하고 무거운 부담을 스스로와 다른 사람들에게 지운다. 또한 그의 남다른 선택은 자신과 동료들이 감당할 수 있는 것보다 더 큰 근심을 만들어내기도 한다. 그는 헌신적인 추종자들과 물러설 곳이 없는 군중들의 결단을 승인해야 하는 위치에 있는데, 이미 완전한 헌신 가운데 생애의 절반 이상을 보낸 시점에서 그 자신이 시작하고 전개해온 일들과 앞으로 약속한 일들에 대해서는 과연 누구의 승인을 받아야 하는가? 이 때문에 성 아우구스티누스, 간디 그리고 프로이트 같은 이들은 외로운 위인의 지위에 막 올라선 중년의 나이에 자신을 성찰하는 위대한 저작들—『고백록』, 『나의 진리 실험 이야기』, 『꿈의 해석』—을 쓴 것이다.

우리는 간디의 생애에서 아버지와 아들의 관계라는 주제를 추적해왔다. 그와 같은 부류의 인물들은 거의 천편일률적인 자책감으로 자신들의 일기와 자서전 그리고 자기 분석에서 이 주제를 파고들었다. 우리는 중년의 간디가 막내아들에게 쓴 편지에서 이 주제가 극중극(a play within a play)처럼 드러나는 것을 보았다. 그 편지에서 간디는 오래 전 자신이 병든 아버지에게 했던 일을 아들이 자신에게 했을 때 꿈속에서 무척 비참한 심경이었다고 적었다. 우리는 중년의 간디가 "창백한" 총독에게 굴복하는 모습에서도 그러한 모습을 볼 수 있었다. 마하트마가 아들과의 관계에서, 그리고 중년이 된 그에게 여전히 아버지의 표상을 지니고 있었던 몇몇 사람들과의 관계에서 양가감정을 가지고 있었다는 것은 의심의 여지가 없다. 하지만 그러한 양가감정은 장성한 오이디푸스에게 "그것 봐. 내가 말한 대로 됐지?"라고 말하는 것과는 다르다. 카리스마 있는 지도자들의 경우 (실제로 오이디푸스 왕의 경우도 그랬듯이) 양가감정은 본질적으로 자신의 뜻과 상관없이 카리스마에 굶주린 군중에 의해 부여된 자신의 위치를 운명처럼 떠안아야 하는 데에서 비롯된다. 다만 여기에서 그에 관한 자료를 마치 현실 인식과 참여에 제한을 받은 환자의 병력 기록을 다루듯 해서는 안 될 것이다. 우리는 그에게 왕관을 씌워주었을 뿐만 아니라 그를 십자가에 못 박기도 한 당대의 상황 속에서 한 "위대한" 인물이 보인 갈등의 징후들을 살펴보아야 한다. 그리고 우리는 그의 숱한 심경 변화와 고백을 토대로 그의 내적 목소리를 인간사의 일반적인 경향과 일치시켜 볼 수 있을 것이다.

간디도 "사람"이었다는 사실을 누가 부정하겠는가? 하지만 그는 정치에 관여하면서도 성자의 삶을 열망했던 인도인이기도 했다. 우리는 앞에서 그의 유년기와 청소년기에 남근 숭배(phallicism)와 성자의 숭고함이, 그리고 부성적 힘과 모성적 보호가 충돌한 사례들을 살펴보았다. 간디가 우리에게 "남자답지 못한" 열망은 물론이고 갈등으로 점철된 기억들을 숨김없이 보여준 덕분에 우리는 이처럼 그에 대한 해석을 공유할 수 있게 되었다. 그리고 그가 드러낸 비정상적 또는 비범한 모습들은 너무나 덤덤하고 솔직해서 우리가 신경증으로 진단할 수 있는 모든 것들은 그만의 스와라지—그의 존재의 근거인—를 이루며 우리에게 연구의 토대를 제공해준다.

그와 같은 인물, 특히 개혁가의 남근 숭배적 남성성은 그들의 결정적인 영향력과 그들이 보여주는 끊임없는 이동성에 녹아 있는 것 같다. 그는 늘 움직였다. 그리고 다른 사람들에게도 늘 움직일 것을 요구했다. 그러한 요구는 때로는 과도하다고 할 수 있었지만, 루터가 거리낌 없이 말했듯이 그것은 보다 높은 영감에 의해—qua mulier in conceptu(수태를 하는 여성처럼)—움직이는 것을 의미했다. 여기에서 수태는 그러한 감정과 시기를 모두 포괄하는 단어이다.

나는 지금껏 절반은 남성이고 절반은 여성인 것에 자부심을 느낀, 그리고 생물학적 여성보다 더 모성적이기를 열망한 정치 지도자가 간디 이외에 누가 있었는지 궁금하다. 이것은 철저하게 개인적인 욕구와 민족적인 성향이 합쳐진 결과이기도 하다. 원시적인 신모(神母) 신앙은 인도인들의 종교적 성향에 가장 깊이 그리고 가장 널리 스며들어 있기 때문이다. 마간랄의 죽음으로 깊은 슬픔에 빠진 간디는 그를 기리는 추모비에 "남편을 잃은" 심경을 글로 새기기도 했다. 샨케를랄은 옥중에서 자신에게 아침에는 기도를 하고 낮에는 물레를 돌리라고 하는 간디에게 이렇게 말했다. "가장 고약한 시어머니가 며느리를 박대하는 것도 선생님께서 저를 대하시는 것보다는 나을 겁니다." 간디는 (샨케를랄의 말에 동의하면서) 이렇게 대답했다. "나중엔 나에게 감사하다고 할 겁니다." 여성적 표상이 그에게는 자연스럽게 받아들여진 것 같다. 물론 전통적으로 여성의 일로 인식되던 물레질—그것이 과거에는 어떤 성격이었고 전국적인 카디 운동에서는 또 어떤 성격을 띠었든지 간에—에 대한 간디의 각별한 애착에 대해서는 수군거리는 사람들이 적지 않았다. 그러나 간디는 이를 순순히 인정함으로써 사람들의 구설에 대응했다. 그는 자신이 절반은 여성이기를 열망한다고 당당히 밝혔다. 그는 처칠이 벌거벗은 탁발승에 대해 경멸조로 말했을 때에도 자신은 가능한 한 벌거숭이에 가까워지기를 바란다고 되받아친 바 있다. 확실히 그는 일종의 승화된 모성주의를 완전한 인간의, 그리고 종교적인 인간의 긍정적인 정체성의 일부로 보았다. 공공연한 남근숭배는 그에게 혐오스러울 정도까지는 아니었지만 적어도 없어도 되는 것으로 여겨졌다. 물론 대부분의 남자들은 신이 주신 그러한 기관을 거부하는 것이 불필요할 뿐만 아니라 어떤 면에서는 불경하기까지 하다고 생각한다. 그래서 그들은 성적 자기부정에 어떤 병적인 요소가 개입되어 있으리라는 의심을 버리지 않는다. 심리적 자기거세(self-castration)에 대한 의심은 무기의 포기를 남성성의 포기로 여기는 오랜 남성적 성향과도 쉽게 연결된다. 여기에서 간디는 다시 한 번 예언자가 되었는지도 모른다. 기계화된 미래에서 남성성의 호전적 모델이 지닌 가치의 상대적 하락은 양성의 보다 자유로운 상호 동일시로 이어질 수 있기 때문이다.

이 책은 임상의가 쓴 것이다. 간디의 모성주의와 양성소질(bisexuality)의 종국적 운명을 고찰하기 위해 나는 그의 말년에 있었던 한 가지 이야기를 간략하게 언급하지 않을 수 없다. 이 이야기는 동서를 막론하고 많은 사람들의 입에 오르내리고 있고, 흔히 "간디는 나이가 지긋하게 들어서 벌거벗은 여자들과 잠자리를 같이했다더라."[4] 같은 비난과 함께 언급되고 있다. 이 일에 대한 가장 권위 있는 설명은 니르말 보세(Nirmal Bose)의 『간디와

---

4 독일의 어느 정신의학 사전은 간디에 대해 여덟 줄의 설명을 실으면서 그가 "시중을 든 여성들과 한 침대에서 잤다"라는 문구—그러한 행동의 시점이나 기간을 언급하지 않고—에 한 줄을 할애했다. 마찬가지로 Arthur Koestler는 *The Lotus and The Robot* (London: Hutchinson, 1966)의 각주에서 영국 경찰이 나체의 어린 소녀와 한 침대에 누워 있는 간디를 발견했으나 그 사실을 공표하지 않았다고 밝혔다. 그런데 당시 영국 경찰은 더 이상 예고 없이 간디를 야간에 찾아가지 않았고, 간디의 침실에는 침대나 출입문이 없었으며, 열대 지방에서는 나체로 생활하는 일이 흔한데다 그 모든 일들이 결코 비밀이 아니었다는 점에서 이러한 험담은 사실 관계가 의심스럽다.

함께한 날들(*My Days with Gandhi*)』[5]에 기록되어 있다. 나는 그를 만나서 이 문제에 대해 이야기를 나누어 보았다. 하지만 잘 알려진 인물들이 여럿 관련되어 있음을 고려할 때 이 일이 과연 충분히 설명될 수 있을지는 의심스럽다.

내가 이해하는 한, 이 이야기에는 두 개의 상황이 압축되어 있다. 죽음을 앞둔 카스투르바는 남편에게 부모를 잃은 마누(Manu)라는 친척 아이를 위해 어머니의 역할을 대신 해달라는 유언을 남겼다. 간디는 이 역할을 진지하게 받아들였다. 그는 이 여자아이의 신체 발육에 관심을 기울이는 한편 아이로 하여금 자신의 매트 아래쪽에서 잠을 자도록 하다가 나중에서는 이따금 자신의 "침대에서"—실제로 침대나 출입문이 따로 없었던 그의 침실에서 이 단어가 의미하는 것이 무엇이었든—자도록 했다. 이 관계를 지배하는 뚜렷한 모성주의는 훗날 이 젊은 여성의 회고록 『바푸, 나의 어머니(*Bapu, My Mother*)』[6]의 제목에서도 분명히 드러난다.

하지만 간디의 동료들 사이에 심각한 동요를 불러일으킨 일은 따로 있었다. 이 일은 마하트마의 나이가 77세~78세이던 때, 즉 통일된 인도에 대한 희망을 산산이 부숴놓은 폭동 사태를 겪으며 그가 리어 왕 같은 절망 속에서 방황하던 시기에 일어났다. 밤에 온몸이 심하게 떨리는 고통을 종종 겪고 있던 그는 자신을 돕던 몇몇 중년 여성들에게 밤에 양옆에서 그들의 체온으로 자신을 "재워"달라고 부탁했다. 일부 동료들은 이것이 부성 또는 모성적 순수함을 넘어선 것이라고 생각했다. 밤에 여성들을 (가끔은 벌거벗은 채로) 자신의 곁에 있게 한 것은 성적 자극을 받지 **않을** 수 있는 자신의

---

5 Nirmal Kumar Bose, *My Days With Gandhi*, Calcutta: Nishana, 1953년, 131~137쪽, 154~160쪽.

6 Manubehn Gandhi, *Bapu-My Mother*, Ahmedabad: Navajivan, 1949년.

능력을 시험하기 위해서였다고 공개적으로 말함으로써 그가 상황을 결정적으로 악화시켰을 때 실제로 가장 가깝던 몇몇 동료들은 그를 완전히 떠나기도 했다. 물론 그의 말은 자신이 성적 자극을 받을 **수 있다**는 사실을 스스로 입증한 것이라 할 수 있는데, 이는 사정(射精)의 억제와 정신력에 관한 인도인들의 뿌리 깊은 관념에 토대를 둔 것이었다. 실제로 마하트마는 "내가 이것을 해낼 수 있다면 진나(Muhammad Ali Jinnah)도 꺾을 수 있을 것이다"—즉 인도의 분열을 막을 수 있을 것이다—라고 말하기도 했다. 이 것이 노인의 괴팍한 자기 시험이었는지, 젊은 여성에 대한 뒤늦은 욕구였는지, 아니면 어머니의 체온에 대한 유아기적 욕구로의 퇴행이었는지에 답하기란 쉽지 않다. 진실은 어쩌면 이 모든 것이었는지도 모른다.

내가 그의 상황을 리어 왕과 비교한 것은 한 인간의 이야기를 내가 어떻게 연구했는지를 보여준다. 갈등으로 특징지어지는 노년의 절망은 한 생애가 안정적으로 마무리되지 못하고 있음을 가리킨다. 홀아비가 된 리어 왕 역시 딸들이 자신을 사랑하고 존경한다는 것을 (막내딸이 말한 것처럼 과도하게) 확인하고 싶었다. 그는 아버지로서 그리고 왕으로서 자신의 불멸성을 확보하고 싶었던 것이다. 따뜻함을 그리는 노인의 욕구에 대해, 어떤 이는 "늙고 나이가 많이 들자" 밤에 많은 이불을 덮어도 "몸이 따뜻하지" 않았던 또 한 사람의 왕을 떠올릴지도 모르겠다.

그리하여 신하들은 이스라엘 온 지역에서 아름답고 젊은 여자를 찾다가, 수넴 여자(Shunammite) 아비삭을 찾아내고는 그 처녀를 임금에게 데려왔다.
그 젊은 여자는 매우 아름다웠다. 그녀가 임금을 모시고 섬기게 되었지만, 임금은 그녀와 관계하지는 않았다. —열왕기상 1장 3~4절

여기에서 채택된 방법은 슈나미티즘(shunamitism, 젊은 이성과 동침함으로써 건강한 기운을 받아 장수를 도모하는 풍습—옮긴이)이라는 이름을 가지고 있는데, 이것은 다윗 왕 시대 이전인 고대 북부 인도의 왕들에 의해서도 시행된 것으로 전해진다.[7] 하지만 간디는 왕이 아니었고, 그가 여성들과 관계를 하지 않았다고 말하는 것만으로는 충분하지 않았다. 마지막까지 육체적 충동을 지배하는 삶을 살았음을 증명해야만 했던 그로서는 단순한 부인(否認)만으로 충분하지 않았다. 그리고 **자신들이** 믿어온 성자의 모습을 간디가 끝까지 증명해줄 것을 기대한 사람들에게도 그것은 충분하지 않았다.

니르말 보세가 정확하게 인식했듯이, 이 모든 일화는 완벽하고 순수한 어머니가 되고 싶다는 욕구와 누군가에게 안기고 위로받고 싶다는 욕구—특히 절대적인 존재가 아닌 이가 외로움을 겪고 있던 시기에—의 측면에서 모성이라는 주제가 간디의 삶에서 지속적인 중요성을 띠고 있었음을 보여준다. 그가 한기로 몸을 떤 것을 오르가슴으로 해석한 어느 동료의 시각과는 무관하겠지만 이와 같은 마지막 위기에서 마하트마는 프로이트의 "철학"을 연구한 사람들이 그에 관해 이야기할 법한 내용에 관심을 기울였던 것으로 보인다.[8] 다만 그 여성들은 그들의 행동과 그들의 행동이 알려지게 된 과정에서 거의 선택권이 없었으며, 그들 서로 간에는 일정한 긴장이 있었다는 보세의 주장은 근거가 충분해 보인다.

마하트마의 알려진 사생활에 대하여 우리가 말할 수 있는 것은, 다른 사람들이 감추고 숨길 법한 다양한 성향들을 그는 줄곧 공공연하게 드러냈다는 것이다. 만일 불가피한 존재의 갈등에서 커다란 혼란이 비롯되었다면

---

7 L. and M. Milne, *The Ages of Life*, New York: Harcourt, Brace & World, 1968년, 265쪽.

8 Bose, 193쪽.

그것은 위대함의 또 다른 표식인지도 모른다. 우리가 이제까지 살펴본 부성과 모성의 주제를 토대로, 혹자는 간디가 아버지를 간호하고 보살핌으로써 아버지와의 관계를 정화하기를 원했고 그 자신이 티 없는 어머니가 되기를 원했다는 결론을 내릴지도 모른다. 그러나 통일된 인도의 국부(國父)가 되고 싶다는 소망이 좌절되었을 때 그 역시 모성적 위로가 필요했는지도 모른다.

이제 마하트마의 추종자들에게 눈을 돌려보자. 앞에서 살펴본 바와 같이 그는 특정한 역할을 수행할 수 있는 이들을 능수능란하게 선발했다. 그는 이 과정에서 20대에 그를 처음 만나 자신들의 삶을 그에게 용해시키고자 열망했던 젊은이들의 정체성 갈등을 정확하게 꿰뚫어 보았다. 이 젊은이들의 열의는 아슈람의 공동체 규정에 따라 자신의 성적, 사회적 자유를 얼마나 희생할 각오가 되어 있느냐에 따라 그 정도가 조금씩 달랐다. 그러한 서약 때문에 아슈람 공동체에서 짐을 싼 이들은 오늘날 마하트마에 대해 이야기를 할 때 상대적으로 자유로울 수 있지만 동시에 자신들의 이탈을 정당화하기 위해 그러한 진술을 하는 경우도 있다. 비록 눈치를 챈 간디에 의해 놀림을 받는 경우는 있었으나 진정한 "식구들"은 자신의 양가감정을 표출하는 법이 없었다. 그럼에도 그러한 불합리한 관계에서 필연적으로 생겨났을 감정에 대해 그들이 직접적 혹은 간접적으로 나에게 이야기했을 것임을 독자들은 충분히 추측할 수 있을 것이다. 그리고 내 안의 정신분석 전문의가 아마추어 역사가에게 기가 눌리지 않은 덕분에 이 젊은이들이 공통적으로 가졌을 법한 동기를 놓치지 않았다는 것도 사실이다. 그런데 여기에서 역사적 사건의 재구성에 도움이 되고자 연구자를 신뢰하며 기꺼이 자신의 내밀한 동기를 말해준 이들의 데이터를 공개하는 것이 방법론적으로나 윤리적으로 옳은 것인가 하는 의문이 생긴다. 정보를 제공해준 많은 이들이 자신의 기억과 꿈들을 나에게 이야기했다. 내가 혼잡한 도로에서 운전을 하느라 "제3의 귀(상대방의 내면에 숨겨진 감정들을 예민한 감수성과 직관으로 이해하는 능력 – 옮긴이)"가 거의 마비되었을 때, 식사를 하느라 펜과 종이를 꺼낼 수 없었을 때, 그리고 때로는 내 아내에 대한 신뢰감으로 그들은 그러한 자료를 나에게 제공해주었다. 나에게 사람들의 신뢰를 이끌어내는 어떤 직업적 능력이 있는 것인지는 알 수 없지만, 내가 확신할 수 있는 것은 그들이 마하트마의 이미지를 떠올리는 동안 당시의 복잡한 감정들의 기억도 함께 떠올랐다는 것이다. 그들이 기억해낸 순간들은 다양했지만 그것들은 대체로 두 개의 주제로 압축될 수 있었다. 하나는 부모 또는 그들을 양육해준 다른 후견인에게 그들이 입힌 **깊은 상처**였는데, 이 때문에 당시를 돌아보는 일이 그들에겐 일종의 저주와도 같았다. 우리는 앞에서 간디가 초기의 추종자들에게 이미 헐거워진 가족과의 유대를 완전히 끊어버리도록 얼마나 단호하게 요구했는지를 보았다. 또 하나의 범주는 아버지나 어머니 없이 집을 멀리 떠나 있는 이들에 대한 강한 동일시와 함께, 버려진 사람들과 짐승들을 **돌보려** 하는 강박적인 열망이었다.

"우연히" 얻게 된 이 모든 자료들은 다른 자료들과 더불어 나로 하여금 어린 시절 자신들을 키워준 보호자들에게 가졌던 애착을 능가하는 (무의식적이거나 말로 표현되지 않은) 감정을 그들이 가지고 있다는 확신을 갖게 했다. 이와 함께 자신의 **다르마**를 동시대인들에게 부여하는 능력을 지닌 한 인물—또 한 분의 정신적 아버지를 찾고자 하는 오랜 감정적 (그리고 한때 제도화되었던) 요구를 철저하고 완벽하게 이용한 매우 특별한 스승—을 섬기기 위해 그들이 자신의 개인적 **다르마**를 기꺼이 포기했다는 사실 또한 확인할 수 있었다. 이 젊은이들을 인습과는 거리가 먼 그와 같은 지도자에게로—그리고 그에 대한 무조건적인 애착으로—이끈 내적 갈등은 그 지도자를 향한 깊은 양가감정으로 이어졌다. 우리가 앞에서 보았다시피 간디는 자신의 추종자를 고를 때 단호함과 냉정함을 유지했다. 그리고는 이 젊은 이들의 정신적 혈통을 장악하는 데 주저함이 없었다. 간디는 지원자가 어떤 중요한 일을 정말로 잘 해내리라는 확신을 얻고자 했지만, 자신의 추종자로서 온전히 헌신할 수 있는 능력 또한 요구했다. 예를 들어 높은 학문적 자질을 갖춘 사람에게 간디는 "청소부가 될" 의향이 있는지를 물었다. 청소라는 단어는 오늘날 미국에서 쓰이듯 "남들이 꺼리는 일"이라는 의미를 갖고 있었지만, 글자 그대로 변소 청소를 의미하기도 했다. 하지만 진리의 이름으로 그리고 인도를 섬기기 위해 그들은 새로운 가족의 서약, 즉 자신은 모두에게 속하며 동시에 누구에게도 속하지 않는다는 서약을 받아들여야만 했다.

여러모로 재능이 있었던 이 젊은이들은 하나의 공통된 성격적 "특성"을 가지고 있었던 것으로 보인다. 그들은 어려서부터 버려지거나 괴롭힘을 당하는 존재들에게 관심을 보였고 그러한 성향은 자라면서 좀 더 큰 범위로 확대되었다. 동시에 그들은 충실한 반역자이기도 했다. 그들은 고통을 충실히 견뎠고 반역에 결연히 나섰다. 그들은 이 모든 것을 간디에게 바쳤다. 이는 전통에 의한 것이기도 했지만 그들의 개인적 성향에 의해 결정된 것이기도 했다. 양가감정을 일으키기도, 그것을 잠재우기도 했던 간디의 능력은 참으로 무서운 것이었음에 틀림없다. 하지만 그는 이 젊은이들이 자신들의 능력을 발휘할 수 있도록 방향을 제시해 주었고 그들이 자신의 재능과 참여의식을 놀라울 정도로 증폭시키며 일을 해나가도록 이끌어 주었다.

역사 또는 개인사를 기록하고 비평하는 이들에게는 제1부에서 다룬 내용이 간디의 추종자들에 대한 설명이 될 수 있을 것이다. 추종자들이 어느 지도자를 선택하거나[9] 그의 선택을 받을 때 그들의 동기와 갈등은 다음의 상보성(相補性)을 근거로 연구되어야 할 것이다.

1. 그들의 개인적인 삶
   a. 그 지도자를 처음 만난 시점, 그리고 그 시기의 정신 상태와 생애 단계
   b. 그들의 개인사(個人史)에서 일생의 주제가 그 지도자에게 전이된 순간과 장소
2. 참여에 의해 정체성을 찾으려는 그들의 탐색과 관련되어 있는 공동체
   a. 그들 세대가 추구한 리더십
   b. 지지자들의 전통적 특징과 발전적 양상

앞에서 살펴보았듯이 간디는 조력자들을 선택하고 자기 사람으로 만드는 일에서뿐만 아니라 그들로 하여금 다양한 과업과 위치—그의 금욕적 공동체에서 선택을 받은 아들딸들로부터 인도 전역의 활동가들과 최고의 정치권력을 지향한 인물에 이르기까지—에서 복무하도록 만드는 데에도 탁월한 능력을 보여주었다. 후일 "해로우(Harrow)를 졸업한 아이(자와할랄 네루는 영국의 해로우 기숙학교와 케임브리지 대학을 졸업했다 – 옮긴이)"에게 초대 수상의 중책을 맡긴 사람도 간디였다.

하지만 각각의 추종자들이 어떻게 같은 길을 가게 되었는지는 개인과 시대의 상황에 의해서만 설명될 수 있다. 최초의 사티아그라하 운동가는

---

9 제3부의 3장에서 자세히 설명한 바와 같다.

매우 독특한 방식으로 대중 앞에 떠올랐기 때문에 오로지 그와 같은 유형의 인물들만 비교의 대상이 될 수 있다. 그러나 그의 추종자들은 시대와 자신의 삶에서 중요한 어느 순간에 모든 동시대인들 가운데 이 특별한 사람을 찾아냈고 그에 의해 선택을 받았다는 특징을 공유하고 있었다. 여기에서 우리는 스스로로 선택한 집단 내에서 함께 역사를 만들어가는 이들에게 나타날 수 있는 동기의 상호 동화를 잠시 들여다볼 수 있을지도 모른다.

제2장
—
도구

1. 전략

앞에서 우리는 신은 우리 앞에 직접 나타나지 않고 다만 우리의 행동 속에서 모습을 드러낸다는 간디의 말을 인용한 바 있다. 그런데 이 말은 한 인간—그의 무의식적 동기를 포함하여—에 대한 온전한 평가는 그의 가장 창조적인 행위와 분리되어서는 안 된다는 뜻을 갖고 있기도 하다. 그렇다면 간디가 만든 사회적 도구의 본질은 무엇일까?

여기에서 나는 조앤 본듀런트(Joan Bondurant)가 『폭력의 극복(*Conquest of Violence*)』에서 학자의 태도와 개인적인 연민을 모두 담아 사티아그라하 운동을 분석한 내용을 대체로 따를 생각이다. 만일 내가 그녀의 담론이나 결론을 전적으로 수용하지 않는다면, 그것은 그녀는 정치학자로서 그 책을 쓴 반면에 나는 심리학적 맥락에서 결론에 접근하기 때문일 것이다. 그녀와 나 모두 사티아그라하가 그 창시자와 추종자들 그리고 인도 민중 전체에게 어떤 의미가 있었는지 규명하는 것 이상을 기대해서는 안 될 것이다. 또한 우리 두 사람은 우리 각자의 분야와 우리 시대의 용어로 사티아그라하의 의미를 재조명한다고 해야 할 것이다. 진실은 오로지 평가를 내리는 **우리의** 행동 속에서 드러나게 될 것이다. (간디 역시 우리 두 사람에게 그렇게 이야기했을 법하다.) 사티아그라하는 "진리"처럼 파악이 쉽지 않은 어떤 것을 매 순간 분명히 경험하는 것에 의존한다. 나는 간디의 발달 과정에서 진리가 그에게 어떤 의미를 가지고 있었는지 추적해왔다. 그러나 그 의미의 해석 역시 우리의 용어와 설명 방식을 벗어날 수는 없었다. 만일 이러한 해석으로는 체계적인 설명이 쉽지 않다고 생각하는 이가 있다면, 나는 "정체성"은 물론이고 "현실", "미덕" 또는 "건강" 같은 단어들—한 인간의 존재와 행위의 본질을 특징짓는 데 사용된—속에 간디가 얼마나 많은 함축적 의미를 담아냈는지 상기해보라고 할 것이다.

Sat는 "그것은 ~이다(it is)"라는 뜻을 가지고 있다고 한다. 무엇을, 어디에서, 그리고 언제 같은 질문을 추가로 던짐으로써 우리는 "무엇이다(what is)"라는 것에 더 가까이 다가갈 수 있다. 그 "무엇"은 과거에 존재했을지도 모르는 것, 미래에 있어야만 하는 것, 그리고 현존한다고 느껴지는 것과의 비교를 통해 그 실체가 드러난다. 그러므로 "무엇이다"는 특정한 시대의 세계상과, 오늘날에 의미가 있는 질문이 무엇인지를 결정하는 방법론과도 관련이 있다. 그러나 각 개인에게 "무엇이다"는 각자의 상대성(relativity) 속에서 존재와 마주하는 개인적 방식에 따라 달라지기도 한다. 여기에서 상대성이란 스스로 진리인 절대적 존재와의, 또는 비존재(non-being)와의, 또는 생성(becoming)과의 관계를 전제로 한다. 간디는 "내가 이해한 상대적 진리"를 위해 헌신했으나, 오로지 살아있는 진리에 우리가 "목숨을 걸고" 헌신할 수 있을 때 우리는 자신과 타인에게, 즉 인류 전체에게 진실해질 수 있다는 언명을 고수하기도 했다. 이것은 초탈과 참여의 보기 드문 결합을, 그리고 내적 목소리와 역사적 실재의 거의 신비에 가까운 합일을 요구하는 것으로 보인다. 자신과 타인에 대한 기만과 오도의 가능성이 있었지만 간디는 그의 동시대인들을 "실험적인" 행동으로 인도하는 것을 "자랑은 아니지만" 자신의 사명으로 받아들였다. 그는 C. F. 앤드루스에게 보내는 편지에서 다음과 같이 적었다.

나는 늘 두렵고 떨리는 마음으로 나에게 닥치는 상황을 받아들였습니다. 참파란에서 그리고 케다와 아메다바드에서 나는 가능성을 따지지 않았고, 그 것은 1914년에 아무 조건 없는 봉사를 제안했을 때도 마찬가지였습니다. 나 는 신의 뜻을 따랐고 그분께서 나를 "암흑에 둘러싸인 곳에서" 이끌어주셨습 니다.[1]

그런데 마치 이전에 들어보지 못한 목소리가 갑자기 들리듯 자신에게 진리의 순간이 찾아올 때마다 그것을 확실히 느낄 수 있었다는 그의 말에 의문을 가질 이유는 없다. 간디는 자신이 침묵으로 준비되어 있을 때 내면 에서 예기치 않게 울려나오는 목소리가 있었다고 말했다. 그 목소리는 거 스를 수 없는 확고함으로 그에게 전적인 헌신을 요구했다. 사실 철학적으 로 마하트마와 대척점에 있다고 할 수 있는 니체조차도 진리가 항상 "비둘 기의 걸음으로" 찾아왔다고 말했다. 즉 진리의 순간은 어느 순간—예고 없 이 정적 속에 스며들 듯—이곳에 와 있는 것이다. 하지만 그러한 순간은 갑 작스러운 진리의 음성에도 놀라거나 두려워하지 않고 그것을 받아들일 준 비가 되어 있는 사람에게만 찾아오는 것이었다. 그런데 내적 목소리를 따 라 행동한다는 것은 다른 사람들도 그럴 준비가 되어 있음을 전제로 한다. 간디는 내적 목소리를 들었을 때 종종 민중들 또한 그 목소리를 들을 준비 가 되어 있다고 생각했다. 물론 이것은 카리스마를 지닌 모든 리더십의 비 결이기도 한데, 그렇다면 그것이 "진리"라는 것은 어떻게 알 수 있었을까? 간디라면 고통을 기꺼이 받아들일 준비가 되어 있다면 그것을 알 수 있다

---

1 *CWMG*, 제15권, 4쪽.

고 대답했을 것이다.

간디에게 진실한 행동이란 상처를 입을지언정 입히지 않겠다는 각오를 따르는, **아힘사**의 원리를 따르는 행동이었다. 본듀런트에 따르면, "간디의 철학을 규정하는 유일한 원리의 핵심이 바로 여기에 있다. 진리의 유일한 시금석은 타인에게 해를 입히기를 거부하는 것에 있었다."[2] **아힘사**의 전통적인 해석을 존중하되, 나는 간디가 육체적으로 위해를 가하지 않음은 물론이고 다른 사람의 본질을 침해하지 않겠다는 다짐도 그 원리에 담았다고 생각한다. 타인에게 손해나 상해를 입히는 일, 또는 강압이나 모욕을 가하는 일이 불가피한 경우라 할지라도 상대방의 본질을 훼손하지 않기 위한 노력은 대단히 중요했다. 왜냐하면 그러한 폭력은 또 다른 폭력을 낳기 마련이고 설령 휴전(truce)에 이를지언정 진리(truth)에 이를 수는 없기 때문이다. 간디가 실천한 **아힘사**는 단지 다른 사람에게 해를 입히지 않는다는 뜻뿐만 아니라 타인의 내면에 있는 진리를 존중한다는 뜻도 가지고 있었다. 우리는 절대적인 진리를 알 수 없기 때문에 "타인을 응징할 자격 또한 없다"는 사실을 간디는 우리에게 상기시켜 준다. 이것이 중요한 이유는, 인간은 폭력을 사용하려는 유혹을 받을 때 자신이 상대방에게 하는 행동은 상대방의 "자업자득"이며 자신은 경찰의 역할을 수행하는 것이라고 자기합리화를 시도하기 때문이다. 하지만 이러한 자기합리화를 토대로 행동하는 사람은 교만과 죄책감 속으로 자신을 밀어 넣음으로써 심리적으로나 윤리적으로 스스로의 기반을 약화시킨다. 이러한 전형적인 악순환에 맞서 간디는 고통을 자발적으로 수용하는 사람만이 갈등—과 상대방—에 내재하는 진리를 밝힐 수 있다고 주장했다.

---

2 Bondurant, 25쪽.

몇 년 전 나는 의과대학 졸업반 학생들을 대상으로 의료 윤리에 대해 이야기할 기회가 있었다. 그 자리에서 나는 우리가 임상 환경, 즉 치료자와 환자의 "불평등한" 만남에서 깨달은 것들을 토대로 의료인의 행동 원리를 재해석했다.[3]

나는 (윤리학적으로 말해서) 인간은 보다 견고한 상호관계를 자기 자신과 타인에게 실현하는 방식으로 행동해야 한다고 말했다. 지금까지 나는 간디의 진리를 이러한 용어로 해석할 수 있다는 확신을 반박하는 주장을 읽거나 들어본 적이 없다. 사실 간디가 사티아그라하를 가족의 윤리와 공동체 또는 국가의 윤리 사이를 연결하는 다리로 보았을 때 그 역시 비슷한 가정을 한 것이었다.

본듀런트는 간디의 방식이 "철학적 Sat의 절대적 진리를 윤리적 원칙인 상대적 진리로 변환시킨 것이었으며, 이는 비폭력과 고통의 수용에 의해 검증될 수 있는"[4] 것이었다는 결론을 내린다. 어떤 특정한 상황에서의 진리는 한 개인의 발달 단계와 그가 속한 집단의 역사적 상황과 연결되어 있다. 그리고 이 두 가지가 함께 **현실**을 규정한다. 따라서 본듀런트가 "진실(veracity)"이라고 일컫는 것은 사실적 현실(reality)뿐만 아니라 현실(actuality)을 내포하는 것이어야 한다. 이는 다른 말로 하면 논리적으로 생각하는 것은 물론 치열하게 행동하는 것이 요구된다는 뜻이다. 또한 치열하게 행동한다는 것은 상대방의 내면에 있는 진정성을 믿고 그것에 의거하여 행동한다는 의미를 포함하고 있다. 간디에게 진리란 모든 인간을 하나의 인류로 인식하고 그럼으로써 우리의 한계를 초월하는 것을 의미했다.

---

3 Erikson, *Insight and Responsibility*, 219~243쪽.

4 Bondurant, 111쪽.

나는 간디로 하여금 아메다바드를 **사건**의 무대로 선택하도록 이끈 현실의 지형을 스케치해보려고 노력했다. 암발랄과 아나수야가 엮여 있는 상황의 특별함은 물론이고 마하트마 개인의 과거와 문화적 전통에서 비롯된 강박이 그 현실을 구성했다. 후일 간디가 이 출발점을 부정하려 한 것은 다른 곳이 더 적합한 출발점이 될 수 있었기 때문이 아니다. 간디는 늘 어떤 상황을 파악하기 위해 "숨을 고르는" 시간을 갖고는 했다. 당시 방직 노동자들의 입장이 옳다는 것은 통계에 의해서도 드러나 있었고 정치적, 경제적으로 파급력이 큰 사안의 성격상 대중의 관심도 높은 편이었다. 아메다바드에서 목표는 임금의 35% 인상이었다. 이는 노동자들에게는 실질적인 도움이 되고 사용자로서는 감내할 만하며 여론도 수용할 수 있는, 그리고 상징적으로 타협이 이루어지기에도 적절한 인상폭이었다. 결국 목표는 달성되었다. 그러나 그 목표는 극적인 수단이 덜 사용되었다 해도 달성될 수 있었을 것이고 모든 상황은 공장 게시판과 지역 신문에 알려지는 정도로 종결될 수도 있었을 것이다. 사실 더 큰 목표는 투쟁에 참가한 이들이 자기 자신(명예)과 다른 모든 사람들(협력) 그리고 공동의 신(진리)과의 관계를 새롭게 설정할 수 있었듯이, 더 넓은 지역과 전국적인 규모에서 이를 적용할 방법을 찾는 것이었다. 그것은 본듀런트가 **규칙, 행동 원칙** 그리고 체계적인 **단계** 같은 용어로 요약한 엄격한 조건을 갖추어야 했다. 여기에서 나는 몇 가지 사실을 추론할 수 있다.

우리가 앞에서 보았듯이 간디가 조직한 모든 운동은 사실에 대한 객관적인 조사와 **중재**를 위한 성실한 노력이라는 예비 단계를 거쳤다. 다른 해결책을 찾을 수 없고 그 상황이 고통과 희생을 감수할 만한 충분한 대표성을 띨 때 사티아그라하는 최후의 수단으로 사용되어야 했다. 이에 따라 그가 주도하는 운동에 동참할 사람들에게는 철저한 **준비**가 요구되었고 이 과정을 통해 그들은 부당한 현실을 정확하게 이해하고 합의된 목표가 정당할 뿐만 아니라 달성 가능하다는 결론을 공유할 수 있어야 했다. 그들은 또한 현실의 부조리를 넘어 사티아그라하의 토대가 되는 진리의 편에 자신들이 서 있음을 확신해야 했다. 간디의 조력자들은 비폭력 원칙을 지키겠다고 약속하기 전에 이 모든 기본적 명제에 대한 확신이 있어야 했다. 간디는 아메다바드에서는 물론이고 이 세상 어느 곳에서든 노동자들이 과격한 행동을 거부해야 한다고 믿었고 심지어 암발랄과 같은 사용자들도 노동자들을 굴복시켜야 한다는 주장을 해서는 안 된다고 생각했다. 그는 암발랄을 "특별히" 대우했는데 이는 표면적으로는 비타협적인 태도를 취한 암발랄이 속으로는 간디를 인정했고 개혁을 위해—남동생인 자신에 맞서—싸우는 누나 아나수야에 대한 존경심도 갖고 있었기 때문이다.

좀 더 일반적으로 이야기하자면, 중재에 나서거나 예정된 행동에 대한 여론의 지지를 얻기 위해 대중을 설득해야 하는 경우 광범위한 **선전**(publicity) 또는 선동은 필수적인 일이 된다. 사실 그러한 행동은 사전에 구체적으로 **공표**되어야 하며, 여기에는 모두를 움직이게 만드는 명시적인 **최후통첩**과 모두를 포용하는 행동—즉 모든 이해 당사자의 체면을 세워주는—을 어느 시점에서라도 취할 수 있는 재량권이 포함되어야 한다. 따라서 이러한 목적으로 만들어진 **행동 조직**은 **명확한 목표를 달성하기 위해 요구되는 최소한의 실력 행사**로서 비협력—파업, 불매운동, 시민 불복종—을 선택해야 한다. 또한 그 이슈를 널리 확산시키기 위해서는 성급하게 승리를 주장해서도 안 되거니와 그 사안의 범위를 넘어서지 않도록 패배를 쉽게 받아들여서도 안 된다. 그러나 이러한 요건은 무엇보다 실현 가능성에 토대를 두어야 한다. 왜냐하면 공동체가 당면한 **실제적인** 문제와 공동체의 미래에 **상징적인** 의미가 있는 문제가 모두 여기에 포함되어 있기 때문이다. 참파란에서는 농가에 딸린 토지의 이용 문제가 그러했고, 일터로 가는 길에 사원을 지나갈 수 있는 불가촉천민의 권리나 식민지 정부에 세금을 내지 않고 바닷물에서 소금을 얻을 수 있는 모든 인도인의 권리가 그러한 예라 할 수 있었다.

우리는 이 혁명의 목록을 통해 간디의 시대가 선택한 이슈들에 의해 오늘날 당연한 것으로 받아들여지는 공분(公憤)과 권리들에 대한 인류의 인식이 얼마나 바뀌었는지를 알 수 있다. 저항하는 이들은 **자립**의 원칙을 지켜야 했다. 이는 고난과 승리가 모두 그들의 몫이었기 때문이다. 파업 노동자들이 외부의 지원을 받는 것을 간디가 막은 이유도 이 때문이었다. 이 운동은 **주도권을 유지해야만** 했다. 여기에서 주도권이란 상대방의 변화를 받아들일 준비와 스스로의 오판을 속죄할 각오도 포함하는 것이었으며 더 나아가 이 운동의 전략과 (타협이 가능하다면) 목표를 재조정하는 것까지 포함하는 것이었다. 저항하는 이들은 설득을 당하고 설명을 들어야 할 때조차 설득하고 설명하겠다는 의지를 지녀야 한다. 그들은 진부한 선례나 엄격한 원칙을 주장하지 않는다. 그들은 변화하는 상황에서 자신과 동료들에게 진실하다고 여겨지는 것을 따르고 그럼으로써 **행동을 통해 더욱 진리에** 가까워진다.

하지만 그러한 진리는 개인의 인상이나 결정에 의존할 수 있는 것이 아니다. 원칙의 견고함은 물론이고 변화를 인식할 수 있는 유연함에 의해 행동이 조정되고 인도될 때 진리는 비로소 그 모습을 드러낸다. 지도자는 분노하지 않으면서 적의 분노를 감내하고 어떠한 폭력에도 굴복하지 않겠다는 사티아그라하의 원칙을 끝까지 지켜야 한다. 그는 적의 입장에 조응하면서 심지어 적에게 도움을 주어야 하는 예상치 못한 상황에도 대비가 되어 있어야 한다. 또한 그는 법을 준수해야 하며 **오로지** 정해진 사안에 한해서만 법 또는 법 집행 기관과의 협조를 거부해야 한다. 이러한 조건 하에서 그는 스스로 선택한 행동에 주어지는 처벌을 기꺼이 받아들이고 요구할 수 있는 것이다.

그리고 여기에 간디가 온전히 "자신의 일"이라고 일컫던, 스스로 선택한 지도자의 고통이 있다. 지도자와 그의 계승자들은 희생을 피하기 위한 핑계 뒤에 숨지 않고 죽음을 포함한 어떠한 고통도 받아들일 수 있어야 한다. 간디가 단식을 결정함으로써 아메다바드의 사티아그라하 운동이 절정으로 치달았듯이 간디의 체포는 최초의 전국적 사티아그라하 운동에서 중요한 요인이 되었다. 지도자가 "진리의" 길을 가기로 결정할 때 그에게는 앞으로 이끌고 갈 권한은 물론이고 뒤로 물러서게 할 자유도 있어야 하며, 추종자들이 이러한 자유를 부정할 경우 그는 이 사티아그라하에 대해 반대의 뜻을 표명할 수도 있다. 이와 같은 특별한 권력에 몸서리를 치는 독자들—간디가 "독재자들"에게 반대했다고 알아온—은 우리가 다루고 있는 시기가 제1차 세계대전 직후임을 기억해야 한다. 당시 많은 나라에서는 군주제와 봉건제 그리고 가부장제가 무너진 자리를 지도자와 대중의 신비스러운 결합으로 메우려는 새로운 지도자들이 출현하고 있었다. 민중의 아들을 자임하는 이 지도자들이 불가해한 권력을 행사하던 이 시기에는 사적 영역과 공적 영역이, 신경증적 요소와 카리스마가 혼재되어 있었기 때문에 우리는 간디의 지극히 개인적인 결정—그의 **단식**—을 "인도의 리더십은 인도의 방식으로"의 일부로 이해해야 할 것이다.

우리는 단식이라는 오래된 의식이 많은 동기와 절박한 상황에 이용되는 까닭에 고결한 만큼 타락할 수도 있다는 사실을 고려해야 하는지도 모른다. 1967년 1월, 피아렐랄은 인도 언론에 기고한 글에서 간디가 공적인 이슈로 공적으로 단식을 하며 정한 원칙을 재천명할 필요가 있다고 밝혔다.

피아렐랄은 이렇게 결론을 내린다.

(단식은) 우리를 적으로 간주하는 사람들 혹은 우리의 이타적 행위에 대해 애정을 보이지 않는 사람들에게는 사용될 수 없다. 단식의 명분을 지지하고 그것을 위해 노력을 기울이지 않은 사람이 단식을 해서도 안 된다. 물질적이거나 개인적 목적을 위해, 다른 사람의 정당한 의견을 꺾기 위해 또는 명료성과 현실성 그리고 명백한 정당성이 없는 이슈를 위해 단식이 이용되어서도 안 된다…… 단식이 정당화되기 위해서는 이 모든 요구에 답할 수 있어야 한다.[5]

단식을 협박으로 간주하며 "단식을 하는 사람을 죽음으로 몰아넣을 수도 있는 입장을 굽히지 않으려 하는" 개인과 권력을 간디는 거칠게 몰아붙일 때가 있었다. 그것은 목숨을 바칠 준비가 되어 있는 그로서는 당연한 태도였다. 다른 한편으로 간디는 단식을 하는 사람은 자신의 입장에서 오류를 찾아내거나 이를 인정할 준비가 늘 되어 있어야 한다고 주장했다. 이와 관련해서 인도의 작가 라자 라오(Raja Rao)는 산책을 하면서 나에게 이런 이야기를 들려주었다. 그의 친구 하나가 어떤 문제를 강력하게 요구하기 위해 단식을 하려 한다는 내용의 편지를 간디에게 보냈다. 간디는 답장에서 단식을 할 만한 가치가 있는 요구 사항 열 개를 적어 보내주면 읽지도 않고 그 문서에 서명을 하겠다고 적었다. 그 친구는 그 문제를 숙고한 끝에 다른 방법을 찾아보기로 했다.

---

5 Pyarelal, "The Right and Wrong Uses of Fasting: How Gandhiji's Standards Apply Today," *The Statesman*, 1967년 1월 3일자, 6면.

지금까지 언급된 내용은 단식의 결과를 논하거나 사티아그라하 운동의 일부를 "실패"로 규정하는 것에 대해 신중해질 필요가 있음을 보여준다. 우리가 1919년의 전국적인 **하르탈**을 다루면서 보았듯이 어떤 결정을 철회하거나 계획을 연기하는 것은 지도자가 정신적 주도권을 유지하고 훗날을 위해 도구—조금 찌그러졌지만 파손되지는 않은—를 보존할 수 있는 유일한 방법인지도 모른다. 이런 의미에서 아메다바드 공장주들의 입장 변화는 "항복"이 아니었다. 이상적인 사티아그라하 운동은 양측 모두에게 이익이 되는 결과—아메다바드 바니아 계급의 상거래처럼—를 얻을 수 있었기 때문이다. 더 많은 이들이 사티아그라하 운동에서 단순한 "성공"과 "실패"의 정의를 뛰어넘는 새로운 원리들을 발견하고 있다. 오늘날까지 생존해 있는 공장주들이 기억하는 당시의 상황은 굴복과는 거리가 멀었다. 어떤 이는 이렇게 말했다. "그를 단식하게 만든 건 바로 **우리**였지요." 또 다른 이는 이렇게 증언했다. "우리는 그 정도까지는 양보할 준비가 되어 있었습니다." 다만 그 **사건**이 아메다바드와 인도 전체의 노사관계를 근본적으로 변화시켰다는 점에는 모든 이의 생각이 같았다.

이제 사티아그라하의 일람표에서 가장 큰 영향력을 지닌 항목을 살펴볼 차례이다. 그것은 간디주의자들의 용어를 빌리자면 "건설적 계획"이다. 참파란에서 간디가 가장 통렬하게 느낀 실패는 (나는 본질적 완성이 결여되었다는 점에서 이것이 실패였다고 생각한다) 비하르 사람들의 일상생활에 지속적인 영향을 끼치지 못했다는 사실에서 비롯되었다. 우리가 앞에서 보았듯이 아메다바드에서 간디는 파업 첫날부터 노동자들이 얻고자 하는 이익을 분명히 밝혀야 한다고 주장했다. 그것은 노동 자체가 존엄한 행위로 인식되도록 하는 데에서 얻을 수 있는 이익이었다. 그것은 또한 노동자들의 단결에서, 공장 환경에서, 그리고 노동자 집단의 복지에서 얻을 수 있는 이익이

기도 했다.

  마지막으로 나는 아메다바드의 파업이 가져온 실제적인 결과를 서술하고자 한다. 노사의 합의 사항은 산별 중재 위원회에서 제도화되었다. 위원회의 초대(初代) 구성원은 말갈다스 파레크(당시 공장주 협회 회장이었던 그는 조금도 흔들리지 않고 자신의 공장에서 전염병 상여금을 계속 지급했다)와 간디였다. 이어서 아메다바드 방직노동자연합(Textile Labor Association)이 결성되었다. 이 단체는 인도의 비정치적 노동문제를 다루는 교섭 상대들 가운데 가장 높은 지위를 부여받았다. 나는 아메다바드를 처음 방문했을 때 바쁘게 돌아가는 TLA의 분위기에서 간디의 "자취"를 가장 생생하게 볼 수 있었다. 물론 노동자들이 얻어낸 것들은 산업혁명 이후 서구의 기준으로 따지면 최소한의 노동환경과 생활조건에도 미치지 못했다. 또한 파업 이후 중재 위원회에서 논의된 안건들은 주목할 만한 가치가 거의 없었다. 하지만 중요한 것은 영향력이 큰 공장주와 성자로 추앙받는 인물이 마주앉아 이를테면 화장실 시설 개선에 대해 협의를 하고 그 후속 조치를 확인했다는 점이고, 무엇보다 공장주들에게 양보를 요구할 수 있는 공동의 권위를 그들이 **가지고 있었다**는 점이다. 또한 그들은 공장 노동자들에게 규정을 준수하고 지나친 요구를 자제할 것을 권고할 수도 있었다. 물론 해결이 쉽지 않은 갈등이 생기는 경우 노동자들은 최고의 중재자들에게 의지할 수 있는 위치에 **있었다**. 어쨌든 파업 이후 노동과 협력의 개념에 큰 변화가 있었다는 것은 결코 과소평가할 수 없다. 아나수야가 우리에게 들려준 이야기에 의하면 한번은 연일 도착이 미뤄진 회교권 사절단을 영접하기 위해 회교도 노동자들이 닷새 연속 결근을 하고 기차역에 나간 일이 있었다. 간디는 60시간의 노동을 보충하기 위해 노동자들이 한 달에 이틀씩 추가로 근무를 해야 한다고 주장했다. 그리고 노동자들은 이를 수용했다. 아나수야는 간디가 없는 오늘날의 노동자들은 그러한 기강을 갖고 있지 못하다고 말했다. 하지만 내가 오늘날에도 노동자들이 닷새 내리 출근을 하지 않고 기차역에 나가겠느냐고 묻자 그녀는 그러지는 않을 것이라며 노동자들이 자신의 일을 중요하게 여기게 되었다는 것은 분명하다고 대답했다.

1925년 TLA의 조합원 수는 1만 4천 명으로 늘어났고 1959년에는 10만 명을 넘어섰다. 비교적 최근인 1967년 2월, 인도 일간지 〈더 스테이츠맨(The Statesman)〉은 TLA에 대해 다음과 같은 기사를 실었다.

오늘날 아메다바드의 방직 노동자들은 인도의 동종업계에서 가장 높은 임금을 받고 있다. 이들은 TLA가 결성된 1920년에만 해도 봄베이의 노동자들보다 20% 낮은 임금을 받았으나 지금은 10% 이상 높은 임금을 받고 있다.

이에 대해 TLA 지도자들은 아메다바드에서 오랫동안 이어져 온 노사관계의 평화를 그 이유로 꼽는다. 이는 그들이 노사의 갈등을 해결하기 위해 중재의 원칙을 고수하는 이유이기도 하다. 이런 면에서 TLA는 확실히 노사관계를 주도한다고 말할 수 있다.

연간 예산이 120만 루피에 이르는 TLA는 노동자들의 일상적인 고충을 처리하는 매우 효율적인 사무국을 운영하고 있다. 이들이 운영하는 은행의 자본 규모는 15년 전 310만 루피에 불과했던 것이 1963년에는 5,300만 루피로 늘어났다. 현재 200명에 이르는 유급 간부들은 공장에서 노동자들과 함께 호흡하며 사용자와 노동자들의 가교 역할을 하고 있다. 100개가 넘는 협동조합을 후원하고 있는 TLA는 여느 서구 국가의 노동조합과 견주어도 손색이 없는 조직을 갖추고 있다.[6]

---

6 *The Statesman*, 1967년 2월 15일자, 7면.

하지만 (훗날 전국적인 카디 운동을 이끈) 샨케를랄 반케르, (훗날 내무장관과 수상 직무대리를 역임한) 굴자릴랄 난다, 그리고 "봉건주의"의 잔재가 아메다바드 노동계를 지배한다고 주장하며 이에 반대의 목소리를 높인 노회한 선동가 인둘랄 야그니크의 경우에서 볼 수 있듯이 TLA는 전국적인 지도자들을 배출한 학교이기도 했다. 이외에도 많은 인물들을 거명할 수 있겠으나 우리는 여기에서 특정 시기의 한 **사건**에만 관심을 두고 있다.

이제 우리는 마하트마가 왜 자서전에서 아메다바드 파업을 비중 있게 다루지 않았는지, 그리고 아슈람 인근에 뱀이 들끓었음에도 **아힘사**의 원칙을 충실히 지켰을 때 아무도 뱀으로부터 해를 입지 않았다는 얘기를 왜 파업에 대한 설명의 중간에 기술했는지 그 이유를 찾아보아야 한다. 만일 정신분석학자처럼 "남의 속마음을 들여다보기 좋아하는" 이가 있다면 그는 파업을 다룬 자서전의 세 장(章)에서 주제의 연속성을 발견했을 것이다. 맨 앞 장은 공장주들의 완강한 입장에 가로막힌 간디와 추종자들의 모습을 보여준다. 다음 장에서는 독사에, 그리고 마지막 장에서는 다시 공장주에 맞서는 그들의 모습이 비춰진다. 그렇다면 뱀은 공장주들을 "상징"하는 것일까? 임상의에게 이것은 공장주들에 대한 간디의 분노—굶주림으로 고통을 받으며 파업을 이어간 노동자들에게는 물론 그가 자기 자신에게도 금지했던—를 이해할 수 있는 실마리가 될 수 있다. 만일 누군가 사랑과 비폭력으로 독사를 물리칠 수 있다면 그는 기업가들의 마음도 움직일 수 있을 것이라는 생각이 여기에 숨겨져 있는지도 모른다. 어쩌면 여기에는 기업가들보다 차라리 독사에게 관대한 마음을 갖는 것이 더 유익할 것이라는 암시가 담겨 있는지도 모른다. 이 대목에서 우리는 평화를 설파한 또 한 사람을 떠올리게 된다. 그 역시 비유를 통해 부자는 통과할 능력도, 의향도 없는 바늘구멍을 차라리 낙타는 통과할 수 있으리라 생각했다.

그렇다면 느닷없이 등장하는 독사의 이야기는 파업과 관련하여 공장주들, 특히 암발랄에 대한 간디의 복잡한 심경을 가장 분명하게 보여주는 설명이 될 것이다. 훗날 레닌의 노선을 추종한 인도 노동계가 간디와 공장주들의 관계를 의심했고 아메다바드의 평화로운 노사관계를 "봉건적"이고 "반동적"이라고 간주했음은 분명한 사실이다. 실제로 공장주들은 자신들의 목적을 위해 파업 당시 간디를 이용했으며 이후에도 간디의 명성을 이용했다는 사실을 인정했고, 그들로부터 아메다바드의 노동계는 은밀한 지원을 받아왔다. 하지만 마하트마에게 그것은 이념적 선전 도구나 경제적 이해관계의 문제가 아니었다. 만일 사티아그라하가 레닌의 노동해방에 필적할 만한 수단을 가지고 있었다면 그것은 바로 내적 순수성이었기 때문이다. 그리고 간디에게는 이것이 당면한 상황과 사람들과의 관계에서 늘 중심적인 것이었다. 암발랄은 아슈람이 재정적으로 큰 위기를 맞았을 때 간디를 도와준 일이 있었다. 만일 이런 이유로 간디가 단식을 망설였다면 그것은 사티아그라하의 지도자로서, 그리고 **모크샤**의 목표를 달성해야 할 사람으로서 합당하지 않았을 것이다.

그런데 자서전은 위에 언급한 세 개의 장에서 또 다른 측면의 갈등을 드러낸다. 간디가 (총 167회의 연재에서 146회째에 해당하는) 파업에 대한 "칼럼"(간디의 자서전은 책으로 묶이기 전에 여러 해에 걸쳐 〈나바지반〉지에 연재되었다─옮긴이)을 쓸 무렵 그는 사티아그라하의 토대를 역사적으로 힌두교의 **아힘사**에서 찾아야 할 필요성이 있었음에도 그 두 가지의 가치가 충돌하는 사안에서 암발랄을 옹호했다. 1926년, 암발랄은 자신의 공장 사무실 창문에서 내다보이는 우물가에 노동자들이 선뜻 다가가려 하지 않을 뿐만 아니라 그곳을 찾아오는 여성들이 저마다 막대기를 하나씩 들고 있는 모습을 발견했다. 그곳은 많은 노동자들이 집에서 가져다준 음식으로 점심식사를 하는 장소였다. 암발랄은 공장 주변을 배회하는 주인 없는 개가 늘어났고 그중 일부는 광견병에 걸린 것으로 보인다는 사실을 알게 되었다. 당시 아메다바드 시 당국은 살생을 금하는 계율을 어기지 않고 문제를 해결하기 위해 개들을 포획해서 시 경계선 밖에 풀어준다는 방침을 가지고 있었다. 바짝 야윈 수십 마리의 개가 우물가에 모여들기 시작한 것은 일부 노동자들—자신이 먹을 음식조차 충분하지 않았던—이 먹을 것을 던져주었기 때문이다. 암발랄은 시 당국과 경찰에 그 떠돌이 개들을 잡아서 죽여줄 것을 요청했다. 비소(砒素)를 사용하는 것이 잔인하다고 생각한 경찰은 그 개들을 총으로 쏘아 죽였다. 개들의 사체를 실은 수레가 (무슨 이유에서였는지) 시내를 지나갔는데 그날은 힌두교의 축일이었다. 이에 힌두교도들이 충격을 받았고 곧바로 많은 상점이 **하르탈**—상점 주인들의 파업—의 옛 방식을 따라 항의의 뜻으로 문을 닫았다. 이로 인해 암발랄은 생명의 위협을 받게 되었다.

이에 간디는 〈영 인디아〉지에 기고한 글에서 암발랄을 옹호했다. 그의 주장을 반박하는 독자들의 투고가 잇따랐기 때문에 간디는 이후 다섯 차례에 걸쳐 자신의 입장을 변호해야 했다. 늘 그랬듯이 그의 방어 논리는 현실적이면서도 초월적이었다. 1925년 아메다바드의 병원 한 곳에서만 1,000명 이상의 환자들이 공수병(恐水病)으로 치료를 받았고 1926년에는 그 수가 더 늘어나는 추세였다. 그는 이렇게 적었다. "어쩌면 우리는 살인을 저지르고 있는 사람을 발견했을 때 어쩔 수 없이 그를 죽여야 하듯이 광견병에 걸린 개들을 죽여야 하는지도 모른다." 그는 모순된 논리로 이전의 모순을 뒤집는 것 같았지만 예언자 같은 다음의 글로 결론을 내렸다.

그들은 나의 비폭력을 자신들의 방식으로 이해한다. 그래서 지금 내가 그것과 반대되는 행동을 하고 있다며 나에게 분노를 터뜨리는 것이다…… 나는 그들의 분노에 담긴 속뜻을 이해한다. 나는 인내심을 가지고…… 떠돌이 개에게 먹이를 주는 것이 죄라는 사실을 그들에게 납득시키기 위해 노력해야 할 것이다. 그것은 그릇된 동정심이다. 굶주린 개에게 빵 부스러기를 던져주는 것은 그 개를 모욕하는 것이다. 주인 없는 개들이 돌아다닌다는 것은 그 사회의 교양이나 동정심을 보여주는 것이 아니라 오히려 그 구성원들의 무지와 무기력을 드러내는 것이다. 그 하등동물들은 우리의 형제나 다름없다. 나는 사자와 호랑이 역시 우리의 형제라고 생각한다. 우리가 맹수나 독사와 어울려 사는 법을 알지 못하는 것은 우리의 무지 때문이다. 더 많은 것을 배우고 알게 될 때 인간은 그들의 친구가 될 것이다. 오늘날 인간은 심지어 다른 지역이나 다른 나라의 사람들과 친구가 되는 법조차 모르고 있다.[7]

간디와 암발랄의 이름이 이처럼 논쟁적인 사안에서 연결되었다는 사실은 이를 "진리 실험"의 하나로 설명해야 하는 어려운 과제를 낳는다. 간디가 파업에 대해 기술하다가 중간에 아슈람의 이야기를 꺼낸 것도 이 때문인 것으로 보인다. 간디가 전하고자 했던 이야기는 결국 "뱀에 물려 목숨을 잃은 사람이 하나도" 없었다는 것이다. 이 사실은 아슈람에 거주했거나 그곳을 방문했던 사람들에 의해 확인되고 있다. 내가 아슈람을 방문했을 때 그곳에서 나를 안내해준 사람은 한 장소를 가리키며 비노바 바베(Vinova Bhave)가 겪은 일을 들려주었다. 한번은 자리에 앉아 있던 그의 옆에 어디

---

7 Fischer, *The Life of Mahatma Gandhi*, 238쪽.

선가 커다란 독사 한 마리가 나타나 그가 벗어놓은 옷 안으로 기어들어가는 일이 있었다. 그는 움직이지도, 소리를 지르지도 않고 그를 도와줄 사람이 나타나기만을 기다렸다. 이윽고 누군가가 그 옷을 조심스럽게 접어서 강가로 들고 갔다. 이제 광견병에 걸린 개와 "자신의 일"에 열중하는 뱀의 차이는 결코 무시할 수 없는 것이 된다. 이것은 또한 우리의 전체적인 결론과도 무관하지 않은 주제가 된다. 다만 간디가 파업에 대한 이야기를 하는 도중에 동물을 죽이는 문제에 대한 자신의 기본적인 입장이 변하지 않았음을 구태여 밝히려 했다는 사실은 흥미롭게 여겨진다.

2. 의식(儀式)

지금까지 나는 사티아그라하의 본질적 토대가 된 정신적 특질들과 실천적 단계들을 요약해보려 했다. 그런데 냉소주의자들은 물론이고 동서양의 많은 동조자들까지 괴롭히는 두 가지 근본적인 질문이 여전히 남아 있다. 만일 사티아그라하에 요구되는 정신적 에너지가 **브라마차리아**에 토대를 둔 것—실제로 간디는 그렇게 믿은 것으로 보인다—이라면, 이 진리가 보통 사람들의 본능적인 삶에 얼마나 받아들여질 수 있으며, 또한 그것이 평범한 인간의 "본능적" 공격성과 얼마나 이질적인가 하는 문제가 바로 그것이다.

자신의 종교적 유산을 지킨 간디는 동물들에게 의도적으로 해를 입히는 행위를 용인하지 않았다. 하지만 지적 측면에서 그는 다윈주의자였고, 본능을 억제하지 못한다는 점에서 그가 열등하다고 간주한 동물들로부터 인간이 "후손"의 지위를 갖게 된다는 사실은 그에게 양가감정을 갖게 했다.

런던을 방문했을 때 그는 어느 라디오 연설에서 이렇게 말했다. "지금까지 많은 국가들은 짐승의 방식으로 싸워왔습니다." 그가 말한 방식은 "복수"를 특징으로 하는 것이었으며 그는 이를 "인간의 존엄성과 조화를 이룰 수 없는…… 들짐승을 지배하는 법칙"[8]이라고 말했다. 그러므로 동물이나 인간에 대해 우리가 축적해온 지식의 관점에서, 인간이 짐승보다 훨씬 못하다는 의미를 내포하지 않는 한 우리는 자신을 제어하지 못하는 인간을 가리켜 "짐승이나 다름없다"고 말할 수 없게 된다. 다만 여기에서는 인간이 단순히 특별한 포유동물에 불과한 존재라는 충격적인 사실을 인류가 받아들이기 시작한 것이 다윈주의 이후의 일이었다는 점은 기억해야 할 것이다.

그러한 충격을 흡수하는 것은 다윈 이후의 오랜 과제였다. 이에 대해 간디의 동시대인이자, 개의 충직함을 사랑했으며 성욕에 대한 통찰과 수용을 주장했던 프로이트는 이렇게 말한 바 있다. "인간 사회에서 이해관계의 충돌은 대체로 폭력에 의지하여 해결되기 마련이다. 이는 동물의 세계에서도 마찬가지이며 인간은 여기에서 예외를 주장할 수 없다."[9] 이에 따라 프로이트는 인간은 "적을 학살함으로써 본능적 욕구를 충족"시킨다는 섬뜩한 결론에 도달한다. 하지만 "인간은 인간에게 늑대(Homo hominis lupus)"라는 오랜 격언에 그가 동의했을 때 혹자는 인간이 인간을 대하는 태도에 대한 그의 인식이, 늑대가 인간을 대하는 또는 늑대가 늑대를 대하는 태도에 토대를 둔 것이 아닐까 의심할 수도 있을 것이다.

어쨌든 다윈주의 이후 비폭력적 방식으로 우리의 본능을 다루는 두 가

---

8 같은 책, 282~283쪽

9 Sigmund Freud, "Why War?" 1932년 9월 Einstein에게 보낸 편지, *Collected Papers* (James Strachey 편집), London: Hogarth Press, 1950년, 제5권, 274쪽.

지 상응하는 방식을 만들어낸 이 두 사람의 사고에 공통분모가 있었다는 사실은 부정할 수 없다. 이는 가장 위대한 인물들조차 그들 시대의 설명 방식에 묶여 있을 수밖에 없다는 사실을 보여주는 인상적인 예라고 할 수 있다.

콘라드 로렌츠(Conrad Lorenz)의 『공격성에 관하여(*On Aggression*)』[10]는 아마 고등동물에서 관찰되는 종내(intraspecies) 공격성을 가장 잘 요약한 책일 것이다. 이 책은 사냥에 나서거나 영역 경쟁을 벌이는, 혹은 우월한 적에 의해 궁지에 몰린 동물들의 끝없는 폭력을 보여준다. 확실히 ad-gredere 라는 의미의 공격과, de-fence 라는 의미의 방어는 모든 동물들에게 본능적인 것임에 틀림없다. 또한 동물들은 같은 종끼리 협력을 하고 다른 종과 공생 또는 적대적 관계를 갖고 있기도 하다.

문제는 언제 어디에서 "자연스러운" 공격성이 광란의 폭력으로, 본능적인 사냥의 기술이 무분별한 살인으로 변하느냐는 것이다. 인도의 정글에 사는 원주민들은 그들의 땅에서 "짐승들"과 부딪치며 살아간다. 하지만 그들도 사람을 "죽이는" 호랑이는 정상에서 벗어난 것으로 간주하여 사냥을 해서 죽여 버린다. 그런데 평범한 사자가 사냥에 나설 때 (사자는 배가 고플 때만 사냥을 한다) 우리는 그 사자에게서 분노나 광기를 발견할 수 없다. 사자는 "자신의 일"을 할 뿐이다. 자연에서는—쥐 같은 설치류가 특정한 상황에 처하는 경우를 제외하면—집단 말살 같은 경향도 존재하지 않는다. 단테가 평화를 모르는 동물(bestia senza pace)이라고 부른 늑대는 사냥을 할 때 건강한 무리를 뒤쫓지 않고 무리에서 낙오된 개체들만 먹잇감으로 고른다. 늑대들은 또한 헌신적인 우정을 보여주기도 한다. 관찰에 의하면 두

---

10 Konrad Lorenz, *On Aggression*, M. K. Wilson 번역, New York: Harcourt, Brace & World, 1966년.

마리의 늑대가 싸우다가 한 마리가 수세에 몰리게 될 때 그 늑대는 상대 늑대에게 자신의 목을 무방비로 노출시킨다. 이때 상대 늑대는 본능적으로 공격 행위를 중단하며 이 "비폭력적" 상황을 이용하지 않는다.

본능적으로 평화를 추구하는 행동은 수사슴들의 싸움에서 보다 정교한 의식으로 나타난다. 싸움은 두 마리의 수사슴이 나란히 걸으며 뿔을 위아래로 격렬하게 움직이는 것으로 시작된다. 이어서 마치 명령이라도 받은 것처럼 갑자기 두 마리의 수사슴은 걸음을 멈추고 서로를 마주보며 뿔이 거의 땅에 닿을 정도로 머리를 낮춘다. 그리고는 뿔과 뿔을 거칠게 부딪치는데 이때 한쪽이 먼저 빗나가 무방비 상태에 있는 상대방의 옆구리를 자신의 강력한 뿔로 공격할 기회가 있을 때에도 이 사슴은 공격을 하지 않고 다시 상대방과 나란히 종종걸음으로 걷기 시작한다. 양쪽이 싸울 준비가 되면 두 마리의 사슴은 강력하면서도 서로에게 해를 입히지 않는 씨름을 다시 시작한다. 싸움의 승자는 오래 버티는 쪽이 되며 패자는 일종의 의식처럼 뒤로 물러남으로써 승자의 공격을 중단시킨다. 로렌츠는 고등동물들 사이에는 이와 비슷한 유화적인 의식이 많이 있다고 주장한다. 그는 어느 순간 (우리에게 가장 중요한 이야기이거니와) 의식에서 벗어나는 행동은 죽음을 부르는 폭력으로 이어진다는 사실 또한 지적한다. 서로 뿔이 엉킨 채 죽어 있는 수사슴들의 사체는 그들이 본능적인 의식(儀式)을 이행하지 못한 희생자임을 말해준다.

우리가 동물의 영역을 관찰할 수 있게 된 것은 사진 기술의 발달에 힘입은 바가 크지만 자신들의 공간에 동물의 서식 환경을 끌어들이거나[11] 관찰 대상인 동물이 그들의 존재를 폭력적인 접근으로 오인하지 않을 정도의 안전장치만 갖춘 채 동물의 영역에 기꺼이 들어간 일부 관찰자들의 공헌 또한 크다. 하지만 이러한 부류의 생태학자들은 단순히 과도한 공포만 포기한 것이 아니다. 그들은 인간의 지위에 관한 모든 문제를 뛰어넘어—인간의 우월감은 물론이고—동물과 공유하는 세상을 이해하고자 노력해 왔다. 아울러 그들은 동물의 속성으로 간주되어온 공격적이고 끔찍한 행동들의 상당 부분이 인간의 편견과 투사(projection) 그리고 불안에 대한 반응이라는 사실을 밝혀내기도 했다. 이러한 관찰을 통해 우리는 주어진 **상황**에서 "공격적인" 행동이 유도되고 중단되거나 변화 또는 대체된다는 사실을 알게 되었다. 로렌츠가 말했듯이 "Jawohl, ein Trieb kann angetriben werden. (그렇다. 충동은 촉발될 수 있다.)" 즉 다른 반응이 불가능한 상황에서 본능은 유발되는 것이다. 마찬가지로 충동은 잠복한 상태로 남게 될 수도 있으며, 한 순간의 도발이 익숙한 행동을 유발할 수도 있다. 혹자는 프로이트가 말한 본능을 동물의 공격성에 적용하는 것이 부적절하다고 생각할지도 모른다. 인간의 본능은 본질적으로 성욕에 비롯되었으며 그것은 동물에게서보다 훨씬 더 보편적이고 항시적이며 자발적인 충동이라 할 수 있기 때문이다.

"본능"은 난감한 용어가 되어버렸다. 생물학자들은 이 용어를 폐기하려 하지만 정신분석학은 그럴 수 없기 때문이다. 우리가 이 용어를 생물학적 맥락에서 과도하게 사용할 경우 여기에는 의도된 것보다 더 많은 의미가 내포될 수 있다. 공격성에는 본능적인(instinctive) 것과 본능에서 비롯된(instinctual) 것이 포함되어 있되 공격성을 "본능"이라고 단언하기란 쉽지 않다. 하지만 이 용어를 완전히 포기할 경우 우리는 인간 행동의 강력하고

---

11 Konrad Lorenz가 다음의 책에서 생생하게 묘사한 부분을 참조할 것. *King Solomon's Ring*, New York: Thomas Crowell Co., 1952년.

충동적인 측면을 놓칠 수 있다. 문제는 프로이트가 말한 "Trieb"의 의미가 영어의 "충동"과 "본능"의 중간에 위치한다는 것이다. 동물 심리학자와 정신분석학자의 진술을 비교할 때, "본능"이 **본능적인** 것(환경에 적응하기 위한 타고난 능력의 원형)을 뜻하는 것인지 아니면 **본능에서 비롯된** 것(적응 여부와 상관없는 충동의 특질)을 뜻하는 것인지 구분하는 것은 중요하다.[12]

만일 우리가 비교를 목적으로 "본능"이라는 용어를 계속 사용한다면, 동물의 유화적인 행동은 물론이고 공격적인 행동이 **본능에서 비롯된** 것, 즉 특정한 상황에서 내재된 에너지를 즉각적이고 강력하며 능숙하게 분출시키는 행동양식이라는 것은 분명해진다. 하지만 동물의 입장에서는 과도하게 흥분을 한다거나 개별적 또는 "도덕적" 방식으로 스스로를 억제한다는 것은 불가능할 뿐만 아니라 불필요한 일이다. 왜냐하면 의식화(儀式化)는 처음부터 거의 똑같은 힘을 가진 상대를 선택하도록 되어 있기 때문이다. 그러한 상대들도 처음부터 시계처럼 정확하게 정해져 있는 상호작용의 능력을 부여받았을 것이고, (우리가 승자 또는 패자라고 부르는) 일정한 역할을 효과적으로 수행할 준비가 똑같이 되어 있었을 것이다. 줄리언 헉슬리(Julian Huxley)가 처음 이야기했듯이 동물이 지닌 공격성의 많은 부분은 처음부터 "의식화"되어 있는 것이다. 예컨대 본능적인 "습성"이 아닌 얼마간의 충동과 감정이 갈매기에게 있을 것이라고 생각하지 않는 한 우리는 화가 난 갈매기를 볼 수 없다. 콘라드 로렌츠가 그러했듯이 혹자는 그러한 의식화로부터 인간 역시 과도한 폭력을 제어하는 선천적 성향을 진화의 과정에서

---

12 내가 쓴 다음의 논문을 참조할 것. "Psychoanalysis and Ongoing History: Problems of Identity, Hatred and Non-violence," *American Journal of Psychiatry*, 1965년 9월, 241~250쪽. "Ontogeny of Ritualization in Man," 앞의 책에서. "Concluding Remarks," Discussion on Ritualization of Behavior in Animals and Man, *Philosophical Transactions of the Royal Society of London*, Series B, 251호 (1966년), 523~524쪽.

부여받았을 가능성을 발견할지도 모른다. 혹자는 (나 역시) 간디의 사티아그라하에서 인간의 종교적 성향에는 물론이고 "짐승들"에게 보편적으로 존재하는 본능적 양상에도 뿌리를 두고 있는 평화적 대립 방식을 발견하게 될지 모른다.

그런데 우리가 지금까지 이야기한 것과 관련하여 그것이 인간의 자연 회귀를 뜻하는 것이 아니라는 점은 분명히 해둘 필요가 있다. 오히려 그것은 영감과 통찰 그리고 신념을 통해 본능의 복잡성을 "해결"할 뿐만 아니라 동물에게 운명적으로 주어진 것을 인간의 수준에서 회복시킬 수 있는 인간의 능력을 보여주는 예라고 해야 할 것이다. 프로이트가 동물은 적응의 속도가 환경의 변화를 따라잡지 못할 때 소멸하는 반면 스스로 환경의 창조자가 될 수 있는 인간은 "geht an seinen Trieben zugrunde (무분별한 본능적 욕구로 멸망한다)"고 말한 까닭도 거기에 있다. 그래서 인간은 먹고 마시고 흡연하며, 일하고 "사랑"하고 악담하고 설교하며, 목숨을 내놓고 자신을 희생하기까지 하는 것이다. 본능에서 비롯된 인간의 힘은 환경에 대한 적응이나 이성적 방식에 완전히 지배되는 법이 없다. 그것은 억압받고 치환되며 왜곡되기도 하고, 종종 억압으로부터 온전히 인간적인 불안이나 분노로 바뀌기도 한다. 여기에서 우리는 자신의 취향을 단순화하려 한 간디의 필사적인 노력은, 그것이 아무리 엄격한 도덕적 성격을 지녔다 하더라도 프로이트가 통찰한 사실을 내포하고 있다는 사실을 인정해야 한다. 예컨대 섭식과 관련된 본능이 동물로 하여금 적당한 먹이를 적당량 섭취하게 한다고 할 때, 이것은 인간으로 하여금 알코올과 소다수, 담배와 커피를 소비하게 만드는 구강 합병적(oral-incorporative) 본능과는 사뭇 다른 것이다.

따라서 간디가 인간의 비기능적(unfunctional) 충동들과 그것들로부터 자신을 해방시킬 필요성을 인식한 것은 인간의 미래에 매우 중요하다. 문제는 이러한 인식을 가지고 우리가 무엇을 할 것이냐는 것이다. 우리는 간디가 그랬듯이 오래된 도덕률을 재천명하면서 억제해야 할 충동만큼이나 그 반대의 성향을 과도하게 지닐 수도 있고, 아니면 새로운 통찰에 토대를 둔 새로운 윤리를 위해 노력할 수도 있다. 어쨌든 프로이트는 적을 고문하고 죽이는 것에서 쾌락을 얻는, 인간의 "본능에서 비롯된" 갈망을 (비록 그는 "본능적" 갈망을 비판한 것으로 여겨지지만) 비난했을 것이다. 하지만 우리는 문명화된 인간이 어떻게 동물보다 못한 수준으로, 그리고 인간의 먼 조상보다도 못한 수준으로 추락할 수 있었는지를 먼저 직시해야 한다. 이는 로렌 아이슬리(Loren Eiseley)의 표현을 빌리자면, 이 우주의 치명적 요소가 된 것이 바로 문명화된 인간이기 때문이다. 그렇다면 문제는 전체주의적인 폭력, 즉 비이성적 분노와 광적인 파괴행위 그리고 조직적인 학살로 특징지어질 수 있는 폭력의 근원을 우리의 동물적 본성에서—혹은 우리의 먼 조상에서—찾을 수 있느냐는 것이다.

영화 〈죽은 새들(Dead Birds)〉은 뉴기니 고원의 두 부족이 정기적으로 의식화되고 극화된 전투를 벌이는 모습을 보여준다. 그들은 인상적인 전사의 복장을 갖춰 입고 미리 정해진 싸움터에서 요란한 진격과 후퇴를 반복한다. 그들의 노골적인 남근 숭배나 여성의 손가락을 절단하는 것과 같은 의식은 공포와 함께 역겨움을 일으키기도 한다. 그러나 이 모든 호전적 강박에도 불구하고 두 부족은 상대를 절멸시키거나 노예화하려는 시도를 하지 않는다. 이들은 수십 년 혹은 수백 년 동안 **전쟁의 관습**을 유지해 왔으며, 그것은 용맹함의 기풍(ethos)을 위해 최소한의 전사들만 희생시키는 일종의 의식을 상대방도 준수할 것이라는 신뢰를 바탕으로 하고 있다. 여기에서 우리는 본능적인 것과 본능에서 비롯된 것의 사이에, 그리고 부족의 자주성과 부족 간의 약속 사이에 어떤 문화적 질서가 존재한다고 가정할 수 있다. 이러한 전쟁은 인간의 내적 능력을 보여주는 표본인 것 같다. 만일 동물들의 "의식화"가 각 개체들로 하여금 **상황의 모호성**을 제거하고 본능적 신뢰를 회복하는 데 도움을 준다고 할 수 있다면, 인간의 의식화는 의사종(pseudo-species)으로 분열된 인간의 양가감정을 주기적으로 해소함으로써 평화를 회복시킨다는 데 그 의의가 있을 것이다.

물론 군인의 기강을 비폭력 투쟁에 이입할 필요성을 느낀 간디가 의식(儀式)으로서의 **관습적 전쟁**의 가능성을 인식했다고 하더라도, 수만 명의 인도인들을 제1차 세계대전의 기계화된 학살로 내몰면서 그곳에서 그들이 사티아그라하에 필요한 용기와 기사도 정신을 배워올 것이라 기대했다는 것은 말이 되지 않는다.

설령 전쟁에 의식의 요소가 늘 있었고 이상적 공동체의 불멸성을 위해 영웅들이 희생해왔다고 하더라도 인간의 기술적 진보는 한때 전쟁이 가지고 있었을지 모르는 가치를 늘 능가해왔다. 오늘날 사회적 정체성과 "타자(otherness)"에 대한 증오, 도덕성과 정당한 폭력, 그리고 창의성과 집단적 살인이 함께 발달해왔으며 우리가 그것을 연구해야 한다는 사실을 우리는 잘 알고 있다. 손으로 쏘는 화살부터 대륙간 탄도 미사일에 이르기까지 인간은 적을 조준경이나 지도상의 단순한 표적 또는 대량학살의 통계 수치로 바라보는 기술자로 변모해왔다.

1954년 피아렐랄은 〈더 스테이츠맨(*The Statesman*)〉에 간디가 저격당하기 몇 시간 전 어느 외국 기자의 질문에 어떻게 답했는지를 소개했다. "만일 원자폭탄이 투하될 상황에 처한다면 비폭력으로 어떻게 대응하실 겁니까?" 이 질문에 간디는 이렇게 대답했다. "나는 지하 방공호로 대피하지 않을 것입니다. 나는 탁 트인 곳으로 나가 폭격기 조종사에게 내가 그에게 아무런 악의도 품고 있지 않음을 보여줄 것입니다. 물론 높은 고도에 있는 조종사가 우리의 얼굴을 볼 수 없다는 것은 잘 압니다. 하지만 우리 마음의 간절한 소망—그가 우리에게 해를 입히지 않기를 바라는—이 그에게 도달해서 그의 눈을 밝혀줄 것입니다." 이를 얼토당토않은 소리라 할 수도 있다. 하지만 바로 그 부조리함 때문에 그것은 진실일 수 있다. 간디의 대답은 핵의 시대에 새로운 방법을 모색하려는 시도임과 동시에 여전히 인간적 대안으로 남아 있는 비폭력적 태도를 극적으로 표현한 것이다. 그의 대안은 마하트마에 의해 **그의** 시대와 상황에서 실행될 수 있는 성질의 것이었다. 그리고 이후의 시대에 관해 이야기하자면, 세상을 잿더미로 만들 수 있는 수단을 인간에게 제공한 바로 그 기술은 지구 반대편에 있는 사람들과 대화할 수 있는 수단 또한 제공해주지 않았던가? 아울러 인간은 자기 자신과 자신의 내면에 있는 타자 그리고 타자의 내면에 있는 자신을 들여다볼 수 있는 새로운 성찰의 도구도 얻지 않았던가?

만일 우리가 인간은 다른 사람들을 바라보듯 자기 자신을 바라보는 법을 배워야 한다고 말한다면, 이는 인간이 지금까지는 인류를 하나의 종으로 보지 **않으려** 했다는 의미를 내포하게 된다. 이러한 관점에서 인간의 "의사종(pseudo-species)"에 대한 인식을 이야기한다면 콘라드 로렌츠는 이 개념을 내가 사용하는 "의사 종분화(pseudo-speciation)"의 맥락에서 해석한 것이다. 그렇다면 의사 종분화란 무엇인가?

이 용어는 명백하게 하나의 종인 인간이 현실 속에서 여러 개의 집단으로 (부족에서 국가, 카스트에서 계급, 종교에서 이념에 이르기까지) 분화되는 경향을 가리킨다. 이것은 집단의 구성원들에게 고유한 의식과 우월감 그리고 불멸성을 제공해준다. 하지만 그것은 다른 집단보다 그들을 우월하게 만들어주

는 어떤 신적 존재로 말미암아 그들이 세상의 중심이 될 수 있는 시공간을 요구하기도 한다.[13]

우리는 선사시대로 거슬러 올라가 당시의 인간을 그려볼 수 있다. 그들은 개별성을 식별하기 힘든 벌거벗은 동물이었으며, 자의식을 가지고 있었음에도 동일한 종으로서의 정체성은 결여하고 있었다. 그들은 깃털과 짐승의 가죽 그리고 물감으로 현란하게 치장을 하며 스스로를 "그 집단"이라고 불릴 수 있는 신화적인 부류의 종으로 끌어올렸다. 가장 우호적인 의미에서 "의사(擬似)"는 실제로는 그렇지 않은 어떤 존재로 보이는 것을 뜻한다. 사실 의사종이라는 이름의 인간은 자신과 세계에 도구와 무기, 역할과 규칙, 신화와 전설 그리고 의식(儀式)을 부여한다. 그리고 이것들은 그의 집단을 하나로 결속시키며 충성심과 영웅주의 그리고 시(詩)를 고양시키는 초(礎)개인적 의미를 제공한다. 일부 종족과 문화권은 많은 세대를 거치며 그러한 존재로 평화스럽게 발달해왔는지도 모른다. 그러나 이러한 "자연스러운" 과정은 이 세계의 잠재적인 악성 종양으로 바뀔 수 있는데, 그것은 위협적인 격변의 시기에 다른 의사종에 대한 광적인 공포와 증오에 의해 자신들이 가장 뛰어나다는 생각이 강화될 때이다. 이때 모든 타자들은 전투나 정복 또는 가혹한 법률과 지역적 관습─주기적이고 상호적인 강박이 된─에 의해 절멸되거나 "그들이 있어야 할 곳"에 갇혀 있어야 할 대상이 된다.

한편 가장 비우호적인 의미에서 "의사"는 진실하지 않은 주장과 선전으로 타자는 물론 자기 자신에게 어떤 가치를 전달하려는 행동을 암시한다.

---

13 Erik H. Erikson, "Insight and Freedom", 앞의 책에서.

인간의 집단적 정체성이 갖는 이러한 "의사"의 측면은 역사적, 경제적 전환의 시기에 부각되며, 그것은 한 집단의 자기 이상화(self-idealization)를 방어적인 동시에 배타적인 성격으로 만든다. 현대사가 보여주듯 인간에게 이과정은 너무나 근원적이어서 의사종의 정신은 역사의 진보를 통해 습득된 지식과 경험마저도 받아들이기를 거부한다. 사실 가장 "선진적인" 국가들에서조차 의사종에 대한 신화적 집착은 광적으로 표출될 수 있다. 히틀러의 독일은 문명화된 현대 국가에서 이러한 의사종의 정신이 압도적인 승리를 거둔 예라고 할 수 있다.

하지만 의사 종분화의 가장 무서운 측면은 바로 타자의 지배를 받는 "종(種)"이 자신들을 지배하는 "종"의 비하와 조롱을 자기 평가에 흡수한다는 데 있다. 그들은 압제자에게 감히 쏟아낼 수 없는 분노를 내적으로 축적하면서 그들 자신의 유아화(infantilized)를 수용한다. 세대를 거치며 이것은 저주가 되어 처음에는 피지배자들 사이의 간헐적 폭력으로 표출되지만 역사적 상황이 그 폭발을 용인하는 것으로 보이는 순간이 되면 모든 잠재된 분노는 한꺼번에 폭력적 양상으로 분출된다. 그러한 폭력이 무분별한 파괴의 양상을 띨 때조차 어린아이 같은 즐거움이 될 수 있다는 사실은 그리 놀랄 만한 일이 아니다. 왜냐하면 피억압자들은 오로지 그들의 개인적인 삶과 문화유산에 있는 방어적인 순진함과 유치함에 몰두함으로써 억압적 상황을 견뎌왔기 때문이다. 그러므로 의사종의 논리가 광범위하게 확산된 곳—많은 식민지들의 역사가 그러하듯—에서 모든 개인의 발달이 죄책감과 분노의 다양한 결합에 의해 위협을 받으며, 이것이 지식과 전문성을 갖춘 이들에게도 예외가 아니라는 점은 분명하다.

하지만 역사는 분쟁 당사자들의 의사종 개념을 이를테면 "더 넓은 정체성(wider identity)" 안에서 무장해제시키는 방법도 제공해주었다. 이것은 영

토의 병합에 의해 일어날 수도 있다. 로마의 지배에 의한 평화(Pax Romana)
는 인종, 국가 그리고 계급을 모두 포용했다. 보편적인 "소통" 기술의 발달
역시 통합에 기여하고 있다. 선박과 자동차 그리고 무선 통신의 발달은 더
넓은 정체성에 담겨 있는 변화들을 확산시키는 데 도움을 주고 있다. 그리
고 이것은 경제적 공포, 문화적 변화에 대한 불안 그리고 정신적 진공상태
에 대한 두려움을 극복하는 데에도 도움이 되고 있다.[14]

우리는 간디의 발달 과정에서 보다 포괄적인 정체성, 즉 대영제국의 계
몽된 시민으로서의 정체성에 그가 강하게 끌렸음을 볼 수 있었다. 그는 자
신의 배경이 된 전통의 끈을 놓지 않으면서도 훗날 영국의 지배권을 물리
치는 데 도움을 준 서구식 교육 또한 포기하지 않았다. 표면적으로는 상충
된 이러한 가치들 속에서 간디는 당대의 현실에 참여하며 자기 자신을 드
러냈다. 오늘날 이 세상 모든 곳에서 투쟁은 **보다 포괄적인 정체성의 선구적인
발달**을 위한 것이 되었다.

나는 간디가 역사적 현실에 대한 직관과 "행동 속에서 진리"를 추구하
는 리더십을 통해 하나의 의식화를 창조했다고 생각한다. 그는 이 의식화
를 통해 현실성과 정신적 힘을 갖춘 인간이 동물의 평화적인 의식에서 발
견되는 것과 비슷한 상호 신뢰를 가지고 타자를 대할 수 있다고 본 것이다.

이 문제에 대한 심층적 고찰을 대신하여 나는 다시 **사건**으로 돌아가서
그 **사건**과 앞에서 언급한 유화적인 의식이 수렴되는 지점을 살펴보려 한
다. 이전의 경우들과 마찬가지로 간디는 아메다바드에서도 공격을 당할 때
까지 기다리지 않고 먼저 쟁점이 되는 불만과 자신이 취할 행동을 밝힘으

---

14 Erik H. Erikson, *Young Man Luther, A Study in Psychoanalysis and History*, New York: Norton,
1958년.

로써 "무저항의 저항"을 펼칠 수 있었다. **근거리 개입**은 문제에 접근하는 그의 핵심적인 방식이었는데, 이를 통해 그는 철저한 사실 조사를 토대로 어떤 것을 요구할 때조차 상대방이 반응을 보일 수 있는 최대한의 기회를 제공하려 했다. 그는 노동자들에게 정당한 몫 이상을 요구하지 말되 정당하게 받아야 할 것을 양보하느니 차라리 목숨을 걸라고 말했다. 그는 또한 모든 쟁점을 이해 당사자 간의 동반자적 관계에서 풀려고 했다. 그는 공장주들의 자산(자본과 시설)과 노동자들의 자산(노동력)은 상호 의존 관계이며 따라서 양자의 경제적 힘과 존엄성은 **동등**하다고 설명했다. 다른 말로 하면 그들은 포괄적인 정체성을 공유하는 하나의 종인 것이다.

이런 맥락에서 그는 어느 한쪽이 상대방의 토대를 허무는 것을 용인하지 않았다. 공장주들이 적의를 품고 위협을 가할 때조차 그는 노동자들이 똑같은 방식으로 대응하는 것을 금했다. 그는 굶주리고 있는 사람들로부터 어떠한 파괴 행위도 하지 않겠다는 서약을 받아냈다. 그는 누구에게도 물리적 위해를 가하지 않았을 뿐만 아니라 (파업 사흘째부터 경찰이 비무장으로 나타났다는 사실을 떠올려보라) 도덕적 비난으로 상대방의 내면에 분노를 일으키지도 않았다.

그는 인간이 서로 다른 의사종으로 분열되는 양상의 특징인 **양심의 가책**, **부정적 정체성** 그리고 **위선적인 도덕주의**가 축적되고 악화되도록 내버려두지 않았다. 실제로 그는 공장주들의 잘못은 그들 자신과 노동자들의 의무와 역할을 오해한 데서 비롯되었을 뿐이라며 그들의 "양심"에 호소하기도 했다. 공장주들에 대해 전적인 신뢰를 내보이면서 그는 공장주들의 움직임에 따라 그때그때 다음에 취할 행동을 결정했고 상대방의 약점이 보일 때에도 그것을 이용하려 들지 않았다. **고통을 감수한다**는 것, 그리고 그의 "진리의 힘"에서 중심이 되는 목숨을 건다는 것은 어느 누구에게도 **굴복하지 않는**

적극적인 선택으로 이루어지는 것이었다. 여기에는 스스로 원한 처벌을 기꺼이 받아들이는 것도 포함되어 있었다. 동시에 이 모든 것은 누구에게도 해를 입히지 않겠다는 선언이자 (여기에서 콘라드 로렌츠의 수사슴과 놀라울 정도의 유사성이 발견된다) 상대방도 일정한 정도를 넘어서는 해를 자신에게 입히지 않을 것이라는 신뢰의 표현이기도 했다. 물론 이것은 상대방도 자신의 정체성이나 합법적인 힘을 잃을 위험이 없으며 좀 더 포괄적인 정체성과 보다 영속적인 힘을 공유할 수 있으리라는 확신이 있을 때 가능한 일이다.

만일 그러한 확신이 어긋나게 된다면 모든 것―권력, 체면, 생명―이 사라질 수도 있다. 그런데 사티아그라하 운동가는 미래의 갈등과 살상의 원인이 될 수 있는 불완전한 타협을 이어가느니 차라리 죽음을 택하려 했다. 이 모든 것이 존재와 대응의 방식에 깊이 자리 잡고 있었다. 무엇보다도 **사건의 분위기**는 **상대방에게 변화할 기회를 준다**는 정신으로 충만해 있었다. 이 시기의 간디는 프란체스코회 수도자 같은 쾌활함과 모든 상황을 본질적인 문제로 환원시키는 능력을 가지고 있었으며, 그것은 간디가 많은 대가를 치러야 하는 방어와 부정을 버리고 선의와 역동적인 행위의 숨겨진 힘을 깨닫는 데 도움을 주었다.

나는 바로 그것이 인간의 **획기적**(revolutionary) 의식화(儀式化)에 정신적, 계획적 근거를 제공해온 무엇인가를 인간의 내면에 현실화시키고 있다고 생각한다. 그것은 **진화론적**(evolutionary) 잠재능력, 즉 동물의 유화적인 의식에 의해 극적으로 설명될 수 있는 능력에서 비롯된 것인지도 모른다. 여기에서 나는 너무나 복잡하면서도 동시에 지극히 단순한 사실을 이야기하고 있는데, 그것은 곧 신뢰만이 인간에게 본성의 존엄성을 되돌려줄 수 있으리라는 것이다.

간디의 도구 그 자체는 특정한 문화적, 역사적 상황에서 극히 보기 드문 인물에 의해 만들어진 것이다. 오늘날 "의식의 확산"이라고 불리는 것에 의해 그 도구를 인식하게 된 많은 사람들에게 그것은 이미지와 동인(動因) 그리고 의식화로서 존재한다. 그것은 다른 시대와 다른 장소에서 그것을 재창조할 지도자들을 요구하고 있는데, 그들은 간디와 그의 추종자들 그리고 그가 이끈 민중들과 개인적, 역사적 동기의 일부를 공유해야 하며 동시에 그러한 동기를 완전히 새로운 요소들에 결합시킬 수 있어야 한다. 만일 그 도구가 한때 "진리"였다면 그것은 전혀 다른 상황에서도 여전히 실재할 것이고 또 마땅히 그래야만 한다. 그러한 도구의 제작은 상황에 따라 다르게 그러면서도 유사한 전통에 토대를 두고 이루어져야 한다. 또한 이 도구의 제작자는 다양한 배경과 직업에서 나올 수 있되 수렴하는 목표를 공유해야 한다. 만일 진리가 현실이라면 그것은 결코 의식화된 행동이나 입장을 되풀이하는 것으로 구성될 수 없다. 그것은 보편적 진실과 사회적 기풍의 새로운 결합에 의해 재구성되어야만 한다.[15]

3. 통찰

사티아그라하의 방법론과 정신분석학적 통찰 사이의 유사성을 돌아볼 때 간디가 제1차 세계대전 직후 베르사유 조약에 담긴 윌슨(Woodrow Wilson, 미국의 28대 대통령 – 옮긴이)의 위선적 평화 정책에 대해 자신이 정치

---

15 간디의 방법론에 대한 보다 상세한 내용은 다음을 참조할 것. *Nonviolent Direct Action*, A. Paul Hare and Herbert H. Blumberg 편집, Washington and Cleveland: Corpus Books, 1968년.

적 대안을 내놓을 수 있다고 확신한 것이나, 프로이트가 (윌리엄 불릿과 공동 저자로 윌슨에 대해 쓴 책의 서문에서 밝혔듯이) 자신의 심리학적 분석 방법을 통해 윌슨처럼 신경증적 성향을 가진 윤리주의자를 이해할 수 있다고 똑같이 확신한 것은 매우 흥미로운 사실이다.[16] 이 두 사람은 아주 짧은 기간 동안 항구적인 평화의 화신이 되었던 윌슨의 모습에서 모순된 태도가 결합된 위선을 끄집어내기보다 어떤 상징을 발견했다. 오늘날 우리는 실제로 그것이 평화의 가장 큰 위협이었음을 인정해야만 한다. 고결한 도덕주의와 맞물린 끝없는 군비 확장은 마치 회전문처럼 평화와 전쟁이 되풀이되도록 만들었을 뿐이다.

1919년 간디는 C. F. 앤드루스에게 보내는 편지에 이렇게 적었다.

> 서구의 메시지는…… 파리평화회의(Peace Conference)에서 국제연맹의 창설을 제안한 윌슨 대통령의 연설에 간결하게 담겨 있습니다. "이 계획의 배경에는 군사력이 있습니다. 하지만 그것은 배경으로만 있을 것입니다. 다만 이 세계의 도덕적 힘만으로 충분치 않다면 물리적인 힘이 그 역할을 할 것입니다."[17]

그런데 인간의 정신 이상에 대한 치료 요법을 강조한 것은 프로이트학파뿐만이 아니었다. 우리가 살펴보고 있는 이 시기에는 평화와 전쟁, 개량과 혁명의 전략적 도구로서 "인간의 정신"에 대한 체계적인 관심이 높아지고 있었다. 정치적 고착과 퇴행으로부터 인간의 정신을 치료하는 수단으로

---

16 Sigmund Freud와 William C. Bullitt가 공저한 *Thomas Woodrow Wilson*에 대한 나의 비평을 참고할 것. *The New York Review of Books*, 제8권, 2면, 1967년.

17 *CWMG*, 제15권, 142쪽.

서 사고 요법(thought-therapy)은 중국의 사상 개조(thought reform)에서 노골적인 수단이 되었다. 하지만 흐루쇼프(Khrushchev)가 회고록에서 간디의 또 다른 동시대인이 아래와 같은 말을 했다고 증언했을 때 그것은 꽤 충격적이었다.

통제위원회(International Control Commission, 1921년 코민테른 제3회 세계대회에서 국제공산주의자들의 일탈을 막고 규율을 감시하기 위해 설치된 기구—옮긴이)는 우리에게 소비에트와 당에서 실패를 겪으며 심리적 위기를 맞은 이른바 반대파들에 대한 개별적 치료에 나설 것을 권고하고 있습니다. 그들을 조용히 시키기 위해, 우리 당원 동지들에게 해온 방식대로 그들을 설득하기 위해, 그리고 심리적으로 그들에게 가장 적합한 과업을 찾아주기 위해 특별한 노력이 기울여져야 합니다.[18]

흐루쇼프의 주장에 의하면 이 말을 한 사람은 레닌이었다. 하지만 발언의 주인공이 누구이든 그것은 정치적 테러에 상응하는 치료 요법을 공식적으로 표현한 주목할 만한 사례이다. 보다 최근의 혁명가들 가운데 게바라(Guevara) 박사의 생애에는 치료에 대한 열정과 사람을 죽여야 한다는 신념 사이의 내재적 갈등이 있었던 것 같다. 사실 사람을 죽이는 것이 식민지의 민중에게는 꼭 필요한 자기 치유의 수단일지도 모른다는 것은 프란츠 파농(Franz Fanon) 박사의 신념이자 메시지이기도 했다. 그는 고문의 피해자는 물론 가해자에 대한 정신의학적 연구를 통해 그러한 주장을 조심스럽게 펼쳤다. 여기에서 맹목적인 치료의 의지는 행위의 층위에서 이론과

---

18 Nikita S. Khrushchev, *The Criminal of the Stalin Era*, New York: The New Leader, 1962년.

이념이 공통적으로 가지고 있는 배타성을 보여주는 것이라 할 수 있다. 다만 이 혁명가들은 적을 향한 폭력과 자신에 대한 폭력을 분리하기란 쉽지 않으며, 이 두 가지의 폭력을 다루기 위해서는 별도의 프로그램이 있어야 한다는 통찰을 공통적으로 가지고 있었다.

우리가 앞에서 살펴보았듯이 간디의 방식은 이중의 전환(double conversion)이었다. 그는 이기적인 증오를 억누르고 적을 인간으로서 사랑하는 법을 익혔다. 이를 통해 그는 신뢰와 사랑의 잠재된 능력을 회복하여 상대방과 대면할 수 있었다. 이러한 대면에서 권력의 획득은 용인할 수 없는 내적 상태의 치료만큼 중요하게 여겨지지 않았다. 오늘날의 일부 혁명가들은 통찰력이 있는 이라면 결코 묵과할 수 없는 불행에 처한 사람들을 위해 기꺼이 고통을 받고 목숨까지 내놓으려 했던 간디의 신념을 공유하고 있다. 간디 역시 자존심 강한 청년들의 폭력 투쟁을 옹호할 수도 있었다. 하지만 그는 폭력은 세대를 넘어 폭력을 낳으며 오로지 사티아그라하의 통찰과 규율만이 인간을 무장 해제시키고 어쩌면 이 세상 모든 무기보다 더 강한 힘을 인간에게 제공할 수 있다는 신념을 가지고 있었다.

종종 새로운 통찰은, 편견과 고정관념에 의해 열등한 존재로 운명 지어진 이들을 책임지려는 사람들로부터 생겨난다. 정신의학의 역사와 그것이 문명에 끼친 영향 역시 의사를 포함한 많은 사람들에 의해 특정한 유형의 정신질환자들이 부당한 대우를 받고 있다고 생각한 일부 임상의들의 통찰에서 시작되었다. 그들은 일부 환자들이 악령에 씌었다거나 유전적으로 그렇게 태어났다는, 이를테면 별개의 종이라는 관념을 거부했다. 그들은 임상적 관찰을 통해 의사 종분화에 쉽게 경도되는 인간의 성향이 타자에게 어떤 식으로 폭력을 가하게 되는지를 이해했다.

여기에서 나는 이 책에 이론적 근거를 제공한 사실로 돌아가고자 한다.

정신적 혼란을 겪으면서도 자신의 내면을 예리하게 들여다본 환자들의 "자유 연상"을 들으며 프로이트는 **자기 자신**과 **인간**의 목소리를 들었다. 환자들의 상상이 만들어낸 이야기가 그 자신의 꿈, 그리고 신화와 문학의 주제와 유사성을 갖고 있다는 점에 주목하면서 그는 임상적 목적을 위해 특정한 소망과 상상을 언어로 표현하고 고백하게 할 필요성을 "타진"했다. 수면 상태의 꿈에서 백일몽이나 상상에 의한 이야기까지, 정신 이상에 의한 헛소리부터 의도적으로 유도된 "의식의 확장"에 이르기까지, 그리고 충동적 고백으로부터 자서전의 계획적인 자기 폭로에 이르기까지 그러한 소망과 상상들은 대체로 보편적인 주제를 반영하고 있었지만 특별한 조건에서만 인식과 표현이 가능했다. 종교와 정치가 과거를 정화하기 위해 그것을 고백하려는 인간의 기본적 욕구를 이용해 의식(儀式)을 만들어왔다면, 정신분석은 단순히 과거를 발가벗기는 것 그 이상의 일을 해왔다. 그것은 인간의 숨겨진 내면을 연구하기 위해 통제된 상황을 만들어내는 것이었다.

이제 마무리하고자 하는 우리의 논의가 역사란 미래의 판단에 과거를 떠넘기는 과정이라는 결론으로 이어져서는 안 될 것이다. 정신분석은 역사의 뿌리 깊은 장애물 가운데 일부를 치유하는 과정에서, 그리고 자기 폭로라는 간접적 방식에 의해 무의식적으로 모색되는 의식의 통찰을 제공하는 과정에서 중요한 역할을 하고 있다. 내가 여기에서 말하려고 하는 것은 인간은 역사의 형성 과정을 이해함으로써 판에 박은 듯 반복되는—인간이 더 이상 감당할 수 없는 방식으로—역사를 극복할 수 있으리라는 것이다.

다시 말하지만 간디와 프로이트의 방법론은 비폭력적 대면에 의해 문제를 치열하게 다루고 거기에서 직관을 얻는다는 점에서 상호 수렴된다. 그러한 문제의 해결 방법은 신중한 조사가 이루어진 후에야 결정되고, 상대와의 본격적인 대면은 진실의 힘이 드러내는 바를 단계적으로 보여주는 과정이 되어야 한다. 그러한 대면에서 양자 모두를 변화시키는 것은 행동 속에 있는 진리이며, 그러한 변화는 다른 사람들에게는 물론이고 자기 자신에게 비폭력적일 수 있을 때 비로소 가능하다. 만일 인간의 현실 검증(reality testing, 외부세계와 개인의 마음속에 존재하는 관념의 차이를 구별하는 행위 - 옮긴이)이 명료하게 사고하는 것은 물론이고 타인과의 상호 활성화에 적극적으로 참여하려는 노력을 포함하게 된다면 사티아그라하의 진리와 정신분석의 "현실"은 더욱 가까워질 것이다. 다만 이것은 우리의 주요한 동기에 대한 명확한 통찰과 인간의 인류애에 대한 깊은 신뢰가 결합될 것을 요구한다.

이러한 관점에서 볼 때 정신분석은 우리의 오만한 분별력과 우리의 격렬한 감정을 비폭력적으로 중재하는 방법을 제공하며 그럼으로써 우리의 도덕과 우리의 "동물적" 본성이 화해하도록 만든다.

이 책의 집필을 시작했을 때 나는 진리, 자기 고통 그리고 비폭력의 측면에서 정신분석을 재발견하게 되리라고는 생각하지 못했다. 하지만 이제 나는 그 점을 분명히 이해하게 되었고 내가 발견한 것을 독자들도 알게 되기를 소망한다. 내가 아메다바드 **사건**에 끌린 것은 그 현장에 대해 알게 되었고 중년의 책임감을 주제로 글을 쓸 시기가 되었기 때문이기도 하지만 어쩌면 간디의 진리와 현대 심리학의 통찰이 가지고 있는 유사성을 감지했기 때문인지도 모른다는 생각이 든다. 그의 진리와 심리학의 통찰들은 20세기 전반의 유산으로 이후 세대에 전해질 것이다. 역사적 현실의 복잡성 속에서 그러한 통찰들의 기원을 밝히기 위해 우리는 이제까지 하나의 구체적인 사건을 살펴보았다. 나는 그 이상을 시도하지 않았거니와 그렇게 할 수도 없었다. 하지만 우리가 의식적으로 사실(史實)에 근거를 둘수록 우리는 관습의 짐 또한 떠안게 된다. 과거의 사건을 새로운 인식에 비추어 해석할 때 인간은 역사적, 개인적 퇴행의 위험을 무릅쓰며 습득한 이전의 통찰과 지식을 기꺼이 부정하고 포기할 수 있어야 한다.

에필로그

바닷가를
향한
행진

GANDHI'S TRUTH

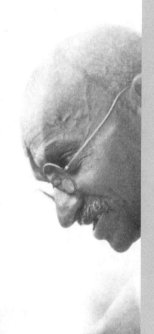

1930년 또다시 운명적인 3월에 마하트마는 새로운 운동을 시작했다. 그는 인도가 완전한 독립을 이루기 전에는 결코 돌아오지 않으리라 맹세하며 아메다바드를 출발했다. 이는 위대한 영감에 의한, 역사상 가장 극적인 출발 가운데 하나였다. 이에 대한 간략한 설명은 이 책에 어울리는 결론이 될 것이다. 아메다바드에서 나의 친구가 된 거의 모든 남녀와 (당시의) 아이들이 3월 11일 밤 바로 그 현장에 있었기 때문이다. 그날 밤 마하트마는 멀리 아라비아해(Arabian Sea)에 면한 바닷가에서 한 줌의 소금을 얻기 위해 200마일의 먼 길을 떠날 준비를 하고 있었다.

1920년대에 간디는 여러 계절처럼 뚜렷하게 구분되는 시간을 보냈다. 그는 국민회의에서 이론의 여지가 없는 지도력을 발휘하며 1년을, 옥중에서 2년을, 이어서 "침묵의 해"와 자서전 집필에 힘쓴 내적성찰의 해를 보냈고, 좌절과 질병으로 또 다른 1년을, 그리고 내적 재건과 개혁을 목표로 이 마을에서 저 마을로 다니며 몇 년을 보냈다.

이제 마하트마는 다시 한 번 전국적인 사티아그라하—소금 행진(Salt Satyagraha)—에 모든 것을 걸 준비가 되었다고 생각했다. 소금법(Salt Act)은 시민 불복종 운동의 실제적이고 상징적인 초점이 되었다. 매년 인도 전역에서 거두어들이는 80억 파운드의 세수(稅收) 가운데 영국이 이 법으로

소금 행진

거두어들이는 세금은 2,500만 파운드에 지나지 않았다. 하지만 이 세금은 말 그대로 가장 가난한 이들의 땀과 수천 마일에 이르는 인도의 해안선에서 풍부하게 얻을 수 있는 생필품에서 쥐어짠 것이었다. 캄베이 만(Gulf of Cambay)의 들머리에 있는 잘라푸르(Jalapur) 인근의 작은 마을 단디(Dandi)는 자유—와 보복 조치—의 몸짓이 펼쳐지는 현장이 될 것이었다.

한 통의 편지가 총독에게 전달되었다. "친애하는 벗에게…" 하지만 이번에는 모호한 말이 끼어들 여지가 없었다. "나는 영국의 지배를 저주로 받아들입니다." 그럼에도 "나는 단 한 명의 영국인이나 그가 인도에서 정당하게 가지고 있는 이해관계에 해를 입힐 의도가 전혀 없습니다." 그는 총독에게 "무릎을 꿇고" 소금법의 폐지를 청원하면서도 늘 그랬던 것처럼 인신공격(ad hominem)에 가까운 어조로 총독의 수입이 인도인 평균 소득의 5천

배에 달한다는 사실을 상기시켰다. 그는 편지의 말미에 이렇게 적었다.

나의 소망은 영국인들을 비폭력으로 변화시키고 그들로 하여금 자신들이 인도에서 저지른 잘못을 깨닫게 하는 것입니다. 나는 당신의 국민들에게 해를 입힐 생각이 없습니다. 오히려 인도인들을 섬기듯 나는 그들을 섬기고자 합니다…[1]

하지만 총독은 자신의 비서를 통해 "유감의 뜻"을 밝혔을 따름이다.

3월 11일 저녁, 간디지는 마지막 기도 모임을 주재했다. 그는 이 자리에 참석한 수천 명의 군중들 앞에서 말했다.

아마 이것은 여러분에게 행하는 저의 마지막 연설이 될 것입니다. 만일 정부가 내일 아침 우리의 행진을 허용한다면 이 신성한 사바르마티 강에서 하는 마지막 연설이 되겠지요. 어쩌면 지금 이 연설이 제 인생의 마지막 연설이 될지도 모르겠습니다.

저는 여러분에게 전해야 할 말을 어제 다 했습니다. 오늘 저는 동료들과 제가 체포된 후에 여러분이 해야 할 일만 말씀드리겠습니다. 잘라푸르로 향하는 행진은 처음의 계획대로 이루어져야 합니다. 이 행진을 이끌 활동가들은 구자라트에서 함께 출발하는 사람들에 한정되어야 합니다. 지난 2주 동안 제가 보고 들은 것으로 판단할 때 저는 이 저항의 물결이 끊이지 않을 것이라 믿습니다.

하지만 우리가 모두 체포된 이후에도 평화를 깨뜨리는 행위는 결코 있어서

---

1 Louis Fischer, *The Life of Mahatma Gandhi*, 266쪽.

는 안 됩니다. 우리는 전적으로 비폭력적인 투쟁을 추구하는 가운데 우리가 가진 모든 것을 동원하기로 결정했습니다. 어느 누구도 분노 가운데 잘못을 저지르지 않도록 하십시오. 이것이 저의 소망이며 기도입니다. 저는 이 말이 이 땅의 모든 곳에 전해지기를 바랍니다.[2]

이번만큼은 그의 실제적인 확신은 더 컸고 헛된 희망은 작아질 수 있었다. 이번에는 그의 지휘를 받는 군대가 있었기 때문이다. 만일 빈곤과 겸손을 나타내는 것도 제복이라 할 수 있다면 이들은 제복도 착용하고 있었다. 그것은 계급이 드러나지 않는 카디와, 감옥의 수인들이 머리에 쓰는 것과 비슷한 간디 모자였다. 간디가 이 군대의 사령관이었고 다른 지휘관들은 곳곳에 흩어져 있었다. 발랍바이 파텔은 아메다바드에, 라자고팔라차리(Rajagopalachari)는 마드라스에, 센 굽타(Sen Gupta)는 캘커타에 그리고 네루는 알라하바드에 배치되어 있었다. "제가 체포된 이후 여러분을 이끌 지도자가 없을 거라 생각해서는 안 됩니다. 그때는 자와할랄 네루가 여러분을 인도할 것입니다. 그는 그럴 만한 능력을 갖추고 있습니다."

지역별로 시민 불복종의 수단은 해당 지역의 책임자가 결정할 것이었다. 간디는 핵심 사안에만 집중했다.

가능한 모든 곳에서 소금법에 대한 시민 불복종이 시작되어야 합니다. 이 법을 위반하는 행위는 크게 세 가지입니다. 먼저 소금을 만드는 시설이 있는 지역에서 개인적으로 소금을 만드는 것이 위법입니다. 다음으로 몰래 만든 소금을 소지하거나 판매 또는 구입하는 것이 위법입니다. 마찬가지로 해안에

---

2 M. K. Gandhi, *Satyagraha*, Ahmedabad: Navajivan, 1951년, 233쪽.

형성된 자연 상태의 소금을 운반하거나 판매하는 것도 위법입니다. 요컨대 여러분은 소금의 전매를 깨뜨리는 방법으로 이 가운데 어느 것이든 선택할 수 있을 것입니다.[3]

이번에는 잘 훈련된 일단의 사티아그라하 활동가들이 선전 선동은 물론이고 대규모 군중을 통제하는 역할도 훌륭히 수행할 수 있었다. 그들은 공동의 서약은 물론이고 (적어도 간디가 곁에 있는 동안에는) 아슈람의 규칙—기도, 물레질 그리고 일기 쓰기라는 "세 가지 필수사항"[4]—으로 단단히 묶여 있었다.

이러한 규율은 꼭 필요한 것이었다. 왜냐하면 이번에는 경찰—대부분이 인도인으로 구성되어 있었으며 영국인 상관의 경멸과 들볶임에 시달리는 한편 끝없이 밀려드는 비무장의 군중으로부터 조롱을 당하며 신경이 곤두선—은 물론 군대까지 상대해야 했기 때문이다.

그날 밤 행진의 성공을 빌기 위해 모여든 사람들은 땅바닥에 (인도 서부의 3월은 너무 건조하지도, 몬순으로 인해 습하지도 않은 쾌적한 날씨를 보이기 때문에) 앉아 있었다. 그들 중에는 공장주의 아내인 사랄라데비와 당시 열일곱 살이었으며 간디가 무척 아낀 그녀의 맏딸 므리둘라(Mridula) 그리고 열두 살이었으며 후일 암발랄의 후계자이자 현재 인도의 핵 개발 책임자가 된 비크람도 있었다.

그런데 이번에는 국내는 물론 "전 세계"에서 몰려든 신문기자들도 있었다. 예상과 달리 체포되지 않은 간디는 ("정부는 당혹스러워하며 어쩔 줄 모르

---

3 같은 책, 234쪽.
4 *Young India*, 1930년 3월 20일자. 같은 책, 236~237쪽.

고 있습니다.") 이른 아침 아슈람의 정문을 열고 나와 78명의 남녀를 이끌고 목적지 단디를 향한 행진을 시작했다. 그들 중에는 아나수야와, 오랫동안 그의 비서 역할을 해온 피아렐랄도 있었다. 조직책을 맡은 샨케를랄은 행진 대열이 기도와 물레질 그리고 숙식을 위해 들를 장소를 준비하기 위해 먼저 출발했다. 60세가 넘은 나이였음에도 하루에 12마일씩 24일을 걷는 것이 간디에게는 "애들 장난"이었다. 당시 촬영된 기록영화가 증명하듯 흙 먼지가 날리지 않도록 지역 농민들이 물을 뿌려둔 길을 따라 꽃으로 장식된 마을들을 지나는 이 행렬에는 밝고 유쾌한 분위기가 있었다. 그리고 마침내 마하트마가 한 줌의 소금을 들어 올렸을 때 그것은 바닷가에 사는 모든 인도인들에게 똑같은 행동을 촉구하는 신호였다. 결정(結晶)이 되지 않은 원료가 내륙으로 운반되었고 지붕 위에 올려둔 냄비 안에서 결정이 된 소금이 불법으로 팔리기 시작했다. 네루는 이 "근사한 장면"을 보지 못한 채 체포된 최초의 인물들 가운데 하나였고 이후 5만 명 이상의 인도인들이 소금법 위반으로 투옥되었다. 하지만 벵골 지방에서 약간의 소요가 있었을 뿐 인도 어느 곳에서도 폭력 사태는 일어나지 않았다.

그런데 그러한 폭력의 부재가 오히려 경찰을 자극했다. 영국 언론인 웹 밀러(Webb Miller)가 작성한 기사는 사티아그라하의 최전선에서 벌어진 일을 가장 잘 설명한 것으로 받아들여지고 있다. 사로지니 나이두(Sarojini Naidu)와 (데바다스와 람다스는 이미 체포된 상태에서) 마닐랄 간디가 이끄는 2,500명의 자원자들이 단디에서 멀리 떨어진 다라사나(Dharasana) 염전을 "공격"했다.

완전한 침묵 가운데 간디의 추종자들은 철조망에서 100야드 정도 떨어진 곳에 멈춰 섰다. 무리에서 선발된 일부가 줄을 맞춰 도랑을 건너 철조망으로 다가갔다…… 명령이 떨어지자 갑자기 인도인 경찰들이 달려들어 금속을 입힌 곤봉으로 그들의 머리를 내리치기 시작했다. 무자비한 폭력 앞에서도 누구 하나 팔을 들어 곤봉을 막으려는 시도조차 하지 않았다. 그들은 볼링 핀처럼 쓰러졌다. 내가 서 있는 곳까지 머리를 강타하는 곤봉 소리가 선명하게 들렸다. 다음 줄에서 대기하며 이 광경을 목격하고 있는 사람들의 입에서도 안타까운 신음소리가 흘러나왔다. 구타를 당한 사람들은 사지가 축 늘어진 채 쓰러져 있었다. 그들 중에는 의식을 잃은 이들도 있었고 두개골이나 어깨의 골절로 고통스럽게 몸부림치는 이들도 있었다…… 다음 줄이 대오를 맞춰 침묵 속에서 앞으로 나아갔다.

그들은 군악대의 연주나 응원의 함성도 없이 심각한 부상이나 죽음을 피할 가능성이 전혀 없는 곳을 향해 고개를 들고 앞으로 나아갔다. 경찰은 이 두 번째 줄의 사람들에게도 달려들어 조직적이고 기계적으로 곤봉을 휘둘렀다. 그것은 싸움 혹은 투쟁이 아니었다. 그들은 그저 쓰러질 때까지 앞으로 나아갔을 뿐이다…….[5]

우세한 장비를 갖추었음에도 밀려오는 대오를 막는 것이 쉽지 않겠다고 느낀 경찰은 유사한 상황에서 제복을 입은 이들이 "쉽게 떠올리는" 방식을 택했다. 경찰은 시위 참가자들의 머리를 내려치는 것에 그치지 않고 그들의 고환을 걸어차기 시작했다. "피를 흘리며 축 늘어진 사람들이 쉴 새 없이 들것에 실려 왔다."[6]

이들이 얻은 것은 무엇이었을까? 그들은 염전을 점거하지 못했으며 소

---

5 Fischer, 273쪽.
6 같은 책, 274쪽.

금법은 폐지되지 않았다. 하지만 중요한 것은 그게 아님을 세상은 깨닫기 시작했다. 소금 행진은 비폭력 투쟁이라는 새로운 도구의 거의 완벽한 사용을 온 세상에 보여주었다. 간디가 출소한 후 그 유명한 차 회담(Tea Party)에서 총독을 만나는 장면을 여기에 덧붙일까 한다. 전반적인 협상을 주고받은 후 간디는 총독과의 회담에 초대되었다. 처칠은 "국왕의 대리인과 협상하기 위해 반쯤 벌거벗은 채로 총독부 건물의 계단을 오르는 이 탁발승 선동가"를 비웃었다. 하지만 총독 어윈 경은 이 회담을 "총독과 인도인 지도자 간의 가장 극적인 개인적 만남"으로 묘사했다. 찻잔이 앞에 놓이자 간디는 숄에 감춰둔 종이 봉지에서 (세금을 내지 않은) 소금을 꺼내 차에 넣었다. 그는 미소를 지으며 "그 유명한 보스턴 차 사건(Boston Tea Party, 미국 독립전쟁의 발단이 된 사건 – 옮긴이)이 생각나지 않습니까?"라고 말했다. 모니야와 대영제국의 조우였다! 이듬해 그는 원탁회의(Round Table Conference, 인도의 자치 문제 등을 협의하기 위해 영국 정부와 인도의 민중 지도자들 사이에 열린 회의로 의미 있는 성과를 얻지는 못했다 – 옮긴이)에 참석하기 위해 런던을 방문했다. 국민회의의 유일한 대표자이자 세계적인 지도자로서 그는 이제 영국의 대중에게도 널리 알려져 있었다. 이후 마하트마의 생애와 인도에 일어난 일들은 기록된 바와 같다.[7]

1930년 5월 타고르는 〈맨체스터 가디언(*Manchester Guardian*)〉지에 유럽은 아시아에서 이미 도덕적 신망을 잃었다는 글을 당당하게 기고했다. 그는 마하트마를 칭송하며 한때 허약했던 아시아가 "예전에 우러러보던 유럽을 이제는 내려다보게 되었다"고 말했다. 내가 이해한 대로라면 간디는

---

7 자서전에 이외에 간디의 생애에서 정치인으로 보낸 시기에 대한 비평은 다음을 참고할 것. Penderel Moon, *Gandhi and Modern India*, New York, Norton, 1969.

아마 이를 달리 표현했을 것이다: 아시아는 이제 유럽을 똑바로—위나 아래로가 아니라—쳐다볼 수 있게 되었다. 인간이 이를 행할 수 있는 모든 곳에서 상호 인식이 자리 잡게 될 것이다.

| 찾아보기 |